World as a Perspective

世界做為一種視野

The Price of Peace

Money, Democracy, and the Life of John Maynard Keynes

和平的代價

貨幣、民主與凱因斯的一生

Zachary D. Carter
查克里・卡特

賴盈滿 譯

獻給　明（Ming）

長期下來，我們全死光了。

——凱因斯，一九二三年十二月

長期下來，幾乎什麼事都可能發生。

——凱因斯，一九四二年四月

目次

大膽創新又充滿彈性的複雜心靈

沈榮欽／加拿大約克大學副教授

「十個經濟學家有十一種說法，因為凱因斯一人有兩種。」這個笑話不僅諷刺了經濟學家，也生動地說明要捕捉靈活善變凱因斯的想法有多困難。諾貝爾經濟學獎得主賽門（Herbert Simon）曾經在自傳《我生命中的模式》(*Models of my life*) 表示，他能夠理解由希克斯（John Hicks）或莫迪利安尼（Franco Modigliani）所寫的凱因斯體系的數理模型，但是卻對於沒有方程式的《就業、利息與貨幣通論》的內容大惑不解，而且他懷疑其他經濟學者也不懂。

《和平的代價》並不是一本要說明凱因斯理論的書籍，而是旨在勾勒凱因斯精采複雜的人生與其思想誕生的淵源，並追溯凱因斯思想的影響，以及與新自由主義等思想纏鬥的過程。

凱因斯的人生一如他的思想般複雜，年輕時他抱怨伊頓公學教育內容落伍，卻十分喜愛這所學校。成年後他對自己外貌缺乏自信，卻四處調情、無處不歡。他鄙視傳統道德教條，卻極其重視大英帝國國際金融市場的聲譽，即使耗費黃金儲備也在所不惜。如同作者卡特所說，「凱因斯身上充滿各種矛盾。他是官僚菁英，卻娶了舞伶為妻；是同性戀，最愛的人卻是女性；是大英帝國的忠僕，卻反對帝國主義。是和平分子，卻幫忙替兩次世界大戰尋找財源；是國際主義者，卻為現代民族國家提供了知識根基；是經濟學家，卻挑戰了經濟學的基本原理。但在看似矛盾的表面下，他對人類自由與政治救贖的追求始終如一。」

凱因斯對人類自由與政治救贖的追求，反映在他多次對於市場危機的處理以及他對於經濟學的認識。凱因斯指出，「市場是社會現象，而非數學現象。研究市場的經濟學和物理學不同，不是依循鐵律的硬科學，而是和政治學一樣充滿彈性，是一個由習慣、經驗法則與各種調整構成的領域。」

但是凱因斯的思想也深受其所處環境的影響。自幼便聰慧過人，學術上受到劍橋經濟學大師馬歇爾（Alfred Marshall）啟蒙，但他並非僅接受經濟學與數學訓練，不僅大學時加入劍橋使徒，同時也是布倫斯伯里幫成員，與作家維吉尼亞．吳爾芙及哲學家羅素辯論，凱因斯的才思敏捷，口才便給，連識人無數的羅素都讚賞不已。後來一戰爆發，凱因斯對金融危機的思考，以及戰後對於金融秩序的重建，都使得他的思想始終帶有解決現實世界問題的動機，對於經濟危機往往有超出同時代政客與學者的見解，既大膽又創新，爭議不斷且雄辯滔滔，以一己之力挑戰了十九世紀經濟學的神聖信條，背後又充滿倫理學的人文關懷，這種揉合經濟學與倫理學，以追求人類自由與公眾幸福的做法，與今日的學術典範大異其趣。今日世界各地的學子，在課堂上學習凱因斯的理論與批判，將凱因斯的學說變為精巧的數學模型，爭執其正確與否，但是已經沒有人談論凱因斯理論背後的倫理學基礎了。

凱因斯的多面向也體現在他工作的多樣性。除了在劍橋大學教授經濟學，他也擔任媒體編輯並寫專欄，甚至在一九二〇年代創辦首份自由黨雜誌，並擔任多家公司董事。兩次大戰期間，他還投稿了大量期刊論文與出版專著，而且在一次大戰前，由於歐洲金融危機進入財政部擔任英國戰時經濟的首席顧問，與世界各國政要交涉，成為家喻戶曉的公眾人物。最難得的是，精力無窮且聰明過人的凱因斯，在多數職位上都表現出色，無論是象牙塔中的經濟理論或是國際政治的折衝樽俎，從出世到入世，凱因斯不僅轉換自如、如魚得水，其中種種的衝突、爭執、自私、短視、合作、國家利益、民族主義與帝國主義，最後都以奇妙的方式融合在一起，成為他思想的養分。在劍橋時期熱中攻擊十九世紀經濟學教條的凱因斯，以嚴謹的思考提出一個又一個大膽的想法，應對戰前金融危機與戰後經濟蕭條，並參與重建戰後世界經濟秩序。雖然他拒絕自由黨參選國會議員的邀請，但是他以政府官員與顧問的方式，改變許多十九世紀經濟學的政策涵義與政客短視近利的思考方法，這讓他相信，很多人自詡的獨立思考，不過是某個傳統見解的俘虜。也因為面對詭譎多變的戰時經濟，他雖然思考嚴謹，對政策素有定見，但也隨時準備挑戰自己，隨著世界局勢的不同，而提出不同的政策意見。這種時時對政策保持「彈性」的做法，加上《就業、利息與貨幣通論》是以文字而非經濟學家熟悉的數學方程式寫成，學者們意見分歧，也許是開頭凱因斯笑話的由來。

儘管如此，現實仍然經常對凱因斯澆冷水，讓他在過度興奮時，受到現實無情的鞭打而冷靜下來。例如一戰過後，凱因斯曾經深受美國總統威爾遜「十四點和平原則」而感動不已，相信和平的曙光即將到來，然而和平會議將他一巴掌打回現實，讓他在志得意滿之際，必須面對各國政要與銀行家的本位主義與短視近利，以及他無能說服多數民眾與政客的事實。

巴黎和平會議的失敗，為未來的經濟危機與軍事動盪埋下種子。凱因斯回國之後，也痛定思痛，思考自己的想法什麼地方過於天真。在心有未甘之下，他出版了一本極盡挑釁的作品《和約的經濟後果》，雖然這本書不是凱因斯最好的作品，但讓他在國際政要中聲名大噪，他的生花妙筆和他的雄辯滔滔一樣出色，但尖銳的批評卻也影響了他在英國政府裡的發展機會。

雖然如此，凱因斯仍然利用他在英國政府的關係，成功挽救了也許是二十世紀最重要的哲學作品。當時他接到羅素的便箋，獲知維根斯坦已經被協約國部隊俘虜，羅素對凱因斯說，維根斯坦手上有他剛完成最重要的哲學作品。經過凱因斯斡旋、羅素與拉姆齊（Frank Ramsey）的努力，維根斯坦的經典《邏輯哲學論》終於在一九二二年出版，轟動哲學界，卻也終結凱因斯的哲學生涯。

緊接而來的金融與經濟危機，隨著戰後錯誤政策而擴大，凱因斯身為英國最著名的公共知識分子，又以經濟學家的角色，受到政府的重用。尤其是一九二九年的經濟大蕭條與飛升的失業率，嚇壞了各國政府，束手無策之下，凱因斯的思想成為各國政府的救命稻草。凱因斯結合他的《貨幣論》，對自由放任學說展開猛烈的攻擊，在凱因斯看來，這些都屬於應該被掃進歷史灰燼的教條。他認為，「世上沒有不受政府干預的自由市場，資本主義本身就需要政府主動調控，監管貨幣與債務。」他也揚棄了《和約的經濟後果》的論點，認為節儉和克己以累積大量資本的維多利亞時代的美德已經屬於過去，無法呼應新時代的要求。除了《貨幣論》外，凱因斯也開始構思《就業、利息和貨幣通論》，強調有效需求、大計畫與大政府的重要性。最後凱因斯政策將在美國大獲全勝，徹底改寫國家、社會與貨幣的關係，程度之大甚至遠超過凱因斯本人最狂野的預期。

這引發奧地利學派海耶克的不滿，雖然海耶克無論在學界與政界的名聲均無法與凱因斯相提並論，但是海耶克同樣是雄辯滔滔型的學者，在《經濟學刊》對凱因斯的《貨幣論》提出非常尖銳的批評，使得凱因斯不得不親上火線回應。此後海耶克成為凱因斯終生的對手，他一方面批評凱因斯的大政府主義，另一方面全力抨擊各種社會主義與共產主義制度，名聲逐漸竄起。雖然一開始支持者不如凱因斯，但是自由放任學說逐漸在美國受到愈來愈多的支持，最後芝加哥大學成為資本主義與自由市場的聖地，凱因斯的主張，則在哈佛、耶魯等校都有不少支持者。多年之後，芝加哥大學在傅利曼（Milton Friedman）的帶領下對凱因斯主義發起猛攻，認為大政府的做法往往治絲益棼，不但沒有解決問題，反而製造更多問題，凱因斯主義逐漸在學界喪失魅力，新自由主義興起，經由雷根總統的提倡，不僅成為美國主流，而且透過如世界銀行等國際機構，以華盛頓共識的形式向開發中國家推銷，成為國際上的新顯學。之後上任的柯林頓總統，一方面打擊赤字，另一方面放寬或解除各種管制規定，在大幅鬆綁的氣候下，人們更喜歡談論全球化，凱因斯主義逐漸乏人問津，即使二〇〇八年發生全球金融風暴，也沒有人想起在金融危機中竄起的凱因斯，凱因斯主義終於成為學界中的一種思想，對於現實世界的影響微乎其微了。

凱因斯理論死了嗎？從某個角度而言，凱因斯的遺產也許永遠不會消亡，畢竟在凱因斯之前，經濟學沒有總體與個體之分，作為總體經濟學開創者的凱因斯，他的睿智將永遠被銘記。但是在另一方面，凱因斯的某些概念已經不再流行了，例如他的非充分就業均衡理論，無論在理論上與實務上都沒有影響力了——即使二〇〇八年全球經融風暴時，美國聯準會主席伯南克（Ben Bernanke）使用的也是「量化寬鬆」，而非凱因斯的財政政策——當一個概念不再被人提起，也是這個概念消亡之時。

時代的思潮起伏，凱因斯主義被傅利曼的貨幣理論攻擊得體無完膚之後，盧卡斯（Robert Lucas）的理性預期又讓貨幣理論顯得過時，人們不再自稱凱因斯主義者，即使贊成凱因斯的克魯曼（Paul Krugman）或是桑默斯（Larry Summers）也被稱為新凱因斯主義者（Neo-Keynesians）。或許更弔詭的是，新觀念的推陳出新，連傳統的分類都顯得過時，這已經不再是一個觀念上壁壘分明、兩軍交戰的年代，即使出現同儕背刺、敵人支持也不足為奇。新凱因斯主義者桑默斯主張資訊科技的變遷，使得熊彼得的「破壞性創新」更適合描繪這個技術日新月異的時代；而曾經嘲諷凱因斯過時的理性預期學派大師盧卡斯則在雷曼兄弟倒閉時感歎道：「我們每一個人都是散兵坑裡的凱因斯主義者。」也許當時代無比艱困時，我們每一個人心中仍想像凱因斯那樣心懷對人類的樂觀勇敢前行吧。

引言

一九二二年春天，約翰．梅納德．凱因斯陷入熱戀。這可把他嚇壞了。

打從中學進寄宿學校開始，梅納德（朋友都這樣叫他）愛上的就幾乎全是男人，怎料到了三十八歲竟然會迷上一位年紀小他快一輪的女人，俄羅斯芭蕾舞伶莉迪亞．洛普科娃（Lydia Lopokova）。「我整個陷進去了，好可怕，完全不知道該怎麼說，」他在寫給作家朋友斯特雷奇（Lytton Strachey）的信裡說道。[1]

對倫敦布倫斯伯里（Bloomsbury）藝文圈那群梅納德的密友來說，這事簡直不可理喻。「我們還能怎麼辦？禱告嗎？」斯特雷奇心想：「感覺天都要塌了。」[2]而維吉尼亞．吳爾芙（Virginia Woolf）想到梅納德如此「任人擺布」就毛骨悚然。[3]意亂情迷對他來說應該早已是過去式了。這傢伙兩年前才信誓旦旦告訴斯特雷奇，他「這把年紀」不再會「陷太深……頂多到腰部，不會整個人陷進去」；[4]寧可不動真情，有一搭沒一搭也無所謂，就像他和心理學家史普勞特（Sebastian

Sprott）那樣。誰曉得他們倆關係還沒斷，梅納德就徹底迷上了莉迪亞。

愛上女人，而且還死心塌地，這還不夠意外。梅納德可是見過世面的人，備受景仰的經濟學家，前英國財政官員，不僅聲譽崇隆，頭腦還特別清醒。時常拜讀他報上文章的榮銜貴族和倫敦金融區大銀行家得知他的戀愛消息，聽聞他（用某伯爵的話來說）迷上一個「賣唱的」，簡直不敢相信自己的耳朵。[5]就連維吉尼亞的中產階級藝術家姊姊凡妮莎（Vanessa Bell）也看莉迪亞不順眼，嫌惡對方竟然和女僕們像同階級的人一樣談天說笑。

但莉迪亞讓梅納德神魂顛倒。她的頭腦就和肢體一樣敏捷。他每晚都去欣賞俄羅斯芭蕾舞團演出柴可夫斯基的《睡美人》，看她飾演紫丁香仙子。他到後臺找她，與她共進午餐，整夜聽她說笑直到凌晨，還在他住處的廣場邊替她租了間公寓，而這一切都發生在短短幾週之內。對梅納德來說，莉迪亞不是舞者，而是藝術家，講的是從聖彼得堡、巴黎、倫敦到紐約共通的高雅文化語言。儘管按計畫他即將陪同某位閣員造訪印度，可以趁機冷靜冷靜，卻發現自己怎麼也捨不得走，於是便取消旅行，僱了輛車帶莉迪亞遍遊倫敦。「這下嚴重了，」他老實對凡妮莎說：「她在我眼中樣樣完美。」[6]

完美，但天差地遠。莉迪亞從小和四個手足擠在聖彼得堡一間小公寓裡，直到參加皇家舞蹈學校徵選才擺脫了貧窮；梅納德則是出身劍橋的學者家庭，從小衣食無憂，長大後更因為效力英國政府期間的貢獻而舉世聞名。「我們有什麼相似之處？」莉迪亞曾經問道：「完全沒有！正是因為太不同了，所以互相吸引。」[7]對梅納德而言，這位迷人的俄羅斯芭蕾舞伶不僅是天資聰穎、能言善道的藝術家，更是他八年前因為大戰爆發而失去的理想的化身。

布倫斯伯里向來有如藝術家與知識人的孤島天堂，然而梅納德卻是在這裡接觸到了倫敦以外，一個橫越海洋、更廣大也更活躍的世界。大戰前，凡妮莎曾經去蒙帕納斯造訪畢卡索的工作室，梅納德的朋友兼情人格蘭特（Duncan Grant）在巴黎和葛楚．史坦（Gertrude Stein）同住，[8] 而他本人除了和奧地利哲學家維根斯坦（Ludwig Wittgenstein）交好，布倫斯伯里的藝文活動、庭園派對和晚宴辯論也讓他浸淫於各種超越語言與國籍的文化運動之中，諸如法國後印象派、德國浪漫主義，以及俄羅斯和平主義者托爾斯泰的小說。在布倫斯伯里好友的帶領下，凱因斯成了國際進步派知識分子大家族的一員，深信他們正藉由愛與美的力量，打破人與人守舊粗野的藩籬。

然而，大戰粉碎了這種集體幻覺；戰後的分崩離析更是讓梅納德感覺自己美好的青年歲月不過是英國有閒階級踩在殖民霸權巔峰上的小鼻子消遣。就這樣多年過去，如今莉迪亞再次讓梅納德感到了希望，並且不是他向來抱有的那種抽象的機率式樂觀主義，而是強大到近乎神聖的**盼望**，他年少時經歷過的夢想有可能再度實現。就算歐洲國家領導人有再多深仇血恨，莉迪亞和梅納德的反差之戀就是證明，這世界充滿了美好的潛能。在醜惡虛矯的金錢政治帝國之下，有一個更深刻強大的理念國度，等著團結不同國家和語言的人們。

約翰．梅納德．凱因斯一生充滿了轉折。放眼二十世紀，幾乎沒有人像他一樣，能在近六十三年的人生中經常翻新自己。然而，他和莉迪亞．洛普科娃的意外戀情，正是讓他成為觀念史上一股巨大力量的關鍵節點。一九二二年的四到五月，當凱因斯總算暫時放下洛普科娃，著手一項新計畫，誰也沒有料到這個和他的新戀情一樣令人跌破眼鏡的轉折，將會使他一舉成為那個時代最重要的經濟思想家。

那年春天，凱因斯去了義大利熱那亞。他原本不是想去那裡寫出人生第一本經濟理論巨著，而是打算以記者身分再起，重新成為歐洲政治掮客的顧問。這是一場迫於無奈的生涯賭注，因為不到三年前，凱因斯才因為出版《和約的經濟後果》（*The Economic Consequences of the Peace*），對戰後簽訂的《凡爾賽和約》發出致命一擊，而被英國政府和國會掃地出門。他在書裡揭露了祖國政府於一九一九年巴黎和會使出的祕密手段，並預測和約中的財政條款將會導致歐洲經濟崩潰，捲入極權與戰爭。

出乎凱因斯和出版社意料，這本嚴厲之作竟然風行全球，讓凱因斯瞬間躋身歐洲貴族與美國影星這樣的名流之列。隨後三年，他的名聲更是水漲船高，只因為他的預測開始愈來愈像預言：英國失業率飆升引發罷工，義大利動亂四起，德國接連發生政治暗殺。因此，從維也納到紐約的報社都賭他這回在熱那亞也能複製之前的成功。

這是一戰過後最重要的財政會議，也是《凡爾賽和約》以後，戰勝方同盟國和落敗方德國的首度晤面，各國領袖、央行首長與財政官員都齊聚在熱那亞。這是歐洲規模最大的外交盛事，連當時還算異類的俄羅斯社會主義新政府都派代表參加。紐約、曼徹斯特和維也納的報社提供凱因斯驚人的六百七十五英鎊（相當於今日的四萬五千多美元）薪酬，請他報導這場會議，預計歐美兩地的讀者將達數百萬人。[9] 這幾家報社不只看中凱因斯的記者天分，更希望他能像撰寫那本轟動小書那樣，將報導寫得精采嗆辣。

凱因斯對自己的能力不如報社有信心。他還是通俗寫作的新手，很擔心《和約的經濟後果》爆紅只是僥倖。年輕時他信手拈來就是一篇學術文章，時至中年卻不知如何將複雜的觀念翻譯成一般人確實能懂的內容。對向來以聰明著稱的人來說，這樣的經驗真是既挫折又難堪。「報導真是累人，完全沒力氣講些更緊要的事，」他曾在信裡這樣對洛普科娃說，[10] 而巨額薪酬更是加深了他的焦慮。儘管豐厚得令人難以拒絕，卻也讓報社期望高得不可思議；要是搞砸了，恐怕一輩子再也無法翻身。

不過，當凱因斯踏進熱那亞的權力走廊，新有的戀情卻為他增添了不少自信。梅納德和莉迪亞每天通信，字裡行間充滿肉慾與知性的熱情。莉迪亞不僅善用隱喻，還因為不諳英語而使得文字別有一番風情。「我的嘴和心都與你融在一起，」她這樣寫道，[11] 並形容凱因斯的會議報導「宛如清楚精巧的房子」。儘管她「很氣財經專家竟然不想穩定」全球主要貨幣，卻深信愛人的犀利分析將喚醒他們。「你今天談賠償問題的報導很有力量，與會專家讀了一定會做出正確的決定。」[12]

最重要的是，她的信提醒了凱因斯，讓他牢牢記得熱那亞之行的目的。這不僅是金融專家齊聚一堂爭辯本金與利息的會議，更是歐洲自我拯救，免於墮入極權未來的最佳時機與最後希望。而凱因斯則想趁此機會向世人證明，他和洛普科娃聯手打造的這個充滿藝術、美與跨文化理解的小小世界，也可以在經濟外交的場域實現。

憑藉廣大讀者為後盾，凱因斯發現自己再次獲得權力人士賞識。他認真提理念，發表意義重大的構想，英國代表團甚至一度考慮採納他的建議，徹底改造國際貨幣體系，以改善戰後因通膨、通縮與貶值政策而始終不斷的金融動盪。

然而，會議並不順利。「歐洲使節們背地裡還是在玩那套老把戲，黑招不斷，」他在《曼徹斯特衛報》（*The Manchester Guardian*）專欄裡警告：「各種私下結盟……過去千年來不時踐踏歐洲的老舊政治思想仍未死絕，如果放任不管，很可能再讓歐洲淪落回一九一四年的一觸即發。」[13]

英國使節毫不掩飾心裡對德國代表的輕蔑。一名外交官戲稱德國威瑪政府外相拉特瑙（Walther Rathenau）是「猶太禿頭變態」，而蘇聯外交人民委員契切林（Georgy Chicherin）也被稱作「變態一個」，因為對方是同性戀。「更別說除了他和克拉辛（Leonid Krasin）之外……〔俄國代表團成員〕全是死猶太」。[14]

這些惡意阻礙了與會者對戰後出現天文債務的討論。對凱因斯而言，戰債不僅是經濟問題，更是隨時可能爆開的政治野火。他認為歐洲經濟飽受戰火摧殘，承受不起巨額債款，而債權屬於外國銀行和政府，更是激起了舊有的對立，引發國與國的人民互相仇視。還債給海外就代表國內沒有錢進行重建或公共救助，所有人都明白這點。民族主義的反彈已經啟動，埋下新的戰爭種子。在凱因斯看來，會議應該跳脫債務，至少也該設計新的合作架構，共同消弭戰債問題。「就算某些國家罪無可逭，我也不同意歐洲繼續血債血還，」[15]會議召開一年前，他這樣對朋友寫道。

但對英法來說，戰債既是負荷也是收入來源。[16]兩國都向美國借了大筆款項，卻也在大戰初期借給俄國沙皇政權驚人巨資，沒想到列寧的布爾什維克政府拒絕償還，因此當各國政要齊聚熱那亞，英法兩國立即要求蘇維埃必須先承認沙皇簽署的借據有效，才能參與會談。布爾什維克黨人對國內經濟或許能為所欲為，但講到國際外交，十九世紀的資本主義規矩還是得乖乖遵守。不論革命與否，債都得還。

凱因斯氣壞了。俄羅斯正逢饑荒，最終奪走了五百萬條人命，堅稱他們交得出數十億美元給英法兩國不只是人道犯罪，更是金融妄想。不論協定是否化為白紙黑字，俄國都付不出錢來。「我們自以為是大祭司，而不是討債人，」凱因斯描寫道：「我們在熱那亞像是舉行宗教儀式……而非處理無止盡的債務陷阱，〔這場會議〕只是讓問題更加棘手。」[17]

會議最後變成了支持與反對社會主義的表決，而凱因斯認為這根本搞錯了方向。社會主義應該是懷抱善意的眾人要共同解決的現實問題，是啟蒙自由主義的家務事；那些為了國族榮耀摒棄國際和諧的人，還有歐洲各地竄起的極端民族主義暴動，那才是真正的威脅。「許多人以為不久後會是布爾什維克政權與十九世紀中產階級國家的對抗，」凱因斯在熱那亞寫道：「我不認為。真正對立的是世界觀……一邊是自由主義或激進主義，認為政府和外交政策的主要目的是和平、經濟富裕，以及自由貿易與自由往來；另一邊是軍國主義，是權謀外交，總是從權力、特權、國家或個人榮耀出發，試圖強加某種文化、種族偏見或遺傳思想。」

凱因斯告訴讀者，軍國主義一旦獲勝，「遲早會引發經濟瘟疫，最終導致某種震顫性譫妄般的革命。」自由主義面臨的巨大威脅不是社會主義，而是軍事宰制。「軍人和外交官，**他們**才是陰魂不散的敵人。」[18]

凱因斯低估了蘇維埃政府偏執殘暴的潛力，但他對右派亟欲發起革命的警告倒是一語中的。在他慷慨陳詞六個月後，墨索里尼的黑衫軍殺進了羅馬；九個月後，法國入侵魯爾區；十九個月後，希特勒在慕尼黑發動了啤酒廳政變。但在會議當時，凱因斯的忠告卻無人理睬。儘管他再次獲得權力菁英的青睞，這些人卻沒準備好接受他的提議。

會議終了，各國使節拎起行囊打道回府，但凱因斯的工作並未結束。回到倫敦和洛普科娃重聚之後，他挑選熱那亞報導中自己喜歡的部分，花了幾星期修改，並加上大量的補充材料。完工後，原本只是斗膽一試的通俗報導已經蛻變為他的第一本經濟理論大作，於一九二三年十二月以《貨幣改革論》（*A Tract on Monetary Reform*）為名出版。這本書就如同其前作，書名看似艱澀，內容卻充滿驚人的構想。[19] 凱因斯在書裡告訴讀者，不僅國際債務契約的神聖性應該廢除，就連作為國際自由貿易往來基礎的全球金融體系也該取消。金本位長年作為經濟健全的指標，如今卻成了和平富裕的障礙，不符合「時代精神與需求」的「原始遺跡」。[20] 凱因斯就這樣逐一攻擊十九世紀資本主義的神聖信條，世界即將徹底翻轉。

如今提到凱因斯，眾人只記得他是經濟學家，因為他的構想正是藉由經濟領域發揮了最大影響。大學生在課堂上學到他主張經濟衰退時政府應該擁抱赤字，在私部門沒有能力花錢時大舉支出。但他的經濟構想永遠是為了更遠大的社會理想而服務。凱因斯是戰爭與和平的哲學家，最後一位致力將政治理論、經濟學與倫理學統合起來的啟蒙知識分子。他的主要目標從來不是賦稅或政府支出，而是他所謂「文明」的存續，一個能讓英國財政官員和俄國芭蕾舞伶相遇相知的國際文化環境。[21] 熱那亞會議十年後，全球陷入大蕭條，一名記者請教凱因斯，這世界是否經歷過相同事件。凱因斯一本正經回答：「有，黑暗時代，持續了整整四百年。」[22]

一九一四年大戰爆發，凱因斯首次目睹黑暗來襲。他給這個對手取了不少名稱。二戰之前是「軍國主義」和「帝國主義」，之後則是「土匪政權」(brigand powers)，甚至是「人類之敵」。[23] 不論任何構想或策略，只要能保護他的藝文同伴與品味生活不受威權主義侵犯，凱因斯都樂於嘗試。從自由貿易到高額關稅，他前前後後擁抱過不少可能的對策。凱因斯最著名的作品《就業、利息與貨幣通論》(*The General Theory of Employment, Interest and Money*)不僅打算為政府推行公共工程提供理論基礎，也是他對抗軍國主義的十字軍。他希望這本書能成為制定反帝國主義政策的百寶箱。「當一個國家單憑國內政策就能完全就業，」他在書中結論部分寫道：「就毋須精心計算經濟力量，設定利率來對抗鄰國。」[24]

對一九三〇年代劍橋大學凱因斯的學生而言，他們後來有許多人將恩師的構想施行於世界各地，這本書是一套完整的生命哲學。其中一位學生班蘇杉巴特（David Bensusan-Butt）這樣形容：「對我們來說，《通論》不是經濟理論，而是一份理性與歡悅宣言，是一個懂得享受的智識天才用文字躍然紙上。在所有見過凱因斯的人心中，他始終是那樣一個人。書裡給了我們理性基礎與道德訴求，讓我們對當代人的心智健康與清明保持信心。」[25]

在法西斯崛起的一九三〇年代，要堅持這樣的想法並不容易。而在現今這個時代，要維繫這種理念同樣困難重重，因為新一波威權極端主義正在歐洲、美國、拉丁美洲、中東與亞洲蔓延。但對想用文字與說服解決世界問題的人來說，這是基本信念，也是實踐民主的根本原則。二十一世紀初，民主國家再度受到攻擊，沒有一位二十世紀知識分子的思想比凱因斯的思想還要與我們息息相關，更值得我們回顧其思想的勝利、挫敗與脆弱。

凱因斯身上充滿各種矛盾。他是官僚菁英，卻娶了舞伶為妻；是同性戀，最愛的人卻是女性；是大英帝國的忠僕，卻反對帝國主義。是和平分子，卻幫忙替兩次世界大戰尋找財源；是國際主義者，卻為現代民族國家提供了知識根基；是經濟學家，卻挑戰了經濟學的基本原理。但在看似矛盾的表面下，他對人類自由與政治救贖的追求始終如一。直到死前，凱因斯都未能將自己的構想系統化，譜成一以貫之的哲學主張。就連雄心萬丈的《通論》也只是其遠大計畫的一部分。而本書便試圖從他留給世人的散文、小冊、信件和著作裡拼湊出計畫的全貌，證明他的計畫對我們這個時代仍然具有振聾發聵的力量。

除此之外，本書還將描繪凱因斯主義的發展歷程，追溯它如何橫越大西洋，幾經轉形成為極具美國風格的政治觀。這個過程同樣充滿反諷。凱因斯從來沒有喜歡過美國，天氣老是太熱，鄉下的鳥也不夠多。他也沒有喜歡過美國人，覺得他們太自以為是，又太敏感。但少了美國對他理念的政治支持，凱因斯和他的作品只會是學術界新奇的小發明而已。

凱因斯最終和洛普科娃結了婚。然而和他倆的婚姻不同，凱因斯與美國的結合始終波折艱辛。儘管這個新起的霸權參考《通論》以打造美國中心的全球新秩序，卻對凱因斯計畫裡的反帝國面向沒什麼興趣。比起大西洋對岸的同行，美國的大經濟學家更急於主張自己的研究無關政治，只是一門專業的數理科學，和凱因斯尊敬的啟蒙哲學家的省思毫無牽連。即便是哲學性格最強的追隨者，如高伯瑞（John Kenneth Galbraith），當他們嘗試實踐構想，運用凱因斯學說來對抗美利堅帝國本身，也都察覺自己深受這個霸權的政治視野所局限。

因此，凱因斯主義的歷史也是美國權力（包括其許諾與濫用）的學理建構史。凱因斯主義的發展可以說完全超出他本人所能夠意料。這是一部數字與算式的歷史，也是一部芭蕾舞伶和動物本能的歷史。在這部歷史中，大學教科書之爭就和派軍出兵、選舉結果與股市崩盤一樣重要。

一九三四年春，維吉尼亞．吳爾芙以這位好友為對象，寫了三頁情真意摯的「假想傳記」，並於開頭草草寫下了至少二十五個主題：「政治、藝術、舞蹈、書信、經濟、青春、未來、腺體、族譜、亞特蘭提斯、道德、宗教、劍橋、伊頓、戲劇、社會、真理、豬、薩塞克斯、英國史、美國、樂觀、口吃、舊書、休謨。」如同傳記所影射的主角，吳爾芙的描述也從東薩塞克斯的農莊開始，一路講到國王學院、劍橋、柯芬園歌劇院和一間罕見的書店，最後來到深情款款的致敬：「他聽見街上有人高聲講著最新消息。他聳聳肩，繼續盯著面前的綠色板子。板子上釘著紙片，紙上寫有符號：一群x被一群y控制，又被意思更隱晦的符號包圍。他相信，百分之百確定，這些紙片只要擺好就會形成一個單字，簡單、充分且完整，一切問題都能徹底解決。該動手了。於是他開始行動。」[26]

1 淘金熱之後

凱因斯並不強壯，雖然能言善辯，但身體總是孱弱。他寧可過度工作，也不習慣適度運動，因此常活在著涼與感冒的陰影中。他幾乎從小就沒離開過劍橋，長大後和父親一樣，在劍橋大學當個小教書匠。他的朋友兼導師羅素常見到這位晚輩週末午後還在學校裡檢查數據或埋首書中。任職國王學院的他心情特別煩躁的時候，偶爾會到羅素任教的三一學院，在大庭院漫步散心，欣賞國王門的中世紀角樓、維多利亞時代建造的教堂的哥德式高窗，以及莎翁創作《哈姆雷特》時期興建的噴泉。凱因斯喜歡傳統也喜歡沉思，生活在這所歷史悠久的大學可說是再完美不過了。

然而，一九一四年八月第一個週日午後，三十一歲的凱因斯卻神色匆匆走過飽經風霜的鋪石路和修剪整齊的茂密草坪。羅素攔住這位年輕朋友，問他怎麼了。凱因斯激動地回答他得趕去倫敦。「你怎麼不搭火車去？」這位哲學家問道。

「沒時間了，」凱因斯說完便扔下一臉困惑的羅素繼續趕路。

怪事還沒結束。凱因斯穿過大庭院來到他妹婿希爾（Vivian Hill）的機車前，將自己接近兩百公分的高個長腿塞進邊車，兩人隨即風馳電掣朝九十六公里外的首都奔去。[1] 這趟古怪瘋狂的旅程將徹底改寫大英帝國的命運。

那天是英國陷入史上最猛烈金融危機的第五天。國家政要還在為了那個世代最重大的外交問題（是否加入歐洲大陸爆發的戰爭）爭論不休，結果又陷入足以瓦解國家經濟的大災難。當時倫敦沒有一位外交專家或經濟舵手看得出來，過去半世紀驅動歐洲的經濟體系已經瞬間崩盤。

一八七一年普法戰爭結束後，世界列強與許多次要國家變得極度仰賴複雜的國際貿易協定供應人民一切所需，從最基本的糧食到重機械無不如此。不管對貴族或是對人數和權力不斷擴張的中產階級而言，那都是一段富庶奢華的年代，後世更替那個時期取了不少浪漫的名字，如「美好年代」（La Belle Époque）和「鍍金時代」（The Gilded Age）等等。[2] 英國工人將埃及棉花或紐西蘭羊毛紡成各種裝飾，賣給全歐各地的家庭。富人和崛起之家用鑲嵌在澳洲黃金底座上的南非鑽石和象牙妝點自己，巴黎麗思飯店（Hôtel Ritz）供應印度下午茶，歐洲高級飯店也掀起新的美食風潮，在法國、義大利和德國地方菜色裡加入新世界的食材。[3]

「在這個經濟的黃金國與烏托邦，」凱因斯日後回憶道：「人們以低價和最少的麻煩所能享有的方便、舒適與愉悅，遠勝於其他時代最富有強大的君王。」[4]

帝國擴張促成了文化爆發。從英國、西班牙、法國、德國、俄羅斯、比利時、荷蘭到鄂圖曼帝國，無不利用軍事力量來擴張對其他大陸人民與資源的控制，連還在青春期的美國也不例外。凱因斯很清楚英國帝國主義的殘暴，曾在報告裡用「冷血」一詞形容英國對印度受瘟疫「重創」的反應，結果遭到英國印度事務部一名高官訓斥。[5]不過，凱因斯並不認為這些事件是當時世界經濟結構的必然後果，而只是不巧出現的雜質與瑕疵，終將被進步的引擎篩除。「不論軍國主義、帝國主義、種族與文化對立、經濟壟斷、限制或排拒，這些計謀與政治都不過是天堂裡的毒蛇、日報中的談資，感覺對日常社會和經濟生活幾乎沒有任何影響。」[6]

對這位年輕的經濟學家，歐洲這些年的物質富裕，最驚人之處不是取得的手段，而是這些強權國家「資本與貿易往來之容易」。歐洲各地的新金融合約都被織入全球商業的網絡裡。許多公司在甲國借貸，將產品賣往乙國，在丙國購買保險，而倫敦金融區正是這個經濟秩序的活躍心臟，全球半數商業活動都在這裡取得資金。[7]當時所有知名的銀行霸主，從跨洲的羅斯柴爾德（Rothschild）家族、法國的拉札德（Lazard）家族、漢堡的施羅德（Schröder）家族到美國的摩根家族，都以倫敦為主要據點，每年發售給民間企業和主權國政府的外國債券總額超過十億美元。[8]這股金融力量讓倫敦一舉躍升為地表最繁榮的大都會，人口超過六百萬，是一八六一年的將近兩倍。[9]

倫敦監管的舊世界經濟體系雖然複雜，卻出奇穩定。各國間的貿易帳戶都能結平，資本流動平穩又可預期，金融混亂（disruption）通常為期不久，很快就能修正。面對如此出色的對稱狀態（symmetry），有閒階級普遍認為就算這套體系有其弱點，例如國內產業貧困和美國農業蕭條二十年，也是無關緊要。「倫敦居民可以早晨躺在床上喝茶，一邊用電話訂購全世界的各種產品，數量隨他高興，也能合理預期產品很快就會送到門前，」凱因斯寫道：「最重要的是他認為這點稀鬆平常、確然無疑而且永遠不會改變；就算會變也只會變得更好。」[10]

新經濟現實催生了新的政治意識形態。一九一〇年，英國記者安吉爾（Norman Angell）出版《大幻覺》（*The Great Illusion*）一書，主張二十世紀國與國的商業如此相互倚賴，已經使得戰爭成為經濟上的不理性行為。安吉爾認為，沒有任何國家可以從軍事征服另一個國家獲利，就算戰勝也會蒙受金融損失，戰利品再多再好也不例外。[11]

安吉爾錯了，更糟的是還被人誤解了。他的書大賣數百萬冊，還養出一群狂熱的官員信徒，這些人堅持戰爭既然在經濟上不划算，那就是過去式了。然而，安吉爾的主張並非如此。「不理性」不代表「不可能」。但在那個嚮往啟蒙理性政府的年代，不少政治領袖都認為戰爭「愈來愈難，也愈來愈不可能」發生，[12]而這正是《紐約時報》專欄作家佛里曼（Thomas L. Friedman）一百年後遙相呼應的觀點。他在自己的暢銷書裡說：「不論哪兩個國家，只要同屬於一條全球供應鍊……就絕不會打仗。」[13]

然而，意想不到的事還是發生了。一九一四年六月二十八日，奧匈帝國王儲斐迪南大公訪問塞拉耶佛，結果遭一名十多歲的南斯拉夫民族主義者暗殺，奧匈帝國隨即向塞爾維亞宣戰，從法國到俄羅斯都開始動員軍隊。由於國與國的政治聯盟使得各帝國接連參戰似乎無法避免，以倫敦為經濟宇宙中心運行的那套堅不可摧的支付體系也就瞬間瓦解。

動盪從維也納股市開始，短短幾日就擴散到歐洲各國首都。甲地的銀行和投資人一旦遭受巨額損失，就會抽回他們在其他國家的資金，導致資產清算向外蔓延。到了七月三十日，歐洲只剩倫敦和巴黎兩個交易所還在運作，其餘各國都已經關閉股市，以便阻止證券價格繼續暴跌。然而，這種做法只是讓法國和英國市場壓力更大，因為外資紛紛搶在倫敦拋售證券，價格再低也無所謂，導致股價無量下跌。

這種狀況已經夠糟了，更嚴重的問題是倫敦原本能從海外收到支付款，現在統統戛然而止。倫敦每天經手的到期債款高達數百萬英鎊，然而宣戰立刻使得外國債務人無法還款，連有能力清償者也不例外。瀕臨交戰的國家禁止投資人向準敵國的公司付款。國際黃金船運價格飆漲，導致無法將資金移往國外。船運路線中斷，世界貿易也開始瓦解。巴黎從英格蘭銀行贖回四百萬英鎊黃金，以挽救法國的銀行。[14] 錢往外流出，卻沒有進來，大英帝國正受到金融轟炸。[15]

這些問題導致整個國際貨幣體系（即金本位制）岌岌可危。「倫敦對全球信用狀況的影響之大，讓英格蘭銀行足以稱為國際交響樂團的指揮，」凱因斯日後寫道。[16] 只要倫敦一垮，全球金融也會跟著垮臺。

英格蘭銀行不是一般銀行。它不接受勞工存款，不發放房貸給家庭，也不借款給店主商家，而是設定利率來調控英國貨幣系統。這個工具非常強大，能決定經濟體的貸款價格，進而決定經濟成長率與整體薪資水平，尤其是進出口流量。它是全球最重要的中央銀行，美國總統威爾遜不久前才仿效它設立了美國聯邦準備系統。

英格蘭銀行調控上述事項的方式是和一般銀行進行交易；一般銀行則和普通客戶交易，而普通客戶才是社會商業活動的主角。英格蘭銀行和一般銀行進行交易的首要資源是黃金，使得黃金成為鍍金時代經濟實力的最高指標。主要國家的貨幣不論金幣或紙鈔，都能兌換成定量黃金。這是英格蘭銀行對普通客戶的唯一義務，任何人只要拿著合法紙鈔去兌換黃金，英格蘭銀行都必須給付。

一個國家流通的貨幣愈多，能夠支持的經濟活動也愈多，前提是銀行保險庫裡有相應的黃金儲備。當時金融思想家一致認為，貨幣若只靠政府背書，少了黃金擔保其價值，那麼發行貨幣非但無法刺激經濟，反而會引發通貨膨脹，導致物價上漲，民眾儲蓄貶值，購買力降低。

英國建立的龐大政治帝國給了英格蘭銀行其他央行沒有的優勢，能以優惠價格直接向南非礦場購買金原礦，增加儲備。[17]這點雖然方便，但過程拖沓，連全球商業的每日需求都無法滿足，更別提迅猛的金融危機了。

雖然國際貨幣體制與黃金掛勾在一起，但是國與國為了平衡貿易帳戶而往來運送的黃金數量其實不多。各國央行靠利率調控黃金儲備。當黃金儲備減少，英格蘭銀行就會調高利率，提高存款和英國企業債券的報酬率，以鼓勵所有人繼續持有英鎊。擁有黃金無法賺得利息，因為黃金和貨幣的兌換比是固定的。但調高英鎊利率能讓較膽小的投資人將錢留在倫敦，不致兌換成黃金，轉為投資法郎或美元。

調高利率也會增加國內經濟的負擔，因為會讓零售和製造業者借貸的成本變高。但只要等黃金儲備因調高利率而穩固下來，英格蘭銀行就能調低利率，紓解國內產業的壓力。這些手段讓央行處理跨國支付時，只需要替外國央行記帳就好，將黃金從自家保險庫的這個角落移到那個角落就沒事了。只有長期巨額結存或發生不可預知的危機時，才需要在國與國之間運送黃金。

然而，一九一四年八月的情況嚇壞了所有決策官員，因為調高利率不管用了。英格蘭銀行於七月最後一週三度調高利率，但就算利率已經高到令人咋舌的一〇％，還是無法阻擋黃金外流。

國外支付突然中斷，立刻讓倫敦金融城各家「承兌所」陷入危機。這些機構專門協助外國人將錢轉入英國銀行，許多證券經紀商都是承兌所的大戶，而替投資人買賣股票的證券經紀商又是各主要銀行的債務大戶。因此，金錢必須維持流通，所有人才能繼續做生意。所有人都仰賴其他人付款，才能履行對另一些人的債務。只要承兌所倒閉，就會引發連鎖反應，拖垮整個倫敦金融體系。一個即將參戰的國家根本承受不了此等災難。

骨牌開始倒下。倫敦城的外國銀行紛紛出售資產，將錢兌成黃金寄回國內；[18]而證券經紀商為了自救，不得不拋售有價值的長期證券，以便套現。短短幾天就有六家證券經紀商倒閉，而低價甚至不計價格求售也讓股市無量下跌。這時購買股票雖然划算，但再有餘裕的生意人也被困死在橫跨六大陸的商業網絡之中，完全無法脫身，也無法估算戰爭對各個公司或產業的潛在威脅。原本繁榮又可預期的全球經濟，不到一星期就化成了不確定的泥淖。

於是，英國金融家便做了所有腦袋正常的人會做的事：病急亂投醫。他們將手上一切都兌換成黃金，用走到哪裡都被承認的資產取代突然變得不穩定的紙幣。而銀行擔心自己的償付能力，也開始囤積黃金，拒絕放款給需要短期現金度過難關的證券商。[19]他們不僅拒絕信任了數十年的客戶，甚至停止支付金幣給需要領錢採購日用品的一般存戶。這些驚惶之舉對朗伯德街（Lombard Street）的這些金融巨擘來說，簡直是讓自己人格與道德蒙羞。[20]

英格蘭銀行就沒這招可用了。大難臨頭的徵兆顯而易見，數以千計的焦急客戶每天都在銀行門外排成一條長龍，等著兌換金幣，行人從早到晚都難以動彈。[21]

危難當前，英國財政部決定關閉股市，銀行休假四天，創下史上最長紀錄。財政大臣勞合喬治（David Lloyd George）下令暫緩執行債權一個月，以便拯救搖搖欲墜的承兌所。但所有緊急措施當中，影響最深遠的卻是一個看似隨意的個人決定：徵召一位名不見經傳的三十一歲學者來平定慌亂。

凱因斯怎麼看都不像會被拉入大戰高層決策圈的人。他在劍橋大學主修數學，而不是經濟學，喜歡與藝術家為伍勝過和官僚共事。他的社交活動通常不是談詩論藝，就是和朋友互換愛人或開放婚姻，並且向外人堅稱這種情愛關係的混亂狀態在他們的小圈子裡是社會進步的行動，目的在破除維多利亞時代扼殺創意心靈的假道學。這群小說家、畫家、哲學家、詩人和藝評家自稱布倫斯伯里幫，因為幾位領頭人物都住在倫敦那一區。他們有辦不完的茶會與晚宴，總是在席間交流想法，互不相讓，很快就以乖張行徑而惡名昭彰，讓美國知名記者李普曼（Walter Lippmann）印象深刻。一位傳記作者曾經描述李普曼的看法，認為這群人「邪惡瘋癲，奇裝異服，老是拐彎抹角開玩笑，說起話來像猜謎一樣」。[22]

儘管這群狂飆青年在性和智識方面過得多姿多采，但時近中年大多一無所成。凱因斯的密友維吉尼亞．吳爾芙立志成為作家，卻沒有出版過一本書；而從大學一起加入祕密社團以來就對他有最大影響的斯特雷奇，則是一直靠寡母提供經濟援助。凱因斯本人也曾效力於英國印度事務部，這段短暫的官僚生活平淡無奇，根本不用離開倫敦。

一九一三年初，凱因斯出版了第一本書《印度的貨幣與金融》（*Indian Currency and Finance*），總結自己對這份工作的學習心得。這是一本企圖心不算強的專業書籍。凱因斯用兩百六十多頁的篇幅提出一個論點，主張印度貨幣在本國境內不必能夠兌換成黃金也能支持日常商業活動。貨幣可兌換黃金只對國際貿易重要，因為商人需要一個客觀的價值標準，可以通用於各國貨幣。[23] 年輕時的凱因斯將帝國統治視為理所當然，而不是道德兩難。他自認有責任改善英國在印度的治理水準，並尊重地方官員，然而從未質疑英國對印度有統治權。他對印度商業往來的細節很感興趣，但對這些經濟活動背後的權力關係或人權問題無動於衷。這本書只賣出了九百四十六冊，而凱因斯則是重回母校，開始寫一篇數學機率的抽象論文，並尋求羅素這位長他十一歲的通才學者的評論與建議。[24]

一九一四年夏天，凱因斯沒沒無聞，但他確實是個天才。「凱因斯的腦袋是我遇見過最清楚、最犀利的，」羅素寫道：「每回和他辯論，我都覺得自己勝券在握，最後很少不覺得自己是蠢蛋。」[25]

從劍橋到印度事務部，凡是和凱因斯有過深交的人，沒有一位不對他頭腦之出類拔萃感到嘆服。一戰爆發時已經在英國財政部效力十年的布萊克特（Basil Blackett），曾經和凱因斯於皇家委員會共事過幾個月，處理印度金融問題，當時便對凱因斯留下了深刻印象。因此當他眼看金融風暴正以前所未有的速度與強度席捲英國，便於一九一四年八月一日週六那天寫信給這位前同事。「我想借用你的頭腦替國家服務，我覺得那個過程你應該會喜歡，」布萊克特這樣寫道：「你要是週一能抽空來見我，我會很感激，但你恐怕來了就得當場決定。」[26]

凱因斯嗅出了布萊克特客氣言詞背後的刻不容緩。這是個千載難逢的機會。勞合喬治正在尋求英國金融界大老的建議，包括英格蘭銀行行長康利夫（Walter Cunliffe）和羅斯柴爾德男爵（Baron Nathan Mayer Rothschild），[27]而他有機會在危難時刻證明自己。他們隨後幾天做出的政策抉擇將決定大英帝國的戰時經濟，甚至左右戰爭的結果。「只要一個錯誤，」勞合喬治表示：「就足以破壞信用與信心，導致軍隊無法盡力施展身手。」於是，既不會開車也沒錢叫車的凱因斯就這樣坐著摩托車去了倫敦。

凱因斯抵達倫敦這個被銀行家掌控的城市，這些人像是被最凶狠的金融魔鬼給附身。「過去三天的銀行休假日，是我這輩子最忙也最焦慮的時刻，」勞合喬治於戰後多年回憶道：「驚惶的金融家可是沒有半點英雄的架式。」[28]

當時幾家大銀行已經開過祕密聯合會議，並將商討出來的救援計畫呈給財政部。做法很簡單：中止支付黃金給外國客戶、銀行與政府，將黃金留在英國以穩定國內銀行。

銀行接連破產將重創股市和所有需要定期貸款的商家行業，從農夫到百貨公司都無法倖免。然而，經濟崩盤最可怕的後果是英格蘭銀行可能耗盡黃金儲備，這對英國政治霸權和國際貨幣體系運作都將是致命一擊。

銀行家提出的緊急計畫反映了他們對危機的理解：銀行收不到錢，可是不能倒。而對勞合喬治和財政部來說，這套解決方法的戰略好處非常明顯。將黃金留在國內不只能拯救銀行，還可以提高大英帝國面對戰爭的財政優勢。根據計畫支持者的說法，留在國內的黃金愈多，英國就愈有經濟實力對抗敵人和影響盟友。

到了週一，也就是八月三日，德國向法國宣戰，衝突幅度陡然拉高，勞合喬治肩上的擔子更重了。是日下午，英國外交大臣格雷（Edward Grey）在下議院發表演說，請國會遵照條約協助法國對抗入侵。這對格雷來說相當棘手，因為他所屬的自由黨內部向來反戰勢力龐大。許多議員反對英國捲入其他強權的暴力糾結，就連保守黨內的激進派也不大想為了多年前簽署（而且不是他們簽字）的條約而自動宣戰。於是，格雷決定動之以情，訴諸義憤感，表示德國很快就會入侵比利時，一個過去二十年來面對歐洲強權相互傾軋始終保持中立的小國。比利時對德國毫無軍事上的威脅，德國派兵純粹出於方便，只是為了入侵法國，而進攻法國又單純出於威廉二世想擴張德國領土的衝動。

「難道我們國家要袖手旁觀，目睹歷史寫上血腥的一頁，成為罪行的幫凶嗎？」格雷慷慨陳詞道。但他同時也對英國隔岸觀火的後果提出了更冷靜而具體的分析，也就是對國家底線的影響。格雷指出，一旦在國際失去可靠度，英國「勢必將遭受最慘重的經濟衝擊」，[29]只是他當下並未透露國家已經在財政崩潰邊緣。

外交大臣對國會發表演說之際，勞合喬治和財政部則是在白廳辯論，聽取凱因斯提出的貨幣止血方案。

凱因斯的計畫和銀行家完全相反。他認為英國對所有要求黃金支付的外國人都該全額給付，而國內（包括銀行在內的）需求則可另外發行紙幣應付，讓英格蘭銀行將黃金儲備保留給外國客戶。

銀行家全嚇傻了。但凱因斯認為他們誤判了危機，將眼前視為銀行的存亡之戰，而非思考銀行存在是為了什麼。英格蘭銀行的重點不在黃金，而在經濟實力，就好比戰爭的重點不在槍炮多寡，而在如何確保大英帝國的政治霸權。黃金是工具，甚至武器，而非終極目的。「承平之時儲備黃金就是為了危難之用，」凱因斯在報告裡告訴勞合喬治，而現在正是國家有難的時候。[30]

在凱因斯眼中，倫敦的真正經濟實力不在於持有相對無用的閃亮金屬，而在於國際認可的可靠度。只要英國繼續按照外國大戶要求的時間與面額支付款項，倫敦作為全球金融中心的地位就不會動搖，英國對其他國家的經濟影響力也能保持。本國銀行的要求與恐懼相比之下並不重要。的確，歐洲其他國家都想盡辦法囤積黃金，然而它們都不是金融中心。這個地位雖然有無比影響力，卻很脆弱。倫敦必然履約的印象一旦打破，就可能被其他地方取代，大英帝國對國際事務的話語權也將徹底削弱。

而且，英格蘭銀行面對的危機幾乎都得怪在這些銀行身上。雖然法國抽資讓英國政府心生警覺，但英格蘭銀行和財政部都很清楚，眼前危機只有一小部分和外國客戶直接相關，絕大部分都導源自本國銀行的驚慌失措。這些銀行擔心英格蘭銀行的黃金儲備很快就會告罄，因此即使沒有急需也搶著兌換黃金，免得過幾天只能空手而回，結果就是黃金儲備急遽減少，整件事成了一樁自我實現的預言。銀行連休前一天，英格蘭銀行通知財政部，過去幾天光是國內銀行就提領了二千七百多萬英鎊黃金，將近法國提領的七倍，並且預估關門前總儲備量將剩不到一千萬英鎊。[31]

「銀行家的腦子都壞了，嚇得完全無法思考兩件前後接續在一起的事，」凱因斯於八月六日寫信給父親說道。[32]

他並未主張黃金與英鎊脫勾。民眾基本上仍然可用新貨幣兌換黃金，只不過法律保障最為薄弱，目的在盡量保留黃金給國外支付。此舉效果將很類似凱因斯在他的書中對印度提出的建議。「黃金應該全保留在英格蘭銀行總部，」他告訴勞合喬治：「一般民眾如果真的需要黃金，就必須親自到英格蘭銀行才能換得。」[33]對家住康瓦爾或蘇格蘭的民眾來說，為了一點黃金舟車勞頓幾天是不可能的。

凱因斯之後又花了數十年對抗金本位制，而他的努力也將徹底改寫大西洋兩岸的政治發展。但當時他只是個沒沒無聞的學者，既不是財政部官員，也沒有在政府留下什麼成就，足以說服財政大臣否決倫敦銀行大老們的正式共識。他知道自己的計畫若不管用將帶來多少經濟災難，但這些大膽的建議是他歷時數月思考政府掌管全國經濟該扮演何種角色的結果。凱因斯知道自己在英格蘭銀行和財政部都有盟友，畢竟是他們找他來倫敦的。那年夏天稍早他才致信布萊克特，指出解決英格蘭銀行擠兌問題不是為了維持黃金儲備，而是為了「一個重要得多的問題，那就是倫敦貨幣市場未來的權力與責任中心是誰」？[34]是財政部？還是大銀行？

眼見銀行家面對危機眼界狹隘，一心只想守住自己，凱因斯對他們的政治影響力更是憂心。他寫信給自己的經濟學啟蒙導師馬歇爾（Alfred Marshall），痛斥兩位銀行大老的協商主張，「一個膽小如鼠，一個自私自利，兩人實在表現糟透了。」[35]他日後表示這些銀行家被「驚慌絕望」的感覺吞噬，只在乎自身短期的「金融利益」，完全不顧「我國的過往榮耀與未來名聲」，[36]因此必須受到政治監督才能保障國家利益。

八月四日，德軍進占比利時，英國政府不出幾小時便對德國宣戰。勞合喬治被凱因斯親筆撰寫的備忘錄說服，大致同意了他提出的金融救援方案，[37]命令財政部於八月七日銀行休假結束前印妥新鈔，而國會也搶在前一天立法核准新鈔發行。民眾焦急等待前線傳回的最新消息，金融界則是屏息等候市場重開。救援是成是敗，隔天早上就見分曉。

結果成功了。英國民眾接受了新紙鈔，英格蘭銀行回復穩定，物價也沒有飆升。民眾甚至又開始存款，不再擠兌現金。[38]雖然股市五個月後才又重啟，但危機最嚴重也最緊急的一關已經過了。[39]

而且倫敦城的金融實力絲毫未損。當其他大國陸續宣布暫停國際黃金支付，只有大英帝國信守承諾全額支付。[40]

這次經驗在凱因斯身上留下了深刻烙印。他發現金融市場和經濟學家在課本裡描述的實體非常不同，一點也不明確有序。市場價格起伏反映的不是理性自利行為者的集體智慧，而是思考有盲點的人面對不確定未來所做出的判斷。比起供需均衡，市場穩定更加仰賴維持合法性、秩序與信心的政治力。

二十二年後，凱因斯出版了代表作《就業、利息與貨幣通論》，這些觀察全都成了書中經濟理論的基本原則：

> 我們的積極作為有一大部分出於油然而生的樂觀，而非數學期望值，從道德、享樂到經濟活動莫不如此。我們之所以積極作為，絕大多數……純粹出於血氣之衝動，寧願有所行動，也不要毫無作為，而不是先把可得利益的多寡，乘以得此利益的或然率，得出一個加權平均值，然後再做決定。宣稱企業完全遵照創業簡章的準則行動……只是自欺欺人罷了……企業家依據精確計算未來利弊得失而行動的程度，頂多比南極探險略勝一籌。因此只要血氣衰退，油然而生的樂觀不再，一切仰賴數學計算，企業就會萎頓而亡，即便後來對損失的畏懼和起初對利潤的期盼同樣都缺乏合理基礎。[41]

這個教訓不只適用於危機時刻。凱因斯指出，市場是社會現象，而非數學現象。研究市場的經濟學和物理學不同，不是依循鐵律的硬科學，而是和政治學一樣充滿彈性，是一個由習慣、經驗法則與各種調整構成的領域。市場信號如某種物品的價格或某種證券的利率，並非真實世界中消費者偏好或企業危機的可靠指引，充其量只是一種逼近，永遠會隨著人面對不確定未來的態度變化而改變。

一九一四年的危機讓凱因斯飛黃騰達，不再是與世隔絕的小牌學者，而是進入財政部擔任英國戰時經濟的首席顧問，成為大戰期間最重要也最有影響力的政府官員；不再和羅素等人在劍橋大學拆解抽象的數學概念，而是和各國政要往來，遠赴法國與美國協商債務，討論武器與糧食安排。用維吉尼亞・吳爾芙的外甥昆丁・貝爾（Quentin Bell）的話來說，凱因斯現在是「後起之秀」了，「儘管當時沒人可以想像他將變得多麼引人注目、多麼受人中傷。」[42]

「我**即將**前往巴黎，週日或週一出發，」一九一五年元月底，凱因斯在信裡興奮告訴父親：「同行者全是萬中選一，勞合喬治、英格蘭銀行行長諾曼（Montagu Norman）和我，還有一位私人祕書。我們將是法國政府的座上賓。」[43]

那篇機率論文只得之後再說了。

2 戰債

作家維吉尼亞・吳爾芙日後回憶，週四聚會「總是煙霧繚繞，還有吃喝不完的小圓麵包、咖啡與威士忌」。[1] 每到那天，她哥哥的朋友就會從劍橋來到倫敦戈登廣場四十六號，在她家爭執胡鬧直到隔天清晨。這裡頭有體型瘦弱、性格爽朗滑稽的斯特雷奇，一臉愁容的悲觀主義者倫納德・吳爾芙（Leonard Woolf），詩人悉尼特納（Saxon Sydney-Turner），以及極具才華的窮畫家格蘭特（Duncan Grant），他對點心的興趣不比談話低。此外還有幾位愛德華時代的青年才俊也會不定期出現，有名有錢的都有，像是詩人葉慈、小說家佛斯特、總是滿身珍珠蕾絲並有愛人相伴的莫瑞爾夫人（Lady Ottoline Morrell），當然還有「難纏的」凱因斯——「不論別人和他爭論什麼，總是被他殺得片甲不留，但在那令人印象深刻的智識盔甲之下」卻藏著「一顆善良甚至單純的心」。[2]

一戰前那十年，維吉尼亞和這群密友都愛上了戈登廣場四十六號，覺得那裡是「世界上最美、最刺激也最浪漫的地方」。[3] 他們合力將那棟四層樓的寓所打造成無情抨擊維多利亞時代拘謹文化的基地，即使他們每個人都是在那種文化裡長大。「我們修正習俗與觀念，」[4]維吉尼亞寫道，而他們什麼都吵——吵藝術、吵詩歌、吵善惡、吵愛與性，一路吵到技術性的細節。根據倫納德的說法，他們追求「思想與言論的徹底自由……掃除一切拘泥與障礙」，所有人都覺得「無比新奇與興奮」。[5]

對維吉尼亞和姊姊凡妮莎來說，這是場精神的覺醒。「這些年輕男人完全不講『禮貌』——批判我們就和批判他們自己一樣狠，彷彿根本沒注意我們的穿著打扮，外表好不好看。所有自小橫陳在我們面前，關於外貌與行為的巨大阻礙……被一掃而空。我們再也不用忍受派對後那些難堪的責難，聽到諸如『你打扮得真好看』『你看起來真的很普通』或『你真的該學學怎麼打理頭髮』的評論。」[6]從小到大，維吉尼亞和姊姊凡妮莎的才華頭一回被認真看待。在布倫斯伯里，凡妮莎被當成畢卡索和（她在巴黎造訪過的）馬諦斯這樣的大畫家，而維吉尼亞的散文也和佛斯特的小說平起平坐，得到一樣熱切的賞析。

很快，光是週四晚上飲酒作樂已經無法滿足他們。「不論白天晚上，我們三天兩頭就開派對，什麼事都幹，」凡妮莎寫道。這群布倫斯伯里之星會互相布置房間、繪製肖像或共飲香檳打發時光。[7]

消息開始在倫敦城裡不脛而走。根據當時的嚴苛禮教，男人之間直呼其名就已經不夠莊重了，直呼女性閨名更是不可想像，[8]沒想到戈登廣場四十六號的未婚男女竟然住在一起！這群人除了有時會男扮女裝私下取樂，還曾經統統打扮成高更畫作裡衣不蔽體的大溪地人去參觀中世紀興建的克羅斯比廳。於是流言開始流傳，說他們偶爾會光著身子開派對，還說凱因斯和凡妮莎曾經當著所有人的面在沙發上做愛。這下連年輕人都看不下去了，凡妮莎日後回憶自己曾經被人厲聲質問，「語氣很不認同」。[9]

布倫斯伯里幫將激進叛逆的行為精緻化，同時尋求性愛與智識的徹底解放。在這個新道德觀之下，所有舊的家庭常規都被斥為迷信，宗教本身也成為嘲諷對象。沒有人有資格對任何人擁有占有欲，任何擁抱都是可以的，是得當的，只要雙方對自己的感覺誠實。男人可以愛男人，已婚婦女也可以盡情外遇，任何人、任何性別都無妨。只要誠實，所有你想得到的配對都是公平的，拿忠誠當反對理由的人都是墨守成規，是道德進步的阻礙。

這種標準根本做不到，而布倫斯伯里幫也一直被嫉妒搞得四分五裂。凡妮莎一九〇七年和弟弟的朋友貝爾（Clive Bell）結婚，但兩人的婚姻很快就失敗了，因為貝爾仍然不斷追求其他對象，甚至不知恥地勾引維吉尼亞。不過，凡妮莎本人也不乏追求者，數學家諾頓（Harry Norton）便是一個。他在凡妮莎跑到多塞特郡岩岸邊拍攝裸體藝術照時對她一見傾心，而替凡妮莎拍照的則是名叫弗萊（Roger Fry）的藝術評論家。最終她從凱因斯手裡搶走了畫家格蘭特（Duncan Grant），與他交往。在此之前，凱因斯和格蘭特已經多年打得火熱。只是格蘭特和凡妮莎在一起後，很快又和其他男人交好，尤其是才華洋溢的年輕作家大衛．加內特（David "Bunny" Garnett），綽號邦尼*；而加內特偶爾還會對凱因斯投懷送抱。總之，這是一張剪不斷理還亂的情網，也是一個穩

* 譯注：邦尼（Bunny）有小兔子的意思。

定得出奇的小團體。連結布倫斯伯里幫成員的是真摯的情感，而開誠布公更是讓所有人關係更鞏固。不論外人怎麼說，布倫斯伯里幫都自成一個完滿的宇宙，成員們深信世人終將會仿效這個進步的典範。一位藝術史學家表示，直到一九一三年，這群人都還相信歐洲社會正邁向一個新的「啟蒙秩序，人與人之間無私的愛與合作將打破政府與家庭的長幼尊卑」。[10]

戰爭炸毀了一切。根據維吉尼亞·吳爾芙的說法，從派對、想法到道德觀，都被證明只是「曇花一現」。[11]談了那麼多性與真理，布倫斯伯里幫卻從來不曾認真思考過權力、暴力或帝國主義的問題。「當美是如此鮮明地出現在我們腳下，」凡妮莎說：「我們怎麼可能對那些事感興趣？」[12]隨著部隊橫掃歐洲，各大帝國為之顫抖，布倫斯伯里幫的浪漫主義突然顯得無足輕重，新道德觀也只是自我沉溺。

凱因斯化解一九一四年金融危機的成就，一舉將他推向這場衝突的外交浪尖。他在財政部受命分析大英帝國盟國的金融狀況，同時協助協調英國支援其他國家的條件。「整個戰爭期間我都在財政部，英國所有貸出或借入的款項都由我經手，」他日後這樣寫道。[13]短短幾個月內，凱因斯被派往世界各地出席峰會，被找去國會下議院進行辯論，也被引入英國政治菁英的社交圈。和其他布倫斯伯里幫成員一樣，這場戰爭對他來說也是個人的悲劇。他為了朋友被送上戰場而屏息，為了他們再也不會回來而哭泣。但這場戰爭同樣是他職業生涯的轉捩點，將他從一個沒沒無聞安然自得的學者，變成那個時代最有影響力的人物。

布倫斯伯里幫就這樣被推上了世界舞臺，被迫思考他們過去從未在意的觀念與道德兩難。一九一八年某個春日傍晚，凱因斯結束白廳累人的一天回到戈登廣場，到家時早已經過了晚餐時間。他走進屋子裡發現凡妮莎、格蘭特、加內特、諾頓和古典學家薛帕德（J. T. Sheppard）正在閒聊。過去他們的話題不是後印象派畫作的氛圍，就是無名英國詩人的韻格，如今卻繞著最新的時事打轉：奧匈帝國皇帝卡爾一世的和平序曲以失敗告終。凱因斯又累又煩，實在不想聽一群畫家和詩人空聊政治，對「他們的看法顯得無比侮蔑」，加內特說。話不投機後，凱因斯甚至批評起這群朋友。他明知道幾乎所有布倫斯伯里幫成員都是拒服兵役者，許多人都在政府的拒服兵役名冊上，卻說沒有人是「真心誠意」的拒服兵役者。人民確實沒有必要從軍，但將拒服兵役的衝動解釋成高尚的道德情操簡直愚蠢。怒火一觸即發，凡妮莎和諾頓輪番斥責凱因斯，但凱因斯拒絕收回己見，甚至懶得和他們爭辯。「去睡覺吧，」他反覆說道：「去睡覺吧。」

「梅納德，」薛帕德警告他：「你這樣瞧不起老朋友，有一天會發現自己錯了。」[14]

凱因斯和他這群關係緊密的朋友先是自稱使徒，而後才改名為布倫斯伯里幫。使徒之名來自劍橋大學一個純男性的祕密社團。一九〇二年十月凱因斯進入劍橋時，使徒已經創立八十年左右，也有過幾位半傳奇社友，包括哲學家西季威克（Henry Sidgwick）與懷海德（Alfred North Whitehead）。凱因斯大一就被倫納德和好友斯特雷奇拉入社團，雖然出奇年輕，但上等人總是一眼就認得出天才來。

「他跟人講話機敏無比，而且妙趣橫生，」斯特雷奇一九〇五年二月在信裡對倫納德說道：「分析事物既徹底又聰明，我從來沒見過這麼活躍的腦袋（我覺得甚至比摩爾和羅素還活躍）……他總是讓我毛骨悚然。」[15]

這是一個人在使徒這個小社會裡所能得到的最高禮讚。儘管羅素要再過幾年才會出版讓他舉世聞名的哲學大作《數學原理》（*Principia Mathematica*），但他打從十九世紀末成為使徒之後，在社團各種活動與辯論場上都帶著儼如大政治家德高望重的風采。摩爾和羅素同一時期加入使徒，一九〇三年出版鉅著《倫理學原理》（*Principia Ethica*），至今仍然被尊為二十世紀最重要的道德哲學作品。這本書在凱因斯和他的朋友圈裡造成一股轟動，不僅將之視為政治宣言與自助指南，更是在智性上向維多利亞時代開戰的檄文。[16]

「那是一個想法影響行為的時代，這項年輕人的特質很容易被中年人遺忘，」凱因斯在一九三八年回憶道。「那感覺既刺激又興奮。重生正要開始，新天堂正要在新土地上誕生，而我們是新時代的先驅，我們什麼也不怕。」[17]

《倫理學原理》對十八世紀晚期以來主宰英國思想的道德與政治哲學提出了細緻複雜的批評。那套思想稱為「效益主義」，由邊沁（Jeremy Bentham）和彌爾（John Stuart Mill）所開創。效益主義主張愉悅是所有道德的根基。善的或對的行為會帶來愉悅，一個善行若能帶給更多人更多愉悅，這個行為就更正當。因此，政府的責任就是帶來更多愉悅；最愉悅的社會就是最好的社會。

邊沁和彌爾繼承了啟蒙哲學家的思維，嘗試用經驗科學的原理進行道德分析，以使神聖之物不再神祕，成為可觀察測量的對象。善不是神祕的抽象概念或教會權威的遠古敕命，而是自然界的一部分。邊沁甚至認為我們可以進行道德「運算」，精確算出每項法律與行動帶來的愉悅量。

摩爾和使徒們希望推翻效益主義，但不必回頭訴諸教會的道德權威，因為教會當時在英國文化裡正快速失寵。摩爾主張一件事之所以為善，不是因為它能帶來愉悅，而是由於它是**善**的。愉悅本身可以是善，也可以是惡。人常喜歡各種可怕的事物，但他們從中得到的愉悅不是好的，而是墮落與邪惡。反觀好馬、好音樂與好人都有一個難以言傳但極重要的共同點：他們都是**好的善的**。你無法在顯微鏡下看到善與好，也無法測量或從自然世界的事實裡推導出來。善與好是基本性質，「簡單、無法定義也無法分析」，[18]只能靠人的理性直覺把握。價值有客觀事實，就和顏色一樣；天空是不是藍色和歌德是不是大詩人不是個人意見。但善或好的事物唯有從其「有機整體」才能理解，無法在智識上拆解成更小的元素。

摩爾認為自己的哲學對如何過生活有重大意義。美好人生的目標不是極力增加愉悅或滿足，而是享受最高的善。閱讀悲劇可能讓人難過，但人生需要讀一點莎士比亞才會圓滿。人應當努力培養「某些意識狀態，粗略說來，就是人類互動的愉悅與面對美好事物的享受」。[19]

凱因斯和斯特雷奇立刻將摩爾的說法化為個人道德觀，將青年時期的浪漫交往和高談藝術與社會推舉為最高的道德追求。對心智開明的使徒而言，藝術與愛高於所有人類經驗。深刻的真理是一種純粹的「心靈狀態」，來自於愛人相互理解或午後欣賞偉大藝術作品的片刻。相比之下，政治只是一場瑣碎低賤的角力，誤將手段當成了目的。金錢帶來的怪誕、社會地位的虛榮與公共事務的必然妥協，全是對那些賦予生命意義的清明時刻的咒詛。

摩爾對效益主義的抨擊，形塑了凱因斯在智識上的走向。效益主義和古典經濟學在英語世界並肩發展，共同擁有許多重要的概念基礎。經濟學家繼承亞當．斯密的思想，著重農業與工業生產，效益主義哲學家則是關注如何有效創造愉悅。兩者都以一套簡單的數學概念架構為準繩：愈多愈好，以少換多更好。然而，凱因斯讀完《倫理學原理》之後，便反對以效率作為組成良善社會的基本法則。沒有任何簡單的方程式可以帶領我們趨近最好的生活方式。

儘管這些哲學關懷日後讓凱因斯成為獨一無二的經濟學家，卻也讓他在大學時期生出一套標榜菁英逃避主義的行事標準，讓老使徒們深感不安。「小我一輩的使徒，他們的作風大多來自斯特雷奇和凱因斯，」羅素在一九六七年寫道：「短短十年，成員心態就有如此大的轉變，真令人吃驚。我們還處在維多利亞時代，他們已經是愛德華世代的人了。我們相信政治和自由討論可以帶來有序的進步，更有自信的成員甚至想領導群眾，但從來沒有人想跟群眾劃清界線。凱因斯和斯特雷奇的世代則不想跟普羅大眾有任何瓜葛，只想守著事物的細微差別與愉悅的感受，認為一小群菁英互相熱情崇拜才是好。」[20]

使徒的定期聚會有點像專題討論和晚宴的混合：首先由某位使徒發表論文，隨後所有成員熱烈討論，爭辯各種可能的意涵，將夥伴的想法跟校內事件、藝術運動，有時甚至和（雖然滿是髒汙腐敗的）政治世界連結起來。

使徒本來就心高氣傲，社團不對外公開更讓他們自負到極點，不僅自認為是一群絕頂聰明的青年才俊，更是外人不知的天選之子，只有成員才清楚彼此的卓越。不是所有劍橋大學裡的偉大心靈都吃這一套。凱因斯的終生好友維根斯坦就對聚會興趣缺缺，覺得「根本浪費時間」。[21]

然而，凱因斯卻喜歡從社會取暖。從伊頓公學開始，他就已經學會了和英國上層階級的相處之道。但他心靈之機敏，儘管贏得了同儕的敬佩，卻也使他與他們格格不入。凱因斯清楚感覺到自己和貴族階級的社會距離，從家書裡就能看出他的不適應，不是嘲諷德皇威廉二世，就是開維多利亞女王玩笑。凱因斯家並不窮，他祖父花卉生意留下的資產，足以讓他們一個中產之家請得起不少傭人。但他家所處的社會階級並不算高，凱因斯進伊頓和劍橋都是靠獎學金，而非顯赫家世。[22]他在伊頓必須證明自己；加入使徒後，他發現這群另類菁英看重他的能力，稱許他的興趣。他將終其一生渴求來自社會的空氣，一路創造和帶領獨特的智識門派直到二戰之後。

使徒的不對外公開加深了成員彼此的連結，讓他們有膽量嘗試比哲學式的自負更激進的行為。凱因斯和斯特雷奇督促使徒從事性革命，說服成員相信同性愛在道德上名正言順。儘管凱因斯用智識包裝他們的信條，主張性解放有其美學的必要性，是最高的有機合一，實際卻是為一群其慾望被社會道德視為萬惡不赦的青年男子打造一個安全的港灣。當時距離王爾德被判性悖軌轟動海內外還不到十年，公然表露同性情感仍然有可能入獄，但在使徒這個圈子裡卻能暢所欲言。即使這群年輕人間的混雜性交關係帶來情感上的明爭暗鬥，他們依然守口如瓶。

使徒不僅讓凱因斯得以展現同性性慾，也幫助了他應付對自己外貌的深深挫折感。「我一直有個根深柢固的想法，而且可能一輩子都擺脫不了這份糾纏，那就是我覺得自己醜得令人反感，沒資格將身體貼到另一人身上，」他一九〇六年在信裡告訴斯特雷奇。[23]這種感覺不是凱因斯才有。維吉尼亞就曾提到使徒缺乏「外表魅力」，甚至「很不體面」，即使她最後與他們其中一人結了婚。[24]不過，凱因斯向來清楚使徒對他的頭腦敬佩有加，這份自覺大大提高了他在性方面的自信。

這份解放有著強烈的厭女色彩。凱因斯、斯特雷奇及其密友一致認為，他們的性主張是「高等的性悖軌」。他們推論如下：既然女人智識不如男人，兩個男人相愛所產生的連結必然比異性戀更深刻。十九、二十世紀之交，劍橋大學對女性仍然極不友善，女學生的人數少到凱因斯在校園裡遇到她們都會像動物受到驚擾一般。「我似乎痛恨她們心靈的任何動作，」他曾這樣告訴格蘭特：「男人的心靈再蠢再醜，也不曾讓我如此反感。」[25]

專研布倫斯伯里幫的藝術史學家芙蘭西斯・斯伯丁（Frances Spalding）表示，使徒成員的性別歧視至少有部分出於對維多利亞時代加諸女性的行為規範的反感。當時認為女性公開談論自己的性慾、想法甚至興趣是不入流的，但這些限制卻也導致凱因斯感覺和女人談話相當無趣，因為他很習慣激烈爭辯與明確表達個人意見。等他畢業之後認識了凡妮莎和洛普科娃這樣大膽激進的女性，寧可付出巨大的社會代價也不願屈從維多利亞時代的禮教束縛，他立刻發現這些女人「可愛」、「美麗」、「很有意思」。儘管他直到年近三十才真正覺得女人很聰明，但是對於表現如同有才男性的女人已經心懷敬意。[26]

凱因斯和斯特雷奇做過一陣子戀人，但隨著凱因斯開始和斯特雷奇競爭，搶奪使徒的主導權，兩人便漸行漸遠，經常為了爭取其他學生的好感而互不相讓，使得兩人的友誼充滿火藥味。

儘管他們時常同居，也常一起旅行，但在一戰爆發前，斯特拉奇幾乎都只有在凱因斯脆弱之際，在對方心智不那麼咄咄逼人，獵豔成果不那麼豐碩時，才和這位後輩關係和緩。「可憐的凱因斯！」斯特雷奇寫道：「我感覺自己好像只有他被危機壓垮的時候，才有辦法愛他。」[27]

凱因斯經常橫刀奪愛，搶走斯特雷奇的戀人。他在劍橋時和斯特雷奇覬覦的霍布豪斯（Arthur Hobhouse）互通款曲，一九〇八年（他二十五歲）又贏得格蘭特垂青，重重傷害了斯特雷奇，差點讓整個小圈子土崩瓦解。儘管凱因斯一直覺得格蘭特是他今生摯愛，但這段關係的意義始終和他最初與斯特雷奇的戀情密不可分。凱因斯一輩子只聽得進幾個人在智識方面的指教，這位拉他加入使徒的年輕前輩便是其中之一。他非常渴望斯特雷奇的肯定，而沒有什麼比搶走他偶像的戀人更能證明自己有多優秀了。

儘管凱因斯時常自我懷疑，卻是桃花不斷。在國王學院保存的凱因斯文件資料當中，有一張記事卡上面用鉛筆畫了一個表格，上面列出一九〇一至一九一六年的幾十次性接觸，這個列表旁邊有四欄和這些性接觸有關的神祕數據。他在另一張記事卡上匿名記下這些對象，使用的稱謂宛如間諜電影裡的登場人物，包括「巴斯大兵」、「海牙鞋匠」、「大英博物館旁的美國青年」和「神職人員」等等。[28]凱因斯確實暗中過著雙重人生。即使他能在使徒和布倫斯伯里幫成員面前坦露自己的性向，卻非常小心從不對國家政要、財政官員和外交使節透露絲毫自己的感情糾葛。

使徒就這樣將生活搞成了一場矛盾，一方面服膺激進的個人主義行事準則，另一方面卻需要夥伴合作與保護才能恣意地為所欲為。使徒或許拒絕公職，但他們不僅對普羅社會充滿輕蔑，還暗地裡反抗社會，將自己的生活方式當成展現政治抗爭的一場祕密行動。

早在這段羅素批評年輕使徒宛如「女校般感情用事」[29]的歲月裡，凱因斯就不時惹得斯特雷奇勃然大怒，只因他不若其他使徒對政治冷感。凱因斯一九〇二年進入劍橋，不僅斯特雷奇和倫納德立刻察覺這位新鮮人才華洋溢，就連自由黨的年輕黨員蒙塔古（Edwin Montagu）也邀請凱因斯對劍橋大學辯論社演講。這雖然犯了斯特雷奇的大忌，卻也是凱因斯在這群年輕菁英面前自證勇氣，讓自己爬得比父母社會地位更高的大好機會。很快他就因為言詞便給，對保守黨炮火全開而備受讚賞。他將自由黨捧為理性論政，保守黨只會死抱著令人窒息的傳統。他支持適度擴張英國的社會福利，但一九〇三年對辯論社的演講卻側重自由貿易與教會，抨擊教會在性和智識上的霸權。「我恨教士和保護主義者！」那年十二月他如此高呼：「貿易自由！思想自由！主教和關稅滾蛋，說我們被傾銷或被詛咒的人也滾蛋。拋棄所有救贖或報復計畫吧！」[30]

這股追求自由貿易的熱情並非來自縝密的經濟理論，而是反映了他對大英帝國和英國霸權的想像。凱因斯一九〇三年根本還沒學過經濟學。在他眼中，自由貿易是對廣大世界坦誠友善以待的一種方式，正視國與國的「物質福祉互相連結與依賴」，反映出大英帝國的最高理想，以家長式的善意聯合全世界。「作為帝國主義者，」他在一九〇三年元月向辯論社表示：「我們深信……英國統治將促進正義、自由與繁榮。我們治理帝國不是以增加自身財富為念……而是向著夥伴的富足與繁榮。」照他的說法，英國征服其他國家不是為了榮耀或掠奪，而是要散播財富與民主給全球。同年十一月，凱因斯在劍橋辯論社信誓旦旦地說：「歸入帝國麾下的國家，都能在自由與正義之下追求自己的命運，不受外國侵擾。」在他為全球擘劃的「理想」與「民主」的未來裡，這世界「將由自治國組成，而國與國的關係就和大英帝國麾下各個組成部分一樣」「相親相愛」、「毫無嫉妒」。

戰爭將使凱因斯面對更醜陋的現實，但大學時期的他並不在意帝國主義的道德意涵，而是擔心保守黨版的帝國主義。保守黨以關稅為主要經濟手段，和凱因斯崇高的國際主義理想格格不入。關稅在國與國間豎起障礙，為了英國的利益犧牲外國人。凱因斯認為，保守黨的帝國理想是一種完全恃強凌弱，「強迫、虛假又毫無價值的結合」。關稅充滿了「民族主義色彩」，是「文明進步最大的阻礙之一」，「覺得別人的成功是自己的失敗，感覺只有嫉妒與憎恨。」

凱因斯既對英國征服他國的暴戾一無所知，又對當時世界無法達成他空洞的理想嚴厲批判。一九〇二年，委內瑞拉總統拒絕支付該國欠下的巨額外債，英國政府立刻聯合義大利及德國軍事封鎖該國港口，主張代表英國投資人要求付款。凱因斯告訴劍橋辯論社這項攻擊根本是公然濫權。「投資人不是閉著眼睛投資南美股市，」一九〇三年元月凱因斯這樣表示：「政府不該開著炮艇替投資人撐腰，也不該補助持有外國債券的人。」對凱因斯來說，軍事封鎖是「俾斯麥」這樣的強人帝國主義者才會幹的事，而非文明的大英帝國所當為。[31]

我們毋須為大學時的辯論賦予太多歷史意義。凱因斯的經濟思想與政治理念將因戰爭和隨之而來的景氣蕭條而徹底翻轉，對自由貿易和大英帝國在世界舞臺上的角色感到幻滅。但他在使徒的那段歲月，形塑了他對人類自由的看法，不僅對簡單的行為準則產生質疑，從性愛到其他方面皆然，也不再信任統治菁英的主張，即使他仍然對菁英的習性讚譽有加，不但擁護純藝術，也極力捍衛創意與大膽實驗。個人主義是普世的，不受國界限制，英國並未壟斷藝術才能。不論真理與美出自何方，理性開明的使徒都能直覺把握。其他使徒對政治不屑一顧，凱因斯卻相信自由黨最能在國際事務上發揚使徒的理念。將使徒的個人主義道德觀放上世界舞臺，融入一個搖搖欲墜的帝國秩序的殘酷現實之中，將是凱因斯一輩子最關鍵的智識挑戰。

於是，布倫斯伯里幫誕生了。一群使徒從劍橋搬到了倫敦，在戈登廣場四十六號和附近的布倫瑞克廣場三十八號落腳，除了凱因斯、倫納德、斯特雷奇、佛斯特、悉尼特納、薛帕德、蕭芙（Gerald Shove）、貝爾和史蒂芬（Adrian Stephen）外，後來又加入了格蘭特和「邦尼」加內特。不久，通婚讓這群人關係更加緊密。貝爾娶了史蒂芬美麗動人的大姊凡妮莎為妻，讓斯特雷奇一時興起，草草向史蒂芬二姊維吉尼亞求婚，結果尷尬收場，但他很快就開始鼓勵對同性毫無興趣的倫納德追求維吉尼亞。布倫斯伯里幫就這樣在這段婚姻期間維繫下去。

和布倫斯伯里幫大多數成員不同，凱因斯不是藝術家，讓他不時強烈感覺自己矮人一截，尤其斯特雷奇和貝爾經常批評他的審美判斷，更是讓他自慚形穢。對布倫斯伯里幫而言，這不是品味問題，而是所有使徒都奉為圭臬的「心智狀態」的差異。

儘管內部有著各種稀奇古怪的競爭，但維吉尼亞・吳爾芙筆下的這群布倫斯伯里人都深深愛著彼此。「他品味實在太差了，」斯特雷奇曾經這樣對倫納德說起凱因斯：「可是心地又那麼好。」[32]

一九一四年一戰爆發，這群機敏的心靈都對眼前苦難措手不及。英國的有閒階級，包括凱因斯本人在內，大多都以為衝突很快就會結束，事情就像安吉爾說的，暴力對抗帶來的經濟錯亂將使得衝突不至於拖長。一九一五年元月，維吉尼亞和凱因斯一起用過晚餐後於日記裡寫道：「我們一定會贏得勝利，而且贏得漂亮，」因為「我們有那麼多出色的頭腦與財富」。[33]面對戰爭帶來的經濟變動，凱因斯顯得一派輕鬆，維吉尼亞感覺他「就像斜板上的水銀，有點置身事外，但很和善」。那天晚餐，凱因斯還勸倫納德拒絕費邊社開出的一百英鎊稿酬，要請他撰寫一本探討戰爭起因與預防之道的書，因為凱因斯認為戰爭很快就會從歷史消失，像倫納德和維吉尼亞這樣的二十世紀知識分子有更重要的議題可談。

凱因斯的說法也是布倫斯伯里人的共識。「當時軍國主義、帝國主義和反猶太主義似乎正節節敗退，」倫納德日後回憶：「猶太人、修鞋匠和有色人種有權不被官員、地主或白人毆打、吊死或司法謀殺，這點在人類歷史上頭一回獲得公開認可。」[34]身為布倫斯伯里幫裡唯一的猶太人，種族歧視對倫納德可非事不關己的話題。

然而，當戰爭爆發，儘管他之前對倫納德和維吉尼亞夫妻倆說得信心滿滿，但到了一九一四年秋天，他在寫給斯特雷奇的信裡卻已經滿是愧疚。「我簡直痛苦到了極點，」凱因斯寫道：「每天見到年輕人離鄉背井，從無聊不安再到送命，真是令人無法承受。」[35]接下財政部職位後不久，凱因斯寫信給格蘭特：「昨天消息傳來，我們有兩位大學生死了。他們倆我都認識，雖然不熟，但都很喜歡……這實在太糟了，怎麼也該想辦法結束，希望別再有任何世代活在我們被迫遭遇的愁雲慘霧之下了。」[36]

一九一四年夏，凱因斯匆忙趕赴倫敦挽救帝國經濟之時，他認為此舉是為了國家，導致金融危機的戰爭暴力當時對他而言只是個遙遠陌生的抽象概念。如今他卻眼見政府花錢投入的計畫將自己的朋友和學生送上戰場赴死。

大戰頭幾個月，凱因斯在道德上還沒那麼為難，因為敵人太過殘酷。德軍犯下的暴行實在太過恐怖，在政治上太過蠻橫，就連非暴力支持者也難以為之辯護。德軍在高層將領的精心設計下，刻意公開實施各種極不人道的作為，目的在刺激對手迅速投降，好讓己方盡量減少傷亡取得勝利。德軍指揮官下令集體處決平民。八月十九日，德軍在比利時阿爾斯霍特鎮殺了一百五十位居民，在迪南鎮殺了六百六十四人。中世紀文物建築被毀，整座城鎮被大火夷平。德軍在比利時大小村莊張貼布告，宣稱只要有村民犯錯，全村都要接受殘暴懲罰。歷史學家芭芭拉・塔克曼（Barbara Tuchman）這樣記載：「德軍會將居民聚集到大廣場，通常女人男人各站一邊，然後每十人或每兩人挑一人出來，隨軍官喜好，帶他們到附近田野或火車站後方的空地，將他們全數槍決。」[37]

集體懲罰平民明顯違反一八九九[38]和一九〇七年[39]的《海牙公約》。主張英國介入的人表示德軍完全罔顧文明準則，不僅是向比利時和法國動武，也是向人類進步開戰。

當然，要認同這個說法，就得無視其他帝國政府在世界各地習以為常的作為。英國在十九、二十世紀之交的波耳戰爭時，就曾讓數以萬計的南非人死於「集中營」；在此數十年前的印度起義期間也至少屠殺了十多萬印度人。只不過當時歐洲菁英普遍認為這些從殖民地傳來的報導並不可信。大戰結束數十年後，倫納德一句話總結布倫斯伯里人的戰前態度：「戰爭當然有，但若不是白人殘殺黃種人、棕種人或黑種人的殖民戰爭，就是巴爾幹半島或南美的次等白人或次等白人國家之間的戰爭。」[40]如今被迫面對歐洲內部的帝國殺戮行為，許多知識分子都嚇壞了。於是維吉尼亞．吳爾芙成為堅定的和平主義者，倫納德也公開批評帝國主義。這些帝國勢力連對付歐洲自己人都如此殘暴，更別說對付其他國家的人有多可怕了。

等雙方死傷都飆到數十萬人，民眾對比利時發生的戰爭罪行已經差不多麻木了。早在八月中，英國盟友俄羅斯就在進占加利西亞期間屠殺了數百名猶太人。「搶劫強姦是家常便飯，」一名史學家如此記載：「猶太村莊統統付之一炬。」上千人被俘，還有數萬人被押送至俄羅斯內地。[41]戰爭陷入可怕的膠著，數百萬年輕士兵在全法各地的壕溝裡坐困愁城，無止盡的炮彈、機槍與毒氣攻擊大把大把戕殺了一整個世代。屍體堆積如山和垂掛在刺鐵絲網的影像，深深烙印在民眾心中。和平主義者似乎說對了，這場戰爭是條死巷。

與此同時，凱因斯的職業生涯卻站上了耀眼的高峰。一九一五年春天，英國首相阿斯奎斯（Herbert Henry Asquith）組成聯合政府，任命勞合喬治為軍需大臣，財政大臣的遺缺由同是自由黨員的麥克納（Reginald McKenna）頂替，已經被官員認定為不可或缺人才的凱因斯則被拔擢至戰時財政小組。剛進小組不久，他就受命率團前往法國尼斯，協商英國貸款給剛加入協約國的義大利的條件。

六月一日，他在寫給父親的信裡說：「我真是受寵若驚，當然也很興奮。而他們一如以往只給我二十四小時，就要我對一個多少算是陌生的主題寫好備忘錄。」[42] 麥克納很喜歡這位新門生，開始邀他參加他們的家庭旅遊，並介紹他給阿斯奎斯認識。凱因斯常工作到體力不支為止。尼斯之行後不久，他就因為闌尾炎而緊急住院；手術後僅僅十天又再次因為肺炎倒下。但不到一個月後，他又馬力全開，前往波隆那和法國協商如何向美國銀行貸款。

協約國之間財政協商的專業難度令人卻步。從農業到重工業，一切經濟行為都因戰爭而陷入混亂。所有國家都得協調糧食與原料交易，以免繼續仰賴不久前還是貿易夥伴的敵國。只要某一國家過度消費某樣貨品，不論小麥、鐵、煤炭或其他，都可能殃及同樣需要該原料的盟國。

根據舊有的經濟理論，市場應該會自行化解這些問題。價格會按供需漲跌，促使貨品流向最需要的地方。產鐵過剩的國家可以將鐵銷往生產小麥過剩的國家，反之亦然。凱因斯原則上不反對這點，但他和協約國的決策官員都明白，等市場自行調節回來，部隊可能早就沒有彈藥，城市也都鬧饑荒了。捲入戰爭的國家根本養不起自由市場。

總體經濟（macroeconomics）是二戰之後，美國經濟學家開始宣揚凱因斯晚期作品才出現的詞彙。不過，早在印度事務部期間，凱因斯就已經習慣從整體的角度分析經濟制度，觀察各種不同的設計如何（或為何無法）互相搭配。他不只考察小麥與茶葉市場，還研究過印度貨幣和英國及歐洲各國貨幣的關係。如今到了財政部，他再次從帝國管理者的視角分析經濟模式，而他的新上司麥克納也開始視他為部內的理論家，要他撰寫備忘錄指引閣員瞭解戰時的經濟問題。勞合喬治，這位金融危機期間將凱因斯帶進英國上層官僚體系的舊主，現在則發現自己常和他挖掘出來的這塊璞玉意見相左。他日後抱怨麥克納將凱因斯奉為「搖椅上的專家，任何財政文件只要有他簽名就夠分量了」。[43]

一九一五年九月，凱因斯完成兩份論通膨的備忘錄，初次顯露他有成為經濟理論家的潛能。經濟學家很早就察覺戰時會出現通膨問題。理論上，一旦財政吃緊的政府靠著印鈔票來付款，使得流通的貨幣增加，物價就會上揚。凱因斯指出，對德國這樣經濟自足的國家，通膨就像一種「隱形稅」。由於德國政府在戰時凍結了勞工的工資，使得薪資和物價上漲不成比例，勞工即使捧著和一九一三年同樣的薪資回家，也沒有過去的購買力。印製鈔票讓政府於戰時有更多錢可花，卻降低了人民的生活水準，將財富從民間挪進政府口袋，就像抽稅一樣。這套做法可能引來「社會不公」的批評：為何出錢打仗的是「勞動階級」，而不是有錢人？但通膨在戰時德國不會徹底失控。只要德國政府停止加印鈔票支付軍費，物價就不會繼續上漲。物價提高只會苦了老百姓，對政府資助所需的人與物資絲毫沒有影響。

德國經濟自足的時間並不久。戰前它是自由貿易大國，在全球出口市場的競爭力可比英國。凱因斯的備忘錄並未提到轉變如何發生，不過協約國當時海上封鎖德國，使得德國無法藉由國際航運取得各種貨品，包括武器和糧食等等。因此，德國經濟自足是迫於無奈，不可能永遠繼續，封鎖遲早會造成數十萬至上百萬人喪命。

但通膨對英國經濟的影響大不相同。凱因斯指出，由於英國極度仰賴國際貿易，通膨只能是很短暫的權宜之計。物價上漲在英國不只會影響家庭預算，還會影響進口貨品的價格，但英國製造商賣出的貨品價格不會改變，因為製造商從海外市場賺得的金額取決於當地市價，而非國內現行匯率。因此，通膨會加劇英國的貿易逆差，使得進口支出多過出口所得。由於外國供應商只收取外幣或黃金，導致英國人很可能因為通膨而破產。長期貿易逆差將耗盡英國的黃金儲備，而一旦黃金不足，政府就無法自海外購買糧食、彈藥與原料，供應戰爭所需。

這是凱因斯思想發展過程中的一個重要理論觀點。貨幣不僅僅是人們用來掌握貨品與服務的價值有多少的被動工具，更是一種主動的力量。貨幣制度出問題可能會為設備、商品和民眾儲蓄，也就是他所謂的「實質資源」帶來意想不到的麻煩。[44]

就戰事而言，這套抽象概括的理論指出效率是最首要的經濟考量。「國家的工業生產能力」必須「徹底發揮」，凱因斯寫道。所有人都必須全力工作、全力生產，一般家庭必須節省開銷以對抗通膨。一旦經濟全速運轉，流通的資源就那麼多，必須盡量交到政府手中，用棉花與羊毛製作軍服，小麥和牛肉製作軍糧，鐵和火藥製作軍火。凱因斯與母親佛蘿倫絲（Florence）合寫了一本小冊子，由劍橋戰爭節儉委員會（War Thrift Committee）印行，呼籲家家戶戶節衣縮食，並為稅負加重做好準備。「協約國想打贏這場戰爭，就**非得**以『徵稅或貸款的方式』籌錢。」這樣做當然不好，但不這樣做後果更糟。「協約國要是**戰敗**，我們的口袋肯定空得更厲害。」[45] 戰爭帶來的主要經濟問題是物資短缺，沒有足夠貨品滿足所有人的需求，而凱因斯的任務便是協助英國的戰時經濟用一分資源發揮三分效果。

為了消弭協約國間財政措施的可能浪費，凱因斯和英國財政部盡可能將決策權集中在英國政府手中。英國會放款給法國、義大利、俄國與比利時，並監管這些國家進行的海外採購，以防止輕率採購造成的資金浪費，傷害其他盟國。例如，義大利就曾經一口氣向美國採購了一整年分的小麥，導致英俄兩國的採購價上漲。由於義大利需要英國的錢才能購買小麥，因此凱因斯出面干預，說服義大利政府海外採購前至少先諮詢英國，以免不小心打擊了自己的軍事盟友。

儘管凱因斯將決策權集中的理由是為了效率，但這種做法也是一種奪權。面對戰爭，各國都希望盡量保有自主權，而且凱因斯很快就發現，握有經濟大權的國家，對盟友與鄰國都具有獨一無二的政治影響力。

不過，凱因斯每天大多數時間都不是在思考遠大策略，而是處理單調的數字，埋首於小麥儲量、鐵礦產量與黃金部位，思考支付盟國款項的最好方式是用黃金、貨品還是貨幣，以及如何最能確保國際交易不會造成浪費。他很擅長數字，也樂在其中。數字感覺有用、實際，而且遠離戰壕裡的死傷。抽象追求和平主義是一回事，讓大英帝國輸給外國侵略者則是另一回事。放任英國士兵缺乏合適的裝備上戰場，也換不回詩人布魯克（Rupert Brooke）。

一九一五年底，布倫斯伯里幫的藝術創作開始出現濃濃的政治味。凡妮莎畫了一幅靜物畫，取名為〈三國同盟〉，用一盞桌燈、一瓶酒和一只解酒壺嘲諷帝國主義者的裝腔作勢；維吉尼亞在寫給朋友的信裡貶低愛國主義，認為那是一種「卑劣的情緒」，並稱戰爭是「荒誕的男性妄想」。[46]而凡妮莎、格蘭特和弗萊主持的歐米茄藝術裝置與藝術活動工作坊（Omega Workshops），則是成為和平主義創作者的展場與反戰知識分子的聚會所，斯特雷奇和劇作家蕭伯納（George Bernard Shaw）都是常客。在如此政治的藝術圈子裡，作為替戰爭籌錢的財政部官員自然成為嘲諷的對象。

一九一五年十二月，加內特因為沒有入伍而遭到警方騷擾，讓這隻「小兔子」對凱因斯大動肝火：

> 你算什麼？不過就是被他們用來倒行逆施的頭腦……野蠻人放出來的神燈精靈，只會乖乖實現他們的各種野蠻願望，然後再被送回燈裡。你或許覺得沒什麼，可能很開心能回燈裡，但別太天真了。別相信那些野蠻人，他們除了野蠻還是野蠻……只要動動繩子，你這個破壞神（Juggernaut）就會跟著張口閉眼。[47]

雙方的嫌隙當然不只是道德原則不同。凱因斯現在是政府要員，埋首國家當前的重大難關之中，而他的布倫斯伯里好友仍舊只是一群感情關係複雜又難搞的傢伙。他們不是傻子，很清楚梅納德的社會地位跟他們愈拉愈開，對他職業成就上的突破感到嫉妒不安。

加內特斥責凱因斯不到一個月又寫信給他：「我爸媽已經沒辦法支應我在巴黎或其他地方生活了……我回去能做什麼？……只能靠朋友了。」[48]他在另一封信裡向凱因斯支借一英鎊，[49]很快就追加到「將近二十英鎊」。[50]短短幾個月內，他對這位好友的倚賴已經到了令人髮指的程度：

親愛的梅納德：

我想你應該知道，因為你不在，所以我和格蘭特借住到你家裡。

這是因為我得了流感，幸好生病當天就痊癒了。

早餐很好吃，查普曼小姐似乎不討厭我們住下來。

謝謝你的好心。

愛你的大衛．加內特

我們還喝了一小杯威士忌。[51]

不過，和平主義者的怒吼是真誠的，並帶給凱因斯深刻的情感共鳴。那是來自他道德至上權威的命令，來自那苦苦掙扎的藝術家，也是帶給使徒許多有機合一與良好心智狀態的源泉。

加內特寄出那封措詞激烈的親筆信時，凱因斯已經無法假裝自己只是聽命行事、努力減少運送成本的公務員了。籌措軍費已經成為戰略不可或缺的一部分，甚至可能左右戰後全球的勢力平衡。凱因斯和上司麥克納時常跟勞合喬治及陸軍大臣基奇納（Horatio Herbert Kitchener）意見相左。軍方希望對德國「一擊致命」，發起猛攻一舉擊垮敵軍，迅速結束戰爭，就像德軍一九一四年八月對比利時平民進行（但沒成功）的那樣。但凱因斯堅持這套方法在財政上負擔不起，敦促政府改採讓德國經濟流血的策略。「我們目前的支出方式，顯然只能當成臨時的猛藥，」他在財政部備忘錄裡寫道：「因為資源不足已經近在眼前。」[52]

凱因斯和麥克納認為經濟是英國最強的武器。他們是交戰國中最有錢的國家，貸款給俄國、法國、義大利和其他協約國，而他們有錢打仗的最大靠山就在強盛的工業，因為英國身為全球帝國擁有豐沛的資源與超強的海軍。就算不支援所有協約國作戰，只支援本國士兵，英國也需要人民操作機器、耕作田地及執行各種必要的經濟活動，突然增兵只會搶走產業所需的必要人力。

這既是生產問題，也是付款問題。英國需要工人製造武器供前線使用，也需要作業員生產貨品銷往海外，尤其美國。只要英國向美國採購貨品，就得支付美元給美國，因此英國想取得美元，最可靠的方法就是賣東西給美國。英國政府可以出售帝國資產換取美元，例如股票、債券或王室寶物等等，但戰時急售這些資產，價格可能令人失望，同時讓帝國財富再也無法回到從前。

因此，出售更多消費品與原料給美國才是更加有效率的方法。但只要工人被遣往法國作戰，大英帝國就無法擴大出口。凱因斯認為大舉出兵在經濟上等於自取滅亡。誠如他的政治提攜人蒙塔古在戰時內閣會議上說的，英國必須「停止徵召我們供不起武器的人民上場作戰」。[53]面對基奇納要求增兵一百六十餘萬人，英國貿易局主席朗西曼（Walter Runciman）站在凱因斯這邊，主張國內經濟只支持得了八十四萬人。[54]

凱因斯等人有一位強力盟友，那就是首相阿斯奎斯。凱因斯和阿斯奎斯不僅在戰略上所見略同，兩人還惺惺相惜，常到對方家中作客。儘管兩人正確看出無止盡砸錢投入戰爭只會削弱大英帝國，但針對每週或每月的狀況卻常判斷錯誤，事實也證明戰爭對國內生產的影響難以預測。雖然英國一九一四至一九一五年因為貿易管道受阻和轉向戰時生產模式以致經濟輸出減少，一九一六年卻創造了巨幅經濟成長。一戰結束時，英國扣除通膨效應後，經濟仍然擴張了將近一五%，[55]這讓凱因斯、阿斯奎斯和麥克納學到了一課。戰後三人都主張政府採取積極政策刺激經濟，認為戰時管用的做法承平時期也會管用。

然而，英國軍方卻於一九一五年秋天決定以壓倒性的兵力突襲德國，在法國北部小鎮洛斯（Loos）附近發動大規模聯合攻擊，結果死傷慘重。至今帕斯加來（Pas de Calais）還有兩萬多座英國官兵的墓碑，追悼這群不知安息何處的戰士。[56]英軍在這場戰役裡首度使用毒氣，卻還是兵敗城下，戰爭被迫繼續。

對勞合喬治和基奇納而言，問題不只是軍費，更在兵力。兩位終結戰擘畫者一致認為如今事實擺在眼前，單是募兵無法滿足英國及法國將領所需，因此開始主張徵兵，要求英國所有單身男性入伍從軍，補足協約國在戰壕裡損失的戰力。

徵兵的構想在凱因斯的同儕之間激起劇烈的反彈。羅素開始四處演講，慷慨陳詞反對戰爭，同時出版反戰小冊，最終因為積極遊走而入獄。貝爾也出版了兩本反戰小冊，其中一本太過顛覆，倫敦市長因此下令全數焚毀。[57]

一九一五年十二月，凱因斯告訴朋友，他自己、麥克納和朗西曼打算同時辭職抗議，好讓首相阿斯奎斯更有底氣在戰時內閣跟勞合喬治和基奇納對抗。隔年一月，凱因斯化名「波力提克斯」*投書給《每日紀事報》（*Daily Chronicle*）編輯，痛批「強制徵兵」是「脅迫勞工服從統治階級的新武器」，並主張徵兵造成的「軍事自大」將會傷害英國經濟，讓協約國原本可期的勝利變得不確定。[58]

同時他還在財政部提出保護與豁免的修正案。根據最後通過的法案，十八至四十一歲符合徵兵資格的單身男性，只要從事「攸關國家運作」的職務就可免入伍，一般公民也可出示證明，以「良知道義」為由拒服兵役。凱因斯對法案很失望，因為徵兵還是通過了，但至少不足以讓他憤而離職。「日子繼續向前，我想我應該會待下來，直到又有朋友被他們折磨為止，」他對母親寫道。[59]

然而，布倫斯伯里幫的朋友看不下去了。斯特雷奇認為凱因斯沒有辭職形同背叛。一九一六年二月某天傍晚，他遇見正在用餐的凱因斯，立刻掏出一個他早就準備好的信封扔在對方盤裡，裡面是蒙塔古發表好戰言論的剪報和短短幾個字：「親愛的梅納德，你怎麼還在財政部？斯特雷奇。」[60]

斯特雷奇鎖定的是梅納德的靈魂，是對方性格裡的政治面。打從大學認識以來，他就對這點很不滿。蒙塔古不僅將凱因斯領進劍橋辯論社，讓他升任書記，畢業前當上社長，還協助凱因斯在印度事務部任職，為了他力戰英國官僚體系，保薦凱因斯進入皇家委員會，讓他因而認識布萊克特，一九一四年邀他前往倫敦處理金融危機。危機過後，蒙塔古甚至套關係替凱因斯在財政部謀得終身職。「我這輩子所有生涯進展幾乎都要……歸功於他，」凱因斯日後向妻子寫道。[61]而斯特雷奇卻暗指凱因斯工作上的所有投入都是漫天大謊。

這張剪報讓凱因斯大受衝擊，甚至保留在他的私人文件裡。蒙塔古在剪報裡說，「好戰性格深植在德意志民族心底」，最好「給他們一點教訓」。[62]凱因斯對戰爭不是這樣看的。他讀了那麼多歌德的作品，不可能相信德國社會天生有問題。他認為戰爭是天大的失誤，而非無可避免的衝突。他甚至有好友在敵軍陣中。一九一四年，維根斯坦從劍橋匆匆趕回維也納，自願加入同盟國部隊擔任步兵。他甚至從前線寫信給凱因斯，好掌握羅素理論思考的最新進展和凱因斯對機率的看法。[63]凱因斯希望戰爭能以歐洲大和解落幕，沒想到他的政治提攜人而今卻主張使用強硬武力讓英國稱霸，實在令人難堪到極點。

徵兵法案通過後不久，英國政府便以凱因斯在財政部的工作攸關國家運作為由，讓他免予入伍，顯然無意送他上戰場。但凱因斯仍然深怕自己失去在布倫斯伯里人面前的救贖機會。斯特雷奇晚餐奇襲後沒幾天，凱因斯便正式申請拒服兵役：

本人在此要求完全豁免兵役，因為面對服役此等大事，本人出於良知道義，反對讓出決定權。這不表示本人無論任何狀況都不會自願入伍；但在考慮過所有現實狀況後，本人確定服役非我等義務所在，故在此鄭重向審查局宣示，本人於入伍一事拒絕接受政府強制乃是完全出於

＊譯注：波力提克斯（Politicus），意思為政治家。

良知道義。本人在此事及何為本人義務之問題上，都無意交由他人決定，並視交出決定權為道德過錯。[64]

凱因斯根本沒去參加討論他拒服兵役資格的聽證會，反正結果都一樣。不過這個多此一舉卻清楚說明了他受到的衝擊有多大。

等到凱因斯動用自己在政府的影響力讓他的布倫斯伯里好友免服兵役，這群人總算不再數落他了。由於寫小說和畫肖像不算「攸關國家運作」，因此凱因斯建議格蘭特和加內特找個果園的工作，再以必要農業勞動力為由替他們申請豁免入伍，結果遭到否決，於是他又出席聽證會，替好友作證他們是出於良知道義拒絕服役。最終聽證會給予兩人非戰鬥身分，不用攜帶武器，但不保證其性命安全。凱因斯的弟弟傑佛瑞（Geoffrey）是醫官，只要每次特別慘重的戰役過後沒有消息，家人就會分外憂心（傑佛瑞後來平安歸來，並成為知名的外科醫師）。因此，凱因斯繼續替格蘭特和加內特爭取良知免役資格，最後總算讓公家核准他們不用參與任何戰事。他幫助的不只這兩人。「我每天有一半時間耗在這些無聊事上，替朋友作證他們的誠懇、善良與信實，」一九一六年六月他如此寫道。[65]

這一切讓凱因斯無比糾結。他一方面替政府籌措軍費，另一方面又拚了命從軍方手中搶走士兵。英國政治領導人的國族沙文主義令他深惡痛絕，但他又設法協助他們打贏這場帝國之役。凱因斯的內心也在交戰。

死傷消息從各地傳來，連國內也不例外。「在我執筆當下，飛船正四處轟炸，我敢說每一分半鐘就有一回，火光和爆炸都恐怖到極點，」凱因斯在布倫斯伯里家中寫信給母親道：「我沒想到自己竟然怕成這樣。」[66]出於外交任務需要，他經常必須搭船通過交戰海域。要不是臨時行程生變，凱因斯恐怕一九一六年夏天就喪命了。他原本預定陪同陸軍大臣基奇納搭船前往俄國，但就在出發前不久接獲白廳指示，要他留在倫敦，因為這次前往俄國為期數週，他們沒辦法讓他去那麼久。結果船才出發幾小時就誤觸德軍水雷而沉沒，基奇納不幸罹難，只有十幾人存活。「我前一兩週還和他們大夥兒朝夕共處，」凱因斯寫道：「這事簡直把我嚇壞了。」[67]他母親也餘悸猶存。「親愛的兒子，」她寫道：「誰曉得你險些就喪命了！我聽到時差點喘不過氣。」[68]

一九一六年初，戰時內閣的鬥爭轉趨白熱化，徵兵法案的對決結果證明基奇納和勞合喬治占了上風。如今基奇納一過世，勞合喬治自然不會錯過這個機會。儘管他和阿斯奎斯都受到自由黨推舉，但他仍在同年十二月得到保守黨員支持，對阿斯奎斯發動了不流血政變。阿斯奎斯被迫下臺後，和妻子瑪歌找了凱因斯共進晚餐，希望找回政治判斷力。凱因斯後來告訴維吉尼亞・吳爾芙，前首相「處之泰然，相當豁達」，可「瑪歌卻對著湯哭了，還差人拿菸來，眼淚和菸灰都落在盤裡，一副喪氣樣」。[69]

身為阿斯奎斯的盟友，凱因斯發現自己在財政部的責任日益吃重，政治影響力卻大為減弱。戰時內閣成天忙於戰略，完全無視於支持他們軍事大計的經濟實力正在衰退。如同一九一四年八月金融危機的教訓，凱因斯相信錢的問題已經成為權力問題。過去五十年來，大英帝國的經濟霸權主要來自它是債權國，凡是需要錢的國家都會向倫敦伸手，使得英國擁有獨一無二的能力，可以左右錢的用途與得益對象。但戰爭卻逼使英國向海外尋求財政協助，而凱因斯明白帝國一旦愈發仰賴外援，就得拱手讓出地緣政治影響力。

美國是英國籌措軍費唯一可靠的對象，但總統威爾遜和國務卿布萊恩（William Jennings Bryan）不准政府貸款給任何參戰國，於是英國財政部只好轉向民間投資者，只是私人捐助也很有限。美國人對戰爭沒有好感，支持的國家也不一致。散布在美國中西部的德國移民及其後裔，以及紐約、波士頓和費城的大批愛爾蘭移民，都讓英國無法簡單取得美國支持。最後，英國透過華爾街拿到了救生圈，由美國銀行牽線，向為數不多的一群富人爭取到貸款。不過，這筆錢來得正是時候。據凱因斯在一九一六年中的計算，英國平均每天支出的五百萬英鎊軍費有四成來自美國，這些錢幾乎都來自少數幾位金融大戶。[70]

其中，美國摩根銀行獲益最大。當時的總裁小摩根（John Pierpont Morgan, Jr.）是親英派，和父親一樣極為擅長將金錢化為政治影響力。他代表摩根銀行和英國政府談妥交易，成為英國在美國的獨家採購代理人，結果就是大英帝國戰時採購的貨品有近半數都由摩根銀行牽線，並從中獲取一%的佣金。因此儘管美國保持中立，摩根銀行還是從戰爭賺了兩把：先是貸款給英國，然後又從英國花在美國貨品上的錢裡分一杯羹。隨著英國採購的美國貨品愈來愈多，摩根銀行光是佣金收入就高達三千萬美元。這在二十世紀初是前所未聞的交易，也是多數人眼中摩根銀行風雲史上最重要的一頁。[71]這項交易讓小摩根在大西洋兩岸都取得了政治話語權，也使得摩根銀行成為美國外交的非官方喉舌，擁有跨黨派的影響力。即使小摩根堅定支持共和黨，從而不受威爾遜政府待見，卻還是成為聯準會顧問，而他的重要副手拉蒙特（Thomas W. Lamont）也於一九一九年赴巴黎參加終戰和約談判。短短幾年內，不論威爾遜和布萊恩認同與否，小摩根都促成了美國大筆金援戰爭，同時打造出一個匯集許多能從協約國勝利及美國介入而得利之人的經濟網絡。[72]

小摩根會如此積極，主要來自他們家族和英國王室關係特別緊密。不過，許多華爾街投資公司也都在倫敦派有人員。一九一四年時，華爾街的經濟實力才剛崛起，從典章制度到機構組織都以英國的金融中心為榜樣。而倫敦城與華爾街也惺惺相惜，自詡為跨越國界的菁英階級，雖然和布倫斯伯里幫的普世唯美主義不同，卻不無關聯。

但隨著戰事拖長，英國顯然不只交出了經濟霸權，連政治影響力也讓給了出手相救的美國。凱因斯預見到戰後國際勢力將會重組，美國人與華爾街的金融勢力未來將主宰西方事務，而英、法兩國都將淪為新世界的附庸國。

一九一六年十月三日至十日，英法聯合代表團和摩根銀行高層舉行了六次會談，評估籌措更多美國資金投入戰事的可能辦法。凱因斯也參與了這些會議。與會金融家除了小摩根本人，還包括協助銀行拿下英國採購代理人合約的戴維森（Henry Davison）、摩根銀行巴黎高階合夥人哈傑斯（John Harjes）以及摩根銀行倫敦分行總裁格倫費爾（Edward Grenfell）。根據凱因斯在財政部備忘錄裡的記載，摩根幫得知英國接下來幾個月還需要再貸款十五億美元後，個個「驚愕得溢於言表」。戴維森直呼「難以置信」，英國人「要的錢和我們有的錢一樣多，甚至超過」。然而在該年秋天，小摩根就已明白自己的銀行已經投入太多，無法抽身了，於是他最終同意讓步，承諾隔年三月三十一日以前如未能替英國籌措到這筆錢，將允許英國「適度延期支付」貸款，直到銀行無力承擔為止，之後就得宣告英國違約。[73]他不介意向客戶伸出援手，但所有人都清楚英國的命運之鑰掌握在誰手上。

十月十日，凱因斯以電報發了一份備忘錄給英國外交部，主題為「英國對美國的經濟依賴」，指出威爾遜和聯準會只要勸阻美國金融業購買英國債券，就能讓英國後續的軍事行動「難以為繼」，導致西部前線陷入「極危險的境地」。英國政府沒有本錢和美國在外交上討價還價，只有懇求的分。

「未來六到九個月，我國須向美國借貸的金額實在太高，是美國國債總額的數倍，唯有該國傾所有投資大眾之力，不分階級部門，才可能辦到，」凱因斯這樣寫道：「毫不誇張地說，再過幾個月，對於影響我國勝於美國的事務，該國政府與民間將能對我國予取予求。因此，本部基於職責必須指出，我國的對美政策不僅應當避免報復或主動激怒對方，還要以安撫和取悅為原則。」[74]

這場戰爭差點讓威爾遜失去總統寶座。[75]國務卿布萊恩擔心經濟涉入太深最終會使美國捲入衝突，便辭職以示抗議。即使威爾遜競選連任時打出了反戰標語「他讓美國遠離戰爭」，一九一六年的總統大選仍然是美國史上最拉鋸的選戰——威爾遜因加州的選舉人票而以些微差距險勝。

威爾遜身為長老會牧師之後，對於總統任內的大小事務幾乎都賦予了無比迫切的道德意涵。

他在國內推動「新自由」政策，認為這是向不勞而獲的特權與菁英勢力宣戰。他成立聯邦貿易委員會，賦予聯邦政府打擊壟斷的權力；創立聯邦準備系統則是為了對抗「金融托拉斯」（the Money Trust）。他深信美國民主神聖而獨特，因此不想為了外國戰事而置美國於風險之中。

不過，威爾遜在從政路上不斷修正自己對歐洲及歐洲人的看法，連帶使得他對海外衝突的態度有了巨大轉變。他在一九〇二年出版的《美國人民史》中，對東歐與南歐移民語多輕蔑，認為這群人「既無技能，也沒活力，更缺乏敏捷的心智」。[76] 但到了一九一二年總統大選時，由於亟需移民支持，他只好改變口吻，呼籲「美國應當破除所有偏見」，歡迎來自全歐各地的移民。[77] 其實並非**所有**偏見。威爾遜始終將非裔美國人摒除在改革措施之外，甚至想讓原本不看種族用人的聯邦部門改採隔離政策。不過，他在總統任內確實做到了自己對紐約移民社群的承諾，於一九一五年否決了限制歐洲移民的法案。[78] 在他看來，如今就連東歐與南歐移民也有能力繁衍出足以承擔自治責任的後代。

這改變了威爾遜的看法，不再認為美國對帝國主義下的歐洲人不負有任何責任。在他眼中，美國占據了獨特的道德高地，因此他開始積極嘗試發揮美國的開明力量，對抗帝國主義的濫權妄為。帝國不讓國與國的人民在外交上平等相待，只會打毫無意義也毫無必要的戰爭。隨著大戰殺戮加劇，威爾遜很快便為自己立下了道德使命，美國有責任帶領世界走出黑暗，迎向光明。但他也是位精明的政治人物，不想因為參戰而傷害自己本來就岌岌可危的連任機會。他希望外交壓力就足以逼使交戰雙方放棄衝突，同意由美國斡旋談和。於是他果然如凱因斯所擔心的，決定用金融來達成目的。

一九一六年十一月二十八日，凱因斯和小摩根會面後不到兩個月，美國聯邦準備委員會主席麥卡杜（William Gibbs McAdoo）便頒布行政命令，提醒所有美國投資人對英法兩國的短期貸款保持警覺。雖然這項命令並未公開禁止貸款，卻正式代表政府的反對態度，並對協約國的信用等級提出警告。此舉立刻帶來影響，使得美國流向英國的資金大幅減少，就連小摩根也在聯邦政府壓力之下踩了煞車。威爾遜打算扼殺歐洲交戰雙方的軍事投入，以達成他所稱的「無勝利的和平」。

到了一九一七年初，這份聯邦備忘錄已經在英國造成全面的金融危機。少了摩根銀行和其他美國投資人的貸款，英國只好用黃金支付海外款項。三月十七日，凱因斯知會財政大臣，黃金儲備再過幾星期就會用罄，倫敦的金融中心地位已經搖搖欲墜。少了美國資金，英國的軍事行動將無以為繼。

凱因斯不信任美國的動機，並擔心英國就此從世界舞臺殞落。但他無法指摘威爾遜的策略。他也希望戰爭結束，也明白美國斬斷金流是最有效率的方法，甚至比美國出兵還有效得多。

但德皇不願見好就收。德軍相信不出幾週就能獲得全面勝利，於是加大了對美國民間船隻的潛水艇攻勢，因為有些民船載著供給協約國的戰爭物資。這是對英國的報復行動，因為英國海上封鎖德國，導致德國及奧地利許多城市居民營養不良，甚至餓死。但看在大多數美國人眼中，此舉就像是對中立國的無謂暴行，而導致平民死傷更是讓美國在政治上無法容忍。於是麥卡杜重開金流，撤回聯準會對歐洲貸款的警告，民間銀行也再次放款給英國政府。四月六日，美國國會宣布參戰，距離凱因斯估計的英國國庫枯竭日只剩一週。美國的政府金援很快隨著私人貸款而來：國會通過貸款三十億美元給英法兩國，頭一回對協約國提供十足信用擔保。

英國的第二次金融危機就此化解，協約國也都得救了。諷刺的是，儘管美國參戰導致戰爭注定拖長，卻也讓凱因斯的個人糾結一時得到了舒緩。對凱因斯來說，殺戮延續如今成了美國的責任，而他日以繼夜確保財政部在下週或下下週仍有償付能力的努力，也在道德上變得無關緊要。於是他繼續待著，在財政部裡贏得幹才的名聲，至少也讓部裡的同僚不得不服氣。同年五月，他獲頒三等巴斯勳章，以表揚他戰時在財政部的貢獻。這是官僚體系裡接近封爵的極高榮耀。

然而，對於美國老大強加的各種限制，凱因斯卻非常感冒。美國參戰之後，威爾遜和麥卡杜簡直不敢相信打仗這麼花錢，始終認為是英國浮報開銷或擅用援助款進行各種虛華的國內花費。凱因斯還為此撰寫備忘錄給麥卡杜，強調英國政府從未捨戰場而就銀行，將錢優先用於償還摩根銀行的貸款。他也強調這是人類史上最大的一場戰爭，本來就非常花錢。美國參戰以來，英國對法國、俄國、義大利和比利時的援助是美國承諾金額的兩倍有餘。[79]美國是金援英國沒錯，但英國可沒有停止金援歐洲其他國家。

不過，英國政府至少虛華過一回，而且是布倫斯伯里人搞的鬼。一九一七年九月，法國畫家竇加（Edgar Degas）過世，畫商佩帝（Georges Petit）隨即宣布將拍賣竇加畫室裡的所有物品，格蘭特聞訊以後便慫恿凱因斯參與競標。[80]為了說服財政大臣博納．勞（Bonar Law），凱因斯想方設法以經濟為理由，指出竇加才過世幾個月，但他的作品很可能會增值，因為後世畫家都將受其影響。

由於戰火離巴黎太近，買家都嚇跑了，買氣應該不旺，此時不以這般低價入手這些傑作，恐怕以後就再也沒機會了。

這話雖然大費唇舌，卻是無稽之談。沒有人能預測後印象派畫作的未來價值，而英國政府也沒有義務在本國博物館展出每位法國大藝術家的作品。但這位財政部的保守上司卻覺得「我想買畫很有意思，最後當成玩笑答應了」，凱因斯在信裡告訴凡妮莎。[81] 於是他便陪同國家美術館館長霍姆斯（Charles Holmes）前往巴黎，以二萬英鎊標得二十多幅畫作，並自掏腰包以不到五百英鎊買下另外四幅作品自己收藏。[82]

凱因斯稱呼這趟巴黎行為「畫作大搜刮」。[83] 對布倫斯伯里幫來說，這是戰時難得的樂事。回到戈登廣場四十六號，凱因斯向凡妮莎、維吉尼亞、薛帕德和弗萊展示其中一幅戰利品：塞尚的六枚蘋果靜物畫。「弗萊簡直快瘋了，」維吉尼亞寫道：「我從來沒見他這麼陶醉過，跟向日葵上的蜜蜂沒有兩樣。」[84]

「凡妮莎和格蘭特都以你為傲，」邦尼寫信給凱因斯：「你之前的錯完全被赦免了，連以後的罪也一併免除。」[85]

即使在戰時，布倫斯伯里幫也沒有放棄尋歡作樂。凱因斯仍然不時開派對，凡妮莎則是買下薩塞克斯郡路易斯鎮附近的查爾斯頓莊園，而那裡也成為這群人最愛的鄉間去處。格蘭特很快就搬去與她同住；凱因斯雖然察覺到吃醋的意味，卻還是喜歡郊外的氣氛，讓他遠離工作的折騰與其他朋友的道德責難。儘管妹妹維吉尼亞開始參與女性參政運動者的演講，倫納德進入自由黨工作，凡妮莎依然完全不碰政治。大戰之初，她曾經和首相阿斯奎斯出席同一場晚宴，一本正經問對方：「您對政治感興趣嗎？」[86]語氣裡沒有半點諷刺。這群朋友中，只有她能聽凱因斯加油添醋描述公職生活的各種荒謬事，並且開懷大笑，心底完全沒有也沒壓抑對他道德立場妥協的憤怒。對凡妮莎來說，政治只是人間戲劇的另一個舞臺，屬於文學審美的領域，而非檢驗罪行與救贖的地方。維吉尼亞形容那時的梅納德對凡妮莎簡直「像哈巴狗一樣」。[87]

凱因斯和布倫斯伯里幫的關係是緩和了，但他與美國人的摩擦卻愈演愈烈。協約國作戰委員會在他筆下有如「一群猴子」，[88]開起會來更是「鬧劇一場」，[89]充分顯示了官僚無能。根據好友布萊克特表示，凱因斯秋天赴美執行外交任務，「在委員會上是出了名的無禮」。[90]

美國金援並未帶來閃電般的勝利，而美軍更直到一九一八年夏天才抵達戰場。這期間殺戮不減反增。美國對戰時開銷管控極嚴，逼得英國政府只能在國內實施糧食配給。協約國或許會贏得戰爭，但孕育凱因斯長大的全球秩序與國內文化卻已經消逝，讓他頓感幻滅與絕望。

凱因斯在信裡告訴母親，「聖誕節到了，我的想法是隨著戰爭延長，加上近來情勢的轉折，可能意味著我們過去熟悉的社會秩序就要消失了。說來有些抱歉，但我基本上並不難過。有錢人失勢不啻是件令人安慰的事，而且也是他們活該。我比較擔心的是民眾可能**普遍**陷入貧窮。我們再過一年就會失去過往我們在新世界的所有權，將整個國家抵押給美國。」

他還說：「我覺得眼前只有一條路可走，就是開心邁向布爾什維克。今天早上我躺在床上心滿意足地想，感謝我們的統治者不僅又壞又瘋，而且太過無能，一種獨特文明的獨特時代就這樣行將告終。」[91]凱因斯沒有推卸責任。他在信裡對格蘭特坦承道：「我為自己厭惡的政府工作，做一些我認為有罪的事。」[92]

凱因斯終其一生都視美國為競爭對手，也瞧不起美國文化。二戰期間，他貶低美國鄉間的美麗景致，批評美國知識分子缺乏「直覺」，但他的經濟思想正是在美國生根茁壯，從此名滿天下，而化解他一戰期間最後一次良知危機的功臣，也是美國人。

一九一八年元月八日，威爾遜發表了他此生最重要的一場演說。一個月前，他才發表第五次國情咨文，要求國會也對奧匈帝國宣戰。幾天後國會同意了他的要求，威爾遜卻又再次召集議員回到國會山莊聽他發表演說。這對冬天習慣休會在家的議員來說很是麻煩。當時還沒有快速的噴射客機，議員只要前往華府，就會有幾週見不到家人朋友與選民。但威爾遜有個偉大的願景，他期望這個願景不僅能改寫他的歷史定位，還能重新定義美國在國際事務的角色。議員到齊後，威爾遜宣布了如今稱作「十四點和平原則」的計畫，指出交戰各方若想簽下可以長久維繫的和約，就必須堅守這些原則。儘管演說提到十四點，但可以統合在一個大概念之下，那就是「自決」：人民擁有不受外人壓迫，自行選擇政府的權利。

這十四點有些是普遍原則。第一點要求終止祕密外交，第四點要求減少軍備「至恰可保衛國內安全的最低限度」，第三點涉及經濟平等，要求「盡量移除所有經濟壁壘，建立貿易公平之條件」，第二點和促進貿易有關，主張確保「公海航行自由」。

威爾遜提出的十四項原則，整整半數和領土直接相關。他希望重劃國界，以確保歐洲境內民族能不受帝國左右，自決發展。這些主張其實和他在美國境內實施的生物種族主義如出一轍，只是表達得比較婉轉。第八點要求比利時獨立，第十點主張奧匈帝國內各民族「自治」，第十一點要求各國部隊撤出羅馬尼亞、塞爾維亞和蒙特內哥羅，第十二和第十三點要求允許土耳其和波蘭獨立。就連讓同盟國和協約國領袖同樣擔憂的布爾什維克俄國（Bolshevik Russia），也應當「獲得不受阻礙、正大光明自主決定其政治發展與國家政策的機會，並保證得到自由世界真心相迎」。威爾遜以詳細的規畫，拒絕這場戰爭以領土征服作收，要求帝國之間建立緩衝國，以維持長久和平。

這十四點遠不只是化解衝突的指導原則，更是戰後全球秩序的道德指南，嘗試從殘酷無謂的災難之中建立某種長治久安。威爾遜心中的國際正義，乃是根植於十九世紀的民族主義與民族認同思想，而非基於個人權利。他唯一提到的人權，就只有個人有權成為獨立國家的人民。但他呼籲所有國家不分大小，也不論勝敗，都在國際治理桌上平等擁有一個席次。這是個激進的構想，企圖為數百年來的帝國傾軋畫下句點。作為深具傳道精神的長老會信徒，威爾遜正在給歐洲一個自我救贖的機會。

和威爾遜的其他偉大願景一樣，他從未將這十四點用在美國。既然任何民族都有權自治，非裔美國人當然能成立一個新國家。但在威爾遜眼中，美國是一個種族獨一的啟蒙民主混合體，他在這個政治成功的種族方程式裡找不到非裔美國人的位置，也不承認他們有權自決。美國若想成為英雄，將歐洲從落後的中世紀割據主義解放出來，就得忽略自己內部的壓迫。

然而，威爾遜的解放宣言卻替凱因斯卸下了心頭重擔，讓他的戰時工作有了更廣大的道德意涵。在威爾遜的一聲令下，戰爭從無謂的領土之爭變成徹底終結帝國主義的聖戰。凱因斯在給母親的信裡讚揚威爾遜的構想可比「十四誡」。[93]這件事也在布倫斯伯里幫激起迴響，所有人都成了威爾遜十四點的忠誠信徒，殷殷期盼國際聯盟早日誕生，裁決未來所有的外交紛爭。他們還察覺到他們在財政部任職的朋友變了。威爾遜發表演說後不到一週，維吉尼亞．吳爾芙就在日記裡寫道，他們藝文小圈子裡一陣振奮，而梅納德更是「這股奇妙力量的泉源」。[94]

提出十四點原則後將近九個月，威爾遜又在紐約大都會歌劇院發表演說，重點全擺在國際聯盟。十月六日，美國宣戰十八個月後，德國決定接受威爾遜的提議，因為德國民間經濟已經被逼到死角。除了美國提供信貸讓英國財政起死回生，協約國也持續在海上封鎖運往德國、奧地利與土耳其的食物船隻。據專家後來統計，有超過四十萬人因此餓死。德方幾個月前還深信自己勝利在即，如今卻熬不住了。巴登親王馬克西米利安（Prince Maximilian of Baden）公開照會，只要協約國遵守威爾遜提出的和平原則，德國就會停止作戰。幾星期後，一九一八年十一月十一日的上午十一時，停火協議正式簽定，戰爭結束了。

「過去這兩週在世界史上真是太神奇了！」凱因斯在家書裡告訴母親，樂觀之情溢於言表。「我相信一切真的都過去了。不論報紙怎麼說，我真心確定全世界所有政府都想言歸於好。」[95]

3 巴黎及其不滿

一九一八年十二月十六日，一隊騎兵通過巴黎街頭。他們胯下的黑馬毛髮整潔，擦亮的軍刀與鋼盔在蒼白陽光下閃閃發亮。騎兵後頭跟著一列馬車，裡面載著全世界最有權力的領袖，包括法國總理克里蒙梭和英國首相勞合喬治。步兵列隊街道兩旁，刺刀指天朝車隊行禮。達官顯要後頭是昂貴的科技實力展示——汽車隨扈。大戰結束了，勝利者從香榭麗舍大道遊行到凱旋門，壯盛的陣容連拿破崙都相形見絀。他一百年前踏進這座城市時，這座紀念碑尚未完成，只能靠木造模型將就。

民眾簇擁街頭高聲歡呼，在屋頂上揮手，從窗邊喝采，大小廣場歡聲雷動。當時巴黎只有一百萬人口，但那個寒風颼颼的午後卻湧入了二百萬仰慕的群眾，想要一睹美國總統威爾遜的風采。「城裡每一寸都擠滿了歡呼尖叫的人，」威爾遜夫人依迪絲這樣表示：「花朵如大雨般從天而降，幾乎把我們給淹沒了。」[1]

戰爭落幕時，威爾遜已是歐洲大陸最知名的人物。美國強大的軍事實力協助浴血多年的協約國扭轉僵局，但歐洲民眾風迷威爾遜還有一個原因：他來法國首都是為了參加一場將會決定下個世代國際政治的和平會議。戰勝國領袖中，只有他已經為新的全球秩序立下了願景：未來，國際聯盟將使用外交手段預防歐洲不久前才加諸自身的那種動亂。在飽受戰火蹂躪的民眾眼中，威爾遜更像先知，而非政治人物。美國特勤局一位幹員就曾表示，羅馬民眾「真的把威爾遜總統當神，當成和平之神在崇拜」。[2]威爾遜的夢想吸引了數百萬個法國、義大利和英國家庭。戰爭的無情殺戮不僅奪去他們的父親與兒子，也斷了他們的生計。威爾遜的人望超越了政治、語言與國籍。親共產黨的巴黎《人道報》（*L'Humanité*）大力讚揚威爾遜，[3]未來的南非首相史末資（Jan Smuts）也稱威爾遜是世上「最高貴的人，甚至是這場戰爭裡唯一高貴的人」。[4]

「當威爾遜總統乘著華盛頓號而來，他在世人的心中和希望裡的地位是多麼崇高！」凱因斯這樣寫道：「在我們勝利之初，就有這樣一個偉人光臨歐洲！」[5]

隨著車隊橫越塞納河，十多萬巴黎民眾歡呼湧入了協和廣場。[6]皇家街上，車隊從一個橫跨整條街的橫幅底下經過，上頭用電燈泡排列出「威爾遜萬歲」。兩旁民眾高喊「正義使者威爾遜！」年過六旬的總統笑得像個孩子，揮舞高帽表達感謝之意。

一九一九年元月十日，凱因斯抵達巴黎，路上沒有遊行歡呼。他已經知會英國財政部這場和會是他身為公務員的最後任務，「結束後我就自由了」。[7]他離開時滿懷樂觀：令他靈魂煎熬的布倫斯伯里道德觀和站上世界舞臺的企圖心終於不再交戰。他告訴母親，世界長治久安的前景「看好」，和會一切事務告終之後，他應該一個月內就能回家。他甚至已經開始物色工作，開心想像薪資優渥、悠閒愉快的戰後生活。[8]

然而，和平會議將他一巴掌打回了現實。「這裡人好多，因此您不難想像一直有各種耳語、閒談與密謀流傳，」[9] 他這樣告訴家人。協商已經全面展開。英國代表團共下榻四家旅館，但首選是香榭麗舍大道上的大華酒店（Hôtel Majestic），而那裡也就順理成章成為「聚會點」，因為英國代表團在酒店餐廳可以享用免費餐點，廚師還是英國人。不過，凱因斯常試著約人到比較貴的餐館吃中飯。這樣做一方面可以炫耀社會地位，而且在非正式地點用餐，和外國記者與其他大人物交際，還有助於建立他在乎世界大勢勝過其他缺乏眼界的同事的形象。[10]

當時一切全都亂無章法。華爾街律師克拉維斯（Paul Cravath）告訴凱因斯，美國代表團住在協和廣場的瑰麗飯店（Hôtel Crillon）「簡直像養兔場」，[11] 安檢則是嚴格到連克里蒙梭都曾被謹慎的美國衛兵擋在門外無法進去開會。[12] 和談協商甚至沒有正式的開幕式。停火後的這幾週，來自全球各地的代表只是住進巴黎的豪華旅館，主持晚宴，在杯觥交錯間談策論略，搭著禮車往來塞納河畔的奧賽堤岸晤面開會。戰時成立的許多協約國間委員會有不少已經轉駐巴黎，不等威爾遜和克里蒙梭出席就開始起草提案與相對提案，從領土邊界、動詞選用到貨幣吵個沒完。元月十八日，威爾遜和克里蒙梭主持了全體預備會議；二十一日和會公布協商規範，但連程序問題直到三月都還在打外交攻防戰。最終和會重新組織在「四巨頭會議」之下，這四人分別是威爾遜、克里蒙梭、勞合喬治和義大利總理奧蘭多（Vittorio Orlando）。[13]

凱因斯行程滿檔。抵達巴黎四天後，他寫信回家提到自己一天的工作量，包括和停戰委員會、最高戰時委員會及最高補給救濟委員會分別開會，向英國財政大臣博納．勞和司法界要角雷丁爵士（Lord Reading）做簡報，和美國代表進行策略會議，以及晚餐後和英國財政部其他代表私下談話，交換筆記並為隔天做計畫。[14]

德國和其他同盟國都沒有受邀。所有人都認為和約應由協約國自行起草，再交由德國當局展開實質協商，進而決定歐洲的未來。若非駐外使節定期回報，歷歷道出戰敗國大城市的慘狀，身在巴黎的代表們根本忘了對方的存在：柏林飽受暴力革命摧殘；外國官員走在維也納街頭到處是餓得肋骨有幾根都數得出來的小孩。一位名叫胡佛（Herbert Hoover）的美國代表表示，停戰協議簽署後，「文明世界才擺脫軍國主義威脅，就立刻陷入了經濟崩潰的危險。」[15]一個月前因停戰而來的集體救濟，以及威爾遜到訪帶來的歡欣，已經被焦慮不祥的氣氛甚至是蔓延巴黎的疾病所取代。過去兩年肆虐全球的流感大流行已經奪走無數生命，邀集多國代表與會的巴黎和會自然成為傳染的溫床。英國外交官斯唐（William Stang）在巴黎死於流感，而勞合喬治、威爾遜、克里蒙梭和凱因斯本人，也都在和會期間與病毒交手過。[16]

「巴黎根本是場夢魘，所有人都病懨懨的，」凱因斯寫道：「大難臨頭的感覺籠罩著各種無謂的奔走。人在大事件面前顯得多麼渺小與徒勞，所有決定既重要又不實際。輕率、盲目、傲慢和來自於外的困惑呼吼，所有古代悲劇的元素都到齊了。」[17]

和會初期，凱因斯最大的挫折其實來自英國政府。他告訴布倫斯伯里的死黨，大華酒店是個「地獄般的地方」，官員政客一副「自視甚高、百無聊賴的模樣」，[18]而他在巴黎的地位也因為英國一九一八年十二月十四日舉行的一場選舉而不保。勞合喬治認為協約國勝利機不可失，因此才一停火就動用首相權限宣布國會改選。戰時英國由自由黨和保守黨組成的聯合政府主導，勞合喬治希望改選不僅能擴大席次，還能剷除黨內政敵。結果投票當日，凱因斯的強力盟友統統落選，不只包括麥克納與朗西曼，連阿斯奎斯也丟了席次。這讓凱因斯氣憤難當，後來公開指控勞合喬治「毫無政治道義」，出於「私人野心」舉行改選。[19]

因此，儘管凱因斯頂著尊貴頭銜，財政部任命他為首席團員，代表大英帝國參加最高經濟委員會，但他在白廳的政治靠山全下臺了。[20]戰時他和勞合喬治的衝突非但沒有因為停火而畫下休止符，現在又為了德國應該支付戰勝國多少金額以補償其經濟損失而僵持不下。

早在戰事結束前，英國財政部就要凱因斯計算德國到底付得出多少賠款。他推算出的上限是二十億英鎊，一半先付，另一半分三十年攤還。[21]戰爭成本當然遠高於此，但更嚴苛的賠償只會造成反效果。為了創造所得來支付賠款，德國必須提高出口，如此必然會降低英國產品的國際市場占有率，最終減損英國的財富。但要是協約國強占德國的黃金、礦產或工廠，那就只會阻礙德國創造財富支付賠款。因此，「想讓德國有奶可擠，」凱因斯在寫給英國代表團的報告裡寫道，「就不能先毀了她。」[22]

然而在一九一八年競選期間，勞合喬治又委派前英格蘭銀行行長康利夫和法官薩姆納爵士

（Lord Sumner）提交賠款報告，並承諾英國民眾會向戰敗國要求最高賠償。薩姆納和康利夫指出德國可以支付二百四十億英鎊（當時等於一千二百億美元），因為他們算出的戰爭成本就是這麼多，[23]足足是德國戰前經濟規模的五倍以上。[24]由於金額高得離譜，因此即使勞合喬治在巡迴演說時一本正經提出來，美國外交官們剛開始都一笑置之。「那數字實在太荒謬了，」威爾遜個人顧問暨和會代表拉蒙特（Thomas Lamont）表示。[25]

結果就是英國政府的談判目標成了雙頭馬車。財政部派凱因斯算出一個戰敗國付得起的賠償數目，而且已經和美方財經專家（包括克拉維斯和美國財政部代表戴維斯〔Norman Davis〕，他也是摩根銀行合夥人戴維森〔Henry Davison〕的好友）談得相當深入，沒想到勞合喬治竟然提名強硬派的薩姆納和康利夫為賠款委員會正式代表。

凱因斯一生中遭遇過無數次棘手的數字和金額推斷，但問題都不出在計算，賠款一事也不例外。最根本的關鍵不在數字，而是戰爭的意義、政治進展的局限，以及人類自由的本質。「《凡爾賽和約》所有項目裡，就屬賠款問題的麻煩、爭執、情緒與拖延最多，」拉蒙特如此表示。[26]對一個重劃歐洲、亞洲、非洲及中東版圖的條約來說，這是個不小的挑戰，而凱因斯則是被推上風口，成為這場深刻意識形態之爭的閃燃點。

威爾遜將自己的歷史定位押在歐洲帝國主義有藥可醫這件事。他在第一任總統任內創立聯邦準備體系與聯邦貿易委員會，重新討伐企業獨占，這些內政成就已經足以使他在一九一六年連任之前就以成功的改革者在歷史上留名。儘管有人譏諷他參戰是為了圖利美國企業主，但威爾遜始終認為美國是中立方，只是面對不完美的外國兩造衝突被迫選邊站。威爾遜出身學界，從政前是備受敬重的政治理論家與歷史學家，曾協助普林斯頓大學成為美國頂尖的研究機構。他認為一戰不只導因於貪婪與野心，更出於舊世界政治體制太過老舊。獨裁的德國和鄂圖曼帝國注定政權不穩，因為它們的政府體制本身就不具正當性，完全靠武力統治應該獨立建國的各個民族。英法這兩個帝國稍微好些，因為是民主政府，但威爾遜認為它們仍然帶有帝制遺毒。他對一九一七年接掌俄羅斯的布爾什維克政權審慎樂觀；儘管共產黨有諸多缺點，但舊沙皇政權畢竟過於專制，不具正當性。

威爾遜跟巴黎和會的所有代表一樣，認為德國是一戰禍首，但不像大多數代表認為德國**人民**也該受罰。在威爾遜眼中，德國民眾其實是德皇過於專制的受害者，後來更波及比利時、法國、俄國與英國人民。一九一七年四月，他這樣告訴美國國會：「我們和德國人民沒有衝突，對他們的感覺就只有同情與友好。德國政府參戰不是出於人民的鼓動，事前也沒有告知人民，取得他們認可。這場戰爭就和過去那些不幸年代發生的戰爭一樣，統治者不曾諮詢人民就擅自發動，只為了王室或少數野心人的利益。這些野心人早已習慣將同胞當成傀儡和工具恣意利用。」[27]

總之，威爾遜認為戰爭是因獨裁而起，因此帝國必然脫不了關係，因為被征服的民族被奪去了自治的權利；而解藥就在民主，也就是終結帝國主義。「唯有民主國家團結在一起，才能維持長久一致的和平。所有獨裁政府都不值得信任，不能指望它們誠實或信守盟約……唯有自由的民族能堅持意志與榮譽追尋共同目的，在乎人類利益更勝一己之私。」[28]大帝國將歐洲帶向了動亂，唯有小而民主的民族國家，加上授權國際聯盟不靠戰爭化解國際衝突，才是救贖之道。在威爾遜心中，美國在巴黎和會的努力目標不是領土或補償，而是成為新時代的道德領袖。美國不會要求任何土地或賠款，和約的經濟效益應該擺在國際聯盟的必要性之後；成立國際聯盟不是為了促進美國利益，而是為了全球。

雖然這個願景是美國人威爾遜提出的，卻讓凱因斯徹底著迷。「總統先生在巴黎扮演的角色比其他與會者都要高貴，」他在信裡告訴好友楊格（Allyn Young），[29]並於和會後告訴戴維森，威爾遜是「四巨頭當中唯一**真心想**把事情做對的人」。[30]凱因斯剛到巴黎不久，就被戴維森和美國代表團展現的善意給深深打動。大英帝國不僅戰事末期仰賴美國金援，在國內經濟回復承平水準之前都必須仰賴下去。照理說，十一月衝突結束，美國國會授權金援英國就該跟著截止，但戴維森私下向凱因斯保證，拉攏英國共同推動威爾遜的外交大計才是美國的首要考量。「他們最不希望發生的……就是太早為了錢和我們起爭執，」凱因斯向財政部回報。[31]

威爾遜的理想是真誠的，但他不要求賠款是因為美國有錢。美國在一戰折損了十一萬六千七百零八名官兵，在民眾眼裡可能死傷慘重，但只占協約國戰死者的二%，甚至不到羅馬尼亞部隊陣亡人數的一半。[32]四年半的戰時訂單讓美國農民與工廠財源廣進，而協約國對美國金援的需求也讓華爾街成為全球金融霸主，因此美國所有和會代表都對債款不假辭色。凱因斯抵達巴黎前，威爾遜的顧問克羅斯比（Oscar T. Crosby）就告訴他，任何關於協約國戰債減免的討論「都不適合在和會搬上檯面」。[33]這背後的原因不難理解。一戰結束時，歐洲協約國對美國政府欠債超過七十億美元，對美國銀行欠債也有三十五億美元。[34]因此威爾遜當然可以大談全球秩序重建，因為這場大戰已經讓美國在短短數年內從新興工業國家變成世界超級強權。

法國的景況完全相反。一戰造成一百四十萬官兵和三十萬平民死亡，[35]這還不包括流感帶走的生命。戰時工業生產減少近三分之一，[36]北法有一萬五千五百平方公里的土地遭到蹂躪，不少最富庶的經濟資產也連帶消失。被破壞地區生產的作物占全國二〇%，煤炭占七〇%，鐵礦占九〇%，鋼鐵占六五%。全法各地至少有二十五萬棟建築「全毀」，二十五萬棟「受損」，四十八萬公頃森林「夷為平地」。[37]法國共積欠美國政府三十億美元、英國政府二十億美元，積欠英美兩國投資人的金額更高。

為了證明法國經濟有多凋敝，政府特地邀凱因斯到北法，名義是「度假」，實則帶他走訪滿目瘡痍的里爾、漢斯和索姆，親眼目睹戰後的慘狀。[38]法國亟需資源與資金，因此參與和會的法國代表自然將戰敗的德國視為名正言順的掠奪對象。

在和會上，法國總理克里蒙梭很快就成為凱因斯的主要意識形態對手。綽號「法蘭西之虎」的他成年之後政治生涯波瀾不斷。年輕時他是激進的新聞記者，由於撰寫報導批評拿破崙三世而入獄，隨後逃往紐約，進而欽佩南北戰爭後曾短暫主導華府的激進共和黨員。普法戰爭期間他返回巴黎，最後在拿破崙政權倒臺後當選進入國民議會。德雷福斯事件引發反猶情緒時，他挺身捍衛被誣告為德國間諜的軍官德雷福斯，並於一八九八年元月在他擁有的《震旦報》（*L'Aurore*）刊登作家左拉名震全球的投書〈我控訴！〉。四年後他重回國會，當選參議員。

但隨著年歲增長，他的理想主義色彩也轉趨淡薄。一九〇六至一九〇九年，克里蒙梭首度擔任總理，任內幾乎都在打壓罷工，重挫他的左翼聲望。而他性喜決鬥（一共決鬥過二十二次）也讓自己蒙上墮落貴族的形象。[39]他的好鬥性格並不限於政治圈。擔任國民議會議員期間，他不僅讓自己的美國籍妻子以通姦罪入獄，還剝奪其法國公民資格，送她回紐約。[40]如今七十七歲的他，早已將政治視為爭奪主導權的永恆戰爭。「活著就是鬥爭，」他一九一九年告訴一位國會議員：「你是壓制不了它的。」[41]克里蒙梭對威爾遜提倡的國際聯盟毫無興趣，對十四點原則也只當成確保德國投降的法律手續而已。當威爾遜在一場領袖閉門會議裡堅稱外交動用武力就是「失敗」時，克里蒙梭回嘴道，「美國建國靠的是武力，統一靠的也是武力，這你非承認不可！」[42]凱因斯日後在《和約的經濟後果》裡形容：「他看法國就如同伯里克利（Pericles）看雅典——獨一無二，其他都不重要。但他的政治理論是俾斯麥式的。他的幻想只有一個：法國；幻滅也只有一個：人類。」[43]

凱因斯這話是刻意羞辱，因為促成德意志帝國的普魯士軍國主義者俾斯麥是克里蒙梭的頭號外國死敵。一八七一年，身為國民議會議員的他投票反對德法簽訂條約，寧可法國繼續打這場節節敗退的戰爭，也不要臣服於他的仇家。[44]

對克里蒙梭而言，在和會上追求勢力平衡或防範未來衝突根本沒有用處。歐洲遲早會因為某個藉口再起戰端，他只希望到時法蘭西國力強盛，其他國家愈弱愈好。他心裡沒有任何對人類進步或和平未來的想望。「在我眼中人就是人，事實就是如此：人性不會那麼快改變，」[45]他如此表示。這是從冷酷現實裡得出的冷酷法則。「我們很難鄙視或討厭克里蒙梭；對文明人的本質，我們只能和他抱持不同看法，至少抱著不同希望，」凱因斯寫道。[46]

針對和會上的棘手爭論，威爾遜和克里蒙梭的分歧多半出在技術或策略問題。舊帝國裡頭的哪些民族有權建立新國家？民族該如何定義？國界又該如何劃定？但講到賠款問題，兩人卻完全針鋒相對。不論什麼計算方式，只要能拉高德國造成的戰爭損害金額、能拉高德國有能力償付的賠款金額的估算數字，克里蒙梭和法國代表團幾乎一律支持。反觀美國則是偏向金額愈低愈好，試圖在歐洲交戰國間達成長期可行的經濟平衡。

勞合喬治的立場就在這兩極之間。他年輕時和克里蒙梭一樣激進，擔任下議院議員時曾協助政府打造退休金計畫，戰前任職財政部長也曾規劃新方案向大地主課稅，以便「籌措財源和貧窮髒亂決一死戰」。[47]外交上，他最有名的作為則是抨擊英國對南非波耳人發動戰爭是反人道罪。但他反對波耳戰爭背後其實包含巨大明確的帝國野心。對克里蒙梭而言，跟威爾遜和勞合喬治協商就好比「左手邊是耶穌基督，右手邊是拿破崙」。[48]停戰協議簽署時，英國已經在不少領土問題上取得好處。協約國拿下包括德屬東非在內的德國殖民地，使得英國在非洲的勢力範圍從埃及一路毫無阻礙延伸至南非。沙皇垮臺則緩和了英國長久來的恐懼，不用再擔心俄國會取道中亞威脅印度。至於唯一能威脅英國海上霸權的德國海軍，也已經投降交出他們的船艦與潛艇。

有了這些勝利在手，懲罰德國就成為當務之急。勞合喬治認為大戰的導火線不是帝國主義，而是德意志帝國單方面的莽撞衝動。他告訴英國的戰時內閣「德國犯下了滔天大罪」，全球有責任「讓所有國家再也不敢嘗試同樣的惡行」。[49] 他早先支持薩姆納和康利夫在報告裡提出的離譜高額賠款就是出於這個考量。但他對金額本身沒有既定看法，甚至對以賠款作為主要懲罰手段的做法沒有偏好。只要對英國更有利，說服他接受其他方案並不困難。

而且英國確實面臨經濟挑戰。大戰奪走了一百萬英國士兵和平民的生命，但是對這個世界強權而言，最大的問題不在人力資源，而在財政。英國金融業曾是帝國影響力的主要來源，如今已被戰爭消耗殆盡。此外，由於英國借給國外的錢都用來毀滅，而非建設新歐洲，因此盟國（尤其法國）能否償還貸款實在大有問題。克里蒙梭一心只想穩固法國的生產力與安全保障，勞合喬治卻更在意維持倫敦金融城和華爾街並肩主導全球金融的能力，因此在巴黎和會上，勞合喬治可不希望大英帝國的優勢被其他盟國趕上。

他們三人都能搬出高尚的原則來支持自身立場。就連克里蒙梭面對他和威爾遜「烏托邦」理想的衝突，也曾經數次表示那是個人經驗的差異，而非根本價值觀的不同。「威爾遜先生生活在一個對民主相對安全的世界，」他告訴威爾遜的隨行翻譯：「我則活在一個射殺民主派是好事的世界。」[50]

巴黎和會基本上是三個恰巧同為戰勝國的強權間的角力，卻也是啟蒙自由主義的危機時刻。戰前絕大多數歐洲人都對帝國主義不以為忤，覺得理所當然。但大戰帶給歐洲社會的浩劫，卻讓歐洲知識分子恍然意識到帝國殖民地早已明確瞭然的問題。勞合喬治、克里蒙梭、威爾遜和凱因斯在帝國內捍衛的進步理念，能支持帝國在外宰制他國而不互相矛盾嗎？怎麼樣的政治秩序可以或可能取代將世界推向戰爭的帝國體制？不論想確立戰後的經濟結構，或瞭解自由帝國主義的意識形態命運，都得先解決德國賠款的問題。因此，德國賠款就成了巴黎和會的核心大戲。

但在協約國解決未來世界秩序問題之前，得先處理一個人道危機，那就是一九一八年十一月十一日停戰協議簽署後，英國海軍仍持續海上封鎖德國和奧地利，使得同盟國在戰後仍與戰爭期間一樣，無法從海運取得糧食。這是饑餓戰術的一部分，目的在消耗敵國士氣與人口。儘管戰時封鎖造成多少人道損失有各種說法，但停火後的那幾個月，據稱德國又有二十五萬平民死亡。[51]協約國一邊舉行和談，一邊利用停火協議必須每月重新續約的機會，在和約出爐前大揩德國油水。法國開始單獨和德國進行續約協商，希望拿下德國的黃金與證券，甚至連印製馬克的機器也不放過。[52]他們無意解除海上封鎖，並堅稱理由不是想讓德國人餓肚子，而是反對德國花錢買糧食。畢竟德國人花多少錢補充營養，就少多少錢賠償法國。

美國食品管理局長胡佛（就是前文提到的那位）對海上封鎖很不滿，批評它所帶來的人道災難將引發革命。「敵國統治下的都會區人口似乎全投向了布爾什維克或無政府主義，和平就此注定無望，」[53]他日後這樣寫道。凱因斯也有同感：「我實在想不透咱們英國人為何決定繼續封鎖。」[54]但英美兩國一得知法國私下進行協商，就立刻派凱因斯到德國特里爾與會，以確保英國不會吃虧。直至此時，凱因斯才首度和戰敗國官員見到面。「停火初期，他們真的一副可憐兮兮的模樣。表情憔悴沮喪，眼神疲憊空洞，彷彿遇上股市崩盤似的，」[55]他日後回憶道。

凱因斯贊同胡佛這是一場道德危機，也相信對方立意良善，但他發現美國人不僅打算供應糧食給德國人，還想敲他們竹槓。胡佛身為食品管理局長，手上正好有一批生產過剩的美國豬肉需要買家。大戰期間，美國政府高價收購豬肉以鼓勵豬農生產，因為不論產量和價格多少，英法兩國都願意買單，所以不難將成本轉嫁出去。但隨著交戰停止，德國結束潛艇戰，法國又可以廉價買到南非的豬肉。[56] 胡佛坐擁大批美國現宰豬肉，卻沒有買家肯以他開出的高價收購，這處境就和美國小麥一樣：義大利正極力想甩掉之前向美國訂購的一億蒲式耳小麥。[57]

「事情真的很怪，」元月十四日，凱因斯在提交給財政部大長官布瑞德伯里爵士（Sir John Bradbury）的備忘錄裡寫道：

> 德國將獲得豐厚的補給，布爾什維克主義將會落敗，新時代即將到來。威爾遜總統在最高戰時委員會上口若懸河，大談針對三件事立即展開行動，其實背後真正的動機是胡佛先生有一大批價高質低的豬肉得找到冤大頭賣掉，不是敵國就是盟友。胡佛先生大方承認夜裡夢見床上漂滿豬肉，自己不計任何代價也要除掉這個夢魘。[58]

不是只有美國心裡另有盤算，英國也希望凱因斯拿下德國商船，這對大英帝國是很有價值的資產。最終凱因斯和胡佛聯手擊退了法國，由他們供應德國糧食，卻也逼德國吞下過高的價格，並且得用船隊與黃金交換。凱因斯後來向他的布倫斯伯里好友們坦承，「我們和德國人的關係部分出於真心善念，部分出於虛情假意。」[59]

糧食危機可說是整場和會的縮影。德國人沒有食物，美國人則有多出來不要的。儘管美國搬出自由、進步和無私之類的外交辭令，暗地裡卻在搞經濟霸凌。同樣的，英國一邊替美國的利他主義背書，一邊攻擊克里蒙梭和法國財政部長不人道，實際卻指派凱因斯趁此機會替大英帝國斂財。

對勞合喬治而言，凱因斯拿下德國商船之後，英國參加巴黎和會的最關鍵利益就已經到手。「老實說我們目的達成了，」他這樣表示：「我們想拿到的幾乎都拿到了。你要是十二個月前告訴英國百姓能拿到這些東西，肯定會被他們笑死。結果德國交出海軍了，商船海運吐出來了，殖民地也拱手讓人了。我們的主要商業對手嚴重跛腳，協約國將成為它們的頭號債主，這可不是什麼小成就。」[60]

從特里爾返回巴黎途中，凱因斯開始感覺不適，回到巴黎兩天後就病倒了，身體忽冷忽熱到「幾乎神智錯亂」，被旅館裝潢嚇了個半死。「沒開燈時，我感覺新藝術風格壁紙的浮凸圖案猙獰朝我撲來。燈亮後，我雖然鬆了口氣，但很快又因為看到實際的圖案，被醜陋的線條壓得無法呼吸。」[61] 臥病三天後，凱因斯被轉到大華酒店頂樓，因為那裡已經改裝成臨時醫院，診療罹患流感的與會者。[62] 凱因斯在信裡告訴母親，儘管他還是感覺「虛弱到極點」，但至少燒退了。「我以為是流感，但醫師說**不是**，而是在德國感染了什麼毒物。〔至少〕還有兩位同行夥伴也是，包括一位美國財政部官員，所以這方面的事務暫時沒有進展！德國拿不到糧食，只能繼續挨餓！」[63]

凱因斯可能是感冒加上細菌感染，這在抗生素發明之前往往足以致命。他的布倫斯伯里好友們有些在流感最高峰時甚至不敢出門，[64]因此都很擔心。「我得說收到你的親筆信真的很開心，」二月二日，凱因斯生病將近兩週，貝爾寫信給他：「根據點點滴滴傳來的消息，我真的開始擔心了……親愛的梅納德，你本來就愛把自己搞得要死不活，這陣子更讓人害怕你會來真的。」[65]

海上封鎖最終於三月解除，凱因斯立刻回到賠款問題。「我每天從早到晚都在忙國家大事，週日也不例外，根本沒有私生活，」他在家書裡表示：「感覺既無聊又興奮，總之一點也不平常……我想我遲早會發瘋。」[66]不過，還是有好消息。德國救濟協商讓凱因斯在威爾遜和勞合喬治心中印象良好，後者甚至使出三寸之舌在各國領袖面前推銷凱因斯的主張。[67]比起和談開始前凱因斯只是個非正式代表，這是很大的躍升，而凱因斯也深信唯有英美兩國外交合作，才能確保歐洲繁榮發展的基礎。

不過，代表英國參與賠款委員會的薩姆納和康利夫仍然令人頭大。兩人堅持自己原本的估算，認為德國賠得起一千二百億美元。由於這個數字實在太過離譜，法國人樂得坐看英美鷸蚌相爭，偶爾發言支持英國，因為英方提出的數字永遠比美方更接近法國的目標。凱因斯不在賠款委員會，只能提供數據給戴維斯和拉蒙特，讓他們反駁英方代表的主張。勞合喬治同意薩姆納和康利夫這兩位「天兵兄弟」(the Heavenly Twins，這是凱因斯開始嘲諷他倆的用語)[68]提出的數字不可信，但還是擔心提出務實的賠款金額會影響國內的政治走向，畢竟他才誇下海口，暗示拿得到這個數字。到了三月底，薩姆納和康利夫兩人已經把委員會搞得烏煙瘴氣，因此戴維斯和拉蒙特特決定放棄，直接跟四巨頭（克里蒙梭、威爾遜、勞合喬治和奧蘭多）協商。

「只要同意天兵兄弟的蠢報告能讓他們閉嘴，將他們困在委員會，」戴維斯私下告訴凱因斯：「我們就能找一些人另起爐灶。」[69]凱因斯不在賠款委員會，但有參與最高經濟委員會，而且在海上封鎖協商後可以直達天聽，和勞合喬治聯繫，因此或許最好將薩姆納和康利夫綁在賠款委員會，再利用層級更高、頭腦更清楚的委員會推翻他們的決定。

然而，克里蒙梭的經濟顧問盧歇爾（Louis Loucheur）卻開始吵賠款分配的問題。他告訴凱因斯，不論最終決議的金額多少，法國都至少要拿到英國的三倍才算滿意。[70]

等賠款議題端上四巨頭會議的檯面，英國代表團其他成員都耍起了手段。南非的史末資將軍同意凱因斯對和約的主張，但面對勞合喬治要求成員支持浮報戰爭損失，他還是屈服了，提交一份備忘錄給各國領袖，主張德國應當支付協約國付給參戰官兵的薪餉和眷屬津貼。這不僅讓德國的賠款負擔加倍，也讓威爾遜的法律顧問一致認為此舉有違十四點原則。然而，一連串的數字攻擊讓威爾遜再也忍受不住，在會上怒斥這群律師顧問。「邏輯！邏輯！」他大吼道：「管它什麼邏輯！我就是要把津貼算進去！」[71]這說法不光被拉蒙特記了下來，也出現在美國代表杜勒斯（John Foster Dulles）四月一日提交的備忘錄裡。他鬱鬱表示：「總統表示他不認為需要在意邏輯。」[72]

儘管美國代表團被自家總統發飆搞得很狼狽，但威爾遜的挫折是有根據的。英法兩國根本不將賠款視為法律或經濟問題，需要受邏輯或理性限制。協商徹底變成一場政治把戲。就算刻意曲解法律做出離譜的津貼賠償數字，克里蒙梭依然不滿足，開始主張和約裡完全不提最終賠款金額。他堅持法國民意吵著德國該當受罰，要是和會上討論的數字被法國民眾知道，他肯定得下臺走人，到時和約的其他部分都必須重新協商。經過數個月的法律交鋒，克里蒙梭提議將麻煩踢給未來的國際聯盟；協約國先和德國簽訂和約，之後再由聯盟成立委員會解決賠款問題。

不解決如此重大的財政議題，在經濟上是糟糕的政策，會讓任何重建計畫拖延好幾個月。但在政治上這卻是一著絕妙好棋，讓參與巴黎和會的各國領袖可以隨口開支票，想向選民承諾多少賠款數字都行。「向來對政治風向非常敏感的勞合喬治先生，立刻就贊同了這個做法，」拉蒙特記載道。[73]

對於歐洲經濟的長期重建，討論沒有實質進展。凱因斯認為，法國和比利時少了外援絕不可能修補戰爭損失，而英國財政也被戰爭推向崩盤的臨界點。唯一有餘力提供援助的只有美國。美國工廠全速生產，工人薪資飆升，銀行保險庫則堆滿了歐洲的黃金。

債務免除是最簡單的援助方式。美國只要減記英國與法國的戰債，就能讓這兩個國家財務上稍有餘裕，將資源投入重建。凱因斯抵達巴黎前，美國代表團一直對這個想法潑冷水，[74]但他到了三月決定再試一次，提議只要美國免除所有戰債，英國也會比照辦理。這對美國雖然犧牲較大，但直接得利的不會是英國，而是法國、義大利、俄國與比利時。儘管美國政府（更別說摩根銀行了）將會損失利息收入，但歐洲經濟穩定後勢必會購買美國貨品，使得美國農民與廠商的經濟地位提升。

然而，賺錢賠錢不是凱因斯提出的主要理由，而是關於人類心理的政治觀察。美國的盟友和敵國欠下的債款實在太多，只會讓歐洲社會陷入動盪。政府必須減少公共服務以支付債權國利息，加稅以還錢給外國。美國既然在戰爭中幫忙，這點報償看在政府官員和金融家眼裡自然公平，但在人民眼中則不然。因為戰爭失去兒子和半數田地的農民，想到自己接下來的辛勤所得大半將進到美國銀行家的荷包，實在很難心懷感激。因為必須還債而被迫勒緊褲帶只會引發憎恨，讓有心人趁機煽動，將自己國家的問題怪到外人頭上。

「哪裡承受大筆戰債，哪裡的金融穩定就受威脅。沒有哪一個歐洲國家不會很快面臨拒付債款的政治風暴，」凱因斯在一份分享給威爾遜的祕密備忘錄裡寫道。「不滿的歐洲人民會願意嗎？一整個世代每日生產所得有一大部分必須償還給外國，而這樣做的理由……對他們的正義感或責任感來說，都沒什麼說服力……我不認為這種償還方式能夠持續，頂多維持幾年，因為它違反人性，也不符合時代精神。」[75]

不過，就和凱因斯的許多理論創見一樣，這個主張也有其天真之處。凱因斯相信威爾遜應該能看得出來，美國在錢的事上稍微犧牲其實才公平，畢竟其他盟國為了共同使命而付出的鮮血與財富都遠多於美國。然而，威爾遜卻覺得這是在暗示美國很小氣，令他非常不滿。他一九一七年賭上自己的政治生涯力保英法兩國，甚至還動員美國子弟兵到海外作戰，協約國起碼應該償還他們向美國的借款。「和會上，威爾遜總統和他的顧問始終堅決反對免除戰債的暗示或提議，」拉蒙特於一九二一年寫道：「這個議題不斷以各種形式出現，總是被美國代表團『踩在腳下』。」[76]

事情毫無進展。為了挽救和約裡的經濟條款，凱因斯只得開始另擬草案，希望通過後能取代和會期間反覆談到的財政條件。他替草案取了個優雅的名字，叫作「歐洲信用重塑、金融救助及重建計畫」。這是迫於政治考量而發明的複雜方案，但他相信這套迂迴的手段可以滿足談判桌上所有堅持己見者的利益。根據規畫，德國將發行新債券以籌錢支付賠款、重建經濟。為了吸引擔心德國能否如期支付的投資人，新債券將由協約國政府擔保其不違約。少了這項擔保，德國將無法籌措如此龐大的資金，協約國政府也就無法要求高額的戰爭賠償。英國、法國和比利時將使用賠款進行國內重建，以及償還美國的貸款。所有計畫將由國際聯盟監督，確保各方都得到公平對待，並有充足資金確保所有國家不論擁有多少債權都不會吃虧。

這是一套非常聰明的構想，但凱因斯明白自己在以小搏大。若想說服四巨頭會議放棄吵了好幾個月才想出來的提案與妥協，就需要勞合喬治的力挺。但這位英國首相已經不想再當凱因斯和天兵兄弟的和事佬了（想也知道他們會意見不合），而是傾向支持克里蒙梭的提議，將賠款問題擱置到和會以後。凱因斯需要新的政治盟友。

於是凱因斯下了一著險棋，離開巴黎回到倫敦，嘗試拉攏戰時內閣，向他們解釋他的心血結晶有哪些好處。兩處城市的處境天差地遠。「歐洲情況非常悽慘——經濟停止運作，人民沒有希望，」凱因斯在信裡告訴母親：「但英國這裡感覺一切都很正常，所有人都過得很好，而且顯然對彼岸的狀況一無所知。」[77] 他和戰時內閣的晤面進展順利。財政大臣張伯倫視凱因斯的規畫為己任，直接向勞合喬治爭取，並贏得了首相認可。勞合喬治重新閱讀這項稱作「大計畫」的方案，立刻明白其價值所在。凱因斯的迂迴設計有如戈德堡機（Rube Goldberg device），不僅能提供戰債減免的所有長期經濟好處，還能減少賠款造成的懲罰效應，防止這類提案可能帶來的民意反彈，而且毋須額外再加徵重稅。勞合喬治直接將規畫轉給威爾遜，並附上由他署名但其實由凱因斯執筆的說明。這回他對美國人大灌迷湯，讚揚胡佛的糧食方案救人無數，但如此英雄之舉只顯露了歐洲有多麼仰賴外援。「總之，」凱因斯在說明裡寫道，「歐洲的經濟運作卡住了，」唯有靠美國領導才能解決「現代世界遭遇過的最嚴重財政問題」。[78]

儘管「大計畫」在凱因斯筆下是協約國齊心打造更好未來的宏偉方案，其實完全仰賴美國的慷慨。債券要成功發行，就得有美國投資人買單，畢竟錢都在他們身上。縱使貸款條件清楚載明所有協約國都會對德國債券進行擔保，卻只有美國的承諾對投資人有效，因為其他國家都破產了。凱因斯基本上是在要求美國將協約國欠下的債務轉給德國，也就是冒著更大風險借錢給戰敗的敵人，以得到原有投資的報償。五月三日，威爾遜回覆勞合喬治，斷然拒絕了這項計畫。美國之前為了爭取降低賠款金額，受到英法代表團的各種夾攻，威爾遜可是一點沒忘。

「商討賠款事宜期間，我方代表不斷提醒各國代表，現有提案必然導致德國無力大筆償還，而我本人也如您所知，反覆表明這一點。但只要我方重申此一立場，就會被控偏袒德國，」威爾遜在信裡寫道。倘若防止德國受布爾什維克主義威脅是當務之急，那英國為何提出這樣一個檯面上給錢、檯面下以賠款名義把錢拿走的金援計畫？英方此舉無異於假德國政治危機之名，行廉價取得重建資金之實。「在我看來，美國永遠有能力也樂於善盡金融職責，提供各項協助……您提議各國貢獻己力，扶持德國重新站穩腳跟，但您怎麼認為您或我手下專家有辦法擬出新方案，藉由奪去德國所有現有資金來提供它們營運資金？又如何能期待美國明知歐洲決心將錢拿走，仍向德國提供大筆營運資金？」[79]

威爾遜反駁得有理有據，凱因斯找不出什麼可回嘴的地方，畢竟「大計畫」本來就是死馬當活馬醫。但令他氣憤的是，威爾遜嘴裡喊著國際合作與支持民主的崇高理想，卻罔顧和會上所爭執的財政現實。歐洲或許沒有資格要求美國援助，但威爾遜在巴黎可是一逮到機會就說不論和約最終要求多少賠款，美國都不會拿，顯示他很有善意和高道德原則。而凱因斯的大計畫正符合威爾遜自稱他想在和會達成的目標：藉由美國的財力與善意促成遠大的國際外交作為。沒想到威爾遜竟然連進一步協商都不考慮，直接回絕了這項計畫。四個月來的挫折終於爆發了。凱因斯寫信給格蘭特，忿忿指責美國總統：「威爾遜這傢伙，我最近常見到他，他是地表上最大的騙子。」[80]

凱因斯後來對威爾遜的批評和緩了不少，不再視他為騙徒，而只是一個被狡猾的歐洲領袖「愚弄」的傻子。凱因斯當時並不曉得，威爾遜停留巴黎期間其實出現了一連串古怪錯亂的行為。歷史學家至今仍不確定其背後原因，有人認為可能是他四月初罹患流感引發輕微中風和認知障礙的結果。但在和會後期，威爾遜的心智顯然不總是處於最佳狀態。

儘管如此，威爾遜反對大計畫絕不只是因為思緒錯亂。美方沒有一人願意減免協約國的戰債。許多美國代表，包括戴維斯、拉蒙特和巴魯克（Bernard Baruch），在轉投公職之前都是金融業裡的大人物，因此和多數銀行家一樣先天討厭修改貸款合約，尤其是條件對債權人有利的貸款。

美國代表團裡有兩位成員，戴維斯和拉蒙特，跟摩根銀行關係密切。一九二九年美國股市崩盤十年後，世人才得知戴維斯是摩根銀行祕密內線交易圈的得利者。[81] 拉蒙特則可說是摩根銀行最有影響力的合夥人。前往巴黎前，拉蒙特原本是想趁此建立新的英美金融卡特爾，因此在威爾遜否決大計畫的一個月後，他於六月邀集凱因斯和英國銀行家布蘭德（R. H. Brand）會面，提議由摩根銀行主持成立美國銀行團，共同買下英國前幾大銀行的五成股份，這樣各方都能免除有損獲利的競爭壓力。美國資金加上英國的商務網絡，將可打造出一個私人金融帝國，將美國鐵路與波斯石油和印度香料買賣串連起來。凱因斯的大計畫將歐洲的金融未來交給國際聯盟掌管，拉蒙特則希望由摩根銀行掌舵。

這項銀行壟斷大計最終未能實現，但是一戰過後，摩根銀行仍然在歐洲政壇扮演重要角色。拉蒙特成為墨索里尼信賴的顧問，連帶緩和了美國政府與這位獨裁者的關係，於一九二六年允許義大利延後償還積欠摩根銀行的一億美元貸款。[82] 拉蒙特形容自己好比義大利法西斯主義的「宣教師」，而義大利法西斯主義在「一位極為正直之士」的領導下，已經成為「健全理念」的泉源。[83] 拉蒙特不是只有墨索里尼一個名聲不好的政治客戶。一九三一年，日本入侵滿洲，美國總統胡佛批評此舉明確違反國際聯盟盟約，是「下流的攻擊行為」。日本財務大臣發表聲明指出各國誤會了，一萬五千名日軍在滿洲的暴行乃是「出於自衛」，並堅稱日本「無意向中國開戰」，「對中國人懷抱著最友善的情感」。其實日本早已發起一連串軍事征服行動，最終引爆了珍珠港事件。這份刊登在《紐約時報》的宣傳沒有半個字是真的，而撰寫者正是拉蒙特。[84]

凱因斯實在搞不懂，為何講到協約國戰債問題，他的美國朋友會和他如此分歧。由於雙方對賠款問題意見一致，因此他只能假設其堅持來自「對公共事務缺乏經驗」。[85] 威爾遜否決大計畫以後，凱因斯便嘗試遊說戴維斯和拉蒙特找總統磋商，並一度以為事情頗有進展，壓根不知威爾遜署名的那封回絕信就是拉蒙特寫的。[86]

最後，凱因斯終於束手投降了。五月十四日，他寫信給母親：

我應該有幾星期沒有給任何人寫信了——但我實在累壞了，部分出於工作，部分出於身旁的邪惡帶給我的沮喪。我從來不曾像過去兩、三週那麼慘。和約無恥到極點，根本無法達成，除了不幸什麼也完成不了。我認為德國不會簽字，雖然大家都認為（他們在唉聲嘆氣抱怨個幾回之後還是）會簽。但要是德國簽了，那會是更糟的選擇，因為他們不可能做到（也根本做不到），結果只會是混亂與動盪。我如果是德國人，肯定寧可喪命也不要簽字。唉，這一切的邪惡與愚蠢，我也是幫凶，不過終於快結束了。我已經寫信給財政部，表示我六月一日離職，最晚無論如何也不要超過六月十五日。[87]

他六月五日向戴維斯道別：「我週六就要溜出這場夢魘了。我在這裡已經做不出更多貢獻。你們美國人是一群隨風倒的蘆葦，一點也不可靠。我對會議出現真正進展已經不抱期望。」[88] 同一天，他也寫了一封內容相近的信給勞合喬治，正式提出辭呈。等他再次進入英國政府效力，已經是十多年後了。

親愛的首相大人，我想應該在此通知您，我週六就要溜出這場夢魘了。我在這裡已經做不出更多貢獻。過去幾週儘管難熬，但我仍然期盼您會找到方法，讓和約成為權宜公正的文件，不過現在顯然遲了。這場仗已然落敗，就讓天兵兄弟幸災樂禍目睹歐洲慘遭蹂躪，看看能為英國納稅人撈點什麼吧。[89]

凱因斯耗費四年維持戰時金融運作，和會卻未能換來他所企盼的救贖。他的布倫斯伯里好友們說得沒錯，他成了暴行的共犯。他又氣又累又愧疚地回到英國。

然而，這場戰爭和巴黎那幾個月徹底改變了凱因斯對貨幣與權力的認識。戰前他同意經濟學家的看法，政府基本上不該插手市場。但在協助政府維持英國經濟四年之後，他卻不再確定了。德國賠款和協約國戰債是當時最迫切的經濟問題，而這些問題無可否認歸根結柢都是政治問題。市場經濟不是化外之地，按自己的法則運作，不受國家管轄。貿易的節奏、邏輯和機制都是由政治體制定義與支撐。賠款和盟國債務的爭論讓他從此成為撙節政策的敵人。撙節政策認為當政府面對經濟困境，最好的解方就是刪減政府支出，清償債務。但凱因斯體會到的是，當政府負債過多，寧可停止借貸，也不要犧牲人民生活品質來還債。

回到英國，凱因斯開始思索這套新世界觀到底意味著什麼。短短幾個月後，他將端出思考的初步成果，撼動全世界。

4 後果

午後陽光乍現，照得水晶燈閃閃發亮，鏡子裡光影璀璨，讓人明白凡爾賽宮最華麗的廳堂果然名不虛傳。各國領袖圍坐在鏡廳的三張長桌前，記者和攝影師擠滿廳裡幾乎所有能站的角落。牆上大理石花紋斑斕，金雕細緻，高高的拱頂上繪著巴洛克壁畫，畫裡聖經先知與偉大戰役的英雄俯瞰眾人。關鍵時刻，美國總統威爾遜右手微微顫抖在條約上簽字，替這場終結所有戰爭的戰役畫下了句點。[1]

「這份條約不僅是跟德國談和，」威爾遜在發給美國報刊的聲明中表示：「更解放了此前遍尋不著自由之門的許多民族。這份條約徹底終結了天理不容的舊秩序，一小群自私之人再也無法利用帝國內的民族滿足其權力心與控制欲……〔這是〕新秩序開始的偉大篇章。」[2]

凡爾賽宮外，群眾再次高呼「威爾遜萬歲！」，最後一次向這位七個月前來到巴黎的領袖致敬。婦女們一擁而上，只想摸摸這個在斐迪南大公遇刺五年後再次將和平帶到歐洲的男人。

《凡爾賽和約》無疑改寫了全世界。組成同盟國的幾個帝國被切分開來，奧匈帝國劃分成幾個新國家——奧地利、捷克、南斯拉夫和匈牙利，羅馬尼亞則是版圖擴大。英國從瓦解的鄂圖曼帝國手中接下巴勒斯坦和現今伊拉克的控制權，法國則掌握了現今的敘利亞及黎巴嫩。十五個月前，德國才從剛掌權的俄國布爾什維克政府手中取走了芬蘭、愛沙尼亞、拉脫維亞和立陶宛，如今這些附庸國在國際聯盟的支持下全數獨立。德國西邊的亞爾薩斯－洛林區割給了法國，外加煤藏豐富的薩爾盆地的開採權；富含銅、鐵和其他工業礦藏的萊茵河沿岸未來幾年也將被法國陸續占領。德國東部的但澤市（Danzig）和梅梅爾（Memel）成為自治區，普魯士邦也有部分地區割讓給新成立的波蘭。德國在賴比瑞亞、喀麥隆、東非（現今的坦尚尼亞、盧安達和蒲隆地）和南非的殖民地由國際聯盟託管，並迅速被英法兩國瓜分；太平洋地區由德國控制的島嶼也落入日本、紐西蘭和澳大利亞之手。德國鐵路交出五千輛火車頭和十五萬節車廂給協約國，主要河運由國際聯盟管轄，此外德國政府必須取消協約國貨品關稅，協約國則可自由對德國產品徵稅。和約沒有論及賠款，這個巴黎和會留下的燙手山芋將如克雷蒙梭提議，由國際聯盟成立特別委員會處理。不過在賠款委員會磋商期間，德國必須於一九二一年五月一日前支付二百億金馬克（約合五百億美元）給協約國。不論最終需要賠款多少，德國都已為戰爭付出了慘重的經濟代價。

不是所有出席者都和威爾遜一樣歡欣鼓舞。凱因斯的南非友人史末資雖然也在和約上簽了字，卻附上聲明詳細列出自己對條約過嚴的反對。史末資非常景仰威爾遜，深信對方是比林肯偉大的美國政治家，[3]但威爾遜的自決原則似乎只用於戰敗國，完全無視黑人社會主義者杜博依斯

（W.E.B. Du Bois）援引和約為非裔美國人賦權的嘗試。而英法兩國也拒絕放棄殖民地或保護領。和約甚至對投入游擊革命反抗英格蘭政府的愛爾蘭民族主義者未置一詞。簽約儀式的地點恰恰和威爾遜想超越的帝國秩序脫不了關係。四十八年前普法戰爭結束時，俾斯麥和普魯士將領在鏡廳宣布威廉一世為統一後德國的首任君主，而今協約國領袖卻選擇同一地點羞辱德國代表。儘管帝國已死，過去的激烈對立仍在這座為了法王路易十四而建的城堡裡揮之不去。衛隊在花園鳴放禮炮，既是慶祝，也是對未來的預告。[4]

同一時間，凱因斯也在花園裡，只不過是在英吉利海峽對岸，凡爾賽宮西北方近五百公里外。[5]這天下午，他人在格蘭特和凡妮莎的農莊，雙膝用毯子裹著，手裡拿著折刀跪在地上沿著果樹和菜圃間的碎石小徑除草。由於他活幹得太規律，「邦尼」加內特光是看小徑就知道凱因斯待了多少天。[6]但在除草前，凱因斯喜歡翻翻報紙，偶爾剪下提到英國戰時財政舵手（也就是他本人）的報導。在他留給劍橋國王學院的剪報裡，有一小則出自一九一九年六月十一日《曼徹斯特衛報》的報導，標題為「凱因斯先生辭去職務」，文中近乎明示地提到事件背後的權謀祕辛：

近日有多起關於巴黎和會英國財政顧問凱因斯先生的傳聞出現。據傳他因為健康惡化而辭職，但其友人向本報記者透露，凱因斯先生確實辭去了顧問一職，並打算回劍橋大學服務，但不是因為身體欠佳。

據瞭解，凱因斯先生的辭職原因是政府未能採納其財政建議。由於他所提的賠款解決草案未獲接受，加上他原則不同意和約中的經濟條款，認為恐將導致金融災難，故而辭職。[7]

「恐將導致金融災難」並非凱因斯憤而離開巴黎之後幾週的英國主流意見。幾乎所有大英子民都和威爾遜一樣，只想將和約視為十四點原則的勝利，民主時代即將到來。至於渴望復仇的民眾，則可從德國新政府的挫折失望裡獲得一絲慰藉。感覺所有人都能從和約裡找到自己要的答案。然而，輿論普遍滿意卻讓許多與會代表深感不安。只要剖析威爾遜對和約最終條款的聲明，便會發現在那單薄華麗的辭藻底下，就連美國總統本人也認為需要國際聯盟小心翼翼外交磋商多年，才能讓和約真的管用。一旦民眾將和約視為勝利，就很難喚起足夠的政治意志，解決條款中最棘手的問題。

正當所有在位者都無意反對這份耗時半年才擬成的和約，免得危及政治地位，凱因斯在巴黎結交的幾位盟友倒覺得這位剛失業的經濟學家很適合當烏鴉——當然不是炮火全開，因為前英國官員要是批評得太嚴厲，可能會干擾國際聯盟運作，甚至促使美國捨棄和約。但合理的批評似乎有必要，好在決策者心裡撒下再斟酌的種子。「你要是能抽空撰寫一篇高論，」英國外交政務次官塞西爾（Robert Cecil）建議凱因斯：「完全從經濟觀點闡述和約的危險，應該大有助益。」[8]

話雖如此，但閉嘴其實報償豐厚。早在前往巴黎之前，金融界就有人延攬他，而凱因斯已經婉拒出任倫敦一家銀行的行長，年薪約五千英鎊，相當於今日的三十五萬多英鎊，足足是他財政部一千五百英鎊年薪的三倍有餘（他一九一四年剛進公部門年薪為七百英鎊）。這種工作只會給廣結善緣的工商業菁英，不會給公開批評政府的改革派扒糞記者。婉拒銀行差事後，凱因斯告訴母親自己對「那類工作」不感興趣，但他在意的不是公轉私的旋轉門問題，而是工作量。「要是當主管等於不做事，我就是把自己賣給瑪門（Mommon，貪婪之神），」凱因斯說得很白。[9]但和會後不久，他又拒絕了一家北歐銀行。這份差事不僅年薪二千英鎊，而且每週只須上班一天。但凱因斯實在無法接受自己成為外國公司的說客。[10]儘管和會讓他對英國政府的領導階層徹底幻滅，卻未動搖他對祖國的忠誠。

相比之下，查爾斯頓的農莊生活既清閒又愉悅，尤其經歷了巴黎鬧劇之後。那天下午除草完回到室內喝茶，凱因斯照例讀起信件，結果史末資的一封來信徹底將他拉回公眾領域。史末資建議他協助「普通人」瞭解巴黎和會到底發生了什麼：「和約遲早會變爛發臭，讓我們所有人都抬不起頭來。」凱因斯應該「幫忙民眾，讓他們將這份醜惡條約撕成碎片」。[11]

《和約的經濟後果》是一本短視偏狹、惡意滿滿、在許多方面極不公允的討戰之作，卻也是一部經典，甚至很可能是凱因斯名下最有影響力的作品。

這是一本衝動之下完成的書，凱因斯本來只想寫給少數英國專家讀。他在英國政府的這場內部之爭選邊站，希望提出資料充足的統計數據，以助隊友一臂之力，就像他第一本作品《印度的貨幣與金融》那樣。那本小書提升了他在英國公務體系內的地位，只是沒有帶來名聲與財富。

不過，這回凱因斯心裡設定的讀者還包括他的布倫斯伯里幫好友。這本書是他面對自己大英帝國理想幻滅所做的第一份文字回應。一九一四年以前，他心中的英國始終是善用帝國治理的民主燈塔與全球富裕的發動機。然而，戰爭與和會卻暴露了平凡的現實：大英帝國的領導者就和德皇及克里蒙梭一樣，充滿自利的征服與主宰欲。事實證明，凱因斯支持的自由黨達不到美國老粗立下的道德標準。他必須抵償自己犯下的愚行，卻沒有教堂聆聽他的懺悔。只有布倫斯伯里幫能拯救他。

布倫斯伯里幫受戰爭的衝擊不下於凱因斯。原本的唯美逃避主義被近乎迫切的菁英責任感取代。「我相信，」一九一六年三月，斯特雷奇告訴拒服兵役裁判所：「這套憑武力解決國際爭端的體制是徹底的惡。」[12] 明明布倫斯伯里幫裡就屬他最不可能這樣做，他卻選擇站出來用自己的天賦撥亂反正。一九一八年，他出版了《維多利亞名人傳》，用這部四人傳記震撼了倫敦文學界，不僅因為令人目眩的散文體，更因為書中對人物的處理。[13] 四位維多利亞時代備受敬重的英雄，在斯特雷奇筆下成了帶領世界走向毀滅的腐敗秩序裡的假偶像。他以同等火力痛批英國寄宿學校、英國國教及英國殖民主義，一舉成為布倫斯伯里幫的首位名人。對於曾經專搶這位怪咖朋友的愛人以證明自己的凱因斯來說，光是在朋友面前跪地自責是不夠的。他必須以他們的方法贖罪——用藝術懺悔。

而《和約的經濟後果》就是他交出的成果。這本書至今仍是政治理論的里程碑之作，也是最具情感說服力的經濟論著。和凱因斯其他傑作一樣，它其實根本不算經濟學，而是開給二十世紀重大政治問題的處方。書中言詞激憤，雄辯滔滔反對獨裁、戰爭與軟弱政客。它既是對全球最有權力之人發出的怒吼，也是推斷世界將再次被暴力席捲的不祥預言。

書以普法戰爭結束到一九一四年夏天的全球金融榮景開場。自由貿易體系將人類繁榮推到史上未有的高峰；經濟不平等作為社會進步的不可少元素，創造了龐大的個人財富，使得富人有錢投資新企業，滿足社會需求，推動「文明」進步。雖然經濟成長機制本身蘊含不公平，上層資本家收穫的經濟果實多於底層勞工，但所有人的生活都因此提升。在那個「美好年代」，人們享有更好的食物、更精緻的服飾，所有奢侈品愈來愈便宜，中產階級愈來愈壯大。「社會不是為了今日的小小歡愉，而是為了人類未來的安全與提升，也就是為了『進步』而運作。」[14]

數十年物質富裕不斷積累，造就了這套體系強健而穩固的印象。但凱因斯認為它其實是歷史偶然的反常，實際上相當脆弱，因為它仰賴一個「雙重假象」：只有勞工相信這套體系，它才會管用；但只有它管用，勞工才會相信它。這份對於未來會更美好的集體信仰一旦幻滅，勞動者就會罷工示威，暴力反抗，甚至更可怕。

大戰摧毀了這套體系運作必須具備的確定性與可預測性。連結不同國家與文化的經濟紐帶於一九一四年瞬間斷裂，經濟生活轉而由愛國主義和被外國宰制的恐懼所驅動。戰前的經濟引擎無法輕易重啟，像是什麼也沒發生過那樣。既然一切都可能因為戰爭而在短短幾個月或幾年內分崩離析，生命如此短暫，我們又何必乖乖接受鍍金時代的空前不平等？

「以不平等驅動財富累積，這是戰前維持社會秩序的關鍵原理，也是我們當時所知的進步法則，」凱因斯這樣寫道：「這個原理賴以成立的心理條件並不穩定，甚至無法重新創造。一個只有少數人享受安逸，卻積累了巨量財富的社會是不自然的。戰爭讓所有人察覺灰飛煙滅的可能，讓許多人明白節制的沒必要。」[15]

除此之外，二十世紀的歐洲也無法再如十九世紀那般寄望於「新世界」的「天然資源與未開發的潛能」。殖民主義曾讓歐洲廉價取得外國資源，但由於人口改變與「實質成本穩定上揚」，新世界的「豐饒」已不再廉價。凱因斯並未細述成本上揚的原因，但廢除奴隸確實導致了人力成本增加。

和會原本是個機會，讓各國領袖重振民眾對進步的信心，因為資本主義需要這份信心才能運作正常。而重振信心的第一步就是投資社會福利，戰勝和戰敗國都一樣。全歐各地都有戰壕要填平、工廠要重建、有刺鐵絲網要移除。若有人以為就算肩負和約要求的沉重戰債與巨額賠款依然能重建社會，那就是自欺欺人，更別說相信一般人會乖乖接受此等命運，毫不反抗。凱因斯深信必須勾銷戰債、降低賠款金額，同時建立一套以人民需求而非債權人利益為最優先的國際合作機制。單憑精明投資及勤奮工作無法確保繁榮，唯有英明的政治領導才能提供進步所需的確定性與可預測性。

凱因斯認為這套方案是一張防護網，旨在挽救美好年代的文化成就，不受其他更激進的制度侵害。布爾什維克主義憑藉其宣揚的社會美景，已經大有斬獲，而舊秩序崩壞帶來的不確定，只會讓民眾病急亂投醫，誰承諾穩定與可預測性就支持誰。目前全歐各地都已成為強人崛起的溫床，戰敗的德意志帝國尤其如此。沒有食物、工作、人生目標與對美好未來的信心，歐洲已然踏上新的戰爭之路。

「若我們蓄意陷中歐於貧困，我敢預言其報復絕不會手軟，屆時我們將再也無法攔阻反動勢力與絕望反彈的革命浪潮決一死戰。剛結束的戰爭儘管可怕，和這場死戰相比根本不算什麼。不論最終誰勝誰敗，文明與我們這個世代的進步都將毀於一旦。」[16]

凱因斯的悲慘想像來自和會期間胡佛給他的影響。據胡佛表示，他們倆一起安排德國糧食賑濟計畫時，曾經感到「革命的危險迫在眉睫，一邊是軍國主義者，一邊是……共產黨」。他強調這兩個團體都在「煽動挨餓者的情緒」。[17] 等到凱因斯一九一九年秋天把書寫完，糧食賑濟已經送達，德國的狀況也不如他參加巴黎和會時那樣惡劣。但對一塊心理已經走在懸崖邊上的大陸來說，實在經不起更漫長的經濟困頓了。加上這份困頓又和對外國的沉重財務責任綁在一起，只會讓有心人士撿到槍，將經濟挫折導引到族群仇恨上。

《和約的經濟後果》的一大話術，就是從奧地利和德國的「匱乏」慘狀推導到全歐洲的經濟危機。不用多久，「來自英美的利息壓力」就會讓法國、義大利和比利時步上德國後塵。凱因斯堅稱，歐洲已經是經濟命運共同體，歐洲的政治未來將取決於各國的經濟結盟。

他預言，沉重債務將使政府利用通貨膨脹來緩和壓力，如同戰爭期間那樣，但事實很快就會證明此舉將導致政治動盪。通貨膨脹對民眾影響不一，存款充足的人（一九一九年時只占很小部分人口）受創最重，因為他們擺在籃子裡的雞蛋將大幅貶值，等於對特定經濟族群課徵「隱含稅」。這種道德上無根據的「財富重分配」將引發社會對「資產階級」的怒火。「列寧說得很對，」凱因斯寫道：「若想推翻社會既有基礎，沒有比讓錢縮水更巧妙、更有效的手段了。」[18]——雖然這段話後來成為列寧最廣為人知的名言，但其實出自凱因斯筆下，而他是從這位馬克思主義領導者的紐約報社訪談對話改寫成的。[19]

布爾什維克掌權後，拒絕履行沙皇時代欠下的外債，而凱因斯的主張就等於呼籲歐洲所有國家跟隨列寧腳步，撤銷所有戰時債務，因此這本書絕不是只有一點激進而已。凱因斯表示，無論債務或經濟不平等，甚至資本主義的投資過程本身，都只是文明的常規，而非其神聖基礎。採納它們是為了改善人類整體命運，因此可以出於需求改變而調整。

不管有沒有提到列寧，凱因斯都不是站在馬克思主義立場，攻擊資產階級不勞而獲的特權，而是提出一套源自柏克（Edmund Burke）、基本上偏向保守派的政治願景。柏克這位蘇格蘭哲學家一七九〇年出版其代表作《反思法國大革命》（*Reflections on the Revolution in France*），批評法國革命黨人動搖了既有社會秩序的基石。就算革命黨人對人權與民主的謳歌再有哲學價值，推翻法國王室仍然只會瓦解和平治國所倚賴的習俗與傳統等社會紐帶，賦予「普羅大眾」以暴力鎮壓從混亂中建立秩序的權力。[20]比起舊王朝，這種軍國思想對革命黨人珍視的理想戕害更深。法國隨後出現的恐怖統治與十九世紀初拿破崙復辟，讓柏克的心理分析帶有歷史針砭的意義。凱因斯之所以做出如此激進的提議，正是為了盡量挽救他認為岌岌可危的現狀。

凱因斯對柏克的景仰令他成為布倫斯伯里幫的異類。在其他幫眾眼中，法國大革命是現代政治的轉捩點，是分隔保守主義與他們所抱持的進步自由主義的高牆。倫納德表示：「世界仍然截然二分，一邊人……認同伯里克利（Pericles）和法國大革命，另一邊人則有意無意接受薛西斯（Xerxes）、斯巴達、路易十四、查理一世、維多利亞女王和所有現代威權主義者的政治信念。」[21]凱因斯也認為威權主義窮凶惡極，是他那個時代最大的邪惡。但比起大多數好友，他仍然將穩定置於最優先的順位。

早在加入布倫斯伯里幫前，凱因斯就已經是柏克的信徒。他在大學時期就受到這位蘇格蘭哲學家感召，寫了一篇關於柏克政治理論的八十頁文章，拿下了論文獎。他同意柏克的主張，政府的合法性不是來自天賦人權，而是施政成果，來自政府維持社會穩定與民眾幸福的能力。他也和柏克一樣，對社會動盪深感懼怕。他認同這位前輩哲學家的目標與分析角度，卻否定對方提出的許多方法。柏克和人口學家馬爾薩斯一樣，認為經濟稀缺是人類生活無可逃避的現實。均富就是無法達成；人類如果想維繫任何文化成就，減緩不平等就不能是政府的用途。對柏克來說，民主只會造成集體貧困，終結所有雅致生活。想確保社會像樣，保障私有產權的君主國家是唯一選擇。

凱因斯也擔心人口過剩會威脅經濟繁榮，但他成長的年代富裕只增不減，因此不同於柏克，他相信民主促進了社會富庶，其規範與傳統保障了藝術與思想的興盛。誠如他在得獎論文裡所言：「民主仍在接受考驗，但到目前都還沒丟臉。」[22]

凱因斯調配出一杯嶄新的哲學雞尾酒。他和柏克一樣擔憂革命與社會動盪，和馬克思一樣認為資本主義的大危機迫在眼前，和列寧一樣相信帝國主義主導的世界秩序已經達到極限。但不同於這三位思想家，凱因斯相信只需要一點善意與合作就能化解這場危機。他一九一九年預見的災難並非無可避免，內建於經濟學、資本主義或人性原理之中。他認為那只是一場政治失敗，只要正確領導就能擺脫。馬克思鼓吹革命推翻殘破無理的資本主義秩序，凱因斯覺得只要批評巴黎和會的各國領袖，修改和約即可。和柏克一樣，凱因斯只想避免革命。但他很樂觀，認為資本主義的不穩定與不平等才是社會動盪的導火線，而非民主。

隨著窮兵黷武的有心人在歐洲各地崛起，利用社會不公、預算拮据、通貨膨脹和未來混沌不明煽動仇恨報復，藉此奪取權力，凱因斯在《和約的經濟後果》裡發出的警告就像是暮鼓晨鐘。三年後，墨索里尼揮軍羅馬，德國不久後也爆發惡性通膨，希特勒發動啤酒館政變，緊接著史達林崛起。凱因斯這本小巧的經典至今仍然是必讀之作，不是因為分析縝密、數據井然，而是因為事實證明，他在書中提出的群眾心理完全是二十世紀重大悲劇發生的基本根由，甚至只需稍作修改，就能解釋二十一世紀許多嚴峻挑戰。只要將大戰換成二〇〇八年金融危機，把歐洲預算緊縮和美國次貸危機換成戰債與賠款，就能完美闡釋極右派激進民族主義的興起。

在《和約的經濟後果》的慷慨激昂之下，潛藏著凱因斯的個人情感。他對即將到來的黑暗氣憤難平，並摻雜著他對戰前政治（避開十九世紀殖民主義的暴行不談，只關注他自己的有閒階級經驗）的天真懷念。「那是個經濟多麼進步的非凡時代啊，只可惜在一九一四年八月畫下句點！」他如此感嘆。就連勞動階級「看上去也對自己的命運頗為滿足」；而不滿足者「只要能力或性格有絲毫高於常人之處，都有機會遁入中上階層」。[23] 凱因斯不只惋嘆歐洲衰頹，也感傷無憂無慮的菁英生活一去不返。如同他對布倫斯伯里幫的回憶錄俱樂部（Memoir Club）所言，戰爭讓他頭一回察覺「文明是由極少數人的性格與意志打造出的脆弱薄殼，全靠精心闡明與巧妙保護的規則與約定來維持」。[24]和柏克一樣，凱因斯其實想守護的是菁英文化。對他而言，即將到來的饑貧與殺戮之所以令人害怕，不在死傷多寡，而在藝術、文學與智識的崩塌。在一個由煽動者或軍事強人主宰，嗜好戰爭與種族屠殺的全民動亂世界中，布倫斯伯里幫的心靈品味不可能存活。在他想像的民主理想國裡，群眾安康有利於菁英文化水準的提升，但群眾本身卻是地雷，必須去除引信。

《和約的經濟後果》主角是歐洲。凱因斯輕輕帶過英國與印度的關係，只說兩國都會納入歐美共同參與的自由貿易聯盟。他雖然欣賞十四點和平原則，但比起民族自決，凱因斯還是認為自由貿易更為根本，這條通往進步與全球和諧的道路可以用在不同的政治制度中。對於中東、非洲和日本的經濟處境，凱因斯同樣興趣缺缺，即使和約中某些最具政治殺傷力的條款是由這幾個地方來承受。他在書中只提到**石油**一次，而且是戰前德國進口物資列表中的一個項目，至於「油品」一詞則專指植物籽油。他沒有想到石油對於未來全球政治的重要性，也沒有看出勞合喬治、威爾遜和克里蒙梭瓜分世界就為了掌控這項物資。

凱因斯顯然沒有涉入巴黎和會的領土之爭，而他書中情緒都源起於自身參與並反對的和約內容。但他之所以忽略石油問題，並不僅是由於歐洲中心主義或缺乏專業，儘管兩者顯然都難辭其咎，而是因為他認為二十世紀支撐世界的是債務，並非石油。新科技和專業化讓社會更容易大量製造人民賴以生活的物品，但如何**支付**這個生產過程卻帶來新的難題。各國領袖在巴黎就已經說服自己，只要白紙黑字寫下賠款數字，勞動力和資源就會自動冒出來，其實根本不可能。講到錢或錢與生產的關聯，他們就是會有些出奇的幻想。因此當凱因斯得出這些關於錢和稀缺的洞見，他就成為經濟大蕭條時期崛起的最重要的經濟學家。

《和約的經濟後果》是凱因斯第一份宣言。其後二十年，隨著他日益相信二十世紀的物質潛力遠超過歐洲戰前，他將修正自己對民主、理性與激情的看法。維多利亞時代的經濟體制在他眼中將不再是人類成就的巔峰，而是毫不科學的迷信。他將相信更多更大的經濟富庶是可能的，從而擁抱一戰時他認為激進到可鄙的政治觀點。但他始終沒完全拋棄柏克。生活裡更高雅的事物才是凱因斯心裡的重中之重，而經濟學的任務便是決定多少人能享有這份高雅。

完成初稿後，凱因斯開始向家人朋友尋求評論。基本上除了布倫斯伯里幫以外的人都不知所措。令他們不安的不是凱因斯的政治構想，而是他生猛炮轟各國領袖，主張這些人要為和約的錯誤負責。他形容威爾遜是「又盲又聾的唐吉訶德」，[25] 勞合喬治是「古凱爾特女巫魔法森林裡的半人半羊女海妖」，而巴黎則是「夢魘一場」。

凱因斯書裡刺人的嘲弄隨處可見，其實是受到《維多利亞名人傳》的諷刺散文風格直接影響。但他對人物的描繪更簡短，因而比斯特雷奇筆下名人更活靈活現，甚至贏得維吉尼亞·吳爾芙的盛讚。不過，就連最口無遮攔的斯特雷奇本人也覺得太過了。「根據我從報上讀到的零碎消息，你的總統朋友似乎瘋了，」一九一九年十月四日，他在信裡對凱因斯說：「他會不會慢慢察覺自己是多麼大的失敗，而等他終於明白時，他的心智已經渙散了？如果這樣，那還真戲劇化。但那不會顯得你對他的描繪有點太殘酷了嗎？——尤其他萬一死了。太可怕了！我會為他痊癒祈禱。」[26]

此外，凱因斯的父母親也警告他對薩姆納爵士的抨擊可能涉及毀謗，並堅持要他刪掉對勞合喬治的形容：「就算不同意對方，你也多少得替長官留面子。」[27]於是這兩段都刪了，不過整本書依然充滿毀滅口吻。「溫和的人能做好事，極端的人或許也行，但後者硬要假裝自己是前者是沒用的，」凱因斯對曾任巴黎和會最高經濟委員會書記的薩爾特（Arthur Salter）說：「再說，想計算一個人的行為會造成什麼心理效應根本是癡人說夢。我現在感覺最好的方法就是不論如何都說實話，愈直接愈好。」[28]

沒有人會誤以為他支持和約。老友麥克米倫（Daniel Macmillan）答應出版這本小書，但在行政事務上遇到幾樁頭疼事後，凱因斯做了一個不尋常的決定，自行負擔出版費用。這不僅讓他得以全權掌控出版事宜，可拿的版稅也大幅提高。儘管麥克米倫的名字仍會出現在書上，但實質上只是發行者，只拿收益的一〇%，其餘都給了凱因斯和書店。[29]

事後證明，這決定讓凱因斯賺得了一筆意外之財。《和約的經濟後果》於一九一九年十二月十二日出版，英國首刷五千本很快就賣完了。麥克米倫立刻循例加印。這樣做其實很可佩，特別是加印這樣一本滿是債務表和船運噸位表的書。相比之下，維吉尼亞．吳爾芙首部小說《遠航》（*The Voyage Out*）一九一五年三月出版以來，連首刷二千本都還沒賣完。[30]

這本書對傳統觀點的衝擊立即可見。出版前兩天，威爾遜才獲頒諾貝爾和平獎，怎料和約轉眼就成了毒藥。不出數月，自由黨就不顧黨員喬治勞合還是在位首相，從書裡節錄部分內容做成政黨文宣出版，譴責勞合喬治一九一八年的競選策略。[31]「講到對《凡爾賽和約》政治正當性的殺傷力，」二十世紀歐洲經濟史權威圖澤（Adam Tooze）就曾表示：「沒有人比得上凱因斯和他那本破壞力十足的小書。」[32]

財政大臣張伯倫讀了「和會那章」，被書裡的「惡趣味」逗得「樂不可支」，但還是批評自己前屬下破壞了其他同仁的努力。不論凱因斯對和約有多挫折，這本書對始終主張戰爭是為了拯救文明免於獨裁壓迫的英國自由派而言，無異是一道耳光。張伯倫在信裡寫道：「老實說，我很遺憾。以您在英國代表團的職位，肩負如此大的信任與後果，竟然認為非得以此種方式揭露我國在和談中扮演的角色……如此評論出自一位前公僕之口，令我不由得對我國未來推動國際事務的難度感到憂心。」[33]

當然，這正是用意所在。凱因斯寫這本書不是為了指出和約哪裡需要修改。和約內容早已讓英美兩國宣稱這是一場公義之戰的說詞成為謊言，而他已經假裝夠久，不想再配合演出了。「我們已經試過跟美國一起騙人，結果不是很成功，」凱因斯在回信裡告訴張伯倫；何況一個「有話直說的觀點」勝過「千萬個半真誠的官方主張」。[34]

凱因斯的老主管麥克納也同意：「我到目前只聽到一個負評，而且很遺憾是出自雷丁爵士，因為『美國會受傷』。胡扯！這本書對所有國家都有利無害。唯有回歸真理，世界才有希望。」[35]

然而，這本書在大西洋兩岸都造成轟動，使得凱因斯和他的支持者再也無法控制這頭巨獸。「這真是太精采、太勇敢了，」曾任美國和會代表的康乃爾大學經濟學家楊格（Allyn Young）表示；[36]「走到哪裡都是人手一本，」克拉維斯激動地說。[37]就連《美國國會紀錄》也有書中段落的蹤影。「我們這裡的參議員個個狼吞虎嚥，搶著吃你端給全世界的這塊難啃的肉，」曾和凱因斯共同效力於協約國作戰委員會的美國金融官員克羅斯比告訴他：「這本書在這裡一定會和英國一樣，對政府與民間意見產生深遠影響。只可惜我們這裡沒有人能做到你達成的事。放眼全球，英國開明自由派依然是遠大使命的最佳代言人。」[38]

《和約的經濟後果》能在美國大獲成功，主要歸功於《新共和》（*The New Republic*）雜誌創刊作家李普曼。美國不少左翼對威爾遜欣賞有加，就是出自他的推波助瀾。李普曼和凱因斯在巴黎相識，並成為終生好友。由於和約太令人失望，李普曼在《新共和》發文批評，結果害雜誌失去了近一萬名訂戶——顯然訂戶對總統的支持遠高於雜誌。不過，《新共和》仍然在自由派知識分子之間很有分量，[39]因此《和約的經濟後果》在美國的銷量很快就衝到六位數，只不過凱因斯拿到的海外版稅大約一五%（這在當時或現在都很公道，只是比起他在英國的抽成就少得可憐了）。

這本書如此成功，關鍵不在凱因斯的論證威力，而是書裡對那些他所不齒的大人物的惡意描繪。美國民眾原本就對大戰不抱好感，尤其一九一六至一九一七年的出口暢旺很快就被通膨和大蕭條所取代，大戰支持率便一路下滑到谷底，而這本書更加強了他們的反感。

凱因斯對美國政局一無所知，不曉得威爾遜在大戰時期鎮壓異議人士，已經讓他動輒訴諸民主榮耀的手法大打折扣。他強行通過間諜法與煽動法，以此為武器打擊反戰人士，關押批評者及和平主義者，言論審查反戰報刊雜誌。對愈來愈對戰爭不抱幻想的美國民眾來說，書中冷酷無情的克里蒙梭或虛偽投機的勞合喬治，在在證實了他們對歐洲已經沒藥醫的疑慮。而凱因斯對威爾遜「被騙得團團轉」的刻毒描繪，更刺痛了堅信和約未能替美國拿到夠多報償的愛國主義者的心。凱因斯打筆戰的本領絕不下於他的經濟學天賦。讀者就算完全不認識亞當．斯密或李嘉圖，也會被他的描述打動：

我對和會最後也是最鮮明的印象，就是……總統先生和首相先生站在一群鼓譟的烏合之眾中間，所有人七嘴八舌，開口閉口都是折衷和反折衷方案，再怎麼大吵大鬧也是無效，反正談的問題根本不切實際，晨會裡的重要議題都被忘得一乾二淨。克里蒙梭戴著灰手套，宛如國王般一臉冷漠靜靜坐在錦緞椅上。他老態龍鍾、靈魂乾涸、不抱希望，只是用事不關己、甚至惡作劇似的神情綜觀全場。40

人傷害朋友往往比傷害敵人更深。凱因斯將自己最嚴厲的批評留給了威爾遜，將對方描繪成軟弱的可憐蟲：

總統先生不是英雄也不是先知，甚至不是哲學家。他只是個心懷善意的人，有著許多和他人一樣的弱點，缺乏強大的智識稟賦。但面對那些狡猾危險，總能在力量與性格衝突之中贏下瞬息萬變的交換把戲的花言巧語者，就不能沒有這種稟賦……舊世界的鐵石心腸或許能抵擋天下第一勇士手上最利的刀刃，但這位又盲又聾的唐吉訶德此刻卻置身洞穴之中，而迅疾鋒利的刀刃卻握在敵人手上。[41]

凱因斯寫書期間心裡想的對象是英國政府，結果《和約的經濟後果》卻成為支持美國退出國際舞臺、不參與國際聯盟的有力武器。這完全不是他的用意。美國共和黨領袖和自稱「不可調和派」的和約反對者其實不認同凱因斯。他們對歐洲的財政安排其實不大感興趣，卻大力宣揚凱因斯的批評，以便詆毀和約，進而醜化國際聯盟。「我們的共和黨議員其實並非真心要求嚴厲處置德國，」楊格告訴凱因斯：「他們大多數人只是為了反對總統而站在法國那邊。」[42]

書出版時，威爾遜已經無法為自己辯護了。斯特雷奇沒有說對，一九一九年十月那時威爾遜並沒有瘋，而是嚴重中風導致永久失能。雖然他又撐了四年半才過世，但剩餘的總統任期卻成了一場行政混亂，內閣官員和家人努力扛起總統職責，好讓政府繼續運作。一九二〇年三月，和會期間視凱因斯為朋友的戴維斯寫了一封明顯措詞嚴厲的信給他，斥責這位老盟友毀謗美國總統，有辱身分。「他的確不大熟悉陷阱外交，」他這樣形容威爾遜：「但他熟悉更有價值的事物。」[43]

這番指責刺痛了凱因斯，因為他很尊敬戴維斯。「人寧可被別人看作惡徒，也不想被當成笨蛋。正因如此，我對總統先生的評論才會讓人覺得非常惡毒，」他四月十八日回信反駁：「總統先生在我眼中就是個失敗的英雄。其他人在我筆下都很精明，也很邪惡，只有總統先生真心誠意，只想做正確的事，可惜搞不清狀況、頭腦不清又習慣自我安慰。」[44] 但傷害已經造成。先前曾鼓勵凱因斯撰文批評和約的史末資，很後悔他當初的決定：「我沒想到〔凱因斯〕會將威爾遜描繪得那麼可笑。」[45]

巴魯克和杜勒斯（John Foster Dulles）代替威爾遜做出了回應。前者曾以美國經濟顧問身分參與和會，是一九一二年起就支持威爾遜的美國南方金融家，後者則是法律專家。兩人於一九二〇年出版《和約賠款與經濟條款之商定》，由巴魯克掛名作者。[46] 書中驚人之處不在作者提出的反駁，而在大多反駁都承認凱因斯說得沒錯。巴魯克不否認和約裡的經濟條款不可行，只強調罪不在威爾遜和美國代表團。「和約是在人類激情鑄成的煉獄尚在悶燒時擬成的，」他在書裡寫道：「我想就算熟悉相關議題的公正之士也會同意，和約中報復成分之所以壓低，極盡縮減，主要都得歸功於威爾遜和他設下的崇高目的。」[47]

美國始終沒有批准《凡爾賽和約》，導致國際聯盟注定失敗。但參議院拒絕認可和約主要和國內情緒與政黨對立有關，跟凱因斯的叫罵沒什麼關聯，甚至和威爾遜在立法層面堅不讓步無關。面對此等反彈，病弱體衰的威爾遜和他一手擘劃的國際聯盟根本毫無勝算。

至於法國政府的反應則是氣急敗壞。總理克里蒙梭最親近的政治顧問塔爾迪厄（André Tardieu）在《人人雜誌》（*Everybody's Magazine*）發表長文，指出凱因斯「根本不是和會要角」。[48] 克里蒙梭的口譯官曼圖（Paul Mantoux）甚至宣稱凱因斯沒參加過任何一場四巨頭會議：倘若他所言不虛，就會打擊凱因斯的可信度，讓他活靈活現的描繪變成小官員的幻想。[49]但曼圖的指控並非事實。有不少份四巨頭會議紀錄都證實凱因斯在場，而在他出版這本名作的五年後，挪威諾貝爾委員會曾考慮頒給凱因斯和平獎，於一九二四年做過調查，曼圖當時便收回了自己的說法。[50]

委員會最終決定該年不頒發和平獎，但凱因斯成為他們認真考慮的受獎對象還是清楚顯示了《和約的經濟後果》對全球輿論的深遠影響。

對凱因斯而言，這本小書將徹底改變他的職涯。儘管它讓布倫斯伯里幫的理想主義成功站上世界舞臺，卻也傷害了凱因斯的友誼，斷送了他在英國政府裡的發展機會。時隔多年，凱因斯再次被迫思考接下來的人生方向。

5 從形上學到貨幣

大學時代，凱因斯的最大夢想就是在英國財政部謀得一官半職。當他被迫落腳於印度事務部，對年少得志的他簡直是失望透頂，其後七年一直汲汲於升遷至財政部。一九〇八年，他答應在劍橋大學教授經濟學，年薪只有微薄的一百英鎊，約合今日的一萬二千五百美元，好讓履歷漂亮點，夠得上財政部正牌職位的要求，並開始發表論文，墊高自己的聘用本錢。[1] 一戰爆發後不久，凱因斯總算盼到了財政部來電。美夢成真的他興奮到在皇家咖啡館辦了一場奢華派對，邀請所有布倫斯伯里幫成員一起慶祝他上任。[2]

五年過去，凱因斯已經適應了聲名遠播和往來盡是國際財經菁英的生活。早在《和約的經濟後果》錦上添花前，他已經是荷蘭央行行長和美國投資銀行大老沃伯格（Paul Warburg）的座上賓，一起在阿姆斯特丹商討美國貸款援歐計畫。[3] 儘管計畫沒能成功，卻沒有人質疑他的真心誠意。英格蘭銀行行長艾惕思（Charles Addis）稱讚他是「智慧的化身」，白廳更視他為「最懂英國金融財政的理論家」。4

然而，《和約的經濟後果》讓他作為知識分子的聲名高漲，卻斷送了他在英國政府內的陞官坦途。這本小書太惡毒、太暢銷也太出色，沒有哪位政治人物敢僱用一位日後可能因為意見不同而公開羞辱自己的顧問，甚至捲入阿斯奎斯和勞合喬治互相攻訐的自由黨惡鬥中。

因此，儘管《和約的經濟後果》為他帶來意外名聲，凱因斯的戰後職業生涯卻陷入了重大難關。早在巴黎和會開始前，他就已經決定離開財政部。戰爭期間的四年折騰讓他很想休息片刻，但從未打算遠離權力核心。他的生活彷彿瞬間倒回一九一三年，但年少時的樂觀與活力已經不再，只剩中年壯志難伸的挫敗。三十六歲的他再度成為窩身於劍橋經濟系的哲學家，而那年沒有人會想到，短短幾年內，凱因斯將成為那個世代最重要的經濟理論家，更沒料到他能藉著這道聲名奪回政治影響力。

不過，他首先得經歷另外一場挫敗。一九〇八年以來，凱因斯在劍橋大學一直隸屬於經濟系，並因為擔任《經濟學期刊》（*The Economic Journal*）編輯得到不少肯定。儘管這是經濟學最早的期刊之一，但這個領域當時還很小很嫩，在主流之外，而且上世紀的相關學者全是富人家出身，如馬爾薩斯、李嘉圖和彌爾，學術聲望也不是來自經濟學，他們的經濟學著作獲得重視，純粹是因為其個人聲望。劍橋大學直到一九〇三年才讓經濟學獨立成系，而凱因斯早期的經濟學作品也大多來自他在財政部制定政策的經驗。他在校內的卓越知識分子形象來自他和哲學系的人際關係，尤其是羅素和摩爾等等在學術界已然聲譽崇隆的使徒會成員。當凱因斯戰後重返劍橋，他的哲學家生涯也將內爆。

大戰讓與世無爭的劍橋大學陷入動盪。一九一六年，劍橋撤銷羅素的教職，並將這位積極反戰的教授趕出學校宿舍。校方蠻橫對待羅素的方式讓同系教職員深感氣憤，以學術自由為名發起抗爭。一九一九年，因為戰時主張和平主義而入獄六個月的羅素重返校園，拿回了劍橋的教職。

但其他使徒會成員再也沒有返回學校。詩人布魯克開戰後不久便死於沙場，一年後的索姆河戰役則奪去了另一名年輕詩人布利斯（Francis Kennard Bliss）的性命。戰爭的另一方也有凱因斯好友喪生。在國王學院攻讀歷史而結識使徒會的匈牙利詩人貝卡西（Ferenc Békássy），一九一五年為奧匈帝國捐軀，維根斯坦也匆匆加入了同盟國部隊，而凱因斯自從這位年輕哲學家一九一五年從前線輾轉寄了封信來英國之後，就再沒聽到他的任何消息。（凱因斯回了一封便箋：「我希望你現在已經平安成為戰俘了。」）[5]

一九一九年三月，凱因斯才剛放下巴黎和會的德國糧食賑濟災難，就意外接到羅素的一封便箋，轉告他維根斯坦已經被協約國部隊俘虜，關在義大利卡西諾附近的戰俘營中。羅素還在箋裡附上這位共同好友最近寄來的便箋，並且懇求凱因斯動用自己在協約國政府內的一切人脈，就算無法立刻讓維根斯坦回到英國，至少也能更自由與他書信往來，因為這位心情鬱悶的奧地利年輕人每週只能從營裡寄出兩張明信片，根本無法和他認真討論哲學思想。[6]

但凱因斯留意到的是便箋裡的另一段話。那短短幾行字不僅將使他徹底揮別自己的哲學生涯，也催生了二十世紀最有影響力的一部作品。維根斯坦告訴羅素，他在戰時寫了一本書，並將手稿帶進了戰俘營。儘管集中營（campo concentramento）不是討論和批評作品的好地方，但維根斯坦對自己口中的生涯代表作的興奮之情躍然紙上。「我覺得我終於解決我們的問題了，」他如此寫道：「雖然這樣說可能有些自大，但連我自己也不敢相信。」解答就在他寫完的小書裡，但他很有把握，羅素「沒有先聽我解釋是讀不懂的，因為整本書都是短評。這樣寫當然代表**沒人**能懂，但我相信書中道理昭然若揭，只是會顛覆目前所有關於真理、類、數和其他一切的理論罷了。」[7]

維根斯坦的自負連凱因斯都望塵莫及。某一次他來訪劍橋之後，凱因斯描述那段精采經歷說：「上帝來了。我在五點十五分那班火車上碰到他。」[8]但維根斯坦對於藏在他個人物品裡的那份古怪書稿的評價完全沒有言過其實。凱因斯從巴黎寫信向英國政府施壓，要他們確保維根斯坦的作品能安然送抵他手中。[9]就算離職在即，他仍然是主掌英國戰時財政的財政部要人，因此六月底就拿到了書稿。和約簽定當天，他從格蘭特和凡妮莎的莊園寫信給還關在義大利的維根斯坦，說他會將書稿寄給羅素。[10]

靠著羅素和劍橋大學一位名叫拉姆齊（Frank Ramsey）的年輕哲學人協助，維根斯坦的書稿最終於一九二二年以《邏輯哲學論》（*Tractatus Logico-Philosophicus*）為名出版，隨即以書中對語言、邏輯和終極真理之間關係的抽絲剝繭改寫了英語世界的哲學發展。維根斯坦說，這本書嘗試「為思想劃界」；界限一邊是真正的知識，「另一邊則是純粹的無意義」。[11]

維根斯坦認為，有些真理，我們去研究、討論與爭辯它們是有意義的，也能以可理解的方式

「訴說」它們。這個領域基本上由事實組成，而事實則可由經驗科學發現。但哲學家關切的事物，諸如善、理性和邏輯，幾乎都在有意義的語言表達範圍**之外**，即便邏輯屬於語言內在結構的一部分也是如此。**少了**邏輯，人就無法有意義地說話，但哲學家對邏輯**本身**所說的一切都不可能有意義。邏輯歸根結柢是神祕的。

對凱因斯而言，維根斯坦的作品不只是抽象概念，對他本人更有著深刻且令人不安的意義。大學時代，他和斯特雷奇都深受摩爾的《倫理學原理》啟發，戰前則是和羅素聯手拓展摩爾的思想，嘗試用在理性、知識的本質、倫理學甚至政治理論上。一九二〇年返回劍橋大學後，他又開始撰寫《機率論》（*A Treatise on Probability*），繼續這方面的工作，同行對於這本書的期望也是奇高無比。羅素甚至擱下自己對因果本質的論著，想等凱因斯出版他對機率的見解後再繼續。[12] 一九二一年五月，凱因斯總算將書稿寄給出版商麥克米倫（Daniel Macmillan），比維根斯坦的《邏輯哲學論》出版稍早幾個月。當時他自認完成了生涯代表作。「我覺得有點感傷，」他寫信給麥克米倫：「寫下這份已經伴隨我十五年的書稿的最後幾個字。除了戰爭那五年，它一直在我身旁。我再也不會嘗試這種大部頭作品了。」[13]

這句話有幾分正確。凱因斯在書稿裡從未來的不確定性出發，建構出一套關於人類行為與理性的宏大理論。他問道，人對未來的判斷可能為真也可能為假，在這種情況下，人如何能在當下做出理性決定？既然無法確定未來，我們怎麼有辦法在當下做出理性選擇？因此，凱因斯結論道，人肯定有能力判斷複雜的機率問題。

凱因斯認為，機率（probability）和統計頻率不同。當你說某個情況有可能（probable），這句話不只是數學陳述，不只說這個情況在模擬下的發生比例（例如袋子裡一百枚硬幣有五十枚是五元銅板，那我每次伸手進去撈出五元銅板的機率是五〇％）。數學數據或許對人評估機率**有用**，但不可能**是**機率本身。

凱因斯堅決站在摩爾的理性主義這一邊。他主張真正的機率不只是預感或意見，而是客觀事實，可以在事件發生**之前**掌握。對凱因斯而言，一個一九二〇年有可能發生的事件，就算一九二二年回頭看來知道它實際沒有發生，它在一九二〇年還是客觀上有可能發生。而人類理性在乎的正是這種客觀機率，而非後來發生了什麼。理性和正確不是同一回事。

凱因斯和許多探討道德推論的理論家一樣，嘗試為理性下一個符合他個人習慣與偏好的權威定義。[14]大略表達自己對機率的看法之後，凱因斯隨即指出，不論個人或全體社會，謀求實現機率高的小善都比追求幾乎不可能實現的烏托邦更理性。

凱因斯原本期望《機率論》成為自己智識成就的巔峰，沒想到卻因為維根斯坦而成為過渡之作。他後來以經濟學家身分提出的許多關鍵概念都在這本書裡提過。注重不確定性、不信任數學是人類推理的可靠指引、懷疑長久奮鬥是有智慧的選擇，全都成為凱因斯經濟學的正字標記。

基本上，《機率論》是將啟蒙時代的科學理性主義用在機率和不確定性上，希望藉此揭露更深刻的理性本質。但維根斯坦卻主張，這整件事都是無用的，真的**毫無**意義，是想用文字來表達語言根本無法表達的事物。在他眼中，凱因斯是緣木求魚，嘗試替那些基本上無法言傳的領域強加嚴密與精確。「凡是不可說的，」維根斯坦寫道：「都應保持沉默。」[15]凱因斯可以檢視人的行為模式，研究人做決策的實際傾向，這些都是科學，是有意義的探查。但他無法研究理性本身；理性有就是有，沒有就是沒有。

於是，凱因斯千方百計從義大利卡西諾戰俘營裡救出的書稿，反而終結了他的哲學生涯。儘管劍橋哲學大老們對於《機率論》曾有一番熱烈討論，但很快便將它拋到腦後，而維根斯坦的作品則成為分析哲學的基本讀物——哲學家能挖掘的真理全都源於語言，這樣的看法至今依然主宰著英語世界的哲學系所。

凱因斯的職業生涯就這樣在兩年內二度迷航。諷刺的是，他卻變得非常有錢。為了貼補薪水，他從一九〇五年就開始投資股市，一九一〇年時資本已經達到五百三十九英鎊，約合今日的七萬美元。之後繼續錢滾錢：到了一九一四年底，他的投資報償已經高達四千六百一十七英鎊，相當於今日的五十多萬美元。[16]

凱因斯喜歡賭博。對他來說，賭馬和投資股市沒什麼兩樣，兩者帶來的「樂趣及輕微興奮感」都和飲酒差不多，基本上很愉悅，偶爾才會釀成災難。「我認為，要是這個國家所有人星期日早上拿起報紙，都有可能發現自己賺了一小筆意外之財，生活應該會開心不少，」他曾經在英國國會某個委員會上說：「那種經常感到一切都有可能的感覺很好。」[17]

感覺或許很好沒錯，但對一個能接觸英國財政敏感機密的人來說，這種嗜好在道德上就有疑義了。大戰期間，凱因斯仍然不斷投資股市與大宗商品，這事和他在財政部的工作顯然有利益衝突，因為他職務上做出的決定會影響各種大宗商品的價格與供應。儘管他不曾建議政府做出極度有利於他個人的決策，例如一九一四年他力勸政府不要放棄金本位，就讓自己損失了數百英鎊，但換作今日，這種事肯定會變成醜聞，因為他在白廳走動得知的第一手消息不可能不影響他的投資。大戰結束時，凱因斯持有的證券價值已經來到一萬四千四百五十三英鎊，是原本的三倍以上。

戰後，凱因斯將財經頭腦轉到貨幣上。這個新興投資領域起源自戰時各國接連暫停金本位。由於貨幣的錨定對象不再是黃金，而是其他貨幣，使得貨幣價值彼此牽動，因此對腦筋動得快的交易者來說，就成了新的獲利機會。短短六個月，凱因斯就靠著貨幣投機賺得了六千一百五十四英鎊，投資大師的名聲不脛而走，國王學院甚至撥款三萬英鎊請他代為操盤。凱因斯也號召親朋好友一起投資。本金三萬英鎊，一半來自凱因斯本人，一半來自親友和一位名叫福爾克（Oswald Toynbee Falk）的投資人。凱因斯向朋友保證，如果賠錢他會掏腰包賠償（在能力範圍內），賺錢就按比例共享。由於他在市場上長年告捷，格蘭特、斯特雷奇和凡妮莎都覺得這下穩賺不賠了。

結果凱因斯差點傾家蕩產。他推斷美元會走升，歐洲貨幣大多會走軟。考慮到當時美國經濟相對強勢，這般推測並不離譜。但市場一波突如其來的樂觀，使得幣值走向完全相反，凱因斯只能把淚水往肚子裡吞。一九二〇年四月，他已經慘賠了二萬二千五百七十五英鎊，相當於今日的數百萬美元。凱因斯就這樣成了市場不理性的受害人——但不是最後一次。

凱因斯沒有被嚇跑，而是找了新合夥人，科隆銀行家卡塞爾爵士（Ernest Cassel），向他保證「只要挺住」一定「獲利豐厚」。凱因斯的政界人脈讓他「相當有把握」，沒有新的國際貸款會改變貨幣走向即將逆轉的大勢。只要卡塞爾肯提供十九萬英鎊讓他操盤，獲利後要如何分成他都接受。

在自己和親友慘賠之後，凱因斯希望卡塞爾能給他約合今日二千五百萬美元的巨款，好讓他力挽狂瀾。

最後凱因斯只拿到五千英鎊。幾週後，他的大膽預測開始獲得回報，到了一九二二年底，親友和他不僅欠債歸零，還倒賺了二萬一千英鎊。一九二四年，他的個人收益來到六萬三千七百九十七英鎊；到了一九四〇年代中，他為國王學院操盤的投資獲利更是學院其他投資的三倍。

凱因斯很快開始炫富，有如貴族般招搖過市。職場上經歷了那麼多挫敗，他必須挽回顏面。《和約的經濟後果》的作者應該很有錢才對，而凱因斯也決心如此表現，即使偶爾會出糗也無所謂。「我剛結束人生第一場狩獵，」他在埃克斯福德的皇冠飯店寫道。

我看見獵物開始逃，但後來就沒再看到牠了。牠跑了四、五個小時……我不曉得馬可以跑那麼久。後來我跟上了獵犬和其他獵人，但很快就發現（馬累了，跑得很慢）自己來到一片開闊的沼澤地，小路上幾乎只剩我一個，獵犬都在前面……不久我就在一處深谷裡迷了路，並且發現我的馬少了一塊馬蹄鐵，幾乎無法再走了……我騎得很慢，但馬的腳愈來愈不耐疼，最後為了保護牠，我就下馬用走的。走了幾英里後，我來到一間小旅館，便將馬留在那裡，向凶神惡煞的旅館老闆要了一杯啤酒喝，之後就搭車回家了……感覺好像很刺激，其實沒有！[18]

後來那星期他又去了一次，這回換騎另一匹馬，狀況好多了，但最後還是讓狐狸跑了。[19]那段時間，凱因斯不是去獵狐，就是辦晚宴或去看芭蕾，而且一定替自己和賓客選擇顯眼的座位，左右都是「穿金戴銀」的名門權貴。[20]就是在一九二一年冬，他在柴可夫斯基的《睡美人》劇中見到了一人分飾奧蘿拉和丁香仙子的莉迪亞。

他之前就見過莉迪亞跳舞。雖然時隔多年，但這回完全不同。莉迪亞的舞姿讓他深深著迷，一次次買票進場，看得如癡如狂。

洛普科娃一九一一年加入達基列夫（Sergei Diaghilev）創辦的俄羅斯芭蕾舞團，到了一九二一年已經是團內的頂尖巨星。當這支前無古人的前衛舞團造訪倫敦，英國媒體紛紛盛讚洛普科娃是擁有「精緻庶民美貌」的「倫敦朱雀」。[21]舞團甚至推出「莉迪亞娃娃」，讓擠滿歐洲各大首都劇院的仰慕者可以收藏。

俄羅斯芭蕾舞團的表演不只和十九世紀各大皇家劇團的大製作一樣華麗，而且在藝術方面特別追求實驗、叛逆與反抗。達基列夫除了邀請畢卡索、馬諦斯和考克多等世界知名的藝術家設計舞臺，還找來德布西等創新派音樂家譜寫伴奏。一九一三年五月，達基列夫推出全新的交響芭蕾舞劇。這部他和一位名叫史特拉汶斯基（Igor Stravinsky）的作曲新秀合寫的作品實在太過激烈前衛，從視覺到聽覺都讓巴黎觀眾太過震撼，甚至引發暴動。《春之祭》就這樣一夕成為備受爭議的經典之作。

一九二一年底，洛普科娃的感情狀態可不只是有點複雜。六年前她赴美巡迴，和達基列夫的業務經理巴羅基（Randolfo Barocchi）結為夫妻，但巴羅基和她簽下結婚證書時，早已經和一位名叫瑪莉・哈格里夫斯（Mary Hargreaves）的女士結了婚。一九一九年，洛普科娃和巴羅基的婚姻已然變調，但除非告上法庭，否則法律效力仍在。

此外，洛普科娃婚後四個月就偷偷和史特拉汶斯基展開一段婚外情，而史特拉汶斯基本人也是有婦之夫。[22]後來史特拉汶斯基回歸家庭，洛普科娃的演出讓她必須在全歐各地和大西洋兩岸到處跑，兩人開始漸行漸遠。一九二一年春天，《彼得洛希卡》（*Petrushka*）在馬德里彩排，兩人舊情復燃。但夏天時，巴黎女伶蘇戴金娜（Vera Sudeykina）吸引了他的目光，甚至答應在劇裡演出一個小角色，好接近新歡。舞團抵達倫敦後，一段暗潮洶湧的三角戀就此展開。[23]

同年十二月，史特拉汶斯基和蘇戴金娜返回法國，留下洛普科娃鬱鬱寡歡，正巧遇上凱因斯對她一見鍾情。他買下《睡美人》最貴的座位，就為了接近舞臺，而這位芭蕾舞伶自然沒有忽略他的熱情捧場。十二月八日，凱因斯到後臺造訪，邀她共進午餐。五天後，兩人一起晚餐，閒聊直到半夜一點。[24]二十六日，她邀他喝下午茶，兩人顯然已經彼此傾倒。[25]據洛普科娃的傳記作者表示，洛普科娃「陶醉於他的卓越心靈」，而他則是對「洛普科娃的活力與天分深深著迷」。[26]

洛普科娃從小就學會對知識分子敬重有加。她父親是聖彼得堡亞歷山德林斯基（Alexandrinsky Theater）劇院的引座員，經常灌輸孩子們要欣賞舞蹈和來看劇的知識菁英。[27]洛普科娃興趣廣泛，總是不受限於自己的職業，一心期盼世人視她為「正經女人」，又不必放棄使她成為明星的各種享樂。[28]而在布倫斯伯里幫的薰陶下，凱因斯幾乎將藝術家當成神人來崇拜。隔年四月，凱因斯和洛普科娃已經開始互寫露骨書信。洛普科娃知道英語不是自己母語，但凱因斯卻被她別出心裁的比喻弄得神魂顛倒。「親愛的梅納德，我好想吞你吃你，」她曾經這樣寫道。[29]「在你全身上下彈奏。」[30]還有「你的思想和人讓我觸電了」。[31]

《睡美人》是洛普科娃和達基列夫少數的票房敗筆。對戰後的厭世氣氛而言，這齣劇太華美真誠了。倫敦演出慘淡作收後，凱因斯在戈登廣場五十號替洛普科娃租了一間公寓，並替她辦好銀行帳戶（她之前都將收入託給華爾道夫酒店門房保管）。[32]每當洛普科娃在外演出，凱因斯都會剪下自己在報上的文章寄給她並且報告研究進度。兩人更是紙上性愛往來多年。一九二六年，凱因斯鑽研古巴比倫貨幣時發現一封他認為是世上最古老的「情詩」，立刻抄給洛普科娃看，逗她開心：「來我身邊吧，我的伊什塔瓦，讓我見識你的陽剛／掏出你的雄偉，觸碰我的小地方。」[33]

對於凱因斯談論經濟政策的文章，洛普科娃同樣興致勃勃。「我今天早上收到〈歐洲重建〉，讀起來不錯。因為是你寫的，字裡行間很有力量……他們讀完這篇文章肯定會穩定貨幣。」[34]或是「讀完你寫的東西，我感覺自己變偉大了，感覺很好。我的嘴和心都跟你纏在一起」。[35]

兩人曖昧初期，本身也是藝術家的洛普科娃似乎和凱因斯的文學圈朋友很投合，除了書信往來，也會一起去逛街購物或招待他們喝下午茶。在俄羅斯芭蕾舞團演出多年，讓她很能適應布倫斯伯里幫裡習以為常的三角戀與嫉妒。根據一封日期不明（可能寫於一九二二年十月底或十一月初）的便箋，洛普科娃不用凱因斯幫忙也和布倫斯伯里幫玩得很樂：

最親愛的梅納德：

我們跟〔字太潦草無法辨讀〕

喝得爛醉

有點暈

格蘭特邀凡妮莎和我喝了一大杯啤酒……我們舉杯祝你健康，給你飛吻，尤其是我。

莉迪亞[36]

然而，當布倫斯伯里幫很快發現，洛普科娃不只是凱因斯獵豔名單上又一個可以統計分析的對象，他們就開始將這名年輕的俄國女子視為威脅了。她的名聲讓他們的成就相形失色，何況還奪去幫裡最有名（更別提最慷慨的）成員的目光。維吉尼亞、凡妮莎和斯特雷奇在信裡猛說洛普科娃壞話，模仿她的口音作樂，更瞧不起她認識英國文學與政治的努力。「莉迪亞前兩天來這裡說：『倫納德，請告訴我首相麥克唐納的事。我是蒸的、真的想知道。』」維吉尼亞．吳爾芙寫信告訴法國畫家拉維拉（Jacques Raverat）：「但她下一秒就抓了一隻青蛙放進蘋果樹裡。這就是她吸引人的地方。但人能靠抓青蛙過活嗎？」[37]

洛普科娃和凱因斯認識不久就和倫納德與維吉尼亞一起度過假，但那股私下的嫌惡早在當時

（一九二三年九月）就已經略現端倪。儘管她從藝術到收入都大獲成功，可是年紀卻小了布倫斯伯里幫創始成員十歲左右。面對這群凱因斯眼中英國可敬之士的代表，洛普科娃很想在智識上取得他們認可，但卻事與願違。「我老實告訴你，看她坐在劇院裡看《李爾王》簡直是悲劇，」維吉尼亞寫道：「沒有人能把她當回事，所有年輕男人都去吻她。之後她就突然生氣，說自己跟凡妮莎、維吉尼亞、艾莉絲・弗羅倫斯（Alix Sargent Florence）或凱瑟琳・考克斯（Ka Cox）一樣是正頸女倫。」[38]

一九二三年十二月，維吉尼亞就已經叫姊姊去勸她們這位經濟學家朋友，要他別被愛情沖昏頭，做出無可挽回的事：

> 講真的，我覺得你該阻止梅納德，免得到時來不及。我光想就知道後果如何，真不敢相信他竟然看不到。莉迪亞頑固挑剔，風情萬種；梅納德常在內閣和〔戈登廣場〕四十六號，和公爵與首相為伍。梅納德很單純，不像我們擅長分析，等他搞清楚怎麼回事就已經萬劫不復了；回過神來才發現自己已經有了三個小孩，生活永遠完全掌握在別人手中。我覺得事情就是這樣，更別說我會有多難過了。你若不讓他知道你的看法，大難來臨他一定會怪罪你。而且比起當個萬事安穩、無可企盼的已婚婦女，莉迪亞還是當個四處漂流、常抱渴望的波希米亞人比較好。[39]

洛普科娃一九二一年跟達基列夫分道揚鑣。達基列夫一輩子都被稱作天才，就算辭世多年，後人仍然記得他性格激烈又專橫。鮑威爾（Michael Powell）和普萊斯伯格（Emeric Pressburger）一九四八年合製的動人電影《紅菱豔》（*The Red Shoes*），片中男主角雷蒙托夫便是以達基列夫為主要範本。有了凱因斯為伴，洛普科娃不再需要仰賴劇團維持豪奢生活（她和凱因斯一樣戒不掉炫富的習慣），充足的經濟自由讓她想在哪裡或何時演出都行。

洛普科娃還很喜歡這個新歡靠寫作得來的公眾聲量。「你好有名，梅納德，」[40]她在兩人相識初期的信裡常如此真心讚美：「真的好有名。」[41]或「太有名了！」[42]每當凱因斯費盡心力將想法寫成一般人能懂的報紙專欄或雜誌文章，把自己搞得灰心喪氣，洛普科娃總是鼓勵他：「不要批評你在報章雜誌的文章，想想有多少人讀過、理解和記得它們就好。上床前回想你花心血完成任務的感覺。」[43]

當然，凱因斯的性取向可是轉了個大彎。從有記憶對人動心以來，他一直是激情四溢的男同志，如今卻為了一個**女人**神魂顛倒。布倫斯伯里幫已經很習慣男同志成員和女人同居。格蘭特和凡妮莎在莊園一起生活，斯特雷奇和畫家朵拉·卡靈頓（Dora Carrington）同住，加內特則是一九二一年就和插畫家瑞秋·馬歇爾（Ray Marshall）結了婚。這些全是為了讓男人繼續追逐男戀人的障眼法。凱因斯雖然完全被洛普科娃迷住，但轉到專一的異性戀關係還是花了點時間。而洛普科娃明知凱因斯的過去，卻從相識之初就積極陪愛人轉性，沒有絲毫猶豫。她不僅買了男性睡衣，還穿著高爾夫球裝誘惑他；口手並用對兩人的性愛進展也很有幫助。[44]不過，凱因斯愛上洛普科娃後，還是跟斯普羅特（Sebastian Sprott）曖昧了兩年，直到一九二三年冬天才屈服於她鍥而不捨的懇求，不再花心。[45] 這是凱因斯最後一段認真的男同志關係。從信裡可以清楚見到洛普科娃讓他很滿足，只想「天天被挑逗和吞吃」。[46]

凱因斯除了誘惑芭蕾舞伶，還有職業生涯要顧。哲學之路眼看無望，他開始集中火力在報章上回應外界對《和約的經濟後果》的批評，回覆讀者投書和對他文章的指教。《曼徹斯特衛報》邀他擔任專欄作家，評論國際財經事務，而他也寫了不少篇長文，分析如何修正巴黎和約，確定最終賠款數字。沒想到這個原本只是為了挽救名聲的舉動，竟然成就出一番不凡的記者事業。

凱因斯在《和約的經濟後果》結尾呼籲控制「改變輿論的引導力與想像力」，並主張新的知識領袖必須找到「尚未被說出」的「新世代的真實聲音」。[47] 當時的他只覺得自己會是幕後推手，和戰前一樣在學術期刊工作，寫書給專家看，協助形成新世代的共識。說服大眾完全是另一回事，有點平凡，太接近政治與宣傳，不是前使徒會成員該做的事。但他在《曼徹斯特衛報》寫了幾篇談和約的文章都大受好評，不僅使報社拿出三百英鎊請他報導一九二二年春天在日內瓦舉行的金融會議，還讓維也納和紐約兩家同業出價三百七十五英鎊，同步刊載這些報導。兩筆酬勞加起來約合今日的四萬五千美元，換算成每個字的價碼，可比他那本國際暢銷書還優渥。[48]

對凱因斯來說，比起豐厚報償甚至能在大西洋兩岸的報刊上露臉，會議報導本身其實更重要，因為英國財政部有不少資深官員都去了日內瓦，像是布萊克特和英格蘭銀行行長艾惕思。這對亟欲重返政治圈的凱因斯而言是個好機會，能靠著自己水漲船高的公眾知識分子地位贏得權力高層的歡心。而在一九二二年春天，他已經想好一套大膽的新政策主張，預備徹底改寫戰後國際貨幣秩序。

英國戰時從未正式放棄金本位制，而是採取一連串繁複的措施，防止本國人民將錢兌成黃金囤積家中，對外國也是做法雷同。一九一四年，法國、德國、俄羅斯和奧匈帝國放棄金本位制，倫敦黃金市場交易員立刻拒絕以英國黃金支付貨款，等於只在技術上維持金本位制：只有他國使用金本位制，英方才配合使用。可是由於美國以外的國家幾乎都放棄了金本位制，使得英國也等於實質放棄了金本位制。[49]

這些緊急措施讓英國政府得以靠著印鈔票支付大部分的戰時花費。大戰結束前，英國貨幣供應從一九一三年的五十億英鎊暴增至一百二十億，黃金儲備則維持穩定。如此必然導致通貨膨脹，消費者物價全面上揚，結果就是英國一九二〇年的標準消費商品價格已經是大戰爆發時的兩倍多。[50]

戰後初期各國都經歷了通貨膨脹。美法德三國都大量印製鈔票以支付戰時開銷：法國的貨幣供應在戰爭期間成長為過去的三倍有餘，德國更高達四倍，[51]原本穩定可預測的匯率也開始劇烈震盪。英國戰前將匯率定在一英鎊兌換四．八六美元，一九二〇年已經跌到平均三．六六美元，一度更滑落至三．四〇美元。[52]貿易突然變得無法預測；難以預期的匯率波動可能讓國際買賣瞬間變為折扣或剝削。隨著物價飆高，外匯市場被鍍金時代不曾耳聞的波動性搞得天翻地覆，全球金融圈幾乎異口同聲發出同樣的請求，那就是重回金本位制。

大戰之前，通貨膨脹、通貨緊縮和外匯都是由金本位制掌控，國內貨幣流通量受黃金儲備量限制。由於所有主要貨幣都能兌換成定量黃金，使得國際貿易享有穩定匯率，國與國的商務模式也都可以預期。國際物價很容易判別，因為貨幣基本上只是不同重量黃金的別稱而已。

對金本位支持者而言，金本位不只代表物價穩定，更保障了某種自由貿易理想，政府不會干預跨越國界的貨品交換。畢竟我們之所以將貨幣等同特定價值的黃金，就是為了防止政府藉由操控貨幣價值來左右貿易模式。當時的經濟學家普遍相信，唯有金本位才能讓商業盡情發展。

這套自由貿易理想其實包含某種人道情懷，認為善意交流與貨品交換密不可分。根據這派主張，國際貿易能促進相互理解，協助不同民族欣賞彼此的習俗與想法。而自由貿易的為善力量正是凱因斯的基本思想；任何政治觀點與構想，只要不符合這個核心信念，就必須拋棄。

商業往來能促進政治和平的想法其實早在金本位制盛行之前就已存在。法國思想家孟德斯鳩於十八世紀中葉提出之後，這項主張便流行開來。[53]不過，正是由於金本位制展現了啟蒙自由主義的這項根本原則，使得它帶有深刻的社會意涵——黃金代表一切都按常軌發展，世界正不可逆地邁向和平、繁榮與進步。金本位制在戰前達到巔峰，隨即土崩瓦解，不少人都認為應該協助它東山再起，以證明有些事物就算大戰也無法消滅。凱因斯發現，對英國大銀行家來說，恢復英鎊的黃金價值攸關「國家優勢」，唯有如此才能讓大英帝國「更加輝煌」。

凱因斯發現，絕大多數的金融思想家都將重返金本位和戰時及戰後爆發的通貨膨脹與貨幣貶值「無可救藥混在了一起」，但其實這是不同的議題。倫敦倫巴底街的金融大老不僅想讓英國重拾金本位，還想讓英磅重回戰前的幣值與匯率。即使他們將這項計畫稱作「穩定」方案，其實卻是新一波的貨幣干預，藉由通貨緊縮刻意拉高英鎊兌美元的匯率。54

這套想法可不只是搞不清狀況或盲目執著於過去。倫敦金融城裡比較有概念的主事者認為，英國若想奪回戰時拱手讓給華爾街的金融勢力，就得證明投資英國比投資美國更好。換言之，英國必須向全球金融市場證明，英國政府絕不會讓任何事情貶損對英國貨幣或債務的投資，連戰爭也不例外。

一九一四年金融危機時，凱因斯便是採用類似論述，建議倫敦就算儲備再緊繃，也要繼續以黃金支付外國客戶。但他認為這些年下來，金融世界已經徹底變樣，因此他在一篇日內瓦特稿中主張，歐洲國家如今欠下巨款，面臨的資源限制已經和十年前完全不同，不僅國界重劃，農田、礦場及工廠也都受創慘重。如果認為一九一三年的金融系統還能滿足一九二二年的需求，只能用愚蠢來形容。

更重要的是，凱因斯對自己在劍橋所學的古典經濟理論產生了巨大的信心危機。按照教科書裡的正統說法，通貨緊縮之類的狀況照理不會長期傷害經濟。只要價格下跌，工資也會縮水，勞工就會回到和之前差不多的狀態。即使會有短暫混亂，但市場力量很快就會讓世界回復正常，不論買賣或供需都能重拾穩定繁榮的均衡。經濟動盪永遠只有一個解方，就是交給市場。

一九二〇年二月，真正的考驗來了。所有國家似乎都在比誰通貨緊縮得最厲害；不僅法國、義大利、瑞典、挪威和丹麥搶著大幅壓低國內物價，連美國也是如此。這樣做有部分理由來自一般認為物價愈低愈好，但也是美國一意孤行的結果。當聯準會為了壓低美國物價而調升利率，黃金立刻從世界各地湧向美國，而各國不願手上沒有黃金，也只好調升利率回應。美國坐擁全球最大的黃金儲備與經濟規模，自然得以和當年的英格蘭銀行一樣，左右國際金融秩序。

英國物價應聲腰折，[55]社會也為此付出了驚人代價：農地法拍，生意失敗，數百萬人沒了工作，一九二一年的失業率超過二三％，一九二二年平均失業率也有一四．三％。[56]工資暴跌引發激烈的勞工運動，尤其是礦工。一九二一年四月，煤礦場老闆要求基層礦工減薪，英國政府調來十一個步兵營、三個騎兵團及多臺坦克，以防礦工、鐵路和大眾運輸員工集體罷工。[57]感覺整個國家就要失火了。

當時工黨正在崛起。對黨內許多社會主義者而言，英國經濟急遽蕭條證實了他們長久以來的懷疑：資本主義不僅不公不義，而且根本不管用。凱因斯從來沒有認真研究過馬克思主義；就算有，他也不可能放棄對資本主義的信心，因為必須付出的情感代價太高了。

或許問題出在貨幣本身。「現今的個人主義式資本主義……**預設存在**一個穩定的價值量桿。少了它，個人主義式資本主義就無法有效率運作，甚至無法存在，」[58]凱因斯在《曼徹斯特衛報》特稿裡寫到。貨幣衝擊（通貨膨脹與緊縮）會對社會各階層造成大小不一的影響。通貨膨脹對借方有利，儘管他仍需償還相同金額，但債務價值會因通膨而縮水。通貨緊縮則相反，借方就算無過無失，債務負擔也會加重。

面對貨幣衝擊，借方和貸方遭遇不同，勞工和老闆遭遇不同，本國人和外國人的遭遇也不同。資本主義運作所需的公平交易環境遭到了破壞。凱因斯認為，解決之道不在放棄供需原理、自由貿易或思想自由，而是穩定貨幣體制，好讓供需原理、自由貿易與思想自由發揮力量。

於是，凱因斯開始在日內瓦和《曼徹斯特衛報》公開鼓吹穩定全球物價，因為物價不穩會動搖民眾對政府及政府機關的信心。凱因斯告訴英國財政部，無法控制物價將「破壞合約、安全與整個資本主義制度的所有根基」。[59] 戰時通貨膨脹的解方是在新平臺上重塑穩定，而不是如倫敦金融界建議的退回過去。

根據凱因斯的計畫，已經靠通貨緊縮讓幣值逼近戰前金價的國家可以繼續，最終回到一九一四年的水準，但每年貶值幅度不得高過六%。而幣值相較一九一四年貶值至少二〇%的國家將不再受到更進一步通貨緊縮的壓力。

這項計畫在政治上非常大膽，需要列強在金融方面通力合作，這一點連協約國在戰時也只做到一部分。洛普科娃在布倫斯伯里區的新家寫信鼓勵愛人要勇敢：「你每天都有新作，全世界都應該讀，」她這樣說道：「你應該在那裡待到會議結束。你難道看不出他們有多需要你。你或許看不出來，但我作為旁觀者，明明白白見到你有多麼必要。」[60]

然而，凱因斯的計畫注定要落空。因為除非將美元納入，否則英鎊、法郎或馬克匯率的討論不會有實質進展，而美國並未參與日內瓦會議。美方檯面上的理由是法國拒絕削減德國賠款金額，但少了美國撐腰，英國代表團就不敢支持凱因斯的新計畫。洛普科娃不為所動，責怪其他代表太過短視。「財經專家竟然不求穩定，真是令人氣惱。但我也明白他們不會是梅納德（梅納德只有一個），」[61]她這樣寫道。美國後來還是改變了主意。「我看沒多久美國就會站在你這邊了，」她安慰凱因斯：「你很有名，梅納德。」[62]

這一等就是二十多年。直到一九四四年，凱因斯和美國政界領袖才在新罕普夏舉行的布列敦森林（Bretton Woods）會議上針對國際貨幣體制達成共識，而且依然在會上經過一番爭鋒相對才有了突破。

不過，在構思計畫的過程中，凱因斯一腳踏進了經濟理論的未知地。當時英國出現了經濟學家認為不可能發生的情況，也就是駭人的長期高失業率。凱因斯將這件壞事及隨之而來的社會動盪歸咎於貨幣不穩，解決方法則是政府及央行直接出手操控幣值，調高或降低利率以確保物價平穩。這套做法後來稱作貨幣主義，主張調節貨幣供應是政府確保經濟成長與穩定的最佳手段。

這套理論大幅改寫了央行的角色。[63]英格蘭銀行過去主要是依據國際貿易起伏來調節國內的黃金儲備，以確保英國不會因為進口過量或出口不足而短缺黃金。當英國出現貿易逆差，貨幣（黃金）就會流往國外，因為英國向外國購買的貨品多於賣給外國的貨品。這時英格蘭銀行就會調高利率，等於降低英國貨品在國際市場上的價格，直到貿易恢復平衡，其想法是用實際貿易狀況來決定物價水準。凱因斯的建議完全相反，是用調節物價來確保穩定，而如此一來貿易就會受影響。這不再是放任主義學說，認為政府官員絕不該插手經濟事務；政府反而是被迫要在維持匯率穩定或物價穩定之間做選擇。凱因斯認為，這時政府不該有片刻遲疑，要調節匯率以穩定物價。也許

「長期下來」通貨膨脹和通貨緊縮的衝擊終究會消退，「但長期這個概念很容易誤導人對眼前事務的判斷，」凱因斯表示：「**長期下來**，我們全死光了。經濟學家如果只會在暴風雨季告訴我們，等風雨走了海水就會恢復平靜，那他的工作也未免太簡單、太無用了。」[64]政府等待通膨平息的期間可能發生各種事，失業、饑荒、暴動，甚至革命都有可能。就像他在《機率論》裡主張的，比起或許永遠不會實現的長期改革，我們更該先追求容易達成的短期的社會福利改善。

「**長期下來**，我們全死光了」——這話不僅是機鋒妙語，更道出了凱因斯和當時其他貨幣主義者的區別，也點出他和後來走向右翼政治的那些人的不同。凱因斯和另一位貨幣主義者傅利曼（Milton Friedman）都認為，物價穩定是古典經濟學思想的基石。放任式經濟大多時候都很管用，供需原理**確實**能讓社會達到繁榮均衡，只需要補上幾塊基本的經濟架構，包括財產權、法治與物價穩定。但凱因斯和傅利曼的不同之處在於，他別出心裁地將貨幣主義當成擴張政府權力對抗戰後不確定與焦慮的手段。只要貨幣主義做不到這一點，無法真正帶來短期的經濟與**政治**穩定，他很樂於另起爐灶。

凱因斯將這些洞見匯集成一本新書，取名為《貨幣改革論》，其中不少想法最初都在一九二二年的《曼徹斯特衛報》特稿裡發表過。這是他第一本經濟理論大作，也引起許多爭議。華爾街和倫敦金融城都嚇壞了，以為凱因斯想抹除金本位的意義。儘管他並未主張正式斬斷紙幣和黃金的連結，但允許政府必要時能重估幣值其實就是同一回事。批評者問道，如果設定的黃金重量隨時可以改變，那將英鎊和定量黃金扣在一起還有什麼意義？凱因斯反駁，如果金本位只會帶來社會動盪，那守著它又有什麼用處？

「拒絕考慮顛覆以改進我們對貨幣與信貸的操控方式，就是替個人主義式的資本主義播下滅亡的種子，」凱因斯如此勸告英格蘭銀行行長艾惕思：「你可別當貨幣革命的路易十六。」[65]

凱因斯這套經濟新理論雖然不像《和約的經濟後果》引來巨大的輿論反響，卻還是得到倫敦金融界領袖的高度關注與抨擊。這對布倫斯伯里幫來說是一件光彩的事，代表凱因斯依然勇於挑戰大人物與主流看法。而凱因斯也察覺，自己以公眾知識分子身分所做的事，讓他的理論作品比起一般學者的作品更有緊迫力。他的想法引來無數讀者投書，促成他和央行官員會面，甚至偶爾成為白廳的座上賓。於是，和《曼徹斯特衛報》合作愉快了幾年後，凱因斯決定買下一家報社，進一步壯大自己的公眾形象。

《國家》（*The Nation and Athenaeum*）週刊原本是自由黨傳聲筒，但編輯馬辛厄姆（Henry Massingham）受工黨感召，轉而發稿給年輕的工黨寫手從左翼攻擊自由黨，倫納德便是其中之一。一九二三年元月，凱因斯聯合一群投資者將雜誌買下，任命自己為董事會主席，並將馬辛厄姆掃地出門。

這件事讓吳爾芙夫婦錯愕萬分。凱因斯的自由黨傾向替長期靠工黨養家活口的倫納德帶來了麻煩。[66] 維吉尼亞和他都已年過四十，兩人雖然生活安逸，但財務上從未安穩。維吉尼亞的作品始終不暢銷，不穩定的心理狀態又需要密集治療，包括長期住院，當時英國還沒有全民健保，因此是一大筆開銷。由於前兩本書銷售欠佳，夫妻倆只能自費出版維吉尼亞的第三本小說《雅各的房間》（*Jacob's Room*），於一九二二年十月由他們自己開的賀加斯出版社發售。儘管小說總算迎得好評，但並未轉化成收入。一九二四年，維吉尼亞的三本小說和一本短篇故事集只為她賺到三十七英鎊，包括美國銷售在內（那年賀加斯出版社只賺了三英鎊）。[67] 如今《國家》週刊易手，倫納德顯然得另外找工作了。

不過，有朋友是雜誌老闆或許還是**不無**好處。一九二二年底，維吉尼亞．吳爾芙開始替一位很有潛力的詩人朋友尋找贊助者，因為她擔心這位任職勞合銀行（Lloyds Bank）的朋友會被工作消磨掉創作慾。她四處募資，好讓這位可憐人能放掉薪水豐厚的工作專心寫詩，但只募到幾百英鎊。維吉尼亞向凱因斯求助，只要他能替她的詩人朋友找到一份「年薪三到四百英鎊」的差事，[68] 對方就能辭去銀行工作了。

凱因斯是有一個文學編輯缺，問題是《國家》週刊的其他董事都沒聽過維吉尼亞這位朋友的大名。其實知道的英國人也沒幾個，因為這人截至當時能拿來說嘴的作品就只有一首非常長的詩，而且是發表在自己發行的文學雜誌裡，時間就在凱因斯接掌《國家》的幾個月前。凱因斯很喜歡那首詩，本來就該喜歡，因為它是以《和約的經濟後果》裡的主題與觀念為靈感，發想出新的比喻與抽象而寫成的一首自由詩。那首詩和他這本傑作一樣，都在強烈哀悼一個消逝不再的理想大陸，並譴責造成此事的國家領袖。[69] 詩裡甚至提到迦太基「燒呀燒呀燒」的意象，而這正是凱因斯對《凡爾賽和約》的最主要形容。他在書裡警告，最終的和約定稿可比「迦太基和約」，將會把德國逐出歐洲，猶如羅馬終結迦太基這個偉大的地中海古文明一般，摧毀德國的人民與傳統。維吉尼亞對那首詩愛不釋手，那年九月便和倫納德以單行本出版了艾略特（T. S. Eliot）的《荒原》（*The Waste Land*），但英國初版最終只賣了四百五十冊。[70]

維吉尼亞決定協助凱因斯說服其他董事。她要斯特雷奇寫一封信向《國家》週刊保證，只要聘請艾略特擔任文學編輯，他就為週刊撰稿，並表示「梅納德會給供稿者豐厚的稿酬」。[71]和董事會拉鋸兩週之後，凱因斯終於聘用了艾略特。

沒想到艾略特卻提條件了。他想先休個假，並給銀行三個月緩衝，因為他的工作非常專門；而且《泰晤士報》給編輯五年合約，他能不能比照辦理？或許兩年？[72]協商就這樣又拖了幾週，用凱因斯的話來說，整件事「徹底砸了」。[73]

於是他決定放棄。一九二三年三月二十三日，他將文學編輯一職交給「怎麼也沒想到」的倫納德，[74]年薪五百英鎊，每週進辦公室兩天半。「感謝你費了那麼多心血力氣」幫忙艾略特，維吉尼亞那天下午半帶歉意地告訴凱因斯：「不過，我實在感覺他不適合那份工作。」

凱因斯買下的週刊就這樣支撐著吳爾芙夫婦的家中經濟，直到維吉尼亞一九二八年出版《歐蘭多》（*Orlando*）總算大賣為止（她那年就賺了一千四百三十四英鎊，超過今日的十萬美元，而且直到離世前都靠寫作獲得穩定收入）。[75]對維吉尼亞來說，倫納德的文學編輯工作不只是救生圈，還讓她先生得以向斯特雷奇、貝爾、弗萊、加內特和其他老友邀稿，將《國家》週刊變成布倫斯伯里幫的發聲器。而且倫納德不用天天進辦公室，使得他們夫妻倆有更多時間與資源投注在賀加斯出版社，從一年出版幾本書變成幾十本，除了弗萊、貝爾和佛斯特之外，也出版新朋友如格雷夫斯（Robert Graves）和較知名作家如葛楚．史坦與威爾斯（H. G. Wells）的作品，甚至佛洛依德的書也出。而凱因斯有不少政治小冊更是他們最長銷的作品。[76]他運用《國家》和自己的名聲替所有布倫斯伯里幫成員背書，給這群好友一個宣傳理念的平臺，並促成他們日後的名望與財富。凱因斯的生活成了他心目中理想世界的縮影：利用經濟引擎推動人類真正追求的目標，藝術與文學。

接掌週刊還消弭了他長久以來對自己美學涵養不足的不安。就算貝爾和斯特雷奇對他的藝術品味有意見，至少他們的發聲管道是他給的。或許他永遠無法像一九二〇年代的布倫斯伯里幫成員那樣，創作出如此優美完滿的現代主義傑作，但他再也不用靠拯救塞尚的作品來證明自己和這群好友是同一國的。艾略特不就以他的書為靈感寫了一首詩？這不表示他不再在意布倫斯伯里幫的想法。就算他在這群好友之間的地位已然鞏固，他們仍舊是他的指南針。「即便內閣大臣與《泰晤士報》大加讚揚，只要他有一絲懷疑，斯特雷奇、格蘭特、維吉尼亞和凡妮莎可能不以為然，再多的輿論吹捧也會變成糗事，」貝爾這樣說道。[77]

不過，凱因斯還用《國家》替自由黨的意識形態開疆闢土，和以進步形象崛起的工黨分庭抗禮。戰前阿斯奎斯和勞合喬治花了八年時間，將自由主義帶離完全放任主義政策，擁抱溫和的福利國家制度。過去，市場是唯一的正義，如今則有老人年金和失業救濟，協助改善無法工作者的生活品質。勞合喬治和阿斯奎斯對戰爭的看法不同，而前者在權力鬥爭中勝出之後，將自由黨的社會福利政策置於帝國利益之下，使得他和他的政黨選擇跟傳統的死敵保守黨聯手執政，結果就是讓自由黨從年金到大戰拿下一連串勝利之後，在意識形態上失去了方向。一九二三年五月五日，凱因斯在《國家》雜誌創刊號的社論裡提出全新的自由黨宣言。當時的大問題，從戰爭、和平到經濟，全都被大戰給攪在一起。「我們所有人的思想如此混亂不周，致使爭論的真正焦點幾乎未曾浮現，」他這樣寫道。戰前自由黨提出的自由貿易政策，以及採用累進稅制挹注溫和的扶貧措施，都「被戰債徹底粉碎了」。想確保繁榮，就得努力構思前所未有的新經濟結構與「產業調控」措施，例如他在《曼徹斯特衛報》裡探討的貨幣主義。

然而，凱因斯並不認為自己對央行的芻議就是終點。《國家》會提出新構想，並將其打造成政策制定者可以使用的工具。「我們認同的自由黨是個中間偏左，支持改變與進步，不以現狀為滿足，為許多理想目標奔走的政黨，但黨員的心靈比工黨更大膽、更自由、更無私，而且沒有他們過時的教條。」[78]

一九二三年底，《和約的經濟後果》、《貨幣改革論》再加上《國家》週刊的評論，已經使凱因斯成為自由黨陣營最有影響力的人物之一。就算沒有人想聘他為顧問，英國所有從政者都期望選舉時凱因斯能站在他那邊，和他短短幾年前還被當成頭腦靈光的賤民看待，簡直不可同日而語。戰後的經濟動盪引發了大量的政黨劇變。英國從一九二二至一九二四年連續三年舉行全國選舉。雖然勞合喬治於一九一八年十二月大獲全勝，順利組成聯合政府，工黨卻非常失望，因為他們未能如願趁著戰後崛起的勢頭首度成為國會多數。英國女性首次能夠投票（但必須年過三十），二十一歲以上男性原有的各種投票限制也廢除了，但工黨一九一八年投票率太低，使得勞合喬治主要仰賴保守黨才贏得多數。到了一九二二年，保守黨形勢更好。首相勞合喬治因為戰後通膨與通縮交迭不斷而飽受指責，保守黨員全面掌控政府，和自由黨分裂，但保守黨的博納・勞（又是一位曾在財政部當過凱因斯長官，後來成為首相的政治人物）只擔任首相短短六個多月，就因為喉癌重病不起，隨即過世。首相辭職後，保守黨立刻舉行選舉。

自由黨見機不可失，便派凱因斯下鄉演講。但凱因斯不是天生的政治演說家。他個子太高又有點駝背，在學校向來視講課為畏途。他也承認自己在政治場子裡講話太快，這對一個專業知識特別艱澀抽象的講者來說可是致命傷。[79]但凱因斯太有名了，民眾不管對政治感不感興趣，都想目睹其風采，例如在愛爾蘭海沿岸的黑池市（Blackpool）就來了整整三千人。[80]「民眾的興致高得驚人，」他向洛普科娃描述隔天晚上的集會：「我從來沒見過這麼擠的劇院（觀眾席上擠滿了人，都堆到屋頂上了，連我身後的舞臺也人滿為患。開場前一小時就有人排隊）。」[81]他的演講刊登在《曼徹斯特衛報》和地方報刊上，離開前所有人都到火車站祝他好運。

一九二三年的選舉等於是一場公投，看民眾是否支持保守黨政府對進口貨品課徵保護性關稅以提振國內經濟。由於選舉的焦點是經濟政策，因此獲得全球最知名的經濟學家背書對自由黨大為有利。而凱因斯也樂於傳播自由黨的傳統立場，政府祭出關稅手段只會造成反效果。他指出，提高進口貨品關稅只會加重國內消費者負擔，降低許多家庭的生活水準。自由貿易才是更有效的選擇；每個國家都受惠於別國的生產強項，所有人都能生活在更富足的世界。

凱因斯並未多談自己的新貨幣理論可能帶來的後果。一旦允許各國操控幣值以對抗國內的通膨或通縮，就等於以英國富強為名義，要求重新安排國際貿易的往來流動。「強勢」英鎊將使英國貨品在美國市場價格變高，較不受青睞；「弱勢」英鎊則相反。因此從自由貿易的角度看，操控幣值其實和關稅沒有兩樣。

民眾很少能聽出其中的前後矛盾。不論過去現在，貿易政策的政治動員都是口號勝過嚴謹分析，而凱因斯的立場正好讓自由黨有操作空間。黨內領袖既可將他打造成充滿創意的專家，懂得利用別出新裁的貨幣政策解決高失業率的脫序現狀，又能推他出來證明自由黨的自由貿易政策從以前到現在都是對的。

在凱因斯的推波助瀾下，一年前才和保守黨正式結盟的自由黨開始轉向，和明確支持社會主義的工黨成為盟友。自由黨派他到英格蘭西北的巴羅因弗內斯（Barrow-in-Furness）。儘管黨內領袖和他都知道自由黨推出的國會候選人必敗無疑，但他此行的目的是搶走保守黨選票，好讓工黨候選人勝出，[82]而結果正是如此。雖然保守黨拿下的席次多過其他所有政黨，但工黨和自由黨大有斬獲，兩者相加成為多數，使得麥克唐納（Ramsay MacDonald）成為英國第一位工黨首相。選舉結果出爐後，凱因斯對自由黨的新機會非常興奮。「政治真讓人霧裡看花，」一九二三年十二月九日，他在信裡告訴洛普科娃：「我要去倫敦瞭解小道消息。自由黨必須往工黨靠攏，而非另一個方向。」[83]

對阿斯奎斯而言，和工黨結盟似乎是個安全的嘗試。自由黨在重要事務上能說服工黨配合，因為保守黨絕對不會和社會主義屬性的政黨合作（邱吉爾稱工黨政府是「國之不幸」，只有戰敗可以相提並論）。[84]而自由黨和工黨聯合政府若是冒出負面新聞，也能完全推給麥克唐納和那群社會主義執政新手。「我們要是明白狀況，就會知道掌控局勢的是我們，」阿斯奎斯對黨內同志說。[85]

通貨緊縮和失業是新政府的當務之急。但就在新內閣上任之際，《凡爾賽和約》定下的國際經濟協議卻抵擋不住危機的衝擊。德國未能按時賠款，一九一九年和約規定的二百億馬克首付款，到了一九二一年五月期滿時，協約國只拿到了八十億。[86]短缺款項統統加進國際聯盟賠款委員會決定的最終賠款金額裡。因此，德國最終必須支付一千三百二十億馬克，每年按期繳納約三十億。凱因斯根據最終條款重新評估，得出毫不令人意外的結論，和約依然太過嚴苛。德國每年負擔上限大約十二億五千萬馬克，持續支付三十年。

賠款不是德國經濟陷入動盪的唯一原因，卻是劇烈的催化劑。初生的威瑪政權遇到的紊亂幾乎一波接一波。協約國在巴黎協商和約時，德國忙著鎮壓國內的共產黨起事，謀殺起事主謀（其中最知名的是馬克思主義知識分子羅莎・盧森堡〔Rosa Luxemburg〕）。德國右翼則對新頒的民主憲法非常反感，因為它將最高權力給了國會，而非王室或軍隊。面對人民對戰後經濟凋敝、挨餓受凍的記憶猶新，初掌國是的政治領袖想靠新的社會福利來拉攏民心。一九二〇年，德國國會通過戰爭受害者可以申請救濟，並開始研擬青年協助計畫，推出更寬鬆的失業補助方案。

然而，德國人民飽經戰火摧殘，威瑪當局深怕為了新措施而加稅會引發民怨，更別提還要賠款給外國了。「生命，」經營煤礦業的國會保守派議員斯廷內斯（Hugo Stinnes）表示：「比金錢還重要。」[87]於是，德國政府決定刻意維持兩位數通膨，以縮小預算赤字。一九二二年六月，德國外長拉特瑙會晤美國駐柏林大使時就曾提出辯護，形容德國經濟有如「一支被重重包圍的部隊，不論死傷多慘重，都得突圍才能存活，才能替所有人爭得喘息活命的機會」。[88]十小時後，拉特瑙就遭到一群右翼恐怖分子刺殺身亡。《凡爾賽和約》後，德國有數百起由憤怒的極右派發起的政治暗殺。

通膨策略看似奏效了一陣子。儘管德國物價一九二二年上漲了四十倍，但工資基本上沒有落後太遠，比英國好得多，工作也不難找。但同年十一月，德國政府宣布付不出賠款給法國。隔年元月十一日，保守派新任法國總理普恩加萊（Raymond Poincaré）下令出兵魯爾區。此舉完全出於簡單的計算。普恩加萊認為，比起軍事占領付出的代價，掌握魯爾區的煤礦絕對利大於弊。

他算得沒錯，但法國為此在國際輿論上重重摔了一跤。「我極不贊同法國政府目前的行動，」元月十七日，凱因斯寫信給德意志帝國銀行行長哈芬斯坦（Rudolf Havenstein）表示：「我認為他們的做法就法律、道德和權宜而言都是錯的。」[89]麥克唐納則批評法國占領魯爾區是「惡行」。[90]英美外交界沒有力挺戰時盟友，而是迅速站在不久前才征服的敵國那邊，讓我們見識到凱因斯一九一九年所提論點之深刻。德國終究無力履行和約定下的賠款義務，而各國領袖一致認為法國軍事行動師出無名，恰恰證明除了法國以外，幾乎沒有哪個國家認為賠款條件真的可行。

由於外國表示同情，加上國內民族主義者群情激憤，柏林政府決定金援魯爾區的人民反抗運動。當地百姓雖然沒有組成軍隊，可是拒絕進礦場工作、破壞火車，偶爾還和法軍激烈爭執。占領期間約有一百二十位平民喪生，而法國則強迫十四萬七千名德國居民搬離魯爾。「惡性通膨，」保守派經濟史學家弗格森（Niall Ferguson）指出：「從古至今不論發生在何時何地，永遠是**政治**現象。」[91]而法國占領魯爾區造成的政治動盪，也立刻在貨幣市場引發慘烈反應，各國對馬克的信心瞬間崩盤。元月出兵時，美元兌德國馬克還是一比七千二百六十，八月已經漲到駭人聽聞的一比六百萬；[92]到了一九二四年，戰前一金馬克更是能兌換戰後的**一兆**馬克以上。當鈔票變成廢紙，商業體制也隨之瓦解，失業率則飆升至二〇%。

出兵引發的政治效應比經濟動盪更可怕。共產黨激進分子在漢堡起事，企圖退出威瑪共和，造成數十人死亡。希特勒和信仰極端民族主義的魯登道夫（Erich Ludendorff）將軍在慕尼黑發動啤酒館政變。雖然首腦被捕入獄，但納粹黨人充分利用惡性通膨及占領危機引發的憤怒與絕望，在體制內的政治場域攻城掠地，於一九二四年五月的大選中拿下近二百萬票和三十二個國會席次。

世界各國在巴黎和會擘劃出的國際金融秩序開始瓦解。美國理應拿到的債款最終就和世上所有還不起的欠款一樣有去無回。一九一九年，威爾遜總統被迫將還款期限展延兩年，四年後哈定（Warren Harding）政府更一舉將期限展延六十多年，壓低每年償付金額，以紓解還款壓力。即使如此，「英國仍然忿忿不平」，因為壓力舒緩有限，英國每年必須償付的金額依舊高出其一九一三年所有國債的利息總和。[93]

德國的政治危機讓美國的外交機器再度動了起來。柯立芝（Calvin Coolidge）總統指派摩根銀行擔任外交特使，充分顯示國務院給了這家銀行多少壓力，因為大西洋兩岸都知道小摩根對德國沒有好感，但他還是答應幫忙。最終方案名為道威斯計畫，雖然以同年秋天當選美國副總統的芝加哥銀行家道威斯（Charles Dawes）為名，但計畫主導者其實是摩根合夥人拉蒙特，以及掌管摩根旗下通用電子（General Electric）與美國無線電公司（Radio Corporation of America）的楊格（Owen D. Young）。

道威斯計畫雄心勃勃，不僅要減輕德國賠款負擔，讓法國退出魯爾區，還要重新啟動因德國惡性通膨而中止的歐洲貿易。但他們手上的工具很有限：柯立芝要求道威斯不能討論美國當得的戰爭債款，法國則要求德國賠款總額不得刪減。於是，摩根的代表們決定將還款期限延後數十年，以壓低德國每年的賠款金額，並且不是根據「償還能力」來計算每年金額，而是以英法兩國的租稅負擔為指標。這是一套很聰明的話術，讓人覺得新一輪的外交磋商有其必要，但它根本是在兜圈子：因為英國和法國的稅率其實是按他們對美國的欠款和能從德國拿到的賠款金額來決定的，不是獨立恆定的數字，因此拉蒙特、楊格和道威斯等於用一個要靠賠款金額來計算的數字來決定賠款金額。不過，這套以退為進的做法對德法兩國都有其他的好處。摩根銀行承諾貸款二億美元協助德國履行新的賠款約定，讓商業恢復運轉，而法國退出魯爾區則可拿到美國貸款一億美元作為交換。這至少是個起點。

拉蒙特等人很怕凱因斯公開反對這項計畫，因為他此時可能是全球最有影響力的公眾知識分子。於是，他們在計畫定案前寄了一份草稿給他。「所有人在法國都在問——凱因斯會說什麼？」參與協商的英國官員史坦普（Josiah Stamp）對他說：「所以還請你先別噴火。」[94]

儘管凱因斯不是完全滿意，但還是為了大局著想而接受了。「這是目前對於這個難解的問題所做出最好的回應了，」他在一九二四年四月的《國家》週刊裡寫道：「儘管有些話像是一個待在瘋人院裡的正常人，為了配合其他室友而不得不那樣說，但始終沒有失去理智。雖然向不可能讓了步，甚至思考過接受不可能，但終究沒有以不可能為答案。這樣的門面與設計，或許永遠無法在白天建造的大廈裡實現，卻是一份可敬的文件，開啟了新的篇章。」[95]

有了凱因斯的祝福，協約國立刻在倫敦舉行會議，預備修改《凡爾賽和約》，執行道威斯計畫。但法國政府的反應似乎比凱因斯還冷淡。根據麥克唐納日記裡對會議的描述，法國代表團「死抓著武力和外交上的爾虞我詐」以及「愚蠢的經濟學」不放。[96] 協商拉鋸了好幾星期，最終法國還是妥協了。摩根銀行將貸款一億美元，讓法國立即獲得重建亟需的資金，畢竟這始終是法方要求德國支付巨額賠款的最有力理由。

道威斯計畫足以讓歐洲獲得喘息空間，想出更好的解決方案，但必須以歐洲及大西洋兩岸貿易的方式運作。美國透過摩根銀行貸款給德國，讓德國有錢賠款給英法兩國，而英法兩國再用這筆錢償還對美國的戰債，如此不斷循環。這套方法很脆弱，但只要德國持續獲得外國貸款，它就管用。

「其實什麼也沒發生，沒有人比之前更糟。彫刻師的鋼模動得更勤了，印刷工的印版壓得更快了，但沒有人吃得更少，也沒有人做得更多，」凱因斯寫道：「當然，帳面總額按複利增加了……但這套把戲還能玩多久？答案就在美國投資者手上。」[97]

道威斯計畫基本上就是凱因斯當初巴黎提案的放大版，只是來得更遲更貴而已。美國資金最後還是不情不願地來了，用在歐陸重建上，只是比較迂迴。政府刻意淡化自己的角色，透過奇怪的外交管道與民間金融業者來進行。接下來幾十年，同樣的事還會不斷上演。全世界在不聽凱因斯建言而自食惡果後，最終還是東修西改採納了他原本為了預防悲劇開出的解藥。

6 新社會主義緒論

大戰終結了歐洲貴族原本就日益薄弱的政治主導權，只是羅馬尼亞女王瑪麗好像渾然不知。瑪麗是英國維多利亞女王和沙皇亞歷山大二世的孫女，和德皇威廉二世及英王喬治五世是親戚，年僅十七歲就嫁給了斐迪南王子。儘管夫婿長她十歲，但真正握有羅馬尼亞宮廷大權的其實是她，大戰時決定投向協約國陣營，戰後在和會上爭得大片領土的也是她。瑪麗的美貌全歐公認。她性喜奢華，經常配戴長串珍珠，和卓別林的流浪漢小鬍子並列為二十世紀初的經典裝扮。有一回她出現在巴黎街頭，光是見到她就讓仰慕者群情激昂，衝到她車旁將整輛車舉了起來。[1]

每回到倫敦，瑪麗總是受到最上層社交圈的熱情款待。一九二四年五月二十七日，英國政壇菁英在以她為名舉辦的晚宴上齊聚一堂。勞合喬治和保守黨領袖鮑德溫（Stanley Baldwin）來了，西班牙國王阿方索八世和身著紫色袍服的坎特伯雷大主教也是座上賓。頂著巴斯勳章頭銜的凱因斯同樣獲邀出席，和勞合喬治相隔兩個座位。勞合喬治一九二二年失去保守黨支持後，便努力嘗試和之前交惡的自由黨員和解。在這場晚宴上，他甚至稱許凱因斯，對這位戰時讓他頭疼不已的反骨經濟學家大加讚美：「我很認同凱因斯，因為他不論是對是錯，永遠就事論事。」反觀鮑德溫由於深信凱因斯不可能轉投保守派，態度就沒那麼客氣了，拐了個彎拿勳章嘲諷他：「您脖子上圍了那一圈緞帶，看起來真像好人家的狗。」[2]

凱因斯寫了兩封飄飄然的信給洛普科娃，細述自己那晚得到的醉人奉承。「晚宴真是棒極了，」他忘情說道：「多精采的一天！」[3]阿方索八世「說全倫敦他最想攀談的人就是我，還說我的書他都仔細拜讀過」。[4]

一九二四年那時候，凱因斯已經在歐洲頂層階級站穩腳跟，享受政治圈和各國王室對他的關注，但洛普科娃轉述這些事情給朋友聽，他還是感到很不好意思。「對**你**我可以自誇，不用擔心被誤解，因為你是自己人，」他呵斥自己的愛人：「但聽在別人耳朵裡就沒那麼好受了。」[5]因為菁英接納而感動，這不是布倫斯伯里幫認可的價值，至少不會公開稱讚。

布倫斯伯里幫不想成為貴族，卻又喜歡過得像貴族，始終遊走兩者之間。他們堅持自己熱愛藝術、文學和學問不只是為了展現階級優越，而是深深嚮往真與美。凱因斯便長年在書信、文稿與演講裡強調「愛錢」與「邁達斯的詛咒」不一樣——邁達斯（Midas）是神話裡的國王，雖然擁有點石成金的法力，卻無法享受財富帶來的好處。錢應該用在精緻事物上，追求使徒那種「良善的心態」。從大學直到過世，凱因斯始終相信精緻事物不是奢侈品。一個人享受美好生活不會讓另一人無法過上美好生活，就像一個人欣賞畫作不會阻礙另一人欣賞同一幅畫作那般。

然而，菁英階級的人幾乎都不是這樣運用財富的。他們將畫當成獎品蒐集，只讀該讀的書，好展現自己的文化優越。對他們而言，錢是強化社會階級差異的工具，是讓你和羅馬尼亞女王同桌吃飯的敲門磚。而和女王吃飯就好比維吉尼亞．吳爾芙在評論一九三四年版的瑪麗傳記時說的，本身就是目的所在。當國王「在街上走」，維吉尼亞寫道：「他就沒那麼國王了。」[6]

凱因斯的作品裡始終有一股無法化解的矛盾。他既想讓統治階級享有的生活變成人人可得，又對統治階級敬畏有加。「凱因斯的大問題就在他是理想主義者，」凱因斯的同事瓊．羅賓遜（Joan Robinson）曾說，[7] 他這位研究夥伴相信「聰明的理論永遠會戰勝愚蠢的理論」，[8] 因此難以接受這世界的「既得利益者」往往反對造福所有人的改革，寧願維持運作不彰的現狀，只要自己的上層階級地位保住就好。

然而，正是這份矛盾使得凱因斯充滿政治說服力。不僅歐洲王室，連左派社會主義者也發現，凱因斯的知識分子光環可以打動權力者，讓他們接受平等思想。就算真正的貴族階層不為所動，至少也能收服財政部官員與國會議員。

凱因斯和左派在《和約的經濟後果》出版之前幾乎互不感興趣。他的政黨取向更接近自由黨，而非工黨，經濟上更是完全的主流派，支持自由貿易與金本位。大戰期間，好友一致視他為英國政治傳統的代表，集劍橋大學的傳統主義和財政官員的金融勢力於一身。然而，這部成名作卻讓他在世人眼中形象完全不同，不僅熱愛和平，更勇於面對社會主義者反抗的權力階級，無畏道出難堪的真相。一九二〇年代後期，凱因斯成了英國政治左翼最重要的人物，即使他的生活愈來愈不像勞動階級需要為柴米油鹽煩憂，仍然無損其地位。

一九二五年十一月十二日，英國記者布雷斯福德（Henry Noel Brailsford）寄了一本自己的新書《今日的社會主義》（*Socialism for Today*）給凱因斯。他過去是卡內基國際和平基金會成員，曾經記下一九一三年巴爾幹戰爭民族主義者幹下的駭人罪行，[9] 如今則是積極的工運者，正努力尋求各方意見，替工黨研擬政綱，想像如何利用向來被社會主義者視為有錢人工具的國家機器，將財富與權力從富人轉到低薪者手中。十二月三日，凱因斯回了一封非常特別的信，短短兩段交代了一整套抽象概括的理論（high theory）：

親愛的布雷斯福德先生：

非常感謝您寄來大作，我已經讀完了，您的作品我都會讀，總是很有收穫。書中論點有些我同意，有些我自己還在迷惘之中。我最近正忙著寫一本探討貨幣與信貸理論的專書；寫完後，我打算好好搞清楚自己對社會的理想未來到底抱著什麼看法。就目前而言，我感覺這個問題得先從道德面著手，而不是從技術經濟效率談起。我們需要的應該是一個道德上可忍受、經濟上非不可忍受的社會。

我對許多事情的看法都在變，但還看不出最終方向。至於政治，我討厭工會。

JMK 敬上[10]

既找出社會主義政綱的優點，又反對其權力來源（工會），始終是凱因斯政治思想的要義。從這封信裡，我們還可以看出經濟學在他心中的智識順位。制定公共政策時，道德考量（對凱因斯而言，所謂道德就是構成美好生活的要件）比經濟學優先，即使令他成名的是經濟學。而他談起目標時的審慎，也讓人想到這是出於他年少時對柏克的崇拜：即使只是想像「社會的理想未來」，他也只想在「可忍受」與「非不可忍受」之間找到平衡。

其實，凱因斯不是現在才有闡述個人政治理念的想法。在劍橋大學國王學院收藏的檔案裡有一張日期為一九二四年六月八日的筆記，上頭密密麻麻全是凱因斯的字跡。儘管他後來捨棄筆記上的標題，換了一個更好懂的，但那個標題清楚顯示他明白自己想法的創新，並為之興奮不已。他知道自己正在為二十世紀的社會奠立一套新的哲學基礎。筆記上端寫著這套綱領的大名：「新社會主義緒論——自由放任的緣起與終結」（Prolegomena to a New Socialism–The Origins and End of Laissez-Faire）。

凱因斯和「社會主義」一詞的關係很難說得明白。他有時拿它當形容詞，有時又將它說成進步的理想。一九二三年，他在《國家》週刊裡告訴讀者，「『社會主義』不論代表什麼意思……都只是個名詞，是用來掩蓋工黨政策沒穿衣服的遮羞布」，[11]因此更像標籤，而非學說或一套原理。凱因斯最終將文章定名為〈自由放任的終結〉（The End of Laissez-Faire）。在這篇延續「緒論」而成的文章裡，他批評傳統的哲學定見，同時擘劃新方向。他同意社會主義者的看法，認為既有秩序已然失敗，應該嘗試新的政治組織型態，但他的批評和馬克思主義的標準見解大不相同。馬克思認為人類社會必然邁向最終危機，而資本主義是途中必經的歷史階段。凱因斯則認為自由放任資本主義是歷史的偶然，錯誤地將最需要社會管理的事務放任不管，因此該做的不是推翻資本主義，而是「明智管理」它，只是他不曉得到底該如何做到。「問題在於，」他這樣寫道：「找出一種社會組織形式，既不會牴觸我們對於何謂滿意生活的看法，又最有效率。」這與他寫給布雷斯福德的信不謀而合。[12]

凱因斯表示，自由放任說滿足了公眾幻想，認為可以在諸多不相容的智識傳統裡找出調和之道。它接受柏克、洛克與休謨建立的保守派論點，捍衛個人財產權，並將之和盧梭的「民主平等主義」與邊沁的「效益社會主義」融合在一起，同時還滿足了社會達爾文主義（競爭能確保最優秀和最強者勝出）及某些基督教神學觀（人類事務是神安排好的，贏家由神選出）的見解。

凱因斯認為，社會達爾文主義和這類神學觀既不人道，又錯得離譜。但他真正想談的其實是保守主義與社會主義。柏克和休謨是現代保守主義之父，盧梭則是法國大革命的推手，並深深影響了社會主義思想。柏克想保障有錢人的財產權，也就是捍衛經濟不平等；盧梭則視平等為人類的起點與最終理想，必須靠民主「公意」（General Will）來實現，無法藉商業交易達成。[13]然而，自由放任說卻有可能同時贏得這兩位思想家的支持者青睞，只要商業的魔法能在保障有錢人財產權的同時，又比政府大規模實施計畫經濟更能促成權力與財富平等即可。

凱因斯指出，自由放任說大受歡迎其實是個意外，因為它調和了原本毫不相容的幾派思想。但只要自由放任無法實現諾言，促成共榮共享，它所建構的意識形態融合就會開始動搖。凱因斯表示，十七、十八世紀，自由放任似乎很管用，因為當時歐洲王室恩惠主義氾濫，綱紀太過廢弛，光是剝除王室的經濟大權就是一大進步。但隨著王權中落，如今社會遇到的問題再也無法不經協調，單靠個人在市場自行其是就能解決。凱因斯說：「我們這時代有許多病入膏肓的經濟現況，是風險、不確定與無知造成的結果；正是因為某些人的境遇或能力正巧占到不確定與無知的好處，也因為相同的原因使得做生意經常如同彩券開獎，由此形成巨大的財富不均。而勞工失業、商業運作不按合理預期、生產與效率不彰，也都是這些因素所造成。但解藥不在個人行動；對某些人來說，病況惡化甚至對他們有利。」[14]

凱因斯認為，自由放任主義遲早會被取代。世人抱著它不是因為它管用，而是因為它已經變成所有人不假思索接受的教條。「跟倫敦金融城的人談集體行動促進公共善，就和六十年前跟主教討論《物種源始》沒有兩樣，先冒出的不是理智反應，而是道德反彈。當教條遭到挑戰，對方的理由愈有說服力，反抗就愈大。」[15]

一九二四年，凱因斯在牛津大學以講課方式發表〈自由放任的終結〉，英國已經連續近五年維持兩位數失業率了。自由放任非但沒有帶來平等與和諧，反而造就了巨大的不平等與社會不安。而自由個人主義所許諾的美好事物，從新思想、偉大藝術、美酒到令人興奮的談話，統統因為社會不穩定而受到威脅。是該做些改變了。

「說一個人在經濟上享有『天賦自由』並**不**正確，」凱因斯寫道：「世界上沒有任何『契約』賦予擁有者或取得者永久權利，也**沒有**誰在天上掌管，使得個人利益永遠和社會利益相契合。從經濟學原理導出開明自利的個人行動永遠會符合公眾利益，這是錯誤的推論。」[16]

在《貨幣改革論》中，凱因斯主張政府管控物價水準可以挽救戰後經濟。他當時認為英國失業率居高不下，是資本主義少了一塊基石的結果，也就是物價不穩。自由市場最終能帶來均衡，這個想法基本上並沒有錯。

然而，才過短短幾年，他就覺得英國的經濟問題其實更根本。但他提出的國家新策略卻非常模糊：「政府的重點不是把個人在做的事接來做，不論做得更好或更糟，而是做目前根本沒有人做的事。」[17]有些關鍵領域，私營部門無法滿足基本的社會需求，凱因斯想像我們可以用「半自主企業」和「半自主政府單位」取代市場競爭。[18]例如英格蘭銀行本質上是私人企業，其實從裡到外都是英國政府的下屬機構。凱因斯堅定認為，政府該不該正式國有化煤礦或鐵路等核心產業，其實問錯了方向，完全是因為我們還守著過時的十九世紀「國家社會主義」教條才有的問題。「過去幾十年來最有意思，也最不為人察覺的發展之一，」他寫道，「就是大企業的社會化，」[19]從追求獲利變成回應公眾需求。

儘管凱因斯對戰前帝國資本主義的美化，使他對大企業抱有過於正面的看法，但這種「半社會化」的想像，確實在接下來數十年成為現代民族國家的嚮往，使得政府更加敢於規範管制某些產業，像是電力、金融和航空等等。美國總統小羅斯福（Franklin D. Roosevelt）於新政期間成立的獨立機構，如田納西河谷管理局和聯邦存款保險公司，負責的都是一九三〇年代私營部門不會做或做不來的事。〈自由放任的終結〉太過粗略，不夠格稱作新政的藍圖，凱因斯在一九二四年根本沒想到鄉村電氣化和存款保險的問題。但它確實為接下來的社會發展奠立了哲學基礎。

凱因斯在〈終結〉文中做出的道德許諾，終究更接近盧梭的「民主平等主義」，而非他大學時期的偶像柏克擁護的財產權。「我批評教條式的國家社會主義，不是因為它想導引人的利他衝動為社會服務，或它反對自由放任，或它不談人賺大錢的天賦自由，或它敢於大膽實驗。這些我都為之喝采。我批評國家社會主義，是因為它忽略了實際發生之事的意涵。」[20]

不過，凱因斯還是不忘引述柏克。他仍舊認同對方的想法，認為「哪些事國家該藉助公眾智慧挺身領導，哪些事應該盡量不要插手，交由個人決定」的問題應該訴諸經濟實證，也就是世界到底如何運作，富裕繁榮到底如何產生，而非關於權利義務的抽象原理。[21] 一九二〇年代的世界經濟比柏克身處的十八世紀更有生產力，更有本錢推行更具平等主義的國家經濟管控措施。[22]

凱因斯終其一生都在追求這個非比尋常的綜合，將柏克務實而避免風險的反革命保守主義與盧梭激進的民主理想融為一體。換句話說，他想將法國大革命以來，哲學家就認定是完全對立的兩種政治理論結合起來。

這是項艱鉅的任務，完全超出一九二〇年代中期凱因斯的能力範圍。他已經證明自由放任說無法調和柏克的保守主義與盧梭的平等主義，接下來他將花費畢生精力，想出一套可以融合兩者的經濟理論。

一九二五年八月四日，凱因斯與洛普科娃在倫敦中區的聖潘克拉斯戶政事務所舉行了簡單儀式，兩人正式成為夫妻。凱因斯四十二歲，新婚妻子還差幾個月才滿三十三歲。兩人同居兩年之後，洛普科娃總算結束了她與巴羅基冗長的跨國婚姻官司，和凱因斯結為連理。洛普科娃才剛過舞者生涯的巔峰，兩人又是國際名人，因此婚禮照片不只登上北英格蘭新堡（New Castle）的報紙，連緬甸也有報導。[23]「英國最聰明的經濟學家和俄國最受歡迎的芭蕾舞伶結婚，可說是藝術與科學互信互賴的美好象徵，」《時尚》（*Vogue*）雜誌這樣報導。[24]戶政事務所外，熱情支持者一擁而上，凱因斯試著穩住這混亂的場面，讓攝影記者有機會拍下他和洛普科娃的身影，但群眾很快就失控了。一名激動的民眾朝洛普科娃臉上灑五彩紙片，並試圖將一袋東西塞進她的禮服裡。凱因斯立刻將她帶上計程車，直奔回到戈登廣場。[25]

和多數婚姻一樣，凱因斯與洛普科娃成婚意味著事情輕重緩急的順序改變。布倫斯伯里幫和她之間的緊張關係始終沒有化解，而凱因斯正式被愛套牢了。格蘭特是幫裡唯一出席婚禮的朋友。儘管凱因斯靠著《和約的經濟後果》挽回了戰時他在這群朋友心裡的形象，但套用維吉尼亞．吳爾芙的說法，他靈魂裡的「俗氣」似乎無可救藥。如同在場的攝影記者所言，儘管婚禮相對簡單，但凱因斯和知名芭蕾舞伶結婚等於完全擁抱公眾視線，而好友也察覺到他舉止的改變。卡恩（Richard Kahn）和瑪莉．培里（Mary Paley）是凱因斯的劍橋同學，後者還是他第一位經濟學老師馬歇爾（Alfred Marshall）的遺孀。兩人都說結婚是「梅納德做過最棒的事」。卡恩表示，凱因斯「變得很不像布倫斯伯里幫的知識分子，更認真投入創作」。[26]

老友面對自己順位下滑，不是公然發脾氣，就是私下蜚短流長。斯特雷奇、維吉尼亞和凡妮莎在信裡抱怨凱因斯夫婦招待不周，煮的春雞太小隻，酒也永遠太少。儘管對待朋友相當吝嗇，維吉尼亞卻發現凱因斯變得「自命不凡」，因為有錢而自我膨脹起來。

藝術曾讓他們如膠似漆，如今卻埋下分裂的種子。凡妮莎和凱因斯都自稱擁有格蘭特的某一幅畫，加上過去的情史糾纏，使得雙方的情緒反應都很大。基本上，整件事的起因是格蘭特和凡妮莎在凱因斯戈登廣場四十六號的家中有一個房間，後來兩人決定把東西搬走；原本凡妮莎想順手牽羊，誰曉得被凱因斯猜到，竟然將那幅畫牢牢拴在浴室牆上。凡妮莎「火冒三丈」，心想「絕不能被比下去」，便假裝甘拜下風，邀請凱因斯到查爾斯頓莊園度假一週，然後趁著他不在家，火速拿著備份鑰匙和螺絲起子到戈登廣場四十六號把畫偷走，接著再返回查爾斯頓，隻字不提自己的祕密行動。[27]

這些背後傷害他的朋友，有許多人仍然在經濟上直接間接受他幫助。凱因斯除了主持《國家》週刊，讓倫納德繼續擔任編輯，在這裡發表維吉尼亞、貝爾、加內特、佛斯特，甚至包括格蘭特的作品，同時還替不少人投資理財。光是一九二三年，他就靠著炒作鉛價替凡妮莎和格蘭特賺進了數百英鎊。[28] 他還幫斯特雷奇談妥《維多利亞女王》(*Queen Victoria*) 一書的美國出版合約，沒有因後來美元暴跌而受損失，讓斯特雷奇覺得凱因斯「絕頂聰明，而且意外地好心」。[29] 不過，錢在布倫斯伯里幫裡買到的支持顯然有限，不是人人都覺得需要報恩。凱因斯夫婦婚禮後不久，維吉尼亞就開始在信裡大肆批評丈夫編輯的刊物，還勸朋友退訂，不過倫納德沒有辭職。

凱因斯的朋友很快就適應了新的親疏順位。婚姻並未讓他和過去一刀兩斷。凱因斯和洛普科娃在提爾頓（Tilton）租了一座莊園，離查爾斯頓莊園和吳爾芙夫婦的鄉間靜養處不遠。儘管凡妮莎起初曾考慮搬家，因為她受不了和那兩個「提爾頓人」住得很近，但三對夫妻還是會互相作客，直到一九四〇年代。吳爾芙夫婦每年都會在凱因斯家過聖誕，這項傳統一直維持到維吉尼亞去世為止。大戰期間曾和凱因斯辯論拒服兵役問題的古典學家薛帕德很早就稱許過洛普科娃的機智與活力，頭腦常被布倫斯伯里幫好友低估的格蘭特也曾為她的聰明才智辯護。

倫納德和洛普科娃特別親。他面對朋友甚至妻子不時冒出的反猶太嘲諷，已經隱忍了幾十年。布倫斯伯里幫雖然早就接納了他，卻認為心靈高雅的他們有資格不時開開猶太口音或猶太裝扮的玩笑。[30] 倫納德是幫裡的支柱，卻又和其他人格格不入，很快就對俄國移民洛普科娃的處境感同身受。只是說來諷刺，洛普科娃雖然欣賞倫納德，卻和她先生及她先生的好友一樣，對自己玩笑間透露的反猶太情結沒什麼自覺。[31]

布倫斯伯里幫適應之後，這兩位提爾頓人便開始積極結交新朋友。威爾斯、蕭伯納和費邊社會主義者魏柏夫婦（Beatrice and Sidney Webb）都成為莊園的常客，並且認為洛普科娃既迷人又和他們才智相當。儘管查爾斯頓莊園就在同一條路上，洛普科娃和凱因斯卻打造了自己的社交圈。「我忽然發現，他們想見我們已經不如我們想見他們的感覺那麼強了，」凡妮莎一九二六年對格蘭特透露道。[32]

時間（和距離）讓布倫斯伯里幫慢慢愛上了洛普科娃，後悔曾對她充滿敵意，尤其是維吉尼亞・吳爾芙。凱因斯待在劍橋的時間愈來愈多，凡妮莎、格蘭特和斯特雷奇會去找他，一起參加音樂會、晚宴或其他活動，待到隔天。即便兩人婚後的頭幾個月，這群朋友也不是沒有溫柔的一面。維吉尼亞雖然常在信裡批評凱因斯，尤其跟姊姊寫信的時候，但在日記裡就體諒得多。

梅納德和莉迪亞昨天來了。梅納德身穿托爾斯泰短衫，頭戴俄羅斯黑羔皮帽。他們倆從大路那頭走來真是好看！他身上散發著無窮的善意與活力，她跟在他後頭哼著歌，那偉大男人的妻子。雖然不是無可挑剔，但他們是很好的同伴；而我的心，在我年紀已如秋天的此刻，微微為他，為這個我認識那麼多年的人而傾倒。[33]

婚禮過後，凱因斯帶著洛普科娃搭火車到列寧格勒，展開奢華漫長的蜜月之旅。兩人在那裡跟洛普科娃的母親卡盧莎（Karlusha）、姊姊葉夫根妮雅（Evgenia）和哥哥費多爾（Fedor）一起慶祝新婚。當時進出俄國仍然受到蘇維埃政府嚴格管制，凱因斯答應在莫斯科一場會議上演講才換來夫妻倆的入境許可。凱因斯沒見過洛普科娃的家人，而洛普科娃年少離開俄國就再也不曾回來，一晃就是十五年。其間父親英年早逝，因為長年酗酒而喪命，母親還留著她童年的物品，一直為了「和女兒相隔遙遠」而煎熬。但重逢是歡喜的；全家人都很贊成兩人結婚，卡盧莎還要女兒「當個好女人」，照顧他聲名遠播的新丈夫。[34]

洛普科娃年少時的聖彼得堡，如今成了蘇維埃的列寧格勒。但她碰巧躲過饑荒匱乏的年代，城裡一切幾乎都和她記憶中一樣，最喜歡的餐廳蛋糕依然美味，芭蕾仍然是國家驕傲，讓她非常意外。最令她不安的變化，都是些微妙的區別，就是態度與氛圍的改變。

凱因斯發現俄國讓他既振奮又反感。他在《國家》週刊發表了一系列文章，記述自己對蘇維埃整體大計的印象，後來由倫納德和維吉尼亞彙集成小冊子出版。[35]他一方面對這個嶄新的社會實驗興奮不已，另一方面又對其中充滿「殘酷與愚蠢」[36]的「壓迫色彩」[37]感到惋惜。不論俄國採行何種經濟手段，蘇維埃政府強加在人民身上的生活方式一點也不好玩：

舒適和習慣讓人甘於遷就，但一個刻意用迫害、破壞與國際衝突為武器，不在乎摧毀日常生活多少自由與安全的教條，我實在無法接受。花費數以百萬計的金錢在國內挨家挨戶收買眼線，在國外挑起事端，我怎麼能欽佩這樣的政策？……將一本我知道它不僅科學上有錯，對現代世界也沒好處又不適用的過氣經濟學教科書當聖經，不容許批評，我又怎能接受這樣的學說？喜歡泥巴勝過魚，將粗野的無產階級擺在資產階級和知識分子之上，我怎能接受這樣的信條？資產階級和知識分子不論有什麼過錯，始終是生命的質地所在，人類進步的一切種子都在他們胸中。[38]

布倫斯伯里幫裡當然不是只有凡妮莎和維吉尼亞目空一切。然而，在截然不同的經濟體制下生活了幾週之後，還是讓凱因斯對原本已經被他視為老舊過時的英國制度有了不同的看法。要是他活在俄國，凱因斯這樣寫道，「我對新暴君行為的厭惡應該不下於舊暴君，只是目光應該會轉向可能性，而不是從可能性上轉開。」[39]蘇維埃至少在嘗試新東西。

凱因斯如今相信，大英帝國不僅因為高失業率而民生受苦，靈魂還生了病。過去五十年來，大多數英國民眾都不再以基督教為道德準繩；上教堂的人少了，無神論也不再被視為怪胎或墮落。英國用不信神的、資本主義式的「愛錢」填補了這個道德真空。這套價值觀既不培養共同承擔與群體感，也不提供長久的滿足，只有「不斷增強」的鋪張奢華可以讓他的國人忘卻周遭的情感空乏。[40]「過去我們相信現代資本主義不僅能讓我們維持既有的生活水準，還能帶領我們逐步走向經濟天堂，再也不用為了生計如此煩憂，如今卻不曉得商人是否真的領著我們走向更好的地方。商人作為手段還可接受，作為目的就不那麼令人滿意了。」[41]凱因斯受不了蘇維埃在俄國推行的實驗，卻也無法忍受自己回到英國目睹的文化停滯。他的國家還沉溺於十多年前就已經終結的那個時代，無法擁抱現在。

凱因斯甚至開始質疑自己最根本的政治認同，質疑童年時就確定的政黨傾向——是該為「新時代發明新智慧」，讓「前人感到麻煩、威脅與反抗」了。[42]然而，這並不是自由黨的性格，他們自一九〇六年以來就沒有改過大方向：用自由貿易和溫和的累進所得稅來為老人年金與失業補助提供財源。自由黨太過執著於黨綱，甚至支持金本位回歸，從而成了保守黨的同路人。

凱因斯認為工黨太偏向勞動階級，使得它太容易受煽動，對公義的理解太偏狹，並且太急於拆毀英國的文化成就。「凡我感覺公正合理之事，我都會受感召；但講到**階級**戰爭，我絕對站在有教養的**資產階級**這一邊。」[43]但工黨擁有「熱情無私的精神」。「人類的政治問題在於如何結合三件事：經濟效率、社會正義和個人自由，」凱因斯寫道：「其中社會正義是無產階級政黨的最大資產。」[44]這番話不是為了在政治核心占據知識高地，而是為了改造自由主義，使它成為實踐工黨道德目標更激進、更有效的工具而說。「我想像中的共和國位於政治光譜最左邊，」[45]凱因斯對《國家》週刊的讀者說。「自由黨不應該比工黨更落伍，更不接受新思想，更在打造新世界的路上落於人後。」[46]

環顧當時英國的重要人物，重新思考政治取向的不是只有凱因斯。一九二四年自由黨選舉大敗，邱吉爾立刻厚著臉皮轉投敵營，在首相鮑德溫新成立的保守黨內閣裡拿下財政大臣的位子。一九二五年，英國實質脫離金本位制已經滿十年，倫敦金融城要求回歸的聲浪沸騰。英國戰後失業人口超過百萬，失業率只在一九二四年有五個月低於一〇%，一度下降到九．三%。這對英國大多數勞工來說是全新的危機。他們在戰前也經歷過貧窮與嚴重的經濟不平等，但從一八八七年以後就再也沒見過失業率達兩位數，而且當時的不景氣也只持續了三年。可是現在英國經濟已經蕭條六年了，[47]出口仍然只有戰前的七成五，對這個世界上最倚賴國際貿易的國家來說是要命的落差。[48]許多人認為問題出在英國放棄金本位這個良好的貨幣制度，只要恢復金本位就能重拾高利潤和高就業率，讓帝國重回光榮年代。

凱因斯不是很熱中這個看法。「那些認為只要回歸金本位就能重回過去的人既愚蠢，又盲目，」他在《國家》週刊裡寫道。[49]

凱因斯對英國的政治意識形態和文化停滯感到挫折，主要跟他無力左右國家貨幣政策有關。自《貨幣改革論》出版以來，他就不停呼籲英格蘭銀行以商業可預測性和社會穩定為由平穩物價，卻始終無人理睬。一九二〇年劇烈通膨過後，英格蘭銀行就持續壓低英鎊，使其貶值近三〇%，並調高利率以壓低國內物價，讓英鎊比外幣更有價值，好讓匯率重回一九一三年的水準。

其實，調降工資才是英鎊貶值的目的；重點在壓低所有東西的價格，包括勞動。根據古典經濟學理論，減薪不一定造成大幅裁員。「失業是工資問題，不是勞動問題，」和凱因斯同時代的奧地利人米塞斯（Ludwig von Mises）於一九二七年寫道。[50]當利率調高造成雇主信貸成本增加或市場對商品的需求降低，公司可以靠減薪來降低人力成本。但根據古典經濟學理論，減薪不會真的傷害勞工，因為物價也下跌了，勞工不必用到那麼多錢。於是，保守黨、銀行家甚至自由黨人都將英國的就業危機怪在工會頭上。他們堅信勞工會被裁員是因為公司簽了團體協約（collective bargaining contract），不得不維持高工資。由於無法減薪，雇主只好裁員以節省成本，否則就會倒閉。凱因斯嘲諷這套他稱作「官方」說法的解釋，等於「怪勞工工作太少，拿得太多」。[51]

凱因斯指出，這套說法理論上或許成立，卻完全背離現實。「通貨緊縮不會『自動』壓低工資，」他在《標準晚報》（*Evening Standard*）上表示：「而是造成失業導致工資下滑。」[52]凱因斯對工會沒什麼好感，但到了一九二五年時，他已經深信除非政府大幅插手商業活動，否則唯有大規模裁員才能讓通貨急遽緊縮。無法全體減薪不只卡在團體協約，更出於人的心理。除非雇主保證其他勞工也會答應，否則沒有任何勞工會同意為了社會福祉減薪，免得自己兩頭落空。「最先受到衝擊的人，生活水準會下滑，因為唯有其他人也受到同樣衝擊，生活成本才會下降，」凱因斯寫道：「貨幣工資最先減少的階級，也無法確保生活成本會因而下降，補償減薪的損失，而且不會讓其他階級得利。因此他們必然會極力反抗，必然會演變為一場戰爭，直到經濟最弱勢者被打垮為止。」[53] 因此，和傳統主張不同，英國經濟的病因不是脫離金本位，而是急著回到戰前以黃金為匯率基準的做法。

金本位不只涉及失業問題，更攸關國際霸權。戰前英國是全球最廣受依循的金融體制的監管者，如今卻讓位給了美國，加上協約國仍積欠高額戰債，為了還款，黃金必然繼續從歐洲流往美國。豐厚的黃金儲備給了美國充分的行動自由，可以在全球的經濟場上為所欲為，不用擔心黃金不夠。英國一旦回歸金本位，和貿易夥伴國綁定匯率，就會淪為國際金融體制的二等公民，只能乖乖聽從美國聯準會指示辦事。美國讓美元貶值，英國就得貶低英鎊；美元升值，英鎊就得照辦。「你確定把倫敦和紐約的貨幣市場硬綁在一起只會好不會壞嗎？」凱因斯在信裡告訴艾惕思：「這表示我們將失去自救能力，只要美國放任通膨繁榮（inflationary boom），我們就要遭殃。」[54]

這是一場孤軍奮戰，感覺沒有人想聽凱因斯的話，重回一九一三年不僅不可能，而且愚蠢。財政部的布瑞德伯里爵士表示，重拾金本位將使英國經濟「刀槍不入」，出口再次暢旺，還能在通膨繁榮時保護經濟，不致陷入「蠢人的天堂與繁榮的假象」。[55] 除了一家銀行之外，英國各大銀行主管仍然主張，政府可以採取的首要經濟政策就是恢復金本位制，讓英鎊重回一九一三年兌換四・八六美元的匯率水準。如同邱吉爾在一場國會演講裡說的：「恢復有效的金本位制是我國公開主張的既定政策。戰後每場專家會議，從布魯塞爾到日內瓦，還有我國所有專家委員會，都呼籲恢復金本位制，所有負責任的主管機關都如此主張。就我所知，英國歷任政府，不論由誰執政，外加所有政黨和歷任財政部長，統統不反對全球盡快恢復金本位制。」[56]

不過，身為頂尖的經濟理論與政治評論家，還是讓凱因斯至少有機會說話。就在通貨緊縮讓英鎊重新逼近四．八六美元之際，邱吉爾找來凱因斯，商討英國是否應該即刻宣布回歸金本位和固定匯率。同樣出席晚宴的還有現任米特蘭銀行行長麥克納。他是凱因斯的財政部老長官，也是他在倫敦金融圈唯一的智識盟友。布瑞德伯里爵士以一敵二，但到了晚宴結束時，連麥克納也承認，面對巨大的輿論壓力，邱吉爾在政治上別無選擇：「沒辦法了，只能走回頭路，但回頭只會是地獄。」[57]

一九二五年四月二十八日，邱吉爾宣布大戰造成的貨幣困局終於解除，英國重回金本位制，英鎊也恢復戰前兌換四．八六美元的固定匯率。各報頭條紛紛慶賀全球邁入穩定與合作的新時代。

結果災難幾乎立即而至。不僅黃金出問題，四．八六美元的固定匯率也有狀況。儘管熬過了多年的通貨緊縮，英鎊在金本位制恢復前夕的交易價格依然只有四．四〇美元左右，比戰前低了不只一〇％。一旦政府將英鎊拉高到四．八六美元，就等於出口到美國商品的美元價格瞬間多了一〇％以上，導致美國對英國商品的需求（尤其是煤礦）大減，買家紛紛選擇便宜國產替代品。為了彌補價格劣勢，英國礦場老闆要求礦工大幅減薪。礦工和工會反對，勞資雙方關係迅速惡化，最終逼得首相鮑德溫出面承諾政府會補貼工資以維持現有水準，才弭平爭執。

凱因斯也許對無產階級沒有太大同情，但愚蠢比階級更難以忍受，於是他站在勞工這邊。「煤礦工人為何得忍受比其他階級勞工更低的生活水準？」他在《國家》週刊寫道。「他們或許是無所事事的懶人，工作時間不夠長，也不夠認真，但有任何證據顯示他們比其他人更懶散、更無所事事嗎？依據社會正義，我們沒有理由調低礦工的工資。他們是經濟巨輪的受害者，是財政部和英格蘭銀行口中的『基礎調整』，一切就只為了安撫金融城大老的不耐，排除四．四〇美元和四．八六美元間的『小幅落差』。」[58]

一九二六年五月，礦工補助截止，各種地獄慘狀隨之出爐。礦場老闆將工人擋在外頭不讓他們上工，好迫使工會在團體協約上讓步。於是工會發動總罷工，英國產業頓時陷於停頓。勞工領袖不想和政府直接對抗，曾試著阻止罷工，但保守黨政府選擇站在雇主這邊，讓勞工群情激憤，政府甚至必須出動軍隊來保護糧食運送。

工資不是唯一的衝突點。當鐵路、碼頭、電力、石油和化學工人宣布支持被圍的煤礦工人，他們其實訴求的是國家認同與公民權。政府制定經濟政策時，將金融圈的利益擺在最優先，讓勞工因為英鎊走強而集體受害，這不是文明民主國家對待公民該有的方式。

鮑德溫立刻看出了這層象徵意義，開始印行由邱吉爾編輯的文宣刊物《英國公報》（*The British Gazette*），並撰文表示保守黨政府誓死捍衛大憲章與法治。「憲政政府正受到攻擊，」他寫道：「法律需要各位保護，讓國會成為法律的捍衛者。總罷工不只是對國會的挑戰，也是通往無政府與毀滅的道路。」[59]

凱因斯痛恨政府採取軍事鎮壓，呼籲各方進一步協商，在不強逼礦工吞下降薪苦果的前提下化解爭執。他和倫納德對於《國家》週刊是該發表支持工人的文章，還是暫停出刊，哪個做法更能聲援勞工，兩人有過一番辯論。如果支持工會罷工，照理就不該上班，好讓罷工對整體經濟的衝擊更強，工人更有實力跟政府周旋。凱因斯希望繼續用文字聲援工人，但印務實際由倫納德掌控，因為印刷機是賀加斯出版社所有。最終倫納德獲勝。[60]

罷工只持續了九個工作天，而且工人一無所獲。煤礦工人後來又被拒於礦場之外好幾個月，直到接受殘酷的減薪條件才得以復工。礦場老闆和鮑德溫政府贏了，可是這算哪門子勝利？有哪個自命保守派的英國人會支持坦克上街頭，罷工充滿「火藥味」，就為了降低匯率？鮑德溫和邱吉爾為了捍衛「過時的正統」而危害了「這個國家未來的和平與繁榮」，凱因斯這樣寫道。[61]

邱吉爾之前如何公開炮轟勞合喬治，凱因斯此時就如法炮製，以〈邱吉爾先生的經濟後果〉（The Economic Consequences of Mr Churchill）為名發表文章，大力抨擊白廳回歸金本位制的方式不當。賀加斯出版社發行的同名小冊子更是首刷七千冊「立刻」銷售一空。[62]

凱因斯認為罷工是一場社會災難，原因不只出在勞動階級和資本主義體制不可避免的歷史衝突，更出於單純的智識謬誤。邱吉爾和英格蘭銀行不僅錯得離譜，還拒絕聽從理性之言。而凱因斯在這篇文章中提出的做法，更成為他後來構思所有政策的準繩：用非正統的左翼改革來達成保守派想防止階級衝突的目標。以這場困局來說，就是脫離金本位制。邱吉爾之所以反對，不是因為他受既得利益腐化，或附和有錢階級，而是因為他沒想清楚，他其實能被說服。凱因斯對理念和說服的力量有著近乎天真的信仰，但講到智識進步，比起公司高層，他對講理的政府官員期待更高。大企業就算發展出社會責任感，他在〈自由放任的終結〉文中表示，過程也很緩慢。「商人，」他在柏林大學的演講中指出，總是「狹隘無知，不擅長自我調適」，和他一九一四年金融危機時見到的沒有兩樣。[63]

邱吉爾果然很快就察覺回歸金本位是他從政以來的最大錯誤。「之前所有人都說我是有史以來最差勁的財政大臣，」他在一九三〇年說道：「現在我覺得他們說得沒錯。所以，現在全世界都同意了。」[64]

礦工事件進一步加深了凱因斯與自由黨建制派的裂痕，同時終結了他在政治上最長的一段友誼。他和阿斯奎斯不僅對公共事務的看法一致，還從大戰初期就踏進了同一個社交圈，阿斯奎斯的妻子瑪格更是布倫斯伯里幫晚宴上少數常獲邀的政治人。

然而，總罷工動盪期間，這位自由黨領袖卻和鮑德溫一樣，被威權民族主義的浪潮給帶走。勞合喬治雖然稱不上英雄，但比起鮑德溫直接選擇軍事鎮壓、阿斯奎斯高喊維護法紀，他至少支持進一步協商。阿斯奎斯感覺勞合喬治有可能再次發動政變，便匆匆對黨舉行忠誠測驗，希望支持者能壓過投向勞合喬治的人馬。「情況變成勞合喬治和阿斯奎斯二選一，」瑪格在信裡告訴凱因斯：「選擇前者就很難再當朋友了。」[65]

凱因斯將自己的專業名聲都押在金本位制和礦工問題上，而且已經飽受辱罵，不可能為了另一人的錯而放棄智識上的堅持。抨擊金本位制讓他失去了倫敦金融圈建制派的信任，抨擊邱吉爾和鮑德溫則讓他戰時累積的保守黨人脈盡斷。要是他現在支持老友阿斯奎斯，就等於自打嘴巴，替硬是高估英鎊、恢復金本位制的人背書。凱因斯在給瑪格的回信裡拒絕了他們夫妻倆的要求，不願公開支持阿斯奎斯：「我知道勞合喬治是怎樣的人，所有對這件事和我感受相同的人也是——我們都沒有心存幻想。但分歧嚴重到這種地步，對所有不打算將政治理念置於人際關係之下的激進派來說，都已經別無選擇。」[66]他在《國家》週刊上小心翼翼替勞合喬治的「激進」性格說話，形容對方是決心和工黨而非保守黨合作的自由黨人。[67]

阿斯奎斯夫婦氣壞了。瑪格批評凱因斯對罷工的報導「粗鄙惡毒」，並且收回原本的邀請，不找他去牛津的農莊共度週末。凱因斯試著轉圜，但瑪格並不理睬。「我好聲好氣一點也沒用，」他向洛普科娃感嘆道。[68]這道裂痕再也沒有補上，因為瑪格訣別凱因斯後不到兩週，她的前首相丈夫就中風了，並於十月辭去黨魁。隔年一月他再度中風，從此不良於行；年底三度中風，心智迅速惡化，最後於一九二八年二月過世。身為英國頂尖的大政治家，阿斯奎斯生前最後二十個月，不論身體或政治上都是一場由失能譜成的悲劇。

凱因斯發現自己參與政治事務以來，竟然頭一回成為勞合喬治小圈子裡的貴賓。不論倫巴底街的銀行家或券商對凱因斯有何看法，面對持續不退的經濟動亂，只要有敢言之人不斷針砭英國的金融政策，勞合喬治都會將他視為有用的盟友。就算他和凱因斯結盟只是出於策略考量，勞合喬治也沒有虧待凱因斯，始終將他奉為黨內主要的意識形態領袖。對凱因斯來說，這表示他在自由黨內的地位大大提升。阿斯奎斯一直將他對自由黨的忠誠視為理所當然，甚至不顧他在《國家》週刊裡的政策建言一意孤行。但勞合喬治從經驗得知，凱因斯的忠誠不是無條件的，因此刻意倚重他來研擬與宣傳黨的經濟政策，因為經濟正是當時英國政治的重中之重。

對凱因斯來說，這趟始於《和約的經濟後果》的漫長道路終於到達目的地了。他一九一九年回絕了所有內線人脈，決定當個直言不諱的局外人，抨擊政治圈的各種既成建制。在當時看來，這似乎是他最能影響政府政策的方式。其後十年，他在書本、小冊子和報刊上發表文字，將他的理念牢牢打入民眾心中，倫敦金融城的銀行家卻對他的理論創見嗤之以鼻，政治人物則是無視他的政策建言。如今他在大戰期間的死對頭卻決定給他機會，將他原本遙不可及的夢想付諸實踐。

這件事還讓凱因斯有機會實現五年前他在〈新社會主義緒論〉提出的構想。他和經濟學家亨德森（Hubert Henderson）共同編纂了一本小冊子《勞合喬治做得到嗎？》（*Can Lloyd George Do It?*），提出一套大膽的計畫，其中許多後來都成為美國總統小羅斯福在新政裡的倡議。書中的核心主張是大規模造橋鋪路，打造現代世界的工程奇蹟，改寫英國汽車運輸的基礎建設。這項計畫不是以縫補接合的方式擴大現有的路網，而是要興建新的高速公路、環城快速道路、橋梁及隧道，以連接國內各個地區，讓道路系統深入鄉間。計畫預計兩年完成，總經費一億四千五百萬英鎊，光是第一年僱用的人工就至少達三十五萬人。

這項計畫直接想解決金本位事件以來的失業危機。由於英鎊鎖定美元匯率過高，使得英格蘭銀行被迫祭出超高利率，以壓低英國商品在國際市場上的價格。這套策略相當成功，然而壓低價格的代價就是失業。大戰已經結束整整十年，英國仍然有一百萬人苦無工作。

不過，就算英國確實有大量人力閒置，凱因斯的計畫還是相當驚人。除了徵兵，英國政府從來沒有動員過如此規模的勞動力。

第一年僱用三十五萬人造橋鋪路，只是凱因斯和自由黨完全就業計畫的一小部分。為了讓那些人能造橋鋪路，民間企業必須僱人製造和運作建材，而造路工人拿到工資又會花在零售商店和餐館裡，刺激這些店家僱人。因此，政府花在造橋鋪路的每一英鎊，都會促成不只一英鎊的經濟活動。這就是所謂的「乘數」效果，也是凱因斯首次表達這個概念：政府支出可以不斷激盪經濟活動，創造遠超過最初投資的間接成長。根據凱因斯推算，造路計畫第一年直接間接創造的新工作就有八十五萬份。[69]

然而，凱因斯和勞合喬治並不以打造英國為汽車社會為滿足。兩人還計劃在倫敦興建一百萬棟房屋，取代惡名昭彰的貧民陋巷，工程預計十年，直接間接僱用十五萬人。此外，電話網和鄉村電氣化工程也需要十五萬人，[70]而「國家為了保育矮丘、沼澤、湖泊、森林、山岳及鄉村公有地，以便後代子孫繼續享有其美麗與便利的重大措施」更需要僱人。[71]這是一場針對失業的全面攻擊，目的在讓找不到工作的人從英國徹底消失。

這項計畫主要以貸款為財源。支付工資其實不如表面上花錢，因為只要民眾接受政府提供的工作，財政部就能減少發放失業補助。其餘部分只要靠接下來幾年經濟成長，財政部增加的稅收來償還即可。

這套做法等於全面否決了自由放任個人主義，不再視之為社會進步的原動力。企業家的大膽勇猛不再足以帶領英國走向歷史新頁。汽車、電話和交流電都是了不起的個人發明，但唯有集體行動才能實現偉大社會的潛能。

凱因斯知道自己的計畫有多激進。六年前，倫敦金融城的建制派已經被他調控物價的提議嚇了一次，如今他竟然建議政府比照軍事動員，大幅調集資源重塑所有英國人的生活樣貌。凱因斯的構思對象不再只是貨幣制度，而是英國的商業基礎結構，並計劃從鄉間到倫敦的貧民區全面推動社會改革。一九二〇年代，他的政治主張逐漸左轉，但隨著《勞合喬治做得到嗎？》出版，凱因斯基本上重新定義了何謂自由黨，讓這個支持自由貿易與金本位的政黨搖身一變，成為主張政府大幅投資和赤字開支的政黨。

然而，這項計畫儘管內含激進思想，卻也帶有強烈的保守主義傾向，頭尾貫穿了整本小冊子。對凱因斯而言，放任失業不管，接受過去十年的經濟慘狀，視之為新的生活常態，這個風險實在太大了。[72]「如果覺得這項計畫是為了一個普通問題而冒過大的風險，那就完全背離了事實。比起這個異常狀況之巨大，這點風險根本微不足道。」[73]既然有工作要做，也有工人能做，那麼將兩者湊在一起根本不用多想。讓工人因無事可做而憤怒，只會引來動亂。

的確，我們可能得想出某種腦筋急轉彎，才能說服人們認同：支付工資讓人做有用的工作，這種事不僅做不到而且很愚蠢。主張維持現狀的人認為，國家提供工作等於搶走未來世代的工作，政府能做的都已經做了。「我們的主要任務，」凱因斯在小冊子裡說：「就是讓讀者明白各位的直覺是對的，各位**感覺**合理的**確實**合理，**感覺**不合理的**確實**不合理。」[74]

這是社會主義嗎？凱因斯這樣問，但避而不答。「問題不在面對這些事應該選擇民營或國營。選擇早就做了。從許多（但不是全部）角度看，問題都在政府是要插手人民就業，還是束手不管。」[75] 話說得委婉，全是為了安撫人們面對他和勞合喬治提議的巨大改變時，心裡油然而生的恐懼。就算能擺脫悲慘，人依然會畏懼不確定的未來。然而，將這項計畫說成只是為了彌補私營經濟之不足，就算再怎麼讓他的讀者感到心安，仍然無法正確描述凱因斯企圖做到的意識形態翻轉。這點從他對自然保育的重視就略現端倪。山嶽河川過去不需要人的保護才能存續，自然會自己想辦法。但自然現在需要人的保護，正是因為人作為各自行動的個體做得太多，而非太少。不受管制的商業行為正在讓世界變成一個醜陋耗竭的地方。凱因斯期望政府在經濟方面扮演新的角色，用國家行動取代私人企業，而且並未替政府的行動範圍立下原則性的限制。

凱因斯在《勞合喬治做得到嗎？》追求的根本改革是心理層面，而不是數學層面。他的祖國在許多大方向的表現比他在大戰結束時預測的更加強韌。相較於義大利淪入法西斯之手，德國和國家社會主義苦苦纏鬥，威權主義在英國只有總罷工時短暫抬頭，而且之前經濟已經蕭條了十年之久。不過，就差那麼一點點。英國人民對國家的經濟制度能提供可預測穩定增長的信心崩潰了，這使得數百萬英國工人聯合起來，試圖徹底中斷全國的商業活動。人民（**大多數人民**）主動傷害社會，好讓自己的政治主張被聽見。動盪範圍遠遠超過失業階層，畢竟有工作的人才能罷工。人民顯然不認為自己的福祉立於穩固的基礎上。

這感覺就像戰前那個信念與現實互為因果的情況整個逆轉過來，形成一個懷疑與衰敗的惡性循環。民眾過去接受不平等的制度，是因為它改善了他們的生活，但這套制度之所以能促進富裕，正是因為民眾接受它。現在所有人都認為未來是黯淡而有限的，從煤礦工人到投資巨擘都是如此（不論銀行家如何吹捧金本位制，實際投資經濟活動的金額大減更能反映他們真正的想法）。集體前景黯淡不可能靠個人的英勇行動化解。工人就算跑遍全城，說自己準備好了，也要真有工作才能有所貢獻；投資者就算抱著信心熱情闖入經濟叢林，也會因為民心悲觀而血本無歸。

凱因斯意識到，必須所有人一起採取行動，事情才能成。就像親朋好友齊力拯救一個有需要的親人或朋友，以便維繫群體的連結，國家也需要支持自己的人民，才能替富裕打下基礎。而這需要經濟協調與指引才能做到。

凱因斯當初為了消除戰債而在《和約的經濟後果》裡譜下的計畫，十年下來已經變成雄心勃勃的國家改造大業，充滿各種新的行政機構與政府責任。凱因斯仍然受到柏克啟發。總罷工讓他明白政府和民間的社會凝聚正在瓦解，很可能引發劇烈後果。但他不僅相信不行動的風險極高，更相信繁榮與社會轉型的潛能無窮。

「我們沒有理由不感到自己可以盡情大膽、開放、實驗、行動和嘗試各種可能性，」他寫道：「擋在路上的只有幾位身穿長大衣，釦子扣得緊緊的老紳士。我們只要抱著有些友善的不敬，像九柱保齡球那樣撞倒他們就好，」他在小冊子的結尾冷笑道：「他們驚嚇過後，說不定會樂在其中呢。」[76]

《喬治勞合做得到嗎？》是一份活力四射的宣言，許多凱因斯後來在《就業、利息與貨幣通論》闡述的理論創見，都在文中以簡潔易懂的方式提到了。連同《自由放任的終結》與《俄國一瞥》，這三部作品構成了一套獨特務實的政治理論的核心，幾年後被美國採納並大規模實行，連布倫斯伯里幫都很讚賞。維吉尼亞在給凡妮莎兒子昆丁的信裡提到「親切的」梅納德，說他寫過「一本小冊子，徹底扭轉了選舉結果」。[77]

但對一九二九年五月的英國來說，這卻是份錯誤的宣言。英國民眾不再需要被誰說服自由放任是死胡同。他們在一九二六年就已經自行做出判斷，走上了街頭。凱因斯在小冊子裡冷靜樂觀的散文風格，儘管非常符合小羅斯福總統初期「幸福的日子又來了」的執政氣氛，卻無法在業已深陷階級衝突的政治環境打動任何人。總罷工後，英國人不是站在勞工和工黨這邊，就是站在政府坦克與保守黨那邊。保守黨直接攤牌，高舉「安全第一」的口號，試圖將選舉變成法紀與烏合之眾暴民統治二選一的抉擇。

保守黨低估了十年經濟蕭條讓多少人遭受剝奪。一九二九年國會大選，工黨一舉增加了一百三十六席，總席次不僅比上次的一百五十一席近乎翻倍（共贏得二八七席），更是只差二十一席就可取得絕對多數。自由黨增加了十九席，雖然大有改善，比一九二四年大失血掉了一百一十八席好得多，卻遠不足以左右英國的政治走向。距離全盛時期不過十年多，自由黨已經被戰後經濟徹底掃到邊緣。阿斯奎斯一九二三年做出豪賭，暗助工黨執政，這下反而打到自己。自由黨的五十九席雖然讓工黨取得政權，但在新的執政多數裡連五分之一都不到，根本沒多少話語權。凱因斯甚至預測自由黨會大勝，拿下一百九十個席次。[78]

「大選後，我又陷入相當憂鬱的狀態，」他寫信給洛普科娃說：「我看不出這樣的結果會有什麼令人滿意的發展。」[79]

凱因斯怎麼也想不到，大難轉眼就來了。

7 大崩盤

一九二〇年代，邱吉爾走到哪裡，金融災難就跟到哪裡。一九二九年大選後，他被迫離開財政大臣一職，隨即接受威爾遜的前顧問巴魯克之邀，前往紐約參加一場以他為名舉辦的晚宴。[1]華爾街的銀行大老都會出席，而邱吉爾向來很少拒絕上流社會的邀宴：他牛飲威士忌和熱愛保羅傑香檳的名聲早已成為傳奇。跳槽到另一個政黨並且再一次鎩羽政壇之後，就算沒人慫恿，他也樂於出國鞏固自己和美國權貴交好的形象。對他而言，隨著工黨的麥克唐納入主唐寧街十號，暫時告別自己不再有影響力的英國政壇或許正是時候。

晚宴預定在紐約第五大道的巴魯克家中舉行。那天早上，邱吉爾跑去參觀了紐約證券交易所。[2]道威斯計畫讓戰債利息不斷（雖不穩定）從歐洲匯往美國，而英國高估英鎊則給了美國製造商競爭優勢，不僅推高美國股價，也讓貸款給美國出口業者成為獲利良機。一九二〇年代中，聯準會刻意維持低利率，使得美國公司貸款擴張營運的成本降低，更樂於增加產量和投資新科技，一九二四年的重貼現率（聯準會借錢給一般銀行讓它們再將錢借給業者所收的利息）更曾低到三%。全球經濟流向紐約的錢多到華爾街不知如何是好。感覺上沒有比漲勢不可擋的股市更好的地方了，更別說連備受敬重的耶魯大學經濟理論學者費雪（Irving Fisher）都強調獲利已達「永久高位」，甚至可能進一步上漲。[3]

邱吉爾走上紐約證交所的參觀通道時，聯準會已經連續三個月調高利率，將原本就在歷史高點的利率水準再往上推。然而，面對紐約金融史上數一數二豐厚的投資回報，高利率也止不住熱錢湧入。即使聯準會的重貼現率高達六%，還是輕鬆就被證券經紀商付給放款人的貸款利率超過，後者甚至可以高達一二%，價差獲利空間龐大。不僅如此，證券經紀商還以股票作為貸款抵押品，而股價正不斷上揚。感覺一切都很穩健安全，所有人都想分一杯羹。一九二九年，證券經紀商的未清償貸款額已經超過一九二〇年代初期的四倍，超過六十億美元。[4]

唉，可惜紐約證交所也擋不了邱吉爾的魔咒太久。早上十點鐘響過後，交易量就相當驚人。經紀人在交易檯來來去去，替大宗股票下單。股價起初還算穩定，後來卻開始潰堤，起先緩步下滑，隨即無量下殺。隨著指數下跌，沒有料到會賠錢的投機者立刻陷入恐慌。其中許多人都是借錢投入股市，股價上揚就會致富，下跌就可能得賣車，甚至賣房，因此最好趕在情況變更糟之前抽身，馬上就抽身。根據一位歷史學家描述，交易大廳裡的「拋售衝動眼看就要陷入瘋狂」。[5]經紀人追不上市場，而記錄每筆交易價的報價機又追不上經紀人。不確定的投資者繼續拋售股票，停損單（投機者提前設下的安全措施，要求經紀人在股價跌破某一價格時賣出）大量開出，這一波的強制交易讓股價以駭人速度繼續下挫，災害如雪球般愈滾愈大。到了十一點半，股市已經陷入「無法遏制的盲目恐懼」。[6] 參觀通道提前關閉，連尊貴的邱吉爾先生也被迫離開。[7] 股災傳聞立刻傳遍全紐約，民眾團團擠在華爾街和百老匯街口的證交所門前，企業家湧入證券經紀公司的會議室，投機者則是包圍了辦公室。「有些人看到自己從來沒見過的價格，驚訝得叫了出來，」一位記者記下當時的情景：「有些人則是不可置信地笑了。」[8] 成千上萬的人驚呼、哀號和尖叫，共同匯集成一道黑暗又特別的聲響，在下曼哈頓的高樓大廈間迴盪。「城裡瀰漫著暴戾之氣」。[9] 市府出動警察維持治安，一名修理工人在摩天大樓頂端工作，下方路人以為他想自我了結，全都「不耐煩地等他往下跳」。[10]

邱吉爾被迫離場，凱因斯的另一位老對手則是在隔壁辦公室裡調兵遣將。一九一九年巴黎和會跟凱因斯成為朋友或敵手的人裡頭，沒有誰比拉蒙特混得更好的了，從戰時到戰後都不例外。拉蒙特當過記者，某次在紐約通勤火車上巧遇投資銀行家戴維森，兩人成了朋友。後來他加入對方公司，並於一九一一年一起投入摩根旗下。[11] 新工作讓拉蒙特變得絕頂富有。一九二八年，摩根銀行每位合夥人都拿到一百萬美元紅利，約合今日的一千五百萬美元，而拉蒙特又不是一般合夥人。[12] 他經常受美國政府委派執行準外交任務，對自己的進步國際主義立場相當自豪，覺得自己是共和黨同儕裡的異數，並且跟威爾斯和李普曼交好，[13] 同時刻意掩飾自己冷酷無情，為了權與利甘為墨索里尼和日本喉舌的那一面。一九二九年時，儘管小摩根名義上仍然是銀行總裁，但所有人都曉得一切是拉蒙特說了算。而大崩盤當天，事情就那麼合乎現實，小摩根人在歐洲，由拉蒙特坐鎮華爾街二十三號。[14]「今天，」那天稍晚，他一臉淡定對記者表示：「股市出了點廉價拋售的狀況。」[15]

其實，拉蒙特壓根沒料到會崩盤。他五天前才寫信給凱因斯另一位前密友，美國總統胡佛，否定過度投機可能危害股市或整體經濟的疑慮。「我們要記得，目前關於投機的傳聞有太多誇大之處，」拉蒙特寫道：「大戰結束後，我國經歷了一段非凡的穩健繁榮期……未來看來一片光明。」[16]

胡佛擔任公僕數十年，以真誠人道主義者著稱，戰時戰後拯救的人不計其數，但這份成就很快就要毀於一旦。時間跳到一九五二年，胡佛出版回憶錄，世人只記得他就是那個搞不定大蕭條的人。和數百萬美國同胞一樣，他也將錯怪在華爾街頭上。「當時紐約所有銀行家都對市場不夠『健全』的想法嗤之以鼻，」他回憶道，同時冷冷提起拉蒙特一九二九年十月完成的那份「長篇備忘錄」，「現在讀來肯定很有意思」。[17]這份備忘錄如今收藏在胡佛總統圖書館裡，封面印著他手寫的冷言冷語：「這份文件真神奇。」[18]胡佛在回憶錄中還表示，自己曾經懇求當時的證交所所長，摩根經紀人惠特尼（Richard Whitney），希望他採取行動對付過度投機，可惜被對方拒絕。胡佛甚至對地方官員也頗有微辭：「儘管當時有人對聯邦政府管控證交所的合憲性存有疑問，但我希望揭露這種情況時，紐約州長至少能明白自己的基本責任，並採取相應行動。只是事實證明，這份希望不過是一廂情願。」[19]當時的紐約州長是一位名叫羅斯福的民主黨員，而他很快就會挑戰胡佛的總統大位。

拉蒙特只說胡佛想聽的話。華爾街的爵士樂正當高潮，沒有人希望音樂停下來。胡佛不相信聯邦政府應該積極作為，也無法想像自己的繼任者將會推出的那種行政擘畫。但就算他有辦法想像，一九二九年十月的局勢也已經失控。此外，美國銀行家於危機時刻出手相救的英雄故事已經成為一套想當然爾的說法。一九〇七年，老摩根就曾在自家書房召集了一群紐約菁英，動用美國主要銀行的資金聯手拯救了美國信託公司（Trust Company of America），紐約當時前幾大的證券經紀商。拉蒙特明白自己肩負的使命，於是便傳話給他那個世代的大銀行家，包括國民城市銀行（National City Bank）行長兼總裁米契爾（Charles Mitchell）、大通國家銀行（Chase National Bank）總裁威金（Albert Wiggin）、信孚銀行（Bankers Trust）總裁普羅瑟（Seward Prosser）和保證信託公司（Guaranty Trust）總裁波特（William Potter），將他們全找到證交所對街的摩根辦公室來。

這群大老很快就決定了行動計畫，他們決定操縱股市。

至於方法則是仿效最近一波大漲期間流行起來的手段，由這群銀行家各自撥出一部分資金（他們當時掌控的資產總額高達六十億美元），[20] 以看漲價格購買股票。投機者見到股價突然上揚，更別說購買者是這些大老了，就會預期股價將再攀升（而且摩根集團可能繼續暗助），開始重拾信心購買股票。一九二七和一九二八年，這套手法確實讓股市大漲，因此即使是標準的反競爭行為，但由於股價狂飆，所有人都在賺錢，因此沒幾個人在意自由競爭的問題，或擔心股市何時會崩盤。

這項行動的風險顯而易見，但拉蒙特和他這群好友並不是想賺快錢，而是想逆轉股市雪崩。一旦豪賭失敗，這幾家銀行就等於糟蹋了一大筆錢，而所有人都知道，這筆錢將在必然緊隨而來的苦日子裡變得更加寶貴。但不這樣做，就形同看著美國人的財富被無謂摧毀。最終這群銀行家決定動用二億四千萬美元來紓困。下午一點半，惠特尼大步走進證交所的交易大廳（比胡佛希望的晚了幾天），以每股二〇五元，遠高於上一筆成交價的價格買進兩萬股的美國鋼鐵公司股票。

這個信號看在交易員眼裡可是再清楚不過。惠特尼是摩根經紀人，而一九〇一年獲得摩根注資合併成立的美國鋼鐵公司是獨占企業，這代表救兵來了。「現場歡聲雷動，宛如戰場上衝鋒勝利一般。」[21]股價瞬間飆升，「恐懼也消失了，被深怕錯過全新漲勢的擔憂所取代。」收市前，當天早上的驚人損失幾乎都補回來了，美國鋼鐵公司股價甚至由黑翻紅。[22]《華爾街日報》得意洋洋刊出頭條，興奮到將這群大老的援助金額寫成實際承諾（其實只花了一小部分）的四倍以上：「銀行家力阻股市崩盤——摩根辦公室密會後兩小時，十億美元化解拋售危機」。[23]股市得救了，邱吉爾和銀行總裁們的晚宴也不用延期了。

當然，一切只是短暫的假象。黑色星期四完了是黑色星期二，然後是四年不斷下墜的經濟蕭條。凱因斯對金融市場的詭譎並不陌生，但連他也嚇到了。「華爾街昨天真是不得了，」那個週五，他在信裡對洛普科娃說：「你有在報紙上讀到嗎？史上最巨幅崩盤……我整天心情都在金融和厭惡狀態。」[24]

那年夏天其實就有清楚的跡象，顯示美國經濟開始下挫：住宅建設較去年減少，消費支出成長明顯減緩。[25]大崩盤前那幾個月，胡佛和不少重要人士都表示擔憂，華爾街的狂熱已經和整體經濟表現脫節。一九一三年協助創立聯邦準備系統的保守派銀行家沃伯格（Paul Warburg）早在三月就曾警告，股市陷入「毫無節制的投機狂歡」；[26]至於凱因斯，他對美國央行的反應感到擔憂，以致非常焦慮。

在他看來，國際金本位其實就是美元本位，因為美國戰時戰後累積了大量黃金，足以左右其他國家的貨幣政策。只要聯準會調高利率打擊股市泡沫，英國就得照做，否則只能眼睜睜看著英格蘭銀行的黃金儲備縮水，投資人拋售英鎊購買美元。大崩盤前的那個夏天，英格蘭銀行的黃金儲備已經少了二〇％。到了八月，英格蘭銀行行長諾曼（Montagu Norman）警告聯準會，美國的高利率可能迫使英國和歐洲多數國家放棄金本位制。[27]聯準會的高利率對抑制紐約股市投機幾乎沒用，卻重創外國。

因此，大崩盤反而讓凱因斯放下心來，因為那代表美國經濟的一個明顯大膿瘡不會再惡化了，同時也讓美國的決策者有機會採取行動，減緩全球失業問題。然而，凱因斯於黑色星期四次日在《紐約晚郵報》（*New-York Evening Post*）發表的聲明，有效期也只比拉蒙特寫給胡佛那封語氣開懷的信久一點：

> 身在英國的我們不禁大大鬆了口氣，那沉沉壓在美國以外各國商業活動上的夢魘終於解除了……華爾街這幾個月來的異常投機，將利率推高到前所未有的水準。由於金本位制確保了國際借貸的高流動性，使得到處都是高利貸款。但美國以外的產業與企業無法承受如此高的

> 利率，結果就是位於華爾街千里之外的外國新企業難以生存，商品價格不斷下跌，而這一切完全出於人為。最近的高利率要是再維持半年，那才是真的大難臨頭。
>
> 然而，經歷過去幾週激烈甚至可怕的事件之後，我們終於又見到了曙光。低利貸款的時代似乎有望到來，對全球商業是真正的利多。美國的貸款利率確實變得非常低，而紐約聯邦準備銀行很可能趁機讓利率再往下修。我敢說英格蘭銀行和歐洲其他央行很快就會跟上，全球企業或許就能再次出發，帶動商品價格止跌回升，農民處境也將改善。
>
> 說這些話或許會讓我成為壞先知，但我深信自己反映了英國金融界對當前狀況的直覺反應。華爾街股市暴跌不會對倫敦造成嚴重的直接影響，除了少數幾家在這裡和紐約都交易活絡的英美證券商。另一方面，我們認為長期走勢絕對樂觀。[28]

高利率和通貨緊縮的「貨幣緊縮」時代即將過去，由低利率的「貨幣寬鬆」時期取代，而物價不只會恢復穩定，甚至會適度上揚。大崩盤雖然對許多股市投資人不利，最終卻能讓政策制定者推動商業再次運轉，不只美國，還包含全世界。

凱因斯每一點都料中了——一開始的時候。大崩盤過後不久，紐約聯邦準備銀行總裁哈里森（George Harrison）立刻調撥應急基金給曼哈頓各銀行，金額幾乎無上限；聯準會也在他的建請下將利率由六%調降為二．五%，大大舒緩了股價暴跌造成的通貨緊縮壓力。然而，凱因斯的樂觀預期事後證明完全錯誤，因為他忽略了一件事，同時誤判了另一件事：美國金融制度已經搖搖欲墜，無法獨力挽救歐洲，而聯邦準備系統打擊通貨緊縮的決心不足，也不長久。

大崩盤重挫了經紀人貸款市場，總量暴跌四十四億美元，超過黑色星期四之前最高峰的一半。[29] 紐約各銀行得到紐約聯邦準備銀行支持，立刻進場阻止股市全面崩盤，卻只讓拋售相對恢復秩序。許多用來購買股票的貸款注定無法償還，而銀行收到的抵押品，也就是股票，價格又無量下殺，使得銀行資產負債壓力暴增，發放貸款變得更謹慎，並開始催繳未清償的貸款。面對信貸成本與取得門檻提高，美國製造業者被迫減產，融資困難的企業開始裁員；而員工失去收入，無法購買商品與服務，又會讓企業無法靠銷售所得僱用新員工。同年十一月，信貸緊縮導致需求大減，商品價格開始暴跌，年底玉米價格下跌了一五%，咖啡下跌三分之一，惡性循環就此展開。[30]

這波金融不穩定擴散到全球，後果更加慘重。自一九二三年惡性通膨危機以來，德國和奧地利便完全仰賴美國貸款才得以運作，因此當大西洋彼岸的信貸不再湧入，這兩個國家的金融體系便開始瓦解。其實，崩壞早在一九二九年夏天聯準會提高利率時就啟動了。十月美股大崩盤，美國銀行紛紛緊縮貸款以支撐自己的資產負債，兩國金融體系崩壞的速度更快。歐洲和美國被金本位制和道威斯計畫建立的信貸循環綁在一起，哪一方倒了，另一方絕對跟著倒。

對凱因斯而言，股災既是機會，也是啟發。他滿心期望，隨著舊秩序解體，新思想和新觀念將打造出更好的世界。

一切隔了十八個月才分崩離析。這期間，凱因斯察覺自己的處境有些陌生，那就是他竟然有了政治影響力。過去十年來，他在全球面對的所有重要經濟議題上幾乎都判斷正確，但英國政府始終刻意無視他的建言。如今他剛做出生涯最糟的預測，英國政府卻立刻聘用了他。

一九二九年十一月，麥克唐納延攬凱因斯進入新成立的金融與產業委員會，俗稱麥克米倫委員會，因為主席是一位名叫麥克米倫（Hugh Pattison Macmillan）的法官。工黨怎麼也不想糟踏二度執政的機會，因此做足樣子，公開徵詢經濟專家意見，亟欲證明烏合之眾也有能力理性治國。除了麥克米倫委員會，麥克唐納還成立了經濟諮詢委員會，凱因斯也是其中成員。首相邀他共進午餐，並向媒體大力宣傳這次會面。凱因斯簡直樂壞了。「我又熱門起來了，」他十一月二十五日在信裡得意洋洋告訴洛普科娃。[31]

這兩個職位都沒有決策權，凱因斯不能草擬法規、決定借款或磋商貿易協定。但面對全球經濟震盪，兩個委員會都成為關鍵的論戰場域，尤其麥克米倫委員會更是全球首個專責分析「崩盤」機制，向大眾說明其原委及可能解方的政府單位。因此，該委員會的聽證會成了英國政壇焦點，而凱因斯雖然名義上不是主席，卻是第一主角。他細細盤問英國財政界最顯赫的人物，從財政部高層官員到英格蘭銀行行長諾曼，盡情享受政治鎂光燈集中在自己身上的快感。

麥克米倫委員會給了凱因斯一個平臺，讓他得以發表和精煉自己統整在《貨幣論》（*A Treatise on Money*）裡的想法。也就是他一九二五年在信裡向記者布雷斯福德提及的那本「專書」。凱因斯苦熬七年，不斷重新思考與改寫，終於在一九三〇年出版了這本書。他再次相信這是自己的生涯代表作，和他將近十年前完成《機率論》時的感受如出一轍。

《貨幣論》洋洋灑灑兩大冊，長度是《就業、利息和貨幣通論》的兩倍有餘，在許多方面也更具企圖心；書裡滿是公式、表格、定義與論證，從莎士比亞一路談到新國際貨幣同盟計畫。「這本書是件失敗的藝術品，」凱因斯坦承道：「寫作期間，我想法變過太多次，以致不夠一氣呵成。」[32]但只要熬過那嚇人的七百八十七頁篇幅，這部拉雜的作品讀來還是趣味盎然，不時閃現真正的幽默與睿智的靈光，偶爾冒出的格言更是堪比尼采：「沒有什麼比小奸小惡更糟了！要是蜜蜂和老鼠是黃蜂和老虎，我們早就將牠們給滅了。英國對那些戰後**食租國**的義務就是如此。」[33]

其實《貨幣論》分成獨立的兩部分：一是史前時代到一九三〇年的世界經濟史，二是他對大蕭條的獨特診斷，並且以他對經濟弊病最愛開的處方作收。經濟只要真的嚴重衰退，「政府自己就該推行國內投資」，也就是廣開公共工程。[34]雖然一九三〇年的經濟學家和政策制定者在意的是凱因斯對大蕭條的解釋，但對今日經濟思想影響更大的其實是他的經濟史。

一九二〇年代，凱因斯每隔一段時間就會突然迷上古代貨幣。例如他一九二四年元月就曾告訴洛普科娃：

> 我感覺我今晚比瘋子好不了多少。和三年前一樣——相同的事又發生了。我只是拿起自己之前那篇談巴比倫和古希臘重量單位（weight）的短論，隨手翻了翻。這真的很離譜，而且一點用處也沒有。但和之前一模一樣，我整個人瘋也似地陷進去了。昨晚我一直弄到半夜兩點，今天起床以後又一直忙到晚餐時間，真是太神奇了！其他人一定覺得這主題很無聊。這絕對

是某位巴比倫法師搞的鬼。結果就是我覺得自己又瘋又蠢。[35]

一九二五年十一月，凱因斯又發作了，撰寫巴比倫幣的文章「直到我頭昏眼花，柴火也熄了」。[36]第二天晚上，他發現「古錢幣已經徹底失控」，讓他從下午、晚上忙到隔天清晨。「時間飛逝，我發誓今晚絕對不要繼續」，以便好好休息，保持冷靜。[37]但沒過幾天，他又忍不住挑戰癮頭。「我傍晚把信都寫完了，」他寫信給洛普科娃：「是不是該回頭寫古錢幣？」[38]三天後，他匆匆取消出席派對和音樂會的計畫，以便「回到這裡忙我的巴比倫」。[39]

凱因斯發現的古歷史，不僅顛覆了可以上溯至亞當．斯密的經濟學基本信條，還動搖了三百年來的啟蒙政治理論。自霍布斯一六五一年出版《利維坦》（*Leviathan*）以來，絕大多數歐洲哲學家都認為政府是強加在他所謂「自然狀態」上的人為發明。對霍布斯而言，自然狀態是可怕的暴戾失序，生命「汙穢、野蠻又短暫」，[40]因此政府（尤其君主政體）對人是一種救贖。就算反對霍布斯政治理論的思想家，也接受他這套史觀。亞當．斯密的《國富論》（*The Wealth of Nations*）就將市場貿易視為遠早於政治國家的一股原始力量。商業生活始於以物易物，例如山羊換小麥、布匹換鈕扣，後來都改以貨幣為媒介，因為交換錢幣比吃力拖來一整車物品方便得多。這些活動都是個體自由進行，不受反覆無常、愛管閒事的君主左右。君主還要很久後才出現。市場是自然的，政府則是相對晚近的人為發明，干擾或扭曲了貿易本有的步調。

凱因斯研究雅典、巴比倫、亞述、波斯和羅馬之後得出結論，上述那套歷史全都錯了。資本主義本身是政府的古老發明，至少能回溯到西元前三千年的巴比倫帝國。「個人資本主義及其相應的經濟行為無疑是巴比倫人的發明，而且很早就相當發達，比考古學家迄今挖掘到的年代更遙遠，」他這樣寫道。[41]這段話出自他一九二〇年代斷續寫下的未發表筆記與論證，篇幅足足有七十頁，其中有不少驚人的看法。貨幣不是本地商賈為了交易方便而發明的慣例，而是精巧的統治工具，和國家的其他發展同時發生，像是書寫語言和度量衡標準化等等。

亞當・斯密等思想家都將錢幣（coinage）與貨幣的發明混為一談，因而誤入歧途。凱因斯認為，錢幣「只是虛華之物……沒有多少重要性」，[42]而貨幣早就以「代表」的形式存在了。貨幣之所以重要，在於它是「帳面單位」，明確界定債務和「法律上的履行義務」，[43]而這些事政府早已用帳冊、羊皮紙或泥板記錄了幾千年。古代經濟發達的強大帝國都自有一套系統，完全沒用到錢幣。

此外，國家本來就會主動施行各種貨幣政策，這是統治的基本條件。政府會以加諸或免除債務為獎懲手段，或改革度量單位讓貨幣貶值，有時為了愚弄人民，有時則為了刺激貿易或消弭社會緊張。而通貨膨脹更是「自有歷史以來幾乎各時期都存在」[44]的常態，而非一九二〇年代正統經濟學家普遍認為的，是統治者顛覆自然秩序的不正當手段。

凱因斯最終從這些觀察中淬煉出一套國家為中心的貨幣理論，成為《貨幣論》的立論基礎。他認為貨幣天生就是政治工具，什麼物品（不論黃金或紙）被當成貨幣，什麼「東西」被人民和政府視為有效支付，完全由國家決定。因此，貨幣是國家創造的，永遠受國家管制。「所有現代國家都宣稱擁有這項權力，而且至少四千年前就有國家這樣做了。」[45]黃金如此重要在經濟史上是相當晚近的發展，頂多幾十年，而且不是必然。貨幣穩定其實來自人民認可政治權威，只是政治權威恰巧**選了**黃金作為首選的交換媒介而已。少了政治權威，貨幣根本毫無意義。[46]

因此，凱因斯認為經濟史基本上就是政治史，是財富隨著帝國興衰被政治力量征服與收編的故事；經濟學不可能是一門冷靜探索自然恆常法則的科學，而只是對人類政治組織趨勢的觀察。經濟學必須隨著人類的社會行為而調整，而人類行為很可能會因時而變。如同凱因斯在麥克米倫委員會上解釋的，「我不再認為工資該不該下降是經濟法則的問題。它是事實問題。經濟法則不規定事實，只告訴你後果會是什麼。」[47]

此外，現代經濟的發展和歐洲殖民主義崛起密不可分。西班牙征服者開始將白銀從美洲運回歐洲後，國內物價隨即飆升，其後八十年漲了足足五倍。[48]「這段黃金歲月，」凱因斯寫道：「催生了現代資本主義。」[49]新資金湧入造成物價與利潤上揚，有為者個個摩拳擦掌，從而引發新一波的創業與投資熱潮。這股由新世界貴金屬帶來的通貨膨脹很快蔓延到法國和英國，使得英國製造業者趕忙擴大生產，好在工資跟著上漲前大賺一筆。這也促成了藝術發達。「莎士比亞竄起時，我們正好有錢養得起他，」[50]凱因斯寫道。而「德瑞克船長和金鹿號帶回來的戰利品」則「稱得上是英國海外投資的泉源與濫觴」，同樣刺激了這波發展。「經濟因素」不僅「塑造了伊莉莎白時代，更成就其偉大」。[51]儘管凱因斯沒有多作延伸，只是雲淡風輕帶過去，但現代經濟的複雜發展在他筆下成了跨國掠奪的副產品。

《貨幣論》有許多論點會讓經濟史學家不以為然，例如歐洲的白銀供應量增加是否真的促成十六世紀歐洲政治力量崛起，更別說催生了莎士比亞的作品。但貨幣是國家產物的基本論點，卻挺過其後數十年歷史研究的檢驗。就連不欣賞凱因斯的經濟史學家也普遍同意，現代金融體制是為了滿足交戰國的需求而生。「戰爭是起點，」保守派史學家弗格森二〇〇一年如此總結道。[52]

因此，《貨幣論》對自由放任說的知識基礎提出了全面攻擊。世上沒有不受政府干預的自由市場，資本主義本身就**需要**政府主動調控，監管貨幣與債務。凱因斯還界定了經濟政策的目的，就是為令人興奮的知性文化奠立基礎。他認為經濟成敗的判準不是經濟成長或生產力，而是「偉大」。經濟政策應該支持客觀的美學與文化成就，例如莎士比亞。凱因斯對人類自由的想法，和自由市場經濟學家接下來數十年的構想徹底背道而馳。

凱因斯認為，我們可以從這些歷史素材裡得到確實的教誨，通貨緊縮會造成社會不安與國勢衰弱。「我對歷史的解讀是，過去數百年來，社會永遠強烈反對貨幣所得水準降低，」一九三〇年二月二十日，凱因斯告訴麥克米倫委員會：「從古到今沒有哪個社會能甘於接受一般貨幣所得水準降低，又不發生劇烈反抗的。」[53]

因此，以降低工資可能帶來更多工作為由要求工會領袖讓步是沒用的，因為世界不是這樣運作的。凱因斯認為貨幣制度是問題的來源，也是主要的解決之道。銀行和其他金融中介機構之所以存在，就是為了媒合想存錢和需要錢投資新計畫的人。運轉順利的時候，一個人儲蓄的錢會立刻流入生產研究或擴廠，社會的儲蓄總額會和投資總額相等。凱因斯所謂的「投資」不是將錢投入股票或債券市場，而是商業支出，是投入最終能提高整體生產量的活動，包括購買新設備和從事研究等等。

對凱因斯來說，理想世界是儲蓄額和商業投資額相等。然而事情可能會出亂子，因為沒有程序能確保儲蓄會自動轉為投資。儲蓄和生產的動機不同。「一般普遍認為財富是靠個人主動放棄消費帶來的立即享受，也就是靠所謂的節儉而辛苦累積起來的，」他在《貨幣論》裡寫道：「但顯然不是光有節儉，城市就會出現……是企業創造和增進了這世界的財產……只要企業還在，財富就會累積，和節儉無關。」[54]

金融體制的角色是確保社會的儲蓄與投資能量完美相合。只要貸款利率定對了，儲蓄和投資就會等量，社會就能運作正常，充分就業。當投資額超過社會想要的儲蓄額，就會發生通貨膨脹；反之，當儲蓄額高於投資額，社會就會陷入「蕭條」。

凱因斯自此揚棄了他在《和約的經濟後果》裡的看法。一九一九年的他認為，是節儉和克己這兩項美德讓維多利亞時代累積了大量資本，投入各項大工程。但一九三〇年的他則是明白，過於節儉就和維多利亞時代許多假道學一樣，只會剝奪生活的樂趣，扼殺社會的活力與發展。「世界七大奇景是靠節儉蓋出來的嗎？我很懷疑。」[55]過度節儉，也就是消費不足，很可能造成經濟問題。

和七年前反對金本位一樣，凱因斯提出的是專業意見，卻擁有激進的政治意涵。銀行在他眼中既強大又不可靠。沒有東西可以確保銀行總是洞燭機先、完美行動，也沒有看不見的手能修正投資過度或投資不足所造成的失衡。銀行可能判斷錯誤，而且從它們的獲利或資產負債上根本看不出來。的確，銀行從不認為自己是國家經濟的監管機構，它們只想著賺錢——至少別因為冒險投資而失去一切。

但經濟大船必須有人掌舵，而央行行長肯定是當然人選，因為他可以掌控利率，找到讓民間儲蓄和商業投資需求彼此相合的魔術數字。

這套做法比凱因斯在《貨幣改革論》裡倡議的還激進。他原本呼籲中央銀行應當主動維持物價穩定，調節利率以防止通貨膨脹或通貨緊縮擾亂商業正常運作，現在卻主張央行應該主動引發通貨膨脹或通貨緊縮，以解決其他更緊迫的經濟問題，亦即目標不再是物價穩定，而是維持投資，減少失業。央行必要時可以引發通膨，以舒緩失業的壓力。

這個想法很新，但我們不該過度以為凱因斯和當時的主流學術見解相牴觸。他對失業的看法仍然跟米塞斯和米塞斯的保守派門生一樣，認為那是基本的供需問題。凱因斯只是反對市場能自行化解的說法，反對政府只要削弱工會，讓工會無法要求不切實際的高工資就能讓問題更快解決。通貨膨脹說穿了就是變相減薪，因為物價上揚會削弱工人所得的購買力；而當工資下降，雇主就能僱用更多人。刻意通膨不只在政治上比對抗工會簡單，而且能確實防止某些產業遭到不平等對待。「提高物價能讓負擔分攤出去，」凱因斯在九月遞交給經濟諮詢委員會的一份備忘錄裡表示：「尤其分攤到**食利**（rentier）階層和其他領取固定貨幣所得的人身上。因此，不論從正義或自利的角度看，工會領袖寧願物價上揚也不要調降工資的主張是對的。」[56]

和凱因斯日後的主張相比，《貨幣論》其實很溫和。但在一九三〇年當時，所有金融建制派都認為凱因斯的新理論非常危險，因為它幾乎全方位挑戰了倫敦金融城的既有體制。凱因斯認為微幅通膨很正常，偶爾下重手也是不錯的政策。黃金不過是「保守主義機器的元件」，[57]讓世人對自由放任與繁榮抱持危險的迷信，而非經濟上好眼光的來源。中央銀行的職責遠不只是維持國際貿易的穩定平衡，除了要調節物價水準，還必須維持完全就業。

但《貨幣論》可沒停在這裡。凱因斯表示，中央銀行無法保證正確的利率一定會帶來正確的國內投資量，有時降低利率只會讓投資流向**海外**。凱因斯認為英國目前正處於這種情況，因為英鎊定在四．八六美元過於高估，使得英國商品被逼出了國際市場，這時降低利率只是促使資本流向更有競爭力的投資計畫，也就是海外，尤其美國市場。凱因斯指出這個狀況可以解決，只需將英鎊貶到可維持的價位即可。但要這麼做就得擱置金本位制，而在一九三〇年當時，全球經濟會如何回應這個衝擊實在難以預測。於是，凱因斯提出了另一個方案：既然英國經濟面臨的根本問題就是國內投資不足，那就由政府花錢投注公共工程，直接讓人民有工作可做。[58]凱因斯表示，英國有三個選擇：大規模進行公共工程、違反金本位制貶值英鎊，或是堅持金本位制和自由放任直到「革命」發生。[59]「我已經提過，哪個是我個人偏愛的解方，」[60]一九三〇年三月他向麥克米倫委員會表示：「我們必須採行大膽的政府計畫，才能脫離困境。」[61]

《貨幣論》宛如海嘯席捲了經濟學界。大西洋彼岸的年輕學子讀完後大受感動，不遠千里到劍橋朝聖，親耳聆聽這位大人物講課，其中不少人更成為下個世代最有影響力的政策制定者。而在學術界，《貨幣論》則是毀譽參半，所有學者都對這本奇特的大書有意見，使得凱因斯開始搶去美國經濟學家費雪（Irving Fisher）的風頭，成為最受爭議的經濟思想家。其中最重要的批判來自美國一位年輕的經濟學者海耶克（Friedrich von Hayek）。海耶克感覺自由放任即將面臨智性上的嚴重考驗，便投書《經濟學刊》（*Economica*）對《貨幣論》提出尖銳的指控。文章分成兩部分，除了嘲諷凱因斯的文字密度「簡直讓人難以置信」，還抨擊凱因斯對「利潤」和「投資」的專業定義，從而否定他的政策建言。海耶克不僅反對公共工程可以挽救經濟蕭條，也反對「任何藉由信用擴張對抗危機的做法」。[62]

海耶克的批評雖然言語激昂，理論成分卻不高。他堅信調整幣值以挽救經濟衰頹只會造成通膨與降低生產力，因此不僅抨擊政府投資公共工程，而是央行藉由貨幣政策緩解危機的作為，他基本上一律反對。二十世紀後半海耶克最知名的戰友傅利曼便表示，海耶克主張的「無為政策」堅持「直接讓底層的人掉出這世界就好」，「確實造成了傷害」。[63]

不過，曾經師事奧地利經濟學家的海耶克炮火猛烈，痛批凱因斯不瞭解他師長的偉大思想，還是激得凱因斯親上火線，在《經濟學刊》尖酸回應：「我很少讀到這麼混亂難看的東西。」[64]二十世紀後半，海耶克對美國政治右翼的影響力愈來愈大，他早年和凱因斯的交手也近乎被神化，成了兩大經濟巨人的世紀肉搏。[65]

這當然不是世紀肉搏，但確實是個起頭，點燃了一場綿延數個世代，關於政治理論的嚴肅對決。不過，真正的大戰還要幾十年後才會到來。

當經濟學家認真反芻凱因斯的最新理論，大蕭條則繼續在全球蔓延。美國一九二九年八月到隔年八月的總產量驟減二七%，批發價格下跌超過一三%，個人所得減少一七%。從密蘇里、印地安那、伊利諾、愛荷華、阿肯色到北卡羅萊納共有數百家銀行倒閉，紐約美國銀行（主要顧客為移民的民營商業銀行）更成為美國史上最大的倒閉銀行。[66]工廠減產或關閉，導致數百萬人失業，儘管有公益團體和湯食站供應餐點，卻也很快就難以為繼。美國從來沒發生過這樣的事。「我們手上的資金完全無法應對這種情況，」美國公益慈善基金聯合會會長伯恩斯（Arthur Burns）表示。由於當時還沒有聯邦失業給付，美國只有八個州提供失業救濟，但都滿足不了愈來愈緊迫的需求。根據歷史學家麥克埃爾文（Robert S. McElvaine）研究，美國鄉村「有人餓到拔草而食」，城裡則是常見到「饑民在垃圾桶和垃圾堆裡東翻西找」。一九三〇年三月，數百名排隊領取食物的紐約市民攻擊兩輛送麵包來的卡車，弄得滿地都是糕點。[67]

英國一九三〇年的失業率一口氣從一二．四%飆到一九．九%。[68]原本就因為英鎊高估而苦撐的出口量更是比一九二九年的最高點減少了近四〇%。[69]

和德國相比，英美兩國的困境簡直是小巫見大巫。九月十四日，希特勒率領納粹黨在德國國會選舉拿下六百四十萬票和一百零七個席次，成為這個風雨飄搖之國的第二大政黨，震驚全世界。同年十月，帶領德國走出一九二三年惡性通膨夢魘的經濟魔術師沙赫特（Hjalmar Schacht）赴美巡迴演講，將希特勒的崛起歸咎於德國受到《凡爾賽和約》的不公對待，並表明納粹黨之所以受歡迎，和沉重的賠款壓力脫不了關係。雖然一九三〇年時，賠款只是壓垮德國經濟的因素之一，美國緊縮貸款和德國出口崩潰同樣要負責，賠款卻成為眾矢之的。「德國人一旦挨餓，就會有更多希特勒，」沙赫特如此向《紐約時報》表示。[70]

雖然前路黑暗，卻壞不了凱因斯的好心情。情況當然很不妙，但他深信事情不會永遠如此。「目前吵得震天價響的兩種悲觀主義，雖然彼此對立，但在我們這個時代都會被證明是錯的，」他告訴《國家》週刊的讀者：「革命分子的悲觀主義認為，這世界已經無可救藥，只能激烈改變；反動分子的悲觀主義則認為，經濟和社會生活的平衡太脆弱，最好別冒險實驗。」[71]

這種陽光的態度非常凱因斯。他的樂觀根深柢固，近乎道德信念，加上重新成為眾人注目的焦點，更讓他難以沮喪。所有人都等著聽他發言；不僅請他撰寫文章，給首相建言，還要他上廣播節目——從英國廣播公司（British Broadcasting Company）一九二二年成立以來，電臺就成了英國政壇最新的強力傳播管道。「因此，愛國的主婦們，明天一早趕緊上街去買四處都在廣告的特價品吧，」一九三一年元月，他建議聽眾：「這樣做是為了你自己好，因為價格從來沒這麼低過，便宜得超乎想像。買一些亞麻、床單和毯子回家裡擺著，盡情滿足你所有需求，並為了你增加就業和國家財富而歡喜，因為你做的是有益的事……我們現在需要做的不是勒緊褲帶，而是抱著擴張及活動的心情去做事、買東西和生產物品。」[72]這篇廣播稿後來以《聽眾》（*The Listener*）為名出版，崇拜者來信多到足以將他整個人給淹沒。

不過，凱因斯的樂觀主要還是來自他始終堅信理念的力量。他思考戰後經濟困局整整十年總算得出結論：這場全球災難完全出於一個簡單的智識錯誤。儘管問題很嚴重，但解決方法非常直接，而且基本上沒有痛苦。

一九三〇年十月，凱因斯發表了一篇名為〈我們子孫的經濟前景〉（Economic Possibilities for Our Grandchildren）的短論，夸夸描繪不遠的未來人類社會將成為烏托邦，「每天只要工作三小時，每週十五小時」，[73]生活水準也會提升八倍。科技進步加上複利的力量[74]很快就會帶來前所未聞的經濟生產力，新機器將使人工愈來愈不必要；而且這個進程已經開始，一百年內就會實現。「我們有生之年或許就能見到……所有農業、採礦和製造作業都只需要過去慣常人力的四分之一。」[75]

如此巨大的改變值得慶祝，而非擔憂。「這表示放眼未來，經濟問題並不是**人類永遠必須面對的問題**。」[76]人類為了確保食衣住行而辛苦勞動，偶爾才有幸享受一點逸樂的時代將會過去，人們不僅將擺脫沉悶的工作，不再憂慮戶頭存款偏低，文化價值的革命也指日可待。「一旦累積財富在社會上不再那麼重要，道德觀就會大幅改變，」凱因斯寫道：「喜愛擁有金錢，而非喜愛運用金錢享受和實踐生活，將會被世人看成令人作嘔的疾病，一種半犯罪、半病態的傾向，只會讓人反感畏懼，將他交給精神病專家處理。」[77]

資源稀缺的時代將會過去，為了效率而犧牲道德也不再需要。「因此，我預見我們將重拾最確鑿的傳統美德與宗教信條：貪婪是罪，放高利貸是品行不端，喜愛金錢令人可憎，愈是真正走在美德與清明智慧的道路上，愈不會為明天煩憂。我們將再次重視目的勝過手段，在乎良善多於有用。」[78]布倫斯伯里將勝過華爾街，人民也將享有良善的心智，享受充滿創造力的生活。這一切都會在八十年內實現，只要避開大戰和人口膨脹，留意資本累積與分配即可。就算處在大蕭條的深淵，人類記憶裡沒有比這更慘的衰退，凱因斯依然宣稱所有經濟困頓的徹底終結即將到來。

史紀德斯基（Robert Skidelsky）等歷史學家都指出，凱因斯對未來的想像和青年馬克思在《德意志意識形態》（*Die deutsche Ideologie*）裡的形容頗為類似。馬克思只有在這本書和其他少數地方描繪過共產黨革命後的生活會是什麼模樣。他認為，資本主義時代，「人的活動會成為一種異己的力量，與他對立，使他受其奴役，而非相反。因為只要一分工，每個人便會有專屬於自己的活動範圍，強加於他，不得超出：他是一名獵人、漁夫或牧人，或者是批判者，只要他不想失去謀生手段，就必須永遠是獵人、漁夫、牧人或批判者。而在共產主義社會裡，沒有人有專屬的活動範圍，而是可以在任何領域發展，由社會調節整體生產，讓我可以隨心所欲今天做這件事，明天做那件事，上午打獵，下午捕魚，傍晚養牛，晚飯後批評事物，而不必永遠是一名獵人、漁夫、牧人或批判者。」[79]

凱因斯沒有讀過馬克思的這本短論。它在馬克思生前始終沒有面世，直到一九三二年才出版，[80]而且凱因斯的烏托邦比馬克思的理想世界還保守。凱因斯的烏托邦是資本主義和平抵達的終點，而非暴力推翻資本主義後的結局。但兩人對社會的願景，以及兩人致力追求的良善社會，卻驚人地相似。兩人都盼望在未來世界裡，人們可以投入日常興趣與思想，再也不必以滿足物質所需和忍受不用大腦的乏味工作為優先。

凱因斯和馬克思還有另一個不幸的共同點，那就是兩人都正確預言了革命將至，卻也都誤判了革命的社會後果。如同馬克思所預料，共產主義者確實在二十世紀全球各地推翻資本主義者，而凱因斯對經濟潛能的推算則是大致正確，甚至太保守了。諾貝爾經濟學獎得主史迪格里茲（Joseph Stiglitz）便指出，二〇〇八年全球經濟產量足以讓地表所有男女老幼的生活水準在美國貧窮線之上，不僅對美國國內貧窮人口是巨大進展，對全球貧窮人口也是驚人成就。[81]此外，據哈佛經濟學家班傑明．富力曼（Benjamin M. Friedman）最近的分析，若以個人總經濟產量代表生活水準，到了二〇二九年，美國的生活水準將提升八倍。[82]儘管凱因斯這篇短論發表後的數十年，全世界並未擺脫數度陷入災難大戰的命運，不過「數字都對得上，」另一位諾貝爾經濟學獎得主梭羅（Robert Solow）如此表示。[83]

然而，一個人可以是農人、漁夫兼批判者的時代仍未到來，世界還不是每週工作十五小時，其餘時間可以畫畫、寫作和漫步公園的烏托邦。問題出在哪裡？凱因斯在他的短論裡區分了兩樣東西，一是人類生存的基本需求，二是「能提高我們地位，使我們自覺高人一等」的半需求；這些「二階需求實現的是人對優越的渴望，可能其實永遠也無法滿足」。[84]這種想追上隔壁老王家的努力當然對每週工時延長有影響，但罪魁禍首仍然是不平等。過去九十年來產量和生產力的巨幅增長，絕大部分都被社會中的小部分人收割走了，其餘人的經濟處境其實和一九二〇年代中期相去不遠（即使每週工時從一九三〇至一九七〇年逐步減少，清楚顯示人們其實不是真的想花那麼多時間工作）。所有勞動家庭都會告訴你，他們工作是因為不得不。

總之，凱因斯忽略了經濟分配的必要，不論透過市場結構本身或稅務政策介入，都應加以調控。想實現〈我們子孫的經濟前景〉，就必須對富人課重稅。這套機制不僅能確保勞工分得相稱的企業獲利，也能在政治上防止有權階級的掠奪。

〈我們子孫的經濟前景〉不是一廂情願的幻想，而是將凱因斯其他經濟理論放進哲學脈絡裡的嚴肅作品。在凱因斯眼中，經濟學不是政治必須小心建立其上的基礎科學，對他來說，經濟學只是一門過渡的學問，而且就快無關緊要了。一旦資源稀缺不再是限制，經濟學作為學科也就無足輕重。在不遠的未來，當社會不再有階級，經濟學家就會變成「牙醫」那樣，受人尊敬、專業，但在政治上無關大局。

〈我們子孫的經濟前景〉是凱因斯在《國家》週刊發表的最後一篇大作。一九二九年的大選讓自由黨命運底定，淪為英國的次級政黨，為它擘劃黨綱愈來愈像白費力氣。而倫納德因為妻子新出的小說大賣，經濟上安穩無虞，也想擺脫人員單薄忙亂的週刊出版重擔。[85] 正巧屬性相近的《新政治家》（*The New Statesman*）正在尋找編輯，於是凱因斯便同意合併，並任命馬丁（Kingsley Martin）為新任編輯，他自己擔任社長。儘管新雜誌命名為《新政治家與國家》（*The New Statesman and Nation*），但這筆交易之後，凱因斯的媒體小亨之路算是走到了盡頭，從此只有專欄和評論才會讓人想起他過往的報業身分。直到生命最後，他的心思都將完全擺在學術研究和公職之上。

合併並未讓凱因斯失去太多讀者。大蕭條的可怕反而替他招來更多知音，聽他呼籲打破既有的金融教條。就算戰前倫敦金融城的正統主張帶來再多好處，所有人都看得出來那一套再也不管用了。凱因斯的建議或許奇特，但一九一九年以來所有重大政策對決他一次也沒有贏過，因此事情落到現在這個局面至少不能怪他。對凱因斯而言，正確固然令人開心，但所有大頭都錯了只有他對，那感覺更棒。而在華爾街股市崩盤之後，凱因斯思想上最驚人的政治轉折不是他的貨幣理論，或他主張大興公共工程，甚至不是他預言幾十年後人類將無限富足，而是他呼籲課徵關稅。

凱因斯的朋友最早發現這個轉變。「梅納德變成保護主義者了，」一九三〇年九月，維吉尼亞告訴一位朋友：「我嚇得立刻暈了過去。」[86]

一九三一年三月，凱因斯在《新政治家與國家》第二期呼籲開徵關稅，大量社論漫畫與報紙注意隨之而來。從經濟的角度看，這項提議和他呼籲降低利率、擴大公共工程相符合。英國政府一九二五年高估英鎊，使得英國產品在國際市場價格過高，同時讓外國商品在國內市場取得價格優勢。這麼做照理能迫使國內調降工資，降低出口產品價格，但六年下來毫無起色。脫離金本位制貶值英鎊應該也有效用，不過就如凱因斯在《貨幣論》裡指出的，如此巨幅的改變可能引發難以意料的後果。相較之下，英國可以對外國商品課徵關稅，讓國內市場恢復公平，即使無助於出口，但可以刺激國內生產，不再被迫和價格被人為拉低的進口商品競爭。物價上揚雖然會提高國內消費者的生活成本，但不嚴重，而且生活成本適度上揚將大幅增加新的就業機會，加上貿易已經失衡，新工作帶來的所得增長甚至能讓英國購買更多進口商品。更棒的是，關稅收入還能用來投資公共工程。

和一九二〇年代凱因斯在《曼徹斯特衛報》呼籲採行浮動匯率相比，課徵關稅基本上沒有激進多少。關稅和貨幣調整都只是改變貿易方向，擴張國內生產與就業的手段，只是一個改變物價，一個調整幣值，效果其實都一樣。

況且大英帝國的自由貿易體制本來就仰賴出口多於進口。國內的糧食和煤鐵等重工業原料生產充足，而缺少什麼都可以由殖民地供應，儘管效率會受影響，但和理想的自由貿易差別不大。而且凱因斯很清楚，一九三〇年的世界本來就不理想，因為一九二〇年代的不當貨幣政策已經讓貿易不算自由好一陣子了，英國已經處在貿易戰的谷底，就算多冒點風險也無妨。

但在一戰後二戰前的英國，關稅問題是政治炸藥，而向來擁護自由黨與工黨的凱因斯竟然替保守黨的核心經濟主張背書。一九〇〇年以來，保守黨心目中理想的大英帝國便建立在這套邏輯上，關稅能確保國內繁榮，保護本土產業不受外國競爭，關稅所得可以投入小規模的社會福利措施。就算一九二三年大選期間，匯率和金本位制的問題首次成為凱因斯的理論關注焦點，他也說服不了自己在助選時主張開徵關稅。對他來說，大學時代「貿易自由！思想自由！」的吶喊仍然是自由黨不可偏離的中心思想。就連工黨的社會主義者也相信自由貿易。關稅是異端，不是因為它違反了「倫敦金融城的專家教條」，而是違背了自由主義本身的根基。凱因斯明白這一點，因此努力想找出一個方法，讓那些會被他嚇到的人能接受這項政策，又不放棄原本的信仰。

「自由貿易支持者在維持自身信念的前提下，不妨將關稅收入視為緊急口糧，只能在危急關頭使用一次，」他寫道：「現在就是危急時刻。關稅能帶來喘息空間與財政餘裕，讓我們在其掩護下制定政策與計畫，對內對外都有，以便向契約主義（contractionism）和恐懼的思想發起攻擊。」[87]

這樣的說詞幾乎沒有半點效果。凱因斯在經濟知識分子圈的盟友不是嚇得避而不談，就是氣憤反擊，單單凱因斯自己的《新政治家與國家》就有十幾名大作者猛力批評，包括他劍橋的同僚羅賓斯（Lionel Robbins）和二戰後跟他一起草創英國國家健康服務及福利國家制度的貝弗里奇（William Beveridge）。[88]一九三一年三月七日，工黨財政大臣斯諾登（Philip Snowden）的妻子寫信給凱因斯：「我讀了您的文章，我會等我先生聽得進去的時候再告訴他內容。我敢說他應該會和我一樣難過，您竟然認為非那樣做不可，畢竟您有多相信那是對的……我們就有多相信那是錯的。」[89]

的確，許多一九二〇年代樂於接受改革的經濟思想家，如今面對全球不斷惡化的就業及貿易條件，卻抓著殘餘的知識正統，就算再不合理也不肯放。或許他們信仰的教條確實**有些**部分不對，但顯然不必**全部**扔掉。而凱因斯現在主張課徵關稅，就代表他的其他主張或許不如改革派所想的那麼可靠。一九二九年和凱因斯熱情合寫《勞合喬治做得到嗎？》的《國家》編輯亨德森，就斥責好友不知檢點：

> 對你過去一年左右的所有公開撰文與發言，我的不滿在於其中沒有一則曾經隻字片語提到預算問題非常嚴重，必須認真以對。反之，你只是一再暗示預算無關緊要，支出才是你認為的當務之急，管它是政府或誰出錢、是否涉及預算都不重要，幾乎不值得考慮……結果就是讓所有人，不論他們再聰明、再心胸開放、對金融困境再能理解，都覺得你已經完全瘋了。[90]

亨德森沒有說錯，英國政府的預算狀況並不好。在金本位下，政府過度支出真有可能掏空國庫。黃金一旦用罄，國家就會破產，就得選擇履行哪些債務、哪些債務違約。而英國在十年經濟疲軟和貿易嚴重失衡後，已經離大限不遠了。英格蘭銀行一路調高利率到一九三一年，即使造成國內經濟遲緩也希望吸引更多黃金流入英國。就連工黨政府也追求預算盈餘，稅入多於支出，以維持投資人對英鎊的信心，防止英鎊持有者將錢兌換成黃金。然而，正因為英國購買進口商品的支出多於出口商品的收入，使得國家面臨沒錢的風險。而凱因斯提議課徵的關稅將能抑制進口，阻止資金外流；就算無法完全阻斷進口，也能從中課稅。

凱因斯對批評者毫不留情，斥責他們空洞好比「來自過去的學舌鸚鵡」，[91]同時抨擊貝弗里奇犯了「十足的智識謬誤……我想許多沒那麼出色的自由貿易支持者也一樣」。[92]這些批評者不論有意無意，全都堅信我們生活在一個經濟會自我矯正的世界裡，即使全球經濟已經頑固拒絕自我矯正了十年。

「讓自然力量自行作用，這種理想根本不適合現況，相反的力量太強了，」[93]凱因斯在《新政治家與國家》的補述裡寫道：「批評我的人完全沒有留意我對現狀的分析，也絲毫不感興趣。那些分析占了我原始文章的大部分，並讓我做出課徵關稅的建議……難道自由貿易是神聖不可侵犯的嗎？還是經濟學是個古怪的學科或處於古怪的狀態？不管是什麼原因，新的思想道路都勾不起自由貿易基本教義派的半點興趣。他們一直逼我重啃餿掉的羊肉，硬要我走那條自我長知識以來就知道的路。而我嘗試了多次以後，發現那條路不可能帶我們走向當前困局的解答，只是拿著蠟燭在地下墓穴瞎逛。」[94]

課徵關稅原本是為了解決邱吉爾恢復金本位制的數學錯誤，卻也迫使凱因斯重新思考自己對自由貿易和國際和諧之間關聯的看法。他仍然相信貿易可以連結文化，讓不同民族彼此欣賞。但在現代的經濟混合體中，真正可以促成國與國互相理解的文化輸出卻已萎縮成很小一部分。十九世紀初，當經濟學家李嘉圖提出支持自由貿易的經典論證，稀缺是當時最緊迫的經濟問題。[95]李嘉圖指出，自由貿易能讓各國專注自己最擅長的事，使得全球經濟產量比各國自給自足加起來的產量還高。然而，科技進步抹去了全球分工的許多優勢，占國際貿易大宗的重工業產品幾乎在所有地方製造價格都一樣。不論產品從哪裡來，煤就是煤，鋼就是鋼，車就是車。「經驗累積證明，絕大多數的現代量產流程在絕大多數國家與地區都能執行，而且效率幾乎完全相等，」凱因斯於一九三三年寫道。

過去一個國家想在經濟上盡量自給，都必須付出成本，但創新大大降低了所需的人力物力。國家自給自足，凱因斯寫道，正迅速「變成我們想要就負擔得起的奢侈」。[96]

而且他認為國家很有理由這麼做。全球經濟超金融化已經讓企業主和他們的決定造成的社會衝擊相分離。華爾街的股東不會因為賓州河川被汙染或明尼蘇達州勞工被解僱而失眠，因為他們不會去那裡游泳或跟失業勞工過聖誕。但這種事只要發生在國與國之間，就會埋下不滿。投機熱錢可能今天才湧向某些貨幣與產業，明天就抽走，完全不顧資金殺進殺出對當地人有何影響。「所有權和經營分離會讓人與人的關係惡化，長遠下來可能或肯定會造成緊張與敵意，」凱因斯寫道。

不過，國家裡至少有政治機構可以設立規範，管控金融行為與警察濫權，國與國之間則無法究責。「過去認為一個國家的經濟結構只要有外國資本家的資源與影響介入，國內經濟生活和外國起伏不定的經濟政策緊密相繫，就能確保國際和平，」凱因斯寫道：「如今看來卻不那麼理所當然了。」雖然「觀念、知識、藝術、好客與旅行基本上不該有國界，」他又寫道：「但只要合理合宜，產品最好本土製造，尤其金融更該限於國內。」[97] 這些看法和他戰前的世界觀完全相左。

結果，決定關稅命運的不是自由主義雜誌上的論辯，而是全球貨幣流動及英國國會的現實政治。一九三一年五月十一日，奧地利經濟跌出了國際舞臺。坐擁全國半數存款的奧地利信貸銀行（Creditanstalt）倒閉了，對奧地利金融體系造成致命的心理重創。信貸銀行不僅是維也納最大，也是奧地利最崇高的銀行，董事會成員除了羅斯柴爾德男爵（Baron Louis de Rothschild），還包括英格蘭銀行及德國沃伯格銀行（和創立聯邦準備系統的沃伯格系出同門）的高層。[98] 所有儲戶心裡都想，連信貸銀行都倒了，奧地利其他銀行的狀況可想而知。

銀行擠兌很快成了奧幣擠兌。焦急的投資人和投機客猜想奧地利銀行的黃金儲備可能也空了，便開始擠兌先令，結果自然是讓政府的黃金儲備加速流失。英格蘭銀行行長諾曼承諾提供應急基金拯救奧幣，好讓奧地利繼續堅守金本位。這個決定很了不起，因為他很清楚英格蘭銀行本身也安穩不到哪裡。可惜他並未號召到太多援手。美國、法國和比利時聯合起來只撥了一千四百萬美元救助款，比起信貸銀行面臨的一億美元即期外債根本是杯水車薪。[99]

外國金援來得太少也太遲，維也納政府別無選擇，只能棄守金本位；而且，災難已經擴散到德國，資金正以駭人的速度抽離。對美國來說，由於道威斯計畫建立了全球信貸循環，德國一旦陷入危機，後果不堪設想。

奧地利危機發生之際，凱因斯正前往美國芝加哥講課，並預計到華府謁見總統胡佛及聯準會主席邁耶（Eugene Meyer）。[100] 過程中，他發現自己對一九二九年股災的樂觀分析有個漏洞。「國內眾多銀行及儲戶的焦慮是關鍵因素，但我直到造訪美國才徹底明白這點有多重要，」他告訴倫敦的經濟諮詢委員會：「我認為這是影響局勢最大的障礙之一。」[101]

根據道威斯計畫，美國銀行貸款給德國，讓德國賠款給英國與法國，而英法兩國再用這些錢來支付對美國和美國銀行的戰債利息。一旦美國中斷這個循環，不再提供信貸給德國，歐洲金融就會崩潰。然而，一九二九年股市崩盤之後，美國可以貸給德國的資金開始因為銀行破產而縮水。單單一九三〇年的最後兩個月，全美就有六百零八家銀行倒閉，握有存款高達五億五千萬美元。[102] 然而，柏林需要紐約貸款才不至於金融破產，紐約也需要德國還款才能維持償付能力。凱因斯得知，柏林目前積欠紐約放款銀行二億英鎊，光是曼哈頓前五大銀行，德國就各積欠二千多萬英鎊。這些錢「總數遠超過它們危機時刻的負荷能力，何況還有其他困難」。[103] 所有人都擔心柏林垮了，紐約也會跟著倒，進而讓美元和全球經濟秩序瓦解，因為金本位制讓美元和全球經濟秩序綁在一起。全球經濟正處於存亡關頭。

拉蒙特從紐約打電話給胡佛。既然其他做法都不管用，那只能面對一九一九年弄出來的問題，處理還不起的戰債與賠款了。胡佛身為總統，有權採取緊急措施，允許所有到期的戰債與賠款延付一年。這個政治動作或許就足以緩和驚慌，讓全球有時間拯救國際金融體系免於崩盤。拉蒙特答應事成會將功勞歸給胡佛，並婉轉暗示會幫他掃除隔年總統選舉共和黨初選的主要對手。「最近有許多人私下在說，一九三二年的全國代表大會要放棄現任總統，」他告訴胡佛：「您如果不希望這個計畫成真，最好盡快杜絕這些耳語。」104

胡佛照做了。寬限德國讓法國勃然大怒，但到了七月，急速擴張的貨幣危機最終還是讓法國同意配合。照理說，凱因斯應該很得意。巴黎和會期間質疑他戰債主張的美國外交人員就算仍然嘴硬，至少行為上終於承認他是對的。但勝利來得太遲了。

法國和胡佛協商期間，德國的銀行開始倒閉。柏林當局先向英國求援，後來逼不得已再向法國求救，請法國緊急貸款穩定馬克。法國知道德國沒本錢拒絕，便提出一系列的政治要求，作為援助條件：德國必須放棄和奧地利的貿易聯盟計畫，停止建造兩艘戰艦，同時禁止民族主義者街頭示威。這些條件並不嚴苛，但德國政府實在無法接受將政治決定權交給法國，畢竟法軍六年前才侵占過魯爾區。德國否決了法國的要求，寧願金融破產也不肯在國際上丟臉，同時孤注一擲地頒布一系列限制，希望挽救再次瀕危的貨幣絕境，不讓所有人都擔心的一九二三年災難再現。德意志帝國銀行將利率調高到驚人的一五%，財政部停止支付外債利息，並限制資本離開國內。105 德國債權人無法讓錢進出德國，代表馬克不再能和黃金互兌，金本位制在德國名存實亡。

德國債務違約並管制資本，讓全球投資人及貨幣投機客更加焦慮，不敢貿然轉向其他同樣不穩的國家。拉蒙特和胡佛的擔心沒有成真，恐慌並未席捲美國，而是竄向更加脆弱的英國金融體制。

七月十三日，麥克米倫委員會提出總結報告，針對英國金融體制及國內經濟所受影響發表看法。基本上，對凱因斯而言，這是一次令人滿足的經驗。聽證會讓他戰後首度得以接觸英國金融界大頭，而他公開提出的質疑也讓過去幾位死敵面子掛不住，尤其是諾曼。儘管會議都由他主導，但他仍然表示委員會的報告是「妥協」的結果，雖然「冗長」又「混合」不同觀點算是瑕疵，不過他還是「相當滿意」。[106] 只可惜沒有人對報告中的理論或政策建言感興趣，投資人的目光全落在幾個躲在角落裡的數字上。首先，倫敦各家銀行共積欠外國四億七百萬英鎊短期資金。[107] 但這還不是最重要的。它們還有一億英鎊左右的資產卡在德國。[108] 面對如此巨大的債款和凍結資產，投資人忽然擔心英國金融機構可能無力清償。七月十五日，德國首相布呂寧（Heinrich Brüning）宣布德國債務違約，英國各家銀行就陷入了擠兌風暴。英格蘭銀行每日流失大約二百五十萬英鎊的黃金儲備，直到八月一日收到法蘭西銀行和紐約聯邦準備銀行的五千萬英鎊資金才稍稍止血。[109]

情況稍稍穩定後，首相麥克唐納寫信給凱因斯，希望他針對撙節政策提供意見，作為政府平衡預算方案的一部分。工黨希望以退為進，藉此恢復投資人對英國的信心。

凱因斯嚇壞了。他告訴麥克唐納，政府縮減開支和加稅不僅「都不會有效果，而且是災難一場」，違反「社會正義」，強迫教師和失業者為了政府想平衡預算而承受英鎊貶值的苦果。「我們現在幾乎可以**確定**，金平價是遲早要放棄的。就算之前有機會，如今想避免也來不及了。即使能拖延一陣子……只要大眾對貨幣暢旺程度產生懷疑，如同現在英鎊這樣，我們就沒戲唱了。」[110]他認為英國應該建立新的全球貨幣聯盟，鼓勵各國藉由擴大公共工程來重建國內和歐洲大陸的經濟。

美法兩國的貸款只讓英國喘息了一週左右，擠兌潮就又捲土重來。麥克唐納被迫提前收假，搭火車連夜趕回倫敦，展開新一輪貸款協商以守住英鎊。他聯絡美國外交特使摩根銀行，向華爾街投資人爭取資金。摩根要求英方做出政治讓步，以示還款誠意。儘管經濟學正統派已經奄奄一息，但身為該派大祭司，摩根仍要求英國政府平衡預算以平減貨幣供給。於是凱因斯和撙節派再度槓上，一九一九年的論戰再次上演。

摩根銀行合夥人格倫費爾（Edward Grenfell）明白告訴麥克唐納，除非大幅壓低政府支出及國內工資，否則他們不會貸款。「我們都受夠承諾了，」他這樣告訴英國首相。[111]不過，他私底下並不相信對方會大砍工資和社會福利。格倫費爾向來瞧不起這位工黨領袖，曾經話中有話告訴拉蒙特「那傢伙只有肝是白的，只有血不是紅的」，[112]一語道盡摩根幫的種族和經濟世界觀。

八月十二日，凱因斯修正了他的悲觀預測，但幅度不大。他告訴麥克唐納，英國還是可以守住金本位，但政府必須採取全面措施對抗通貨緊縮，包括課徵關稅、擴大公共工程和大幅調降利率。然而，這些都是背水一戰的做法，足以搖撼整個體制。「根據目前蒐集到的印象，我認為除非採取駭人聽聞的激烈手段，否則危機一個月內一定會發生。」[113]

貨幣市場混亂瞬間成了文化事件。總罷工前幾天，英國家家戶戶、大街小巷都在討論經濟動盪。舉國上下都懷著不祥的預感，而風雨欲來的英鎊貶值與脫離金本位制看在某些人眼中更是有辱「國格」。[114]「這個國家正在危急之秋，」八月十五日，維吉尼亞．吳爾芙在日記裡寫道：「大事即將發生。梅納德去了唐寧街，散播駭人聽聞的謠言……未來世代是否會如他們所說，當他們回顧我們的（金融）困境，會覺得可怕極了？」[115]

麥克唐納和財政大臣斯諾登不是懦夫，兩人都曾為了信念犧牲個人利益，在世界政治舞臺上勇敢堅持立場。斯諾登是死硬的和平主義者，差點為了反戰而斷送政治生涯；麥克唐納則是痛斥法國侵占魯爾區，最終逼得美國介入歐洲的戰後危機。但他和摩根銀行、紐約聯邦準備銀行及英格蘭銀行經過一連串密電協商後，終究否決了凱因斯的建議。連信奉社會主義的他也覺得凱因斯的提案太過激進。

麥克唐納和斯諾登決定支持摩根銀行認可的方案，增稅六千萬英鎊，削減支出七千萬英鎊，包括減低失業補助一〇%。[116]這項主張宛如晴天霹靂。對工黨其他內閣成員來說，在仍有一百多萬民眾苦無工作的情況下大砍失業救濟，簡直可鄙到極點。英國社會主義政府竟然被一群美國銀行家綁架，違背了他們對社會正義的基本承諾。八月二十三日星期日晚上，協商進行到白熱階段，工黨政府陷入「亂鬥」，內閣成員「又熱又累」，所有人「唇槍舌戰」。晚上十點二十分，麥克唐納心力交瘁，向國王遞交了辭呈。[117]

然而，撙節派仍不放棄。隔天麥克唐納又被提名為首相，成為保守黨政府的左翼傀儡領袖，帶領新的反對黨聯盟對抗工黨。內閣通過削減預算，摩根銀行立刻兌現承諾，在美國湊齊二億美元借給英國政府，外加法國來的二億美元貸款。[118]

凱因斯非常沮喪。「這個國家被架著要讓通貨緊縮有效，天曉得會是什麼下場，」[119]他在信裡告訴母親。另外，對紐約銀行家凱斯（Walter Case），他說自己「在報上讀到大家都瘋了……心裡消沉到極點」。[120]

他公開反對這項決議，表示這麼做不會管用，大英帝國無法靠通縮得救，摩根銀行的貸款只會打水漂。金本位制已經毀了歐洲。就像他一九二五年便警告過的，金本位制迫使英國政策跟著不可靠的美國聯準會走，而歐洲已經失火了，美國還在囤積黃金。凱因斯發現，美國聯準會一九三一年的危機處理方式和英國一九一四年應對金融危機的手法非常不同。英國讓錢自由流動，聯準會卻緊守黃金儲備，以防美國債務違約。如今全球半數以上的黃金都在美國，而美國政府寧可將黃金鎖在國庫裡，也不肯借給陷入金融困境的國家，甚至不肯解救瀕臨倒閉的美國銀行。英國就算刪減預算或取得現金挹注，也無法解決這個根本問題。

「老實說，政府的政策就是完全沒政策，」凱因斯告訴《新政治家與國家》的讀者：「他們屈服於外國放款銀行開出的條件，必須平衡國家預算才能拿到短期外幣貸款，才能用英鎊償還短期債務……全世界都受夠了國際金本位制的自私與愚蠢。這套制度非但沒有促進國際貿易，反而成為全球經濟運作的詛咒。」[121]

擠兌沒有停止，徹底戳穿了摩根銀行和麥克唐納的計畫有多愚蠢。九月十六日，英國下議院找來凱因斯討論這場危機。凱因斯直言不諱，英國正走向災難。「預算經不起任何考驗，」他的演講筆記寫道：「我認為目前的政府方案，是我有生以來見過國會犯下最大、最愚蠢的過錯。」[122]光是耶誕節之前，英國失業人數就會增加一〇%，最終可能減少四十萬個就業機會。首相的計畫或許能平衡貿易，但純粹是因為失業者會減少購買進口糧食。「這種減少糧食進口的方法還真是太迂迴、太奢侈了！」

至於凱因斯的建議，議員們早就聽過了：關稅與補助以改善英國製造商的貿易處境；簽署國際協定取消所有戰債與賠款；為所有債務國的其他外債提供三年的全球融資；建立新的國際信貸庫，資助各國政府改善基礎建設；「貨幣全面寬鬆」和「政府推動大型公共工程」。[123]凱因斯的提議，從精神到文字都和他一九一九年開給全球的處方驚人相似。儘管加了關稅及公共工程，但他基本上關切的還是老問題——私人利益讓全球金融體制的主要參與者無意或無能應付歐洲面對的社會挑戰。這些挑戰太大，失敗的代價太高，想要解決唯有靠國家出手；即使難度再高，我們也別無選擇。

「過去十二年，我對國家政策就算有影響力也很微薄，」他告訴在座議員：「但作為卡珊德拉（Cassandra）*，我是很成功的先知。我可以在此告訴各位，並賭上自己所有名聲，最近幾週我們犯下可怕的政策錯誤，就和上當的政治家沒有兩樣。」[124]

撙節派勝利了，後果卻是得不償失。九月十八日，用來支撐英鎊的摩根銀行貸款宣告用罄，情況卻不見好轉。英國政府走投無路，最終於一九三一年九月二十一日宣布脫離金本位。那天早上，凱因斯不在白廳，也不在國會，而是在布倫斯伯里，跟維吉尼亞和卡恩一起。維吉尼亞回憶三人正在談論經濟和政治，得知消息「就像戰場上的人」看見「衛兵出現：塔樓守住了」一般。[125]這話比喻得相當貼切。打從一九一四年八月跳上希爾的摩托車趕赴倫敦以來，凱因斯就在打一場經濟戰爭。廢除金本位制是他的最後一役，而他跟工黨政府交手的經驗，就和他一九一九年在巴黎跟勞合喬治的互動如出一轍。他作為政府顧問的影響力再次不敵美國在金融上的不妥協，而他的忠告也再次不幸言中。對英美兩國而言，不聽忠告的代價就是另一場戰爭。

＊譯注：卡珊德拉是希臘神話裡的先知。阿波羅神賜給她預言能力，卻又下了詛咒，沒有人會相信她的預言。

8 浴火重生

一九三二年元月初，凱因斯悄悄去了柏林幾天。沒有對外公布，也沒有報刊媒體大幅報導，甚至沒寫進他自己的行事曆裡。抨擊《凡爾賽和約》、持續呼籲國際社會放寬賠款條件，雖然讓凱因斯在德國備受歡迎，但他和保守派德國總理布呂寧並非志同道合的好兄弟。兩人見面長談，布呂寧仍然堅持一九二三年惡性通膨讓德國餘悸猶存，不敢輕言嘗試可能造成二度通膨的措施。在缺乏國際援助的情況下，他寧願選擇老派方式平衡國家收支，也就是忍受長期的通貨緊縮。

「我剛去了德國幾天，」元月十三日，凱因斯在信裡告訴英格蘭銀行行長亞歷山大・蕭（Alexander Shaw）：「對方的立場令人心驚。」[1] 他在《新政治家與國家》裡說得更明白：「德國正困於通貨緊縮，可怕程度在世界各國是絕無僅有……不僅已經到了忍受極限，甚至超過……那裡有太多人已經不抱期望──除了『改變』，儘管想不到也說不出具體內容，但就是想**改變**；而戰爭爆發都過去十七年了。」[2]

凱因斯恨恨批評「專家們」將德國推向深淵，三分之一人口失業，所有人的生活水準都「橫遭拉低」。被迫縮衣節食使得人民對國內外的始作俑者充滿怨忿，「賠款變成感受問題，人民群情激憤，只想憑衝動來反應和做決定。」凱因斯寫道。儘管「就科學而言」，德國眼前處境確實是「一連串複雜事件的結果，賠款和戰債只是因素之一，但我們不能期待一般百姓這樣看。眼前這種局面，一般人只有把事情簡單化才能思考與反應。倘若他決心『改變』，就只能做他自覺能力所及而且具體的事」。[3]

這項政治警告，和他一九一九年要各國別助長強人崛起的告誡如出一轍，而他也再次搬出老掉牙的呼籲，要求各國取消戰債和賠款，共同推動國際重建計畫。然而，瀰漫全篇短文的正經語氣，透露出凱因斯明白已經沒戲了。和他其餘的傑出文章不同，文中沒有滔滔雄辯，也沒有尖酸批評或機鋒百出，只有沉重的醒悟，這個讓他名滿全球的大計畫正走向失敗，而且是慘痛到無法用損益表衡量的失敗。

六個月後，德國人民用選票讓布呂寧下臺，一九二三年經濟崩潰期間因為啤酒館政變而飽受各國嘲弄的一位年輕人順勢上位。這番崛起讓不少報紙對這位元首（Führer）和納粹黨有所改觀。「該黨許多原本尖銳的政見變得和緩許多，」《紐約時報》如此安撫讀者。《布魯克林鷹報》（*The Brooklyn Daily Eagle*）則是立下結論，表示希特勒發出的「和解訊號」，讓他和之前那個四處妖言惑眾的政客「幾乎判若兩人」。[4] 就連美國最著名的專欄作家李普曼也指出，希特勒是「真正代表道地文明民族的聲音」。[5] 然而，凱因斯卻清楚看出希特勒當選絕對是悲劇。他告訴《每日郵報》

（*Daily Mail*）讀者：「身心俱創的德國人，選擇了躲回過往的思想行事，就算沒有退回奧丁（Odin）時代，也退回了中世紀。」[6]

一九三〇年代初重回英國政府任職之際，凱因斯不無理由對經濟政策改善人民生活的能力感到樂觀。反省過去那十年讓他相信，經濟政策不僅能用來預防許多壞事，也能用來主動促成許多好事，而且英國政府還一次給了他兩個足以左右經濟委員會決策的職位，結果卻糟蹋了他的建言。到了一九三二年，不只德國看來情勢嚴峻，二度造訪列寧格勒探望洛普科娃家人也讓凱因斯「對布爾什維克那幫人心灰意冷」。雖然他沒有公開撰文，免得岳家遭到蘇維埃報復，不過還是私下向朋友家人透露了心底的驚駭。「若非親身去到那個國家，你都忘了他們有多瘋狂，只在乎自己的實驗，不在乎結果好壞。」[7]一九三一年經濟危機，麥克唐納政府否決了凱因斯的提議，一位名叫莫斯利（Oswald Mosley）的年輕國會議員辭去職務，成立不列顛法西斯聯盟（British Union of Fascists）。一切就如凱因斯所擔憂，經濟問題正掀起政治動盪，讓人民渴望威權化解難題。

不僅如此，布倫斯伯里幫也開始朝馬克思主義靠攏，而劍橋大學知識分子圈則是跟著斯特雷奇的堂弟約翰（John Strachey）起舞。根據一九三〇年代在劍橋師事凱因斯的知名加拿大經濟學家塔西斯（Lorie Tarshis）回憶，約翰一九三二年出版激進馬列思想小冊《下一場權力鬥爭》（*The Coming Struggle for Power*），立刻成為「劍橋學生的聖經」。[8]約翰並不否認，科學上資本主義確實有可能改進，變得比大戰以來更人道，但他和許多英國馬克思主義者都認為，政治上不可能做出這樣的改革。除非發動暴力革命，否則握有大權的歐美資產階級絕不會對勞動階級做出必要的讓步。[9]而從華爾街到倫敦金融城，似乎都證明約翰說的一點也沒錯。就連英國工黨勝選之後也成了摩根銀行的聽命蟲，在經濟上一敗塗地。凡妮莎的兒子朱利安在劍橋讀書，被社會主義者給說服，他寫信告訴家人「現在要找到一個自認有學問，卻又否認馬克思主義對當前危機分析大體正確的人，簡直難上加難」。[10]

不過，布倫斯伯里幫在經濟思想上依然緊隨著凱因斯的腳步。只是羅素夫人朵拉投書《新政治家與國家》提出的問題，也是眾人心中的疑惑：既然凱因斯的構想那麼好，根深柢固的階級利益也沒有阻攔，那為何沒有人照做？

「因為我還沒說服專家和一般民眾，讓他們相信我是對的，」凱因斯回覆道：「階級鬥爭分子認為該怎麼做很明顯：國家現在一分為二，一邊是貧窮的好人，他們想做，另一邊是有錢的惡人，他們出於自利不想做；而權力在惡人手上，唯有革命才能推翻他們。但我看法不同。我認為知道該怎麼做是非常困難的，而且知道該怎麼做（或自認為知道）的人又很難說服別人相信他們是對的，即使理論剛出來時，因為還沒被消化，所以艱澀難懂，但隨著時間過去，已經好懂多了。」不過他仍然堅信，比起好構想的說服力，「自利資本主義者的阻力實在微不足道」。[11]

這般語氣和《勞合喬治做得到嗎？》裡的興高采烈顯然很不同。當時他在文中向民眾保證，大幅進行公共建設是英國解決近期困境最明顯也最直觀的答案。**所有人**都知道這樣做才對，凱因斯一九二九年如此表示——誰曉得後來他們會被倫敦金融城那些專家恐嚇得失去理智。

這層轉變並不只是對抗歷史唯物主義的最後一搏，更代表凱因斯決心大幅修正自己的遊說技巧。從大戰爆發到一九三一年英國金融危機，凱因斯的公職生涯只有一個目標，就是讓歐洲政策聽命於他的才智，卻始終徒勞。在財政部，他沒能說服戰時內閣相信財政上的壓力無法負擔得起一擊致命的攻擊或徵兵；擔任巴黎和會代表時，他沒能說服各國領袖認知到歐洲的長久和平需要齊心合作努力重建這片大陸。從內部說服不了，他嘗試從外部鼓動，以記者、公共知識分子和媒體老闆的身分向政府施壓，但一九三一年的此時清楚證明他再次失敗了。他好不容易征服自由黨，自由黨卻邊緣化了。儘管他在《和約的經濟後果》與《邱吉爾先生的經濟後果》裡的主張，如今已成為普通人琅琅上口的常識，可是他預言成真卻只害自己的政治盟友失去權力，他自小反對的政黨取得政權，即便課徵關稅也不是由於信服他的論證，只是因為保守黨已經鼓吹關稅了五十年。脫離金本位讓英國大有餘裕推動公共工程，卻沒有一項排入政府計畫。所有人都同意《凡爾賽和約》一敗塗地，卻沒人肯及時修正，防止德國陷入災難。

於是，當一九三三年國際貨幣秩序改革會議交了白卷，沒有提出任何未來合作計畫或程序，凱因斯對歐洲領導階層徹底失望，預言各國不肯放下老派的金融思想，只會讓已經吞噬德國的政治潰瘍向外擴大。「現在顯然已經沒有祕密、沒有驚喜，只剩腦袋空空了，」他這樣寫道：「決議落空只會讓民眾更加憤世嫉俗，對掌權者更無敬意。而最近別處的例子告訴我們，這種失去敬意是民主國家面臨的最大危機。」[12]

凱因斯從這場夢魘脫胎換骨，開創出一番非凡的事業。他替百姓揭開高級金融的神祕面紗，一舉成為名重全球的公共知識分子。他告訴一般民眾，經濟思想其實沒有那麼複雜，大夥兒只是被金融家的專業術語和貴氣逼人給唬住。富人當然懂錢，否則哪會賺那麼多？重點是市場上極缺既有威望，又能將金融行話轉成白話文，還能駁倒那些替人人明知有問題的政策辯護的說詞。

凱因斯擅長擔任公共知識分子，帶給他的回報遠不只金錢而已。五十歲的他，和當年搭著妹婿機車晃到白廳的那個聰明散漫的無名小伙子，社會地位完全不可同日而語，不僅在鄉間擁有房產，五大洲的出版社都巴不得他上門，歐洲王室邀宴不斷，連妻子都是國際知名的芭蕾舞伶。他成為布倫斯伯里幫的大金主，這場藝術運動至少孕育了維吉尼亞．吳爾芙這樣一位真天才，大西洋兩岸都很推崇她的作品。儘管他本人審美天分有限，但名聲與財富讓凱因斯得以在當時的大藝術家之間吃得很開，這些全是他最想仿效而不可得的人。

從大戰、大蕭條到現代主義，凱因斯經歷過許多大事件，而編纂這一段歷史的史學家似乎非提到他不可。但凱因斯也沒能跳出時代局限，始終無法將名聲轉為政治權力。生活在兩次大戰之間的達官顯貴，如今大多已被世人遺忘。要不是凱因斯找到了形塑未來的方法，現在也不過是腳注才會提到的名人罷了。

凱因斯靠寫作吸引了大批讀者，但這些讀者卻未能撼動上位者。不論首相和內閣大臣在選舉期間說了什麼，掌權之後仍然去找金融大師求神問卜，對他們的神聖算式言聽計從，而這些大師無一不向世人開示，唯有收支平衡和高利率才是救贖之道。凱因斯最終發現，這群術士幾乎全靠嚴格劃分自己的經濟學說與市井小民的普通意見，從中獲取權力。凱因斯說服愈多百姓，倫敦金融城的先知們就愈容易打動政治人物，說服對方相信只有他們才知道金融迷霧中的奧祕。當然，腦袋清楚的首相不會隨便在路上抓一個人來當財政大臣。改革的呼聲愈響，就愈需要可靠的專家掌舵。凱因斯想上達天聽，首先就得收服這群金融術士。

於是，凱因斯決定讓自己也變成術士。他改變了描述經濟問題的方式，不再形容經濟兩難其實很好解決，方法誰都能懂，而是將之形容成非常困難複雜，唯有聰明的知識分子戰士才能探得偉大的真理。他不再在大眾媒體刺激和嘲諷對手，而是全力在學術期刊提出專業論證；不再將自己定位成破除迷思者，而是經濟學的愛因斯坦，正在發展新的大理論，徹底推翻舊思維。這是對抗學術敵手的一種阿諛手法：對方或許有錯，但絕不愚蠢，也不是被誤導。他們的看法其實相當安穩，唯有思想大海嘯才能推倒。對於公共事務方面的對手，凱因斯不再正面衝突，甚至不再辯解，因為他正忙著思索他們看不懂的高妙理論，沒空理睬他們的質問。銀行家布蘭德（R. H. Brand）問他廣播演說時提到的新「需求問題」是什麼意思，凱因斯避而不答。「我可能還無法跟您談這件事，」他這樣說道，接著表示知識發展到這個階段，銀行家的想法不是很重要。「我正在努力寫書……到時內容會非常學術，因為我滿肯定的，我的首要目標應該是說服經濟學的同行。」[13]

至於信奉馬克思主義的朋友，凱因斯則是隱約暗示自己可能帶來的震撼。「我想自己正在寫的經濟理論書將大幅顛覆——不是馬上，但我想十年內——這個世界看待經濟問題的方式，」他在信裡告訴社會主義劇作家蕭伯納。「一旦我的新理論傳播開來，跟政治、情感和熱情交融在一起，我不敢說最後會有什麼行動或結果，但肯定會帶來巨大的改變，尤其馬克思主義所倚賴的李嘉圖思想將會瓦解。」

「我不期待你和其他人現在就相信這一點，但我自己不僅如此希望，而且心裡很篤定絕對會發生。」[14]

凱因斯如此浮誇，肯定讓英國菁英階層不知所措。然而在大西洋彼岸，在那個凱因斯從未喜歡、也從未信任其政府的國家，卻因為一些事件讓經濟學的異端思想有了掌握實權的機會。

一九三二年美國總統大選前一週，內華達州州長巴爾札（Fred Balzar）打了一通電話給副州長格里斯沃德（Morley Griswold）。過去幾天，巴爾札一直在華府和胡佛總統的內閣官員磋商——其實是求情，爭取二百萬美元的緊急貸款。美西金融巨擘溫菲爾德（George Wingfield）旗下的連鎖銀行過去一年不斷燒錢，州府高層認為聯邦政府再不出手，這個小帝國就會瓦解。內華達州當時人口還很少，州內三十二家銀行有十三家歸於溫菲爾德名下，而他跟內華達的權力菁英向來關係良好。五年前，五十多萬美元從溫菲爾德名下某家銀行神祕消失，該州人民（當然是透過他們選出來的民意代表）甚至慷慨相助，以特別稅名義扛下三分之二損失，而沒要求這位金融大亨本人補償。大蕭條期間，大批牛農羊農繳不出貸款，讓溫菲爾德旗下銀行岌岌可危，連帶拖累了全州經濟。內華達州五七％以上的存款都在他名下銀行，要是銀行垮了，這些存款幾乎都會蒸發。[15]

單是一九三二年，溫菲爾德就得到新近成立的金融重建公司（Reconstruction Finance Corporation）四百萬美元和舊金山聯邦準備銀行將近一百萬美元的援助。州長巴爾札致電副州長是想告訴他壞消息：胡佛政府拒絕了他的請求。溫菲爾德沒有足夠的擔保再向金融重建公司貸款二百萬美元，而聯邦準備銀行吃了呆帳以後也不肯再當凱子，於是巴爾札命令副州長採取美國政壇少見的激進措施，關閉州內所有銀行直到十一月二日（正巧會到總統大選結束後），以防存戶再向溫菲爾德旗下銀行提款，讓州政府有時間挽救局勢。

格里斯沃德翻遍法條，也找不到命令州內銀行放假的法源依據，於是他只好宣布所有公司行號停業，「除法律規定的稅款與義務外，其餘債務與義務不分性質種類，一律暫緩繳付。」即便如此，他也無權強迫店家關門，只能交由公司行號自行決定。

這招毫不管用。溫菲爾德旗下銀行統統關門，體質良好的競爭對手雷諾美國第一銀行（First National Bank of Reno）卻照常營運，州裡所有人都知道問題出在誰身上。溫菲爾德就此玩完，旗下銀行再也沒有開門。

緊接而來的商業大亂「摧毀了內華達的金融與產業」，日後成為參議員的麥卡倫（Pat McCarran）對女兒回憶道：「因為政治人脈和政治權力的關係，州政府有一百二十萬美元左右的公共基金形同被溫菲爾德旗下銀行挾持，民眾生活各方面都受影響，包括學校經費。大學基金被套牢了……舊金山零售業者下令，不得對內華達州商家的零售貨品展延信用。」[16]

華爾街和內華達州相距甚遠，一九三〇年代更是如此。州政府在金融危機前一年才將賭博合法化，目標鎖定參與科羅拉多河水壩計畫的年輕人，希望新的誘因能吸引他們前來落腳。這群年輕人下工後常窩在一個名叫拉斯維加斯的地方，溫菲爾德根本懶得去那個風沙滾滾的小鎮開設據點。內華達州拯救溫菲爾德旗下銀行的試驗很快就有了仿效者，同樣是一個聯邦政府鞭長莫及的腐敗之州。一九三三年二月，厚臉皮的南方政客脩義龍（Huey Long）向州民宣布，路易斯安那州內的銀行全數關閉，藉口是紀念威爾遜和德國斷交十六年。

這兩起事件雖然發生在美國兩端，政治上卻有關聯。不論危機出現在美國商業活動的後方或前線，這場危機都跟一九二九年大崩盤、歐洲金融動盪，以及聯準會和華府的反應脫不了關係，常年腐敗纏身的銀行只是最先倒下的。而銀行腐敗更加劇了人民的懷疑，不確定聯邦政府出手拯救地方銀行的做法是否明智。同年二月，聯合嘉德信託銀行（Union Guardian Trust）向金融重建公司申請五千萬美元的紓困貸款。聯合嘉德信託銀行是密西根州最大的銀行，也是美國產業核心。胡佛政府努力協調援助方案，希望亨利．福特（Henry Ford）能免去聯合嘉德信託銀行部分債務，但遭到福特拒絕。「我已經是這個國家納稅最多的公民，沒有理由再幫政府處理銀行貸款問題，」福特表示：「該倒的就讓它倒吧。」[17] 密西根州隨即宣布所有銀行停業。

胡佛剛任命的財政部長梅隆（Andrew Mellon）和福特立場相同。大蕭條期間他主張的做法其實就是金融虛無主義：「清算勞動力、清算股票、清算農民、清算不動產，」他告訴胡佛：「這樣體制裡的腐化就會清除乾淨……人民工作會更加勤奮，生活更加道德。」[18] 這也正是海耶克對《貨幣論》的批評。破產是盲目擴張的必然結果，政府不論如何粉飾太平，只會讓事情變得更糟。

凱因斯從直覺到推論的前提，都和這派理論背道而馳。他太景仰柏克，無法接受利用制度崩壞帶來的混亂來促成改變；而清教徒推崇懲罰，認為能滌淨性情，對這個因為性傾向而告別教會的人來說，更是毫無吸引力。這就是他見到股市崩盤反而鬆了口氣的理由，因為他認為政府高層肯定會採取激烈的金融挽救措施。

然而，比起凱因斯，美國聯準會似乎更認同海耶克。黑色星期二以後，多虧紐約聯邦準備銀行總裁哈里森的努力，市場迅速獲得一筆紓困基金，聯邦準備銀行調降利率的做法也一直維持到一九三一年。但股市崩盤後，就算利率調降到二．五%的歷史新低，依然太過保守。一九三〇年九月聯邦準備理事會上，米勒（Adolph Miller）告訴在場同事，利率低「並不真的代表貨幣寬鬆或廉價」，因為美元迅速貶值讓小額經濟數字感覺很大；[19]而且股市崩盤後，紓困措施只及於紐約的銀行，未擴及其他地方。誠如新政經濟學家柯里（Lauchlin Currie）所主張的（後來傅利曼也如此分析），聯邦準備銀行明明能用合理價格買下鄉村和小鎮銀行的擔保，支撐銀行的準備金，讓它們滿足存戶的提款需求，免於倒閉，甚至貸款給地方商家，[20]但聯邦準備銀行和經濟學大老眼見孱弱的銀行苦苦掙扎，卻認為這代表整個體系正變得更加穩健。體質貧弱的銀行倒閉後，剩下的銀行都很強壯。哈佛大學經濟學家熊彼得（Joseph Schumpeter）認為，對銀行提供任何協助「只是人為刺激，反而讓蕭條無法克盡其功」。[21]

一九三一年秋，奧地利信貸銀行倒閉，投機攻擊轉而掃向其他央行。聯準會立刻提高利率，防止投資人拋售美元換取黃金。利率調漲導致美國仰賴貸款的企業成本增加，引發大批債務違約，尤其是農業，因為其他產業員工遭到裁員，開始節衣縮食，導致農產品需求下降。農民付不出貸款，銀行就跟著倒閉，內華達和路易斯安那等農業州受創慘重；加上都會區的銀行因為歐洲貸款也出現問題，結果就是第二波的全國金融崩潰。到了一九三二年底，全美銀行有高達四二%的存款被抹消，這還不計入一九二九年大崩盤的損失。[22]這使得更少金錢投入經濟，進一步導致美元貶值。腐敗確實清除了，只是一切也跟著完了。

胡佛總統本人比他的顧問更想支撐現有金融體制。他反對成立金融重建公司，堅持了好幾個月，最後才出於輿論壓力和聯準會主席邁耶的內部操作而讓步。[23]和他採取的其他搶救措施一樣，金融重建公司職權不大，而且規範嚴格，因為胡佛不是真的相信這招管用。一九三〇年末，他在國會演說時便主張「經濟蕭條不能靠立法解決」。[24]但他顯然相信粉飾未來和強調體制健全更能支撐人民信心。股市崩盤後，失業率連續數月飆升，就業人口瞬間減少四分之一，胡佛信心滿滿只是讓民眾更加確信總統這下麻煩大了。因此，當內華達州宣布銀行停業後幾天，紐約州長小羅斯福——一位行事難以預料的紐約名門之後——以將近一八%的懸殊差距擊敗胡佛，拿下六個州之外的所有選舉人票贏得總統大選，幾乎沒有人感到意外。

雖然選舉慘敗，胡佛可不想為了這麼捉摸不定的事犧牲自己的經濟原則。得知密西根州長被迫宣布銀行停業，他立刻寫信給剛當選的小羅斯福，要對方和他一起針對國家財政發表聲明。「如果現在就向人民保證，」他寫道：「政府不會操弄或升值貨幣，即使必須加稅，也會確保預算收支平衡，並且不會發行證券耗盡政府信用，必能大幅穩定國家。」[25]雖然胡佛在回憶錄裡大談自己努力和小羅斯福達成跨黨派協議，穩定金融體制，但在寫給賓州參議員李德（David Reed）的信裡卻坦承，他其實是要小羅斯福接受「共和黨政府的全套大方案」，「放棄九成」他在競選期間主張的「所謂的新政」。[26]

小羅斯福無意替造成美國如此慘況的政策背書，更別提在上任前了。隨著一州州關閉州內所有銀行，民眾決定將存款拿回手上。史勒辛格（Arthur M. Schlesinger, Jr.）指出當時「所有人都認為安全第一，錢少就塞在襪子裡，錢多就放到國外」。[27]全國恐慌正式引爆。

如同美國過往每次金融風暴，真正的搶兌發生在紐約市。單是一九三三年二月，當地銀行就少了七億六千萬美元存款，並兌現二億六千萬美元政府債券，以滿足存戶提款需求。[28]而全美中小銀行的基金都由紐約的銀行託管，現在突然必須將錢取回，好讓客戶擠兌。因此，曼哈頓區的大銀行倒閉，就代表全國金融體制瓦解。全美各地銀行一旦領不回存放在紐約的錢，幾乎就會立刻倒閉。紐約州長雷曼（Herbert Lehman）剛上任幾週，就得面對州內銀行體系史無前例的徹底停擺。拉蒙特擔心華爾街的國際名譽受損，即使聯邦準備委員會主席邁耶開始力勸胡佛採取激進措施，拉蒙特依然向雷曼施壓，要他阻止銀行關門。

美國一九一七年頒布的《與敵方通商法案》（*Trading with the Enemy Act*）裡有一條不起眼的條款，似乎允許總統以國家安全為由關閉國內所有銀行，但胡佛非常猶豫，表示條款不夠明確，由聯邦政府通令全國可能弊多於利，因為監管銀行其實是各州權責。不過，只要總統當選人和他一起發表聲明，他願意提供聯邦應急基金給銀行——但不是幫銀行完全解套。[29]到了三月四日週六凌晨四點二十分，雷曼再也等不下去，下令紐約州內銀行全數關閉。全球金融首都突然離線，全美各州立刻跟進。「美國天剛破曉，銀行卻像是死透了。」[30]這天是美國總統的就職日。

選舉期間，小羅斯福將自己塑造成充滿活力、亟欲打破黯淡現況的樂觀分子。從當選到就任這期間，他和親信顧問只挑改革者進入政府各部門，包括布萊恩派（Bryanite）民粹主義者、威爾遜式自由主義者、布蘭迪斯派（Brandeisian）反托拉斯人士和不少死硬共產主義者。一九三三年冬天，小羅斯福雖然對經濟缺乏科學深入的理解，卻很清楚自己想做什麼，而他的執政團隊在意識形態上不拘一格，共同結果就是使他成為賦予凱因斯思想以政治生命的世界領袖。[31] 新政將證明凱因斯的政策確實有效，而他那本讀來令人頭疼的學術書《就業、利息和貨幣通論》則會解釋新政為何有道理——至少是其中那些有道理的部分。

這場智識上的求愛雖然笨拙，不過凱因斯很快就在小羅斯福的就職演說裡認出了意氣相投之處：這人喜歡和社會菁英打成一片，卻不喜歡他們的壞想法，即使他有時並不清楚自己想法為何。他在演說開頭提到凱因斯一九一四年就已談及的核心主題：私人金融的不穩定。在這場總統就職演說中，小羅斯福不僅大膽主張人民權力在銀行體系之上，更公然從民粹角度攻擊高級金融產業巨頭。「富足就在門前，但我們剛要高興，寬裕的生活就飄然離去，」小羅斯福表示：「這主要是掌管人與人商品交換的主事者失敗了。他們固執無能，受挫後就撒手不管。貪得無厭的貨幣兌換商被人心唾棄，在輿論法庭被判有罪……他們只知道自利者的法則，心中毫無願景，而人沒有願景就注定滅亡。」彷彿深怕有人到現在還不知道罪魁禍首是誰似的，這位新科總統接著說道：「這些貨幣兌換商已經從文明殿堂的高位落荒而逃，我們可以開始用古老的真理重建殿堂。而要衡量重建的程度，就看我們體現了多少比純粹追求利益還高貴的社會價值。」[32] 這樣的主張放到今日依然激進：不論追逐私利在繁榮的經濟秩序裡扮演何種角色，都不能作為其基礎。

小羅斯福非常擅長視對象以不同的政治面貌示人，而他的政策規畫不一定跟得上他的三寸不爛之舌。但其後數年，他將充分向世人展現，自己就職當天說的那番話是什麼意思。停止銀行體系採取自由放任雖然沒有一步到位，但事後證明他做得非常徹底。小羅斯福脫離金本位制，推行存款制度社會化，聯邦準備系統國有化，並由財政部監管，讓財政和貨幣政策同步，同時強制大銀行分家，並縮限其業務。總之，他打破了美國金融產業的政治骨幹，並利用金融產業，讓它們在聯邦政府指示下協助經濟復甦。

凱因斯政策將在美國大獲全勝，徹底改寫國家、社會與貨幣的關係，程度之大遠超過凱因斯本人預期。但一九三三年當時，小羅斯福和凱因斯在意識形態上並非百分之百契合。「我們的首要任務就是讓人民有工作，」小羅斯福在就職演說裡表示：「只要有勇氣和智慧去面對，這不是無法克服的問題，其中部分可以靠政府直接僱用人民來解決，就像戰時緊急動員一般。」這顯然和凱因斯在英國鼓吹無果的做法相同，但他接下來的主張就不是了：「聯邦、各州和地方政府（必須）立即以行動回應大幅降低成本的呼聲。」而他亟欲「讓國家這棟樓房恢復秩序，收支平衡」也和凱因斯的想法不同。

小羅斯福的首任就職演說，如今最為人所知的就是開頭：「首先讓我表明自己始終深信一件事，我們唯一需要恐懼的就是恐懼本身，那種無以名狀、沒有來由、無憑無據的恐懼，讓我們轉退為進所需的種種努力化為泡影。」這番話不僅呼籲人民重拾對國家的信心，更直接懇求人民面對金融恐慌要保持冷靜，而他發表完這篇短講之後就必須立刻處理這個問題。

紐約州長雷曼下令州內銀行三月四日停業，等於關閉了全美金融體系。隔天銀行同樣停業。三月六日週一凌晨一點，小羅斯福宣布全國銀行停業。接下來一週，全美銀行都沒有開門，由聯邦稽察人員檢閱帳冊，決定銀行命運，而國會則加緊立法授予聯邦政府和聯準會更大的紓困權。三月四日停業的一萬七千多家銀行，有超過三千家再也沒有開門營運。[33]但重新開張的銀行等於獲得政府暗許，萬一陷入困境，政府會代為償還債務。結束營運的銀行都是體質不良的，存活下來的銀行則否。小羅斯福不會讓驚惶擠兌擊垮體質健康的銀行。

這便是他首次「爐邊談話」的重點。一九三三年三月十二日，銀行重開後不久，小羅斯福就在廣播裡對全國講話。一九二〇年代，廣播節目逐漸成為中產階級家庭的娛樂必需品，但小羅斯福是全美最早發揮這個新媒體政治宣傳功能的政治人物。而他首次用廣播向民眾發表訊息，就是為了緩和美國史上最嚴重的擠兌潮。在那短短十三分鐘裡面，小羅斯福向美國民眾解釋了銀行的基本業務，並詳細說明政府面對危機的因應計畫：「重新開張的銀行將能滿足所有正當需求，而國家印鈔局正將大量新貨幣運往全國各地。這些都是健全貨幣，有良好的真實資產支撐……我可以向各位保證，把錢放在重新開張的銀行比放在床墊下安全。」[34]

小羅斯福用白話解釋銀行恐慌的心理原因和擠兌緣由，希望藉此降低恐懼，以防銀行一開門又發生擠兌。他和胡佛一樣，字裡行間充滿自信，但不同的是，他用巨幅政策轉變來支撐這樣的信心喊話。他不是要人民相信他們知道是錯的東西，而是要他們相信新東西。「在我們重建金融體制的過程中，有一個因素比貨幣、比黃金更重要，那就是人民的信心。信心和勇氣是計畫成功的關鍵。各位同胞要有信心，不要受謠言或揣測動搖。讓我們團結起來，齊心消滅恐懼。重建金融體系的機制已經有了，現在只需要各位支持，讓它成功。」

「這是我的挑戰，也是各位的挑戰，只要我們攜手合作就不會失敗。」[35]所有華爾街人士都沒想到，小羅斯福下的險棋竟然管用了。銀行重新開張整整一週，完全沒見到全國恐慌。在新的聯邦法規和聯邦標準的保護與引導下，美國的金融體制活下來了，就連摩根銀行的人也在發到倫敦的電報裡興奮報告這項成就：「全國都對小羅斯福總統的行動敬佩不已。僅僅一週就有如此成果，在我們眼中簡直就是奇蹟，因為過去從來沒見過這種事。」[36]

然而，蜜月期沒有維持太久。小羅斯福宣布美國脫離金本位制一個月後，金融正統派反擊了。《紐約時報》頭版頭條指控新任總統是國家的「貨幣獨裁者」，[37]行政部門對國內貨幣掌控之深是前所未有，因為總統不僅下令國內所有金幣和金元券以每盎司二〇．六七美元的價格賣給聯邦準備系統，不久之後更終止國內兌換，聯邦準備系統不再接受民眾以紙鈔換取黃金。

這是小羅斯福抬高物價計畫的第一步。凱因斯在《貨幣論》裡鼓吹過這套通膨政策，但小羅斯福的思路不同。他也認為抬高物價對工業有利，但主要目的還是在挽救美國農業。今日有近八成的美國人定居城市，但大蕭條時期，美國半數以上人口仍然住在農場或以農產品交易為主的小鎮。小羅斯福就任當時，全國農場貸款有高達半數還不出來。[38]大蕭條帶來鋪天蓋地的通貨緊縮，而農民受到的傷害總是相同：農產品價格下滑，播種和收成用的貸款餘額卻依然很高，當農民被迫低價賣出作物，就會被債務給壓垮。

小羅斯福設立各種方案，讓農民取得更有利的貸款，但只要物價繼續無量下滑，貸款利率再低也只是杯水車薪。一九三三年夏天，他指派經濟顧問華倫（George Warren）到歐洲考察貨幣策略，但華倫傳回來的政治評估卻很悲觀：「希特勒是通貨緊縮創造出來的，」他寫信給小羅斯福：「感覺只有兩條路可選，不是物價上揚，就是獨裁者上臺。」[39]

不只國外，國內的事也讓小羅斯福相信必須大膽行動。就在他通令全國民眾上繳金幣三週後，愛荷華州勒馬斯市的法官布雷德利（Charles C. Bradley）受理了數起法拍案，共有十五座農場可能遭到沒入。兩百五十位農民擠到法庭上，氣憤要求布雷德利中止普利茅斯郡內所有法拍案。他們衝上法官席，用繩子勒住法官脖子，將他拖到郊外的十字路上，「差點將他私刑處死」。[40]儘管小羅斯福就職當天化解了一場金融災難，美國鄉村依然處在革命邊緣。

既然有半數人口靠土地維生，那麼就算提高作物價格會導致日常開銷上揚，這點犧牲也是值得的。但小羅斯福卻選擇壓低美元來提高作物價格；如果奏效，**萬事萬物**價格都會提高，包括薪資，正好能抵銷糧食開銷增加對家庭預算的影響。「我們非得通貨膨脹不可，」小羅斯福告訴前威爾遜總統副手豪斯（Edward M. House）上校：「就算會嚇壞我的金融圈朋友也得做。」[41]

雖然美國民眾不再能用紙鈔兌換黃金，但小羅斯福並未完全斬斷兩者的連動，美元價格其實還是和金價掛勾。由於他下令財政部逐步提高收購黃金的價格，使得投機客紛紛高價購買黃金，心想政府會以更高價買走，市場金價於是不斷攀升。而金價上揚其實就等於美元貶值——原本政府只要花二〇・六七美元就能買到一盎司黃金，現在必須支付更多，代表美元價值降低。華倫認為這將導致物價全面上揚，進而促成他們殷切期盼的通膨發生。

事情並沒有照他們的預想發展。凱因斯指出，華倫的做法「在我看來更像喝得爛醉的金本位制，而非符合我理想的貨幣調控」。[42]美國政府收購黃金期間，作物價格一度回升，但到了一九三三年底又短暫下跌。部分問題出在政府收購了所有黃金，連銀行持有的黃金也不例外，如此一來就算一盎司黃金可以兌換的美元增加了，銀行也沒有黃金能兌換成美元借貸出去。但銀行又是樞紐，因為根據華倫的計畫，錢必須以銀行貸款的形式投入經濟。[43]

不過，收購黃金也不是全然失敗。這套做法讓美元對各國貨幣貶值，美國產品在國際市場更有競爭力，提高美國農民和製造業者的海外銷售。小羅斯福還讓美國人民做好美元貶值的心理準備，同時讓各國接受美國政府將打破聯準會過去的慣例，主動調整貨幣政策以提高物價。

實驗六個月後，小羅斯福將金價定在三十五美元，也就是美元價格比他就任時的二〇・六七美元貶值了近六〇％。不僅美國出口因此得利，還促使大量黃金湧入美國，因為此舉等於美國政府用更多美元向國際投資者換取等重量的黃金，對想要美元的人是筆好生意，而黃金湧入聯邦準備系統之後，再從聯邦準備系統流入美國銀行體系。美國消費者物價自股市崩盤以來穩定下滑了二七％，但小羅斯福就任總統一年內就回升了五％以上。[44]事情總算有了起色。

培哥拉（Ferdinand Pecora）是西西里移民，於胡佛政府晚期出任美國參議院銀行與貨幣委員會的首席律師，負責調查一九二九年股市大崩盤的原因。他歷經數次聽證會，終於在小羅斯福就任總統十五個月後交出結果，於公眾面前上演了一場地表上最引人憤慨的控訴秀。

華爾街會有那麼大的政治勢力，主要來自神祕有錢階級的特權和他們一起建立的密切相關的組織。在財務還毋須強制揭露的年代，銀行的生死成敗全看名聲，而名聲則來自高層在其他菁英面前的精心表演，財務考量往往只是事後插曲。從他們往來的客戶、收費標準、業務項目，甚至到穿去證交所的服裝，全是一支複雜舞曲的組成元素，目的在傳達他們是怎樣一家銀行。摩根銀行的高階合夥人以財務紀律聞名，但銀行從來不曾公布資產負債表。用培哥拉的話來說，昆勒貝公司（Kuhn, Loeb and Company）、大通國家銀行和紐約第一國家城市銀行（First National City Bank）就好比「半神……名字家喻戶曉，人格行事卻往往罩著厚厚一層貴族式的神祕」。[45]

培哥拉拆穿了這層假面。他從國家城市銀行開始，指出紐約幾乎每家大銀行都是腐敗或貪得無厭的賊窩。國家城市銀行總裁米契爾（Charles Mitchell）利用和妻子假交易來規避所得稅，並於他向培哥拉作證後不久遭到逮捕。大通國家銀行董事長威金（Albert Wiggin）設立了六家公司從事股市投機，包括避稅用的三家加拿大有限公司，並且在大崩盤期間賣空自家公司股票，套利四百萬美元。[46]最可恥的是摩根銀行，不僅給予祕密名單上的「優先」客戶各種好處，替新客戶承銷股票時還會要求以股票為費用，然後將部分股票以低於市場價格賣給自己人，好讓他們在股票上市時大撈一筆，例如以每股二十美元價格買下新鐵路股，幾天後以三十五元賣出，立刻賺得暴利。

而所謂的自己人包括商業巨擘與政治領袖，除了道威斯計畫起草人楊格榜上有名，還有威爾遜總統的巴黎和會顧問巴魯克、前總統柯立芝、曾任威爾遜政府財政部長的民主黨參議員麥卡杜、胡佛政府的海軍部長，以及民主共和兩黨的全國委員會主席。[47]這是以政治腐敗為靠山的內線交易。

不出幾次聽證會，培哥拉就已經匯聚了龐大的輿論聲量，要求美國立法機關對銀行業進行前所未有的徹底結構改革。報紙愈來愈常報導充滿聳動醜聞的庭審，而培哥拉的每日訊問更是有力的頭條。國會收到大批選民信件，要求政府保障他們的存款。一九三三年送到銀行的新貨幣拯救了數千家金融機構，但存戶希望政府做出更強的保證，他們的存款絕不會憑空消失。數百萬美國人已經見識過銀行關門導致存款瞬間蒸發，而培哥拉在聽證會上清楚證明了輕率無度的股市投機正在吞食額外的資金。

不論小羅斯福本人或參議院銀行委員會主席格拉斯（Carter Glass），都不打算讓政府提供存款保險，由政府擔保即使銀行倒閉存戶也拿得回錢。和金融界大多數人一樣，小羅斯福也擔心此舉會鼓勵不良的銀行作為。存戶其實是借錢給銀行，存款就是有息貸款；政府一旦提供擔保，存戶就沒有市場誘因去要求銀行做好管理。但政府又不能不理會人民的要求。民主黨已經有數十名眾議員簽署存款保險請願書，格拉斯也明白告訴小羅斯福，就算他不將存款保險納入新的銀行法案，也會有其他議員這樣做。[48]根據《商業周刊》（*Business Week*）報導：「在華府印象中，沒有任何議題像存款保險一樣，激起全國人民如此一致又強烈表達的情緒。」[49]

就算納稅人支持存款保險，格拉斯也不希望他們鼓勵證券市場投機與腐敗。銀行貸款給商家是一回事，買賣股票債券賺取暴利卻有很大風險。因此，除了存款保險，格拉斯背書的銀行法案還禁止商業銀行經營存款業務同時經手證券。如此規定當然無法完全遏止投機之火，因為一九二九年就連正派的投資公司拿客戶的錢賭博也是毫不手軟，但至少沒有將納稅人推入火坑，讓他們替基本上算是賭博甚至竊盜的行為背書。

如此一來，華爾街就得大幅重組。直到一九三二年，美國投資銀行家協會都堅持將證券交易和商業借貸結合起來，對「公司財務」有其「必要」。[50]但培哥拉舉行幾次聽證會後，大通和國家城市銀行都公開承諾會將證券子公司分割出去。這項切割銀行的規定後來稱作格拉斯－斯蒂格爾法案（Glass-Steagall Act），雖然不受華爾街青睞，卻不是《一九三三年銀行法案》招致銀行家不滿的主因，存款保險才是。不僅小摩根斥之為「荒唐」，南卡羅來納銀行家協會主席甚至警告此舉會讓民眾認為銀行體系不健全，引起另一波恐慌。[51]但格拉斯認為恰好相反：小羅斯福不做出真正改革，更有可能再次爆發危機。

事實證明，格拉斯講的最正確。經濟學家高伯瑞指出，銀行法案通過之後引發了一場金融「革命」，擠兌自此從美國絕跡幾十年。民眾一旦知道自己的錢很安全，就不會搶著提款，讓其他問題雪上加霜。「有了這條法律，那導致弱點強力擴散的恐懼就此消失，舊制度的嚴重缺陷，也就是失敗引發失敗的連鎖效應，也因而得到解決。很少有哪條法律能有如此大的成就。」[52]而在好高鶩遠的證券交易世界和平凡規矩的商業借貸之間畫下明確界線，也將留下深遠的影響，不僅縮小了投機泡沫的規模，更減少毒素在不同金融業務之間傳播。只要這條法律存在一天，再慘重的股災也不會威脅到銀行體系的健全。

凱因斯隔海關注這一切，除了多方表達他對小羅斯福種種措施的支持，還努力讓對方更朝自己的思想靠攏。但他明白自己的話很可能在美國產生反效果。他希望自己那本論《凡爾賽和約》的書能促使美國人挺身修正問題，結果他們卻沒反應。「要搞清楚如何影響美國輿論實在太難了，」一九三三年他在信裡告訴英格蘭銀行行長亞歷山大・蕭。[53]於是他便從說好話開始。那年小羅斯福決定美國不參加某場國際金融會議，凱因斯特別撰文稱許，標題為〈小羅斯福總統做得對極了〉（President Roosevelt is magnificently right），並偷渡自己的主張到小羅斯福這項意義不明的唐突決定中，希望美國政府讀出裡頭的暗示：

「總統的訊息不只因為出自他口所以重要……美國邀我們一同見證，是否不根除既有的社會秩序，我們就無法運用常識與科學思想，超越死守過往經驗法則的後果，得出比令人無言的機會浪費與可悲的機會混淆更好的結果……他其實給了我們一個方法，唯有這樣做才能保護合約結構，重建對貨幣經濟的信心。」[54]

只有凱因斯興高采烈。小羅斯福退出會議，幾名政府顧問憤而辭職，信奉社會主義的英國首相麥克唐納和支持法西斯的義大利財政部長榮格（Guido Jung）更致電美國總統表達挫折。[55]

一九三三年十二月，凱因斯在劍橋大學國王學院的創辦者晚宴上（Founder's Feast）招待美國大法官弗蘭克福特（Felix Frankfurter），兩人一起商討如何將凱因斯的思想導入美國政策。[56] 凱因斯一九一九年在巴黎認識弗蘭克福特，當時這位美國律師尚未成立美國公民自由聯盟（American

Civil Liberties Union）。他和小羅斯福很親近，但只想留在學界，一邊當哈佛教授一邊替新政招募智識新兵，不想去華府正式成為小羅福斯政府的一員。弗蘭克福特讓凱因斯寫了一封公開信給小羅斯福，並於《紐約時報》刊登前拿給總統看，強烈暗示凱因斯在他這位哈佛人才探子心中有多重要。

這篇專欄雖然傲慢而說教，大大誤判了美國的政治局勢，卻也提出不錯的實務建議，並隨口提到一個關於國家經濟的革命性新觀點。

凱因斯告訴小羅斯福，全球都認為他正肩負著「復甦與改革的雙重任務」。兩者都很重要，但凱因斯認為改革要能成功，全看總統能否先實現復甦。由於前朝不思改革，因此小羅斯福如果不能扭轉大蕭條，他們就會將經濟惡化怪在他頭上。而凱因斯信裡開出的政策處方一如過往：充沛的低息信貸與穩健的公共工程計畫；唯一不同是他替老處方給出了新理由。凱因斯不再如《貨幣論》那時討論銀行如何讓存款和投資達到均衡，而是完全略過金融體系不談。他認為政府應當主動出擊，藉由赤字財政擴張來提高經濟「產出」和消費者「購買力」。不論小羅斯福之後還想推行什麼計畫，基本原則就是花錢、花錢再花錢。「我無比強調，政府應當藉由支出來提高國家購買力，並且支出是靠貸款維持，而不只是靠稅收轉移現有收入。其餘的事都不重要。」[57]

低息信貸和增加貨幣供給還不夠，政府必須真的花掉自己印製的新鈔，好讓經濟再次轉動。凱因斯認為，單憑貨幣政策「就好像買長一點的皮帶來增胖一樣。美國現在的皮帶已經夠長了，強調貨幣供給量是極大的誤導，因為它只是限制因素，重點在支出總額，它才是起作用的因素」。[58]

凱因斯這裡是在解釋小羅斯福的黃金收購策略為何成果有限：送錢給銀行雖然能防止通貨緊縮，但唯有符合信貸條件的借款人真的向銀行借錢，用在現實世界，通貨膨脹或經濟成長才可能發生。而凱因斯認為，眼前最理想的借款人就是聯邦政府。

直到今日，這仍然是一般人對凱因斯經濟學的認識：經濟不景氣，政府就該借錢花在有用的工程上，刺激復甦。政府花錢，錢就會進到人民口袋，人民再拿來買想要需要的東西，擴大經濟規模，確保繁榮復甦，而不是落入惡性循環，撙節支出導致失業率提高，讓支出更加萎縮。一九三三年十二月三十一日，凱因斯在《紐約時報》向美國人提出這個看法，比《就業、利息和貨幣通論》出版早了將近三年。

這不只是經濟學說，更是政治理想，是治療風行於俄國、義大利和德國的軍國主義與不滿情緒的解方。凱因斯覺得，小羅斯福毋須恐嚇別國或國內少數派，證明自己敢作敢為，只要花更多錢就好。「放眼全球，就你對政府任務的整體看法與態度，依然是我認為最能引起共鳴的領袖，」他在信裡告訴小羅斯福：「只有你看出必須徹底改變方法，並且試著不用獨斷、專制、破壞而做到。」[59]

凱因斯認為，在一些重要面向上，小羅斯福對銀行體系的徹底翻修已經為突破架好了舞臺，後來也將他早期重建金融秩序的努力評為其總統任內最重要的政績。[60]凱因斯從一九一四年就開始宣揚的金融學說，終於找到了政治落腳地。

凱因斯致小羅斯福公開信的歷史意義不在它對政策的影響，而在它是凱因斯首度公開自己日後將在《就業、利息和貨幣通論》闡述的經濟思想。他在信中除了拿皮帶比喻之外，沒有對自己將重點轉向「購買力」提出任何專業或理論解釋。他的想法還有些細節尚未定形，而小羅斯福也不是完全買單。幾週後，李普曼寫信轉告凱因斯那封信對總統的影響，表示凱因斯給了美國政府新的理由調降利率，而非對赤字或公共工程有了共識。[61]

小羅斯福政府當然有赤字，但他不希望有。而他雖然相信公共工程，很快就成立公共工程管理局和平民保育團，從環保建設到興建學校樣樣來，讓人民有工作可做，但卻認為應該靠增稅支付。用赤字財政促進復甦「哪可能這麼好——天底下沒有不勞而獲的事，」他在筆記裡寫道。[62]對小羅斯福而言，預算赤字是瑕疵，是他為了達成更高的善必須解決的麻煩事。儘管接下來幾年美國政府支出大增，但小羅斯福任內第一年實際花出去的錢很少，所以凱因斯才會在信裡強調這件事。工程要能順利開展並免於貪汙需要時間，而美國大部分地方還是政治分贓和裙帶關係盛行，例如內華達州就有參議員插手郵局門房人事權，以便索賄。[63]小羅斯福的改革大計雖然雄心勃勃，就任百日內就成立了美國聯邦存款保險公司、證券交易委員會、農業調節署和田納西河谷管理局，不過都還沒開始運作。他任內早期的赤字主要來自失業造成的所得稅收持續下滑，畢竟沒有薪水就納不了稅。

不過，弗蘭克福特並沒有就此收手。小羅斯福延攬的官員一致認為，政府應該更積極對抗大蕭條，但對於方法和目的卻沒有共識。弗蘭克福特遞交了公開信後，在政府裡找到幾位認同凱因斯在劍橋向他提出的新構想（至少不反感）的人，並安排他於一九三四年五月底和這些人會面，最後更私下覲見了總統本人。其中農業調節署署長塔格威爾（Rexford Tugwell）正大力推動政府主持的農產和住宅計畫，需要專家背書；勞工部長法蘭西絲．珀金斯（Frances Perkins）考慮設立機制提高勞工薪資；財政部長摩根索（Henry Morgenthau, Jr）在紐約州北部經營農場，碰巧和小羅斯福家成為鄰居。他對公共工程很積極，卻深怕預算赤字。

凱因斯對這些新信徒侃侃而談，結果大獲成功。珀金斯原本就認為新政「有效證明了凱因斯長年主張並呼籲英國政府採行的理論」。據她回憶，凱因斯來到華府，「指出發放救助金、推動公共工程、依據國家復興法調高薪資，加上農業調節措施發錢給農民，這些按照他的理論完全是正確做法。」凱因斯向他們解釋關鍵概念，包括乘數效果，她一聽就懂；而他「堅信我們美國人會向全世界證明這就是解決之道」更深深令她動容。[64]

但對「不熟悉」凱因斯學術理論著作的小羅斯福而言，凱因斯只是個不切實際的神祕大師。雖然他信誓旦旦告訴弗蘭克福特，自己和凱因斯「相談甚歡」，而他也「非常喜歡」這位英國經濟學家，[65] 其實他對凱因斯從頭到尾說個不停的模糊高論很厭煩。

「我見了你的朋友凱因斯，」事後小羅斯福告訴珀金斯：「他講了一大堆又臭又長的數字，感覺更像數學家，而不是政治經濟學者。」

小羅斯福尤其覺得，凱因斯對美國總統和華爾街的政治瓜葛太過天真。小羅斯福認為銀行業對他的改革計畫不懷好意，刻意不認購國庫券以使政府提高公債利率。「政府實際上能借的錢有其上限，尤其中心地區的銀行幾乎都在消極反抗。」[66]

不過，凱因斯還是在貨幣政策有所斬獲，例如聯準會主席埃克爾斯（Marriner Eccles）及首席助理柯里同樣支持赤字支出，兩人提出的概略說帖就和凱因斯想法近似。雖然聯準會無權干涉政府支出，但兩人都同意凱因斯，寬鬆貨幣政策（調降利率）能壓低政府借貸成本，協助國家靠支出擺脫大蕭條——要是總統肯鼓起勇氣，刻意擴大赤字的話。

於是，埃克爾斯和柯里在法案裡大幅調整央行權限，允許華府的聯邦準備理事會購買政府債券以調節利率。過去由於聯邦準備系統特殊的區域制，這項權力始終握在各區聯邦準備銀行手上，尤其是紐約聯邦準備銀行，那裡的行長實際權力比華府的聯準會主席更大。而這些分行又深受當地大銀行影響，因為分行高層都來自這些銀行。這套方法當然不民主，但保守的金融正統派便是靠這個管道左右國內外的經濟政策。

華爾街立刻察覺埃克爾斯—柯里法案意在打擊他們的影響力。詹姆斯．沃伯格（James Warburg）是小羅斯福麾下少數出身國際銀行世家的顧問——他父親是聯邦準備系統一九一三年創立的推手之一。他在國會痛批這個構想。「我不是那種見到黑影就懷疑床底下藏著共產黨的人，」他如此警告：「但我有時真的想不透，這些法案的起草人到底懂不懂自己在做什麼。」他接著表示，每回「財政部伸手去管信貸機制」，很快就會發生災難。[67]這種背後有蘇維埃影子的暗示讓柯里在二戰後身敗名裂，但在小羅斯福總統任內倒是相安無事。最後法案順利通過，大大提高了美國人民對利率和貨幣走向的掌控。

這是凱因斯理論的勝利：貨幣和財政政策統一將可確保兩者攜手並行。但柯里、埃克爾斯和凱因斯仍然敵不過小羅斯福政府裡的赤字鷹派。摩根索始終堅持預算必須收支平衡。即便是新政派，就算凱因斯對他們推動經濟進步寄予厚望，但再有智慧與耐心的論證與對話也只是讓認同的政府部門堅持下去而已。凱因斯還需要更多支持，才能說服整個政府一齊行動。他需要一場智識運動，需要一群專家團結起來，發揮特權及學術影響力對抗政府。見面遊說贏不了這場理念戰爭；他需要一本鉅著，一本智識上夠有力，足以服人，文化上夠震撼，足以吸引專家目光的大作。「唯有理論，」哈佛大學經濟學家漢森（Alvin Hansen）日後說：「才能幹掉理論。」[68] 於是，凱因斯立刻行動，幾乎將所有心力貫注在一件事上。這是他最後一次嘗試拯救世界，也是最拚命的一次：讓學院經濟學家皈依在他的新學說之下。

9 告別稀缺

瓊・羅賓遜（Joan Robinson）一九二九年回到劍橋大學時，完全沒有料到自己會捲入一場智識革命。四年前她在這裡拿到經濟學位，隨即和「一位衝勁十足的青年」結婚，[1]然後去了印度。丈夫奧斯丁（Austin）在瓜里爾城擔任小王儲辛迪亞（Jivajirao Scindia）的家教，瓊則是賦閒在家，住在王宮附近的宅第裡，由僕人照顧日常所需。

瓊年輕聰明，胸懷壯志。她結交當地官員，如哈克薩（Kailash Narain Haksar）上校，回到英國也不忘在政府面前替瓜里爾人爭取權益。但她很快就發現，知識女性在英國上層社會沒什麼發展空間，而且早在劍橋便是如此。經濟系在劍橋還算年輕，還沒擺脫創始系主任馬歇爾（Alfred Marshall）的影響。馬歇爾娶了系上首位女講師瑪莉・培里（Mary Paley）為妻，卻極力打壓對方的事業，不僅威脅出版社不准替她出書，還主張廢除男女合班。瓊念大學時親眼見到這位老頭將妻子當成「管家兼祕書」，[2]心裡氣憤難當。如今她自己也嫁給經濟學家，也一度為了丈夫犧牲自己的志向。

不過，劍橋經濟系已經和她離開時不同了。馬歇爾已經離開人間，系上事務現在由凱因斯主導。此人自負、沒耐心又難以取悅，令人望而生畏，是劍橋大學裡少數學校要靠他沾光而非反過來的人物。而由於凡妮莎和維吉尼亞是他朋友，因此他很早就對女性也可能是大思想家習以為常。瓊和丈夫回到劍橋時，不僅沒有職位，連碩士學位也沒有。但奧斯丁開始在系上教書後，她也開始講課（但幾乎沒有薪水），並預備出版自己的學術研究，希望能拿到教職。奧斯丁對此並不介意，但要打動凱因斯並不容易。

在大蕭條和凱因斯人格特質的交互影響下，劍橋經濟系逐漸邁向激進之路，比凱因斯戰後經常往來的政治和金融圈大膽得多。社會崩壞就在眼前，許多過去可能追求文學、政治或歷史的學生紛紛轉而鑽研貨幣與資源。「在英國大學讀經濟系就是知識分子，而且可能是激進派，跟美國商學院學生形象完全不同，」[3]經濟學家薇薇安．沃許（Vivian Walsh）多年後這樣回憶。「凱因斯的《通論》是當時最重要也最振奮人心的智識進展，」[4]一九三〇年代就讀劍橋並成為使徒的史崔特（Michael Straight）表示。「他在劍橋最大的講堂講述書中的道理，每堂課都擠滿了人，感覺就好像在聽達爾文或牛頓上課。凱因斯講話時，全場鴉雀無聲，然後三三兩兩開始激烈攻擊或辯護他的論點。」[5]

凱因斯也是使徒，當時這個社團已經成為共黨活動的溫床，直接聽命克里姆林宮。史崔特在劍橋時不諱言自己是共產黨員。他後來進入小羅斯福政府服務，多年後更坦承自己會將美國政府檔案交給蘇維埃情報員。[6]

不論凱因斯抨擊《資本論》的炮火如何猛烈，來聽他講課的激進分子還是絡繹不絕：誰叫他不停宣揚自己的經濟思想是全新創見，能將政治現狀的理論基礎徹底推翻。而且，儘管他對共產主義深惡痛絕，卻有不少年輕共產黨員討人喜歡。「撇開自由主義者不談，放眼當今政治圈，除了戰後三十五歲以下的共產黨知識分子以外，其餘都不值一談，」他在一九三九年發表的訪談裡告訴《新政治家與國家》編輯馬丁。「我也喜歡他們、敬重他們……當他們完全成熟，未來就將屬於他們，而不是那些糟老頭。」[7]

在這群激進的年輕人當中，瓊．羅賓遜是最突出的。她的匈牙利同學西托夫斯基（Tibor Scitovsky）形容「她年輕漂亮，充滿魅力」「繫著一條長圍巾，整天菸不離手，而且顯然……很愛她丈夫。」[8]瓊幾乎一回系上就地動山搖。要不是凱因斯已經是系上巨頭，劍橋經濟系的研究方向很可能徹底變成她的形狀，因為凱因斯離開後有數十年便是這樣。

一九三〇年代初期，經濟學家大多認定市場是競爭的。製造商靠品質或價格取勝；想取得競爭優勢，就得改善產品品質或將價格定得比對手低。假定市場是競爭的，經濟學家就能依此分析許多現象。少了這項假定，連供需這類基本概念都難以成立，製造商不再有誘因回應消費者偏好。

競爭市場的反面是壟斷。某家製造商可以恣意定價，毋須理會消費者反應，因為市場由它獨占。雖然有古典經濟學家認為國家必須限制壟斷，不是訂立規範就是強制分拆，但多數學者都認為，獨占某一產業或市場的壟斷只是罕見而明顯的例外，競爭市場才是經濟活動的常態。

羅賓遜粉碎了這個典範（paradigm）。她提出「不完全競爭」這個新概念，指出市場可能不時出現壟斷問題，即使大公司對市場掌控不及真的壟斷，卻足以左右整個市場的運作。競爭市場不是非此即彼，只有競爭與壟斷兩種狀況，而是如光譜一般，經濟學家視為理所當然的完全競爭只是「特例」，真實商業世界裡幾乎不存在。大多數產品市場多少都有些壟斷，即使某家公司並未把持網球鞋的**所有**產量，也可能對市場有足夠的左右力，逼得其他同業只能跟著它定價。如羅賓遜所言，壟斷不是偏離完全競爭常軌的「特例」，完全競爭才是偏離總是有著程度不一壟斷的經濟活動的「特例」。[9] 而且不是只有大製造商能在市場定下反競爭價格，大買家也可以。不論製造某樣產品的商家有多少，只要買家數目不多，買方就能逼賣方調低價格。羅賓遜將這個現象稱作「獨買」，如今已是理解供應鏈和零售業的基本概念。[10]

羅賓遜很清楚自己的理論對於解析經濟不平等具有重大意義，只要用在勞動市場就能明白。依據競爭市場典範，過去經濟學家總能這樣主張，勞工薪資等於勞工對生產的實際貢獻。由於競爭會去除過剩與浪費，勞工最終將獲得相應於其工作「邊際生產力」的報償——勞工為生產增加多少生產力，就拿多少薪水。因此，對經濟學家而言，尤其是海耶克和米塞斯，抱怨低薪其實就是抱怨勞工生產力低。想拿更多薪水，唯一可行的辦法就是更努力工作。

然而，只要能證明勞動市場不是完全競爭，而是帶有壟斷性質，這個論證就不成立。倘若鎮上只有開採煤礦的工作，礦主就毋須提供更好的薪資和其他雇主競爭。羅賓遜證明市場幾乎總是多多少少反競爭之後，相信「自由放任主義的梁柱」已經被她「斷了」一根。[11] 在她看來，資本家總是少給薪水。

這是一項空前的突破，而羅賓遜的《不完全競爭經濟學》（*The Economics of Imperfect Competition*）一出版，學界也立刻認同這是一部巨作。瑪莉．培里大受感動，特地寫了一封謝函給羅賓遜說：「謝謝你替投身經濟學的女性洗刷恥辱。」[12]不過，這才是開始而已。羅賓遜告別學術生涯之際，已經是所有未曾獲頒諾貝爾獎的經濟學家裡最有成就的大師，其他人不論性別都難出其右。

一九三〇年代初，凱因斯出版《貨幣論》引發了一股研究風潮，瓊．羅賓遜也投入其中。隨著凱因斯忙於探索後來放進《就業、利息和貨幣通論》的看法，系裡一小群開始以劍橋學圈（Cambridge Circus）自稱的教師則是成為他的試金石，供應他各種重要的創見，卡恩、斯拉法（Piero Sraffa）、密德（James Meade）和羅賓遜夫婦都在此列。正是靠這一小圈學者（尤其卡恩和瓊．羅賓遜）協助，凱因斯才能在歷盡複雜時而煎熬的苦思後，將《通論》產下獻給全世界。

這群人全是異類，古怪和引戰能力簡直和凱因斯不相上下。斯拉法是義大利馬克思主義者葛蘭西（Antonio Gramsci）的朋友，寫了兩篇論該國銀行體系的文章，惹得墨索里尼勃然大怒；而兩篇文章都由凱因斯編輯出版。由於斯拉法待過銀行業，他批評義大利銀行提報的金融數據不可信，被墨索里尼視為攻擊祖國，只好靠凱因斯幫忙逃離義大利，到劍橋任教。

斯拉法講課靦腆，當起助教和隊友卻很犀利。凱因斯和海耶克論戰期間，斯拉法始終是他倚靠的幫手。海耶克出版《價格與生產》（*Prices and Production*），意在駁倒《貨幣論》，斯拉法答應凱因斯發動學術攻擊，在他編輯的學術期刊上發表了一篇惡毒的評論，批評海耶克循環論證。這不僅讓斯拉法多了一篇著作，還讓凱因斯既能下重手，又能在學術圈面前故作超然，彷彿一心只想著重要的理論問題，無暇在意海耶克這類小輩的叫囂。

斯拉法負責攻，羅賓遜負責守。她用澄清與反駁來回應海耶克對《貨幣論》的批評，偶爾回刺個幾句。此外，她還和卡恩一起構思新想法，整合到凱因斯建立的學說架構裡。

到了一九三〇年代中期，凱因斯開始寫信給名人朋友，吹噓自己的新作將會徹底改寫經濟思想。但他有時也不大確定。是羅賓遜說服他相信自己將掀起海嘯。「凱因斯當時並沒有察覺，至少沒有完全明白，自己將引發一場智識革命，」因為讀了《貨幣論》而遠赴劍橋朝聖的加拿大學生塔西斯日後回憶：「所以他躊躇不前。卡恩和羅賓遜花了大把時間力氣說服他，說他做的事情很重要。」[13]羅賓遜則說：「我們有時真的很難讓梅納德明白，他想法的革命之處到底在哪裡。」[14]

凱因斯逐漸意識到，自己理論突破所帶來的政治後果，可能將遠不只是促成幾項公共工程計畫而已。想到這裡，他就常常不自在。「凱因斯正在促成一場大革命，只是他自己不肯承認有那麼了不起，」勒那（Abba Lerner）是最早轉投新陣營的人，他回憶道：「他其實要說市場不管用，只是還沒完全看出這點。」[15]雖然他無比樂觀，甚至歡喜預言未來每週只需工作十五小時，但骨子裡仍然和柏克一樣保守，對真的去執行他認為可能做到，甚至為了維護民主不得不做的改變感到不安。「我實在難以判斷，自己提出的終極對策到底會讓一般人覺得太過劇烈，還是溫和平緩，」他在信裡告訴前工黨國會議員蘇珊・勞倫斯（Susan Lawrence）。[16]

凱因斯和布倫斯伯里幫漸行漸遠，原本由維吉尼亞・吳爾芙和斯特雷奇扮演的角色也開始由羅賓遜與卡恩取代，擔任他身旁屈指可數，可以接受他三心二意又得他敬重的密友。卡恩大學時期就是凱因斯最喜歡的學生之一。凱因斯還沒僱他擔任類似私人助理的職位前，常因學術外的事務帶他去提爾頓或倫敦。「他非常懂得批評、建議與改進，」凱因斯在信裡向羅賓遜形容卡恩的本事。「歷史上從來沒有人像他這樣，把東西交給他得到的幫助那麼大。」[17]

凱因斯、卡恩和羅賓遜合作無間，讓後人難以分別某項創見該歸功於誰。多年後，經濟史學家克萊恩（Lawrence Klein）指出，羅賓遜一九三三年發表的一篇期刊文章，是《通論》基本主張的第一份說明；[18]卡恩則在以自己為名發表的作品裡發展了「乘數」概念：政府支出可藉由經濟產生「乘數」效果，創造出比原始支出更多的經濟產出。凱因斯在《勞合喬治做得到嗎？》提出基本概念，是卡恩將它發展成一套學問，一個可衡量的量化工具，直到今日依然是總體經濟學家的基本配備。卡恩的乘數理論有來自密德的協助。他是劍橋學圈最年輕的成員，儘管後來拿到一九七七年的諾貝爾獎，但在這個菁英圈子裡，他謙虛形容自己只是二流腦袋。「從我這個平凡人眼裡看來，凱因斯就像道德劇裡的天神，雖然主導整齣劇，卻很少在舞臺上現身。卡恩是天使，將凱因斯的話語和問題帶到『學圈』，再將我們商議的結果帶回天上。」[19]

這種「福音比喻」成了劍橋的流行語，有時拿來說笑，有時「無比認真」，因為用羅賓遜傳記作者的話來說，凱因斯的想法已經成了「福音」。[20]奧斯丁曾開玩笑，劍橋學圈成員討論新學說時「常問：弟兄，你得救了嗎？」[21]學圈就像個小教派，核心成員找來有為的研究生或大學生，幫忙發展想法，緩緩壯大這個互信互賴的小圈圈。看在外人眼裡，這些信徒的行為是愈來愈怪。

到了一九三二年四月，瓊．羅賓遜和凱因斯已經在信裡談到《通論》的核心主題，[22]兩人的魚雁往返後來更膨脹到數百頁。凱因斯會在信裡附上書稿，兩人交流宛如晦澀的囈語，共同試著釐定這套嶄新的經濟概念。當凱因斯說服不了經濟學家霍特里（Ralph Hawtrey），就要羅賓遜閱讀兩人的「繁浩書信」，看他哪裡錯了。羅賓遜回答是霍特里沒搞懂，不是凱因斯：「我實在不認為大天使有辦法說得更公允、更清楚了。」[23]他們向倫敦政經學院的年輕菁英介紹自己的發現，對方聽得一頭霧水，感覺這群劍橋使徒彷彿在講另一種語言，只因凱因斯發表過的文章裡從來不曾提到這些新觀念。

和所有活躍教派一樣，劍橋學圈也受到野心和性的牽累。一九三二年初，凱因斯就開始察覺事情不對。有天下午，他沒事先通知就造訪卡恩。每當他想法上有什麼興奮的發現，就會放任自己這樣做。結果卻撞見了難堪的一幕。他事後告訴洛普科娃：「他的外房一片漆黑，但內房裡只有他和瓊兩個，而且瓊靠著墊子躺在地上。我們都很尷尬——他們倆看來就像受驚的戀人，雖然我覺得他們是在談壟斷的純粹理論。」[24]幾週後，卡恩辦了個小派對，瓊和奧斯丁一起出席，但根據凱因斯描述，瓊看上去「相當蒼白、安靜和難過」——直到奧斯丁「沒有要瓊一起」就離開了派對。[25]

「我感覺有什麼事，」他接著說：「但沒有人開口，而且無解（是嗎？）。」[26]羊群出了這種事，牧羊人該怎麼做？瓊是家中大腦。她和奧斯丁雖然興趣相同，但後者真正的學術天分是行政，而非抽象理論。和奧斯丁的婚姻是她留在劍橋的唯一理由，也是她唯一算得上薪水的收入。直到卡恩派對當時，瓊在劍橋仍然沒有正職，講一門課只會拿到二十五英鎊。凱因斯對有天分的女性是很照顧。他出版維吉尼亞．吳爾芙的著作，宣傳凡妮莎的畫，甚至經營劇院拓展洛普科娃的表演事業。但只要瓊和系上的全職教員離婚，連他也無法替她保住工作。

他究竟目睹了什麼？不論如何，凱因斯心想，這段緊張關係都不會拖久。洛克菲勒基金會已經給了卡恩研究獎助學金，很快就會將他帶到美國。接下來幾個月少了左右手，凱因斯有點擔心。但他之前也沒有卡恩，而且他已經慢慢察覺，這位年輕人有許多出色想法其實都來自瓊。但那年五月，卡恩突然告訴凱因斯他想延後出發。「他兩天前打電話來，說他想在劍橋再待一學期，把手上的理論完成，耶誕節後再去美國，」他在信裡告訴洛普科娃：「結果我回來就得知奧斯丁要去非洲出差五個月，下個學期都不在劍橋。人心哪！還說什麼把手上理論完成！」[27] 既然奧斯丁要走，卡恩就想和瓊待在劍橋。

凱因斯決定撒手不管，只是他想躲也躲不掉——誰叫他依然習慣不改。「我今天早上去找〔卡恩〕，結果撞見他和瓊躺在內房地板上——襪子沒穿，鬍子也沒刮，」他一九三三年十月告訴洛普科娃：「但你可千萬別誤會。他們在地板上是因為這樣檢閱數學圖表才方便，而且今天是猶太節日，穿襪子和刮鬍子都違反摩西律法。」[28]

羅賓遜和卡恩外遇多年，其間她跟奧斯丁生了兩個孩子，數度分居大西洋兩岸，並遭遇了一些個人危機。一九三八年秋，凱因斯察覺羅賓遜信裡開始出現錯亂，有些很古怪，有些幾乎讀不懂。有回奧斯丁在身旁，她突然莫名「發狂」。失眠一週多以後，醫療專業人員插手了，給她服用強力鎮靜劑，還住了幾個月的院。儘管精神科醫師對她的症狀百思不得其解，但她最終還是痊癒了。等她重返工作崗位，英國已經再次捲入戰爭。奧斯丁和卡恩被召去倫敦協助政府，新的生活節奏讓她得以在這兩個男人返回劍橋時，順利遊走在他們之間。「我覺得很自豪，」一九四〇年十一月，她在信裡告訴卡恩：「你知道比起普通的成功，我更喜歡這種古怪的組合。」[29]

這是個喜歡朝著太陽飛的組合，甚至不時挑戰精神正常的極限。但在日益黑暗的國際衝突陰影下，這個沾滿外遇、事業野心和學術鬥爭的古怪熔爐，卻不可思議地淬鍊出一百六十年來經濟學家筆下最具影響力的作品。這群夥伴反覆回收概念、語言和能量再利用，將使凱因斯從社會評論家搖身成為備受爭議的預言者。

《就業、利息和貨幣通論》是西方學問史上的鉅著，社會和政治思想經典，足以和亞里斯多德、霍布斯、柏克和馬克思的開山之作比肩。它是探討民主、權力、心理學和歷史變遷的理論之書，也是謳歌思想力量的情書。《通論》是危險的，因為它證明了權力之必要；它是解放的，因為它將現代經濟學的核心問題重新界定為改善不平等，不再如過去幾百年的經濟學家，一心只想著生產需求和提供有錢有勢者誘因；它是令人喪氣的，因為它使用新的抽象語言，論證迂迴又充滿數學式；《通論》更是天才之作，因為它道出了一個一旦說出口就再明顯不過的真理：繁榮不是與生俱來，必須靠政治領導才能成就與維持。

如今世人只覺得這是一本經濟學著作，因為就如凱因斯當年所言，這本書「主要對象」是經濟學家，以確保經濟學界成為主要詮釋者和守護者。在文采斐然的前言裡，凱因斯形容經濟學家——不是首相、帝王、銀行家或將軍——是天選之人，手握艱澀真理，唯有他們能拯救世界免於無謂的悲苦。「這些問題有多重要自不待言。但我的解釋如果為真，那我首先要說服的應該是經濟學同行，而非一般大眾。這個論證舞臺雖然歡迎一般大眾，但只適合旁聽。」30

從《通論》出版後，經濟學家的政治地位瞬間飆升，就可看出這本書扭轉世界的力量有多驚人。兩次大戰之間，經濟學家是知識分子，而非政治掮客，在統治菁英眼裡就和現在的學院哲學家差不多。就連向來禮遇經濟學家的小羅斯福政府，也沒有將相關學位視為從事政策工作的特等門票。一九二〇年代，對想打入美國權力上層的人來說，常春藤聯盟畢業很有用，但主修經濟就和主修詩歌差不多，就算學校是哈佛也不例外。想擠進財政部成為人上人，期刊發表紀錄再好，也遠比不上選對銀行待個幾年。那些政治履歷嚇人的傢伙，沒有一個是靠詳盡整理國內生產毛額和生產力資料辦到的，因為那種數據根本還不存在。總體經濟學（macroeconomics）一詞尚未出現，要到學者開始消化和詮釋《通論》，總體經濟學才成為一個研究領域。凱因斯不僅發明了現代經濟學，還催生了現代經濟學家，並將他們一舉放在新智識權力結構的最頂端。

《通論》有些章節精采又深刻，但大部分都像無字天書。整體而論，它很可能是英語世界文筆和重要性最不成比例的一本書。不過，文筆差勁和文筆好一樣能在學術界立足。讀者讀到嚴密模糊的文字，往往覺得這本書一定很重要，只有聰明人才能讀懂。凱因斯是自稱經濟學家的作家裡頭文筆最好的一位。他當記者大受歡迎，代表他很清楚如何讓讀者理解他想說的話，而且《通論》的中心思想早在出版以前他就有底了，有充分時間把文字修得可讀可看。這本書艱澀難懂，因為他就想這樣寫。如此難讀反而催生出一群詮釋者，形成一個小型產業，有些學者光憑簡化和詮釋書中部分內容就功成名就，甚至贏得諾貝爾獎。這個高級產業讓凱因斯經濟學家掙得了政治家信賴，替他們敲開之前只留給將軍、銀行家及其後代的權力之門。

《通論》問世前，經濟學幾乎只關注稀缺與效率。經濟（economy）一詞原本就比喻以少生多，而後用來指稱社會的生產產出（productive output）。人類苦難的根本原因是資源短缺，無法滿足人的需求。社會改革者或許會抗議有錢人揮霍無度，但貧窮困苦並非來自不平等，而是資源不足。唯有更有效率地生產更多物品，社會的物質沉痾才能根除，至少得到緩解。

根據這套思維，經濟體系無關政治，和自然界的族群動態一樣會自我修正。不論其他領域有什麼意外變化，體系裡的一切，從薪資、物價、利率到利潤都會自動回應，迅速讓體系恢復均衡，生產和消費最大化，盡可能滿足社會需求。

勞動只是生產體系裡的輸入之一，和其他物品一樣有價格，會隨著它對社會的真實價值而漲跌。若鋼鐵工人太多而農民短缺，工廠就會減薪，農活則會加薪。儘管人人都想拿更多報酬，但明理的經濟學家都知道高薪很危險，會提高成本，不僅會讓業主獲利減少，還會降低生產力，導致產量下滑，社會出現更多匱乏。和水果或精煉鋼一樣，勞動價格會自動隨供需起伏，勞工如果硬要高薪就會失業。政治人物為了照顧窮人而去管薪資或利潤，就像博物學家保護野兔，或許一時能讓這些可愛小動物起死回生，但牠們很快就會啃光附近的植物，害自己和其他生物挨餓，最後反而弊多於利，白費工夫。

如此描繪的社會秩序相當嚴酷，但人類生活本來大多嚴酷，尤其是發明這套學說的十八和十九世紀理論家，他們所處的時代正是如此。經濟學大師馬爾薩斯已經證明了，人口幾乎總是會膨脹到人類生產力所能承受的絕對極限，故而從古到今大多數人都活在糊口邊緣。唯有提高效率帶來產量提升，進步才會發生。

凱因斯將這些看法稱作「古典經濟學家」的世界觀，所有不是馬克思主義者或怪胎的經濟學者，幾乎都被他歸在此類。不過，他還是列了幾位巨頭，例如李嘉圖、詹姆斯・彌爾（James Mill）、約翰・彌爾、劍橋大老馬歇爾和皮古（Arthur Cecil Pigou）。[31] 凱因斯非常敬佩他們建構出的經濟景象，也曾經深信這是最能滿足社會需求的運作方式。然而，現代資本主義的驚人生產力和「複利奇蹟」，已經讓這幅景象不符現實。科技進步讓人類可以用遠少於過去的力氣產出遠多於過去的物品，使得稀缺不再是首要問題。他認為，經濟學家還沉浸在遙遠的過去，打一場早已結束的戰爭，而他早在《和約的經濟後果》就開始和原則上無關資源限制的經濟問題對抗了。收成量無法提高，最大的問題不在缺乏勞工、肥料或降雨，而是投資不足，以及貨幣和信貸管理不當。

鍍金時代的物質富裕，讓凱因斯開始質疑資源稀缺說的合理性，但要到目睹大蕭條帶來的災難，他才確信舊理論錯了。問題顯然不在生產短缺。鄉下作物放到發爛，城裡卻有孩童餓肚子；老闆沒有因為負擔不起工人的高薪要求而減少生產，勞工挨鄉挨鎮卻連一份工作也找不到。誠如凱因斯在開頭第一章所言，「要說美國一九三二年的大失業是因為勞工堅持拒絕減薪或要求超過經濟機器生產力負荷的薪水，這種主張不是非常站得住腳。」32

在凱因斯看來，大蕭條的發生證明了古典理論是錯的，經濟體系並沒有自我修正，否則就算政治人物祭出壞政策把事情搞砸了，經濟機器也該在一九一九至一九三六年之間自己修復才對。不論一九二五年重回金本位或一九三一年強徵關稅，應該都不會比作物歉收或失火嚴重多少，很快就會被神奇的供需和價格機制給化解。然而，《通論》並非光是列舉當時社會的種種問題，就宣告勝負已定。事實上書裡幾乎沒有經驗證據，沒有個案研究或統計迴歸，而是試圖解釋**為何**古典理論無法解釋一九三六年世界面對的種種事實。這部作品是觀念的重定序，加上對後稀缺社會的人類動機提出另一套解釋，偶爾才會暗示這在政策制定實務上意味著什麼。

凱因斯從一九一九年以來就不斷努力解釋失業問題。他在《和約的經濟後果》主張不合理的戰債與賠款將使歐洲的農田與工廠無法有足夠產出；在《貨幣改革論》主張物價不穩正導致資本主義機制紊亂失能；在《貨幣論》主張害怕通膨使得勞動市場面對意外衝擊無法調適。

這些早期解釋都假定古典經濟學家的世界觀基本上是對的，只是用來解釋眼前情況的時候搞錯了。凱因斯當時和其他古典經濟學前輩一樣，認為市場確實會自我調整，最終會達到富庶均衡，重點只在考量二十世紀的政治社會現實，想出如何**允許**市場自我調節就好。但在回顧古代史的過程中，《貨幣論》為新思路打開了大門。倘若社會總是需要主動調節貨幣體系才能確保繁榮，那麼市場運作方式或許和經濟學家所想的不一樣。

對凱因斯而言，古典經濟學理論的軟肋是賽伊法則。他用一句話總結這個定理：「供給會自創需求。」提出這個定理的賽伊（Jean-Baptiste Say）是法國人，和亞當．斯密同時代，凱因斯認為古典理論三大問題都凝聚其中：只談稀缺、市場會自我修正、不可能有非自願失業。古典經濟學家也認為賽伊法則很重要，高伯瑞就形容它是「區分可敬的經濟學家和瘋子蠢蛋的石蕊試紙」。[33]而《通論》出版時，高伯瑞已經是經濟學者了。

賽伊法則意味著社會上不會有沒花掉的收入。由於新產品會自創需求，當產量提高，支付和消費活動就會增加，使得整套機制自動達到新的均衡。當生產者以購買價格售出物品，並將收入以薪資形式轉移給勞工（生產者則是以利潤形式獲取部分收入），就會在社會上創造和其生產價值相等的新需求。這筆收入會用來購買其他物品，確保經濟的總需求不致匱乏。就連儲蓄也是一種支出，是在購買未來。賽伊承認有些產業偶爾會過度生產，不過堅持這個問題「只是過渡之惡」，不可能長期在整個經濟體系發生。「我看不出國家生產的物品怎麼會太多，因為每樣產品都讓人得以購買其他產品。」[34]總之，景氣蕭條不可能發生。只要有生產，社會就不可能消化不了生產的果實。人民的整體生活水準或高或低，但全看社會利用資源的效率好壞，失業不會是重大因素。

然而，蕭條確實會發生，賽伊法則錯了。人不會花光所有收入，儲蓄也不會自動轉成其他支出，不論現在或未來。在古典經濟學的世界觀裡，銀行金融照理會用利率來確保儲蓄和投資相符，客戶想儲蓄的錢會以有利潤的方式投資到新計畫上。《貨幣論》認為這項任務應該由央行負責。央行可以調降利率，吸引公司借錢擴張生產，同時降低人民儲蓄意願，因為獲益不彰。但凱因斯認為，這樣做雖然可能奏效——他終其一生都支持低利率和寬鬆貨幣政策——卻也很可能不管用。

首先，央行調降利率是有極限的，利率不可能比零還低。但凱因斯認為，更重要的是經濟學家在看銀行金融時，替自己創造了一個「光幻視」。就算商業銀行可以核准貸款申請，央行能設定利率，銀行家還是無法徹底操控投資。世界上不存在「將放棄眼前消費的決定和預備未來消費的決定連結在一起的節點（nexus），決定後者的動機和決定前者的動機也沒有直接連結」。[35] 投資不僅受銀行驅動，也受決定升級設備或投入資源從事新研究的公司驅使。勞工花錢存錢不是經過複雜計算，好讓錢在未來幾年發揮最大效用。他們存錢是因為有錢**可存**，不是因為利率高得誘人。尤其當經濟不景氣，民眾就會出現強烈的「流動偏好」，寧可把錢攢在手上，也不要投進投資工具。就連綜觀經濟全局的銀行家，也可能減少核發長期貸款，選擇持有現金或回收快的短期投資。面對不景氣，產業龍頭會對投資多年才能收效的新計畫謹慎為之。利率不會讓儲蓄和投資均衡，只是反映人們願意以多少價格犧牲持有現金的便利與確定。

這些行為都不是不理性的，但可能會有反效果。多年前，當他和羅素及維根斯坦辯論語言哲學問題的時候，他就強調人必須在不知道未來如何的情況下做決定。一個決定理不理性不能從結果看，因為未來在決定當時總是不明確。凱因斯曾經嘗試從機率出發建立理性理論，只是多數哲學同行認為並不成功。但當他成了理論經濟學家，不確定卻成為他作品最主要的心理洞見。不確定無法靠統計衡量；事件過去這樣發生，不代表未來也會如此。每個人對未來信心不同，但沒有人能計算。我有信心太陽明天會升起，對自己明天會有工作信心少一點，對明天工作會和今天一樣信心再少一點，對自己收入不會變信心又更少。但現實環境有可能讓我信心減少或消失，這時我把錢存起來不花掉，完全符合理性。這點在經濟不景氣時尤其如此，因為經濟不好會讓許多人憂心自己的經濟前景。公司經營者考慮是否擴張營運或升級設備時也不例外；局勢不好時，投資似乎就是壞選擇。央行可以操控利率影響民眾和經營者的判斷，但實際上有其極限。存款很可能擺著不動，不會花掉——事實也正是如此。

儲蓄有可能過度，這點影響非常深遠。由於錢都存著不花，資本主義將**生產過剩**。產品與服務的供給超過需求，生產者會減少產量和裁員，如此雖然能讓供需恢復均衡，卻是**不良**狀態，因為沒有人會從事僱用勞工和擴大生產所需的投資。失業將悄然出現，成為低效經濟揮之不去的一部分。

凱因斯這番分析，等於承認自己輸了一九三一年以來和海耶克的論戰。海耶克堅持社會的總儲蓄必然**永遠**等於總投資，因此《貨幣論》儲蓄和投資可能失衡的關鍵主張並不正確。凱因斯現在同意海耶克的看法，但這點只是讓他變得更激進，主張儲蓄和投資是因為經濟總產出改變而被迫相等，其中一者減少，另一者和總生產量也會跟著減少，導致經濟規模縮小，繁榮消退，但不是由於缺乏資源，而只是因為人們不想花錢。

沒錯，錢才是造成蕭條的原因。「貨幣經濟下，」凱因斯寫道：「基本上只要對未來看法改變，就業人數就可能受影響。」[36]古典經濟學家認為，貨幣是促進器或潤滑劑，讓貨品交易更容易。以羊換車既麻煩又沒效率，用錢簡單多了。但凱因斯發現，貨幣不僅是能傳遞訊息、顯示不同貨品相對價值的機制，貨幣還能儲存價值，讓人**在不同時間點**對自己的物質安全做出判斷或表達個人判斷。古典經濟學認為貨幣有如繪畫，是靜態的；凱因斯則認為貨幣好比電影或小說，功能在述說經濟可能性的故事。「貨幣之所以重要，基本上源自於它是現在和未來的連結。」[37]

凱因斯很早就看出，貨幣可以儲存價值會有什麼道德效應。他在〈我們子孫的經濟前景〉便強調，人常常混淆手段與目的，汲汲於「愛錢」而不是追求美好人生，喜歡想著戶頭裡有多少錢，買一些不是真的美麗質優，只是能炫耀財富的東西，勝過欣賞偉大藝術和美麗的夜晚。

到了《通論》，凱因斯進而指出貨幣的價值儲存功能不僅會造成人格缺陷，還會導致經濟體系瓦解。「消費，」他寫道：「是一切經濟活動的唯一目的與目標。」[38] 但貨幣讓我們可以一天天、甚至無止盡延後消費，卻又不會失去**未來某刻**消費的能力。我們可以不是出於惡意或懵懂，而是純粹出於擔憂未來而留著貨幣，不用它實現物質滿足。但只要我們拒絕消費，別人就沒有收入。如此一來，社會不僅必須靠更少的東西維繫，我們對未來的恐懼也可能傳染開來，即使有剩餘也會減產、裁員或過苦日子。

而現代金融體系則是大大提高了貨幣將恐懼轉為受苦的能力。金融市場和證券交易讓個人可以匯集資源與知識來支持企業營運，這在一百年前還是不可想像的事。古典經濟學家認為這些市場流動性愈高愈好；投資人和金額愈多，市場就愈能為各個公司和證券正確定價，少數人的出格判斷會被多數人的冷靜意見給平衡掉。

然而，凱因斯以近二十年的投機經驗發現，現實並非如此。人們其實不是根據個別企業的價值，而是依據其他投機客的判斷來投資下注。凱因斯在《通論》裡以少見的淺顯用詞這樣寫道：「專業投資可以說就像報紙上的那些比賽，參賽者必須從一百張相片裡挑出最好看的六張臉，而由選擇最接近全體參賽者平均選擇的人獲獎。因此，每位參賽者必須選出的不是自己覺得最好看的那些臉，而是最可能贏得其他參賽者青睞的臉龐，而且所有參賽者的盤算都和他一樣。這種比賽不是依據個人判斷選出真的最美的臉龐，甚至不是平均意見確實認為最美的臉龐。」[39]

這不僅表示金融市場容易恐慌不穩，被興奮和情緒牽動，無法冷靜推理，還表示我們沒有理由相信市場**曾經**估對過各種投資的價值。華爾街和倫敦金融城最擅長替自己賺得盆滿缽滿，卻對社會沒有多大貢獻，甚至無意間主動危害社會。「經驗並未向我們清楚證明，對社會有益的投資政策也會是利潤最高的政策。」[40]

會有這種結果並非出於惡意或不理性。投機客和投資人跟我們普通人一樣，也得在不確定未來如何的情況下做判斷。「我們只要捫心自問，就會承認自己拿來推斷某條鐵路、某座銅礦、某家紡織廠、某種專利藥、某條大西洋航線或倫敦金融城某棟樓房十年後會有多少利潤的知識基礎，根本薄弱得可憐。」[41] 證券交易其實並沒有改善這個問題。「有本事的投資應該為了社會，以擊敗時間和對未來無知這兩股黑暗力量為目的。但當前最有本事的投資卻是為了個人，目的在搶先，美國人形容得很好，叫『偷跑』，智取群眾，將壞的或比較沒價值的東西留給別人。」[42]

資本市場充其量只能放大參與者的直覺和傾向，但股票、債券和其他資產的價格卻會造成錯覺，讓人以為這些向著未來的投資具有數學確定性。儘管股票和交易所的數字只是反映烏合大眾投資習性的近似值，感覺卻像權威專家做出的精確又科學的結論，而且銀行家、政治人物和大眾都誤以為如此。當投機客情緒低落，甚至只是覺得其他投機客感覺悲觀，他們就會低估股價。其他投資人見狀也會趨於保守，察覺看似客觀的市場對類似標的不抱樂觀。凱因斯認為，這就是大蕭條期間全球經濟普遍發生的狀況。人的創造力和商業頭腦並未大幅崩壞，全球勞工也沒有突然不肯為合理薪資工作；是經濟表現欠佳（不論其起因為何）讓投資市場以為長期欠佳是常態，因此也就得以應驗自己的預言。

凱因斯對投資過程的分析和他對民主的理解類似。對未來不確定才是讓群眾在金融和政治方面容易陷入災難的主因，尤其在極焦慮的情境下，而不是愚蠢或不理性。市場就像一群對著煽動家歡呼的烏合之眾，沒什麼自我修正的能力。市場要能運作，就必須加以結構、引導和管理，甚至加以取代。凱因斯在《貨幣論》裡主張，貨幣生來即政治，因為是國家造出來的。現在他也將市場納了進來。

《貨幣論》只簡短論及一九三〇年代的問題該如何用政策解決。不確定性挑戰理性投資者和自利勞工的假設，從而動搖了理性市場的概念。面對大量不確定，人根本無從判斷如何自利。只要認真考察投資者和企業家的行為就會發現，在決定該不該從事某項新嘗試時，能賺多少錢只是其中一個因素。凱因斯建議，政府或許需要藉助一些政治手段來刺激商業界的信心，重振可能被金融化經濟消磨掉的活力。但他認為其他做法或許更可靠，包括他的老處方，公共工程，直接由政府投資進行社會改良。

但若政府拒絕建設，任何能直接提高民眾購買力的政策或許也有效。僱用失業者、替勞工減稅或提供其他直接的物質利益，透過這些方式將錢送到勞工手上，都能提高社會總體需求。當經濟體出現供給過剩，產業正常反應是減少生產，從而導致失業。為了防止這一結果，政府可以促進需求，刺激消費者購買更多產品，讓產業維持高產量。人民口袋裡錢變多了，就會買更多物品。業主和投資者看見這些正面信號，就會重拾信心，願意冒必要的風險，投資有效用的計畫，促成經濟成長，如此就能擺脫蕭條。

對貨幣體系而言，這些主張含意深遠又違反直覺。當情況嚴重到一個程度——說到嚴重，應該沒什麼比得上大蕭條——**如何**刺激消費其實根本不重要，只要政府**做點什麼**就好。只要政府錢花下去，「建金字塔、地震，甚至戰爭都能增加財富」，就算借錢或透支預算去做都不是一定會有風險，反正促進新的企業或經濟活動就能創造新的財富。政府支出的每一塊錢都會在經濟體裡發揮乘數效應：將一美元投入建設，鋼鐵廠就會拿到這一美元，接著又轉到礦場手上，最終落到許多人口袋裡，對整體經濟活動造成大於一美元的效果。但即使一美元沒用在任何事上，只要拿到的人真的把它花掉，也會有同樣效果。「財政部就算在舊瓶子裡裝滿紙鈔，埋在廢棄煤礦場夠深的地底，再用城裡的垃圾蓋住，交給信奉自由放任原則的私人企業去挖（當然，開採權可以用租下埋有紙鈔的土地來取得），失業也同樣會消失，而且在漣漪效應下，群體的實質所得和資本財富甚至會比現在高出許多。的確，蓋房子之類的更合乎情理，但若是政治和實務上難以達成，那麼埋紙鈔也比什麼都不做要好。」[43]

凱因斯在《貨幣論》描繪了不少景象，就屬上面這段流傳最久，也最不可思議。保守派批評這本書時，常將這段描述當成凱因斯學說的自打嘴巴。誰要是相信這麼離譜的說法，腦袋肯定哪裡出了問題。這種建議完全違反我們對經濟問題性質的直覺理解，將經濟活動描繪成無意義的儀式，所有人一起玩互相哄騙的把戲，好讓不按牌理出牌的經濟機器順利運行。大多數人都將工作視為一種手段，我們需要薪水才能維生，也會在勞動裡放入自我認同與情感投射。我們希望自己的經濟地位，就算不乏機運局勢幫忙，至少**部分**反映出我們對社會的貢獻。我們希望自己能靠著貢獻社會更多——農人種出更多作物、作家寫出更好的作品——而拿到更多報償。凱因斯說得明白，在貨幣經濟體系下，改善社會不一定需要工作合乎德性，甚至不必有用。

凱因斯不僅挑戰勞動帶給我們的自我價值感，也質疑大蕭條期間勒緊褲帶的意義。十七年的驚惶與匱乏，原來只是現代金融特製（ad hoc）簿記系統運作不良造成的，想到就令人喪氣。社會如此敗壞，始作俑者不是資本家的冷酷貪婪，也不是集體怠惰，而只不過是個技術問題，很好解決。大蕭條是失誤，不是善惡大對決。

這些主張顯然不容易接受。但在後稀缺經濟體系下，工作的意義已經無關緊要。人不得不工作，是因為唯有如此體系才能運轉，而非工作是維持人民溫飽之所需。凱因斯在〈我們子孫的經濟前景〉就已經接受了這個看法。我們認為自己藉由工作對社會做出貢獻，其實多半只是會計上的伎倆，目的在促進消費。特別是這篇文章發表近八十年後的現在，只要我們有智慧地管理經濟體系，確保經濟果實雨露均霑，就算工作量減少也一樣能過得富足無虞。

這個說法讓大蕭條失去了道德教訓的意義，卻在政治上開啟許多激進的可能性。這世界的問題不在物品或資源稀缺。這些東西充足得很，從糧食、衣物、住房、音樂到舞蹈都是，甚至多過了頭，社會幾乎永遠處在長期供給過剩的狀態。

凱因斯認為，所有社會面臨的主要經濟問題都不再是這個社會**負擔得起**什麼，而是社會中的成員想過怎樣的生活。產業大亨不能聳聳肩說，貧窮是社會的必要成分。民主國家可以選擇不一樣的做法。

凱因斯拋棄了之前的說法，不再講述如何調節一臺基本上會自動趨向功能均衡和富足均衡的機器。《通論》並未證明政府或許需要不時插手自由市場的運作，糾正過剩或失衡，而是證明了自由市場獨立於政府結構與監管之外的說法乃是自相矛盾。市場要發揮作用，政府就必須提供需求。自由放任帶來的富足歲月，例如英國戰前的黃金年代，其實非常罕見，是特殊心理和物質環境下的「特例」，無法藉由投機金融市場經常複製，讓「國家的資本發展成為賭場活動的副產品」。[44]

凱因斯主張，「事實將會證明，某種程度的投資全面社會化，是確保近乎完全就業的唯一途徑。」[45]他認為，政府雖然沒有必要接管直接「生產工具」，但採納《通論》「就代表食租者將自然死亡，進而代表資本家藉由累積而得以剝削資本稀缺價值的宰制力也將自然瓦解」。[46]資本家是靠提供別人所需的稀缺物品（即資本）賺錢；如果政府本身就能創造和提供投資資本，資本家就會失去支配社會發展的鎖喉鉗。凱因斯顯然認為政府的角色遠不止於賦稅政策和調節利率。「國家有能力根據長遠觀點和普遍社會優勢計算資本財的邊際效率，因此在直接規劃投資這件事上，我期望見到國家肩負起更多責任。」[47]

凱因斯認為自己粉碎了「證明財富高度不均有其道理的其中一個主要社會理據」。[48]年少的他認為儲蓄是對整體社會有利的一種美德，有錢人的財富經過世代累積，成為投資資本的來源，可以用來嘉惠所有人。但在《通論》裡，凱因斯證明了資本成長並非來自有錢人的儲蓄美德，而是群體收入成長的副產品。上層社會大量儲蓄並不會帶來更多投資，而是恰好相反，大量投資會帶來更多儲蓄。因此，「消弭財富和收入的巨大差距」有益於社會和諧與經濟運作。

凱因斯仍然擔心社會結構突然變動。他期望社會緩緩朝更美好的未來前進，對於如何達成幾乎沒提什麼建議。「食租者和無功用的投資者自然死亡都不會驟然發生，而是持續漸進——不需要革命。」[49]他還強調自己的理論完全不需要對人性善惡或政府效率有什麼烏托邦式的假設。「改變人性的工作絕對不能和管理人性的工作混為一談。」[50]他只按人本來的樣貌看人：有點自私，而膽小又比自私多一點；對社會進步感興趣，很容易糟蹋自己的天賦。

《通論》出版幾個月後，凱因斯在《傾聽者》（*The Listener*）雜誌發表了一篇名為〈藝術與國家〉（Art and the State）的短論。文章表面上在鼓勵藝術發展，但很快就變成積極鼓吹政府主動促進社會更新。凱因斯認為，由於十八、十九世紀效益主義道德哲學家大力推廣，使得「一種扭曲的國家理論」蔚為流行。這種理論以「商業算術」為基礎，任何活動的社會價值最終都以是否獲利為標準。[51]但凱因斯主張，市場不是社會偏好的可靠指標，也無法暗中引導政體走向救贖。民眾享有的許多社會財，尤其是藝術，市場根本都沒能提供。讓人生具有意義的事物，從美、社群到活躍的多元文化，統統需要集體同心協力。「經驗明白告訴我們，這些事物若以利潤和財務成功為動機，根本無法順利繼續。將大眾娛樂者的神聖天賦賣給財務獲利，使得天賦遭到剝削與毀滅，是當代資本主義最嚴重的罪行之一。」[52]

《通論》的經濟思想，自然跟凱因斯對美好人生的見解脫不了關係。他認為，大蕭條期間緊跟著高級金融的無明浪潮走，導致英國人接受了一種貧瘠醜陋的生活方式，而不是享受「公園、廣場、遊戲場、湖泊、遊樂園和林蔭大道，以及人發揮能力和想像力創造出來的種種樂趣。為何倫敦不是所有地方都像聖詹姆士公園附近那樣？河邊可以成為世界美景，岸邊露臺和樓房林立。南倫敦的學校應該和大學一樣氣派，有庭院、柱廊、噴泉、藝廊、圖書館、飯廳、戲院和劇院供學生享用」。[53]而他在《通論》裡告訴世人，只要打造這些美好事物，就能創造足以支付這些事物的財富。

《通論》證明了社會的狀態與組織並非必然取決於悲慘的資源不足，受它無情決定，而是社會無可迴避的政治選擇。至於該如何選擇、評價、由誰負責，凱因斯沒有深究，也沒有列出衡量經濟成功的標準，只提了「充分就業」，但就連這部分也語焉不詳。他幾乎沒花任何篇幅討論政府到底該如何管理總合需求或購買力，或如何讓投資社會化，只強調要向金融舊勢力和批判舊勢力的馬克思主義者都認為不可能的新政治可能性敞開大門。這表示社會可能會和現在非常不同，卻也表示現有秩序不必先摧毀或推翻也能改進；在保留現有社會秩序與機構的同時，又埋下大幅轉變的種子。

凱因斯明白指出，這套國內繁榮學說必須有國際和平政策支撐。金本位制和自由放任讓深陷困局的經濟體只能和其他國家打貿易戰，因為政府無法靠通膨擺脫危機，只好設法將商品傾銷到外國市場，同時禁止外國商品進口。這表示凱因斯自小接受的自由貿易理想，不同民族交易不同物品，彼此因對方的專業而受惠，其實是一場你死我活的零和鬥爭。他現在認為，貿易對外交事務的影響「不如」經濟學家想的「那麼正面」。本國人民開始對外國人民產生懷疑與敵意，政治人物則是將外國看成僅僅是經濟獵物，就像戰後法國領袖看待德國那樣。經濟競爭對內助長軍國民族主義，對外讓貿易成為國際緊張的來源，而非相互理解的管道。凱因斯認為自己已經找到了釋放壓力的方法：

> 當國家能用國內政策達成充分就業……就不至於出現重大的經濟推力，讓國與國的利益互相衝突……國際貿易也將改頭換面，不再如過去為了維持國內就業而急就章，強迫銷售商品給國外市場，同時限制進口，就算成功也不過是將失業問題轉嫁給鄰國，使對方情況更加艱困，而是在互利條件下，自由自願交換商品與服務。[54]

《通論》愈往後頭，企圖心愈大。凱因斯開頭只向經濟學喊話，呼籲成員反省當時盛行的古典學說，重新思考其基本信條，末了卻差不多將同行經濟學家拋到腦後，認為自己已經搞定所有事實，不再有什麼懸念。他在結尾向馬克思主義者喊話：不要小看思想戰勝統治階層經濟利益的力量。他指出，掌握人類歷史巨輪的不是資本家的既得利益，而是人民的思想與信念。他們不必回頭訴諸暴力革命，也可以甩脫過去二十年來的苦難與失能。他們只需被一個想法說服。

希望這些想法實現，是否只是空想呢？……經濟學家和政治哲學家的思想不論對錯，力量都大於常人想像。其實，世界幾乎完全由這些思想統治。務實的人自以為不受學識影響，卻往往只是某個已故經濟學家的奴隸。狂人執政，自以為得到上天啟示，其實他們的狂想都來自幾年前的某位三流學者。我敢說，比起思想滴水穿石的力量，既得利益的勢力太被誇大了。思想的力量當然不是即刻，而是一段時間之後才會展現。這是因為在經濟和政治哲學領域，一個人到了二十五或三十歲以後，很少會再接受新理論，因此公務員、政治家、甚至煽動家應用在當前事件的各種思想，往往不是最新的。但危險的遲早都是思想，而非既得利益，不論結果是好是壞。[55]

對凱因斯的劍橋學生與盟友而言，他提出了一個強而有力、甚至令人心醉的理想。斯威齊（Paul Sweezy）就說，《通論》「為一整個世代的經濟學家開啟了全新的視野與道路」，帶給他們無窮的「解放感和智識刺激」。[56]書裡談的遠不只是經濟學。如同塔西斯多年後回憶道，「凱因斯帶來的是**希望**：不必支持集中營、處決和野蠻訊問，也能重拾和維持繁榮的希望……我們許多人都覺得，只要追隨凱因斯……我們每個人都能成為拯救全世界的醫師。」[57]

10 革命降臨

當凱因斯在西方大思想家的萬神殿裡掙得了一席之地，他青年時期往來密切的布倫斯伯里知識分子圈卻逐漸凋零，不再顯赫，實際和象徵意義上都是。這個緊密的小圈子將大戰的悲劇轉化為美學運動，包含肖像畫、文學、芭蕾，甚至經濟學，但這世界已經遇上了其他困境。大戰讓布倫斯伯里幫太過氣憤、太過疲憊，再也無力對抗大蕭條，遑論希特勒了。只有凱因斯在世界進一步向黑暗沉淪之際，繼續發光指引世人。

一九三二年元月二十一日，五十一歲的斯特雷奇在威爾特郡自家農莊裡因胃癌過世。這位愛德華時代的文學巨擘因為腸道問題和斷續發燒臥病在床兩個多月，其間親友常來探視，加上一度多達六位醫師和三位護士組成的醫療團隊太過樂觀，使他心情好過不少。[1]斯特雷奇連過世都和生前一樣非比常人，臨終之際還勉力寫詩，死時身旁不僅有他的多年戀人朵拉・卡林頓（Dora Carrington），還有卡林頓的丈夫帕特里吉（Ralph Partridge）。他沒有喪禮就直接火化，讓好友備受打擊。雖然他們四散在各地鄉間，也各自嫁娶，但所有布倫斯伯里幫成員依然視斯特雷奇為核心，珍惜他的機智，渴求他的認同，即使吵架時不承認。少了他，布倫斯伯里幫失去了專業焦點與社會方向。維吉尼亞．吳爾芙受創最深，她在日記裡描繪了斯特雷奇臨終前最後一晚：

> 利頓昨天早晨過世了。我見他從街上走來，鬍鬚歇在領結上，裹住了他的臉龐：我們竟然停下了：他眼神發光。我昨天難過得整個人都麻木了，只能想著這些。唉，我知道，痛苦很快就會來了。這裡刺刺，那裡戳戳。昨晚的聚會真是詭異，所有人都抿著唇——我是說我們大家。鄧肯、凡妮莎和我在工作室啜泣——那人躺在馬廄改成的房裡，望著窗外——彷彿有什麼已經耗弱消失：這對我實在太難受了：那種枯竭：接著突然清醒。鄧肯說：「人只會失去愈來愈多人。突然失去一個，會讓人知道一些事。然後痛苦再次來襲，多年之後。」……是啊，我們錯過了二十年的利頓，真蠢：我們再也無法重新擁有了。[2]

大蕭條抽乾了布倫斯伯里幫的智識能量，也開始反映在維吉尼亞的作家生涯上。之前十幾年她創作能量之豐沛，連有天分的好友都望塵莫及，只有兩本代表作不是完成於這個時期。她四年內寫出《達洛維夫人》（*Mrs Dalloway*）、《燈塔行》（*To the Lighthouse*）、《歐蘭多》（*Orlando: A Biography*）和《自己的房間》（*A Room of One's Own*），本本令文評為之驚豔，隨即又出版另一本實驗作品《海浪》（*The Waves*），也獲得成功。但斯特雷奇過世五年後，她才又寫出另一本經典《歲月》（*The Years*）。

一九三三年，她擠出時間完成了《福樂喜》(*Flush: A Biography*)，一本以可卡犬視角撰寫的輕喜劇，但倫納德認為「無法和她的代表作相提並論」。[3]維吉尼亞被政治浪潮所吞噬，變得原地踏步。

布倫斯伯里幫的創始成員裡，凱因斯和斯特雷奇曾是愛人也是對手，但兩人事業起飛之後卻成了最疏遠的朋友。不過，他們戰後關係仍然真摯，只是隨著時光流逝，兩人愈來愈多的往來是靠書信，而非聚會。斯特雷奇是布倫斯伯里幫裡少數坦然接受洛普科娃，沒有半點情緒反彈的人，也是世上少數能讓凱因斯相信自己的想法在道德或智識上站不住腳的人。斯特雷奇過世讓凱因斯深受打擊。他告訴維吉尼亞沒有喪禮就「沒有結束的印記」，[4]格外令人難受。但他不想公開兩人的親密細節。詹姆斯．斯特雷奇問他如何處理哥哥的信件，凱因斯立刻請他保密。「信嗎？——看在老天分上，把它們鎖好放個幾十年吧。」凱因斯的性向仍然是顆未爆彈。[5]

社交上，他跟卡恩和羅賓遜的劍橋圈子往來愈來愈深，逐漸遠離戈登廣場的老友。洛普科娃雖然過了舞蹈生涯的巔峰，但凱因斯籌措資金在劍橋開了一家新劇院，讓他妻子有演出的舞臺，兩人一起試著將劍橋打造成歐洲的表演藝術重鎮。一九三〇年代中葉時，洛普科娃已經不是國際藝壇的可人兒，不過還是很有群眾魅力，尤其她竟然在英國廣播公司開啟了新事業，不僅主持音樂和芭蕾特別節目，還擔任安徒生舞蹈寓言《紅舞鞋》的旁白。

然而，凱因斯的健康負荷不了現在的工作重擔。寫經濟理論專書、講課、管理劇院、擔任政府顧問，加上發表通俗的政治及財經文章，對一個五十多歲的人來說實在太吃力。一九三六年末，他開始長時間虛弱，每次著涼都拖很久，連坐著也喘，甚至短距離散步也有困難，不到五百公尺就受不了。一九三七年三月，洛普科娃拖他去坎城度假放鬆，結果他胸口開始痙攣，讓人意識到問題不對了。回劍橋後，凱因斯的母親逼他去看她當家庭醫師的弟弟，也就是他暱稱對方為「海象舅舅」的蘭登布朗（Walter Langdon-Brown）。

幾番書信往來，加上一次健康檢查和胸腔X光之後，海象舅舅認為凱因斯前陣子感冒讓他心臟「受了點傷害」，便要外甥臥床休息，並開了「心臟藥酒」（heart tonic）給他，結果讓凱因斯大為不滿，因為腦袋昏沉讓他很難工作。不過，這顯然就是開藥的目的。[6] 凱因斯身旁的人都擔心他會過勞死。

生病讓凱因斯有所警覺，開始整頓自己的財務。他的大學朋友如今都已中年，完全靠藝術過活的知交更早已過了賺錢的全盛期。格蘭特找不回高品味前衛藝術的市場，做做壁爐架賣給中產階級或是那些會從事獵狐活動的家庭更能給他不錯的收入。於是凱因斯供給他豐厚的年金，讓這位老友免於墮入美學地獄，不論畫什麼，有沒有凡妮莎陪伴，都得到照應。

「你對我做的這些事，我不知該如何謝起，」一九三七年四月，這位畫家寫信給凱因斯，「我始終存不了錢，你這樣幫我，似乎是對我不知節儉的一種古怪的懲罰……我目前只跟我母親和凡妮莎提了這件事，因為我有錢的消息一傳出去，就不會有人買我的畫了。」[7]

然而，凱因斯的健康並未好轉。再多靜養與藥酒也贏不了常年抽菸、高壓、飲食無節制和久坐桌前打字，完全不運動的生活。五月十六日，他昏倒了。當時他正要去劍橋哈維路上的父母家，和他們共進午餐。洛普科娃得知後立刻趕來，深怕沒能見到丈夫最後一面。儘管這次心臟病發很嚴重，但凱因斯撿回了一條命。洛普科娃取消所有演出，接下來整個月都在公婆家照顧丈夫，因凱因斯虛弱得無法下床。六月十九日，他們終於叫了救護車將他送到威爾斯魯辛堡（Ruthin Castle），英國菁英階層治病養病的醫院兼復健中心。

這個消息震撼了布倫斯伯里幫。維吉尼亞「深怕梅納德有個三長兩短，連出門收信或買報紙都不敢」。[8]醫院的陰沉氣氛則是讓洛普科娃很沮喪。雖然她在那裡結交了幾位同是來照顧先生的女士，但從她替她們起的綽號「城堡寡婦母雞會」，[9]就能看出她心情有多低落，畢竟丈夫重病在床。凱因斯常趁護士不注意將信和筆記藏在床罩下。他寫信告訴醫師弟弟傑佛瑞，魯辛堡的專科醫師發現他扁桃腺「情況很嚇人，膿多到肉眼可見，而且顯然長滿一種叫Fusillaria（某種真菌）的動物」。[10]據洛普科娃說，他的喉嚨抹片「瞬間就長成一片果園」。[11]雖然當時的醫師還不曉得抽菸和心臟病的關聯，但海象舅舅完全沒發現凱因斯呼吸系統的鏈球菌感染，而且已經蔓延到被他的菸癮搞到很虛弱的心臟與肺部。

盤尼西林是世界上最早大量生產的抗生素，但直到一九四五年才容易取得。雖然魯辛堡的醫師在凱因斯的喉嚨上抹「有機砷」[12]治療，但除了觀察他病情變化和強迫他休息之外，能做的實在不多。

這時，悲劇再度降臨布倫斯伯里。凡妮莎的兒子朱利安二十幾歲時，常和梅納德叔叔辯論馬克思主義思想。到了一九三七年，他已經深信唯有全球階級團結才能有效擊退希特勒、墨索里尼和佛朗哥將軍掀起的法西斯巨浪。凱因斯日後描述，朱利安出於「個人英勇判斷下的使命感」，「不顧所有勸阻」參與西班牙內戰，擔任社會主義陣營的共和軍救護車駕駛，[13]結果於七月十八日在布魯內特戰役中被炸死。維吉尼亞和倫納德立刻趕到查爾斯頓莊園去陪格蘭特和凡妮莎，還有昆丁及十多歲的外甥女安潔莉卡。[14]儘管兩人哲學立場不同，還常被批評對政治改革的想法太過天真感性，但凱因斯依然很欣賞這位年輕詩人的智識情操與勇氣，因此就算困在病床上，仍然盡力安慰失去親人的好友。

「我最親愛的凡妮莎，」六月二十九日他寫道：「我們夫妻倆在此致上弔唁與愛，為你失去如此漂亮可愛的兒子。這孩子心性純真高貴，命中注定要用生命抗議，也有資格這樣做，沒有人能置喙。」[15]

凱因斯在劍橋一份刊物上替朱利安寫了訃告，稱許他的智識操守，將自己最深的道德信念貫徹到底，對他無比讚揚。凡妮莎讀完訃告寫了一封充滿溫情的長信給凱因斯，娓娓述說家人、戰爭與成年，然後順帶提起中國之行對朱利安的意義，回憶朱利安和昆丁小時候，凱因斯和兄弟倆相處的往事。凡妮莎利用這封謝函，希望這位纏綿病榻的老友能和她保持聯繫。「我很喜歡你寫的東西，」她寫道：「我寫這些，其實是因為很想跟你說話。」[16]朱利安過世讓凱因斯和凡妮莎迎來了延宕多年的和解，從洛普科娃加入布倫斯伯里幫以來，因為種種瑣事而起的齟齬也終於畫下句點，兩人再次拾回戰時曾有的熱切與真誠。

這場悲劇還讓凱因斯注意到西班牙內戰，以及他和年輕世代和平進步主義者的區別，因為這群年輕人不曾經歷大戰。縱使醫師和親友再三抗議，凱因斯就是無法在病床上冷眼旁觀世界走向毀滅，自己卻連提筆為文也不做。住進魯辛堡才三週，他就在《新政治家與國家》針對英國外交政策發表了一篇短論，呼籲各國保持冷靜，在歐陸毀滅之前懸崖勒馬。這篇短論表面上在回應奧登（W.H. Auden）的詩作〈西班牙〉，卻句句可見朱利安的身影。奧登和朱利安一樣去了西班牙，擔任共和軍的救護車駕駛。他在詩裡哀嘆佛朗哥部隊的殘暴，沉痛呼籲各國團結投入「抗爭」，包括「坦然接受殺戮的必要之惡」——戰爭雖是悲劇，卻是獲得解放的唯一手段——其實就是鼓勵宣戰。一九三五年，朱利安為一本探討一戰拒服兵役者的書撰寫引言，就提出過相同看法：「我們世代的反戰運動終將消弭一切戰爭，就算必須動武也在所不惜。」[17]

從歐洲到美國，滿懷理想的年輕人奔向西班牙對抗法西斯，深信唯有暴力才能擊退崛起的威權威脅。這場意識形態之爭自然讓人聯想到德國與義大利，但一戰在凱因斯心中留下的傷痕太深，讓他堅信不計（幾乎）任何代價也要阻止不可想像的災難再度發生。西班牙的未來應該由西班牙決定。他雖然敬佩年輕人的良知，但將國內衝突擴大成世界大戰只會對列寧主義革命分子有好處，對頭腦清楚的和平愛好者毫無幫助：

我始終認為宣示和平是最重要的。即使這樣的觀點在昔日曾經力主和平主義的圈子裡似乎已經過氣了，但我們有責任時時刻刻盡可能延續和平。我們不知道未來會是如何，只曉得肯定與我們預測的大不相同。我在其他地方說過「長期下來」的缺點，就是長期下來我們全都死光了。但我同樣要說，「短期而言」有一大優點，就是短期而言我們都還活著。人生和歷史都是由短期構成，就算短期維持和平也不簡單。我們充其量能做的就是推遲災難，同時希望，這希望不一定遙不可及，之後會有轉機發生。[18]

凱因斯並不否認這樣的判斷之後可能會改變。「有些情況，戰爭對我們是避無可避，站不站得住腳都一樣。」但他目前還看不出德國或義大利是急迫的威脅。這兩國太好戰，可是國力又太弱。就算英國最終被捲入戰爭，對抗「惡霸勢力」，也不愁沒有盟友。「這兩個國家，一個忙著輪番激怒各種主義，只要有機構或團體能攻擊或羞辱，它們絕不會放過。這兩國都花了大把銀子，拚命向其他國家宣傳自己是人類之敵，結果確實奏效了，尤其在美國。沒有人相信或在意它們的話……比起幹其他事情，這群盜賊自相殘殺還更容易成功一點。」[19]

就軍事史而言，這種說法基本上毫無意義，因為英國一九三七年當時並沒有人力物力可以為了西班牙而攻擊德國和義大利，尤其冒著引發世界大戰的風險。美國短期內不可能再提供武器或其他奧援，而且英國根本沒有足夠的兵力可以動員。但這篇短論充分展現了凱因斯對戰爭與和平的看法。儘管他戰後就不停警告經濟處理不當可能導致法西斯掌權，但即使到了一九三七年，他仍然輕看了法西斯的威脅；即使目睹賠款和戰債導致國際社會失能，卻還是相信歐洲外交合作足以對抗德國。縱然凱因斯的樂觀天性經常讓他得出同代人想像不到的解決方案，卻也常常失之輕率，甚至一廂情願。

納粹崛起也點出凱因斯世界觀的其他問題。他在寫給洛普科娃的信裡不時會將「猶太人」和

「受割禮」當成「貪婪」的同義詞。經濟學家梭羅甚至表示，凱因斯在〈我們子孫的經濟前景〉文中抨擊「愛錢」，反映了他心裡「婉轉的反猶太情緒」。[20]雖然梭羅言過其實，但凱因斯信裡的玩笑確實不只是湊巧用了過時的形容詞而已。一九二六年，凱因斯在柏林和愛因斯坦見面，事後寫了一篇短文描述這位他心目中的智識英雄。據他表示，愛因斯坦屬於「好」猶太人，是個「可愛的小鬼」，「沒有將不朽昇華為複利」。這種好猶太人，凱因斯在德國認識不少，例如「莉迪亞很喜歡」的柏林銀行家富斯滕貝格（Carl Fürstenberg）、「神祕兮兮」的德國經濟學家庫特・辛格（Kurt Singer），甚至包括他在巴黎和會認識的「親愛的」朋友梅爾基奧（Carl Melchior）。「但我要是住在那裡，可能會變成反猶太。因為對另一種猶太人來說，可憐的普魯士人動作太慢、腿太重了。這另一種猶太人不是小鬼，卻為魔鬼服務，頭長小角，手拿耙子，還有一條油尾巴。一個文明社會竟然如此受不純正的猶太人掌控，從金錢、權力到大腦都在他們醜陋的掌中，看了就令人難受。」[21]

就算以當時的標準來看，這番描述也令人作嘔。凱因斯本人或許也明白這點，故這篇文章直到他死後才發表。納粹掌權後，凱因斯開始留意自己的言詞。一九三三年八月，他告訴當時正協助他出版作品德譯本的經濟學家許畢霍夫（Arthur Spiethoff），他在作品裡無法不用「野蠻」這個詞，因為「這個詞正確描述了德國近來的事件……在我們看來，已經有好幾個世代沒有任何自稱文明的國家發生過如此可恥的事了」。[22]一九三三年，梅爾基奧因為反猶太攻擊而喪命，漢堡市長邀請凱因斯發表經濟演說，遭到他拒絕以示抗議。「在我朋友過世後……漢堡已經沒有吸引我造訪的理由了。」[23]

戰後，凱因斯的朋友維根斯坦足跡踏遍全歐，在修道院當園丁，到維也納設計了一棟樸素的現代主義建築，回劍橋拿到博士學位，隨後旅居挪威和都柏林。一九三八年三月，德國兼併奧地利，維根斯坦寫信向凱因斯求助，因為他不能回奧地利，他祖父母輩有三個人是猶太裔，因此家人就算有錢也可能遭到處決。凱因斯雖然還在洛普科娃的照顧下養病，仍舊設法替這位老同事在劍橋找了個教職，讓他免於納粹追殺。[24]「謝謝你費力幫忙，」維根斯坦事後寫道：「希望我會是個稱職的教授。」[25]一九三八年四月，凱因斯寫信給自由黨黨魁辛克萊（Archibald Sinclair），力促他「主動」處理「難民問題」，並指出小羅斯福總統受到政治阻礙無法發揮力量，[26]「我們至少可以更慷慨、更有建設性一點」。[27]

一九三九到一九四〇年，凱因斯行動更積極了，因為英國內政部開始將境內八千多名出生於德國、奧地利或義大利的居民集中起來，大批送往曼島上的拘留營，連逃離納粹的猶太難民也不例外，視他們為潛在的破壞分子或敵國同情者。凱因斯氣壞了。「我們這樣對待難民，是多年來最可恥丟臉的一件事，」他在信裡告訴朋友。對另一位朋友則說：「我不記得有誰做過比這更愚蠢、更冷血的事。」正如他一戰期間努力替朋友爭取拒服兵役卡，此刻他開始動用英國政府裡的人脈，確保他的德國猶太裔經濟學家朋友羅森鮑姆（Eduard Rosenbaum）、羅特巴特（Erwin Rothbarth）和漢斯・辛格（Hans Singer）的人身自由。[28]其間過程相當漫長。羅特巴特最終和斯拉法於一九四〇年夏天被拘留，後來在凱因斯遊走下被釋放，羅特巴特隨即決定加入英國陸軍，於一九四四年十一月陣亡。[29]

但在一九三七年當時，凱因斯身體還在緩緩復原。洛普科娃後來順利將他接回提爾頓，兩人甚至於聖誕節前後去戈登廣場待了幾週，和布倫斯伯里幫團聚。「我們用兩張椅子當床讓梅納德躺著，」維吉尼亞．吳爾芙寫道：「大夥兒一直聊天，直到聊起政治講得他義憤填膺，莉迪亞就叫車和他離開了。」[30]不過，多半時候他們夫妻倆都在休息，一起聽廣播或在鄉下自家附近慢慢散步。雖然世界局勢和他的心臟狀態都不好，但凱因斯的腦袋還是一如往常的古怪與活躍。某次昆丁來訪，洛普科娃責備凱因斯走得太快，凱因斯轉頭問他請來的牧羊人說：「假如有一隻老綿羊，像莉迪亞現在看我這樣看著你，你會怎麼做？」昆丁事後記錄道，這個問題「不管是誰可能都……很難回答」。[31]

到了一九三八年初，他的體力已經大幅恢復，不僅開始寫信給老友如維根斯坦，甚至還寫給美國總統。

小羅斯福第一任總統任內，美國政府在他手上發生了南北戰爭以來最全面的轉變。他下令創設的二十多個聯邦單位忙著替美國人的生活改頭換面。農村電氣化管理局和田納西河谷管理局將全美各地帶進了二十世紀；國家勞動關係委員會和勞工部徹底翻修勞工與雇主的關係；房主貸款公司借錢給拖欠貸款的房主，聯邦住宅管理局則是推出新型房貸，讓不曾奢望有家的數百萬家庭有機會買房；公共工程管理局和民用工程署改革美國的基礎建設，興建水壩、橋梁與電廠，公共事業振興署則是創立學校、劇院、博物館、遊樂場和醫院，讓地方生活恢復活力；證券交易委員會監管華爾街，而《銀行法》終於讓美國的信貸體系恢復穩定。

然而，這每件事都需要人掌理。一九三〇年代初期的經濟學者幾乎都待在學界，只有少數在聯邦單位和財政部任職。博士論文完成在即的研究生不是突然發現難以解釋的新問題，就是靈感莫名枯竭，至少還得再待一個學期才能寫完。經濟學博士的就業市場實在太小，因此許多研究生寧可高不成低不就，也不想畢業。但隨著一個個部門在華府創立，「經濟學家的工作機會」突然「多到數不完，全是薪水高得不可思議的聯邦政府職缺」，高伯瑞如此表示，他自己也是這群躍躍欲試的年輕經濟學家之一。這股「新淘金熱」[32]不僅徹底改變了經濟學這門學科，更吸引了年紀更輕、意識形態更靈活的經濟學家進入政府部門，因為老一輩的保守派並不想放棄自己好不容易在知名學府拿到的尊貴教職。

新政推行者亟需盡快填滿這些職位。高伯瑞一九三四年抵達華府時，還是個剛拿到柏克萊大學農經博士的二十六歲畢業生，論文主題是蜜蜂。他出生在加拿大鄉間，於安大略農學院拿到畜牧學士，雖然還沒申請美國公民資格，已經對小羅斯福崇拜有加。「直到小羅斯福過世，我才明白總統也會出錯，」[33]他後來開玩笑道。高伯瑞首次進入小羅斯福政府服務毫無亮點可言，他只做了幾個月的高薪公務員，把學貸還完就在哈佛大學找到一份小職位而辭職了。不過，這段經歷卻是他政治教育的啟蒙，讓他後來應用在四屆民主黨政府上。高伯瑞和凱因斯一樣，一開始只是個聰明但不受重視的公務員，日後卻成為那個世代英語世界最重要的公共知識分子。

「小羅斯福一九三三年三月就任當時，美國經濟危在旦夕，商業和金融界都把他視為救命天使，」高伯瑞日後寫道：「到了一九三四年，情況好轉許多，於是他為了農民和失業者付出的努力，以及輕視經濟教條，都開始招來嫌惡，甚至恐懼。小羅斯福成了他們口中的『白宮那傢伙』和『階級叛徒』。」[34]

小羅斯福和有錢人交惡是出於權力，而非結果。他上任三整年達成的經濟成長，至今沒有一位承平時期的美國總統能出其右。按通膨修正後，美國一九三四至一九三六年的經濟成長率分別為一〇．八％、八．九％和一二．九％。[35]在他首任期內，失業率從二〇％以上降到一〇％以下，失業人口減少超過五成，從一千一百五十萬人左右降到四百九十萬人（股市大崩盤前的失業人口約為一百四十萬）。[36]美國**戰時**經濟表現只有一次勝過小羅斯福創下的奇蹟，那就是幾年後的二戰動員期。雖然小羅斯福面對政府支出、賦稅、法規、預算赤字和新政的其他方面，經常得和國會、最高法院甚至他自己角力，但他其實很敢花錢。聯邦政府支出膨脹將近一倍，從四十六億增加到八十二億美元，赤字也從二十六億暴增到四十三億美元，靠著向富人增稅才稍稍緩解新政帶來的赤字衝擊。

比起凱因斯主張的金額，甚至之後的實際進展，這些數字根本不算高。凱因斯一九三四年造訪美國，建議聯邦官員將年度赤字定在四十八億美元。一九三六年，美國政府支出仍然不到全國經濟總產值的十分之一；二戰結束時，政府工程經費已經高達每年九百二十七億美元，占全國經濟活動的四〇％以上（自雷根總統以後，美國政府支出就維持在國內生產毛額二〇％上下幾個百分點）。[37]

所有這些都和美國菁英層的政策傾向相牴觸。他們和英國銀行界一樣討厭累進稅制、政府赤字及貨幣貶值。但問題不只是踩到華爾街底線那麼簡單，因為新政其實並未削弱華爾街的合法業務，小羅斯福只是對之進行了重整。一九三五年，美國退出金本位制，格拉斯—斯蒂格爾法案通過，證交會開始監管交易，聯邦政府赤字出現前所未聞的金額，投資銀行承銷的證券發行量卻擴大到前一年的四倍。[38]美國經濟急速成長，券商和交易員的工作量也隨之增加。

所有人都是如此，但哈佛大學一群經濟學家發現，有錢人仍然不斷「忿忿抱怨」自己稅負太重，認為此舉違反「天賦人權」，即使「他們收入增加要歸功於政府作為，而且遠高於要多繳的稅款」。[39]一名記錄摩根家族史的作者表示，小摩根認為新政「與其說是一系列的經濟改革措施，不如說是直接對社會秩序進行惡意攻擊」。[40]

這話顯然正確。當時美國權貴正迅速成為世襲，摩根家族只是最明顯、最具代表性的例子而已。小摩根是英王喬治五世的密友，並深受其孫女、未來的伊莉莎白女王崇拜。他喜歡的休閒活動也很貴族，只要公事讓他神經緊張，就會去獵雉雞。不過，相較於十九世紀坐擁土地的歐洲仕紳階級自認為天選之人，小摩根和美國菁英層則認為他們的社會地位是自己掙來的，靠的是商業頭腦和穩健管理一個懂得感恩的社會。對一個從父親手上接下全美國最有權力的金融職位，而父親又是從祖父手中接過銀行事業的人來說，會有這種想法真是不可思議，但他真是如此相信。他在參議院委員會上作證時表示，「私人銀行家」不可能「變得太強大」，因為其地位「不是來自擁有大筆資金，而是來自人民信任」和「社會的尊敬與重視」。就連華爾街的心頭大患培哥拉都忍不住稱讚他這番話是「肺腑之言」。[41]這份確信來自小摩根和他父親大力投入慈善事業，每年支付數十萬美元薪水給聖公會神職人員，並負擔教會提供的社會服務。小摩根甚至成立博物館，讓民眾欣賞他父親的書房與藝術收藏。這就是卡內基（Carnegie）、美隆（Mellon）和弗里克（Frick）等主導美國經濟的家族所謂的社會管理。

然而，新政卻炸毀了這種世界觀。小羅斯福總統不僅用新的賦稅、法規、稽核與商業巨頭箝制摩根等家族，而且這招真的有用。正如凱因斯所主張，讓經濟以前所未有速度增長的不是金融貴族的卓越天賦，而是民眾的購買力。

這使得小摩根大為光火，甚至連提到**老**羅斯福，他也會大罵「羅斯福家的人都去死！」[42]面對自豪感和社會地位不再，小摩根選擇回到金融老本行，不再理會過去的貴族義務感。「我告訴你，」他曾經對道威斯計畫擘畫者楊格吼道：「我才懶得管你或其他人會怎樣，也懶得管這個國家會怎樣……我只在乎這份事業！要是離開這裡到其他地方落腳更有利，我就會走，為了事業我什麼都做。」[43]

「全美不分黨派地區，幾乎無一例外，」《時代》（*Time*）雜誌寫道：「所謂的上層階級都不諱言他們痛恨小羅斯福。」[44]總統先生並沒有坐以待斃。面對首任期間「華爾街銀行家」的傾巢攻擊，他在一九三六年民主黨全國代表大會上痛斥這群人是「經濟保皇黨」，「日漸以為美國政府不過是他們的事業附庸，」他在講臺上高呼。「但我們現在知道，組織金錢主導的政府就和組織犯罪主導的政府一樣危險。在我們過去歷史上，這些力量從來不曾像今日如此團結反對一位候選人，如此一致痛恨我本人——想恨我就來吧！」[45]

小羅斯福如此姿態不僅是真的發怒，也是政治計算。他的小圈子仍然包含幾位感到疑惑但務實的金融家，主要來自比較邊緣或和新產業結盟的銀行。時任高盛董事長的韋伯格（Sidney Weinberg）就是小羅斯福的密友，兩人情誼從小羅斯福一九三二年參選一直維繫到他過世為止，而高盛當時還只是一家小投資銀行。[46]此外，總統也常刻意徵詢摩根合夥人楊格的意見，並尋求途徑達成協議。楊格是保守派民主黨員，很努力和小羅斯福配合，只是偶爾低落時也會想，比起總統理想中的民主社會，「極權國家」是否更能實現「經濟上可取」的「自律」，特別是企業減稅。[47]

不過，小羅斯福對菁英階層的反擊倒是對輿論產生了巨大效果。罵他的金融家本來就不會投給民主黨，但這群權貴排山倒海抨擊總統，卻可能因此失去中間選民的支持。小羅斯福質疑對手的正當性，並呼籲支持者起身對抗。反小羅斯福的聲浪不再是出自有學問之人的合理批評，而只是討厭民主之人會有的反應。「小羅斯福一反擊，整個世代的人都站到他那邊，」高伯瑞指出：「如果權貴反小羅斯福，我們自然就得反權貴。如果小羅斯福認為大企業的道德立場不穩或虛假，就肯定是那樣沒錯。」[48]

就算美國百姓對鍍金時代的金融巨頭們再尊敬、再重視、再有信心，一九三六那年也全數收了回去。一九三二年大蕭條還在谷底，幾乎誰出馬角逐都能大敗胡佛。但小羅斯福一九三六年勝選幅度之大，連老練的政治操盤手都大吃一驚。他只輸了兩個州的選舉人團，並拿到六〇・八%

的普選票。此後再也沒有哪位總統候選人拿到如此高的選舉人團票，而普選票也只有詹森（Lyndon B. Johnson）贏過他。自一八二〇年以來，沒有哪位美國總統取得過如此壓倒性的大選勝利。即使吉姆．克勞法（Jim Crow）讓美國南方黑人選民無法投票，小羅斯福在美國北方還是從林肯當年所屬的政黨手中搶下了黑人票。

政治風向在他這邊，經濟又高歌猛進，小羅斯福卻差一點自毀前路。他本來就對巨額赤字很不安，財政部長摩根索更是怕得要命，心想政府能撐到現在全是運氣，便建議小羅斯福開始平衡預算，改善商業界對總統的信心。小羅斯福接受了，下令削減公共事業振興署和公共工程管理局的預算，同時減少失業救助金。

此外，小羅斯福改革方案裡還有一項新計畫也導致政府開徵新稅。美國有半數年長者生活貧困，[49]因此他核准了新的社會安全方案，提供他稱作「社會保險」的補助給年老或失能而無法工作的民眾。社會安全補助不僅大幅改善了年長者的生活，後來還結合聯邦醫療保險（Medicare）與其他幾項小方案，將老年貧民率拉低到一〇%左右，直到今日。然而，美國老年人口直到一九四〇年才領到第一張福利支票。而且，國會和小羅斯福決定向勞工開徵薪資稅作為財源，從一九三七年起算，等於從美國納稅人口袋拿走二十億美元。同年夏天，聯邦政府的赤字就幾乎歸零了。[50]

一切就如凱因斯預料，災難果然隨之而至。美國仍有近八百萬人失業，但政府削減支出和開徵新稅導致民間需求大減，立刻又將國家推入蕭條。企業獲利驟減五分之四，股市大幅下跌，製造業幾乎停擺，[51]二百五十多萬人失業，超過小羅斯福第一任內新增就業人口的一半。[52]

批評者立刻反撲。經濟陡然重挫代表總統無能或改革不利於商業發展，共和黨開始將這波暴風雨稱作「小羅斯福不景氣」或「民主黨蕭條」。廣告公司老闆巴頓（Bruce Barton）一九二〇年代寫過一本暢銷書，將耶穌描繪成積極進取的商業大亨。他將經濟突然衰退歸咎於「政治和更多政治」，順利在曼哈頓贏得特別國會選舉。「目前的恐懼與損失只能有一種解釋，就是太多政客拚命耍猴戲了。」[53]不過，並非所有批評都出自短視的機會主義者。出身保守派民主黨世家的化工巨擘杜邦二世（Lammot du Pont II）便感嘆，政府帶來太多「不確定」：「稅負要調高、降低還是維持現狀？……通貨膨脹或緊縮？政府支出增加或減少？」[54]就連備受小羅斯福信賴的友人也有同感。「過去五年，國內幾乎沒有哪個企業團體不曾遭到調查或攻擊，」政府顧問伯爾（Adolf Berle）指出。「不論結果如何，商業團體的士氣都大受打擊。」[55]不過，小羅斯福的決策圈成員一致同意：總統和民主黨只要無法扭轉經濟頹勢，過去五年的大力改革都將是曇花一現。「我們正走向另一次蕭條，」摩根索警告道。[56]

一九三四年，小羅斯福告訴凱因斯，投資公債的銀行家想用拒買國庫長期債券進行「被動反抗」，迫使政府調高利率。現在他則認為是一九三六年被他惹毛的「經濟保皇黨」故意傷害經濟，以動搖他的執政基礎。「我知道誰是罪魁禍首，」他在某次內閣會議上表示：「商業界，尤其是銀行業，正聯合起來對付我。」[57]他告訴摩根索，有位「聰明的老鳥」向他透露企業界正有所圖謀，但（想當然爾）不肯明說這人是誰。[58]

華爾街確實有人密謀反對小羅斯福。」一九三四年，一位名叫麥奎爾（Gerald McGuire）的債券經紀人接觸退役海軍陸戰隊將軍巴特勒（Smedley Butler），希望他帶頭發動政變，並提供六百萬美元協助他仿效墨索里尼成立法西斯政權。但巴特勒立刻上報國會委員會，整件事無疾而終。[59]

不過，政治陰謀不是經濟衰退的原因，緊縮財政才是讓蕭條無可避免的真凶。凱因斯一邊在提爾頓莊園養病，一邊寫信給小羅斯福，敦促他不要理會外界噪音，想想自己第一任內做了哪些正確的事。改革銀行體系和聯準會壓低利率確實給了企業喘息之機，但公共工程和失業救濟才對經濟復甦貢獻良多。他告訴美國總統，想要重回「繁榮」就非得「大規模仰賴」公共投資，尤其是「耐久財，例如住宅、公共設施和公共運輸等等」。只要政治上允許，小羅斯福應該國有化鐵路和水電瓦斯，確保設備升級、路線擴張和班次增加。就算不允許，光是新建住宅也大有幫助，除了在全美各地創造新的建築職缺，提高原料需求，還能降低低收入戶的購屋成本。凱因斯非常客氣地提醒總統，自兩人上次會面之後，美國在這條「明顯」的經濟戰線上「幾乎沒有」任何進展。雖然他呼籲鐵路國有化，卻也批評小羅斯福對商業利益的批評太過矯情，引來不必要的衝突。商業利益不是「虎豹豺狼」，而是「沒有照你希望的樣子好好長大和訓練」的「家畜」。[60]

凱因斯不僅自己在智識上不拘一格，從自由貿易金本位制捍衛者變成支持公共工程的保護主義者，而且終其一生對他不認識和不瞭解的人也是如此設想。這種想法既天真又危險，尤其在美國，因為新政獲得的政治支持遠比小羅斯福選舉大勝還複雜與不穩。民調顯示，絕大多數美國人認可小羅斯福，不認為經濟衰退是他的錯，但民眾也希望政府收支平衡，國會選舉也開始轉投共和黨，而非民主黨。[61]此外，大蕭條帶來的生活艱辛與新政的大膽激進也讓美國政黨政治重新洗牌。過去廣納反奴隸激進派、農村民粹主義者和自由派菁英社會改革分子的共和黨，如今只剩反小羅斯福的死硬派。共和黨全國代表大會主席弗萊徹（Henry Fletcher）更直接將總統比作「墨索里尼和希特勒」。民主共和兩黨的有錢人聯手創立美國自由聯盟（American Liberty League,），堅持「跨黨派」合作，矢志拉下小羅斯福及其同夥。據《紐約時報》報導，華爾街認為聯盟出現「可說是老天有眼」。[62] 這種時候，精明的生意人可不會突然支持總統的復甦計畫，就算小羅斯福放低姿態，國民所得可望增長也一樣。

然而，凱因斯同樣誤解了小羅斯福在專業和正當性上帶來的巨變；不論小羅斯福是否刻意為之，這件事都讓凱因斯的門生蒙受其惠，使他的理念更加發揚。正是由於小羅斯福質疑小摩根之流指點公共政策的誠意與可信度，才讓學院經濟學家獲得發揮的空間，不僅進入小羅斯福政府任職，更在美國政治圈占據智識高地，成為政府效能的專家評判者。凱因斯思想在經濟學領域攻城掠地，經濟學家地位提升則讓不同版本的凱因斯思想成為新的政策正統。

凱因斯在信末鼓勵小羅斯福：「請原諒我話說得這麼直。這些話是出自一位衷心希望你和你的政策成功的人之口。我贊同受政府指導的持久投資應該逐漸提高，也支持華萊士先生的農業政策。我認為證券交易委員會做得非常好，集體談判增加也是必要的。我贊成最低薪資和工時規範……但我很怕進步理念在所有民主國家都會受挫，因為民眾是以這些理念能否立刻促進繁榮來論成敗，而你太輕看失敗對這些崇高理念的傷害了。」[63] 全球民主國家的命運都仰賴小羅斯福能否解決美國的失業問題。

小羅斯福請摩根索轉了一封回信給凱因斯，對凱因斯的建議不置可否，只提到興建住宅的想法「很有意思」，但凱因斯提到民主政府命運一事似乎打中了他的心。「我很關心民主及世界和平的發展。而我想你也會同意，美國繁榮是我國對維繫民主與世界和平所能做出最有效的貢獻。」[64]幾週後的爐邊談話，小羅斯福措詞變得更加激昂：「民主在其他大國消失，不是因為他們的人民不愛民主，而是因為人民厭倦了失業與不安定，不想再眼睜睜看著政府施政混亂，害孩子們挨餓……民主制度的健全有賴政府的決心，讓無業者有工作可做……各位的政府為了保護民主，必定會證明自己能勝過商業蕭條的力量。」[65]他在這場談話中還加碼了三十億美元的公共工程經費，其中三億將撥給美國住宅部。

凱因斯對小羅斯福的影響其實是間接的，來自《就業、利息和貨幣通論》。這本書不算暢銷，美國直到一九六〇年代才出了平裝版。雖然學術期刊裡幾乎立刻充斥著各種討論與爭辯，但一般民眾並未意識到凱因斯徹底挑戰了經濟學。早期評論幾乎只針對專家而寫，並且褒貶各半。大多數專業經濟學家不僅讀得吃力，讀完只覺得困惑或氣憤，就連熱中凱因斯學說，興奮讀完他兩大冊《貨幣論》的人，也覺得書中想法古怪而難解。但對凱因斯身邊的人和劍橋學圈來說，這些新思想非常合理。《通論》的訊息量極大，就連支持凱因斯的美國人也需要留學歸國的學子扮演宣教師，替他們解讀這本艱澀又不尋常的著作。

有幾位早慧的研究生扛起了這個角色。一九三二年，塔西斯曾經申請羅德獎學金。評審官後來告訴他，他原本在三位決選者當中名列第一，但在他多倫多大學經濟系教授普朗波特（Wynne Plumptre）的強烈要求下，讓他和這份令人垂涎的大獎擦肩而過。因為羅德獎學金的指定目的地是牛津大學，而普朗波特希望自己的明星學生去劍橋師事凱因斯。於是塔西斯便搭著「現役最老的大西洋郵輪，窩在最破爛的客艙裡」完成了這趟旅程。同行者還包括好友布萊斯（Robert Bryce），一位因大蕭條而被迫重新尋找方向的工程系學生。[66]

兩人起初都不喜歡劍橋。連塔西斯一開始也聽不懂凱因斯上課在講什麼。雖然他也研究了《貨幣論》好幾年，日後還告訴訪問者「我認為這本書是世上最偉大的東西」，但凱因斯顯然已經另起爐灶，經常花費大把時間對著黑板定義新名詞，而且還更改課堂主題，從貨幣理論跳到他所謂的「整體產出理論」，即後來放入《通論》的內容。所有這一切都令人沮喪。英國晝短天冷，氣候「陰鬱」，冬天來得又早。塔西斯很想改讀人類學，甚至離開劍橋。他寫信給普朗波特，希望老師安排他和布萊斯轉學巴黎。「我們當時覺得巴黎和法國女孩可以給的，劍橋給不了，」幾十年後，塔西斯表示：「我覺得我們這樣想並沒有錯，只是上頭不准。」[67]

普朗波特只好祭出最後手段。他寫信給幾年前才教過他的凱因斯，讓布萊斯和塔西斯加入凱因斯週一晚上主持的政治經濟俱樂部。這是一個不公開的活動，仿效過去的使徒聚會，是一場智識辯論的祭典。成員一律得穿正式劍橋長袍才能入場（羅賓遜是唯一獲准參加的女性），而與會新人無不抱著緊張興奮之情出席聚會。「那感覺真是令人難忘，」塔西斯表示：「我們一起朝國王學院走去，教堂響起晚鐘……天氣通常很糟，又颳風又下雨。」進門後，卡恩會遞給每位新進成員一張紙。「但你不會馬上看，因為最好坐下來才看。」如果紙上空白，那你就可以放心了，整場討論只要安靜聽就好；但如果紙上有數字，你就得回應演講內容和其後的討論，這時就會壓力山大，因為卡恩、羅賓遜、斯拉法和凱因斯本人通常會在一旁品頭論足。

布萊斯和塔西斯都融入了這個祕教般的聚會，很快就從新進成員升為傳道者。早在一九三〇年代初期，羅賓遜就已經是最熱切的凱因斯思想宣教師。凱因斯埋首摸索和修改《通論》草稿時，羅賓遜則是積極吸收新血。她讓布萊斯、塔西斯和其他年輕的凱因斯信徒跟倫敦政經學院的學生聚會，後者當時仍是正統自由放任學說的重鎮，由海耶克擔任舵手。聚會表面上是海耶克和凱因斯的門生大對決，實際上是將凱因斯的福音傳到另一所學校。舌尖牙利的羅賓遜不只喜歡指導後進，也愛智識雄辯。她的政治主張無疑非常激進，「比許多馬克思主義者還左，」一位朋友這樣指出，[68]而她最大的成果就是說服了不少對倫敦政經學院保守派學說難以下嚥的學生。剛嶄露頭角的社會主義者連爾納（Abba Lerner）就是和羅賓遜談話後開始對凱因斯感興趣，而和塔西斯多次午餐辯論，更是讓他從此成為信徒，不久後便離開倫敦政經學院到劍橋待了半年，協助發展出市場社會主義和凱因斯政府預算理論，日後在歐洲和美國都有深遠影響。

這群信眾還說服了連爾納的同窗戰友斯威齊（Paul Sweezy）。斯威齊和羅賓遜乍看根本是兩個世界的人。他出身紐約富裕家庭，父親是摩根財團的銀行家，蓄積了大量財富，就算被股市大崩盤奪走大部分資產，仍然過得很舒適。斯威齊和哥哥艾倫都就讀埃克塞特學院（Exeter Academy），這是美國最難進的預備學校，之後進入哈佛大學。他起先是堅定的經濟正統派，因為能師事海耶克而去了倫敦政經學院。但英國的智識環境比他青少年時期在新英格蘭接觸到的圈子大膽許多，最終是托洛斯基的《俄國革命史》（*History of the Russian Revolution*）讓他和父親傳下的經濟思想分道揚鑣。不過，斯威齊發現，當時的馬克思主義經濟學用來闡述那些蹂躪歐美的問題「不是很管用」。[69]資本主義不理性，有剝削性，眼看就要崩潰，這些他都能接受，但他看不出這幾件事跟全球物價突然長期下跌有何關聯。根據羅賓遜轉述的凱因斯學說，斯威齊發現其中包含一組基本法則，不僅帶有激進的政治潛能，還能解釋大蕭條背後的作用力。靠著凱因斯的洞見，斯威齊一躍成為二十世紀最重要的馬克思主義經濟學家。

不是所有早期的凱因斯信徒後來都成了專業社會主義者。布萊斯最終當了幾十年公務員，是加拿大政府裡最有分量的經濟學家；布萊斯和塔西斯在劍橋認識的朋友薩蘭特（Walter Salant）後來成為華府超建制派智庫布魯金斯學院（Brookings Institution）的首席經濟學家。不過，這些後起之秀先是讓凱因斯在美國聲名大噪，之後才在公共事務上建立起自己的名聲。

斯威齊、布萊斯和薩蘭特不久便從英國劍橋轉往美國劍橋，到哈佛完成博士學位。塔西斯則是在一九三六年秋天追隨朋友腳步，獲聘到哈佛附近的塔夫茲大學（Tufts University）擔任講師。這些地方對他們來說就像意識形態的凶險之地，因為哈佛經濟系自創立以來，血統就是純正的自由放任派。一八七〇年代，哈佛哲學家鮑文（Francis Bowen）出版了一本教科書，主張經濟事務「受神的律法管轄，長期下來總是結善果」，因此不需要政府插手干預神聖秩序。[70]但連波士頓的一群大商人都覺得鮑文太過激進，說服校方讓他轉教基督教倫理學，同時出錢成立新的學系，「只找金錢觀健全的人來教書」。[71]這是全美第一所經濟系，很快耶魯、約翰霍普金斯和哥倫比亞大學也跟進創系。

其後多年，捍衛右翼貨幣學說成了哈佛經濟系的傳統，並成為全美經濟學界的標竿。一九三二年，該系完成了創系以來最受矚目的聘任案，從奧地利請來保守派大將熊彼得任教。貴族出身的熊彼得上課常戴騎馬手套，轉任哈佛不到兩年就和六位同事聯手出版了《復甦計畫經濟學》（*The Economics of the Recovery Program*），提供「科學」武器揭穿新政的假象。[72]這本書可不是一群冥頑不靈的老人窮發牢騷。共同作者梅森（Edward Mason）、張伯倫（Edward Chamberlin）和哈利斯（Seymour Edwin Harris）都是三十多歲，連熊彼得本人也才五十有一。哈佛經濟系在系主任伯班克（Harold Hitchings Burbank）的帶領下，養出了新一批的保守派思想健將。

然而，布萊斯、斯威齊和塔西斯另有盤算。「凱因斯是阿拉，」熊彼得感嘆道：「布萊斯就是先知。」[73]布萊斯和斯威齊開始在傍晚舉辦非正式的凱因斯專題討論會，當時《通論》根本還沒出版，兩人就用布萊斯的一篇論文向其他學生闡述基本概念。《通論》一在英國上市，布萊斯就買了幾十本寄到哈佛，當教科書使用，直到美國版面世。一切就如凱因斯所願，新一代經濟學家的想法起了巨大改變。面對如此強大的吸引力，儘管熊彼得不為所動，系裡的人卻一個個淪陷。哈利斯成為虔誠的凱因斯信徒，離開小羅斯福政府重返哈佛教書的高伯瑞也是。「白天還是教舊經濟學，」他日後回憶道：「但一到晚上，幾乎從一九三六年起的每天晚上，幾乎所有人都在討論凱因斯。」[74]高伯瑞實在太受感動，甚至直奔英國劍橋親炙大師，沒想到凱因斯心臟病休假去了，於是他改拜瓊・羅賓遜為師，兩人在智識路上結伴同行，一走就是四十年。一九五〇至一九六〇年代，高伯瑞躋身美國知識巨擘，連帶成為將羅賓遜學說推向全球的有力管道。他在羅賓遜過世那年寫道，對方是「我的好友、批評者，也是我的良知」。[75]

哈佛教授漢森起初對《通論》沒有好感，後來卻在公共行政研究所開了一門專題討論課，以凱因斯經濟學為核心思想。這個研究所雖然才剛成立，卻已經吸引不少華府人士前來。於是短短幾年內，哈佛又訓練出一批凱因斯學者，後來個個也都很有影響力，包括未來的諾貝爾獎得主托賓（James Tobin）和薩謬爾森（Paul Samuelson）。

這些人幾乎全在一九三〇年代晚期到四〇年代初期進入政府部門服務。新科信徒吉爾伯特（Richard Gilbert）當上公共事業振興署署長霍普金斯（Harry Hopkins）的助理；薩蘭特先進財政部，後來去了證券交易委員會，而他弟弟威廉則是擔任聯準會高層柯里的助理。柯里一九三九年出任小羅斯福的經濟顧問，他也是哈佛人，擔任公職前曾對凱因斯早期的貨幣理論感興趣，《通論》出版後被徹底說服，開始大力延攬頂尖的哈佛凱因斯學者進入聯邦政府，最後還讓高伯瑞進入國防諮詢委員會。正是因為擔任公職，這批早期的凱因斯學者才能親眼目睹一九三七年經濟突然衰退如何殺得小羅斯福政府措手不及。「新政政府整個嚇壞了，」後來在二戰期間進入小羅斯福政府的斯威齊指出：「根本不曉得這是怎麼回事。」[76]

一九三八年，斯威齊和妻子瑪克辛（Maxine），再加上塔西斯、吉爾伯特、薩蘭特的弟弟威廉和幾位劍橋凱因斯學者，共同出版了《美國民主經濟計畫》（*An Economic Program for American*

Democracy）。這本小書於秋天面世，將《通論》濃縮成簡短易讀的解釋，說明一九三〇年代到底哪裡出了差錯，以及該如何處置。這部作品從政策建議到地緣政治展望都是道地的凱因斯觀點。斯威齊等人呼籲政府立刻提供社會安全給付和聯邦醫療保險，興建學校、公園、遊樂場和醫院，國有化鐵路，並提高最低薪資。所有經費都靠借貸支付，完全不用在意赤字，因為只要經濟一成長，人民重回工作崗位，債務自然就會解決。他們主張唯有赤字融通才能帶來必要的成長，但新政必須盡速施行。「政府是廣大人民集體力量與願望的有序展現，這個想法已經生根了。新政並未失敗，沒能堅守原則才是最大的弱點。」[77]美國面臨的政治大威脅不是政府支出，而是華爾街的看好戲心態。「危險出在商人執迷於政府是惡魔的論點，因而動用他們的經濟力量壓制民主，讓順從他們欲望的獨裁政權取而代之。」[78]

和《通論》不同，《美國民主經濟計畫》大為暢銷，尤其在華府，柯里更設法送了一本給小羅斯福。總統讀完非常開心，告訴幾位他最親近的顧問，這本書完美總結了新政的哲學基礎。[79]到了一九三九年春天，這個說法成為現實。一九三八年經濟崩盤於一九三九年便谷底反彈，更讓摩根索相信凱因斯建議的措施非做不可。他這樣告訴眾議院歲計委員會：「蕭條時期必然會有赤字……但繼緊急時期赤字而來的，會是繁榮時期的盈餘。」[80]

簡而言之，經濟學領域的發展就如凱因斯在《通論》結尾所期望，而經濟學家在政府內的地位與影響力正迅速提升。這一切都要歸功於新政府的特質，以及小羅斯福與華爾街的彼此反感。

但就如這位英國天才和他的美國支持者經常遇到的那樣，政治浪潮再次走向凱因斯無法預測也無法掌控的方向。這股浪潮不僅深深形塑了老百姓對他學說的理解，也影響了這套學說在學術界的發展。

一九三〇年代末，保守的哈佛校方對經濟系突然左傾相當不安，於是便拒絕給予斯威齊和左翼勞動經濟學家沃爾什（J. Raymond Walsh）終身教職，並將兩人開除，理由是「教學能力」不足和「學術能力」欠佳。[81] 由於兩人深受同事和學生肯定，使得開除案成為轟動全國的學術自由醜聞，引爆了美國勞工聯盟和美國公民自由聯盟的怒火。經過冗長的內部調查和公關危機處理，哈佛大學最終還是順利開除了兩人。高伯瑞當年在哈佛的導師，農業經濟學家布雷克（John Black），私下勸他到其他學校工作，因為以他的政治傾向，不可能在哈佛拿到終身教職。

高伯瑞全身而退。普林斯頓大學很快給了他教職，不久後柯里又將他找回華府。但冷戰初期瀰漫在華府的紅色恐慌其實那時就開始了。早在麥卡錫參議員當選和日軍轟炸珍珠港之前，在哈佛和華府之外，美國的智識浪潮已經開始轉而反對新政支持者。

一九三八年時，李普曼可以說是美國最有影響力的文人。他在《紐約先驅論壇報》（*New York Herald Tribune*）的專欄於全美各地連載，而雖然報社是華爾街共和主義大本營，但他意識形態上不受拘泥，因而贏得了客觀開明的美名。青壯年的他一路從社會主義者、威爾遜主義者緩緩變成了《凡爾賽和約》的強烈批判者。然而，大蕭條卻讓原本總能自在傳播新理念的他心亂如麻，難以接受全球各地社會崩壞、新型態威權政府出現的事實。他起初支持小羅斯福的政策規畫，甚至公開支持給予總統暫時獨裁權，並吹捧《通論》是戰勝大蕭條的理論關鍵突破，但沒多久就開始對小羅斯福政府大舉擴權感到不安，和海耶克與米塞斯談話後更加劇了心中疑慮。他一九三六年半勉強地投給共和黨總統候選人蘭登（Alf Landon），兩年後就出版《良善社會》（*The Good Society*），準備好對小羅斯福政府發動有計畫的攻擊。他在書中痛斥新政在搞「漸進集體主義」，除了「讓特定利益享有特權」之外一事無成。李普曼表示，新政就如同史達林主義和法西斯，是一種「專制主義」，建立在「反西方社會道德遺產」之上，有「淪回野蠻」的危險。「獅子和老虎，甚至非洲獅和印度獅……兩者相去甚遠，但對山羊或小羊來說，這些肉食動物的相同點比相異處還重要。」[82] 新政、法西斯主義和共產主義正是如此。

李普曼在引言坦承自己受到海耶克和米塞斯影響，這兩位經濟學家當時在學界之外還不為人知。儘管李普曼痛批小羅斯福的施政方向，但他的處方似乎和凱因斯主義與新政的思路不謀而合：公共工程、社會安全網、用累進稅限制巨富、持續打擊企業壟斷力。他甚至將凱因斯和海耶克與米塞斯擺在一起稱讚，並表示不論新政有多壞，美國都不該重回「極端保守共和主義」的「企業集體主義」路線。只是如此一來，就像李普曼的傳記作者史提爾（Ronald Steel）指出的，這本書就成了一本「令人困惑」的「混淆」之作，只是將一套流行的政策綱領「附加」到一個與之完全矛盾的智識論證上而已。[83]

至少從一九八〇年代回顧當時是如此。但在一九三〇年代，李普曼認為自己正在推動意識形態改造，在政治經濟動盪的年代重新定義自由主義，而凱因斯十多年前出版《自由放任的終結》

也是如此。因此，將海耶克、米塞斯和凱因斯擺在一起非常合理。他們仍然自稱自由派，仍然認為自己是啟蒙運動智識傳統的繼承者。他們都反納粹、反蘇維埃，也相信自由貿易和金本位是維護個人自由的必要條件。但多年下來，三人共享的傳統日益分裂，到了小羅斯福時代，裂痕已經無可挽回。

李普曼對個人自由的堅持並不一貫。當斯特雷奇的弟弟約翰在課堂上教書時主張資本主義是一種法西斯，因而被遣送離開美國，李普曼在專欄裡表示共產主義者沒有資格獲得言論自由的保障。珍珠港事件後，李普曼造訪加州表示，整個美國西岸「正受到內外夾攻的威脅」，並支持聯邦政府剷除任何可能「有計畫破壞」國家的人。這項說法等於完全支持政府集體拘禁日裔美國人，將他們關進小羅斯福稱作「集中營」的地方，從而成為美國史上最醜惡的人權侵犯事件之一。[84]李普曼還批評小羅斯福對實行吉姆．克勞法的南方太過嚴厲。

李普曼並不認為自己是政治右派，但他一九三八年出版的那本書卻像舊瓶新酒，替華爾街對小羅斯福的長年抱怨找到了新說詞。誠如李普曼所言，令納粹掌權的不是「集體主義」經濟。希特勒是靠通貨緊縮和大規模失業崛起的，上臺後才實施中央計畫式赤字開支和寬鬆貨幣政策。但李普曼卻普及了這樣一種想法，納粹經濟和納粹政治是不可分的。為此他成了海耶克和米塞斯的絕佳樣板，兩人召集反政府保守派和小羅斯福懷疑者在巴黎舉行大會，名稱就叫「李普曼研討會」。海耶克後來比照這次活動創立了朝聖山學社（Mont Pelerin Society），成為推動二十世紀右翼政治發展最重要的組織之一。儘管兩人當時還不清楚自己創立了什麼，但新自由主義的哲學傳統就此誕生。

小羅斯福很清楚右派勢力正不斷攀升。一九三八年六月，他簽署《公平勞工標準法》(*Fair Labor Standards Act*)，將每週工時四十小時和最低工資寫入美國勞動基準法規裡。這是新政又一項里程碑，卻也是最後一項。這是小羅斯福頭一回在沒有南方民主黨保守派支持下強行通過重大法案。過去南方保守派出於黨派忠誠配合總統推行改革，但總是有條件交換。小羅斯福的各項政綱能夠通過，往往是和南方同黨同志骯髒交易的結果，不是排除非裔美國人、猶太人和東歐南歐移民，就是犧牲婦女權益，讓這些族群享受不到重大改革的果實。但自一九三七至一九三八年的經濟衰退後，這群保守派不再熱中於妥協，寧可拋棄北方的新政支持者，轉而跟華爾街共和黨策略聯盟，支持有利富人和白人的政策，而非北方同黨同志端出的菜色。接下來數十年，雙方的私相授受將愈來愈不遮掩，逐步將美國南方轉變成共和黨的鐵票區。

轉變就從一九三八年的選舉開始，民主黨的選戰四連勝就此畫下句點。同年十一月，小羅斯福的政黨在參議院丟了七席，包括俄亥俄州、威斯康辛州、內布拉斯加州和南達科他州四個民粹和進步派重鎮，以及紐澤西州、新罕普夏州和康乃狄克州由商界出身的共和黨員擊敗自由派民主黨員拿下。而在眾議院，民主黨丟了七十二席。儘管民主黨仍然保有參眾兩院絕對多數，但黨內意識形態分裂意味著小羅斯福在國內政策推行上陷入了跛腳狀態。北方民主黨自由派輸給了共和黨，南方民主黨保守派則保持不敗。大膽改革被經費爭奪戰給取代，幸好小羅斯福通常都能占上風，一九三九年赤字仍然有二十九億美元，顯示凱因斯最終還是打贏了政府內部的意識形態之戰。小羅斯福任內的經濟衰退期，失業率從九．二%升高至一二．五%，這時也開始下降，一九三九年降至一一．三%，一九四〇年回到九．五%，隔年降至六%。[85]

新政挽回了一九二九年股市大崩盤之前的幾分美好。但與其說新政拯救了資本主義，不如說它創造了一種未經考驗的全新政府型態。《通論》為新政改革提供了智識正當性，從科學角度證明了將社會改造得更加平等與民主，不僅經濟上可行，而且想達成均富就非如此做不可。除此之外，新政成功也進一步鞏固了凱因斯的世界地位，向各國證明他的主張確實管用，不必求助正在歐洲蔓延的極權手段。

11 戰爭與反革命

一九三八年，美國的凱因斯主義者已經對經濟復甦有絕對把握。雖然名為《美國民主經濟計畫》，但這本由斯威齊、塔西斯和其他哈佛經濟系叛徒合寫的力作卻沒有大談經濟成長、生產力或失業，而是將重點擺在政治權力上。這群作者主張，小羅斯福政府可以靠支出換得復甦，或者是被不知節制的「商業」人士促成的獨裁政權所取代。他們強調，這位獨裁的美國強人領袖同樣會靠支出換得復甦，需要工作的人民同樣會得到工作，只不過不是興建住宅、水壩和醫院，而是大量製造「致命的毀滅性武器，並且遲早會將國家捲入血腥大屠殺之中」。[1] 少了凱因斯對美好人生的定義為基礎，凱因斯經濟學的基本治國工具（赤字開支和大有為政府）就可能帶來專制暴政。

凱因斯當然早就察覺了這一點。他經歷過一戰的經濟騰飛，很清楚借錢花錢絕對能讓許多產業動起來。一九三四年他在信裡告訴小羅斯福，「戰爭總是可以激發大量產業活動」，並指出就連保守派金融家也認為戰爭是「用政府支出創造就業的正當理由」。[2]

凱因斯經濟學是為了抵禦法西斯而生，因此他本人和《美國民主經濟計畫》的所有作者會加入反納粹德國和法西斯義大利的行列並不奇怪。但凱因斯主義也是為了預防戰爭而生，而這點至今仍是思想史上最可悲的諷刺之一：凱因斯花費近二十年光陰極力阻止而不成的事件，卻也是讓世人充分明白他的經濟思想確實可行的事件。《就業、利息和貨幣通論》與《和約的經濟後果》都是靠同一種災難在政治世界取得至高無上的地位。

二戰徹底轉變了凱因斯經濟學，讓這門專業獲得一群意料外的體制內盟友。這群盟友就是後來艾森豪口中的「軍工複合體」。凱因斯思想明明是為了對抗「軍國主義」，卻變成全球永久軍事化的藉口。而這套高伯瑞稱作反動凱因斯主義（Reactionary Keynesianism）的新學說，不僅將成為杜魯門、艾森豪、詹森、尼克森和雷根的治國哲學，還昭告大規模死傷的戰役將持續不斷，即使冷戰結束也不會消失。

一九四〇年代初進入英國及美國政府服務的凱因斯主義者，當然不認為自己在做這種事。他們認為戰爭是對抗眼前極惡勢力的手段，美國擴展軍備是不得不然。但他們還被外交政策上一種新的人權觀所左右，小羅斯福所表述的這套觀點就是他據以開戰的理由。這套觀點將凱因斯年少時傾心的自由帝國主義人道理想改頭換面，成為支持美國霸權的依據。

一九四〇年十二月二十九日，小羅斯福在爐邊談話首次提到美國是「民主兵工廠」，一週後又在一九四一年國情咨文中，向國會完整闡述這番撼動人心的大道理。儘管這場後世稱作「四大自由」（Four Freedoms）的演說光芒始終被他十一個月後的珍珠港演說所掩蓋，卻是他戰時最重要的一場公開談話。

一九四一年時，威爾遜的國際主義看來已經徹底破產。一戰有超過十一萬六千名美國士兵死於沙場，數目是越戰死亡美軍的兩倍，但當時美國人口只有一九七〇年代的一半。真要說的話，一戰在美國人心裡留下的疤痕比後來越戰或伊拉克戰爭都要深。和死傷人數幾乎一樣慘的，是民眾認為參戰根本沒意義。[3]根據李普曼傳記作者的說法，威爾遜和參戰派認為「帝國戰爭可以變成一場民主聖戰」，[4]結果卻非如此。國際聯盟面對戰後各種災難似乎毫無作用。法國進占魯爾區，義大利出兵衣索比亞，甚至希特勒對外侵略，在在都讓千百萬美國人民認為歐洲已經無藥可救，輸入美國美德也沒用。就算美國站在勝利方——其實美國參戰基本上就決定了誰勝誰敗——也只是更讓美國人認為一切都是無用，軍事成功只代表道德失敗。

威爾遜的參戰理由是終結帝國主義，開創國際民主的新時代，而族群民族主義是他的立論基礎。他認為，帝國主義是對自然形成的族群民族國家強加不自然的外來統治，反觀民主則是自由「民族」自治。威爾遜的十四點原則不是人權宣言，它只談各民族都有充分自由靠自己的手段找出最適合自治的政策與特權，完全不談民族應當賦予個體哪些權利與義務。美國也好，擴展到國際外交也罷，其任務都只在確保各民族有權不受外來者脅迫或侵略，找到自己的路。

小羅斯福的工作是重振美國國際領導地位，又能將美國價值和德國、義大利與日本的野心清楚劃分開來。美國為何可以甚至必須強加自己的意志到世界各個角落，其他國家這樣做卻不可接受？小羅斯福認為，答案不該來自國際對自由民族的維護，而該來自國際對自由個體的保障。美國和獨裁政權的不同之處，不在美國有獨特的族群組成或土壤成分，而在美國不分國籍或族群確保所有個體的基本自由。小羅斯福和威爾遜一樣，也希望「自由國家攜手合作，在友善文明的國際社會一起努力」；但和威爾遜不同，他認為無法在國土內保障人民「四大自由」的政府就是「專制」，不具統治正當性，並且主張美國有權用暴力或威脅使用暴力來解放所有被迫活在此等「宰制」下的人民。「自由，」他說：「就代表世上任何地方都是人權至上。」儘管他承認《凡爾賽和約》及戰後外交大有問題，卻提出一個新的標準，不僅能用來評判過去這些失敗，還能指出目前橫掃全球、罪孽遠比過去深重的「新專制」有多惡劣。他認為，《凡爾賽和約》的問題不在它是歐洲人城府太深搞出來的必然災難，而在它未能保障歐洲人民的經濟與軍事安全。不論有意無心，小羅斯福都將《和約的經濟後果》裡的想法擴展成一套大膽進取的外交政策主張：

為了確保未來，我們期盼世界能建立在四個人類基本自由之上。首先是言論表達的自由——在世界每個地方。其次是人人都能以自己的方式信神的自由——在世界每個地方。第三是免於匱乏的自由，從全球角度來說，就是確保各國人民過上承平健康生活的經濟共識——在世界每個地方。最後是免於恐懼的自由，從全球角度來說，就是各國大規模裁軍，直到不再有哪個國家能武裝侵略他國——在世界每個地方。

這不是千年後的理想，而是我們這個時代與世代就能實現的世界的確切基礎。這個世界和獨裁者想靠炸彈建立的新專制完全相反。5

小羅斯福很清楚，這和美國的過往政策根本不同，不再只是訴諸國家安全或國家利益，而是美國總統有權對他國事務做道德評判。小羅斯福撰寫國情咨文講稿時，助理霍普金斯立刻反對總統將「在世界每個地方」寫進去。

「這句話涵蓋的地方太多了，總統先生，」霍普金斯說道：「我不曉得美國人會對爪哇人感什麼興趣。」但小羅斯福不為所動。「我想他們遲早會的，霍普金斯，」他說：「世界已經小到爪哇人都成為我們的鄰居了。」6

從一件事上可以看出小羅斯福的理想有多徹底：四大自由裡至少有兩項（免於匱乏的自由和免於恐懼的自由）連美國也沒能做到，而言論自由的界限則是幾乎無時無刻不受到質疑與重新定義。美國南方的種族歧視文化與制度擺明來自白人對非裔美國人的宰制，北方城市則有社區隔離，黑人、移民及其後裔往往被迫接受次等學校、次等公共服務與暴力髒亂。失業和貧窮仍然遍及全美各地。南方人強烈反對希特勒宣稱納粹種族主義和吉姆．克勞法是同一回事，但四大自由無法為美國南方制度化的種族歧視辯護。小羅斯福對納粹主義的批判同樣適用於美國自己的罪孽：

有些社會和經濟問題是造成社會革命的根本原因，現在顯然不是我們停止思考那些問題的時候，因為社會革命目前正是左右世界的首要因素。健全民主國家的根基一點也不神祕，人民對政治和經濟制度的基本期望很簡單，就是年輕人和其他人機會平等、能勞動者皆有工作、需要安全者都能得安全、終結少數特權、人人享有公民自由。[7]

因此，四大自由非常理想也很政治，而且極為激進，是發動正義之戰的登高一呼，將反對小羅斯福內政改革的人視為外敵的道德同路人。消除貧窮是**人權**問題，而非資源夠多、經濟成長率夠高就能解決的數學問題。站在十九世紀稀缺經濟學的角度看，這份理想似乎是空話，但從小羅斯福正在推行的，凱因斯在〈我們子孫的經濟前景〉和《通論》提出的構想來看，卻是科學上可行的生活方式。

凱因斯從來不曾用小羅斯福四大自由演說裡的講法來描述自己的理念。兩人同樣充滿改革熱情，但凱因斯沒有小羅斯福那種來自基督教的原則觀。他的主要作品都將焦點擺在可能性與後果，而非政治權利。權利是絕對不可違背的承諾，但這世界沒有絕對可言。凱因斯只想在「可容忍」和「不可容忍」之間找到平衡，善用世界實際給予我們的一切。他認為美好生活就是擁有愈多美好心靈狀態愈好，理想社會就是擁有愈多過著這種美好生活的人愈好。但這件事有賴於物質現實，而非基本權利。無視他建議的政府既愚蠢、狹隘又偏頗，這種政府當然很糟，但他並不認為有任何人的基本權利受到傷害。

不過，凱因斯思想實際上有沒有意義、可不可行，終究得看新政執行者能否換種方式表達他的構想，使之符合美國的政治現實。戰爭不僅加快了國際霸權從英國轉移到美國手上的速度，還加深了凱因斯思想的美國化程度，並帶來極好和極壞的後果。

為了實現免於恐懼與匱乏的自由，美國付出了巨大而複雜的努力，並且未竟全功。但四大自由演說成了國際外交的指導原則，使它依然足以名列二十世紀影響最深遠的演說之一。小羅斯福和邱吉爾幾個月後簽署的《大西洋憲章》便以之為基礎，宣告英美將聯手建立「確保所有地方，所有人都享有免於恐懼與匱乏之自由，安度一生的和平」。它是聯合國成立的道德基礎，也是歐盟與北大西洋公約組織的創立緣由。倘若新政就如歷史學家卡茨尼爾森（Ira Katznelson）所言，其政治意義可比法國大革命，那四大自由演說就是大革命的人權宣言。而小羅斯福之後也不忘在記者會上反覆灌輸這一點，將四大自由演說和《大西洋憲章》比作英國《大憲章》，甚至（故作謙虛就免了吧）聖經的十誡。[8]

然而，這股聖戰般的主動積極也有黑暗面。美國主戰派人士後來總是宣稱保護人權為最高道德考量，經常訴諸崇高理想，以此轉移民眾對沒那麼光明的動機的注意力，例如搶奪資源或帝國戰略等等，甚至只是好戰。這種模式從二戰就開始出現。小羅斯福告訴美國人民這是一場捍衛人權之戰，執掌外交的國務院卻不斷拒絕接受猶太難民，美國西岸則有十萬多名日裔美國人被迫離家關進拘留營，而這項政策就出於小羅斯福政府的戰爭部之手。這些事不是只有保守派假裝沒看見。「隨著軍事影響力增強，不少自由派要嘛被這套作風吸引，要嘛被說服，認為軍人是中立的，只想打勝仗，不關注內政，於是也沒說話，」高伯瑞指出。這樣的「結盟」導致小羅斯福政府內部出現權力轉移，從自由派改革者主導的新政府單位轉回到舊有聯邦官僚手中，而這些官僚不僅比較保守，還往往很偏執。[9] 軍事支出飆升，公共工程變得無比重要，不過只有符合戰爭需求的工程才算數。聯邦政府將國內經濟轉為兵工廠，導致公共事業振興署和平民保育團經費萎縮。有些頂尖改革者轉而成為戰爭機器的重要導航燈。[10]

然而，小羅斯福在四大自由演說裡揭櫫的理想並非空話，這些理想深深左右了美國自由主義的未來走向，而且幾乎立即發生影響。演說結束六個月後，小羅斯福簽署了八八〇二號行政命令，禁止國防產業種族歧視，並成立公平就業實施委員會，調查黑人勞工遭受的霸凌。不過，這道命令並非無端出現。小羅斯福會簽字是受到黑人勞工領袖倫道夫（A. Philip Randolph）的施壓。倫道夫時任臥鋪運務員兄弟會（Brotherhood of Sleeping Car Porters）會長，揚言總統如不改善黑人勞工在戰時經濟體系裡的處境，就要動員十萬人到華府國家廣場抗議。但小羅斯福在四大自由演說裡那樣說也確實讓他難以閃躲。[11] 既然這是一場為了所有人、所有地方而打的人權戰爭，那麼為美國黑人勞工而戰也就理所當然了。

公平就業實施委員會預算不多，對付實行種族隔離的南方雇主也沒什麼效果，但這項新的法律保障在北方倒是成效卓著，尤其加上其他新政改革措施，例如強化工會的《瓦格納法》（*Wagner Act*），效果更是明顯。小羅斯福在四大自由演說裡提出的普世理想刺激了美國自由派，就算國會由保守派把持，推不了新的改革法案，他們還是積極投入國內改革。「我們不該一邊對抗國外的法西斯主義，卻無視國內的法西斯主義，」一九四三年《國家》（*The Nation*）雜誌的社論寫道：「我們不能在標語上寫：追求民主和種姓制。」按歷史學家布林克利（Alan Brinkley）的說法，二戰鞏固了「自由主義對非裔美國人的支持，致力保障其公民權，後來更擴及其他族群」，奠定了戰後改革的基礎，這些改革「當時根本沒有幾個進步派和新政執行者認真想到過」。[12]

這段期間，凱因斯總算康復了。這件事部分要歸功於希特勒的侵略行動。一九三九年，凱因斯聘請了普萊施（János Plesch）擔任醫師。這位猶太裔匈牙利人為了躲避納粹處決而搬到倫敦，找他診療的患者有不少人來頭不小，包括凱因斯的朋友愛因斯坦和蕭伯納。在凱因斯眼中，普萊施是「介於天才和郎中之間」的醫師，因為他對凱因斯使用了非正統療法，像是胸前放冰敷袋三小時、服用鴉片藥丸和無鹽飲食等等。[13]不過，這位充滿創意的醫師也開了普隆托西（Prontosil）給凱因斯，一種戰前由德國的拜爾實驗室從紅色染料裡開發出來的新藥。雖然這種藥會讓患者皮膚變成粉紅色，而且凱因斯注射後立刻難受得要命，但很快就覺得自己像重生一般。其實，普隆托西是最早的抗生素之一。儘管後來科學證明這種藥對心臟的細菌感染沒有效，但凱因斯確實覺得自己的體力幾乎回復到昏倒前的水準，久久不癒的喉嚨感染也好了。

然而，英國經濟經歷了二十年的蕭條，已經在垂死掙扎的邊緣。一九三七年造船業的產值不到一九三〇年的三分之二。[14]一九三九年時，凱因斯認為英國只發揮了九成產能，若要全力參戰，不僅產業流程需要徹底翻修，產業和政府的關係也得大幅調整。在美國，小羅斯福早已將政府規範和科技改良納入經濟發展的一部分，但保守黨執政的英國政府卻不是如此。英國重工業有關稅保護，雖然產值在一九三〇年代有所提升，生產力卻落後。二戰前夕，美國工人的生產力比英國工人高出一二五%。[15]一戰爆發前，英國是地球上最強盛的經濟體，到了二戰前卻成了受傷的跛腳獸，需要各種經濟援助，從糧食、織品、武器到資金統統缺乏。「倘若真的開戰，如此缺乏準備可能會是災難一場，」一九三九年元月，凱因斯警告《新政治家與國家》讀者：「我們從計畫到準備都貧瘠得可笑。」[16]

美國雖然尚未從大蕭條完全復原，但新政已經重振了生產動能，而戰爭到來更讓經濟陷入狂熱。和一戰一樣，美國早在參戰前就開始生產武器及其他基本軍事用品供應英國。一九三九年，美國開始以付現自運方式出售武器和基本作戰軍品給英國。這樣做等於小羅斯福推翻了美國國會那幾年所做的決議。一九三五、一九三六和一九三七年，美國國會通過了數項中立法案，限制與參戰國貿易往來，以防美國再次捲入血腥的境外衝突。但希特勒一九三九年入侵波蘭，給了小羅斯福削弱這些限制的理由。依據國會通過的付現自運方案，美國可以出售武器裝備給英國，只要英國用現金支付，並由英國船隻載運。換句話說，不會有盧西塔尼亞號事件。但到了一九四〇年，英國手上的錢顯然無法再支撐太久。「嘿，兄弟，英國破產了，」一九四〇年十一月，英國大使科爾（Philip Kerr）表示：「我們現在要的是你們的錢了。」[17]

於是，小羅斯福提出租借方案，允許英國「借用」美國作戰軍品，前提是出借能捍衛美國利益。然而，國會並未明確訂出租借條件，就連小羅斯福政府內部也對這項安排如何運作很有歧見，使得援助遲遲無法實現。

這期間，德國開始將攻擊重心轉向倫敦。大轟炸雖然對生產製造衝擊不大，卻大大影響了民眾的日常生活與士氣。德軍炸彈讓倫納德和維吉尼亞．吳爾芙失去了不只一個家，而是兩個家。一九四〇年八月，維吉尼亞記下自己生平首次遇到轟炸機飛過，地點就在羅德梅爾，她家外面：

> 轟炸機離得很近，我們倆趴在樹下，那聲音就像有人在我們頭頂上方鋸東西。我們面朝下趴著，雙手抱頭。倫說嘴要張開。轟炸機就像在鋸某樣不動的東西，炸彈震得我們家窗戶劇烈搖晃。會打到這裡嗎？我問。那我們就會一起完蛋。我想我腦袋一片空白——很平，我情緒很平，可能有點害怕吧，我想……到處都是轟鳴聲、鋸物聲和嗡嗡聲。溼地有馬在嘶鳴，空氣很悶熱。是打雷嗎？我問。沒有槍聲，倫說，從靈默或查爾斯頓都沒有。後來聲音漸漸少了。瑪貝在廚房，說窗戶都在震動。空襲還在繼續，遠方聽得見飛機。[18]

英國外交官沒時間浪費了。他們試過所有手段都沒用，只好找來凱因斯。白廳的人記得很清楚，一戰期間凱因斯和美國外交官交手結果有多糟；凱因斯自己也沒有忘記，只是他寧可怪罪美國人太自私，讓他搞不定威爾遜政府，而不是自己太魯莽。其實在這件事上，比起威爾遜和勞合喬治在意識形態和策略考量的歧異，凱因斯手腕不夠細緻根本沒那麼重要。小羅斯福和邱吉爾也是如此，只是凱因斯直到二戰結束才充分明白兩人差異所在。五十八歲的他已經不再是二十五年前那個挑剔又沒耐性的財政部官員。所有朋友都發現他變圓滑了，更常將機智用在說好話，而非帶刺的批評。有洛普科娃為伴更讓他渾身散發戰時外交官少見的樂觀與開朗。

凱因斯自一九三一年麥克米倫委員會報告後就沒有再為政府工作了。養病期間，他大部分時間都花在劍橋和提爾頓。一九四〇年七月，他搬回倫敦並接受了一份無給職工作，擔任財政部顧問。這份差事很快讓他累積權力，最後幾乎等於實質上的戰時財政大臣。[19]而他能在公務體系裡迅速高升，還要感謝邱吉爾奇蹟般的逆轉崛起。一九四〇年五月，張伯倫辭職，邱吉爾繼任首相。他對凱因斯在《邱吉爾先生的經濟後果》的批評不以為意，而是將一九二五年的金本位之災怪在英格蘭銀行行長諾曼和倫敦金融城專家頭上。[20]而凱因斯對邱吉爾寫的幾本大部頭史書的正面評價，也打消了邱吉爾對他僅存的一絲疑慮。[21]這回他決定將經濟事務交到凱因斯手上。

自巴黎和會後，凱因斯再度掌握了英國政府的權力槓桿。英國遭受德軍轟炸，讓他對自己在戰爭機器裡扮演的角色不再有任何良心不安。一九一四年懷抱理想主義的歐洲左派全是和平主義者。一九三〇年代，他們呼籲英國對抗西班牙的法西斯分子。如今他們除了參戰別無退路。

租借方案延宕不僅出於現實限制，也有政治考量。美國財政部長摩根索起先要求大英帝國必須先清算所有海外資產，盡量付錢，才肯提供援助。他認為美國就算要提供援助，英國至少也要支付合理價金直到沒辦法為止。但英國財政結構太過複雜，很難適用如此單一的原則。有些海外資產，例如英國持有的馬來西亞錫礦和橡膠園股票，無法迅速清算，強迫拋售只會帶給美國很少的前期營收。因此，凱因斯主張英國保有海外資產，再將營收付給美國，對兩國比較好。[22]

摩根索還要求英國用黃金支付，此舉「無異於讓英格蘭銀行交出所有黃金儲備」。但榨乾英國的黃金儲備將使英國戰時無法從海外購買**任何**東西，甚至難以和美國維持正常商業往來。這對於參戰國顯然不切實際，就算英國對美國負有債務也是如此。凱因斯告訴英國外交人員，摩根索死抓著黃金不放，顯示「這人不只難搞，還很混蛋」。[23]

凱因斯對於提高美國獲利當然不大感興趣。他認為英國是「獨立的泱泱大國」，[24]不希望政府重蹈一戰時的財政覆轍，讓出太多地緣政治勢力給美國，降低英國的世界地位，還得扛下負擔不起的戰債，導致戰後復甦困難。

於是在一九四一年五月，凱因斯親赴華府協商更務實的合作條件，結果幾乎所有遇到的人都被他惹毛。他暗示摩根索和小羅斯福沒有盡力協助英國，讓摩根索勃然大怒。「他們派個人過來，把我弄到這種處境，好像我沒有盡全力似的，我只能說這太氣人了，」凱因斯抵達後不久，摩根索就忿忿表示。他還氣凱因斯隨口建議美國政府增加內政支出，以提高經濟總產出。「他來參加會議，開口閉口都在批評美國總統的治國方式，」摩根索氣憤說道：「我說應該把他送回家。」[25]

其實，凱因斯是誤闖進了小羅斯福政府的派系爭鬥之中。白宮首席經濟顧問柯里是堅定的凱因斯主義者，他建議凱因斯用「最淺顯的語言」直接向總統說明他的「構想」，[26]希望這位英國經濟學家的話能說服小羅斯福，不要接受財政部長好意但缺乏財政概念的建議。柯里和摩根索已經纏鬥多年，柯里是預算赤字派的頭號支持者，摩根索則力主收支平衡。華府政治角力的錯綜複雜讓凱因斯摸不著頭腦，「真難想像他們怎麼有辦法做出決定，」他告訴英國官員：「政府不同部門公開互相批評，提出對立的方案，大頭們永遠戰得你死我活……某些緊急提案還沒有達成共識納入政府政策，就有所謂的內閣成員公開提到。」還有記者也讓他備感困擾，總是擠在摩根索和小羅斯福的辦公室外，他一出來就「連珠炮似地」問他會面細節。[27]

儘管任務挫折不斷，凱因斯還是樂在其中。他很崇拜小羅斯福，甚至和上回不同，變得很喜歡美國人。「毫不誇張地說，這裡幾乎處處展現強烈的同情與善意，」[28]他這樣向祖國回報，連摩根索也不例外，即使對方「難對付得幾乎令人討厭」，卻是真心盡力協助英國打贏戰爭。他和老朋友弗蘭克福特共進晚餐，和李普曼敘舊，對方的新書並未動搖兩人的多年情誼，並匆匆去了普林斯頓造訪愛因斯坦。這些朋友都對大戰深感憂慮，很希望美國參戰，也都不再支持過去讓美國政府出錯的金融正統思想。從他最敬重的人身上，凱因斯一次次看見自己打贏了這場智識之戰的確證。

最棒的證明來自總統本人。凱因斯在六月二日寫給財政大臣的備忘錄裡描述對方，其細膩生動足以和《和約的經濟後果》最精采的段落相提並論：

> 總統坐在平頂大書桌前，沒有移動也沒有起身。我們隔桌對坐，盤子邊擺著小餐巾，膝蓋沒地方放（對我們兩個都很尷尬！）。黑人僕役推著餐車進來，擺在總統身旁，接著總算離開了。總統從餐車裡漸次端出美味的午餐，很有禮貌又熟練地遞給我和他自己。我覺得他精神

很好。許多人告訴我，比起我七年前對他的印象，我一定會覺得他老了許多、疲憊許多，還說他身子被最近的持續嚴重腹瀉給拖垮了。有人說他臉上偶爾會失去生氣與力量，看上去就像疲憊的老婦人，活力盡失。但那天早上顯然不是如此。或許是演說和演說成功令他振作不少。我感覺總統平靜愉悅，頭腦清楚，個性、意志、決心都很飽滿，仍然如我之前見到的那樣無比鎮定。我再次感覺他談吐神情散發著非凡的魅力，尤其當他講話調侃或不大嚴肅，臉上因為眼神促狹而發光的時候。我不曉得有誰見到他會懷疑他不是個出眾的美國人，比任何人都高出一個頭和肩膀。[29]

這番話裡的溫暖沒有人讀不出來。凱因斯在小羅斯福身上見到一位完全體現他理念的政治領袖，一位和他心靈契合，共同為「文明」而戰的夥伴。然而，這段描述裡也包含了小羅斯福將在美國人民面前展現的，堅定帶領世人為人類解放而戰的戰時形象。對於白宮裡的種族階層現象，凱因斯一語帶過；對於外界普遍擔心三軍領袖的健康問題，他也只是點到為止，而這件事直到開戰之前，美國民眾都還被蒙在鼓裡。事實上，小羅斯福第三任總統任期之初，他的身體狀況已經相當糟糕，連高層助理在外國使節面前都不避談這件事。

幾乎所有新政推行者都向凱因斯保證，他和摩根索的分歧只是專業上的誤解，不是敵意或對整體戰略目標看法不同。「他不會**故意**害人，」凱因斯告訴英國官員：「但他的做法實在太容易弄巧成拙了！」[30]幾週後，美國政府對英國清算資產的興趣便消退了。為了做做樣子，英國拋售了一些持股。凱因斯發現，英國一家製造商旗下的美國人造絲公司對美國人充滿了「象徵意義，甚至近乎神祕的重要性」。[31] 該公司低價賣給投資人，只換得五千四百四十萬美元，只占美國後來經由租借法案援助盟國金額的〇·一%。[32]

不過，凱因斯五月底總算談成了一筆交易。他在五月二十六日發給倫敦的電報裡說明了基本條件：戰後所有剩餘的「準作戰軍品」將交還美國，消耗掉的軍品則直接銷帳；原物料、糧食和織品等非作戰軍品由雙方各自記帳，戰後處理，但不會按傳統「經濟考量」結算，而是根據「戰時共同目標和戰後共同經濟政策下的政治經濟考量」[33] 處理，也就是以朋友和盟國的身分事後解決。

這個世界新秩序會是什麼模樣？「總統強調他目前不會討論戰後細節，」凱因斯發回英國的電報寫道：「但他還是提了幾個自己對戰後的看法。」整個歐洲將「完全裁撤」軍備，由英國和美國「擔任歐洲警察」，而且這回美國的政治經濟援助不會隨和約簽署而結束。「美國戰後毋須對歐洲局勢負起全責，他完全不考慮這種可能，」凱因斯說。此外，德國可能會在政治上分割成幾個小國，以防未來再次武裝。小羅斯福承認這個想法是他之前和克里蒙梭談到的。除了他，沒有人一下就能讓凱因斯接受死對頭的主張。小羅斯福將這個想法和他從《和約的經濟後果》抄來的經濟規畫一起提出，讓凱因斯心情大好。

這就是小羅斯福，總是說客人想聽的話來打動對方，避談會冒犯對方的歧見。雖然凱因斯從來沒有完全意識到，但他和這位美國總統對一些重大策略議題始終看法不同。對凱因斯而言，小羅斯福似乎決心要協助實現凱因斯年輕時擁抱的帝國主義理想。英美兩國將不分高低，攜手投入捍衛民主和美好生活的聖戰，將全世界從軍國主義和野蠻手中拯救出來。當他站在一九四一年夏天的此刻，看到美國因為他替絕望的英國求情而有所行動，開始動員資金和軍火，自然會得出如此令人欣慰的結論。但在小羅斯福眼中，英國和美國只是出於權宜暫時結盟，共同對抗一個極具毀滅力的空前威脅，而且他打算利用美國的軍事與經濟力量打造新的世界秩序，英國和英國數百年來的帝國野心都必須完全臣服美國。英美兩國是夥伴沒錯，但可不是平起平坐。

凱因斯偶爾會觸碰到小羅斯福政府的這個長遠目標。他努力捍衛英國的海外資產，卻壓根沒想過美國可能質疑英國殖民疆土的正當性。他理所當然以為美國領導人都很清楚，保護蘇伊士運河和英國往印度的貿易路線在軍事上是第一優先，結果卻被「這裡幾乎所有主事者都對非洲毫不在意嚇了一跳」。[34]美國人已經在想更之後的事了。

美國物價管理和民間供應局（Office of Price Administration and Civilian Supply）某個忙碌的上班日，三十二歲的高伯瑞正為了擬定計畫傷腦筋。他認為這是大戰裡最重要的一場戰役：對抗通膨之戰。高伯瑞的祕書卡蘿．派珀（Carol Piper）走進辦公室，通知她的年輕老闆有訪客來找他。高伯瑞要她請客人回去。當時正值政治敏感之際，小羅斯福政府和國會為了搶奪物價政策決定權僵持不下，高伯瑞可不想自找麻煩。任何找他見面的人都可能來者不善。

但派珀察覺這位訪客頗不尋常。「我感覺他好像覺得自己跟你有約，而且問你有沒有收到這個，」她一邊說著，一邊遞了一篇學術論文給他。論文主題是毛豬價格，感覺不是特別吸引人，但作者姓名讓他大吃一驚：約翰．梅納德．凱因斯。高伯瑞日後回憶，「那感覺就像教宗來看教區神父一樣！」[35]

凱因斯邀請高伯瑞、薩蘭特和五、六位首席新政經濟學家共進晚餐。二戰期間，他辦了不少這樣的聚會，不僅在大西洋彼岸重現了使徒會的討論氣氛，更在美國決策圈栽培了一整個世代的仰慕者。這些美國晚輩太年輕，不記得一戰時的通膨慘況，但凱因斯明白這是戰時最重要的戰略拼圖之一，不僅對前線士氣，對英美兩國能否充分供應戰爭所需的物品也很關鍵。通膨失控不僅會對消費者薪資造成問題，還可能擾亂貿易模式，導致戰時經濟機制脫軌，威脅到戰後重建與復甦的前景。晚餐時，凱因斯根據自己二十多年前的觀察，詳細描述了美國接下來幾個月可能遭遇的物價上揚階段。他對通膨如此在意，讓在座一些經濟學家相當意外。這麼多年蕭條過後，這些經濟學家依然認為就業是國內經濟的首要焦點。但凱因斯堅定認為，隨著戰時訂單大批湧至，物價飆升是遲早的事，美國人需要事先想好應對計畫。

凱因斯指出，首先，投機者預期戰爭將刺激生產，因此會對關鍵商品競出高價，包括製作制服用的棉花，以及鐵、煤、水泥等等。其次，由於部分勞工去從軍或改為製造軍用品，雇主必須開出更高工資來招募和留住員工，而工會發現手上籌碼變多，就會透過團體協約要求並獲得更高工資。這些都會影響物價。商品投機會推高製造商取得原料的價格，迫使製造商向零售商抬價，而零售商察覺消費者購買力提升，也會抬高商品價格。雖然戰時經濟引擎全開，失業基本為零，但由於許多產業都在生產海外用的作戰軍品，而非國內的消費品，使得上述連鎖反應更加嚴重。高薪工作帶來的購買力提升將面對沒東西可買的窘境，需求將遠大於供給。如果不「抽重稅、實施配給或高壓刺激儲蓄」，美國將面臨通膨爆炸。[36]

政府通常靠提高利率來對抗通膨，藉由提高借貸成本，讓企業減少貸款、生產和僱人，進而緩和物價。但這在戰時是很糟的策略，因為政府需要經濟全力產出。因此，凱因斯替大英帝國規劃了一套極為不同的反通膨方案。他在一九三九年以來發表的幾篇熱門短論裡闡述這些措施，後來匯集成政策手冊《替戰爭買單：獻給財政大臣的大膽計畫》（*How to Pay for the War: A Radical Plan for the Chancellor of the Exchequer*）出版，在市場掀起轟動，不僅成為許多政治漫畫的靈感來源，還影響了政府的戰時預算。這本手冊也是凱因斯迄今對通膨做過最出色的分析，讀完《通論》不可不讀的作品。《通論》告訴經濟學家如何處理需求短缺，《替戰爭買單》則是討論如何解決需求過剩。

凱因斯在手冊裡呼籲政府面對戰爭除了勢必增稅和借貸，還要推行「強制儲蓄方案」以為配合。他主張公司有權依據它們對技能的需求，支付勞工想要的工資，但政府應該從工資扣取部分（採所得累進制）強制儲蓄，直到戰事結束，並提供利息作為補償。他直言這是一扇巧門，將國債轉化成「延遲消費權」，[37]讓勞工有權分享原本「只會屬於資產階級」的國家未來財富。[38]基本上，凱因斯的做法不是仰賴富人購買戰債，而是強制勞工認購，用眼前收入換取未來更多報償。

一戰期間，物價上揚讓實業家獲利增加，政府從中抽稅、借貸，用來購買消費品，進一步推高物價。政府借用實業家的獲利，實業家會得到資產（即債券）作為交換，勞工卻什麼也沒拿到，只有工資提高，但那只是虛有其表，因為工資成長會不斷被通膨抵銷。最平等的做法當然是盡量抽重稅，但政府實際能抽得的稅金有其上限。戰時美國最高所得級距的稅率最終高達九四％。而且抽稅真要有效果，最後還是會傷害到收入不高的勞工。凱因斯希望藉由強制勞工接受「延付工資」措施，將戰後財富從投資階級手中重分配給勞動階級。

這本手冊的標題很容易讓人誤解。強制儲蓄其實無法替任何東西「買單」。戰時英國政府會千方百計提高產能。部隊需要炸彈，國家就會製造炸彈。由於早已脫離金本位制，政府想印多少鈔票都沒問題，毋須受制於英格蘭銀行的黃金儲量。強制儲蓄只是調控通貨膨脹的手段。凱因斯希望藉由降低一般民眾的購買力，抑制經濟需求面，讓零售價格無法水漲船高。

凱因斯對貨幣、債務和賦稅在後金本位世界如何運作的這項看法非常關鍵。一九三一年那時候，英國政府是可能花錢花到還不起債的，因為政府能印的鈔票量有限，其債務雖是用英鎊計算，但英鎊卻和定量黃金掛勾。在金本位制下，政府有可能把錢花完，因為國庫裡就只有那麼多黃金。但凱因斯認為，只要政府掌控貨幣就不可能破產。英國一九三一年改為法定貨幣制以來，政府只要印鈔票就能從過度舉債中解套。這種做法推到極端，當然就是通膨。因此，課稅、延稅儲蓄或類似的財政工具，其目的不是替政府服務「買單」，而是調節貨幣價格。

凱因斯重返財政部任職後，英國政府一九四一年便將強制儲蓄方案納入預算，從而確立了他戰時經濟政策主要制定者的地位。但想在美國控制通貨膨脹，卻需要一場末日般的政治大戰。

戰爭真是源源不絕的諷刺製造機。凱因斯多年來一直被斥為通膨派，但是論起對抗戰時的物價飆升，沒有人比他更有把握、更有創意。而論起這套做法，也沒有人比美國商界菁英對它更反感，十年來不斷警告依賴赤字融資的公共工程只會讓英國或美國變成威瑪德國。如今物價上漲迫在眉睫，這群專家又開始大聲嚷嚷，任何嘗試控制物價（並因而壓低短期利潤）的努力都是百分之百的共產主義。

美國從來不曾推行強制儲蓄措施，但也不會只靠央行調高利率來對抗通膨。自一九四二年開始，聯準會就公開將國庫券殖利率鎖定在〇．三七五％，以壓低政府債務不斷膨脹造成的融資成本。然而，用這種方法調整財政和貨幣政策，就表示聯準會無法靠利率壓低物價，因為它刻意將利率定在某個水準，不因物價變動而異。而且這是在理想狀況下——凱因斯和他的美國支持者如聯準會主席埃克爾斯都認為，低利率是復甦的關鍵，並有助於刺激戰時產能。因此，美國政府祭出重稅，積極控制物價，最後更實施消費品配給，以便維持經濟秩序。這些措施，華爾街統統恨之入骨，但反對者不是只有他們。

一九四一年夏末秋初，高伯瑞和他的頂頭上司里昂．亨德森（Leon Henderson）不時就被找去國會山莊，替小羅斯福要求對美國物價有更多決定權辯護。據高伯瑞表示，那是二戰期間「最受爭議」的法案。[39] 一九四一年那時，美國幾近充分就業，工資上揚，企業獲利激增。經歷了多年蕭條之後，國會山莊根本沒有人**想去**思考下一波經濟劇痛，遑論主動抑制工資或股市了。尤其北方議員席次不斷被華爾街共和黨蠶食，使得民主黨愈來愈仰賴南方選票，農產品價格也在黨內成為不可挑戰之事。自小羅斯福就任總統以來，聯邦政府就想方設法拉抬作物價格，而工會作為民主黨在美國東北部及上中西部的鐵票部隊，則是對實業家坐享政府合約帶來的獲利保證，它們卻必須在工資上讓步大表不滿。勞工們苦等多年，期盼真正的繁榮到來，如今總算盼到了，結果少數幾個年輕激進的新政官員卻打算強迫他們犧牲。沒有人想主動面對通膨將至的現實，不少人更是從挫折轉為偏執。

在眾議院銀行與貨幣委員會的聽證會上，喬治亞州農業廳長林德（Tom Linder）指控抑制通膨是猶太人的詭計，並堅稱亨德森骨子裡是猶太人，能進小羅斯福政府工作是因為他和「巴魯克、摩根索、施特勞斯、金斯堡和古根漢之間的利益連結」。在座眾議員則痛斥亨德森是華盛頓西班牙民主之友協會主席；對堅定反共的共和黨和南方民主黨員來說，這個反佛朗哥組織大有問題。[40]

亨德森立刻還以顏色，大聲唸出他當上協會主席那晚的聲明。他在聲明中警告，少了民主之士堅守原則的頑強抵抗，希特勒和墨索里尼很快就會展開毀滅性的軍事侵略，到時受害的將遠不只是西班牙。法西斯在全球不斷擴張，證實了亨德森有先見之明，也稍稍減輕了委員會的疑慮。但當與會議員發現，高伯瑞的屬下布雷迪（Robert Brady）寫過一本由英國左翼圖書俱樂部（Left Book Club）出版的《德國法西斯主義之精神與結構》（*The Spirit and the Structure of German Fascism*），他們馬上又找到了新的抹紅目標。某次聽證會上，高伯瑞誤稱左翼圖書俱樂部就像是英國版的每月讀書俱樂部（Book-of-the-Month Club），結果被非美活動調查委員會（House Committee on Un-

American Activities）的德州民主黨眾議員小戴斯（Martin Dies, Jr.）當場辱罵。[41]

不過，高伯瑞和他的物價調節小組受到最有威脅也最難擺脫的影射，還是跟莫斯科的危險牽連——當時這種惡毒影射還沒有因為美國政府與蘇俄正式結盟而變得微妙。這類社會主義陰謀論的大意其實很好懂：新政推行者首先用政府工程取代私人企業，現在又要在經濟各層面全面控制物價。

高伯瑞讀了《替戰爭買單》。他原本希望物價調節能做得比書中建議的手法更細緻、更有針對性，因為他認為強制扣取個人所得可能有礙經濟總產出和就業。通貨膨脹不會同時以同等強度發生在所有產業上。產業不同，價格上升的時間點也不同。例如，銅鐵之類的原料價格顯然很快就會上揚，不受動員令影響的物品則比較慢。全面削弱消費者購買力以抑制需求面，雖然確實會壓低銅價，卻也會拉低其他物品的價格。對產能尚未因戰爭全開的產業而言，價格下滑是減產的信號，結果就是戰時產出減少。

凱因斯不喜歡調控個別物品價格的構想。他寧願調節整體物價水準，讓不同物品的相對價格視消費者偏好變動。而且他也有經驗。他經歷過大戰，知道調控**每一種物品**的價格實際有多困難。

一九四二年四月，美國物價管理和民間供應局不再堅持原有想法，頒布了整體最高價格管制令，將所有物價調回至一個月前的水準。接下來局裡的工作依然堆積如山，有太多公司申請豁免，但物價管控正式成為官僚體制內的工作。

這件事帶來的政治夢魘久久不散。珍珠港事件兩天後，高伯瑞下令凍結輪胎銷售，將橡膠留作軍事之用。接下來幾個月，他又下令石油、奶油、香菸、糖、尼龍、鞋子、蔬菜罐頭和水果進行配給，理由都是因應戰爭需求調整國內生產。[42]「你不可能每個月生產五百枚炸彈還能讓商業一切照舊，」亨德森說。[43]但不論市場可以承受的價格為何，商界領袖仍要求繼續生產消費品。《財星》（*Fortune*）雜誌訪問企業主管對配給和物價管控的看法，結果有四分之三受訪者表示其實「下有對策」。[44]小羅斯福親自頒布行政命令，要底特律車廠停工，結果車廠還是繼續生產了兩個月，氣得亨德森下令沒入二十萬輛車，供政府運用。據高伯瑞描述，他們和舊金山石油商開會，要求對方將最近調高的油價降回原位，結果「差點暴動」。[45]「有時感覺我們和企業的戰爭似乎比歐洲和亞洲的戰事還優先，」他日後對古德溫（Doris Kearns Goodwin）說：「有好幾週，我們腦中幾乎沒有閃過希特勒，全是華府的商界人士。」[46]

挫折的不只是企業高層。美國政府的命令還大幅改變了數百萬家庭的日常生活。物價管理和民間供應局禁止業者生產「冰箱、吸塵器、縫紉機、電爐、洗衣機、收音機、留聲機、熨斗、除草機、烤鬆餅機和烤麵包機，也不准使用不鏽鋼生產餐具。政府還命令鞋商少用雙層底和包頭，內衣商不能生產荷葉邊、褶襇或長袖的款式」。[47]

咖啡是最後一根稻草。十一月二十九日，美國物價管理和民間供應局宣布每人每天配給一杯咖啡。兩週後，亨德森被迫辭職，因為國會揚言不開除局長就凍結預算。但問題當然不在亨德森，而在戰爭，因為高伯瑞接替下臺的亨德森沒多久，就成了報紙頭版的攻擊對象。《華盛頓時代先驅報》（*Washington Times-Herald*）和《芝加哥論壇報》（*Chicago Tribune*）開始指控他意圖顛覆美國生活方式。商業雜誌《糧田報導者》(*Food Field Reporter*)甚至在刊頭加上「高伯瑞下臺」幾個字。[48]

國會山莊更不客氣，尤其共和黨一九四二年選舉在眾議院拿下了四十二個席次之後。伊利諾州共和黨議員德克森(Everett Dirksen)提案，唯有具備五年以上「商業」經驗者才能執掌物價管理和民間供應局——此舉顯然衝著學者出身的高伯瑞而來。共和黨籍的眾議院撥款委員會主席泰伯(John Taber)甚至向聯邦調查局檢舉，謊稱高伯瑞是狂熱的「教條主義」(doctrinaire)共產黨員，只是負責的調查局人員聽錯了，導致局裡多年一直搞不清楚這位神祕的威爾博士(Dr. Ware)是誰。[49]

壓力不斷襲向小羅斯福政府。一九四三年五月三十一日，高層下令高伯瑞辭職，以平息國會山莊的怒火。但戰時沉重的工作量，以及假借赤色恐慌而起的各種可笑政治手段，早已讓他心力交瘁，隔天就昏倒在自家客廳。妻子和女僕將他弄醒送醫，醫師強制他臥床靜養。和凱因斯幾年前一樣，高伯瑞也差點過勞死。

休息幾週之後，高伯瑞就康復了。儘管政府有意安排他到租借法案辦公室工作，但他很快就決定放棄華府的公務員生活，替《財星》雜誌撰稿。薪水很不錯，起薪一萬二千美元，相當於今日的十七萬美元。不過，轉行最主要是因為他不想再當箭靶了。在德克森(威斯康辛州參議員麥卡錫未來的盟友)堅持下，國會最終通過了反教授增修條文。

美國因戰爭而出現一個古怪的說法，指控凱因斯主義者是危險的顛覆分子。即使凱因斯的政策在美國大獲成功，這種說法也沒有消失。一九四一年，聯邦支出增加近五〇％，總額超過一百三十六億美元，是胡佛卸任時的三倍以上，失業人口趨近於零。隔年支出再度翻倍，達三百五十億美元，後年又再加倍。大戰結束時，聯邦政府每年支出為九百二十七億美元，半數以上的戰事開銷都靠舉債融資。[50]一九三九年，小羅斯福加碼公共工程支出後，經濟成長率高達八％，但一九四一年的經濟成長率來到前所未聞的一七・七％，隨即被一九四二年的一八・九％比下去，就算一九四三年也有一七％。一切就如凱因斯所料，只要經濟大好，根本沒幾個人在意美國帳面上舉債有多少。

與此同時，在大西洋彼岸的英國，凱因斯終於得到了建制派認同。國會聽取他對政府預算的看法，而他也成為英國首要的外交代表之一，甚至被任命為英格蘭銀行董事會成員，加入這個原本是自由放任派聖殿的地方，可以繼續和死敵諾曼纏鬥。和凱因斯在巴黎和會結為好友的弗蘭克福特來函祝賀。「你所有朋友都很開心，」已經是大法官的弗蘭克福特寫道：「山終於來就穆罕默德，而不是穆罕默德就山了。」總是出言不遜又激進的瓊・羅賓遜則是開玩笑說：「別擔心，只要你還撐著，我就會說你很偉大。」[51]

雖然洛普科娃埋怨凱因斯把自己忙過頭，但他還是活動滿檔，幾乎和昏倒前不相上下，除了編輯《經濟學期刊》、關注劍橋校務，還不忘和布倫斯伯里幫保持聯繫。他和凡妮莎的嫌隙總算化解，夫妻倆又開始跟凡妮莎和格蘭特過聖誕，並盡量撥空參加回憶錄俱樂部（Memoir Club）的活動。[52]一九四二年六月，英國政府晉升凱因斯為貴族，冊封他為提爾頓男爵（Baron Keynes of

Tilton），並在上議院擁有席位。貝爾回憶他們在莊園辦的慶祝宴：「宣布封爵後不久，他偕凱因斯夫人前來查爾斯頓，臉上滿是羞怯。『我們是來被笑的，』他說。」[53]

如今的布倫斯伯里幫，已經不再是當年一起熬過大戰的熱血狂飆青年了。老鳥退場，許多固定聚會都改由「邦尼」加內特張羅，帶著一群年輕的仰慕者維繫下去。一九四一年三月二十八日，維吉尼亞．吳爾芙離開她和倫納德戰時遷居的第三幢鄉間別墅，消失在散步途中。她的帽子和手杖在烏茲河畔被人發現，而倫納德則在家中發現她留下的字條：「這段時間太難熬，我再也承受不住了。我聽見聲音，無法專心工作；雖然努力對抗，但再也對抗不下去了。我的所有幸福都歸功於你，但我不能再擾亂你的生活了。」

凱因斯悲慟不已。「我們上次見到她，她看起來很好很正常，」他在信裡告訴母親，痛惜他和莉迪亞跟倫納德與維吉尼亞近二十年的情誼。「他們倆是我們最親密的朋友。」[54]

布倫斯伯里幫第一次大變動發生在一九二〇年代，成員們以非同常俗的方式各自嫁娶。如今他們經歷的是最後一次質變。維吉尼亞的告別作是格蘭特繪畫老友弗萊的傳記。一九三四年，弗萊意外過世。現在斯特雷奇和維吉尼亞也走了，布倫斯伯里幫只剩一位貨真價實的天才。凱因斯沒有忘記，如今能讓老友團聚主要就靠集體回憶了。幾乎所有回憶錄俱樂部成員的功績都已成為過去。隨著戰爭推進，凱因斯知道自己正邁向人生的暮途。這群尚且在世的朋友中，只有他還有許多大事要做。

而他在一九四〇年代成就之大是無庸置疑的。失業問題解決了，通膨受到控制，全球民主也轉弱為強。如此巨大的成功，讓凱因斯和對手在經濟學領域裡的辯論形勢逆轉。海耶克提出的學說，包括撙節支出、緊縮貨幣和藉由通縮抑制產出過剩，在政治上並不具備先天吸引力，唯有繼續將凱因斯式支出當成變化多端的洪水猛獸，這套學說才得以維持。可是面對戰時凱因斯政策造成經濟大好的事實，你很難說服別人相信赤字支出和寬鬆貨幣只會自取滅亡。「大戰結束時，整個經濟學界都成了凱因斯主義者，」一起初心中存疑，但後來被說服的薩謬爾森表示。[55]這個說法不算誇張。一九三一年延攬海耶克到倫敦政經學院，並於麥克米倫委員會上和凱因斯針鋒相對的保守派經濟學家羅賓斯，在證據面前正式撤回己見，懊悔自己和凱因斯爭論「是我職業生涯犯下最大的錯誤」。[56]芝加哥大學一位名叫傅利曼的年輕經濟學家呼籲美國聯邦政府，**只有在**全國充分就業時才需要平衡預算，政府赤字靠印鈔票解決即可。[57]對民眾來說，撙節支出和通貨緊縮就是大蕭條；對大西洋兩岸的政府官員來說，戰時繁榮是凱因斯式支出和通膨管控的結果。堅稱凱因斯主義不管用等於在政治上自尋死路。

然而，戰爭在美國激起了強烈的民族主義情緒，這股情緒碰上不少菁英長年來對小羅斯福的反感之後，起了出人意料的反應。他們樂見美國軍力強盛，卻痛恨三軍統帥。小羅斯福過世後，這群菁英將半推半就形成一場政治運動。第二次世界大戰讓凱因斯主義在經濟學領域革命成功，卻也讓貴族反革命勢力集結起來。

12 為美好人生而死

一九四四年夏天，洛普科娃和凱因斯只想逃離倫敦。洛普科娃心力交瘁。一九四一年德軍包圍列寧格勒，切斷所有鐵公路交通之後，她就沒再收到家人的信了。一九四四年包圍解除，城裡的慘狀才終於傳了出來：約有七十五萬人餓死。洛普科娃的母親一九四二年過世，姊姊隔年也離開人間。她的童年故鄉等於全毀，宮殿殘破不堪，整座城失去了三分之一人口。雖然她在戈登廣場眾人面前一派鎮定，這項消息對她卻是沉重的打擊。

那年元月，德國又開始轟炸倫敦，淒厲的空襲警報再度成為英國首都的日常。大戰期間，倫敦急救人員因空襲出動了一萬六千三百九十六次，從倒塌的樓房和瓦礫堆中拯救了二萬二千二百三十八人。[1]對洛普科娃而言，街上或附近迴盪的每一次爆炸聲響，都讓她想起親愛的家人在歐陸另一頭遭遇的悲慘命運。

凱因斯在財政部忙得昏天暗地，但工作以外的事也沒閒著。除了擔任準財政大臣，他還是劍橋國王學院財務長兼《經濟學期刊》編輯，並執掌政府新成立的音樂與藝術促進委員會。洛普科娃雖然抱怨他身體負荷太重，卻也知道唯有這些事才能將丈夫的心思從戰時公務被迫面對的種種醜惡裡拉開，同時讓他不去想自己的事。六十歲的凱因斯健康再度下滑，身體瘦弱，不再是一九二〇年代維吉尼亞．吳爾芙口中嘲弄的那個令人「望而生畏」的「壯漢」。中年時幾道顯眼的灰髮，如今已是如鬼魅般滿頭雪白。普萊施又開了一堆處方給他，洛普科娃每天都花幾小時替丈夫胸口冰敷，但凱因斯三月還是再度心臟病發昏迷，差點又過勞死。

不過，諾曼第登陸似乎反轉了戰局，也改變了凱因斯在財政部的工作重心。小羅斯福總統呼籲四十四個同盟國政府召開國際會議，商討戰後經濟秩序。由於戰事還在進行，戰勝國會有哪些重建需求還不清楚，現在就談經濟未來似乎為時太早。但小羅斯福想藉促成國際協定來替自己十一月的連任選舉造勢，因此最遲夏天就得簽署公約，才能趕得上他國內的政治操作。

雖然凱因斯很想擺脫倫敦，但這件事觸及他畢生最難受的兩次經歷：一九一九年巴黎和會的紛亂和一九四一年華府可怕的熱浪。他知道自己沒有幾個夏天可活了，不想白白糟蹋，因此五月便向美國首席經濟外交官懷特（Harry Dexter White）建議，在落磯山一處度假村舉行會議。「拜託，」凱因斯寫道：「千萬別讓我們七月還去華府。」[2]

後來美方將地點選在新罕布夏州鄉下的布列敦森林鎮（Bretton Woods），並且先在充滿海濱休閒氣氛的大西洋城舉行一週的預備會。對洛普科娃和凱因斯來說，光是離開倫敦就等於度假，而兩人搭乘郵輪前往美國，正好讓他暫時放下公務，享受自己最愛的休閒活動，埋首撰寫政治經濟學專書。就在如此不經意間，甚至可以說純粹出於偶然，凱因斯寫下了他一生中最重要的哲學論述，徹底翻新他二十年前在《自由放任的終結》勾勒的政治理論，同時在他和海耶克對於啟蒙自由主義未來的智識論辯中，開啟了一條全新的戰線。

海耶克自始至終都不希望世人將他當成政治理論家。他自認為是經濟學家，畢生最大志業就是科學地研究貨幣和貨幣的流動原理。一九三〇年代初，海耶克提了不少關於通貨膨脹和商業循環的看法，但如今已是一九四四年，他都四十五歲了，他的想法依然乏人問津，最新著作《純資本理論》（*The Pure Theory of Capital*）也賣得很差。大轟炸逼他不得不離開倫敦政經學院，到相對安全的劍橋國王學院落腳，但那裡是凱因斯的地盤，經濟系的所有新主張似乎不是來自於他，就是出自他的愛將之手，或是對這些新主張的回應。凱因斯是學校裡的巨人，除了在尊貴的英格蘭銀行和上議院擔任要職，還是文化領袖，經常炫耀似地出現在晚宴或雞尾酒會上，身旁伴著美豔動人的妻子，而且這位芭蕾舞伶兼演員兼廣播主持的女士幾乎和凱因斯本人一樣有名。海耶克完全活在凱因斯的陰影下。他只是個口音很重的小講師，主要作品都是十年前出版的，乏人研究也沒人喜歡。他對凱因斯爵士很客氣，但這位大人物不是很在乎對方對他的想法。一九三〇年代的爭論早已過去，而兩人都很明白，民眾已經決定了孰勝孰敗。兩人會親切地寫寫信，有時還一起獲派在國王學院的中世紀哥德式教堂頂上守夜，用圓鍬將德軍空襲落在教堂上的未爆燃燒彈鏟到屋頂外。[3]

海耶克對寫一本談政治哲學的書有點舉棋不定，擔心別人可能因為他帶有意識形態色彩而貶抑他的貨幣研究。不過他最後覺得風險應該不大，反正他的貨幣理論本來就沒人當真。於是，海耶克對凱因斯和新政做出了不留情的學術攻擊，但不是從實證分析或經濟理論的角度，而是一本政治專著。儘管他一輩子都反對這個標籤，但這本名為《通向奴役之路》（*The Road to Serfdom*）的書將成為現代保守主義的基本讀物。對海耶克來說，保守（conservative）就等於英國托利黨那種「家父長式、民族主義、權力崇拜的傾向」，[4]因此他更喜歡自稱「古典自由主義者」，啟蒙恩師包括洛克、休謨和亞當．斯密——和凱因斯相去不遠。凱因斯在《自由放任的終結》裡嘗試重新定義二十世紀的自由主義，新政便是他想法的果實。現在海耶克打算提出另一個版本。

《通向奴役之路》一開始賣得還不壞。多虧《紐約時報》和《紐約先驅論壇報》的有力評論，芝加哥大學出版社一刷二千本幾乎立刻就賣完了。但當《讀者文摘》（*Reader's Digest*）出版濃縮本，將海耶克的想法帶進數百萬家庭，這本篇幅不大的論戰之作轉眼讓他成為舉世知名的右翼巨星。這份突如其來的聲名，讓這位英國知識分子得以去美國巡迴演說，和全美各地數以千計想法相近的讀者會面。[5]小羅斯福任內被長期排除在政治權力之外的美國上層階級，總算找到一位可以表達他們內心恐懼與挫敗的代言人。靠著海耶克，菁英的不滿獲得了新的智識正當性。

儘管一九四四年春天當時幾乎沒有人意識到這一點，但海耶克對凱因斯經濟學政治意涵的攻擊，將成為二十世紀思想的轉捩點。新書巡迴幾個月內，海耶克就開始和大金主會面。這些財力雄厚的人士想知道錢花在哪裡最能捍衛自由，而根據《理性》（*Reason*）雜誌資深編輯多爾地（Brian

Doherty）表示，這些人經由海耶克建議打造出來的智庫、大學教授與出版網絡，讓《通向奴役之路》成了「凝聚現代自由至上主義者的代表作」。[6] 海耶克本人其實深思寡言，態度溫和，但他書裡從凱因斯自由主義滑坡到極權主義，並因此提出的可怕警告，將會與冷戰時的疑心病強烈混合。他那些反凱因斯主義的同事不僅助長了學術圈的麥卡錫熱潮，甚至還協助募資。

弗里德里希・奧古斯特・馮・海耶克出身貴族，家人在一戰前幾十年支持過奧匈帝國皇帝約瑟夫一世。他十幾歲時曾經入伍，在義大利前線服役，後來進入維也納大學，開始接觸叛逆的意識形態，有一陣子信奉社會主義，後來被年長他十七歲的經濟學家米塞斯提出的自由放任自由主義深深吸引。米塞斯的專題討論課讓他碰上奧地利歷史的關鍵時刻。停留維也納期間，海耶克親身經歷了威瑪共和惡性通膨對社會的破壞，令他對後來的通膨政策深感恐懼。與此同時，他對英國個人主義者愈來愈欽佩，對鍍金時代的資本主義也愈來愈熱中，讓他開始在意自己的出身，最終決定去掉名字裡帶有貴族意涵的「馮」字。他希望別人記得他對自由市場的誓死效忠，而非血統，只是按歷史學家布爾金（Angus Burgin）的說法，海耶克「始終保有維也納貴族那種有教養的克制與毫不掩飾的菁英主義」。[7]

海耶克和凱因斯一樣，認為一九一四年以前的世界是高雅文化的黃金時代。他對哈布斯堡帝國的崇敬不下於凱因斯對大英帝國的讚賞。他將年少時的世界視為典範，希望能再創造那樣的世界：一個多民族組成的聯邦，在各民族保有獨立政治地位的前提下，由集權中央統一處理帝國的經濟事務。一九三〇年代，他靠著經濟學研究在倫敦政經學院取得教職，但讓他事業起飛的卻是

《通向奴役之路》。一九七四年海耶克獲頒諾貝爾經濟學獎，瑞典皇家科學院除了表彰他對「主要經濟學理論的貢獻」，也不忘提及他做出「重要的跨領域研究」，此即暗指他書裡的政治思想。[8]《通向奴役之路》是李普曼《良善社會》的學術精修版。李普曼嘗試從海耶克和米塞斯的經濟思想裡萃取出一套有系統的政治理論，而《通向奴役之路》就和《良善社會》一樣，本身也存在矛盾，書裡有兩種截然對立的社會觀。其中第一個社會觀讓海耶克受到反新政的美國上層階級喜愛，那就是公然反對四大自由。

就算不是四個都反，至少也反對其中**一個**。當小羅斯福宣告「免於匱乏的自由」是基本人權，等於將新政的社會改革和武力擊敗納粹主義相提並論，都是無上的道德義務。當他和邱吉爾將這項自由納入《大西洋憲章》，等於宣告個人經濟安全是民主國家的必要條件，是區分自由及專制社會的基礎保證。海耶克卻反其道而行。當時正值戰事高峰，小羅斯福和邱吉爾的民間聲望如日中天，此舉可以說相當冒險。海耶克主張，「經濟自由」這個概念其實和政治自由追求者數百年來擁護的價值完全相反。「免受必然桎梏的自由」（freedom from necessity）本質上就是個「社會主義」的想法，不是民主對抗納粹的堡壘，反而是納粹主義和蘇維埃共產主義的基本元素，唯有施行暴力獨裁壓垮其他政治權利才能實現。海耶克如此解釋：

> 對鼓吹政治自由的偉大使徒來說，政治自由一詞意味著免於壓迫、免於他人濫施專斷權力的自由，能從種種束縛中解放，不再別無選擇，只能任上位者擺布。然而，現在新允諾的這種

自由，其實是免受必然桎梏的自由，不再受必然限制我們選擇餘地的環境所強迫，即使有些人的選擇餘地比其他人多出許多。唯有打破「物質匱乏的專制」，解除「經濟制度的束縛」，人才能真正自由。

根據這套說法，自由不過是權力或財富的代名詞……這個允諾指的，其實是人與人在選擇餘地上的巨大落差將會抹除……許諾給我們的那條通往自由之路，其實是一條通向奴役的大路。[9]

海耶克將自己的反政府言論包裹在歷史大敘事裡，將鍍金時代的經濟體系、基督教道德觀和他心目中的古典時代英雄視為一體。他堅稱歐洲和美國必須做出選擇，在他吹捧的這套西方個人主義傳統和以希特勒與史達林為代表、極其危險的新極權運動之間二選一。根據他的說法，納粹主義常被誤解成政治極右派的產物，但在他看來，第三帝國只是社會主義的一個分支，希特勒在國會和保守派及商業利益結盟純屬巧合。海耶克特地用一整章篇幅討論「納粹主義的社會主義根源」，指出過去數十年來各種社會福利政策和貿易保護手段都讓德國人逐漸習慣了納粹式思想。讓納粹掌權的不是大蕭條或通貨緊縮，而是政府悄悄插手干預經濟。新政和凱因斯經濟學再有善意，都是在將全球民主推上相同的道路。

「我們正匆匆揚棄的，不只是科布登（Richard Cobden）、布萊特（John Bright）、亞當・斯密、休謨、甚至洛克和米爾頓的觀點，而是建立在基督教、希臘人和羅馬人思想之上的西方文明一大特徵，」海耶克提出警告：「我們正逐漸捨棄的，也不僅是十九和十八世紀的自由主義，而是我們承襲自伊拉斯謨、蒙田、西塞羅、塔西佗（Tacitus）、伯里克利和修昔底德的基本個人主義。」[10]

海耶克筆下的反威權主義對民主又愛又恨。「民主是手段，是保障國內和平與個人自由的實用工具，」他在書裡寫道：「但比起一些民主國家，專制統治下往往有更多文化和精神自由。」[11]海耶克其實更重視自由權（liberty）；而他所謂的自由權，就是貴族反對中央政府的權利，不論政府形態為何。

《通向奴役之路》的反政府論調，和米塞斯同年出版的《官僚制》（*Bureaucracy*）完全唱和。在這本徹底堅持自由至上主義的小書裡，海耶克的恩師振振表示新政自由主義是一種威權共產主義。「資本主義代表自由企業、消費者經濟自主和選民政治自主，」他這樣寫道：「社會主義則代表政府完全掌控個人生活的所有方面……兩種制度絕對沒有妥協空間。」[12]不是自由放任，就是蘇俄，沒有中間選擇。

海耶克很清楚，眼前似乎所有政府都在追求凱因斯式改革，前恩師堅持二選一無異於自掘政治墳墓。因此他選擇效法李普曼，將出於自由放任主義的自由權概念進行嫁接，以便和新興民族國家相容。政府終究有權維持所有人民的基本生活水準，但他嚴格區分「管制」與「計畫」——前者只為了解決明顯問題而存在，後者則唯有靠獨裁者細密安排自由個體的生活、限制其選擇才能達成，因此相當危險。海耶克指出，公司企業的規模與營業範圍必須嚴格限制與監控，以防大公司干預市場自由競爭。

一九四四年時，美國政府支出已經占國家經濟總額的四〇%以上。一般認為這個數字戰後便會下降（現今約二〇%），但海耶克想得沒錯，聯邦政府這十年來成立的行政機關並不會消失。但只要在語義上發揮一點創造力，小羅斯福和凱因斯過去二十年想出的所有事物，幾乎都能用海耶克那套關於管制、競爭和社會安全網的說詞解釋得過去。例如《通論》提到的投資全面社會化，就能算是常識下的通膨和就業**管制**，而非海耶克口誅筆伐的那種**計畫**；格拉斯－斯蒂格爾法案允許政府強制分割投資公司，也只是負責任的反壟斷行為，目的在恢復銀行業競爭；至於社會安全和公共工程，則是基本社會保障裡無傷大雅的支出。這些舉措，海耶克當然都不支持。他寫這本書就是為了正面攻擊這些做法，也從未打消其敵意。就如他的凱因斯派對手薩謬爾森幾十年後所言，海耶克始終遺憾政府實施「累進所得稅、國家提供的醫療照護和退休金制度」，並憎惡「遠離金本位制的法定貨幣」。[13]米塞斯或許嚴苛，但起碼有找到一個和自己政策主張相一致的大原則——自由放任，否則破產。

在《通向奴役之路》最後一章，海耶克呼籲成立「超國家機構」來約束各國政府，以防全球民主國家從事危險的計畫經濟。換句話說，就是建立一個哈布斯堡式的經濟霸權，以確保各國奉行自由市場資本主義原則，防止戰爭。近來有不少學者認為，這個想法在智識上替歐盟和世界貿易組織（World Trade Organization）鋪了路。[14]但藉由國際組織維持經濟紀律來促進和平，這種主張並非海耶克獨創。凱因斯在去開會途中讀了《通向奴役之路》，而他參加的會議，目的就是要創立這類組織。

凱因斯在大西洋城的克拉里奇酒店寫了一封信給海耶克。海耶克當時並不有名，這本書也還沒有在書市掀起轟動。單是他親筆回信，就足以證明海耶克辯才之高、論點之強，以及凱因斯有多看重這場對於自由主義傳統的論辯。

凱因斯在信中首先誠摯祝賀，隨後才開始重炮批評。「我認為這本書寫得很好，」他這樣寫道：「我們大有理由感謝你，將如此需要明說的事講得如此出色。你應該不會期望我能接受書裡的所有經濟主張，但道德上和哲學上，我發現自己幾乎認同書裡所說的一切，不僅同意，而且真心認同。」[15] 極權政府崛起是一場悲劇，最好的抵禦就是重振自由主義。

但凱因斯認為，海耶克並未提出嚴謹的自由主義解決方案。他在書裡做出的妥協，從社會安全網、管制到反壟斷政策，都讓他和他所批評的政敵一樣，有滑坡到極權主義的危險。「你不只一次承認問題在於線畫在哪裡，也同意非畫線不可，邏輯上的極端並不可行，但卻沒給我們任何指引，線該畫在哪裡……只是當你承認極端並不可行，按照你自己的論證，戲就唱不下去了，因為你想說服我們的正是只要朝計畫的方向移動一小步，就必然會踏上滑坡，遲早翻落懸崖。」[16]

就連海耶克的支持者也指出，海耶克以納粹德國崛起為主要案例，但他的歷史論證沒什麼說服力。芝加哥大學經濟學家奈特（Frank Knight）和海耶克政治立場相同，卻建議校方不要出版這本書，因為作者「過度簡化」德國歷史，將希特勒掌權說成社會主義慢慢滲透的結果。杜克大學經濟學家考德威爾（Bruce Caldwell）最近也在他為《通向奴役之路》撰寫的引言裡指出，海耶克的歷史描述「相當站不住腳」。[17] 在凱因斯看來，歷史敘事的瑕疵並非是去掉也不妨礙全書大局的無心之過，而是嚴重誤解了引發法西斯主義的憤怒與社會失調的根源。

凱因斯在《自由放任的終結》裡主張，自由主義不能建立在抽象原則之上，必須確實帶來人們生活所需的事物。而由於自由放任造成嚴重不平等和長期大蕭條，沒能通過這一基本要求，因此不具民主正當性。凱因斯表示，海耶克輕忽自由放任的實際缺點，因此誤判了德國獨裁崛起的原因。促成希特勒掌權的經濟導火線是通貨緊縮造成的痛苦與絕望，而非海耶克斥之為「社會主義」的社會福利政策。全球民主國家不能背離一九三〇年代末和四〇年代帶來復甦的經濟策略，否則只會導致新一波政治不確定，引發新的威權主義社會運動。海耶克呼籲放棄新政和凱因斯式經濟調控只會促成更多強人上臺。「因此，我認為我們需要的不是改變經濟方案，那樣做實際上只會讓人對你的思想成果幻滅，」他在信裡寫道：「而是或許恰好相反，我們需要擴張那些經濟方案。」[18]

對凱因斯來說，人民追求穩定，也追求社會正義，而經濟學是統合兩者的關鍵學問，因此他認為自己和海耶克的最大不同在於稀缺這個實務問題——資源到底充不充足，以及政府有沒有能力有效分配資源。「我認為你抓錯了重點，」他告訴海耶克：「因而不贊同任何繁榮就在眼前的說法。」[19] 戰後經濟飛騰，證明了凱因斯所言不虛。

但對海耶克而言，稀缺不僅是結果問題，也是道德問題。稀缺使「我們因物質環境而被迫做選擇」，因此是思考美好生活的關鍵。人必須選擇某些事物，捨棄某些事物，無法統統擁有，這是自我表達的源泉，也是「唯一能讓道德觀念在其中生長，道德價值在其中每日再造的空氣」。[20]

個人如此，社會也是如此。不在各種作品和傳統當中做取捨，文化就會墮落而空洞。如同羅賓（Corey Robin）所強調，海耶克認為這世界需要上層階級世世代代傳遞知識，定義社會價值。當社會普遍平等，資源充足，上層階級就會消失。

海耶克與凱因斯的關鍵區別就在於此。兩人都同意民主不是社會的基本組織原則，而是達成更重要目標的工具；兩人甚至同意民主的首要作用就是可以創造活躍的菁英文化。凱因斯對布倫斯伯里幫的重視，其實和海耶克對維也納舊貴族的欣賞非常像。但對凱因斯而言，帶領世上所有人都變成布倫斯伯里幫不會有什麼問題，而對海耶克來說，貴族本質上就是排他的，不是所有人都能成為貴族，這才是重點所在。因此，凱因斯努力讓菁英的安逸與特權民主化，海耶克則是希望鞏固菁英和大眾的距離。兩人目標或許相同，但海耶克認為唯有不平等才能做到，凱因斯則相信教育也能實現。

「我必須得說，我們要的不是去除計畫，甚至不是減少計畫，而是幾乎百分之百需要更多計畫，」凱因斯寫道：「可是計畫必須在群體中進行，領袖和追隨者一起，人愈多愈好，完全分享各自的道德立場。適度計畫會是安全的，只要執行者在道德事務上心地純正……我們需要的是重拾正確的道德思考，回歸社會哲學中的正確道德價值。只要你將聖戰轉往這個方向，就不會看上去那麼像唐吉珂德，也不會那樣感覺。我認為你可能有一點混淆了道德和物質問題。當群體能正確思考與感受，就能安全採取危險的行動，但若交到思考和感受錯誤的人手上，就會通向地獄。」[21]

凱因斯既同意盧梭的看法，國家是民主意志的展現，也認同柏克的主張，強調文化與傳統的力量。而他提出的願景既不建立在個人無情追求自利之上，也不仰賴人性慷慨的烏托邦理想。只要靠著經濟計畫和道德教育，群體就能對抗最易造成不確定的不穩定因素，賜予成員必要的道德價值觀與物質享受，不致於墮入軍國民族主義之手。凱因斯在這封信裡和在《自由放任的終結》一樣，都在調和法國大革命以來便分立西方思想兩極的左翼與右翼哲學傳統：柏克的傳統主義及盧梭的激進民主思想。如同他一九三九年就告訴《新政治家與國家》讀者：「問題在於我們是否準備好擺脫十九世紀的自由放任狀態，進入自由社會主義的時代，也就是為了共同目的有組織地集結起來，促進社會與經濟正義，同時尊重並保障個體——他的選擇自由、信仰、心靈、思想表達、事業與財產。」[22]

作為政治事務指南，凱因斯的回信並沒有比《通向奴役之路》更具體。他在信裡幾乎沒有提到**如何**教育或計劃，對政府取得龐大的新權力也不以為意。對照同盟國戰爭機器本身的暴行，海耶克警告政府本質上就帶有危險的暴力性，其實比凱因斯的主張更有說服力，只是一九四四年的政治局勢不允許海耶克這樣說。不論邱吉爾、小羅斯福、杜魯門或實質算是英國戰時財政部長的凱因斯，都沒有對戰時行為設下任何有意義的節制原則。同盟國在歐洲和太平洋地區的轟炸造成七十五萬名以上的平民死亡，[23]城市夷為平地，文化古蹟全毀，但持續的恐怖轟炸行動幾乎完全沒有對敵國的經濟生產造成任何影響。戰事末期擔任美國戰略轟炸調查團團長的高伯瑞在官方報告裡也這樣指出。民主有能力解放，也有能力摧毀和破壞。

凱因斯在一九四四年旅途中和海耶克分享對於稀缺、平等與民主的想法，遠不只是同事間的友善討論，而是一整套經濟大計的知識背景。很快他就會在布列敦森林鎮舉行的各國聯合貨幣金融會議上發表這些計畫。對歐洲和美國而言，這次會議將是一九一九年失敗的巴黎和會以來最重要的外交高峰會，對凱因斯則是一次救贖的機會，可以讓他在那場令他一夕成名的災難之後提出的想法與方案付諸實行。六十歲的他雖然身體孱弱，在知識和政治界的影響力卻處於巔峰，布列敦森林會議將是他最後一場累人的考驗。

華盛頓山度假飯店坐落於新罕布夏州懷特山脈的偏遠山谷中，是鍍金時代雄圖大業留下的奢華產物。那裡的夏天景致美極了。從露臺和陽臺可以飽覽周圍一千八百公尺高的群峰、飯店高爾夫球場的大片綠地和阿孟奴蘇克河波光粼粼的蜿蜒河道，美得令人屏息。洛普科娃每天早晨都到河裡裸泳，讓與會代表們大驚失色。[24]飯店內各種設備應有盡有，包括室內泳池、土耳其浴池、保齡球館、槍械室、女士和賭徒用的牌戲間，以及幾間華麗的酒吧，例如私密的洞窟酒吧和富麗堂皇的月房酒吧，後者從早到晚都有管絃樂隊演奏，娛樂川流不息的客人，直到凌晨。[25]

然而，布列敦森林會議一點也不平靜祥和。凱因斯形容它是「可怕的猴籠」。與會代表及眷屬就有七百三十人，外加五百名記者，但飯店只有二百三十四間客房。儘管記者被安排在雙子山飯店，但離這裡有十公里遠，而且會議開始後就沒有自來水和食物了。此外，懷特和美方還決定允許記者參與其間所有活動。就算協商拖到晚宴，甚至半夜，現場依然擠滿記者，而且會後他們還常留下來交流寒暄。[26]

飯店裡似乎什麼都有問題。「水龍頭整天在漏水，窗戶不是打不開就是關不上，水管修修補補，而且哪裡都不能去，」七月十二日，洛普科娃在信裡告訴凱因斯的母親。[27]會議期間，幾乎所有人都處於大醉或微醺狀態。晚上協商到一半開始喝雞尾酒，想緩和反對意見就辦有酒的下午茶會。在月房酒吧喝酒只要一美元，正式外交協商（往往忙到凌晨三點半）結束後，懷特就會帶著大家飲酒作樂，唱起一首改編自美國飲酒歌的曲子，並將它取名為〈布列敦森林之歌〉：

我死後別把我下葬，
用酒灑滿我骨頭就成。
放一瓶酒在我頭和腳上，
求主照看我的靈魂。[28]

洛普科娃嚴禁丈夫深夜會談或聊天，但凱因斯肩上壓力山大。三週會議期間除了被各種文件和提案轟炸，還發了上百則長電報回倫敦，向政府報告協商進展。才幾天他的身體就支撐不住了。「我想我這輩子還沒有連續操勞這麼久過，」[29]他說。他有時會失去耐性，只要代表英國協商不順，就會調侃美國財政部那些聰明的「拉比們」——懷特和部分美國代表是猶太人。[30]

這其間雖然也有放鬆的時候，例如某天晚上，他和洛普科娃在樓上休息室為賓客獻唱〈藍色多瑙河〉，由英國代表布魯克斯（H. E. Brooks）彈琴伴奏，[31]但這樣的機會很少。凱因斯把自己忙到精疲力竭，因為他知道這次會議有多重要，對他自己和全世界都是如此。他花了四分之一世紀思考如何挽救人類免於自我毀滅，布列敦森林會議是他將美好構想付諸政治實踐的最後機會。

從一次大戰告終到布列敦森林會議結束，凱因斯的畢生大計就是想出貨幣如何用作防止戰爭的武器。他一步步放棄自己在《和約的經濟後果》所提的國際投資機制，轉而提倡彈性匯率和關稅，最終在《通論》提出需求管理策略。但作為思想家，凱因斯始終深信經濟不穩定是國際衝突的催化劑。他雖然和鍍金時代的自由貿易支持者分道揚鑣，卻沒有捨棄他們的國際主義願景。

對安吉爾（Norman Angell）和他在美國外交領域的門生（包括國務卿赫爾〔Cordell Hull〕）來說，經濟孤立是危害世界和平的首要結構因素。他們認為自由貿易能讓本國經濟利益與外國交織，是實現國際和諧的基本步驟。貿易能促進國與國人民相互理解，一起追求共榮；孤立只會鼓勵貪婪與好戰，因為侵略外國不會損害國內經濟。

凱因斯發現問題其實簡單得多，失業才是法西斯主義的溫床。失業會造成政治不穩，引發民怨，很容易被有心人用作武器。貿易條件對促進國與國的善意可能有利，也可能有害，但不論課徵關稅與否，國際經濟秩序的正當性都完全取決於它是否確實能促進共榮。

對安吉爾和赫爾來說，自由貿易和經濟富足密不可分是近乎宗教真理般的根本信念。凱因斯看法也類似。年少時自由貿易在他眼中「幾乎是道德律的一部分」。[32] 自由貿易會帶來繁榮的主張奠基於一個想法，那就是這個世界資源稀缺，而自由貿易能促進使用效率。凱因斯認為，十九世紀自由貿易確實促進了和平繁榮，因為各國專注發揮各自強項，將經濟大餅做大，從而抑制了引發憤怒與不安的潛在因素。

然而，凱因斯同樣深信，二十世紀的經濟問題不在稀缺，而是管理不當。蕭條的原因不是生產不足，而是金融不穩定與不確定。[33] 一九二六年英國大罷工和希特勒崛起，都是人民面對難解的國內慘況，情急之下尋求極端解法的例子；苦果不是來自不夠投入相對優勢，而是通貨緊縮，是物價下滑導致勞工被迫失業，企業被迫關門。如同他現在所認為，通貨緊縮之所以蔓延全球，正是導因於他年少信奉的自由貿易金本位制。

如今凱因斯對世人的貢獻主要由經濟學家說了算，因此《通論》長久來一直被視為他智識成就的巔峰。但如果讓外交官或哲學家來說，這本巨作只會是他構思政治大計的一個重要階段，其目標是促成美好生活與國際和諧。因此，凱因斯仍然有一個突破要達成，但不是書或雜誌專欄，而是戰後國際金融貿易體制的外交提案，以徹底解決金本位制帶來的各種問題。

凱因斯從《貨幣改革論》就開始抨擊金本位是「野蠻時代的遺跡」，鼓吹彈性匯率。一戰過後的金融混亂讓他相信，各國必須擁有（在合理範圍內）重估貨幣的能力，以修正經濟失衡或避免意料外的亂局。但我們很難區分哪些是符合事理、可接受的貶值，哪些是針對外國市場的掠奪式攻擊。金本位制雖然好處不多，但有一個優點就是公平競爭的標準相當明確，所有人都理解。任何國家只要違反遊戲規則，就會被視為莽撞或掠奪。但當凱因斯和國際社會接受這樣一個事實，亦即國家往往**別無選擇**不得不違反規則，那麼如何判斷公平競爭就變得棘手許多。

寫完《通論》的時候，凱因斯已經想通了。他直接否定簽署國際貿易協定是第一要務，轉而期待透過公共工程、賦稅政策和「投資社會化」來調節需求，藉此淘汰那些明顯以鄰為壑的政策，如關稅和貨幣操縱等等。刺激國內需求將提高進口量，幫助到仰賴出口的國家。只要允許每個政府照顧好國內需求，或許就不需要強健的國際規範。對凱因斯來說，經濟民族主義是打擊經濟掠奪的工具。

但這套做法有其限制，特別是弱國；而戰後除了美國之外，幾乎所有國家都很弱。凱因斯預見戰後將出現「財政上的敦克爾克大撤退」，英國根本支付不起善後工作，如產業重建、保障人民在戰火蹂躪後的福祉及償還戰債等等，更別說維繫帝國運作了。[34] 凱因斯認為，有時就算弱國支出穩健，利率又低，還是得讓這些國家採取保護措施，獲取經濟上的喘息空間。但誰來決定哪些措施才叫公平？又如何決定？

凱因斯從回顧《貨幣論》裡的一個構想開始。《貨幣論》嘗試用央行解決當時所有的經濟問題。央行向來自認為調節利率高低是為了維持黃金儲備，平衡貿易順逆，凱因斯則主張央行應該調節利率來確保充分就業。但這項國內措施會導致國際貿易異常波動。為了掌控這類波動，凱因斯建議成立一家「超國家銀行」（Supernational Bank）調節全球貨幣供給、匯率及貿易往來。

這家國際央行將向各國央行發行「超國家銀行幣」（Supernational Bank–money），而美國聯準會、英格蘭銀行和其他國家央行進行日常貨幣政策操作時，也當然會向國際央行借貸超國家銀行幣。藉由管控這個新的國際貨幣，超國家銀行就能讓各國不靠通貨緊縮來處理國內問題。所有國家再也不用擔心危急時會沒錢可用，因為跨國銀行永遠會以合理條件供應。如此一來，政府就毋須刻意製造失業以解決貨幣或貿易問題。[35]

這是個初步構想，在近七百頁的《貨幣論》裡只占了短短三頁。二戰期間，凱因斯將想法加以擴充，變成英國政府的正式提案，建議全球成立國際清算聯盟（International Clearing Union）。

凱因斯表示，金本位制崩潰是因為它將各國逼入了通貨緊縮的牆角。由於發生貿易逆差的國家必須全力恢復貿易平衡，因此只能壓低國內工資，以使產品價格在外國具有競爭力，從而導致國內大量失業。若英國對美國出現貿易逆差，進口多於出口，就會出現收支餘額問題：英國付給美國的錢多於美國付給英國的錢。這種情形只要一久，英國就會沒錢購買美國產品。

理論上，這個問題可以靠國際借貸解決。只要憑藉大量出口賺得飽飽的美國按照合理條件借錢給英國，英國就有錢繼續買美國出口的產品。凱因斯認為，金本位制能在一戰前維持五十年，正是因為英國是聰明又慷慨的債權國。哪個國家有需要，英國就借錢給誰。

但只要無法貸款，不論出於何種原因，例如被戰爭打斷、銀行不穩、貨幣政策不當、股市泡沫或單純不想向外國借錢，發生貿易逆差的國家想解決問題就只有一條出路，就是壓低出口產品的價格，最終又會訴諸通貨緊縮和大量失業來達成這一點。

按金本位制的道德標準，這就是國家積弱或懶惰必須付出的代價。凱因斯並不諱言，許多國家都缺乏有效的經濟基礎建設。然而，一個國家出現貿易逆差往往是不得不然，而不是比順差國更莽撞或更謹慎。此外，逆差國其實也沒有傷害到順差國。當逆差國累積了大量債務，順差國則因出口貿易暢旺，不僅能多僱勞工，生活水準也有提升。金本位制替債務沉重的國家貼上恥辱的標籤，但從債務裡獲益最多的正是順差國，而且是以犧牲債務國的就業率為代價。凱因斯發現，國際社會就如日常生活一般，乞丐很少是真正的壞人。

凱因斯認為，任何貿易體制要能維持，關鍵就在順差國（主要國際債權人）必須參與恢復貿易平衡的調節行動。全球需要成立一個國際組織，有權懲罰長期入超**或**出超的國家，基本上就是強迫富國出錢修正它們與窮國間的不平衡。

國際清算聯盟將替他達成這個目標。如《貨幣論》提議，各成員國的央行都會在國際清算聯盟開戶，所有國際貿易收支都將經由這些帳戶進行，並使用名為班可（Bancor）的貨幣來支付，而聯盟將有權創建班可幣。只要有成員國長期入超**或**出超，國際清算聯盟就會要求該國重估自家貨幣，以使體制回復平衡。入超國必須貶值自家貨幣，最多五％，出超國則是最多必須升值五％。國際清算聯盟甚至有權於每年底扣押特別巨額的貿易順差。

凱因斯認為扣押機率很低，重點在於建立平衡貿易的國際承諾，並提供機制加以執行。

這個想法非常聰明，連凱因斯的老對手羅賓斯都很傾心。「毫不誇張地說，政府所有相關部門都為這個想法激動不已，」他興奮表示：「我們從來沒討論過如此有想像力和企圖心的提議。」[36]但凱因斯和他的宿敵都喜歡這個構想是有原因的：一九四四年的英國正處於數百年來未曾有的經濟低谷，帝國瓦解在即，國內經濟還須仰賴外援。凱因斯的計畫不僅能建立國際規範制約富國勢力，還要求富國必須協助窮國解決經濟問題。換句話說，這是以自由貿易和國際和諧為名，協助搖搖欲墜的大英帝國對抗美國的經濟霸權。

美國人完全不理會這項提議。凱因斯起先以為懷特和小羅斯福政府反對是因為沒搞懂計畫要如何運作，後來則認定敵意來自保守的美國國會。然而，真相是美國無意建立新的國際秩序來削弱自己的勢力。美國政府看得很清楚，現實政治只講實力，並且小羅斯福和美國不少外交高層都誤解了大蕭條的原因，加上懷抱著威爾遜的美國使命感，因此對提案無動於衷。

在小羅斯福看來，大蕭條和二戰都是美國一九二〇年代退出國際舞臺的必然後果。歐洲是殘留中世紀衝突對抗的落後地區，美國是進步啟蒙之地，不受過往猜忌的牽絆。美國很快就從一戰後的大通膨裡復原，歐洲卻困在貿易糾紛、貨幣政策不當和軍事攻擊的泥淖中，最後讓這股有毒氛圍傳到大西洋這一岸。許多美國經濟學家都認為，一九二〇年代聯準會為了支援英國，導致貨幣政策太過寬鬆，直到股市一九二八年瘋狂投機才插手管理，但事態已然失控。股市泡沫破滅引發大蕭條，隨後又因為歐洲各國針鋒相對，用關稅保護本國產業，以致蕭條惡化拖久。小羅斯福認為，即使如此，自己仍然用新政（既創新又有創意地）解決了大蕭條，而英國身為協約國第二經濟強權，卻草率訴諸關稅與貶值，清楚顯示其國力衰弱與失調。要是美國當初堅持扮演自由世界領袖，而不是將歐洲交到歐洲人手中，過去二十年的混亂就可以避免。

這套解釋再怎麼說也太過簡化了。不過，美國當初如果更有魄力，確實可以免除一大部分問題。小羅斯福政府只是沒有搞懂美國出錯的原因。大蕭條不是英國做法倒退或寬鬆貨幣政策造成的。儘管各方都有責任，但主要問題還是出在聯準會一九二八年以後的貨幣政策太過緊縮，一九二八和一九二九年利率過高，就算股市崩盤後，聯準會終於調降利率，也已經來不及挽回破壞國內貨幣供給的銀行倒閉潮。如同凱因斯一九二〇年代就警告過的，回歸金本位制等於將歐洲最重要的經濟決定交到美國手上，讓聯準會取代英格蘭銀行成為國際貨幣體系的指揮，結果導出一場災難。

美國外交人員搞錯了大蕭條的原因，而他們的想法帶有強大的政治影響力。雖然其他看法不盡相同，但小羅斯福、懷特和摩根索都同意，美國戰時的其中一項首要目標是清算大英帝國，並且讓英國在經濟上臣服。為了實現這一未來，美國接下來的主要經濟夥伴不再是英國，而是另一個創新超級大國，蘇聯。[37]

七月十九日傍晚，新罕布夏協商進行了近三週，凱因斯在上樓時昏倒了。雖然他只昏迷了十五分鐘，而且很快就似乎完全恢復，但消息還是如野火般在飯店裡散播開來，說凱因斯心臟病發了。由於他身體惡化跡象實在太明顯，以致無所不在的媒體一捕捉到風聲，就有德國報紙誤刊了訃告。凱因斯刻意輕描淡寫，在信裡告訴一位朋友自己感覺「好得很」，但所有會議期間見過他的人都會告訴你遠非如此。「現在是危機關頭，」羅賓斯在日記裡寫道：「我感覺我們正在和時間賽跑，看是他先體力透支，還是會議先結束。」[38]

凱因斯就算犧牲健康也要在布列敦森林奮力一搏的這場戰役，從頭到尾就是一場外交傳訊賽局，和經濟幾乎沒有半點關係。各國代表還沒有抵達，美國代表團團長兼會議主席懷特就已經否決了凱因斯的提議。所有加入布列敦森林體系的國家最終同意，各國貨幣對美元匯率維持固定，唯有美元能兌換黃金；另外也不會有國際央行管制貿易順差和逆差，而是成立國際貨幣基金（International Monetary Fund）提供緊急貸款，同時創立世界銀行（World Bank）協助戰後重建。凱因斯一心期盼建立國際管制機制，預防掠奪式貿易協定和金融危機，結果卻只得到金本位制加紓困基金。

凱因斯和懷特對細節討價還價，例如匯率可以有上下一%的調節空間，國際貨幣基金和世界銀行的資本將由各會員國按「配額」提供。所有國家很快就發現，配額愈高，對國際貨幣基金的政策就愈有話語權，之後也更容易取得援助，但在世界銀行正好相反，配額愈高就代表錢馬上會流到其他國家。就算有國家想用世界銀行的錢來重建工廠、回復農田，也只想直接從外國取得，而不是經由新的國際機制洗自己的錢。

凱因斯說服自己這樣的最終安排可以接受，因為美國出的錢會比誰都多。在他沒被採納的提案裡有個要點，就是矯正國與國不平衡的成本應該大部分由富國支付，而他認為布列敦森林協定將使美國負擔巨額費用建立新秩序，多少能制約美國的霸權。最終美國同意挹注二十七億五千萬美元給國際貨幣基金，占其啟動資金的三二．五%，英國挹注十三億美元，中國五億五千萬美元，法國四億五千萬美元。各國代表並同意世界銀行的啟動資金也照相同配額辦理。

會議期間，懷特大部分心力都擺在拉攏蘇聯。他起初提議俄國的配額是八億美元。這個數字已經遠超過按俄國整體經濟規模該有的份額，但蘇聯首席代表斯特凡諾夫（Mikhail Stepanov）趁機將金額提高到十二億美元，以便對新組織擁有更大影響力。只可惜懷特任務失敗，沒能跟俄國共創新未來。美國順利從英國手上拿到想要的東西，但蘇聯始終沒有批准布列敦森林協定，小羅斯福政府戰後和蘇聯結盟的擘想就此落空。對俄國官員來說，布列敦森林協定似乎讓渡太多經濟自主權給美國了。

凱因斯能做的很有限。英國已經破產，唯有仰賴美國才能生存。戰爭還在進行，就算結束，英國也還是要向美國借錢購買糧食與重建。布列敦森林會議結束剛滿一年多，杜魯門就突然擱置租借法案，當時日本根本尚未投降。杜魯門後來懊悔做了這個決定，說他被法案負責人克勞利（Leo Crowley）騙了，對方堅稱小羅斯福打算歐洲戰事一結束就停止援助英國。[39]雖然克勞利說了謊，卻真實反映出美國政府多數高層對英國的冷漠態度。

出身工黨的新任英國首相艾德禮（Clement Attlee）指派凱因斯前往華府，盡可能挽救局面。這項非常之舉顯示英國財政有多絕望。凱因斯三月曾寫信給法國一位朋友：「我心臟已經很脆弱……沒辦法走路了。」[40]儘管他及時恢復，但華府協商讓他經常心房撲動劇痛，每天都得長時間躺下休息才熬得過去。[41]不過，凱因斯的天生樂觀並未因此消失。他相信只要美國明白英國處境確實危急，就會送上數十億美元協助重建，而且不必償還。布列敦森林會議之後還這樣想是很天真，但杜魯門突然取消租借法案實在太極端，很容易讓人誤判局勢，而事實也是如此。美國人高估了英國的金融活力。

出於凱因斯懇求，美國又借了英國三十七億五千萬美元，利息二%。雖然利息按國際水準低得驚人，凱因斯還是相當失望，因為他期望美國直接捐贈，而非貸款。對凱因斯來說，協商不只是為了錢。他畢生追求的智識大計始終有美國的政治意志支持。他一直以為英國和美國聯手解決了大蕭條，擊敗了希特勒，但如今終於明白，美國無意貫徹小羅斯福一九四一年對他提到的計畫，由英美共同擔任「警察」保護去武化的歐洲。兩國的夥伴關係已經結束，英國的霸權地位也隨之告終。

凱因斯一路帶著自己的國家度過難關，至少克服了三個最慘重的災難。儘管他對英國掌管帝國的方式感到幻滅，卻從來不曾放棄自己年少懷抱的大英帝國理想：一個帶領世界走向真理、自由與繁榮的強盛國家。他已經拯救同胞免於毀滅，卻無法重振他們的榮光。

不過，他還是可以協助同胞邁向美好生活。一九四一年，英國勞工大臣貝文（Ernest Bevin）責成經濟學家貝佛里奇（William Beveridge）研擬計畫，改革英國七零八落的社會安全網。貝文期望的是簡化與合併，沒想到貝佛里奇卻做起大夢，打算將英國徹底改造成「從搖籃到墳墓」都照顧的福利國家。財政部很快就撇清關係，要貝佛里奇對計畫負全責，報告將以他的名字發表，不會有任何政府委員會背書。

事後證明，這對貝佛里奇是好事一件，讓他名揚百世，但一九四二年三月當時卻沒有任何人站在他那邊。於是他向凱因斯求援，結果發現對方竟然大力認同。凱因斯告訴貝佛里奇，他對他提出這個「具有真正重要性和建設性的巨幅改革」感到「無比興奮」。儘管財政大臣伍德一聽到所需經費就打了退堂鼓，凱因斯卻「釋懷發現計畫在財政上是可行的」。[42]

凱因斯成為貝佛里奇在財政部裡的擁護者。他籌組委員會，將貝佛里奇的構想琢磨成過得了預算審核和國會的提案。他找來伍德的副手霍普金斯爵士加入委員會，以確保貝佛里奇最後不論擬出的計畫如何，都有官員撐腰。凱因斯全力壓低初期成本，免得說出來太嚇人，方法是先刪去部分，再逐步加進其他福利。一九四二年十二月，凱因斯稱作「偉大文件」的成果發表，[43]替英國人的未來生活畫出了新的藍圖。貝佛里奇提議創立國家健康醫療服務（National Health Service），由政府直接提供所有人民醫療照護；設置國家年金照顧長者、鰥寡和殘疾同胞；創立新的失業保險制度取代救濟金，並提供每週津貼給家中不只一個孩子的家庭。

這是歐洲有史以來最大膽的社會方案。其規模之大，讓海耶克直接批評英國已經放棄戰前的啟蒙自由主義，徹底變成了社會主義國家，而決定採行方案的也確實是工黨。一九四五年，工黨再次贏得大選，決定採行貝佛里奇計畫。不過就算保守黨戰後保住政權，貝佛里奇和凱因斯聯手設計的方案可能還是會入法。英國人比美國人更在乎小羅斯福的四大自由演說，也更重視小羅斯福與邱吉爾發表的《大西洋憲章》。而納粹戰機每日轟炸英國，更是讓英國人渴望和平與安全。儘管這套後來稱作「國民保險」（National Insurance）的制度一直飽受海耶克門徒攻擊，其中也包括柴契爾首相，但反對者始終無法撤銷它，就算保守黨前前後後執政了幾十年也是如此。直到今日，國家健康醫療服務仍然是英國人的驕傲，而退休年金則是英國政壇最不容侵犯的領域。

這些都是偉大的成就，實現了凱因斯二十年前在《自由放任的終結》首次提出的構想。人生行到遲暮之年，凱因斯替現代民主國家規劃了一套全新架構，動員集體資源與能量為國家利益付出。但他心底最掛念的民主夢想不是醫療照護，而是藝術。一戰期間，就算他在美國人面前堅稱英國財政已到極限，但當法國人出售竇加的畫作時，他還是從公帑裡硬生出幾千英鎊把畫買了下來。二戰結束之際，凱因斯又故技重施，而且手筆更大。一九四五年秋天，他義憤填膺斥責美國人對英國太過吝嗇，但英國政府卻在他鼓勵之下，擴張了音樂與藝術促進委員會的業務範圍。凱因斯一九四〇年協助成立這個委員會，並置於財政部轄下，方便他左右其預算，而出任首任主席的他也一如既往，將委員會同時當成公共工程機關和表演藝術慈善機構，著手計劃將大型建築改造成公共表演廳。老百姓因為戰爭動員犧牲多年，凱因斯認為需要讓他們想起自己為何而戰。但這件事達成的效果遠不只是讓民眾保持信心而已。

「我們很快就發現，我們提供了連承平時期都不曾有過的東西，」一九四五年夏天，他告訴英國國家廣播公司的聽眾：「戰時經驗已經讓我們清楚發現一件事：廣大民眾需要嚴肅精緻的娛樂，而且這份需求沒有受到滿足。這在幾年前肯定不存在。」英國國家廣播公司將交響樂和歌劇帶進了數百萬民眾家中，「訓練」勞工聽眾的耳朵，「讓全國每個人都有機會學習這些過去只有少數人能玩的遊戲」，培養「新品味與新習慣……提高聽眾的渴望與享受力」。過去上層階級拿來凸顯地位的作品，如今成為國家特質的一部分。對照他一九二五年嘲弄勞工是沒有救的美學土包子，大力吹捧資產階級「特質」，沒有什麼比這件事更能讓當年的他驚訝不已，也沒有什麼比這件事更能讓現在的他欣慰的了。「世界上有一半的人正接受薰陶，以更強烈的胃口吸收當代表演者和藝術家的作品，」他激動說道。[44] 這個世界正朝他一九三〇年在〈我們子孫的經濟前景〉裡夢想的烏托邦更近了一步。

凱因斯的藝術理念隨著他政治思想的發展而演變。人民不再只是危險的變數，需要控制以防軍國主義暴行發生；人民同時也是偉大文明成就的支柱。如果普通人能自學欣賞交響曲，就能學會負責地行使權力。民主創造了正向循環，明智的經濟調控幫助藝術開花結果，從而促進慷慨的精神，讓政治共同體更加團結，追求共榮。

二戰結束後，凱因斯為了讓精緻生活更普及，計劃將音樂與藝術促進委員會（CEMA）升格為大英藝術協會（Arts Council of Great Britain），預算直接由國會審核，而且他刻意挑選一個縮寫「無法發音成字」的名稱，免得它官僚化成為「發明出來的假字」。[45] 他還計劃在格拉斯哥開設蘇格蘭劇院，在威爾斯成立表演藝術中心，在全國普設歌劇院，好讓當地劇作家、演員、舞者和音樂家盡情發揮。「沒有什麼比都會標準和都會流行至上更害人的東西了，」他激動表示：「就讓快樂英國的每個地方都照自己的方式快樂吧。好萊塢去死。」

話雖如此，凱因斯仍然希望飽受轟炸蹂躪的倫敦能變成「偉大的藝術之都，一座引人造訪驚嘆的城市」。而在這個繽紛耀眼的新藝術之都裡，科芬園的皇家歌劇院將是最璀璨的那顆寶石，不再被戰爭掩去鍍金時代的光彩，戰時這裡除了權充各種普通場地，就只當成舞廳使用。[46]

即便有了新預算，在戰時緊縮的經濟條件下改造柯芬園還是不簡單，例如光是取得燈罩用的布料就很困難。後來預算用罄，藝術協會僱用的引座員還捐出自己的衣物配給券，幫凱因斯湊到最後幾匹布料，如此犧牲讓他向家人提到時忍不住流下淚來。

一九四六年二月二十日，皇家歌劇院重新開張，凱因斯找來妮內特・德瓦盧瓦（Ninette de Valois）的舞團演出柴可夫斯基華麗至極的《睡美人》。凱因斯當年就是因為這齣芭蕾舞劇迷上了莉迪亞，兩人相戀之初，他每天都到劇院欣賞她的風采。而英王喬治六世和王后鮑絲里昂（Elizabeth Bowes-Lyon）特地出席盛會，還指名凱因斯護送他們到新修復的王室包廂，更是他一生中最高的榮耀。凱因斯終於將他生命中兩股相互衝突的熱愛——布倫斯伯里和公共事務——結合在一起。

然而，他的健康再次惡化。開幕演出當天，凱因斯數度胸口劇痛，只能託洛普科娃幫他招呼國王與王后。幕間休息時，他覺得自己好多了，便和國王與王后一起看完了剩餘的演出。芭蕾舞劇總是能觸動他的心，而德瓦盧瓦舞團的演出更在他心中久久不去，就連他三月在美國喬治亞州薩凡納的布列敦森林協定批准會議上講話，也不忘向在座所有外交官提及《睡美人》，說他希望好仙子能像她們在柴可夫斯基的傑作裡對待睡美人奧蘿拉公主一樣，帶領新成立的國際貨幣基金和世界銀行，實現「普世主義、勇氣與智慧等等美德」。只可惜美國代表團完全沒聽出弦外之音，團長溫森（Frederick Vinson）甚至抱怨自己「被說成仙子」。[47]

薩凡納會議是凱因斯在公共舞臺上最後一次演出。搭火車返回華府途中，他在餐車上昏倒，好幾小時痛苦得喘不過氣，洛普科娃和懷特只能不知所措陪著他。後來洛普科娃好不容易讓丈夫搭上瑪麗皇后號，回到提爾頓家中過復活節。那個週六，兩人最後一次在佛爾比肯丘陵（Firle Beacon）的鄉間小徑散步。隔天，一九四六年的復活節週日，凱因斯與世長辭。48

歐洲自牛頓之後就沒有人像凱因斯這樣，對世界政治與智識發展留下如此深刻的印記。《時代》雜誌在訃告裡讚揚凱因斯是「亞當．斯密之後最偉大的經濟學家」，只不過如此推崇仍然無法盡述其偉大。凱因斯之於亞當．斯密，就像哥白尼之於托勒密，都是促成典範轉移的思想家。凱因斯的經濟學作品融合了心理學、歷史、政治理論和親身觀察的金融經驗，過去沒有經濟學家能做到，之後也沒有。很少有人能活得像他這樣豐富而精采。他是足以和維根斯坦比肩的哲學家，是兩次大戰都成為金融英雄的外交官，是挖掘出啟蒙時代偉大人物和古代貨幣特別之處的史學家，也是讓公眾又氣又受啟發的記者，著名藝術運動的贊助人。他自負、小氣、短視又輕率，卻也慷慨、善良又有說服力。只要進入他的天地，很少有人不對他因此改觀，就連他的意識形態對手也對他印象深刻。其中最感人的，莫過於羅賓斯在布列敦森林會議期間於日記留下的描述：

傍晚我們和美國人開會，會上凱因斯闡述了我方對世界銀行的構想。事情真的大有進展。凱因斯頭腦無比清楚，很有說服力，讓人難以抗拒。每回遇到這種時候，我常會想，凱因斯絕對是世上最了不起的人之一。思維敏捷，直覺跟猛禽俯衝一樣快，想像力生動，見識廣博，尤其總能找到最合適的字詞。這些加在一起，使他的成就比普通人的極限還要高出幾級。在我們這個時代，顯然只有首相地位能與他相比，但當然遠不及他。只是，比起凱因斯的天才，首相的偉大好懂多了。因為首相的特質說穿了和我們這個種族的傳統特質沒有不同，只是更出色而已，但凱因斯的特質完全是另一個層次。的確，他使用的是我們的傳統生活方式和語言，卻散發非傳統的氣息，某種獨特超凡的特質。美國人聽著這位神一般的訪客引吭高歌，渾身散發金光，全都如癡如醉。[49]

凱因斯像，格蘭特繪，一九〇八年。

凱因斯像，拉維拉（Gwen Raverat）繪，約一九〇八年。

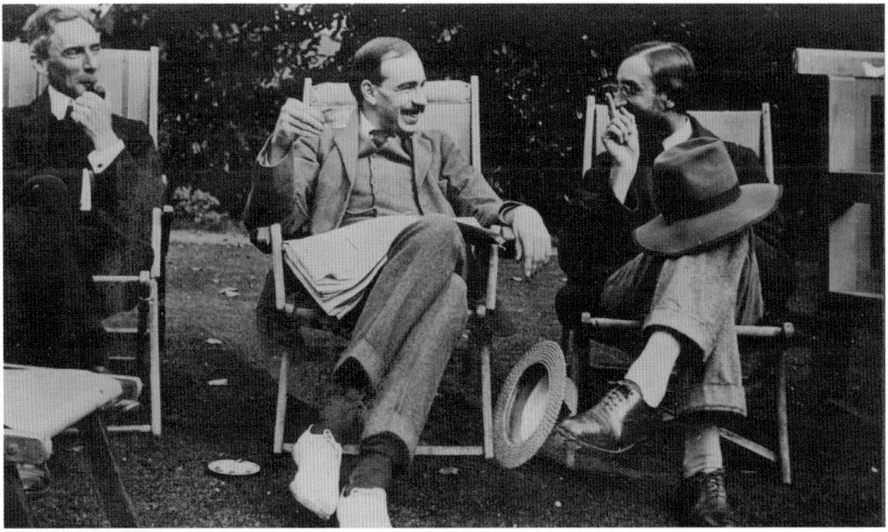

凱因斯、羅素（左）和斯特雷奇（右），一九一五年。

莫瑞爾（Ottoline Morrell）攝 © National Portrait Gallery, London.

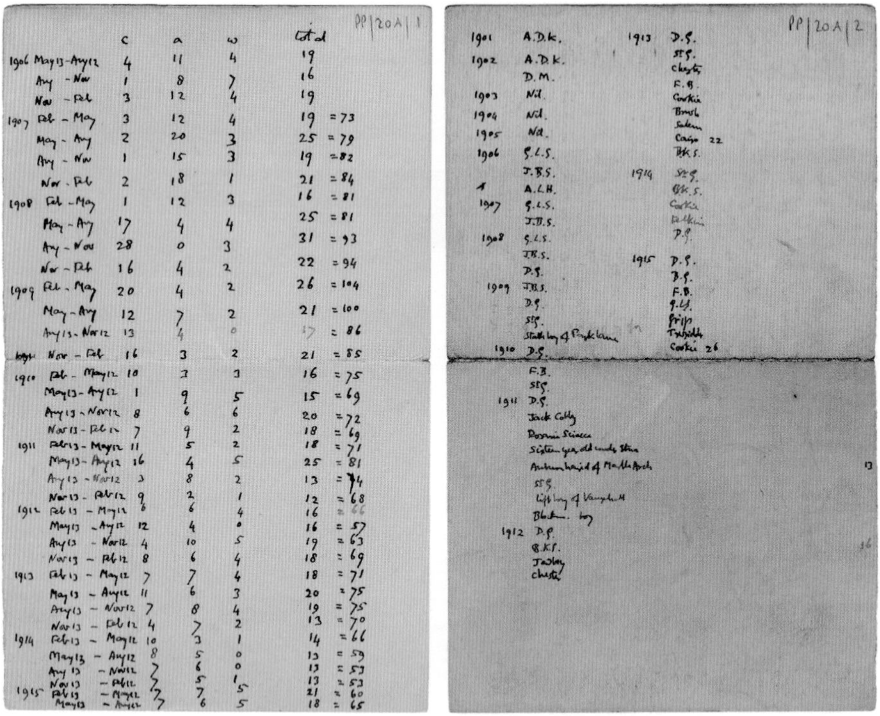

凱因斯記錄歷年來與眾多對象發生性關係的紙卡。

King's College Library, Cambridge, JMK/PP/20A/1–2.

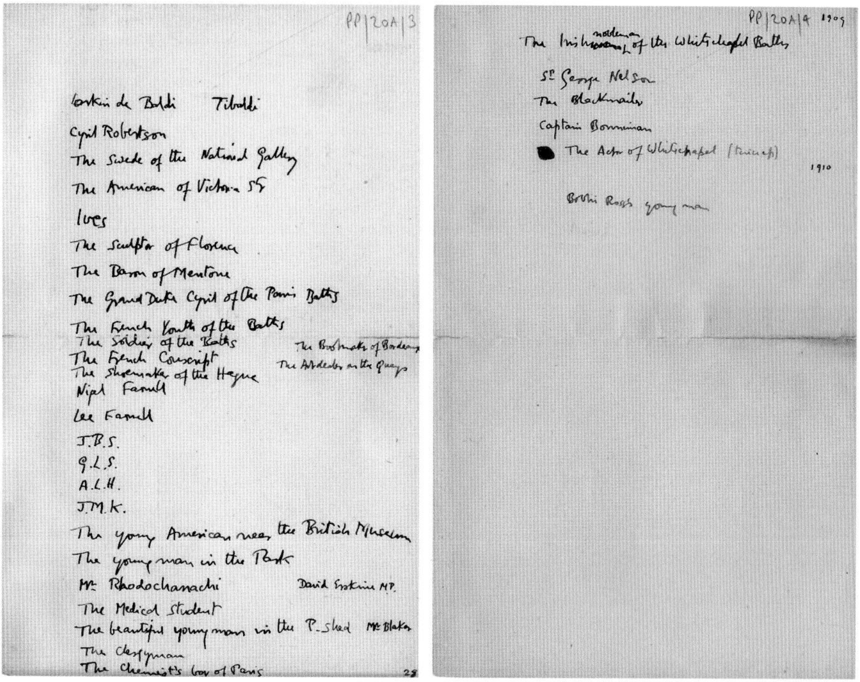
PP/20A/3

Lorkin de Baldi   Tibaldi
Cyril Robertson
The Swede of the National Gallery
The American of Victoria St
Ives
The Sculptor of Florence
The Baron of Mentone
The Grand Duke Cyril of the Paris Baths
The French Youth of the Baths
The Soldier of the Baths   The Bootmaker of Bordeaux
The French Conscript   The Artdealer on the Quays
The Shoemaker of the Hague
Nigel Farrell
Lee Farrell
J.B.S.
G.L.S.
A.L.H.
J.M.K.
The young American near the British Museum
The young man in the Park
Mr Rhodochanachi   David Erskine M.P.
The Medical Student
The beautiful young man in the P-shed   Mr Blaker
The Clergyman
The Chemist's boy of Paris
28

PP/20A/4 1909
The Irish nobleman of the Whitechapel Baths
St George Nelson
The Blackmailer
Captain Bonniman
The Actor of Whitechapel (twice)
1910
Bobbie Ross's young man

凱因斯在另一張紙卡上描述這些對象。

King's College Library, Cambridge, JMK/PP/20A/3–4.

凱因斯與洛普科娃，一九二〇年代。

班寧頓（Walter Benington）攝，艾略特與弗萊（Elliott & Fry）攝影工作室

莉迪亞・洛普科娃，一九一五年。

凱因斯和懷特於國際貨幣基金董事會創立大會，美國喬治亞州薩凡納市，一九四六年。

公眾領域，圖檔來自國際貨幣基金組織。

13 貴族大反擊

一九四八年，美國伊利諾大學工商管理學院院長鮑文（Howard Bowen）問高伯瑞有沒有興趣接掌剛創不久的經濟系。高伯瑞很感興趣。儘管他不在小羅斯福政府服務期間，也曾任教於哈佛和普林斯頓，卻從來沒有拿過終身教職，更別說掌管一個系了。四十歲的他在學界還算年輕，即使伊利諾大學沒有常春藤大學的光環，但他本來就覺得菁英大學的貴族氣氛常令人窒息。於是他同意搭機前往香檳分校面試，但警告鮑文他的妻小不是很想搬到中西部小鎮生活。「還請你理解，我太太覺得過了亞利加尼山脈就不是美國了。」[1]

鮑文喜歡新政派，也欣賞高伯瑞。大戰期間他曾經效力於美國商務部，並短暫擔任過國會國內稅聯席委員會的首席經濟學家。[2] 和高伯瑞一樣，鮑文也是小羅斯福在政府裡打造出新專家階層的最大受益者。當小羅斯福將凱因斯經濟學家帶進華府，以取代一九二〇年代主宰經濟政策擬定的華爾街菁英，整整一個世代的青年學者就這樣從毫無經驗的新手變成具有傲人公職資歷的專家，而現在鮑文開始將這群人帶回學界。他在伊利諾大學的服務時間不長，前後聘了二十人到經濟系任教，其中許多是凱因斯派，而且很快就成為重要學者，赫赫有名的不少，未來的諾貝爾獎得主莫迪利安尼（Franco Modigliani）便是其中之一。[3]

對凱因斯經濟學家而言，一九四〇年代晚期和五〇年代不只是累積資歷的機會，更是證明自家思想正確的年代，因為美國聯邦政府使用《就業、利息和貨幣通論》裡的構想來應對商業循環的起落。一戰結束帶來猛烈致命的衰退，但二戰後的凱因斯式政策操作卻確保了戰時繁榮得以延續。從歐洲和太平洋戰場回來的美軍口袋滿滿，新車、新房子和各種精巧的家電用品什麼都買，戰時為了生產軍用品，這些東西都不准製造。企業獲利大增，稅負減輕，杜魯門和艾森豪相繼使用凱因斯式的需求管理來對治或擺脫經濟衰退，失業率大多維持在二・五％至六％之間。美國政府的規模與責任大幅改變，再也沒有回頭。艾森豪時代，政府支出平均占美國經濟的一七・五％以上，遠超過小羅斯福承平時期的預算，就算二戰前夕最高也只有一一・七％。[4] 一九四七至一九七四年，美國年失業率最高六・八％，月失業率不曾高於八％，年紀夠大、對大蕭條還有印象的人聽了肯定手舞足蹈，覺得美國異常繁榮。[5]

戰後經濟飛躍還大幅改變了美國的高等教育。一九四四年《軍人權利法案》（*GI Bill*）通過，由聯邦政府提供二戰退役軍人前所未有的學費補助，從而改寫了大學文憑的意義。最終因為這項高等教育福利而受益的美國人超過七百八十萬。[6] 過去是世襲特權小前哨站的大學教室，如今擠滿一波波希望躋身中產階級，打進這個迅速膨脹的社會階層的學生。經歷數十年蕭條，戰後景氣大好讓人民收入提高，退役軍人買房繳財產稅，使得州政府突然預算大增。美國從來不曾像現在這樣，有那麼多學生可教，那麼多錢可以付給教授。

凱因斯和小羅斯福走了，但他們的門徒似乎正要迎來國家欣欣向榮又能發揮自身影響力的時代。然而，當高伯瑞來到伊利諾，卻發現自己捲入一場蔓延全州的政治風暴。

爭議焦點是一位名叫布洛傑特（Ralph Blodgett）的極端保守派經濟學家。他至少早在一九四六年就開始警告同行，「有些東西乍看無害」，例如「充分就業」、「社會安全體系」和「提高最低工資」等等，卻會「摧毀美國經濟制度」。[7] 鮑文對布洛傑特的主張很感冒，想方設法打壓他，不僅停掉他在大學部的某些課，還火上添油規定系上基礎課程改用薩謬爾森的新教科書，取代布洛傑特寫的教科書。當佛羅里達大學願意加薪五百美元延攬布洛傑特，鮑文立刻決定放走他。

據經濟史學家索爾伯格（Winton Solberg）和湯姆林森（Robert Tomlinson）記載，接下來局面變得很混亂。保守派教授找上媒體，香檳—厄巴納（Champaign-Urbana）《新聞報》（*News Gazette*）開始痛批鮑文想讓新政派那群「左翼極端自由分子」「大舉滲透」校園，破壞「美國良善原則」，[8] 還有一名校內教授演說指控鮑文想讓系上「塞滿」激進分子。雖然校內委員會排除了鮑文的顛覆嫌疑，可是芝加哥和香檳—厄巴納的報紙已經逮到風聲。伊利諾大學校長斯多達（George D. Stoddard）見到《芝加哥日報》（*Chicago Daily News*）頭版標題「校長否認校園染紅」大驚失色，《香檳—厄巴納郵報》（*Champaign-Urbana Courier*）和《新聞報》開始要求鮑文下臺。離開伊利諾前，布洛傑特忿忿不平發表了告別演說，表示經濟系目前雖然還沒「赤化」，只是「有點粉紅……但深紅就是從粉紅來的」。[9]

布洛傑特在佛羅里達落腳後，發現那裡的意識形態比較可親，而且「沒有天選之民」，也就是猶太人，不像鮑文在伊利諾大學一直找猶太人進來，讓他鬆了口氣。然而，就算布洛傑特頭也不回走了，衝突仍然持續升高。伊利諾州共和黨開始力保大學董事會有強硬保守派，視之為頭號任務。州眾議員卡特勒（Reed Cutler）認為布洛傑特對教職員的看法太仁慈：「那裡有些教授粉紅到跟紅色分不出差別。」另一位州議員迪拉夫（Ora D. Dillavou）更宣稱約有五十位教授是「紅色、粉紅和社會主義者」。校長問他名單，迪拉夫說「大學正被有心人士用來灌輸青年激進的政治哲學……伊利諾州的納稅人可不想出錢讓人割自己的喉嚨」。[10]

伊利諾大學很快就決定鮑文必須離開，因為不論對錯，情況都變得太過棘手。於是鮑文被撤銷商學院院長職位，但允許在找到下一份工作前待在校內教書。他後來先後擔任格林內爾學院和愛荷華大學校長。直到一九七五年，伊利諾大學才頒給鮑文榮譽博士學位作為補償。

然而，經濟系卻因那次事件受到重創。十六位教授主動辭職，免得繼續受辱。莫迪利安尼氣憤寫道，校方「被一群教授控制，這些人不在乎學術，只關心個人權力，不為學校福祉著想，只想滿足報復衝動」。沒錯，學校是解決了經濟系的「衝突」，「但我們就擺明地說吧，這只是死後的和平。」[11]

高伯瑞沒有拿到教職。

這股後來稱作麥卡錫主義的風潮，不僅僅是一位參議員的過激行為，而是一場團結了陰謀論者、美國企業菁英和新自由主義知識分子的政治運動，讓保守派民主黨和菁英派共和黨攜手合作，波及範圍遠超過政府部門和好萊塢黑名單分子，更滲入到美國生活各個層面。學術界尤其是主戰場，麥卡錫主義者有如戰士四處出征，詆毀新政派知識分子。這場肅清行動不僅戕害了許多人的學術生涯，更深刻左右了凱因斯經濟學的發展，因為凱因斯派學者不是被迫離職，就是不得不用保守外衣掩飾個人思想，以免引來新右翼時代精神的怒火。

說到麥卡錫主義促成的社會交集，可能沒有比哈特（Merwin K. Hart）更具體的例子了。哈特是小羅斯福的哈佛同學，成功的公司律師，曾經短暫擔任過紐約州眾議員，隨後全力投入一個名叫國家經濟委員會（National Economic Council）的組織。這個委員會不是政府單位，也不是由經濟學家組成，而是四處散發文宣品譴責政府過度開支，並提出警告反對移民和猶太人——大屠殺造成難民危機期間，這幾個「議題」經常重疊。[12] 一九四六年，哈特告訴支持者「有理由懷疑」過去十年「非法」入境美國的移民高達「三百萬」，導致「住房短缺」。[13] 他否認發生過大屠殺，認為「猶太難民大批湧入」是獲得「巨額資金」暗助的國際陰謀，目的在顛覆美國的生活方式。「我們不能忽略一件事，美國有許多共產黨員是猶太人。」[14]

哈特不是美國政治圈的邊緣怪咖。他和許多商界領袖關係密切，如當時華府最有影響力的遊說團體全國製造商協會（National Association of Manufacturers），而他創立的國家經濟委員會也有不少大金主，資金來源包括杜邦、標準石油、海灣石油、艾姆科鋼鐵（Armco Steel）和伯利恆鋼鐵，以及沃爾克基金會（William Volker Fund）的「大筆」捐款。這個由盧諾（Harold Luhnow）設立的組織是新自由主義經濟理論的主要推手。[15] 一九四五年，哈特找來暢銷小說家羅絲·懷爾德·萊因（Rose Wilder Lane）。萊因除了在《週六晚間郵報》（*The Saturday Evening Post*）有連載，讀者遍及數十萬美國家庭，還協助母親蘿拉·懷爾德（Laura Ingalls Wilder）寫下了《草原裡的小木屋》（*Little House on the Prairie*）系列小說。萊因替哈特撰寫書評，給了國家經濟委員會親切可敬的門面，雖然她的政治立場和老闆一樣右派。「人人有權投票，這種迷信是舊世界思想的勝利，」她於一九四三年寫道，並認為如此「擴張選舉權有害個人自由」，還直言「民主總是養出不負責任的暴君」。[16]

一九四七年，塔西斯出了一本教科書。哈特和萊因立刻將焦點轉向這本驚人之作。塔西斯曾經在劍橋師事凱因斯，一九三六年前往塔夫茲大學任教，和好友布萊斯及斯威齊一起將凱因斯的思想帶到美國。二戰期間，他協助同盟國對非洲和義大利的轟炸任務，之後決定嘗試撰寫教科書。一九四七年時，凱因斯思想已經是學界主流，但學校教授除了曲折難懂的《通論》之外，就沒有別的書給學生參考了。托《軍人權利法案》的福，美國大學對教科書的需求空前強勁，因此塔西斯的書一出版，布朗大學、明德學院（Middlebury College）、耶魯大學等學校紛紛踴躍採購，《經濟學原理》（*Elements of Economics*）問世幾個月就賣出近一萬本，隨即成為學界暢銷書，因為塔西斯切實解決了一個教學問題。據他多年後回憶：「我心想，天哪，這下錢要湧進我戶頭裡了。」[17]

哈特和萊因可不買單。「《經濟學原理》訴諸恐懼、恥辱、同情、貪婪和理想主義，希望美國年輕人作為**公民**按照這套理論行動，」萊因告訴國家經濟委員會的讀者：「這根本不是經濟學，是異教和政治手冊。」她指控這本書是「凱因斯理論的強力文宣」，並堅稱凱因斯經濟學「源自古老的前基督教神學」，「對蕭條的解釋」和馬克思一樣。「在現代經濟學裡，凱因斯就代表馬克思的『資本主義內在矛盾』論。」[18]當時還沒有幾個美國人聽過凱因斯，萊因和哈特就已經開始煽風點火，指控塔西斯和他傳授的經濟學是顛覆陰謀的一部分，目的在腐化學生的純潔心靈，將體面乖巧的年輕人變成凶殘的革命分子。

哈特和萊因不只給了塔西斯負面書評，還號召支持者投書大學，要求校方拒用塔西斯寫的教科書。他們寄給學校董事會的信件樣板顯然深受海耶克《通向奴役之路》影響：「我們國家因自由而偉大，而個人賴以獲取恰當報償的民間企業就是自由的體現。塔西斯那些人正在自由的基礎上鑽洞……是道德寬容還是什麼，竟然讓貴校**鼓勵並宣揚**可能摧毀我們的意識形態？難道我們想讓美國和英國一樣墮入社會主義？對我們許多人來說，英國那樣只是暫時，遲早會通向俄國的國家專制主義。」[19]

在美國政治組織史上，哈特的手法非常新。學校董事會沒想到會收到成千上萬的民眾來信關切，譴責他們使用某本教科書。當地報紙甚至報導了這場突如其來的爭議，校方則被迫倉促回應。

哈特的出征行動既昂貴又複雜，非常仰賴他和美國商界大老的人脈。不少金主寫信要他寄書評過去，方便他們自行印發。哈特和萊因還跟里德（Leonard Read）聯手，對方的經濟教育基金會（Foundation for Economic Education）才剛出版傅利曼寫的小冊子，痛批房租管制措施。[20]哈特和萊因要里德促使地方報社編輯反對塔西斯的教科書。萊因相信「這些人口只有一百上下的小鎮比大城市更重要」，[21]因為報紙愈多就愈能累積報導數量，顯出反塔西斯的能量。而小鎮報紙不僅有支持他們理念的編輯，對讀者影響也很大，因為鎮民往往沒有機會同時接觸四、五個不同的新聞管道。光是奧勒岡州，國家經濟委員會就鎖定了一百七十八名報社編輯。

報紙攻勢果然奏效。《聖塔安娜紀錄報》（*Santa Ana Register*）發行商霍伊斯（R. C. Hoiles）寫信給哈特，表示塔西斯的書「在我們看來有如第二版的馬克思《資本論》」。[22]《芝加哥論壇報》一九四七年九月刊出報導，標題充滿暗示：「海岸防衛隊重用赤色教材」，來源是美聯社發自華府和康乃狄克的報導，指出海岸防衛隊學院使用塔西斯的教科書。而國家經濟委員會和大企業關係良好，也讓不少有力人士加入戰局。南加州愛迪生公司總裁穆倫多（W. C. Mullendore）和曾任共和黨眾議員的菲利普斯石油天然氣公司董事長小菲利普斯（Thomas W. Phillips, Jr.）聯手向海岸防衛隊施壓，[23]校方於是立刻停用這本教科書。

此外，甘尼特報業集團創辦人甘尼特（Frank Gannett）和百路馳輪胎（B. F. Goodrich）董事長科利爾（John Collyer）寫信給哈特，表示他們正要求康乃爾大學停用這本書。[24]克利夫蘭林肯電器公司副董事長戴維斯（A. F. Davis）說服共和黨眾議員布朗（Clarence Brown），讓他要求非美活動調查委員會調查塔西斯。戴維斯還從國家經濟委員會手上拿到所有採用這本教科書的大學的所有董事名單，準備交給非美活動調查委員會。[25]伊利鐵路公司的伍德拉夫（R. E. Woodruff）和俄亥俄太陽石油公司董事長皮尤（J. Howard Pew）——不久後便創立了皮尤慈善信託基金會——更是和前總統胡佛聯手要求史丹佛大學停用這本書，因為胡佛將個人文件都捐給了史丹佛。皮尤還向德瑞索理工學院（Drexel Institute of Technology）、杜克大學和康乃爾大學施壓，並將此事上告俄亥俄州參議員塔夫特（Robert Taft）。「我敢說這樣肯定會遍地開花，」皮尤告訴哈特。[26]

塔西斯感受不到這波來自菁英的政治壓力，也無法想像大學裡怎麼可能有人認真看待國家經濟委員會的指控，說他寫的書是蘇維埃慢性洗腦手冊，因此他決定不回應攻擊。但學校行政單位面對學生大幅增加已經忙得焦頭爛額，實在不曉得該如何應付數以千計聲討一本教科書的憤怒來信。反塔西斯運動開始見到成效。「夏天還沒結束，銷售下滑的速度已經和起初大賣一樣快，」塔西斯日後回憶。[27]有些大學董事本身就是有錢的商人，對凱因斯主義感到疑慮，對哈特的本土主義有好感，其餘董事只想避開爭議，不想為了一本經濟學入門教科書惹來一身腥。於是，美國大學一所接一所停用塔西斯的書。不到一年，米夫林出版社（Houghton Mifflin）就放棄了，將美國第一本凱因斯經濟學教科書銷毀。美國大學從此成為保守派行動分子的主戰場；直到今日，針對言論自由和政治正確的文化戰爭還在繼續。

薩謬爾森的教科書趁隙而入，取代了塔西斯的書留下的教學空缺。當時正值攻擊之際，因此薩謬爾森的書寫得「小心翼翼，跟律師一樣」，[28]希望能擋住批評，而且他和出版商都強力反擊麥卡錫主義者的攻訐，讓大學管理階層有論據可以引用，為他們選擇這本教科書而辯護。薩謬爾森的《經濟學：入門分析》（*Economics: An Introductory Analysis*）就這樣成為二十世紀最暢銷的學術書之一，在他生前共發行十九版，賣出數百萬冊。

薩謬爾森在凱因斯經濟學教科書的早期市場獨占鰲頭，深深左右了普羅大眾對凱因斯思想的理解。接下來五十多年，大學教導的基礎經濟學就是薩謬爾森的版本——不是直接出自他的文本，就是來自採用他概念框架的模仿者。如同薩謬爾森後來洋洋自得表示：「只要經濟學教科書是我寫的，法律由誰來寫，先進條約由誰來擬，我才不在乎。」[29]

薩謬爾森和塔西斯完全不同。按照塔西斯的闡述，市場（尤其是貨幣和債權市場）由政府所創造，是民主政治的表達，公民能加以管理與調控。薩謬爾森則試圖調和古典經濟學的世界觀與凱因斯式的政策制定。在他看來，凱因斯讓古典經濟學的構想變得可行，方法是讓經濟實現充分就業，也就是形成「特例」：市場會自我修正，供給能自創需求。塔西斯警告民主制度下的市場有其限制，薩謬爾森則是強調只要藉助一點財政調整，就可以恢復市場對社會偏好進行排序的能力。而世人廣泛接受薩謬爾森的看法，尤其他對通貨膨脹的見解，將對凱因斯式政策制定於一九六〇年代的發展產生深遠影響。

但在一九四〇年代當時，凱因斯學者卻身處險境：一場有組織又有效的保守派運動正嘗試摧毀他們的職涯，也確實能做到。經濟學家在戰後汪洋裡是沉是浮，完全看他有沒有能力避開專業陰謀論者的攻擊。

攻擊並沒有停止。一九五一年，哈特的年輕門徒小巴克利（William F. Buckley, Jr.）出版了第一本書《耶魯的上帝與人》（*God and Man at Yale*），將他們對凱因斯經濟學的攻擊推到全國讀者面前。國家經濟委員會興高采烈，同年十二月為他辦了一場晚宴，還向他們通訊名冊上的所有人推薦這本書，讓小巴克利的出版商雷格納里（Henry Regnery）「很有把握」，此舉將對銷量「大有幫助」。[30]

《耶魯的上帝與人》描述一名保守的天主教徒遇見一套思想，驚覺它和自己年少時的嚴格教義相抵觸。小巴克利震驚於校園盛行的新教思想，痛斥校內宗教領袖宣揚「無神論」和「集體主義」，而校方卻以「學術自由」之名莫名容忍。「一個從基督教個人主義者獲得道德與經濟支持的機構，」他在序言寫道：「竟然致力於說服這些人的兒女成為無神論的社會主義者。」[31]

小巴克利口中的社會主義就是凱因斯經濟學。他在書裡將哈特發起的反凱因斯教科書行動擴大到三本書——包括薩謬爾森那本——並直接引述萊因的書評，繼續攻擊已經沒有必要對付的塔西斯。小巴克利斷章取義，將相隔幾十頁的句子湊在一起，編造出各種荒誕主張與論證，再說成是塔西斯和薩謬爾森說的。他暗示凱因斯學者是共產黨在耶魯等大學埋下的種子，密謀將夢遊中的美國變成史達林極權主義。連耶魯這麼保守的學校都被傳染了，其他學校又會如何？「這是革命……企圖將權力從個人緩緩轉到國家手中，不達目的絕不停止。它不只在耶魯經濟系生根，顯然也已經在國內許多大專院校的同類系所落腳。」[32]

塔西斯始終沒有原諒小巴克利抹黑他。「小巴克利那個混帳——我想到他就氣到不行，」三十多年後，他依然忿忿不平：「他到現在還強調自己客觀，在乎『道德價值』等等，簡直太歪曲事實。」[33]

《耶魯的上帝與人》一炮而紅，連《大西洋》（*The Atlantic*）雜誌和《紐約時報》都撰寫書評，同時也讓雷格納里出版社成為藝文領域的保守派主力。哈特對自己影響力如此之大興奮不已。雖然他想安排小巴克利在全美製造商協會大會上演講沒有成功，卻還是和這位年輕煽動家往來熱絡，同意發行他一九五四年捍衛麥卡錫參議員的新書《麥卡錫及其敵人》（*McCarthy and His Enemies*）。[34] 小巴克利在信中告訴哈特，自己「無比感謝」對方的支持。

保守派金主也受吸引，協助小巴克利創辦了《國家評論》（*National Review*），這份刊物日後將成為美國保守派發表評論與批評的主要傳聲筒。創刊初期，小巴克利跟哈特的會刊互相唱和，鼓吹生物種族主義和種族隔離，堅稱美國黑人先天不適合民主。一九五八年，小韋爾奇（Robert Welch, Jr.）創立博齊協會（John Birch Society），小巴克利一開始相當支持。小韋爾奇之前捐了一千美元（約合今日九千美元）給《國家評論》，小巴克利表示會替他的新組織「稍作宣傳」。[35] 但當小韋爾奇開始指控共和黨總統艾森豪是共黨間諜，小巴克利不得不和對方保持距離，因為博齊協會傷害了保守派的大業。只是小巴克利還沒發文譴責，老友哈特已經得知風聲，寫信表示清剿博齊協會「完全缺乏根據」，對保守派大業不利。「我認識小韋爾奇很多年，美國沒有比他更愛國的人了。」[36] 但小巴克利還是發文攻擊，此舉也為他贏得了思慮周全、勇於批判極端主義的美名——明明他當初一夕成名，靠的也是菁英妄想。哈特一九六二年過世，死時是博齊協會曼哈頓分會會長。[37]

不論海耶克本人怎麼想，他都是小巴克利反革命思想的智識祖師爺。一九四四年，名不見經傳的他寫下《通向奴役之路》，完全沒想到這本書會讓他在美國企業界大紅大紫。不少右翼有錢人受他吸引。這些富豪急於吹響自由的號角，反對風頭正盛的凱因斯主義，因此當海耶克警告政府插手經濟將會帶來屠殺與毀滅，他們都傾心不已。《讀者文摘》出版的《通向奴役之路》濃縮版略去了海耶克在規範管制和社會安全網上的妥協，企業紛紛自行加印分送；除了通用汽車和紐澤西電力公司免費發給員工，全美製造商協會也寄了一萬四千份給會員。[38]

不過，說起瓦解凱因斯的社會計畫，沒有比海耶克和美國中西部家居業巨擘盧諾（Harold Luhnow）這兩人更好的組合了。

盧諾和舅舅沃爾克（William Volker）一起在堪薩斯市經營沃爾克公司。該公司成立於二十世紀初，主要銷售「相片飾條、相框、鏡子、櫥櫃器具和新穎的家居用品」。[39]隨著市區人口膨脹，盧諾和舅舅的財富也跟著驟增。大蕭條爆發時，他們家族已經有錢到關心政治勝過關心生意也無妨了。沃爾克決定用財富對抗貧窮與監禁，於是成立半官方的堪薩斯市公共福利委員會，和當地政府合作打造社會安全網。一九四七年沃爾克過世，臨終前委託盧諾經營他那超過一千五百萬美元的資產，大力推動慈善事業，從扶貧到教育什麼都做。但當四十九歲的盧諾讀到《通向奴役之路》，卻開始期盼冗贅腐敗的政府機關能被有錢人的天才與慷慨所取代。於是在他帶領之下，沃爾克基金會變成了專門「攻擊凱因斯經濟學和共產主義」的意識形態機器。[40]

海耶克為了宣傳《通向奴役之路》到底特律演講，之後盧諾和他首次見面，並協助說服了芝加哥大學聘請海耶克到跨學科的社會思想委員會（Committee on Social Thought）擔任教授——這除了顯示海耶克作為政治理論家的影響力大增，也透露了即使是保守的芝加哥大學經濟系，也對他的研究興趣缺缺。儘管海耶克在學校教書，但薪水由盧諾支付，就像他安排米塞斯到紐約大學一樣。「海耶克在芝加哥大學的位子很重要，」一位學者表示：「因為他成了學術同行和主要企業融資管道間的橋梁」——特別是盧諾。在盧諾協助下，「芝加哥學派」最終成為舉世聞名的經濟世界觀。[41]

盧諾還協助海耶克成立了朝聖山學社。這個由知識分子組成的跨國團體，其靈感來自為了慶祝《良善社會》出版而在巴黎舉行的李普曼研討會。一九四八年，海耶克邀請當年許多成員到瑞士朝聖山的公園飯店（Hotel du Parc）聚會。盧諾答應支付旅費，包括海耶克的芝加哥大學好友傅利曼和其他的《通向奴役之路》宣揚者，而朝聖山學社也很快成為全球最顯要的右翼知識團體。不過，成員雖然都欣賞十九世紀的自由放任主義，但對如何用在戰後世界卻缺乏共識。學社首次聚會時，米塞斯就痛斥在座眾人是「一群社會主義者」，竟然討論累進稅制是否（可能）站得住腳。[42]海耶克在《通向奴役之路》書裡上溯洛克、休謨、亞當．斯密和柏克，希望從凱因斯手中奪走自由主義的衣缽。但在朝聖山，海耶克的智識同伴選擇了「新自由主義」這個稱號，因為他們認為自己並非十八世紀思想薪火的傳人，而是嶄新（就算啟迪自過去）學說的始祖。凱因斯說得沒有錯，亞當．斯密和許多早期自由主義者一樣，從來不曾完全接受自由放任，而我們也很難揣摩李嘉圖或彌爾對戰後世界的問題會怎麼說。如同米塞斯在一九五二年版《國富論》導論裡強調的，亞當．斯密對「共產黨的威脅」「什麼也沒說」。[43]後來成為最有影響力的新自由主義經濟學家的傅利曼，就對亞當．斯密針對國家權力做出的不少讓步大感不解，例如熱中於公共工程和國民教育等等。

同樣的，朝聖山的思想家們表面上認同柏克，欣賞他強調政治延續性與傳統，自己推行的政治運動卻鼓吹迅速徹底改變，推翻新政，剷除這套自貝佛里奇報告以來便成為歐美基準的施政模式。他們的激進立場很快成為《國家評論》的基調，因為小巴克利不僅在《耶魯的上帝與人》引述海耶克與米塞斯，[44]現在又跟學社的強硬派傅利曼和洛卜克（Wilhelm Röpke）成為好友。二十世紀初，宗教在英國日漸式微，海耶克的《通向奴役之路》卻對西方基督教異常青睞。小巴克利抓住了這一點，覺得可以用它拉攏美國基督教徒，讓他們和十九世紀經濟學信徒結盟。洛卜克後來一步步將朝聖山早期成員的經濟思想和倡導西方白人優越性的種族基本教義主張結合起來。這個意識形態的結盟最終促成了雷根當上美國總統。

海耶克始終看不慣這種政治結盟。他一方面批評傅利曼的經濟學不夠純粹，摻雜了凱因斯主義，一方面也無法忍受洛卜克的極端種族主義。而他對小巴克利更是幾乎事事不順眼，不僅拒絕替《耶魯的上帝與人》宣傳，也不肯讓自己的名字出現在《國家評論》刊頭。儘管如此，這場保守政治運動正是透過他和小巴克利兩人才得以跟啟蒙思想傳統連結起來。

一九六〇年代中，《國家評論》訂戶已經增加到十萬人以上。這份刊物不僅是新自由主義思想的熱門傳聲筒；一九四三到一九五四年，全美製造商協會更由於有米塞斯效力，故而可以頂著知識分子光環發動激烈（而且偏執）的公關戰，替美國企業菁英發聲。[45]杜魯門有意提高最低工資，推行全國健保，並遵照他一九四八年國情咨文裡的承諾，再次以聯邦之力保障美國黑人的公民權。全美製造商協會週刊立刻暗示，這套雞尾酒政策「終將瓦解美國的工商業體制」；其會長也多次演說警告「極權主義」蔓延，有人正「不斷」「威脅美國自由」。[46]而今看來，這些對杜魯門暗地支持共產主義的警告似乎很可笑，但在當時麥卡錫主義盛行的氛圍下卻很常見。一九五四年，全美製造商協會甚至還以《產業大觀》(*Industry on Parade*)這部影片贏得了廣電新聞界最高榮譽的皮博迪獎(Peabody Award)。協會付錢給各家電視網，讓幾乎全美各地都能收看這部十五分鐘長的短片。評審委員會表示，這部資訊型廣告不僅是「宣揚美國生活方式的有力武器」，還對「教育、公共服務和愛國主義貢獻良多」。[47]

至於盧諾，他則提供軍費給新自由主義經濟學，除了資助雷格納里出版保守派書籍，還跟海耶克共同策劃「美國版的《通向奴役之路》」。累積幾年之後，盧諾付錢讓傅利曼講課總算得以收成，於一九六二年以《資本主義與自由》(*Capitalism and Freedom*)為名彙集成書出版。這本書讓傅利曼一舉成為新自由主義政治理論的頭號發言人，而後才成為舉世公認的大經濟學家。[48]一九四〇到一九六〇年代，盧諾每年都花費近一百萬美元以傳播新自由主義思想，支持相關學術研究，其中至少包括六位未來的諾貝爾經濟學獎得主。[49]

盧諾的金援改變了學術界。戰後初期，私人暗中資助大學學者進行具特定意識形態的研究不僅少見，而且普遍認為有道德疑慮。「有些學者在〔盧諾基金會〕探詢時斷然回絕——先生，我可不是那種思想家！」研究自由至上主義發展的史學家多爾地(Brian Doherty)指出。[50]但盧諾的方式最終還是贏得了勝利。如今大學早已習慣企業和大金主如科氏兄弟(Charles and David Koch)資助，從書籍研究、同儕審查研究、籃球訓練課程到喬治梅森大學經濟系，統統有這類資金的身影。對學院經濟學界來說，得到財力雄厚的特定利益集團支持就算有爭議，也是常見的補給。

盧諾雖然在學術界遍灑新自由主義的種子，卻也有幾分癲狂。一九六二年二月，他在加州舉行會議，找來海耶克和其他新自由主義要角商討未來資助智庫的方向。會中他向在座者透露，自己可以精神控制全球政治領袖。「我甚至能進入赫魯雪夫，」他說：「只要召喚那股力量，讓它作用就好。」[51]一個月後，盧諾突然關閉沃爾克基金會，將資源轉到美國研究中心（Center for American Studies），大力傳播一位名叫霍根（David Leslie Hoggan）的大屠殺否認者的作品。其實早在一九五七年，他就開始資助霍根在哈佛大學的親希特勒研究。[52]

和麥卡錫主義多數主張一樣，這些有關叛國與顛覆的離譜指控背後其實隱藏著一個重要的事實：不少凱因斯主義者確實很激進。一九三五至一九三六年和布萊斯一起在哈佛開設非正式《通論》專題討論課的斯威齊，終其一生都被認為是馬克思主義者。薩謬爾森在麻省理工學院的早期學生克萊因（Lawrence Klein）也一樣。他後來成為頂尖的《通論》詮釋者，也是研究凱因斯理論早期發展的專家。凱因斯本人提倡「自由社會主義」，曾經協助草擬英國醫療照護社會化的計畫。畢竟一九三〇年代他在劍橋的主要說服對象本來就是年輕的馬克思主義者，因此他所提出的經濟方案用意不在冷冰冰地維持算式平衡，而是希望緩慢平和地改變社會，避免馬克思主義革命的痛苦與破壞。

許多馬克思主義者確實被他說服了。斯特雷奇的侄子約翰是工黨黨員，一九三〇年代初期寫過一本暢銷的馬克思主義小冊子，主張唯有暴力階級革命才能解決資本主義的壓迫。[53]但到了一九五六年，身為高伯瑞好友的他卻認為自己過去希望藉由武力達成的目標，其實可以（甚至**只能**）靠凱因斯的民主管理式經濟做到。「凱因斯式的經濟政策，加上社會改革及公有制之類傳統上屬於社會主義的措施，已經成為民主國家實現其目的不可或缺的手段，」約翰在另一本暢銷書《當代資本主義》（*Contemporary Capitalism*）裡寫道：「民主政黨和社會主義政黨唯有瞭解這些政策，並加以掌握，才能成功改造資本主義，令其為它們的目的服務。」[54]至少在英國，凱因斯的門徒非常有權力，例如約翰離開共產黨投靠工黨後，就曾先後擔任糧食大臣及陸軍大臣。但在美國，獵紅行動一高漲，原本立場傾向馬克思和凱因斯的經濟學家立刻只說自己是凱因斯學派，以保住飯碗。斯威齊就曾打趣道，到了一九五〇年代，經濟學界的馬克思主義者「兩隻拇指就數得完」。[55]

因此，在這個關鍵點上，就連最偏執的麥卡錫主義者也不是無的放矢。一九五七年，老羅斯福的么子艾奇博德和道布斯（Zygmund Dobbs）出版了《凱因斯在哈佛：一場實為政治信條的經濟騙局》（*Keynes at Harvard: Economic Deception as a Political Credo*），指控凱因斯主義是「左派」入侵哈佛及美國的「意識形態灘頭堡」，並堅稱「凱因斯」三個字只是掩護左翼企圖的擋箭牌。雖然整本書大部分是妄想（道布斯在一九六九年的再版裡表示，凱因斯主義是左派運動的一部分，目的在鼓勵「吸毒成癮、性侵和變態獸行」）。[56]

麥卡錫恐慌是遍及全美的文化現象，但華府才是中心，而且基本上就是權力鬥爭。既然美國右派無法從經濟成果打擊凱因斯式的自由主義，那就從質疑凱因斯主義者的人格下手。民主共和兩黨的保守派在演說裡高聲抨擊新政派，在公聽會上不斷重述，再藉由政治媒體大肆傳播。華府的聳動報導替全國各地的輿論定下了基調，即使麥卡錫風潮後來被美國主流思想所唾棄，當時許多人事業上所受的名譽傷害仍然久久不消。不過，就像學院裡的凱因斯主義者確實有些是激進派，華府也有些新政派做過反共陰謀論者指控他們的事，其中有人甚至很接近美國戰時外交的最高層。

一九四四年十月三十日，布里克（John Bricker）發表了那年全美最激昂的政治演說。當時他第二任俄亥俄州長任期即將結束，並且剛被納入共和黨總統候選人名單中。此舉是為了安撫黨內保守派，因為較為自由派的紐約州長杜威獲得提名，令他們非常洩氣。面對戰事進行，杜威選擇拋棄一戰之後便主導共和黨圈子的孤立主義，換成很像小羅斯福外交政策的主張，只是更好、更便宜。杜威表示共和黨不會退出世界舞臺，而是會比小羅斯福做得更好，更快擊潰納粹，更快讓軍人回家，促成更好、更穩定的和平。杜威認為小羅斯福的意識形態沒什麼問題。他的競選方式很溫和，頂多偶有例外。

然而，共和黨完全不是對手。眼看大選只剩幾天，布里克決定改弦更張。他在底特律奧林匹亞體育場對著爆滿的一萬五千名群眾，[57]猛烈抨擊小羅斯福的國內政策是「受外國勢力影響」的腐敗產物，並宣稱「小羅斯福和新政被激進分子和共產黨員玩弄於股掌之間」。他說小羅斯福政府、國際共產主義和美國最激進的工會聯合組織，也就是產業工會聯合會（Congress of Industrial

Organizations），「確實存在工作關係」，目的在毀滅美國的生活方式。「此時此刻，」布里克表示：「一股最具顛覆性的外國勢力，正前所未有地嘗試從內部接管美國政府。」[58]

這場演說透過全國廣播傳送出去，隔天全美各地的報紙就刊出了七名「顛覆組織」成員的大名。被布里克點名的有文森特（Craig Vincent）、哥德史密特（Arthur Goldschmidt）、金基德（Robin Kinkead）、愛默森（Thomas I. Emerson）、曼瓊（Gene Mangion）、席爾佛邁斯特（Gregory Silvermaster）和柯里。他宣稱聯邦政府裡還有一千一百一十七人沒被指出來。

這些人後來大多淡出於歷史之外，但就算在一九四四年當時，柯里也是布里克鎖定的目標當中唯一還算家喻戶曉的人。他是戰時首席外交官之一，曾經和凱因斯商討租借法案的條件，說服瑞士斷絕和德國的經濟往來，[59]並擔任小羅斯福的私人聯絡官，力勸蔣介石和國民黨協調各黨停止內戰共同抗日。一九四三年，美聯社稱他為「總統身後六名神祕人」之一，卻交代不出太多細節，只說他「相貌不顯眼、沙色頭髮……說話時手裡經常把玩一支象牙菸嘴，但其實不大抽菸」。[60]

布里克的演說讓強硬保守派情緒沸騰，搞得柯里非常焦慮。一九四四年十二月，凱因斯在發回倫敦的電報裡說，點名柯里是「祕密共產黨員」明明「違反事實」又「缺乏證據」，卻大大限制了柯里對租借法案的協商空間，只要任何條件感覺對英國太慷慨，就會被當成叛國的跡象。[61]

布里克的攻擊沒有持續多久。十一月大選，他和杜威徹底慘敗。即使華府的反共偏執愈來愈嚴重，輿論還是覺得布里克的演說太惡毒，是個例外，純屬政治上狗急跳牆和競選策略失控的結果。

然而四年後，柯里的麻煩真的來了。一九四八年，前蘇聯間諜伊莉莎白．賓麗（Elizabeth Bentley）出席美國眾議院非美活動調查委員會，證詞震驚全美。她點名美國政府有數十名官員是蘇維埃協力者或線人，而柯里便名列其中。儘管賓麗坦承自己從未見過柯里，並告訴委員會柯里「不是共產黨員」，卻指稱對方是她所屬間諜網的情報來源之一，而且席爾佛邁斯特也在網內，就是布里克底特律演說裡提到的官員。賓麗不記得細節，但其中一項指控聽在一九四八年七月參與這場聽證會的人耳中卻顯得格外嚴重。面對加州眾議員尼克森（Richard Nixon）質問，賓麗表示「席爾佛邁斯特先生某天告訴我，柯里先生衝到他家，有點喘不過氣地告訴他，美國就快破解蘇聯密碼了」。[62]

這項證詞比布里克的含糊指控嚴重得多。賓麗指控柯里就算沒有叛國也是間諜，而被賓麗點名為蘇維埃線人的官員當中，確實有幾人柯里認識。他一九二〇年代在哈佛結識了懷特和席弗曼（George Silverman），三人後來都到了華府替小羅斯福政府效力。柯里和懷特很快就升到要職，並獲得「強勢」「嚴厲」的評價。[63]懷特在財政部位高權重，後來成為布列敦森林會議美國代表團的首席談判官，不僅力壓各種反對意見，還否決過偶像凱因斯的提案。席弗曼沒有像好友爬得那麼高，但先後待過財政部和五、六個新政相關單位，並和俄國出生的席爾佛邁斯特走得很近。席弗曼、席爾佛邁斯特和懷特三人在華府有一套固定的輕鬆行程。他們會一起打排球和桌球，晚上彈奏音樂自娛，席爾佛邁斯特彈吉他，懷特彈曼陀林。[64]

席弗曼和席爾佛邁斯特是美國共產黨員。一九三〇年代，經濟重挫讓美國冒出一大堆左翼政黨，例如社會黨和托洛斯基黨等等，大多數美國人都分不清美國共產黨和這些關係錯綜複雜的左翼政黨有什麼區別。美國共產黨特別積極拉攏黑人農民。他們認為這些人是新興無產階級，強烈鼓吹反私刑法，但遭到小羅斯福反對，免得破壞他和南方白人民主黨員的政治盟友關係。大多數美國人都不曉得，美國共產黨是蘇維埃政府的分支單位。

懷特抵達華府之後，就開始洩漏政府關鍵資料給席弗曼。懷特有權瀏覽這些資料，但他的中階公務員好友沒有。懷特應該知道這些資料會傳給美國共產黨，但可能不曉得還會流向蘇聯情報單位。然而，席弗曼和席爾佛邁斯特不僅知道美國共產黨和史達林政府有關聯，他們本身就是其中一部分。根據歷史學家勞奇韋（Eric Rauchway）的詳細描述，懷特得知自己不僅跟美國共產黨合作，還間接與莫斯科配合後，按一位格別烏（KGB）消息來源的說法，他簡直「嚇壞了」，[65]有一陣子完全不和他的蘇維埃朋友往來。然而，儘管他為何這麼做的動機始終不明，懷特還是不時提供聯邦文件給席弗曼和席爾佛邁斯特，而且一直延續到布列敦森林會議。

當然，美國與蘇聯在二戰時是盟友，而懷特是美國財政部和俄國駐華府大使館的首席聯絡官，因此他或許覺得自己跟席弗曼和席爾佛邁斯特往來是一種私下外交，否則他早期的輕忽行為應該會成為把柄，留待日後勒索他洩漏更多情報。莫斯科的蘇維埃情報單位似乎對懷特提供的資料不知所措，但懷特無疑清楚自己非法外洩了美國政府的祕密資料，進而讓自己跟外國政府正式外交磋商時落於下風。

賓麗在非美活動調查委員會作證時，懷特能挽救的只剩名聲，而不是事業了，因為杜魯門總統拿到聯邦調查局長胡佛（J. Edgar Hoover）遞交的祕密備忘錄，讀到裡頭詳細記載懷特跟席弗曼和席爾佛邁斯特的往來（但沒有提到柯里）之後，就悄悄解除他的職務了。柯里和懷特後來都同意到非美活動調查委員會作證，反駁賓麗的指控。兩人沒有同時出席，但都堅決否認有任何不當行為。

懷特方面，出席聽證會是這場鬧劇的最後一幕，因為他三天後就死於心臟病發。而在柯里方面，情況至少受到了控制。小羅斯福夫人愛蓮娜（Eleanor Roosevelt）在美國政壇仍然很有分量，她在自己的報紙專欄替柯里的忠誠背書。[66]賓麗並未指控柯里知道席弗曼或席爾佛邁斯特是美國共產黨員，更別說知道他們是蘇維埃間諜。而柯里面對非美活動調查委員會兩輪調查時，表現也夠沉穩，而且還有一位共和黨委員和一位堅決反共的南方民主黨委員替他辯護。南達科他州共和黨眾議員蒙特（Karl Mundt）說，「我從不懷疑」柯里的「美國成分」，狄克西民主黨（Dixiecrat）眾議員藍金（John Rankin）則說：「把這個人抹黑成受到遠端操控，我覺得實在太過頭了。」一九四九年，當杜魯門委派柯里赴哥倫比亞參與世界銀行任務，風波似乎已經成為過去。

然而，中國就在這時落入毛澤東和共產黨之手。對麥卡錫和民主冷戰鬥士如內華達州參議員麥卡倫（Pat McCarran）而言，共產黨勝利不僅是外交挫敗，更是小羅斯福和杜魯門政府裡的共產黨間諜蓄意破壞的結果。由於新政派和凱因斯主義者對政府管控經濟的看法比較寬鬆，因此特別可疑，而柯里正是幾近完美的箭靶。二戰期間，他負責協調毛澤東的共產黨和蔣介石的國民黨停止內戰，協力抗日。就和幾乎所有與蔣介石共事過的美國人一樣，柯里對蔣介石治下的貪腐無能深感挫折，包括仿效墨索里尼黑衫軍成立的祕密準軍事部門（國民黨穿藍衫）。毛澤東贏得國共內戰後，柯里之前對國民黨的所有批評全都成為他的罪證。「柯里叛國的來龍去脈還需要徹底查明，」一九五一年六月，參議員麥卡錫表示。因為是在議場上發言，所以有免責權。這位來自威斯康辛的煽動家指控柯里從一九四二年就開始密謀打倒蔣介石，並曾下令扣住要給國民黨的兩萬枝德國步槍，好讓毛澤東獲勝。[67]

麥卡錫指控杜魯門政府背叛中國，這個說法完全錯誤，而且一九四六年國共內戰全面爆發時，柯里已經不在公家任職；等毛澤東獲勝，他都已經離職四年。至於賓麗的指控成不成立，就看你如何解釋美國政府一九九〇年代公開聯邦調查局當年破解的一組蘇聯密電，那其中的含糊內容了。[68]

不過，一九四〇和一九五〇年代的美國民眾並不知道這些密電，而對麥卡錫時代的經濟學家和凱因斯思想在美國的發展來說，整起事件的重點在於一個證據如此薄弱，甚至自相矛盾的公眾事件，就能輕鬆左右柯里的職涯。賓麗的指控很不嚴謹。一九五一年，她在參議院的聽證會上改變說詞，表示柯里透露蘇聯密碼被破解的對象不是席爾佛邁斯特，而是懷特。由於懷特和柯里同屬外交高層，柯里和他討論機密情報既非反常，也無不當。此外，賓麗是在一九四五年向聯邦調查局自首，但美國直到一九四六年才真的破解蘇聯密碼。不論柯里對懷特或席爾佛邁斯特說了什麼，都不可能透露美國即將破解密碼，因為根本不正確。

一九四八年那場聽證會，就連非美活動調查委員會裡的強硬反共派也沒被說服，相信柯里有問題。麥卡錫盯上柯里的理由和布里克一樣：柯里是握有實權的左翼知識分子。只要有位高如柯里者是蘇聯間諜，就能替麥卡錫更大、更荒謬的陰謀論背書。既然柯里被賓麗和布里克點名，那麼就算指控再含糊，比起其他受害者，麥卡錫也更有機會坐實他對柯里的指控。

麥卡錫起頭之後，針對柯里的攻擊便如排山倒海。一九五四年，小巴克利在《麥卡錫及其敵人》隨口斥責柯里是「共產黨」；[69]同年，國務院拒絕替柯里換發護照。依據當時一項後來被判定違憲的政策，移民若是搬離美國，國務院有權撤銷其公民身分。由於柯里愈來愈常待在哥倫比亞，起初為了世界銀行，之後則是擔任哥倫比亞政府顧問，國務院就要他做出選擇。柯里決定待在哥倫比亞，放棄美國公民身分。後來哥倫比亞民主政府淪為軍人統治，這位新政時期權力最大的經濟學家便在波哥大三十公里開外的山區買了塊地，從此成為酪農。

右翼分子對付柯里的方式，對曾效力於小羅斯福政府的凱因斯主義者衝擊之大，再多言語也難以形容。所有新政派都有一、兩個共黨朋友，那是大蕭條期間美國左派的日常。但柯里和懷特畢竟不是希斯（Alger Hiss），不像這位更知名的蘇聯協力者是基層官員。柯里找了不少凱因斯智識革命中最出色、最聰明的人進華府工作。在反共戰士眼中，這些人幾乎個個都有嫌疑。財政部下令經濟學家艾迪（George Eddy）停職，理由是他跟柯里和懷特交好，顯示他判斷力有問題，不足信任。雖然艾迪日後洗刷嫌疑，並追回工資，名譽卻再也沒能挽回，直到一九八〇年代才返回經濟學界。[70]其他和柯里或懷特有交情的新政經濟學家，像是以希結（Mordecai Ezekiel）、凱色林（Leon Keyserling）、弗利曼（Irving Friedman）和金德伯格（Charles Kindleberger），也都被聯邦調查局盯上，接受忠誠檢查，甚至受到更嚴厲的對待。[71]

柯里遭受的待遇，看在高伯瑞等美國好友眼中，簡直是莫大的不公。但若指控屬實，這位對他們有恩之人真的長期和蘇聯合作，結果只會更糟。不論如何，柯里垮臺都對朋友的事業造成了危害，接下來將近十年不斷面對叛國指控。這就是成功的代價。

14 富裕社會及其敵人

凱因斯很愛古書。只要健康允許，他和斯拉法週六下午都會去劍橋的舊書店，在滿是灰塵的架上挑挑揀揀，尋找少見的小冊、書信集或啟蒙時代大小人物的作品精裝本。[1]要不是兩人早已是經濟理論大師，多年週末探險下來的成果也足以讓他們在知識史領域拿到終身教職。一九三三年，兩人發現一篇精采的休謨《人性論》（*A Treatise on Human Nature*）書評，收錄於一七四〇年出版的匿名小冊裡，離這部巨作的問世時間不久。關於這篇書評，哲學界有各種傳說，讓它帶有近乎神話的地位。根據休謨書信透露的線索，這位無名作者應該是偉大的亞當·斯密。傳說亞當·斯密之所以沒在小冊上署名，是想掩蓋他還只是十七歲學生的事實，而歷史學家始終沒能找到這篇書評，更是為這則傳說增添了幾分神祕。《人性論》起初賣得很糟，用休謨自己的話來說，「剛離開印刷機就死了」，幾十年後等休謨成為知名史學家了才被推舉為傑作。而亞當·斯密很早就欣賞這本書，讓《人性論》遲來的學術認可有了根據。如果亞當·斯密當下就發現《人性論》非常好，那它肯定是傑作無誤。

但是當一九三〇年代，凱因斯和斯拉法總算找到這本冊子，從標題到出版社標誌都清楚顯示這就是所有人尋覓良久的《人性論》書評，兩人卻很快確定作者不是亞當．斯密，而是休謨本人，目的在引發讀者對他那本滯銷書的興趣。除了風格明顯類似，這本作者不詳的冊子還提到一些想法與論證，後來都出現在《人性論》的之後幾卷裡。「之前的論者要是見過這本冊子，肯定不會懷疑我們的結論，」凱因斯和斯拉法表示。[2] 今日歷史學家普遍認為休謨獲得的第一篇好評其實是他自己寫的。

這些研究並不只是滿足年邁收藏家的虛榮心。凱因斯畢生都在關注知識的哲學基礎，思考科學的本質與科學方法的限制。他沉浸在偉大心靈留下的枝微末節中，不僅是為了汲取前人智慧，更希望看出促成重大突破的思想體系裡的細微差異，瞭解歷史裡讓好想法脫穎而出或被抑制查禁的古怪曲折。他對前人思想深感敬畏，又自傲無畏地批評他們的偉大貢獻。如此不懈的哲學探求讓凱因斯不僅對科學家高超的數理量化能力感到敬佩，更折服於他們的創造力。他將偉大科學高舉到藝術的地位，因為他始終秉持布倫斯伯里幫的信念，藝術是人類成就的最高境界。

「牛頓不是理性時代的第一人，」凱因斯表示：「而是魔法師的最後一人。」[3] 這番評論其實是讚美。凱因斯稱牛頓是「我們當中最偉大的天才」。[4] 這個「我們」指的是劍橋，是那個地方讓凱因斯得以宣稱自己是這位偉大物理學家的傳人。「他將全宇宙和宇宙裡的一切**看成一個謎**，一個藉由純粹思考某些證據，思考上帝給予的某些神祕線索就能解讀的祕密。」[5] 在他眼中，牛頓就像繆思附身的詩人或畫家，靈光一閃之後將發現的新知識用科學語言表達，讓自己憑藉創造力得來的突破具有說服力。「牛頓可以將一個問題擺在心裡好幾小時、幾天或幾週，直到問題開口吐露祕密，接著再用他頂尖數學工匠的本領，將它打造成合適的樣子，便於闡明其中道理。但真正不凡的是他的直覺……就像我說的，證明是事後打造的，不是發現真理的工具。」[6]

熱中觀念勝過數字並不是貶低經驗主義。直覺必須建立在親身經驗之上，對經濟學家尤其如此。凱因斯指責數學讓經濟學家深陷自己發明的抽象概念之中，從而遺忘了現實世界。他讚揚馬爾薩斯解析人類動機與行為的「哲學」方法，並批評李嘉圖的「偽算術學說」，例如貨幣數量論「徹底稱霸了……一百年，對經濟學的發展是災難一場」。[7]

經濟學不像物理學，但就連物理學也唯有最像藝術時才達到最偉大的高度。如同凱因斯在《通論》解釋自己的方法時所說，「我們分析的目的不在提供一臺機器或一套盲目操弄的方法，產出絕對正確的答案，而是提供一個有系統、有條理的思考問題的方法……近年來有太多『數理』經濟學只是硬湊，跟它們倚賴的前提一樣不精確，導致作者墜入虛浮無用的符號迷宮之中，忽略了真實世界的複雜與相互依賴。」[8]

瓊．羅賓遜迷上的正是這樣的凱因斯：一位偉大的進步理論家，用哲學眼光鑽研經濟學，和他的好友維根斯坦、羅素和摩爾一樣，深信最終真理由文字和觀念構成，而非量化與計算。

然而，他卻又將自己最偉大的作品取名為《就業、利息和貨幣通論》，希望這本書和經濟學都能有物理學般的尊貴學術地位。這是很高明的修辭手段。就像愛因斯坦證明牛頓物理學只是更廣大典範當中的一項特例，凱因斯也想證明古典經濟學觀念只有在少數特殊條件下才會成立。雖然他對新興的「計量經濟學」深感懷疑，認為它將經濟學變成一大串令人目眩的符號與數字，卻在〈我們子孫的經濟前景〉期盼經濟學家終有一天會和「牙醫」一樣，[9]被當成瞭解各種疑難雜症又能解決的技術人員。儘管他幾乎始終看輕統計和數理經濟學，大戰結束時卻向英國政府裡的頂尖經濟思想家表示，「理論經濟分析目前已經達到可應用的程度，只差蒐集到詳盡事實而已。」凱因斯預見了「『統計之樂』的新時代」[10]即將到來。

而在一九三〇年代，經濟學家能取得的資料品質確實大幅提升。大蕭條期間，美國商業部指派顧志耐（Simon Kuznets）發明一個衡量「國民所得」（National Income）的新指標，戰時再由列昂惕夫（Wassily Leontief）加以改進。這個指標就是「國內生產毛額」（Gross Domestic Product, GDP），如今已是衡量一國經濟總輸出的標準單位。二戰結束時，美國和歐洲各國政府已經發展出一套規模龐大、極度精確的統計方法蒐集各種數據，從作物價格、製造業產值、工資成長到失業率無所不包，連貧窮這個因為主要發生在偏遠地區而出了名難以衡量的現象都能統計。經濟學家突然有了這些工具可用，震撼之餘紛紛全心發展新的方法論，強調精確衡量和預測，不再著重概念或語言分析。

這股風潮到了甘迺迪時代開始被稱作「新經濟學」（New Economics），而其中最偉大的先知便是薩謬爾森。用薩謬爾森本人的話來說，他那本廣獲採用的教科書擷取了《通論》和金本位時代主流經濟學家的觀念，形成一套「新古典綜合」。在他看來，對人類行為和經濟最好的描述，就是它們都是追求利益最大化的理性活動。一切就如李嘉圖和亞當．斯密早就提出的那樣，市場會自行整頓，供需會自行找到合理的均衡。但他也指出，唯有經濟接近充分就業，情況才會是如此。藉由凱因斯式的赤字開支或減稅，政策制定者就能防止經濟淪為「倒錯樂園，右像左，左是右，上像下，黑像白」。[11] 只要失業率不失控，我們就能根據人類追求利益最大化的理性行為模式，用統計學可靠預測經濟力量會在何時何處達到均衡——只要數據夠準確的話。對薩謬爾森及其追隨者而言，物理學是知識的基礎，數學是其語言。《通論》認為「不確定」是經濟思考的基本分析概念，薩謬爾森及其門生卻追求確定性與準確。

薩謬爾森帶領一整個世代的菁英投入這場智識之戰，對手不僅包括衰微的古典神祇，還有凱因斯及其願景的其他詮釋者。希克斯（John Hicks）從《通論》萃取出第一個也是最有影響力的數學模型。漢森將希克斯的作品從哈佛帶到華府，在研究所裡訓練未來的官僚與內閣成員，薩謬爾森治下的麻省理工學院經濟系更完全以這套模型為依歸，孕育出未來的諾貝爾獎得主如梭羅、克萊因和莫迪利安尼；這些人各有創新，使得「凱因斯主義」有段時間幾乎和「美國經濟學」成了同義詞。少了這些大學者，《通論》現在只會是思想史上的珍奇古董，一本令人費解的作品，出自一個曾經影響小羅斯福政府的英國聰明人之手。靠著薩謬爾森和他的門徒，凱因斯經濟學不僅成為美國社會科學的新正統，更是美國政治權力語言的一部分，和民主黨的基本治國前提密不可分。

然而，還有一種理解凱因斯的方式在英國劍橋大學持續發展。這群學者認為凱因斯主義在美國的發展是可怕危險的錯誤，是對他的褻瀆。當初協助凱因斯寫下《通論》這本巨著的學者便如此表示。瓊．羅賓遜指出「美國發展的經濟理論等於回到前凱因斯時代的學說」，將凱因斯的中心思想「扼殺殆盡」。[12] 卡恩則批評將《通論》改造成數學是魔鬼交易，致命的轉折，最終將導致「凱因斯失去信用」。[13]

凱因斯出版《就業、利息和貨幣通論》沒幾個月，希克斯就提出個人詮釋，認為書中是在描述貨幣、利率、投資和經濟成長之間具有穩定可預測的關係。他用一張如今舉世知名的圖表顯示，當政府公債利率下降，公司就會趁機添購設備、開展新業務，使得經濟體內的投資和儲蓄增加，進而促成總體經濟成長。但當經濟成長，人們見到投資機會增加，便想借錢投資，就會導致貨幣需求上升，進而促使利率上揚。因此，其實有兩股力量推著利率往相反方向走：一是投資額，二是因投資而生的貨幣需求。兩股力量的交會處，就是經濟的均衡點，而政府制訂政策的要訣就在掌握何種條件下，均衡會消除失業。根據這個如今稱作IS-LM模型（IS-LM是投資／儲蓄—流動性偏好／貨幣供給的英文縮寫）的公式，利用均衡消除失業有兩種方法：藉由貨幣政策調低利率，或是赤字開支。希克斯及其追隨者認為，只要經濟學家將監測經濟活動的最新尖端統計數據代入這個模型，就可以**精確**算出政府需要開支或減稅多少，才能讓經濟擺脫疲軟衰退。

凱因斯讀過希克斯的書稿，並私下寫信鼓勵他：「我覺得很有意思，幾乎找不到什麼批評之處。」[14] 但凱因斯從來不曾公開提及希克斯和他的模型，只是專心反擊古典經濟學家的批評。

一九三七年二月，他在《經濟學季刊》（*The Quarterly Journal of Economics*）發表了簡要版的《通論》，裡頭的概念架構和希克斯的模型根本不相容。

「我在意我理論背後那些相對簡單的基本觀念，勝過那些觀念是以何種形式體現。現階段我並不打算具體點出後者，」凱因斯這樣寫道，接著開始強調不確定性在他經濟思想裡的重要：「我所謂的『不確定』知識……並非只是將確切已知的事物和純屬可能的事物區分開來。就這點而言，輪盤賭不是我所謂的不確定……根據我對這個詞的用法，歐洲戰爭的走向不確定，接下來二十年的銅價和利率不確定，新發明何時被淘汰不確定，一九七〇年私人財富所有者在社會體系的地位不確定。對於這些事物，我們就是不知道會如何，沒有任何科學根據能找出可計算的機率。」古典經濟學和供需法則只是一些「專為精心布置的董事會議室和規範良好的市場而設計的漂亮技巧，文雅好看」，讓人誤以為經濟生活穩定又可預測，但只要人們對未來可能如何的想法一變，「很容易就瓦解」而且「毫無預兆」。這是凱因斯自一九一四年夏天經歷數個金融危機和投機泡沫學到的教訓。[15]

因此，凱因斯對於**所有**宣稱能可靠預知未來的經濟模型都抱持批判，連希克斯、漢森和薩謬爾森提出的「凱因斯」模型也不例外。經濟學充其量是由隨時可能改變的經驗法則、趨勢和模式組成的學問，因此他對戰後就業政策的最後建言和今日以他為名的財政解方及刺激方案並不相同。面對經濟衰退，凱因斯的美國追隨者會選擇微調式的徵稅與支出方案來提升需求，凱因斯則是主張政府增加直接投資支出，以管理整體經濟稀缺的未來階段。

凱因斯認為，戰事剛結束時，政府仍然得全力對抗通膨；但那之後，政府就該實行「穩定的長期計畫」，在基礎建設、工廠設備和科學研究上支出，以「**預防**」就業人口「大幅震盪」。凱因斯不認為這些投資能完全消除「震盪」，但確實相信起伏會「大幅縮小」，政府將能長期「維持就業率穩定」。凱因斯認為一個經濟體內約有三分之二的投資由政府掌控，他的方案才能奏效。

這是一套融合了《通論》及〈我們子孫的經濟前景〉的計畫。凱因斯認為，計畫實行十到十五年後，經濟體將投資「飽和」，再投資只會「造成事業上不必要的浪費」。但這次的無法再投資不會像大蕭條導致失業或困苦，反而會迎來新的「黃金年代」，工人將能自由追求「更多休閒」、「更多假日」及「更短的工時」。沒有有用的方案需要投資，工人就毋須工作太多時間以便存錢。[16]雖然大蕭條期間非常多人找不到全職工作，但二十世紀工作與生活平衡的整體走向其實頗為樂觀。一九〇〇年，美國人平均每週工作五八．五小時，一九三五年已經降到四一．七小時，凱因斯只是將這樣的進展類推到未來而已。[17]

一九四〇年代起，歐美政府開始進一步提高大規模投資，從此再也沒有逆轉。艾森豪政府興建州際高速公路，成立太空總署，並大幅增加聯邦政府對醫學研究的獎助。但我們顯然沒有進入休閒放鬆的時代，至少美國沒有。縮短工時在歐洲多數國家是明確無可爭議的公共政策目標。以德國為例，如果將假期納入計算，平均每週工時只有二十六小時。[18]

然而，最終和凱因斯畫上等號的，並不是這些大規模的長期政府投資計畫。戰後凱因斯經濟學家來到華府，遇上的是偏執與獵巫。新政派人人有嫌疑，光是「凱因斯主義」這個詞就暗示受到蘇聯影響。而凱因斯主義的正統之爭，是要遵循羅賓遜或遵循薩謬爾森，就這樣被美國戰後的麥卡錫主義所左右。

高伯瑞對保守派對凱因斯思想的反撲有切身之痛。一九三〇年代，高伯瑞在劍橋大學師事羅賓遜，二戰初期將所學用於執掌物價管理局，但那段打擊通膨的日子並沒有讓他在美國企業界贏得多少讚許。一九四三年，高伯瑞被踢出華府，共和黨和商業界人士輪番批評他無能又叛國。這場震撼教育讓高伯瑞對美國政府和企業力量間的關係徹底改觀。如果戰爭期間一名官員為了打贏戰爭而抑制企業獲利，連這樣的愛國情操都無法保護他不受攻擊，那麼任何人或任何想法除非聽命於美國企業，至少順從某些產業，否則都別想在華府立足。

等到自己的名字不再出現在報紙標題上，高伯瑞便在《財星》雜誌找到了一份好工作。這份工作非常彈性，可以讓他一次請幾個月的假，到政府單位幫忙。《財星》是最早使用亮光紙的商業雜誌，創辦人魯斯（Henry Luce）白手起家，於一九二三年創辦《時代》雜誌。魯斯在中國由基督教宣教師帶大，對這個年少待過的國家抱持著反共鷹派立場，喜歡蔣介石，討厭小羅斯福，並大力贊助錢伯斯（Whittaker Chambers）的出版事業。錢伯斯是前蘇聯間諜，一九四〇和一九五〇年代堅稱新政派必然會讓美國走向蘇維埃。自由派的高伯瑞怎麼看都和時代公司不合拍，連魯斯也不例外。「高伯瑞寫東西是我教的，」他一九六〇年告訴甘迺迪：「老實跟你說，我現在當然後悔。」[19]

不過，魯斯深信搞定政治才能搞好生意，而他發現高伯瑞一九四〇年代初期在民主黨內的影響力，似乎總能上達執政當局。只要打著高伯瑞的名號，他就更有機會打開華府自由派的大門，至少也能緩和談話氣氛。而且高伯瑞還能打聽到他旗下保守派作者拿不到的獨家消息，因為自由派政治人物可不想將好料送給右翼對手。美國的雜誌業是充滿割喉競爭的高獲利市場（當時電視尚未出現），而高伯瑞替《財星》撰寫的報導常有關於政策走向與政策制定者想法的談話，更別說他對當前政府奉行的新「凱因斯」經濟學早就耳熟能詳。

說來不可思議，但《財星》確實是魯斯出版帝國裡最左翼的刊物。《時代》主要報導政壇和藝文界的特色人物，而《財星》的作者群在魯斯鼓勵之下，則是以攸關未來經濟結構的宏大概念（high concept）為主題。其中一個概念讓高伯瑞特別著迷：「早期《財星》雜誌比業界其他刊物更關注大型企業，視之為主要的經濟和社會動力。」[20]

一九四四年元月，高伯瑞在《財星》發表了七千字的封面報導〈向和平轉移：一九四×年的商業〉（Transition to Peace: Business in A.D. 194Q），想像大企業和聯邦政府首次攜手合作，取消戰時各項管制與稅率調整，大蕭條期間成立的公共工程單位，包括平民保育團和公共事業振興署等等，也由支持企業發展的公共支出計畫取代。政府藉由赤字開支維持高就業率，將能刺激產業投資，提高消費者購買力，讓企業長期獲利，「連能點石成金的邁達斯都會嫉羨不已」。[21] 高伯瑞其實在提倡某一種凱因斯主義，只是刻意不提凱因斯。高伯瑞心想，要是當初將他逼出華府的企業領袖發現實行凱因斯政策有利可圖，或許就會轉而接受；但若凱因斯只代表自由主義大政府，那麼這個名字就只會成為冷戰時期的意識形態導火線，更別說企業菁英早就對凱因斯三個字深感疑慮，畢竟戰時真的動手管制物價的全是凱因斯主義者。

戰爭讓凱因斯思想和軍事生產及企業供應鏈結合在一起，現在高伯瑞則向大企業許諾一個更好的和平方案。政府將確保企業有戰時般的獲利，卻沒有戰時的物價控制和稅務負擔。企業凱因斯主義就此到來。[22]凱因斯主張政府直接投資，高伯瑞則建議採取較迂迴的經濟管理措施，由政府支持大企業發展。

不過，大企業仍然不放心。〈一九四×年〉在時代公司內部「引發了強烈抗議」，甚至要求開除高伯瑞。儘管魯斯站在他這邊，但高伯瑞還是學會了「自我審查」的技巧，努力重新包裝凱因斯思想，以符合冷戰初期超級保守的政治氛圍。這也反映了大潮流下的一種普遍做法。在學界，薩謬爾森重新包裝凱因斯，以便和保守派古典經濟學家和解；在華府，凱因斯派政策制定者則是小心避開過於大膽的政策目標，以免引人注意。「《財星》裡的自我審查，」高伯瑞寫道：「就是你得經常衡量某個陳述是否值得你為它辯護。這個陳述有時是一句話或一個段落，你覺得肯定會有人找你談，不是魯斯，就是某位害怕或激動的代理人，這時你就得思考。通常你都會覺得算了，今天不想吵架。就算良知發作，你也會字斟句酌，用有利的方式提到小羅斯福或產業工會聯合會，好讓這個陳述不被注意，卻忽略了讀者幾乎根本就不在意。」[23]

這份工作收入很好，而且他家裡人更多了。高伯瑞的妻子凱蒂才生了兩個兒子，不久又會再添兩個孩子。他們在曼哈頓享有一間俯瞰哈德遜河的寬敞公寓，還在佛蒙特有一間舒服的避暑小屋。但高伯瑞就是覺得不對。他享受遠離城市的生活，對雞尾酒會上的談話內容感到失望。過去在華府談的全是物價管理方針和政治展望，如今在紐約他只是另一個有錢市民。「我幾乎沒遇過讀過我寫的東西的人，」高伯瑞表示。《財星》雜誌叫好不叫座，和《時代》相比更是如此，而魯斯通常不准作者署名累積聲望。起初匿名讓他如釋重負，畢竟他才剛擺脫物價管理局那段人人喊打的日子。但當新工作開始上手，他便覺得匿名跟那麼「一丁點讀者」溝通愈來愈「沒成就感」。[24]

因此，在《財星》待了四年之後，高伯瑞決定離開雜誌重回學界——就在麥卡錫主義侵入校園的時候。農業經濟學家布雷克，也就是高伯瑞一九三〇年代在哈佛的導師，邀他回去協助研究作物價格，因為他拿到一筆豐厚的政府補助。雖然一開始職位很低，只是講師，但布雷克保證會從聯邦補助裡給他可接受的高薪，直到他拿到終身教職，而且教職這件事他自然也會幫忙。

於是，高伯瑞決定放手一搏，結果卻發現哈佛的年輕凱因斯學者太多，導致由年長者把持的校方行政部門反彈。將凱因斯思想從英國劍橋帶到麻州劍橋的馬克思主義者斯威齊就沒能拿到終身教職，即使熊彼得強力抗議，強調知識多元和學術自由的重要，依然無濟於事。一九四八年，高伯瑞和薩謬爾森都未能拿到終身教職，薩謬爾森立刻轉到對街的麻省理工學院，而該校經濟系也在他帶領下成為舉世聞名的系所。[25]

一九四九年，高伯瑞接掌伊利諾大學經濟系一事被擋下不久，哈佛終於頒給他終身教職。但哈佛經濟系剛做出這個決定，校方監事會就介入阻止了這項任命。哈佛監事會擁有可怕的政治勢力，成員包括前共和黨參議員威克斯（Sinclair Weeks）和年邁的摩根銀行大老拉蒙特。誠如哈佛校長柯南特（James Conant）日後挫折解釋道，凱因斯三個字在當時已經變成「眾所周知的鬥牛紅布，在許多不諳經濟但極度愛國（而且有錢）的公民眼中，指控某位教授是凱因斯主義者，就幾乎等於暗示對方是顛覆分子」。[26]這話說得很重。柯南特和哥倫比亞大學校長艾森豪一樣，支持全面禁聘公開自己是共產黨員的教授；但對於高伯瑞，他卻以個人職位擔保，告訴校方如果聘任案不過，他就辭去校長一職。出乎眾人意料之外，高伯瑞最終拿到了終身教職。

儘管如此，高伯瑞的生活和工作還是被麥卡錫主義的幽靈糾纏了幾十年。他很清楚自己正是對方最痛恨的那種人——雖不是公然的蘇聯協力者，卻是懷抱遠大進步藍圖的理想主義者，希望利用經濟改革來破除階級與特權。他渴望繼承凱因斯衣缽成為公共知識份子，而事實證明哈佛教授的頭銜在這件事上非常管用。一九五〇年代，高伯瑞寫了三本書，《美國資本主義》（*American Capitalism: The Concept of Countervailing Power*）、《一九二九年大崩盤》（*The Great Crash, 1929*）和《富裕社會》（*The Affluent Society*），三本都大為暢銷，讓他在華府重新站穩腳步，但不是作為技術官僚，而是美國思想的代言人。當許多凱因斯學者選擇成為專家銷聲匿跡，高伯瑞卻矢志成為凱因斯般的大思想家，身兼記者、教授、資政和打造經濟新時代的建築師。

即使躋身菁英階級，高伯瑞卻始終不曾視之為理所當然，總是擔心著下一場風暴，而事情也真如他所料。從一九五〇年代一直到一九七〇年代，上至參議員和經濟學者，下至極右派邊緣團體，都曾祕密提供高伯瑞的情報給聯邦調查局長胡佛。[27]

然而，親身經歷冷戰時期的獵巫偏執只是讓高伯瑞更加確信，少了美國企業界相助，不論是他的個人事業或他期盼的社會進步都不可能實現。當年將他逐出華府的共和黨和民主黨保守派絕不會尋求他的意見，仰賴右派人士存活的政治組織與刊物也不例外，但他們卻會聽從魯斯那種人的看法。海耶克及其門生向十九世紀的英國汲取靈感，高伯瑞則是寄望戰後的產業團體，希望將《通論》的偉大突破應用在企業力量和政治力量形成的全新世界上，因為他認為這樣或許能確保更美好、更平等的未來。

這些想法的結晶就是高伯瑞的第一本暢銷作，一九五三年出版的《美國資本主義》。這本書表面讚頌美國企業家，實則暗含批評。在這兩百頁的篇幅中，高伯瑞批評企業家的不是賄絡政府、剝削勞工或敲詐消費者，而是不懂得欣賞美國戰後共同繁榮的奇蹟。

這是一本防守之作，從書名到書裡的論證都在回應麥卡錫主義對凱因斯及其信徒的攻擊。高伯瑞希望告訴世人，他不僅喜歡資本主義，而且喜歡**美國式**的資本主義，免得被人質疑他在冷戰期間的愛國心。美國人從小就學過，美國政治制度的一大優點就在制衡，而根據高伯瑞的說法，如今制衡總算延伸到了經濟制度。強勢工會、一九三〇年代政府監管增多和對抗景氣循環的財政政策，或許會讓一九五〇年代的企業家擔心，但高伯瑞並不害怕。因為就如國會、白宮和司法部門相互制衡，政府、企業和勞工也會制衡政治及市場的過度行為。政府干預企業家，目的不在取而代之，只是想建立繁榮均衡。儘管海耶克派菁英警告政府干預會毀天滅地，其實也還好，失業率始終維持在三%上下就是證明。[28]

會有如此發展，都要歸功於科技進步和凱因斯思想的「啟蒙保守主義」，[29]因為這套思想努力維護資本主義，而非推翻它，最終帶給美國幾乎前所未聞的「富裕」。不足與浪費的問題依然存在，但不算嚴重。如果稀缺在美國真的成問題，那所有人「顯然應該都在生產馬鈴薯、豆子和煤炭，好讓自己少挨餓受凍一點」，[30]但眼前所有產業都在追求娛樂與輕鬆，甚至還有個產業（也就是廣告）已經發展成一套說服人們消耗多餘財富的方法。

高伯瑞認為，隨著經濟稀缺時代結束，經濟學家過去對經濟組織的許多反對都不再重要。大公司壟斷或許是一種浪費，但浪費不是大問題，權力才是。可是就算現代企業握有驚人權力，只要有其他權力團體與之「抗衡」就不必然有危險。這些團體包括供應鏈或經銷管道上的其他大公司，還有更重要的，強勢工會和強勢政府。

《美國資本主義》源自高伯瑞戰時執掌物價管理局的經驗。他當時面對大小業者，發現給大企業好處更容易讓政府取得想要的社會成果。想監管某個產業的貨品價格，比起應付數百家小型業者的抱怨，不如搞定幾家大型業者，更容易實現目標。

因此，政府利用對抗景氣循環的財政手段來對抗經濟衰退，由此產生的利益則由勞工和企業去爭取各自的分潤比例。這套方法或許不盡完美，但由於美國經濟極度暢旺，因此就算出點小錯，這裡壓低利潤過了頭，那裡不當欺騙勞工，也不會釀成巨災。雖然高伯瑞談的是權力平衡，而不是供需平衡，卻得出和好友薩謬爾森一樣的經濟管理基本模式。政府在經濟衰頹時應該增加支出和減稅，經濟過熱時則要增稅和削減支出以降溫。政府的職責在於提供適當環境讓市場展現。

「凱因斯公式的要義在於將生產方面的決定，包括物價與工資，保留給原本的決定者，」高伯瑞寫道：「企業家的決策權限完全沒有縮減，只有關於決策環境的決定才交給中央，其目的只在於確保那些攸關自由明智決策的因素能促成有助於經濟穩定的私人行動。」[31]

高伯瑞在《美國資本主義》裡提出的社會願景和政策規畫，跟凱因斯晚年抱持的想法大相逕庭。凱因斯建議政府接管三分之二的經濟總投資，高伯瑞則是擁護民營企業的自主性；前者期盼勞工愈來愈不受工作束縛，後者則認為工會將確保所有勞工都能獲得合理報償。在麥卡錫主義盛行的美國，高伯瑞的主張在政治上更實際，正是因為這些主張不如凱因斯的構想激進。

批評《美國資本主義》最力的是保守派古典經濟學家。他們痛斥高伯瑞接納工會，譴責他主張寡占和獨占是資本主義發展的「自然」因素。就連支持大公司的保守派經濟學家當時也認為大企業是競爭市場裡的贏家，而非掠奪式或剝削式的權力中心。就算經濟由大公司主宰，也不代表反競爭。

然而，高伯瑞真正在意的，是自由派和左派盟友的批評。他們認為《美國資本主義》鼓吹自滿。瓊．羅賓遜批評這本書意在「洗白自由放任」，[32]對企業權力的認可毫無根據。羅賓遜認為，高伯瑞只是換湯不換藥，將古典經濟學家的競爭市場自動繁榮說改成權力制衡社會的自動和諧說。的確，高伯瑞主張大企業是社會進步的引擎，這個說法對美國自由主義的發展非常危險，因為事實證明企業權力不好制衡。之後數十年，政府顯然沒有感覺大企業變得更好掌控，而是恰好相反，大企業讓整個聯邦政府都聽命行事。

高伯瑞強調自己並未主張這套機制能自我修正，勞工和政府必須主動制衡大企業，三者的力量不會「自動」平衡。但他寫這本書確實不是為了討好左派，而是希望平息企業高層和民眾因為麥卡錫主義而起的恐懼，並刻意磨去凱因斯思想裡最有爭議的稜角。「雖然同樣沒提到凱因斯的大名，但凱因斯政策的基本信條確實被共和黨政府接受了，」[33]高伯瑞在該書再版時如此強調——他指的是艾森豪用預算赤字緩和失業的措施。

《美國資本主義》大為暢銷，最終賣出四十多萬本，讓一整個世代的美國人認識了凱因斯思想，包括沒有機會透過薩謬爾森教科書接觸到凱因斯的讀者，[34]並且確實吸引到美國企業界的注意。當《哈潑》（*Harper's*）雜誌摘錄書中內容，提到賽璐玢（cellophane）是有錢亂花的例子，杜邦公司公關部門立刻投書抗議，氣憤表示公司「對文中提到杜邦的賽璐玢深感不妥」，強調這種化學包裝材料不是「社會浪費」，而是「物美價廉」的改進，提升了糧食運輸的「新鮮」與「效率」。[35]

高伯瑞在書中還清楚強調了《通論》最重要也最受忽略的一項主張：稀缺不是當代最緊要的經濟問題，因此以提升效率和經濟產出為目的的改革只有邊緣作用。雖然高伯瑞對一九五三年當時剛浮現的政治動態太過樂觀，但將經濟分析的焦點從生產轉向權力，除了分析價格與產出，更要分析政府、企業、工會和其他相關團體的關係，仍然是一大突破。

雖然高伯瑞努力安撫大企業，卻沒怎麼止住外界對他忠誠度的攻擊。一九五五年，高伯瑞出席參議院銀行與貨幣委員會，針對近期股市波動提供專家證言。他的新作《一九二九年大崩盤》正好講述一九二九年股市崩盤的歷史，參議員想聽聽他的建議，以防災難重演。高伯瑞建議限制投資人融資炒股的金額，因為強迫投機者多用自己的錢不但能限制流入股市的資金，還能減少銀行因投機者炒股失利而面臨的貸款違約風險。

這是標準做法，而且高伯瑞只是聽證會上的專家證人，根本無權下令施行。但就在他作證期間，股市突然重挫，最終下跌七%，帳面虧損三十億美元。股市無端下跌照理應該證明高伯瑞是對的，股市顯然易受不健康的波動性影響，沒想到引來的卻是麥卡錫主義者的怒火。聽證會隔天，高伯瑞哈佛研究室的電話響個不停，全是氣憤的來電。「我的祕書煩到下班走人，」他日後回憶道。除此之外，他還收到「堆積如山」的威脅和死亡信函。聽證會結束兩天後，他因為滑雪摔斷了一條腿，結果又有一大堆人寫信來，表示他的意外讓他們「更加深信全能公正的上帝存在」。[36]印第安那州共和黨參議員凱普哈特（Homer Capehart）在電視上表示，銀行與貨幣委員會再召高伯瑞作證，因為他聽說對方是共產黨認同者，曾在一九四九年遞交給國家計畫協會的報告裡替共產黨的主張說話（其實那篇報告是建議美國進一步金援歐洲，以防止蘇維埃擴張）。

凱普哈特找上威克斯幫忙。威克斯幾年前曾想讓高伯瑞拿不到哈佛的終身教職，目前擔任艾森豪政府的商業部長。他要聯邦調查局調查高伯瑞和蘇聯是否有關聯，胡佛聽命行事，詢問屬下「對於高伯瑞，我們的檔案裡是怎麼說的」？結果令威克斯大失所望，檔案內容基本上是「正面的」，只是警告高伯瑞這個人「自負傲慢又自我」。[37]

高伯瑞決定反擊。他召開記者會，指出那篇爭議報告除了有中央情報局長杜勒斯（Allen Dulles）和艾森豪總統的弟弟米爾頓背書，他還將這篇據稱帶有顛覆意圖的報告拿到聖母大學演講。難道聖母大學也受蘇聯操控？凱普哈特不再說話。

該去喘口氣了。一九五六年，高伯瑞和劍橋大學的凱因斯學者重拾聯繫。他先和羅賓遜的好友卡爾多（Nicholas Kaldor）同遊印度，接著又跟家人到瑞士度假，並且在那裡認識了卡恩。他當時正在寫新書，補充《美國資本主義》裡的看法，以回應羅賓遜的批評，同時加入來自劍橋的新見解。停留英國期間，他寄宿在卡爾多家，跟卡恩和羅賓遜交流想法，以建立自己的論述。卡恩和羅賓遜成為戀人已經二十年，關係依然親密。[38]「我記得有天從卡爾多家出來，」高伯瑞說：「正好遇到羅賓遜和卡恩一起出門。我問他們要去哪裡，他們回答『倫敦來回』之類的。」他問羅賓遜，劍橋年輕一輩的經濟學家有誰比較出色，對方「嚴肅」回答：「親愛的肯，我們是最後一代了。」[39]

羅賓遜的回答不全然出於自負。她和卡恩正努力捍衛《通論》留下的知識遺產，畢竟書裡也有兩人的貢獻。對羅賓遜來說，凱因斯主義是一套**學說**，是理解世界及其問題的一套思想，足以和人類史上其他偉大哲學一較高下，就像佛教或馬克思主義一樣。凱因斯希望這本書能激起辯論，剷除老舊思想，羅賓遜則視之為聖經，人類的行動指南，只需要根據這幾十年來的具體新狀況重新闡述與詮釋即可。凱因斯希望改變他那個世代的人，羅賓遜則很快明白老戰友並未成功，於是自命為「革命的宣傳主力」，[40]努力培養下一代的經濟學家。到了一九五〇年代末，凱因斯經濟學果真稱霸全世界，其中大部分都要歸功於這群一九三〇年代的門生。但羅賓遜驚惶發現，他們全把凱因斯主義搞錯了。

羅賓遜認為，整部《通論》的要點就在證明不可以將經濟生產視為自給自足、獨立於社會常規及政治現實之外的活動，而薩謬爾森、希克斯和漢森稱作「凱因斯模型」的數學關係卻抹去了經濟決策中的人類能動性。羅賓遜批評他們仰賴古典經濟學的概念，例如「一般均衡」等等，以致自相矛盾。時間在經濟數學裡無關緊要，供需圖也沒有長短期之分。薩謬爾森及其追隨者的數學模型是靜態的，卻又宣稱這個模型「描繪了工資提高、技術更迭和投入改變的累積過程」，[41]兩者互相矛盾，因為後者每一項都涉及時間中的變動。「對永遠處於均衡狀態的世界來說，過去和未來沒有區別，」羅賓遜曾說：「沒有歷史，也不需要凱因斯。」[42]卡恩看法相同。薩謬爾森等人主張「天賜的穩定關係」是一種危險的幻覺，無視於凱因斯對金融市場不穩定性和未來預期不確定性的所有見解。

薩謬爾森和英國凱因斯派的政治立場南轅北轍。薩謬爾森自稱「隱性中間派」，[43]羅賓遜則是嚴厲批判美帝和資本主義。薩謬爾森及其門生認為企業獲利來自生產力，是創造社會價值的正當報償，羅賓遜則主張獲利是雇主、管理者和勞工權力鬥爭的結果。[44]羅賓遜和薩謬爾森在學術期刊上一來一往，對資本、時間和均衡的性質脣槍舌戰。兩人的論辯無疑具有政治色彩，而支持者則是各自依據意識形態選邊站。

不過，美國的凱因斯主義者確實做出了成績。失業率連續數年低得可以，就算有幾波短暫的通貨膨脹，卻從未失控。整個一九五〇年代，美國家庭所得中位數增加了三〇％，一般家庭購買力更成長兩倍有餘。[45]高伯瑞認為這項紀錄是巨大的成就，並為戰時曾協助打造這套體系而自豪。

但在造訪劍橋期間，和最初的凱因斯主義者交流之後，讓他將目光轉向凱因斯本人曾經關注的、層面更廣的哲學問題。一九五八年，高伯瑞首次提出更新版的凱因斯社會理論，也是最成功的一版。

放眼全世界，能像《富裕社會》這般啟發公眾想像的經濟學作品屈指可數。這本書跟《和約的經濟後果》及《共產黨宣言》一樣，都是少數談論公共事務既受歡迎又影響深遠的作品；出版六十年來，對美國經濟態度的衝擊之直接，只有皮凱提（Thomas Piketty）的《二十一世紀資本論》（*Le Capital au XXIe siècle*）可以比擬，只是這本論不平等的巨著還沒像《富裕社會》這般改寫了美國政策走向，替詹森任內的偉大社會（Great Society）計畫奠定知識基礎。

《富裕社會》標誌著高伯瑞和薩謬爾森及美國主流凱因斯思想正式分道揚鑣。《美國資本主義》謳歌戰後經濟，《富裕社會》則是尖銳批評，不僅清楚可見羅賓遜的影響，還可以看出高伯瑞對自己的主張愈來愈有信心。這本書骨子裡仍然是凱因斯思想，但和那個世代大多數凱因斯派作品不同，它的取經對象不是《通論》，而是〈我們子孫的經濟前景〉。《通論》成功消弭了失業與通膨，可是高伯瑞認為它未能促成美好生活或公正社會。雖然帳面數字很好看，但美國已經進入了「私人富裕、公眾貧窮」的時代。[46]他在書中最有名的段落裡如此形容：

> 這家人開著有著冷氣、動力方向盤和動力煞車的淺紫色轎車，駛過坑坑巴巴、滿是垃圾的街

道，兩旁除了樓房和廣告看板，還有早該地下化的電線桿。車子來到鄉間，放眼望去全是商業藝術作品裡已不多見的景色……他們在汙染的小溪旁野餐，吃著冰桶裡拿出來的包裝食品，晚上在有害公共衛生和善良風俗的公園裡漫步。在他們躺在尼龍帳篷裡的充氣睡墊上，聞著四溢的垃圾腐臭沉沉睡去前，或許會隱約覺得古怪，他們得到的福蔭是那麼不平均。這真的是美國精神（American genius）的實現嗎？[47]

當冷戰和麥卡錫主義侵蝕美國政治，美國民眾則是在購物中心和電視機前麻痺自己。城市郊區雨後春筍般出現，原本在市區租屋的民眾因為工資增長，又有政府支持的貸款方案，紛紛在郊區購買新房。幾年前根本還不存在的各種新發明，如電視和購物中心，突然大量普及。那是漢納巴伯拉（Hanna-Barbera）卡通和迪士尼樂園的年代，不鏽鋼廚房設備和塑膠玩具的年代，也是通勤上下班與巴比妥酸鹽的年代。和那個世代的自由派菁英一樣，高伯瑞擔心當時的人好不容易擺脫了大蕭條的物質貧瘠，一股腦地跳入消費主義和從眾的精神空虛之中。但他的指控不只是恃才傲物，而是說到了數百萬美國人心裡；直到今日，消費者不用出門也能購物，社交也愈來愈常在網路上進行，特別是年輕人，他的描述依然成立。我們擔心現代人沉迷於社交媒體，就像高伯瑞擔心當時人沉迷於廣告和電視，人們和商業愈走愈近，和自己所在的群體愈走愈遠。

《美國資本主義》歡慶稀缺的終結，《富裕社會》則是譴責美國愈來愈仰賴生產不必要的物品來確保大多數家庭的財務安全。美國戰後無止盡倚靠刺激經濟產出，作為提升美國人生活水準的主要手段，甚至唯一方法，導致民主運作被迫聽命於市場機制。腦袋正常的人都不可能接受延長工時只能換得骯髒的公園，但這就是市場邏輯，因為市場只獎勵可獲利的行為。乾淨的公園無利可圖，只是比骯髒的公園舒服而已。倘若一切生產都以能否獲利為依歸，那麼除非有人做出政治判斷，認為公園乾淨比較好，否則幾乎注定只會得到骯髒的公園。市場不是公眾想法的公正指南，它有時會做出非常瘋狂的判斷。

高伯瑞其實重提了〈自由放任的終結〉的論點。凱因斯在這本一九二四年出版的小冊子裡主張，「政府的施政重點不在做人民已經在做的事，不論做得比人民好一點或糟一點，而是做目前根本沒人做的事。」[48] 判斷市場**做不到**什麼本來就很難，但高伯瑞認為廣告時代讓這件事變得更棘手，因為有許多東西其實貶低了民眾的生活品質，而且如果讓民眾**選擇**，這些東西絕不會是他們心中的當務之急，可是民眾卻真心**喜歡**它們。老百姓會買名車，因為他們有能力買，但他們卻買不到集體財，也無法用一輛高級車交換一臺普通車加上家附近一座好公園。當公共財混亂無序或遭到忽視，民眾就算不愉快，也只能用市場提供的東西來滿足自己的欲望。

大眾媒體和路邊廣告看板不只說服了民眾，讓他們掏出閒錢購買奢侈品，還創造了只能靠購物滿足的**新**需求。就算這些需求非常膚淺，卻很真實，而且創造了一套以浮誇來界定的生活水準及社會期望。由於全力動員經濟機器生產多餘之物，使得美國挪用了原本用於其他活動的資源與勞動力，因而無法繼續這些有助改善生活品質的事務，例如興建學校、公園和公共住宅等等。社會的經濟機制不再用來持續提升社會舒適與和諧，而是用來滿足廣告和生產本身創造出的消費者需求，從而削弱了社會化解貧窮問題的能力。「倘若我們的制度就是如此，生產只是因為我們先創造了需要生產的需求，我們就不會有什麼多餘的資源。就算有錢，也不可能有錢到有閒錢可以幫助窮人……只要明白我們的社會專門自己創造需求自己滿足，我們或許就能做得更好。」[49]

對保守派批評者和高伯瑞在凱因斯學派裡的對手（如薩謬爾森和他在麻省理工大學的盟友梭羅）而言，《富裕社會》帶有不科學的道德主義色彩，書裡只見一位菁英思想家汲汲於用自己的判斷取代社會的判斷。這樣說確實沒錯。對高伯瑞而言，民主必然涉及實現某種型態的世界，可是在這件事上，政府唯一認真以對的領域似乎只有國防，而高伯瑞對美國冷戰政策造成的「武器鋪張」[50]非常譴責。瘋狂的軍備競賽只證明美國**有能力**製造和購買任何武器，並**選擇**用一種特別膚淺、無情又暴力的方式安排經濟體制。美國確實降伏了商業循環的不可預測性，並超越了全面資源稀缺的限制，但政府的任務不會因為社會基本物質需求都得到滿足了而結束。

用高伯瑞的話來說，說服民眾改變生活方式就是改變「世俗認知」。這個講法如今在政治圈裡實在太過普及，因此很少有人知道它是高伯瑞的發明。高伯瑞用這個詞來指稱政府裡頭腦正常的人認為可接受的想法。這些想法不一定和統治階級的金錢利益直接相關，卻是菁英聽起來最順耳，最喜歡在報紙上、演講裡或藝術作品中見到的說詞。這些想法不一定有錯，但顯然過時了。世俗認知（conventional wisdom）永遠誕生於特定情境，因此易受政治和社會改變影響。高伯瑞表示，凱因斯或許說得沒錯，思想在政治裡永遠占上風——不過只有在當下。思想後來會被推翻，不是因為理性論證，而是因為社會變遷的蠻力。「世俗認知的敵人不是思想，而是事態演變。」[51]

保守派對《富裕社會》反應冷淡不難預期，自由派和左派則是幾乎人人稱好。約翰・斯特雷奇和羅賓遜都很興奮，但最終讓高伯瑞心有共鳴的，是瑞典經濟學家默達爾（Gunnar Myrdal）出版的回應作《富裕的挑戰》（*Challenge to Affluence*）。默達爾認為，高伯瑞強調富裕和現代企業的生產力，從而忽略了為數眾多的「底層階級」，包括老人、殘障者和有色人種。默達爾估計這些人約占美國人口的五分之一，[52]統計數據也支持他的看法。美國一九五九年平均失業率只有五・五%，貧窮率卻達二二・四%，更可怕的是黑人貧窮率更高達五五・一%。[53]高伯瑞筆下那群開心又不滿足的過度消費者不是美國人，而是美國**白人**。就連美國白人也有不少還在田裡辛苦幹活，四〇%的家庭困於貧窮。[54]

不過，默達爾的批評其實反倒證明了高伯瑞對民主、市場和數學抓的大方向是對的。經濟體制就算馬力全開——至少在政治人物接受的範圍內——還是可能漏掉非常多人。失業率五・五%不是客觀中立的數字，它其實掩蓋了種族歧視在美國的嚴重程度。經濟學家或許消滅了不景氣，但公正的民主秩序不可能只靠消費者需求而實現。

《富裕社會》既是高伯瑞左派思想的初試啼聲，也是發給凱因斯學派的出師表，號召這群因麥卡錫主義而克制言談及政治抱負的經濟學家起身再戰。高伯瑞並未放棄自己在《美國資本主義》形成的看法。他仍然對壟斷與寡占大致滿意，權力制衡也始終占據著他思想裡的核心地位。但比起一九四〇年代末到一九五〇年代初，他現在賦予政府大得多的角色，堅持單憑市場無法解決戰後美國面臨的種種問題。

這本書是對美國凱因斯主義的開戰宣言，而不久後讓他事業重創的，正是這群美國凱因斯主義者，而非右翼麥卡錫分子。

15 終結的開始

一九三六年秋天，甘迺迪（John F. Kennedy）進入哈佛大學就讀，幾乎沒有人不曉得他的到來。溫斯羅普舍堂的舍監形容他「相貌英俊」、「交遊廣闊」。甘迺迪用父親在華爾街賺來的錢買名車，參加足球、游泳和帆船校隊，還舉辦豪奢派對，找爵士樂隊和「跳舞的里瑟梅茲」（Dancing Rhythmettes）助興，甚至有兩位大聯盟球星出席。[1] 甘迺迪的父親當時剛從證券交易委員會主席轉任小羅斯福政府的海事委員會主席，哈佛有幾位教授為了擠進政治圈，搶著照顧老甘迺迪的兒子們，以討他歡心。然而，人稱傑克的甘迺迪頭腦比不上哥哥喬（Joe），便將全副心力——再次用舍監的話來說——「熱切投注在女人身上」。傑克「不怎麼認真」，「這種學生教也沒用」。[2]

這位舍監就是高伯瑞。但他踏入權力圈的契機不是政商關係良好的學生，而是經濟系同事柯里。高伯瑞出身農家，小學只有一間教室，大學主修畜牧。他對哈佛裡的權貴子弟充滿好奇，但基本上不怎麼瞧得起。可是傑克不大一樣。這兩個年輕人（高伯瑞只大甘迺迪八歲）來哈佛都是為了證明自己。兩人都不受美國東北部菁英家族待見。這些「卡伯特、羅維爾、惠特尼、羅斯福和皮巴弟」家族的人對愛爾蘭後裔和向上流動者不屑一顧。雖然傑克家裡有錢又有權，但用高伯瑞的話來說，在「哈佛先於民主」的貴族世界裡，「哈佛有許多人難以相信甘迺迪兄弟能進一流學府，完全配得上哈佛的徽章與認可。」[3]在傑克過於花花公子的外表下，高伯瑞見到一個邊緣人，和他一樣急於被一群一九三六年當時並不想與之為伍的高高在上者認同。

高伯瑞不久便和甘迺迪家族建立了情誼，甚至直到傑克死後依然不墜。賈桂琳・甘迺迪・歐納西斯（Jacqueline Kennedy Onassis）一九九四年過世之時，高伯瑞和妻子凱蒂是除了甘迺迪家族之外，「少數」受邀在葬禮前夜到賈桂琳紐約第五大道寓所參加私人追悼的賓客。[4]

不過，高伯瑞和甘迺迪直到一九五〇年代晚期才有深交，而他跟這位卡美洛（Camelot）的合作不僅讓自己相隔二十年重返美國公共權力核心，也鞏固了他一九六〇年代美國頭號知識分子的地位。只是兩人結盟之初，甘迺迪需要他這位經濟學家比他需要甘迺迪更多。打從他一九四六年角逐國會議員開始，甘迺迪在哈佛的名聲就如影隨形。華府瘋傳他四處拈花惹草，他的參議院出席率也敬陪末座。甘迺迪身體不好，經常手術臥病休養，無法到國會山莊問政，卻嚴禁旁人透露他的身體狀況，加上他時常無法合理解釋自己去了哪裡，因此華府對他的印象就是個充滿魅力但無心問政的小牌議員。其實甘迺迪確實不怎麼喜歡國會，甚至認為同黨議員都是「愛說大話的煽動人士」。在高伯瑞眼中，甘迺迪逃避立法工作，只是因為不想跟其他政治人物在一起。[5]

甘迺迪就算有投票，惹來的麻煩也跟錯過沒投一樣多。一九五七年，美國參議院開始研擬民權法案，對投票權提出更多保障。極端種族隔離主義者瑟蒙德（Strom Thurmond）認為法案對南方白人威脅太大，於是在臺上冗長發言（filibuster）二十四小時，朗讀《獨立宣言》和各州選罷法以拖延議事進行，阻撓表決。從立法角度而言，這場國會山莊的鬧劇對瑟蒙德毫無幫助，因為法案本來就弱到沒什麼力量了，最終高票通過。

不過，甘迺迪根本沒幫上什麼忙。雖然他最終投下了贊成票，但程序表決期間卻多次支持削弱法案，討好死守吉姆．克勞法的南方選民。和瑟蒙德的冗長發言一樣，甘迺迪表態力挺隔離主義者只是做做樣子，自由派一眼就明白了。

甘迺迪有錢又有魅力，在權力中人眼中，這兩項特質永遠利大於弊。一九五六年，甘迺迪差點在民主黨舊金山全國代表大會上拿到副總統提名，只是黨內許多高層依然沒有把握，這個英俊小夥子到底是想繼承小羅斯福的衣缽，還是和克利夫蘭（Grover Cleveland）一樣是個保守派。這是由於甘迺迪的錢來自他父親老約瑟夫．甘迺迪，而老約瑟夫對美國在二戰期間應該涉入多少和小羅斯福意見分歧，並且外界普遍認為他有反猶太傾向。更糟的是，甘迺迪家族和威斯康辛州參議員麥卡錫是多年好友。一九五〇年，時任眾議員的甘迺迪在哈佛研究生專題討論課上表示，麥卡錫對美國政府遭共黨滲透的情形「可能有所掌握」，並自豪投票贊成《麥卡倫國內安全法》，允許政府成立委員會，任何美國人只要「不忠」的證據充足，政府就能褫奪其公民身分。[6] 一九五二年，甘迺迪的弟弟羅伯（Robert）協助哥哥順利當選參議員，當時麥卡錫討伐新政派正達到最高峰，而羅伯在國會山莊的第一份工作就是在對方手下服務。儘管只待了六個月，卻讓他在自由派民主黨員心中留下永難抹滅的汙點。一九五四年，參議院表決通過譴責麥卡錫，甘迺迪是唯一投票反對的民主黨參議員，強調此舉將對「國家社稷造成嚴重衝擊」。[7]

甘迺迪沒拿到副總統提名，或許正是因為他和麥卡錫主義沾上邊。他在全國代表大會尋求愛蓮娜·羅斯福支持，對方卻公開譴責他對麥卡錫默不作聲。這番場面讓甘迺迪政治和情感上大為受創，多年後仍難以平復。[8]

同一時間，高伯瑞則是兩度協助史蒂文森（Adlai Stevenson）角逐總統失利，成為自由派失落大業的守護聖人。小羅斯福過世後不久，高伯瑞就協助愛蓮娜、小史列辛格（Arthur M. Schlesinger, Jr.）和神學家尼布爾（Reinhold Niebuhr）成立了美國民主行動組織（Americans for Democratic Action），希望藉此建立維繫新政能量和理想主義的堡壘，對抗菁英化的共和黨和不懷好意的南方保守派民主黨員。這群發起人花費數年和自由派知識分子私下會晤，替民主黨政府規劃政策平臺及施政綱領，可惜始終沒有機會實踐。不過，美國民主行動組織在黨內確實有分量，不僅為下個世代主導華府的智庫開出道路，也成為替自由派政治人物和自由派思想背書的有力徽章。

一九五〇年代末，甘迺迪是麻州參議員，而高伯瑞仍在哈佛教書。為了入主白宮，甘迺迪開始向這位前舍監示好，除了事事向他討教，從諾克斯堡黃金儲備減少到農產品價格補貼什麼都問，還經常邀他到波士頓洛克歐伯（Locke-Ober）高級餐廳共進晚餐，而且「永遠不變……總是點龍蝦煲」。[9] 高伯瑞有時講話很專業、很囉唆，這位年輕參議員後來老是要他說重點，卻還是不斷邀他。聚會時常只有他們兩人，偶爾多一位歷史學家好友小史列辛格作陪。這種親密氣氛創造出一種高檔次政治謀劃的感覺，既滿足了高伯瑞的自尊，又養大了他追求華府密室政治的胃口。高伯瑞很清楚甘迺迪的政治野心和他對自由派的背叛，卻也明顯看出這位前學生是明日之星，可以協助自己重掌公權力。

到了一九五九年底，民主黨內所有高層都曉得甘迺迪有意角逐總統，也幾乎都曉得高伯瑞已經是甘迺迪的人了。這點讓真心支持史蒂文生三度出馬的黨員懊惱不已。光是有高伯瑞支持，就增加了美國左派對甘迺迪的信任，並有助於剷除潛在對手。不過，高伯瑞可不只是押上自己的名聲，他還打算讓甘迺迪和愛蓮娜結盟，因為愛蓮娜仍然是新政的代言人，更是自由派眼中小羅斯福留下的最佳遺產。愛蓮娜當時替布蘭戴斯大學主持一個電視訪談節目，於是高伯瑞便居中牽線，替甘迺迪安排了一次專訪，時間就選在他宣布角逐總統的同一天。這麼早就開始布局，顯示甘迺迪很清楚自己要費多少力氣才能爭取到黨內左派。雖然愛蓮娜還遠不打算為甘迺迪背書，也在訪談後對報社記者直言不諱，但兩人在鏡頭前友善機智的問答，還是大大增加了甘迺迪在自由派心中的可信度，並啟動了和解的契機，最終讓愛蓮娜支持他角逐提名。[10]

對甘迺迪而言，高伯瑞不只是他拉攏左派的意識形態橋梁。年輕雖然讓甘迺迪散發著樂觀與自信，卻也加深了他的草包形象，更多人記得他喜歡和瑪麗蓮夢露流連派對，而非詳細鑽研政策。反觀高伯瑞則是美國當時以聰明才智聞名的人當中最出名的一個，因此一旦有他支持，連較保守的選民都會認為讀書人站在甘迺迪這邊，而選戰參謀便是利用這一點協助他在大選中擊敗了尼克森。「不論全國代表大會或其後競選期間，高伯瑞的作用就是帶領知識分子回到甘迺迪陣營，」

薩謬爾森如此表示。[11]

甘迺迪自然當選了。而當他著手挑選內閣成員，自然得決定該如何處置競選期間支持他的自由派知識分子。麥卡錫主義的熱潮已經過去，麥卡錫本人也於三年前過世，而甘迺迪則是公開讚揚一九六〇年由一位共產黨員編劇創作的電影《萬夫莫敵》（*Spartacus*），讓好萊塢黑名單失去了影響力。華府對凱因斯主義者終於不再危險。

小羅斯福總統徹底改寫了華府的權力位階，將華爾街守護者趕下政府高位，換上學院經濟學家。甘迺迪在位期間，美國聯邦政府最有權力的兩個單位，經濟顧問委員會和聯邦準備理事會，更都由經濟學家掌管。

經濟顧問委員會是美國政府依據一九四六年《就業法》成立的公機關。雖然漢森曾經協助草擬法案，而且他是自己人，但凱因斯派仍然認為這項法案是一大敗筆，因為他們想要的不是《就業法》，而是《**充分**就業法》，包含具體的勞工保護和補救措施。可是隨著冷戰妄想病發，國會認為政府權力過大是受蘇聯滲透，凱因斯派只好含糊其詞，主張聯邦政府有「責任」「盡量促進就業」，並成立經濟顧問委員會。

如今經濟顧問委員會只是個專職分析的小衙門，每年出版幾乎沒有人看的年度報告，但在一九四〇和一九五〇年代，它對公共政策的影響力只在五角大廈和國務院之下。靠著最初幾任主席帶領，經濟顧問委員會成為白宮常駐智庫，從監控經濟成長到提供預算建言都是業務範圍，杜魯門在位期間甚至還要建議冷戰策略。「當主席那陣子，我完全無法想像自己會主動離職，」杜魯門時代擔任經濟顧問委員會主席的凱瑟林（Leon Keyserling）回憶道，因為他很享受「隨時能無條件直達總統」的感覺。[12] 杜魯門和艾森豪都是平衡預算的鐵桿擁護者，但在凱瑟林和繼任者伯恩斯（Arthur Burns）的壓力下，兩位總統最終還是為了經濟成長而忍受預算赤字（在極端麥卡錫主義者眼中，艾森豪肯接受赤字就代表他被蘇聯滲透了）。

聯邦準備理事會的角色也改變了。在埃克爾斯的領導下，聯準會於一九三〇年代在華府和財政部合作無間，讓美國的財政和貨幣綱領得以統一。根據約定，聯邦準備系統對銀行及聯邦政府實施低利率的寬鬆貨幣政策，通貨膨脹及失業不是靠利率調控，而是靠財政政策，亦即政府開支及徵稅，戰時還有物價管制。一九三七至一九四七年，聯準會維持重貼現率為一％，並於一九四二年起和財政部聯手公開調節貨幣政策，壓低二戰時的債券利率。即便戰後解除物價管制，通膨短暫爆發，美國依然沒有祭出高利率和高利率帶來的失業以對抗物價上揚，重貼現率直到一九五一年仍只有一．七五％，而聯準會也始終承諾美國國債會維持可預測的特定利率。

然而，韓戰爆發後，聯準會的經濟學家開始拒絕聽命於財政部和經濟顧問委員會。消費者預期戰爭又會帶來物價管制，於是開始瘋狂採購物資，導致貨架上所有商品都價格上漲，通膨瞬間惡化。一九五一年二月，物價年增率已經高達二一％。財政部希望聯準會向各家銀行買回公債，好壓低公債利率，有利於政府壓低戰事成本。但聯準會認為此舉只會鼓勵銀行發放更多貸款，進一步提高物價上揚的壓力。財政部對通膨掉以輕心，讓聯準會高層驚駭不已，開始要求中央給予他們物價管制權，不受其他決策機關左右。杜魯門答應了，下令終止聯準會和財政部的連動，並賦予聯準會「獨立」的貨幣政策決定權，可以隨時對美國經濟採煞車。[13]

然而，聯準會實際上依然是配角，經濟顧問委員會才是主角。一九二〇和一九三〇年代，貨幣政策是主要的經濟調控工具，但它既沒能預防大蕭條，也沒能解決不景氣。絕大多數經濟學家都同意，財政政策其實更有力量，也更有彈性。因此，甘迺迪選擇誰來執掌經濟顧問委員會，等於宣示他想當一個怎樣的總統。

甘迺迪曉得自己有欠於高伯瑞，因此覺得應該讓這位溫斯羅普前舍監出任經濟顧問委員會主席。對他來說，這似乎是很慷慨的提議。之前的主席很少拋頭露面，甘迺迪選擇高伯瑞等於自找麻煩，因為高伯瑞顯然是名人，而且喜歡挑起意識形態衝突。不過，甘迺迪終究沒這樣做。他請小史列辛格去打探高伯瑞的意願，沒想到高伯瑞卻向甘迺迪推薦明尼蘇達大學經濟系主任海勒（Walter Heller），建議由這位凱因斯派執掌經濟顧問委員會。

甘迺迪有點錯愕，卻如釋重負。其他競選顧問只想獲得夢中職位作為回報，高伯瑞的抱負卻非比尋常，他想接替甘迺迪進入參議院。甘迺迪一九五八年當選參議員，入主白宮之際還有四年任期。儘管高伯瑞否認「波士頓各大報」和《紐約時報》的流言是他傳出來的，說他很有「機會」接替甘迺迪，[14]但提名他入主參議院並非完全是妄想。甘迺迪家族掌控波士頓政壇已經兩代，高伯瑞和凱蒂在大選期間跟他們走得很近。總統就職典禮時，兩人就坐在史坦貝克（John Steinbeck）和他妻子艾蓮旁邊，而剛入主白宮的甘迺迪也仰賴高伯瑞給他挑選內閣的建言，包括財政部、勞工部，甚至外交政策方面的職位。[15]用薩謬爾森的話來說，甘迺迪政府裡只有這位經濟學家和總統保持「社交往來」。「所有經濟學家裡頭，高伯瑞顯然和總統及賈姬特別親近，」海勒日後回憶道：「他還在印度為她買藝術品。」[16]

不過，王朝決定權還是握在甘迺迪家族手上。新科總統最終將參議員席次交給他的大學室友史密斯二世（Benjamin Smith II），而且等么弟泰德一滿三十歲，符合參議員資格，就將席次轉給自家人。高伯瑞最後受命出使印度。雖然這是個位高權重的外交職位，讓他得以實踐自己對貧窮和民主的理念，協助美國重整在亞洲的冷戰策略，但誰都曉得甘迺迪將自己競選期間最重要的自由派大將送到了半個地球外。

薩謬爾森從來不曾在華府連待三晚以上，[17]因為他很討厭那裡。那裡遊說團體太多，知識分子太少。他喜歡教書，不愛衝突，不適合唯有靠角力和背刺才能站穩腳跟或擊倒對手的美國首府。甘迺迪為經濟顧問委員會尋找主席人選時，薩謬爾森和高伯瑞一樣不想接手，因為那樣做一點也不值得。但他無法直接拒絕甘迺迪。薩謬爾森一九六四年告訴經濟顧問委員會的成員，「將我們這個偉大的國家留給羅斯托（Walt Rostow）和高伯瑞這樣的全才手上，實在太重要了。」[18]因此他雖然沒有去華府工作，卻同意接掌一個特別任務小組，讓他既能繼續執掌麻省理工學院經濟系，其建議又能上達總統。經濟顧問委員會主席一職最後如高伯瑞建議交給了海勒。

薩謬爾森和高伯瑞是朋友，兩人對赤字財政、公共工程和票投民主黨意見相同，名聲最初都來自受《通論》啟發寫下的輕鬆敢言的經濟學作品，也都在麥卡錫時代努力維繫凱因斯思想。但兩人相似僅止於此。高伯瑞是連親友都表示他很自大，薩謬爾森則是連攻擊者都承認他很謙遜。高伯瑞接受語言學概念和社會理論，薩謬爾森則主張所有經濟學推論都是數學，甚至本質上連他自己的英語闡述也是多餘。他崇拜市場，高伯瑞則不信任市場。

薩謬爾森和高伯瑞的意識形態衝突不僅成為甘迺迪和詹森時期的經濟計畫基調，也形塑了其後半世紀美國民眾的經濟思維。對高伯瑞而言，凱因斯式的需求管制不只為了確保數字正確、解決失業，更為了實現某種社會。在他眼中，政府如何達成經濟平衡至關重要，有些選擇更加道德、政治上更加優越，而他認為經濟學家有責任提醒民眾，哪些經濟力量可能導致社會變得庸俗、膚淺和好戰。薩謬爾森對進步的看法雖然和高伯瑞相去不遠，但這位比他出名的好友在《富裕社會》書裡質疑市場的道德權威，卻直接挑戰了他的根本信念，那就是經濟學應該要是、也可以成為嚴謹的學問。

薩謬爾森大半生都在努力去除經濟學的道德內涵，甚至語言成分，將經濟學化約為僅僅是數字，不想用自己的評判取代市場判斷。薩謬爾森和他麻省理工學院的門生們認為，他們的研究比高伯瑞的社會理論更審慎、知識上更嚴謹，只用冷冰冰的資料從事硬科學，只在自己的專業裡提出觀察和建言。薩謬爾森就像物理學家，無私研究市場規律。他曾經說道，高伯瑞更適合「寫烏托邦暢銷書」，勝過鑽研嚴謹的經濟學。[19]

話雖如此，但先後在甘迺迪和詹森時代效力於經濟顧問委員會的薩謬爾森、海勒和梭羅，其實做過的主張比高伯瑞這位更有名的對手還大膽。他們宣稱自己的研究反映了人類行為與組織的科學真理。高伯瑞認為經濟學是脆弱的信念體系，隨時會被新典範取代，薩謬爾森則主張經濟學是不斷進步的科學，一點一滴累積知識，並宣稱這門學問已經用數學確鑿找出人類行為的自然法則。薩謬爾森最終和這門學科的數學化發展出曖昧不明的關係。「數學就和皰疹一樣趕不走了，」一九九六年，他對《紐約客》（*The New Yorker*）雜誌遺憾表示。[20] 只不過在此之前，這件事就先為他、為整個凱因斯派經濟策略惹來了大麻煩。

《富裕社會》是一九五八年通俗經濟學的霸主，但那年最受凱因斯學者注目的卻是紐西蘭經濟學家菲利普（A. W. Phillips）發表的一篇論文。菲利普檢視了近百年來的英國數據，結果發現通膨和失業有著驚人連結，兩者似乎有抵換關係：失業人口減少，通膨就擴大；通膨降溫，失業率就提高。儘管菲利普不想過度推論，但薩謬爾森和梭羅可沒那麼節制。兩人受這篇論文啟發，研究了美國過去二十五年的數據，發現也有類似關聯，於是宣稱這是一項「驚人」又穩定的經濟調節工具。[21] 政策制定者可以從「菜單」提供的一系列通膨與失業率組合裡做選擇，只要將總合需求定在想要的程度即可。[22] 政府只要讓通膨高一點，就能有效降低失業率，反之亦然。通膨過高，政府應該減少開支或加稅，失業率過高則該增加開支或減稅。薩謬爾森堅信自己已經找到重大突破，甚至直接將「菲利普曲線」放進自己一九六一年版的教科書裡。[23] 這是**科學**，因此薩謬爾森、梭羅和海勒毫不遲疑，立即將這份原子時代的最新奇蹟帶進甘迺迪政府裡，最終將目標設在失業率四%，通膨率二%。[24]

菲利普曲線不僅對賦稅和政府開支影響深遠，也對貨幣政策產生了巨大衝擊。高伯瑞贊同凱因斯，認為靠央行提高利率是壓低物價最不公正，也最浪費的做法，是用貨幣政策讓人失業。加稅和直接管制物價雖然有其缺點，但至少不會直接讓人失業。然而，菲利普曲線似乎暗示失業是控制通貨膨脹的必要之惡。不論如何，想讓物價下跌，失業率就得升高。新數據鞏固了薩謬爾森的看法，高伯瑞有許多主張都不負責任，甚至危險。「我認為自己有責任抵銷高伯瑞的影響，他堅決主張只有利率低才是好的，」薩謬爾森後來私下向經濟顧問委員會透露。[25] 薩謬爾森對菲利普曲線的信心，加上聯準會的政策影響力愈來愈大，使得貨幣政策重新贏回了大蕭條期間失去的智識權威。賦稅加政府開支終究不是左右總合需求的唯一方式。調高利率可能會導致失業，讓人民口袋縮水；調降利率只要條件得當，或許就能藉由信貸成本降低而促使公司僱用更多勞工。這個知識上的翻轉不僅巨大，也對凱因斯思想構成了威脅。

二十世紀美國總統當中，甘迺迪特別喜歡向知識分子取經。這有部分來自他真心覺得自己和知識分子比較投緣。甘迺迪不喜歡國會議員，而華府到處是冒牌貨。不過，這樣做也是對詆毀者的一種私下報復。如果他真的無能，怎麼會有那麼多卓越心靈求他垂青？甘迺迪任命小史列辛格為總統特別助理，讓這位哈佛歷史學家獲得許多素材，在他過世後替他的執政表現添上知識的光彩。而且他幾乎大小政策都會尋求經濟學家的建言，從預測失業率和經濟成長到外交方針，甚至軍事策略也不例外。一九六一年時，經濟學已經差不多重回巔峰，「影響力不斷增加，可比小羅斯福及其智囊團的年代」，[26] 而甘迺迪則是渴望自己在世人眼中不只是迷人上相的政治明星，更是那個時代的偉大心靈之一。當他提出想延攬耶魯經濟學家托賓加入經濟顧問委員會，托賓表示自己「只是個象牙塔裡的經濟學家」，甘迺迪答道，「這樣最好，因為我也只是個象牙塔裡的總統。」[27]

高伯瑞提供甘迺迪建言多年，很清楚這套心理機制。用好友小史列辛格的話來說，他充分利用自己的知識分子光環「不斷發起捍衛公部門的游擊戰」，[28]除了呼籲政府投資公園、教育、醫療照護和博物館，提供更多的社會福利和退伍軍人福利，提高最低工資，對富人增稅（當時最高級距稅率已經高達九一%），甚至建議政府犧牲企業獲利直接管制物價。甘迺迪就任後不久，失業率曾短暫上揚，高伯瑞不僅敦促政府火速採取行動，提高公共支出，[29]「甚至威脅相關單位提早發放紅利給退伍軍人，」經濟顧問委員會委員高登（Kermit Gordon）回憶道。[30]高伯瑞不顧國務院規範和國家安全顧問邦迪（McGeorge Bundy）的懇求，繞過層層官僚直接將備忘錄交給甘迺迪，這也讓他和羅斯托一起成為對美國外交事務說話很有分量的經濟學家。[31]

薩謬爾森認為高伯瑞這樣做是在糟蹋經濟學的名聲。經濟學家沒有資格談論戰爭，經濟學在這方面沒什麼能說的。薩謬爾森自認是戰術家而非戰略家，專家而非評判者。他對經濟學家應當扮演什麼角色的看法深深影響了海勒、高登、梭羅和托賓，他們都視薩謬爾森為經濟學界最卓越的心靈。但就像小史列辛格說的，薩謬爾森為人太過謙遜，因此他實際上只是「根據總統和國會的情緒調整自己的建言」。[32]當高伯瑞輕鬆遊走於官僚之間，想方設法讓政府花錢，薩謬爾森卻察覺甘迺迪不想「被貼上拚命撒錢的標籤」，[33]並寫了一份「試驗性的」[34]報告，建議增加國防支出，甚至加快執行現有的開支計畫，以便對抗經濟衰退。萬一問題還是沒解決，「暫時」減稅或許有用。「權衡當前局勢，唯一絕對不需要的就是大規模推行急就章的公共工程，目的就為了提供就業，將錢灌入經濟當中。」[35]

薩謬爾森的量化直覺很準確。美國果然沒有陷入經濟衰退，並且靠著國防支出讓預算稍微超支，達到三十億美元出頭，加上發放失業救濟金和更多社會福利給付，就成功讓失業率大幅下滑。經濟復甦讓高伯瑞鬆了口氣，卻也察覺他的凱因斯派盟友在意識形態上正經歷危險的轉變，背棄了一九三〇年代承平時期的公共工程學說。高伯瑞這樣想道，政府如果繼續組裝炸彈和組織軍隊來提高就業，難保最後不會有人想動用這些軍備。

一九六一年當時，不光是自由派有這種恐懼，艾森豪總統卸任前就曾警告美國民眾千萬要提防他所謂的「軍工複合體」愈來愈強大，在「每座城市、每個州議會和所有聯邦政府單位」施展「經濟、政治甚至精神上的」影響力。[36]

然而，要在白宮裡找出誰聽誰的愈來愈困難。一九六二年六月十一日，甘迺迪在耶魯大學演說時告訴在場所有畢業生，他們世代面臨的難題「和哲學或意識形態的基本衝突無關，而是跟要用什麼方法與手段達成共同目標有關……當前經濟決策的關鍵不在會讓我們國家被激情淹沒的意識形態大戰，而在實際管理一個現代經濟體」。[37]這是凱因斯思想的蒼白無害版，高伯瑞在杜魯門和艾森豪時代就是用它來擊退麥卡錫主義者對他們是叛國共產黨員的指控，而這篇演講其實是高伯瑞幫甘迺迪寫的。[38]但就在這個務實、無關意識形態的表象之下，甘迺迪將凱因斯的經濟工具轉變成為冷戰時期的強大武器。

與此同時，美國凱因斯主義的命運也被捲入甘迺迪和美國企業大亨的關係裡。一九六二年四月，經過幾個月協商之後，甘迺迪政府和美國主要工會及鋼鐵公司高層針對工資達成協議，希望藉此壓低通貨膨脹。儘管物價管理局早就不在了，美國政府仍然會不時和敏感產業達成協議固定價格。基本物資如鋼鐵或石油業的工資上漲可能會引發漣漪效應；這些產品一旦漲價，就會拉高其他製造業的成本，進而轉嫁給消費者。甘迺迪管制鋼鐵業工資的手法是合作取向的，而且相對溫和。他的經濟團隊希望這樣做能給總統一點餘裕，推行較為激烈的財政政策，不用擔心過度調整和推高通膨。

然而，協議才敲定沒有幾天，美國鋼鐵公司董事長布勞（Roger Blough）就若無其事告知甘迺迪，說他決定逕自調高鋼價，每噸調漲六美元。換句話說，布勞利用華府打消員工的加薪訴求之後，打算直接抬高鋼價讓股東大賺一筆。

甘迺迪火冒三丈。「父親老是跟我說商人全是混蛋，而我就是不信，直到現在，」他告訴助理，而如此辛辣的評論很快就洩漏到媒體耳中。儘管總統接下來幾天拚命善後，私底下還是怒火中燒。「他們**真是**一群王八蛋，」他告訴小史列辛格和史蒂文生：「現在不只父親曾經這樣告訴我，我也這樣認為了。」[39]

美國政府和其他鋼鐵公司協調，以競爭為壓力迫使美國鋼鐵公司降價，最終贏了這場鋼鐵之戰。但甘迺迪對美國企業高層的幻滅可不只是從友到敵那麼簡單。就算已經入主白宮，甘迺迪仍然覺得自己矮人一截。他並不想擊敗一九六〇年代那些產業鉅子，只想向他們證明自己不是個有錢英俊的小伙子，而是能做事的實業家。布勞的背叛之所以傷人，正是因為甘迺迪渴望對方的認可。

五月底，美國股市無預警下跌。儘管經濟看似穩定成長，黑色星期二的恐怖卻始終徘徊在白宮幕僚心中。大蕭條發生時，他們正好是成年階段。甘迺迪花了一整週和顧問商討如何回應——按現在的標準簡直長得不可思議——然後宣布聯邦政府將使出強力手段，替個人和企業大幅減稅以解決股市震盪。

在政府內部，甘迺迪和經濟顧問委員會深怕此舉會冒犯企業界對平衡預算的堅持。甘迺迪任內第二年，美國預算赤字已經超過七十億美元，雖然經濟學界覺得沒什麼，產業界已經開始高聲要求財政紀律，希望政府平衡預算以示克制。然而政府新方案一出，抱怨就瞬間消失了，因為有錢人喜歡減稅。「一九六二年時，要求平衡預算已經成了紙老虎，」後來擔任尼克森顧問的經濟史學家斯坦（Herbert Stein）幾年後如此表示。一九三八、一九四七和一九五三年，企業界支持的保守派國會議員以政府明顯赤字為由強力要求減稅。赤字已經成為保守派渴望減稅的托詞——只要總統直接提出減稅，華爾街就不會抱怨減稅對國債的影響。[40]這點後來不斷得到證明，從尼克森、雷根、小布希到川普這幾位總統都是如此。

小羅斯福和艾森豪主政期間，保守派其實不曾爭取到大幅減稅，他們投票支持的法案始終沒能簽署生效，因此這項政策在甘迺迪時代仍然算是創舉。[41]蓋洛普民調顯示，如果減稅會增加國債，七二％的美國人會反對減稅，只有一九％的人贊成。[42]就算凱因斯思想在美國大學蔚為主流，但即使在民主黨內也遠非共識，甘迺迪本人直到十二月才完全接受自己提出的減稅方案。他參加由銀行家和企業高層菁英組成的紐約經濟俱樂部聚會，於演講中大談減稅能提高投資誘因，並承諾刪減政府開支，減少聯邦雇員，只有「國防和太空支出」會增加，因為攸關「我國安全」。[43]甘迺迪甚至調整了他對預算赤字的說詞，表示赤字確實不好，但適度減稅帶來的經濟成長最終將促成**更多**政府稅收，**更少**赤字。「預算赤字不是來自瘋狂開支，而是經濟成長緩慢和週期性的不景氣……長期提高獲利的最有效方法就是現在調降稅率。」當然，冷戰因素也必須考量。倘若國會不通過減稅案，讓美國產能超越中央計畫經濟的蘇聯，「所有自由國家的希望」都會有危險。演講結束，在場菁英歡聲雷動，甘迺迪這才相信減稅沒錯。

會後，甘迺迪激動難抑地打電話給白宮顧問索倫森（Ted Sorensen）說：「我把凱因斯和海勒直接倒給他們，他們都愛死了。」但索倫森看法不同。「那內容聽起來像胡佛，實際是海勒。」高伯瑞很沮喪，痛斥這場演講是「麥金利總統以來最共和黨的一場演說」。[44]甘迺迪主張讓有錢人更有錢是幫助國家最可靠的方法。「我不曉得，」高伯瑞之前曾經對甘迺迪說：「就算手上有多一點錢可花，但空氣髒得無法呼吸，水汙染得不能喝，通勤者連進出城市都有困難，街道又髒又亂，學校爛到聰明的學生都敬而遠之，那有錢可花又有什麼好處。」[45]

高伯瑞並不反對海勒、薩謬爾森和托賓的判斷，亦即大幅減稅可以刺激經濟成長，進一步減少失業，但他開始覺得這群政府成員迷失在自己的公式裡。《通論》的一大成就便是證明了經濟成長和進步不需要以巨幅經濟不平等為前提，社會可以自由追求更平等的賦稅政策。甘迺迪藉由減稅來刺激需求顯然對有錢人比對其他群體更有利，而且只會鼓勵商人製造更多消費品。「生產更多更好的除毛劑跟國民健康活力一點關係也沒有，」他告訴甘迺迪。[46]後世提到「甘迺迪時代的輝煌成就」時，不會強調「經濟成長率」，而是「政府如何解決因人口成長、社會日益複雜而層出不窮的問題」。[47]甘迺迪為了施行減稅，將民權法案、教育經費、扶貧措施和醫療改革擱在一旁。國會已經提出三十六項法案，預備提供醫療保險給六十五歲以上的國民。推行自由派大計畫的政治意願確實存在，不過這些計畫得先禮讓甘迺迪的減稅方案。

一九六三年元月，甘迺迪在國情咨文演說裡闡述他的減稅方案。個人所得稅入將減少一百一十億美元，最低級距稅率從二〇%減為一四%，最高級距從九一%減為六五%。公司稅入將減少二十五億美元，其中最大型公司稅率將從五二%減為四七%，同時補平一些特殊利益漏洞。[48]結果完全出乎甘迺迪意料，反對最力的不是堅持平衡預算的保守派，而是追求社會正義的自由派。田納西州參議員老高爾（Albert Gore, Sr.）痛批減稅方案是施捨有錢人。他告訴甘迺迪，此舉將使百萬富翁的實質所得增加五〇%到二〇〇%，但一般人民所得的漲幅百分比卻只會是個位數。「不論從社會、經濟或政治上看，這樣做根本站不住腳，」老高爾氣憤表示：「我情緒很強烈！連共和黨政府都不敢這樣做，您更是千萬不能。」[49]

高伯瑞和老高爾一樣擔憂，但他對甘迺迪最大的失望來自外交政策。假若鞏固經濟力量是為了窮兵黷武，那將美國變成凱因斯式經濟霸主又有何用？

高伯瑞知道自己一旦當了大使，他對國內政策的影響力就會減弱，但流落在外的好處是他對外交事務擁有極大的自由。華府爆發減稅之爭時，高伯瑞正駐守在新德里，和印度總理尼赫魯（Jawaharlal Nehru）一起對付動盪的越南政局。尼赫魯是美國在亞洲最有權勢的盟友之一，由於美方曾對印度提供大規模（但在合理範圍內的）糧食補助，使得這個國家對甘迺迪政府忠心耿耿。

但在一九六二年夏天，中國共產黨政府發動攻擊，從喜馬拉雅山區入侵印度，使得美印的盟友關係遭遇了潛在危機。秋天衝突加劇，可是當時華府所有人都緊盯著古巴飛彈危機。高伯瑞在「不巧缺乏華府指示」[50]的情況下，建議尼赫魯保持頭腦冷靜和有限接觸，不要回擊中國部隊。結果不到一個月，中國雖然取得一系列軍事勝利，卻還是撤退了，而美國馬上就把這事忘得一乾二淨。這場邊境衝突沒有升高為美國和共產中國曠日廢時的代理人戰爭，全要歸功於高伯瑞的外交手段和他應付美國外交官僚的本領。

高伯瑞認為這是他人生最大的成就之一。然而真正的問題不在印度北疆，而在東側，中南半島另一端。雖然他成功說服甘迺迪遠離寮國的亂局（他不曉得中情局涉入其中），可是越南似乎一天天將美國捲入更深的政治和軍事泥淖。高伯瑞的盤算是用印度政府作為外交掩護，讓美國撤出越南。他警告甘迺迪，美國政府很可能淪為高壓殖民勢力，但這個地區對美國對抗蘇俄和毛澤東掌權的中國沒有絲毫戰略好處。高伯瑞表示，南越的吳廷琰作為盟友並不可靠，這位強人總統對民主的信仰只是嘴上說說，完全仰賴美國援助才擋得住共黨武裝分子。他建議甘迺迪「換人做做看最有用」，強調「只要不是換上共產黨〔執政〕，幾乎肯定有好不壞」。[51] 美國照理應該和蘇聯達成協議，由美軍撤離越南，交換越共支持的游擊隊停止騷擾南越。撤軍後，南北越就可以恢復貿易往來，進而商討統一事宜。至於外交緩衝則可從印度政府向河內胡志明政權伸出橄欖枝開始。[52]

甘迺迪似乎同意這項計畫。一九六二年四月，他讀完高伯瑞遞交的備忘錄後，指示這位駐印大使接觸印度政府，討論和談方案。結果他等呀等的，一等就是幾個月。由於前一年豬玀灣入侵失敗，又公開拒絕派兵寮國，甘迺迪只想盼到一個時機，讓美國放棄對越南的承諾又不會顯得他很軟弱。但到最後，高伯瑞覺得這個時機可能永遠不會到來。[53]

越南的發展凸顯了凱因斯在布列敦森林會議取得的成就是多麼微不足道。在他眼中，這場二戰後會議是去除國際衝突的經濟誘因的絕佳機會，可以聯手打造一個由國際組織監管、貿易公平平衡的新國際秩序，沒想到布列敦森林貨幣制度卻成為冷戰的經濟工具，美國追求自身地緣政治利益的金融武器。由於這套貨幣制度以美元為中心，基本上所有簽署國都上了美國調控經濟的船。布列敦森林制度有利於合作，只是要透過霸權的手段。這套制度完全無法阻攔美國以強勢的力量對付不符合其冷戰利益的新興後殖民國家。面對越南的危局，凱因斯和他消除帝國衝突的經濟誘因的夢想完全派不上用場，因為美國或蘇聯從中看不到任何經濟利益。美國出兵是為了防止越南（南北越）藉由選舉組成聯合政府。美國領導人很清楚，只要投票，胡志明幾乎篤定當選。美國以反共為由介入，也等於背棄了對民主與後殖民民族建國的許諾。

因此，儘管到了一九六〇年代美國頂尖的經濟學家都是凱因斯派，但沒有人認為凱因斯經濟學能跨國協作。凱因斯和凱因斯主義只適用於個別民族國家，用它來擺脫經濟衰退或微調失業與通膨。凱因斯就這樣從戰爭與和平的哲學家變成了財政治療師。

高伯瑞在新德里的日子緩緩變成只剩鋪張虛浮的晚宴和慶典活動。他可以向哈佛申請延後歸建，繼續待在印度，但當一九六三年夏天中印邊界危機解除，甘迺迪對越南撒手不管，高伯瑞便決定返回美國。《富裕社會》面世已經五年，該寫下一本書了。他先應甘迺迪要求短暫停留華府，評估美國黃金儲備在布列敦森林制度下持續外流的狀況，隨後便於秋季學期重新在哈佛任教。

那年九月，眾議院以二七一票對一五五票通過甘迺迪的減稅案，除了兩百二十三位民主黨眾議員，還有四十八位美國東北部商業重鎮的共和黨眾議員投票支持。由於民主黨是多數黨，顯然毋須共和黨支持就能通過法案，但企業界喜歡減稅勝過讓民主黨總統取得立法勝利。民主黨內的反對票主要來自南方的平衡預算保守派。儘管當時幾乎沒人察覺，但減稅案表決是美國自由主義和凱因斯思想的轉折點。過去位居小羅斯福新政聯盟核心的北方都會區工會派民主黨員，竟然投票支持嚴重偏袒有錢人的減稅案，理由是凱因斯經濟學家的最新研究顯示減稅對勞工有利。接下來三十年，類似想法逐漸蓋過民主黨的其他優先考量，最終導致柯林頓（Bill Clinton）當上總統，並以新自由主義進步為名否定了新政自由主義。

高伯瑞對表決結果很失望，但至少法案到了參議院還有機會彌補。必要時可以說好話拉攏參議員，也可以投書雜誌宣傳隱藏的危險。十一月某天下午，高伯瑞及小史列辛格在紐約和《華盛頓郵報》兼《新聞週刊》（*Newsweek*）發行人凱瑟琳．葛蘭姆（Katharine Graham）會面。三人討論得正起勁，突然傳來總統中槍的消息。[54]

接下來幾天充滿了痛苦和混亂。高伯瑞匆匆趕往白宮，儘管沒有公職，但他還是陪著情緒崩潰的甘迺迪親友與顧問一起哀悼、籌劃及協調各項後事。四十年後，他告訴替他作傳的作家，雖然那段時間「忙得要命」，「我現在卻幾乎想不起我們當時都做了什麼。」[55]

不過，至少他還記得其中一場對話。甘迺迪遇刺隔天，他遇到詹森，被對方帶到行政辦公大樓的副總統室。詹森前一天還在這裡辦公。他下週要對國會演說，想請高伯瑞協助勾勒他接任總統後的任務。「他拚命表達自己對民權，以及對我們共同繼承自小羅斯福的自由主義的承諾，」高伯瑞在回憶錄裡寫道。詹森那週遇到甘迺迪手下的所有自由派都這麼說，包括海勒。[56]儘管絕大多數民主黨員對詹森能否堅守自由派理念都很懷疑，但高伯瑞一九四〇年代初就認識詹森，始終相信對方是真心相信新政民粹主義。詹森父親是德州議員，但這位新科總統老說自己是白手起家，而且他在華府待得愈久，講出的童年家裡收入數字就愈低，感覺「每多待一年就少五成」。[57]對高伯瑞來說，這不僅透露了詹森認為什麼值得讚揚，也顯示了新任總統對真相很有彈性。被詹森大談民權給「輕易說服」後，高伯瑞「特別點出另一個問題」，那就是越南。但詹森是在經濟學家還沒成為政策先知的時代長大的，因此毫不理會高伯瑞的外交憂慮。「那場對話就是詹森總統任內的縮影，」高伯瑞日後回憶：「一個對內政強勢、創新、自信又有手腕的人，卻毀在一場對美國毫無用處的軍事動員。這場動員在政治上完全錯判了後殖民世界的權力本質與影響力。」[58]

不過，首先還有減稅要面對。詹森二月簽署了一項稅法，和甘迺迪主張的法案很像。新法將個人所得最高級距的稅率從九一%減為七〇%，最低級距從二〇%減為一四%，公司稅則從五二%減為四八%。詹森還承諾政府下個財政年度將節制開支，作為減稅的交換條件，也就是保守派不但贏得了減稅，還讓政府減少開支。

然而，比起繼承甘迺迪的未竟志業，詹森的抱負更大。他希望靠減稅換得小羅斯福之後就沒有人敢提出的宏大內政願景。這項計畫將從經濟汲取能量，確保所有能工作、想工作的人都有工作可做。至於其他國民，政府將向貧窮宣戰（War on Poverty）。有凱因斯派專家掌舵保證經濟穩定擴張，貧窮將成為個人和地方不足的結果：教育或基礎建設欠佳，或是對代間失業習以為常的文化。「沒錢沒工作往往不是貧窮的原因，而是症狀，」詹森在他首次國情咨文演說裡表示，這句話直接出於海勒的啟發。「貧窮的原因可能更深層，出在我們沒有給自己的同胞發揮潛能的公平機會，出在缺乏教育與訓練，缺乏醫療與住宅，缺乏適合生活與養兒育女的良好社區。」[59] 於是，詹森設立工作團（Job Corps）協助缺乏市場價值技能的青年，成立全國教師團（National Teachers Corps）改善公立學校的教學品質，創立美國志工服務隊（Volunteers in Service to America）讓有志貢獻社會的青年協助更新貧困社區。他創立經濟機會局（Office of Economic Opportunity），擁有十億美元預算用來補助全國小型地方組織策劃執行的「社區行動」計畫，同時推出新的聯邦法扶方案，協助窮人不受剝削，並發放食物券，確保沒有家庭餓肚子。

詹森回顧小羅斯福任內，明白自己正在執行一項充滿活力與實驗性的龐大計畫，而且享有他心中偶像沒有的優勢，那就是徹底瞭解現代經濟體制，並且擁有美國有史以來最出色的經濟顧問。儘管向貧窮宣戰成果斐然，但如此多計畫與方案還是沒能消滅貧窮。原因很簡單，高伯瑞後來說得一針見血：「對抗貧窮有一個可能的解方，就是讓窮人有收入，但獨獨這個方法被排除了。」[60] 由於視貧窮為個人不幸，而非單純資源匱乏，使得凱因斯派總體經濟學家雖然自命為國家經濟機器的管理者，卻忽略了美國許多最緊迫的經濟問題，不認為那是他們的事。例如改善教育或許有點幫助，能給教師更多工作機會，但底層階級還是一樣窮，只是肚子裡多了點墨水。即便像起步方案（Head Start）這類的計畫，雖然讓孩童提前就學，其用意也不在於降低孩童保育費用或是讓家長騰出時間工作。海勒始終理所當然認為單薪家庭是社會的基本經濟單位，妻子不出門工作。[61]

減稅案後，高伯瑞便逐漸淪為華府決策圈的邊緣人。詹森令他接掌經濟機會局，高伯瑞只當它是榮譽頭銜，便將力氣用在撰寫新書和愈來愈公開反對越戰上。他甚至沒有辭去哈佛教職，好全心監督局裡的經費撥用狀況。經濟機會局一九六四年確實拿到十億美元，但仍不到聯邦總預算的一％。這位甘迺迪前幕僚可是見過大手筆的人。

高伯瑞很生氣，氣詹森、氣戰爭、氣經濟學領域眼下的變化。在不少重要面向上，詹森政府都是美國有史以來最自由派的，但這股自由主義的能量並非來自頂尖經濟學家。這群學者在戰爭辯論中缺席，提供的減稅建議基本上跟保守派沒有兩樣，還誤判了貧窮的本質。

高伯瑞不僅開始大聲反戰，還開始攻擊其他同為自由派的經濟學家。不論私下談話或出席國會作證，他都抨擊甘迺迪和詹森減稅是新的「反動凱因斯主義」，大大危害了美國政治的未來走向。凱因斯經濟學家給了政治右派一份大禮。後麥卡錫主義者一心想將有錢好戰分子的利益置於全體社會需求之上，現在他們還能用自由派的科學來證明自己的方案合理正當。

對薩謬爾森、海勒和梭羅來說，高伯瑞此舉簡直偽善得不可思議。韓戰時他的反戰良心在哪裡？高伯瑞對艾森豪時代的官員讚譽有加，稱他們是開明的凱因斯技術官僚，卻對這個世代最自由派的政府大肆抨擊，稱他們天真教唆出一群不負責任的企業貴族，這實在太過分了。當高伯瑞的新書《新工業國》（*The New Industrial State*）終於問世，梭羅在書評裡火力全開，不僅出於科學上意見不同，更由於個人恩怨。他稱高伯瑞是「道德主義者」，利用「根本站不住腳」的「精美理論」偷渡個人「價值」，並且痛批對方根本不配甘迺迪給予他的光芒和榮耀。

「高伯瑞這個人畢竟非常特別，」梭羅寫道：「他的書不僅讀者滿天下，而且都讀得津津有味；他是很有分量的公眾人物，和〔聯準會主席〕馬丁（William McChesney Martin）一樣有力，隨口胡說就能憾動股價。全世界的人都認識他，搶著和他見面。他和許多上層人士來往，就我所知，他自己說不定也是個上層人士，難怪經濟學界的凡夫俗子對他又羨又惡，很不舒服。」[62]

高伯瑞其實不算上層人士，而他長年來對企業壟斷力量的寬容，也成了他的知識對手面對他站在左派發動的攻擊時，拿來證明他們才是正統自由派的武器。薩謬爾森在演說中痛批高伯瑞的反壟斷觀點是「反動保守」的異端，[63]有違他自己信仰的新政傳統。就連高伯瑞偏好物價管制勝過貨幣政策的傾向，也是另一種菁英虛榮作祟，就為了凸顯他自己在物價管理局的表現。

對於身為二十世紀頂尖知識分子的高伯瑞來說，這是很危險的局面。他的形象是兩種現象相互巧妙加強而成的結果：經濟學的崇高地位讓他廣受政治人物青睞，而他對政治菁英的影響力又提高了他在經濟學界的聲望。只要其中一方和他徹底決裂，其影響力的基礎就會瓦解。

薩謬爾森和梭羅的攻擊讓高伯瑞特別有感，因為從某些方面來說這些批評是正確的。參與民主黨內高層政治十年下來，高伯瑞從自大變成了自我感覺良好。美國民主行動組織的主席辭職後，高伯瑞立刻趁機接掌了這個他和愛蓮娜一起創立的左傾團體，計劃拿它當成墊腳石，成就更偉大的事業。他巡迴全美各地，發表反戰演說，並考慮以反越戰為號召，於一九六八年和詹森對壘，角逐總統提名，直到他的律師兒子艾倫一再強調美國憲法禁止外國出生的人擔任總統，他才打消念頭。

高伯瑞對公權力的影響愈來愈弱，但一九六〇年代的民主黨菁英仍然被他提出的社會願景深深打動，連詹森也不例外。即使他對這位大思想家不停攻擊越戰非常喪氣，還是希望他能協助自己闡述任內的內政抱負。為了能在演說裡描繪他口中的「偉大社會」計畫，詹森私下打電話給正在佛蒙特鄉間自宅度假的高伯瑞，要他「祕密」到白宮西廂辦公室來協助撰寫講稿，因為他不想讓外界發現自己找反戰者幫忙。[64]

高伯瑞答應了。他從附近的新罕普夏州基恩機場搭乘政府專機，途中先到紐澤西接了白宮顧問卡利法諾（Joseph Califano），兩人一起飛往華府。高伯瑞花了一天時間擬出草稿，其實就是精簡版的《富裕社會》。那天傍晚，詹森欣喜若狂：「這實在太棒了，我一個字都不會改。」[65]

那週稍晚，詹森在密西根大學發表演講，內容半是經濟史、半是社會診斷，加上百分之百的高伯瑞：

我們花費一百年開墾並征服了一塊大陸，又耗費五十年利用無限發明和不懈的產業創造了全民富裕的社會秩序。未來五十年，我們的挑戰將是能否善用這筆財富，豐富和提升國民生活，提升美國文明的品質……眼前的弊病一列就是一長串：市區凋敝、郊區搶劫叢生、住宅和運輸系統不足、開闊地消逝、舊地界被破壞。所有擴張裡最糟的，莫過於鄰里社區歷久彌新的珍貴價值流失，也不再和自然交流。失去這些價值帶來了孤獨、無聊與冷漠。唯有城市偉大，我們的社會才會偉大。如今，最尖端的想像力與發明都發生在城市之中，而非之外。新實驗已經在進行，而你們這個世代的責任就是讓美國所有城市成為不僅能讓後人生活，更能讓他們享有美好生活的地方……因此，各位願意加入這場戰爭，讓所有人不分信仰、種族或膚色，都能獲得神所賜予、法律所要求的完全平等嗎？願意加入這場戰爭，讓所有人擺脫貧窮的重軛嗎？[66]

最終，偉大社會計畫演變成一個涵蓋民權與反貧窮的龐大方案。一九六四年《民權法案》（*The Civil Rights Act*）禁止種族就業歧視，並宣布種族隔離違法；《投票權法》（*Voting Rights Act*）則終止了人頭稅和讀寫能力測驗等等阻擋黑人投票的技術性手段，同時建立聯邦執法機制，確保南方各州遵守新法。詹森創立聯邦醫療保險（Medicare）和聯邦醫療補助（Medicaid），前者為長者提供國有化健康保險，後者補足窮人的醫療費用缺口，同時大幅擴張社會福利的規模（原本排除農民，以防鄉下黑人享有這項福利）與各項補助金額。其他既有的反貧窮措施也大幅擴張，如小羅斯福創立的有依賴兒童之家庭補助（Aid to Families with Dependent Children）方案（柯林頓時代習慣以「福利」稱之），而中小學教育法案則授權聯邦政府每年撥款十億多美元給公立學校。詹森成立國家藝術基金會和國家人文學術基金會，並設立公共廣播協會（Corporation for Public Broadcasting），由協會創立公共電視服務網（PBS）和國家公共廣播電臺（NPR）。在他任內還通過一系列環境法案，包括《空氣清潔法案》、《水質法案》、《汽車空汙管制法案》、《荒野法》和《國家自然與風景河流法案》。

這簡直是新政再世——政府大幅擴張，藉由提供新的公共財以滿足連充分就業經濟也無法滿足的民主社會需求。

而這套方案也真的大部分管用。詹森的向貧窮宣戰是漸近式的，用一系列小方案協助民眾學習如何進入勞動市場，只是這樣做並未消滅貧窮，因為貧窮多半不是個人不知如何找到和保住工作的問題，而純粹是就業機會不足，加上許多工作工資只在貧窮線上下。不過，偉大社會計畫確實靠著一些規模較大的措施，如擴大勞動市場和分擔導致家庭陷入貧困的日常開支，從而一勞永逸降低了美國的貧窮率。減稅措施雖然飽受高伯瑞抨擊，但確實大幅提升了消費力，進而讓企業願意提高產能，僱用更多員工。藉由創立聯邦醫療保險，擴大食物券、家庭補助和社會福利規模，偉大社會計畫不僅讓許多家庭付得起主要開銷，還提高其購買力，轉而讓勞動市場更加活絡。一九六九年詹森卸任當時，美國貧窮率已經降到一二・一％，貧窮人口比他就任時少了三分之一以上，超過一千二百萬人。

不過，和小羅斯福一樣，詹森的經濟勝利並不全面。偉大社會計畫的民權措施確實讓經濟騰飛的果實分配得更平均。黑人貧窮率降到三二・二％，比起《富裕社會》出版時的五五％有了大幅改善，但黑人和白人貧窮率的數字差距仍是美國民主的未解危機。直到一九九五年，美國黑人貧窮率才降到三〇％以下，目前是二一・八％，白人家庭則是八・八％。《民權法案》雖然禁止企業徵才和給薪時的種族歧視，但執法程度始終不一，而後續的改革提案，特別是一九七八年的《充分就業法》，也都受到保守派掣肘，就連民主黨高層也興趣缺缺。

此外，詹森版的凱因斯經濟制度也不斷浮現危險跡象。經濟學家賽斯（Emmanuel Saez）和祖克曼（Gabriel Zucman）檢視各項指標後發現，美國的整體經濟不平等於一九四〇和一九五〇年代大幅降低，但到了一九六〇年代便停滯不前。[67]通貨膨脹從一九五〇年代到一九六〇年代前半幾乎不構成影響，之後又開始上揚。雖然還遠遠稱不上危機，但物價漲幅從一九六五年的一％出頭到尼克森就任時已經突破了五％。儘管詹森、海勒和薩謬爾森聯手創造出驚人的國內生產毛額，但經通膨調整後就變得普通。一九六九年，美國經濟成長超過七%。這個數字放到通貨緊縮的一九三〇年代，所有人都會歡天喜地，可是計入物價上漲的壓力後，實際成長只剩二%出頭，雖然不錯，但不值得大書特書。[68]通膨帶來的問題一直延續到一九七〇年代，連凱因斯方案殘存的部分也躲不過威脅。

一九六〇年代末，凱因斯經濟學已經變得枯燥專業，和原有的哲學思想徹底脫節。不論華府或學界，**凱因斯主義者**一詞不再帶有麥卡錫主義正熾時的顛覆意味。如今有自由派凱因斯主義者、保守派凱因斯主義者和反動凱因斯主義者。他們都接受薩謬爾森、希克斯和漢森發展出來的工具，認為這些工具可以用來實現多種政治目的。不過，偉大社會計畫達成的自由派成果，其推力仍然來自凱因斯經濟學家藉由刺激總合需求打造而成的經濟引擎。凱因斯主義一旦失去知識信用，自由派打擊貧窮和提高民權的努力自然也會付諸東流。

16 十九世紀再臨

「凱因斯的美麗夢想，」瓊．羅賓遜說：「已經成了一場夢魘。」

一九七一年十二月，美國紐奧良市榮恩飯店（Jung Hotel）豪華總統沙龍，羅賓遜應邀在美國經濟學會年會發表伊利（Richard T. Ely）講座演說。這對羅賓遜來說是難得的殊榮，而她也不忘在鎂光燈前狠狠批評同行一番。羅賓遜指出，經濟學家必須為過去四十年來以「經濟成長」為名造成的貧窮不斷、暴力成災和生態浩劫負責。她在演講中火力全開、言詞辛辣，開頭便形容在場聽眾是「一群膚淺的經濟學家」，結尾更表示「經濟理論顯然已經破產……它對除了經濟學家之外，所有人都覺得最迫切需要回答的問題無話可說」。[1]

羅賓遜是來討公道的，在場聽眾也都明白。儘管她早已是那個世代最有成就的經濟學家，卻始終追求同行敬重而不可得。一九三三年，她和錢伯林（Edward Chamberlin）同時發現當時普遍為人接受的壟斷和競爭理論有問題，但哈佛的經濟學家卻不承認她的功勞。所有鑽研經濟理論的人都知道，她和卡恩是《通論》成書的關鍵人物，熊彼得甚至稱她是沒有署名的「共同作者」，但接下來的數十年，她卻得跟薩謬爾森和梭羅爭奪凱因斯的衣缽，而瑞典皇家科學院最終似乎選擇了麻省理工學院，於一九七〇年欽點薩謬爾森成為第一位獲得諾貝爾獎殊榮的凱因斯經濟學家。羅賓遜終身未能獲獎，但諾貝爾委員會不是唯一冷落她的學術機構，之前早有先例。劍橋大學直到一九六五年才給予她正教授頭銜。就像羅莎琳．富蘭克林（Rosalind Franklin）明明跟華生和克里克共同發現去氧核醣核酸的分子結構，但如此聰明的女性處在一個對女性不友善的領域裡，就是一直被邊緣化，羅賓遜也是如此。她對美國經濟學會演講當時，美國經濟學研究生只有一一%是女性，教職員裡的女性比例更只有六%。[2]

除此之外，羅賓遜本來就很好鬥，喜歡靠衝突吸引別人注意她的想法，經常批評知名經濟學家，逼他們為了捍衛自己的主張而捲入辯論。連她的學識盟友有時也會被她的尖酸刻薄給嚇到。一九八八年獲頒諾貝爾獎的沈恩（Amartya Sen）就曾形容他的這位老師「絕頂聰明但無比不寬容」。[3]「她那方面真的很糟，」她朋友戴維森（Paul Davidson）表示：「只要她想，她根本不在意粗不粗魯。」她和同行的學術對立往往升高成個人恩怨。美國經濟學會演講當晚，她和戴維森在沒人的餐廳用餐時，薩謬爾森和他妻子瑪麗恩也來了，雙方在餐廳裡共處四十分鐘，連點頭致意都沒有。[4]

伊利講座的講者很多是聯準會理事或財政部長。儘管只有一晚，但羅賓遜依然仗著美國經濟學會的聲名暢所欲言。她說，一九二〇和一九三〇年代的正統經濟學家解決不了現在世界的經濟問題，因為這些經濟問題不會自己解決。所謂的「均衡分析」只不過是替某種類似宗教的理念披上科學外衣，相信這世界會自動進步，「預先決定」將勝過「自由意志」。這群經濟學家寧願活在教科書裡，免得被現實世界的醜惡悲劇所干擾。他們完全應付不了大蕭條，這類災難充分證明了宇宙不會自然邁向社會和諧。

這群男人（當時的經濟學家幾乎都是男的）震驚之餘，選擇了擁抱凱因斯，但卻出於錯誤的理由。他們不是將《通論》視為新學說，有其獨特的社會與政治意涵，而是認為凱因斯發現了「一套簡單的手法」，可以再次如十九世紀輕鬆取得進步，就好比魔法讓星辰歸位那般。只要管理總合需求確保充分就業，世界就會恢復正常，經濟學家就能重拾過去那套漂亮的預測模型，將人視為追求利益極大化的理性行為者。

這項錯覺非常危險。「歷史沒有所謂正常時期可言，」羅賓遜說：「正常是經濟學教科書虛構出來的東西……如果十九世紀很正常，一九一四年根本不會發生。」

凱因斯向經濟學界示範了如何擺脫大蕭條，化解他們面對的第一場大危機。但隨後二十五年的凱因斯式經濟調控卻將世界領向了第二波危機，帶來刺鼻汙染、大規模貧窮、一場冷戰「和數場熱戰」。這已經夠糟了，沒想到當前的大經濟學家不是相信自己已經解決了這些問題，就是堅稱它們根本不是經濟問題。汙染只是替「外部性」定價的問題，也就是企業因生產而迫使社會承擔的成本。但羅賓遜逼問道，我們要怎麼替一群人因此罹患癌症定出公道的價格？錢怎麼有辦法為某數量的人命和某程度的公司利潤畫上等號？「什麼樣的定價機制能讓消費者在呼吸空氣和駕駛汽車之間做出公平選擇？」

如今經濟學家聲稱貧窮只是「經濟成長」問題，只要經濟擺脫衰退，貧窮終究會消失。但戰爭已經結束二十五年了，羅賓遜還沒等到那一天。

至於戰爭呢？只要能用支出來刺激需求就好，跟其他支出方式沒有不同。羅賓遜表示，凱因斯主義者將凱因斯的思想實驗看成正經嚴肅的政策主張，認為生產「武器」和埋瓶子到地裡沒有兩樣。羅賓遜不敢相信自己還得提醒大家：「凱因斯一點也不希望有人真的自己挖洞自己補洞。」

羅賓遜表示，《通論》的重點在於將人的能動性放回經濟理論中。她認為凱因斯強迫經濟學家面對「活在時間中」（life lived in time）的問題。制度不會立即回復均衡，人會依據自己對不確定未來的期望而做選擇。不論存錢或花錢，添購新設備或裁員，當下都不是必然理性或不理性的決定，因為長期結果無法預測。所以政府非出手不可，因為就業市場不會自動修正至充分就業。然而，凱因斯主義者被薩謬爾森帶偏了，依據凱因斯的理論建構出一套可比一九二〇年代正統經濟學的體系，屏除了人的能動性。不論政府開支項目為何，只要能達成充分就業便是好選擇，結果就是讓經濟學和凱因斯思想替一些可怕的政治決策背書，如冷戰和生態毀滅等等。

「我不認為凱因斯革命是知識的一場大勝，」羅賓遜在結語中表示：「恰恰相反，我認為它是場悲劇。」

無情痛批三十分鐘後，有趣的事發生了。羅賓遜演講完畢，坐在她身後的高伯瑞站起來開始鼓掌。她面前的聽眾也起立喝采，全場「熱烈」鼓掌「久久不斷」。[5]

一九七一年時，經濟學界面臨危機已經不是祕密。《紐約時報》前一年報導美國經濟學會年會之際，就指出經濟學的全盛期是一九六五年。一九六八年，美國經濟學會內的反對派對經濟學界右傾感到挫折，於是自組委員會，取名為激進政治經濟聯盟（Union for Radical Political Economics），並要求在學會裡擁有代表權。短短三年，聯盟就增長到一千五百名成員，而且期盼羅賓遜振聾發聵的可不只有聯盟內的年輕激進派。「她指控的對象愛死她說的每個字了，」曾擔任甘迺迪和詹森顧問的薩謬爾森信徒托賓表示。有人把問題講得這麼白，讓大夥兒都鬆了一口氣。[6]

其實，羅賓遜已經替經濟學界想好一道簡單的解方。他們毋須從頭開始，也不必燒毀哪位英雄的肖像，答案就在凱因斯身上。

最終，經濟學界再次羞辱了羅賓遜。儘管她指出了一個清楚又符合原旨的方向想要拯救已經延續三十六年的凱因斯計畫，她的經濟學同行卻選擇直接捨棄這道解方。這樣的結果，羅賓遜一點也不意外。

傅利曼苦等一九七〇年代到來已經等了一輩子。身為紐約布魯克林區匈牙利猶太移民家庭之後，傅利曼在紐澤西州瑞威市長大，父母親是布料店老闆。一九三〇年代，傅利曼屬於凱因斯新政派，曾在小羅斯福的戰時政府工作，但最終被芝加哥大學的自由放任派吸引，於一九四六年應聘至該校經濟系任教。傅利曼和凱因斯一樣極度樂觀，終其一生都抱持著某種進步觀，而且弔詭的是，他認為美國過去其實持有這種進步觀。

「美國最接近真正自由企業資本主義的時候，就是十九世紀，」傅利曼曾說：「所有人想創業就能創業，想來這個國家就能來。自由女神像上的格言在當時不是空話，一般人生活水準提升之大，可能沒有任何時期任何國家比得上。」[7]

傅利曼是海耶克朝聖山學社的創始成員，但在新自由主義運動裡，卻是個有著問題過去的年輕合夥人，許多成員對他抱有懷疑，甚至敵意。問題不只出在他才剛拋棄凱因斯主義，而是他小海耶克十三歲，小米塞斯三十多歲，對一九一四年以前的伊甸園時光毫無記憶。對傅利曼而言，那個時代是一團不可知的巨大迷霧，散發著他自己的家族歷史和美國國家神話的浪漫光彩，而不是對奧匈帝國文化成就的傾慕。傅利曼想要的不是新的歐洲貴族，而是約翰韋恩在美國邊境的活力與熱情。

傅利曼和他導師之間的衝突遠不只是風格有別而已。他對經濟學本質的理解同時受到美國進步觀和極度量化科學理性主義影響。海耶克和米塞斯強烈反對戰後薩謬爾森在經濟學界帶動的數學轉向，尤其海耶克，他對人能否獲得確切經濟知識高度懷疑。在他眼中，自由市場價格機制的主要好處是能處理大量有關個人偏好的訊息，這些訊息單憑一人根本無法理解，遑論計算了。海耶克認為，由於人的無知無可避免，使得政府介入注定徒勞，再多統計數據也無濟於事。

然而，傅利曼和薩謬爾森一樣，認為經濟學非常接近純科學，能透過經驗觀察和統計分析促成社會進步。凡有意識形態之爭，經濟學都能藉由顯現不同政策的實際後果來做出評判。在傅利曼的美好世界觀裡，「無私公民對經濟政策看法不同，主要出於他們對行動的經濟後果預測不同，而不是出於基本價值觀天差地遠。前者可以透過實證經濟學的進步而化解，後者終究只能打架解決。」[8]只要懷抱善意、看清事實、數據充足，人就能達成共識。對海耶克而言，傅利曼這種數據導向的想法「就和凱因斯的意識形態一樣危險」。[9]

海耶克戰後一直想將自己對自由放任的信仰和新政民族國家這類政治型態結合起來，但直到一九六二年都沒找到優雅的解決方案，寫出的作品也都沒能像二十年前的《通向奴役之路》那樣激起廣大迴響。一九六〇年出版的《自由的構成》（*The Constitution of Liberty*）雖然是他自認最重要的政治宣言，反應卻很慘淡；同年甘迺迪勝選更像是宣告他發起的智識運動在政治上徹底失敗。凱因斯思想愈來愈有影響力，地位愈來愈高，海耶克則是名人光環不再，資助他進行智識反抗的大金主盧諾也瘋了。疲憊沮喪之餘，海耶克選擇淡出美國，退居中世紀哈布斯堡王朝創立的德國弗萊堡大學，學術產出也大幅減慢。

海耶克離開讓傅利曼有機可乘，一舉打入朝聖山學社，以及範圍更大（但政治上無比邊緣化）的新自由主義圈頂層。和海耶克不同，傅利曼並不認為需要對後新政時代的現代性妥協，反倒大方開心擁抱自由放任，主張自由市場和國家干預幾乎徹底不相容。對傅利曼而言，沒有什麼能攔阻勤奮工作和好點子脫穎而出，不論種族歧視、階級差別，甚至大企業壟斷都不可能。他無比相信人性本善，沒有市場解決不了的問題，連戰爭也不例外。

「假如有化學家覺得汽油彈不道德，那他只要找一份不用製造汽油彈的工作，問題就解決了，」一九七二年，傅利曼這樣告訴《商業和社會評論》（*Business and Society Review*）的記者：「儘管他得付出代價，但如果有非常非常多人也有同感，僱人製造汽油彈的成本就會很高，導致汽油彈變貴，使用的人減少。這就是自由市場提供的投票機制確實比政治制度更敏感巧妙的另一個例子。」[10]

一九四〇和一九五〇年代，傅利曼算是沒沒無聞，只曾因為反對租金管制（他認為效果適得其反）和醫療證照（理由同樣是增加消費者成本）而在學界激起一些火花。艾森豪時期，他婉拒加入經濟顧問委員會，預言這份工作將迫使他的反政府立場做出太多「妥協」，並嘲諷「我覺得社會需要一些怪胎和極端分子」。[11]

和海耶克一樣，傅利曼始終堅稱自己不是保守派，而是進步創新主義。「老天，別叫我保守派。高伯瑞那群新政分子才是保守派，因為他們想讓事情維持原樣，讓新政延續下去。」[12] 傅利曼的主張帶有民粹色彩——市場是受政府打壓的人民之聲——並謳歌天才的英雄壯舉：「牛頓和萊布尼茲；愛因斯坦和波耳；莎士比亞、米爾頓和巴斯特納克；惠特尼（Amos Whitney）、麥考米克（Willoughby McCormick）、愛迪生和福特；珍亞當斯、南丁格爾和史懷哲」，這些人統統為社會變革提供了「政府永遠無法複製」的「個人」貢獻。[13]

不過，傅利曼在一九六四年一戰成名，憑著他和美國史上最強硬的保守政治運動扯上關係而變得家喻戶曉。這件事就是亞利桑那州參議員高華德（Barry Goldwater）角逐總統大位。不論傅利曼如何解釋自身觀點，實際上他的作品就跟米塞斯和海耶克的作品一樣，替極右派政治樹立了某種知識合理性。

根據《華爾街日報》報導，一九六四年沒有「哪一位受人敬仰的紐約知識分子……願意替高華德說話」。[14]「學術界有誰敢說自己立場親高華德，幾乎就等於胸前配戴紅字一樣」，「就連傾向共和黨的企業和專業團體也多半對高華德支持者嗤之以鼻」。[15]這不是抽象概念上的立場分歧，出於對租金管制和醫療證照看法不同。高華德想拿到共和黨總統候選人提名，就必須聯合南方和西方各州對抗洛克菲勒（Nelson Rockefeller）率領的北方共和黨員，擊敗這位曾經金援金恩博士（Dr. Martin Luther King, Jr.）的人權支持者。「高華德拿到提名後，黑人共和黨員就瀕臨消失，」一位歷史學家寫道：「高華德支持者在喬治亞州共和黨代表大會獲勝，等於從此斷了黑人打入高層之路。」[16]保守派報紙專欄作家諾瓦克（Robert Novak）指出，當時共和黨完全被「公然想讓林肯之黨變成白人黨的黨員」所把持。[17]

高華德堅持自己的競選主軸是政府越權，而非種族仇視，並聘請傅利曼為經濟顧問。然而，不論共和黨初選或總統大選，民權都是核心議題。高華德一九六四年投票反對《民權法案》，一九五四年發言反對最高法院做出的布朗判決（Brown v. Board of Education of Topeka），亦即公立學校實施種族隔離違憲的裁定。雖然他贊同「最高法院於布朗判決中陳述的**目的**」，但拒絕「將個人判斷強加在密西西比或南卡羅來納州民身上」，[18]因為那是「他們的事，不是我的」。傅利曼表示，高華德的立場「非常出色」，充分體現「不分種族一律平等對待」的原則。[19]傅利曼認為，市場是萬靈丹，可以靠價格機制讓戰爭、汽油彈和種族主義消失，毋須政客的笨拙指導。

布朗判決做成後，公立學區不得不開始融合，但傅利曼反對用校車將黑人和白人學生從不同社區載到同一間學校上課，而是主張政府應該發放教育券，讓各個家庭自行決定購買公立或私立學校的入學資格。比起政府強制規定，開放教育市場競爭更能全面又有效地讓美國黑人獲得解放。

一九六四年替高華德拉票的共和黨支持者顯然不相信這套說詞。高華德的基本盤討厭布朗判決和《民權法案》，根本不是因為它們終止種族隔離的速度太慢、效果太差；他們支持高華德完全是**因為**他們認為他將維持吉姆·克勞法。這點全然不是祕密，因為不論黨內或黨外評論者都批評林肯之黨轉向了種族隔離。但就算高華德慘敗給詹森，傅利曼仍然表示自己不後悔競選期間採取種族政治策略。「之前位居主流的洛克菲勒共和黨人那次落敗，讓大眾輿論邁出關鍵一步，從一般理解的自由主義逐漸轉向自由市場保守主義，」[20]他日後回憶道。傅利曼的知識界盟友不是都同意他的看法，例如棲身德國學術圈、對美國影響日薄的海耶克便支持《民權法案》。

傅利曼認為自由並非來自人的自治能力，而是來自人人都能參與市場。政府唯一的正當角色就是建立自由市場資本主義所需的制度機構，包括抵禦外國侵略的軍事力量、遏阻竊盜發生的警力和確保貨幣政策利於交流的央行等等。一九六二年，他在已經頭腦不清的盧諾資助下出版了《資本主義與自由》，詳細闡述這些主張。

「反對自由市場的論證，絕大多數都出於對自由缺乏信心，」傅利曼在書裡寫道。「自由市場」是「一套經濟自由系統，也是政治自由的必要條件」。[21]儘管他和海耶克有許多不同，不過這項主張還是將他和他老師在《通向奴役之路》裡對大蕭條和極權主義興起的看法連結在一起。根據這套說法，政府一旦背離自由放任原則，極權分子就會上臺。這和凱因斯的主張完全背道而馳。凱因斯認為，納粹和布爾什維克是利用市場失靈導致的物質匱乏而奪權。不過，不是只有傅利曼相信「經濟自由」和「政治自由」有關，凱因斯也如此認為，只是兩人對自由的定義大不相同。對凱因斯來說，經濟自由包括物質保障和擁有布倫斯伯里的美好生活要素；對傅利曼而言，經濟自由只代表能夠參與市場經濟。因此，當批評者抨擊傅利曼面對智利獨裁者皮諾契（Augusto Pinochet）實施政治刺殺及軍事鎮壓，仍然選擇擔任對方顧問時，傅利曼只是反駁他想藉由經濟自由讓智利人民獲得政治自由。而當中國於二十世紀晚期實施市場化改革，傅利曼則說這場改革證明了他對「自由市場力量的信心」無誤，中國人民如今「比毛澤東時代更自由富足」，而經濟改革則確保了中國政治「朝正確方向邁進」。[22]只是二十五年過去，中國政府仍然持續關押、刑求和殺害異議人士。

歷史學家瓊斯（Daniel S. Jones）指出，《資本主義與自由》是「思想冷戰」的後期參戰者，書裡「反覆將新政自由主義和社會主義，甚至共產主義畫上等號」，這種「關聯謬誤」正是「麥卡錫主義」的招牌戰術，而傅利曼在書中對麥卡錫主義的譴責根本「不痛不癢」。[23]在他眼中，新政自由主義和蘇維埃極權主義只有表面之別。傅利曼和米塞斯一樣，認為兩者在哲學上沒有不同，因此自然將所得稅、社會福利和國民教育視為「社會主義」政策。

此外，傅利曼還不忘實踐自己世界觀裡的反民主思想。一九七〇年代，當美國涉入南非種族隔離政策的爭議甚囂塵上，傅利曼特地前往開普敦發表演說，反對給予南非黑人投票權。他強調投票形成的「政治市場」將使南非政局不公偏袒「某些特定利益」，自由經濟市場才是「有效的比例代表制」，才能給予所有南非人真正的自由。在種族隔離政策之下，進步並非來自民主政體內的投票權擴張，而是提高外國投資和不受管制的商業往來。[24]傅利曼知道南非「財富極度不均等」，也明白「黑人資本」和「黑人企業家少之又少」。他對當地企業大亨也不抱幻想，曾經形容南非美孚石油董事長是「態度強硬」的「老頑固」。可是他在旅途中仍然告訴政治領袖，「唯有自由放任政策才能讓南非這種地方成為和平的多種族社會」，因為只有如此設計「才能讓人在經濟上互相合作，不必靠立法實現」。[25]

這種對民主的公然反感，擺在冷戰時期顯得相當驚人，因為當時就連極端反共保守派都認為美國的民主制度在政治上比蘇維埃的獨裁制更理想。不過，一切就如高伯瑞所言，到了一九七〇年代，不論民不民主，「凱因斯時代都已經被傅利曼時代所取代。」[26]

一九六七年春，甘迺迪和詹森時代的凱因斯經濟工程師感覺已經沒有對手。失業率從甘迺迪執政首年的七．一%降到三．八%出頭，所有通膨指數也都在三%以下。高伯瑞反對的減稅措施帶來了多年的強勁經濟成長，就算經過通膨調整，一九六五和一九六六年的經濟成長率仍然達六．五%，是一九五〇和一九五一年韓戰促成一波小景氣以來最佳的連兩年表現。[27] 薩謬爾森在一場經濟研討會上指出，菲利普曲線描述通膨和失業在統計上顯著存在抵換關係，這是「當代最重要的概念之一」，[28] 徹底改寫了經濟理論與經濟實務。

因此，當傅利曼在美國經濟學會十二月舉辦的年會上批評甘迺迪與詹森時代的經濟數據，指控那是危險的海市蜃樓，很可能導致通膨失控，他的發言肯定看來有些自不量力。這項主張非常大膽。傅利曼並不以指控政府管理不當或判斷力欠佳為滿足，而是強烈主張經濟學界自大蕭條以來的所有理論共識都該拋棄。他不僅在政治上攻擊詹森政府，還在科學上挑戰凱因斯本人。不論傅利曼的意識形態對手對他的政治觀點有何看法，沒有人會否認他實在夠膽。

傅利曼將矛頭指向一九三〇年代，指控凱因斯分析危機時輕忽了貨幣政策的影響力。對凱因斯而言，「貨幣無關緊要」，因為寬鬆貨幣並未化解大蕭條，財政政策才是經濟管理的主要管道。然而，傅利曼和經濟學家安娜．許瓦茲（Anna Schwartz）在《美國貨幣史》（*A Monetary History of the United States*）書裡蒐集了大量數據，顯示大蕭條初期貨幣政策太過緊縮，主要因為聯準會並未拯救銀行體系，導致銀行破產，進而吞噬了消費者的存款，並讓企業拿不到貸款。傅利曼表示，聯準會管控失敗引發了大蕭條，而一九三〇年代推行的新政更是雪上加霜。和當時主流的凱因斯派見解相反，大蕭條其實不是資本主義失敗的結果，而是政府管理不當造成的災難。

按照傅利曼的說法，凱因斯主義者不僅對大蕭條做出了錯誤診斷，還預言了一個始終不曾到來的世界。這些人預言戰後會出現蕭條，結果歐洲和美國經濟大好，物價也隨之攀升，最後是靠貨幣政策才得到控制。傅利曼表示，這恰恰證明了凱因斯派的貨幣政策「無用」論是錯的。

凱因斯主義其實犯了兩個錯：它依據的一九三〇年代數據並不完整，也沒有正確預測到戰後美國的經濟走向。傅利曼提出另外一套大理論作為替代。他主張，經濟活動的主要動力是貨幣供給。貨幣供給增加，民眾就會消費更多，工資上漲，物價也會上揚。重點是價格攀升會誘發物價繼續上揚的**預期**心理，很可能導致通膨的惡性循環，因為受到預期心理影響，零售業者會提高物價，刺激工會要求調漲工資。如果兩者都獲得實現，又會引發新的物價上揚預期心理，因此詹森經濟政策下的物價不斷微揚就好比礦坑裡鳴叫的金絲雀，是不祥之兆。

那麼，面對通膨惡性循環隨時可能爆發的威脅，央行行長該如何是好？按傅利曼的說法，失業率有其「自然值」，只要低於這個數字，任何促進經濟成長的財政或貨幣政策都會引發通膨。這個自然值受科技、生產力、工會化比例和管制政策影響，很難準確掌握，不過藉由財政或貨幣政策刺激就業是死胡同。長久下來，通膨和失業不具抵換關係，只有自然失業率存在，不論經濟如何發展，失業率都會落回這個數字。薩謬爾森和梭羅無比看重的菲利普曲線根本是錯的。通膨幽靈永遠存在，而且不斷自我強化，這讓為了壓低些許失業率而忍受「受控」或「有限」通膨的想法非常危險。因此，傅利曼建議聯準會永遠保持穩定增加貨幣供給的原則，其量足以維持經濟自然成長，又不會引發物價大幅上漲的預期心理。他認為不論經濟暢旺或停滯，都該執行這套策略；重點在穩定物價預期，讓經濟的「自然」力量發揮神效，驅動經濟震盪回復協調。傅利曼將這套學說命名為貨幣主義（monetarism），[29]並刻意在下一部作品中稱之為對抗凱因斯的「反革命」。[30]

這套說法非常高明，講的人又是說故事高手，只是有漏洞。凱因斯其實預測戰後經濟會復甦，而非陷入蕭條（高伯瑞在〈一九四×年〉也是如此推斷），而且從來不曾主張貨幣政策不重要。他之所以反對高利率作為政策工具，是因為這種壓低物價的手段對社會傷害最深。他從來沒說它不管用。儘管比起貨幣政策，凱因斯確實更傾向使用財政政策對抗經濟衰退，但他仍然認為有些時候寬鬆貨幣政策能刺激就業，只是人對未來的態度並不確定，始終在變，因此要看當時哪種態度占上風而定。

傅利曼一心想當個反凱因斯，以致幾乎絕口不提自己從對方身上汲取了多少想法。他的貨幣主義基本上復刻了凱因斯早在一九二三年就提出的一個概念，只是再從後來的《通論》裡多得到一個關鍵洞察。凱因斯在《貨幣改革論》表示，釐定經濟政策的要旨在於讓央行穩定物價水準，這點他和早期貨幣主義者如費雪看法相同——但傅利曼現在只提費雪是他的靈感來源。經濟學家過去習慣區分談資源與生產的「實體經濟」和談工資與價格的「貨幣經濟」，但凱因斯在《通論》裡否定了這項區別。在他眼中，貨幣不是中立的，只反映現實世界的現狀。他主張，對貨幣的想法和預期會影響生產。傅利曼接收了凱因斯的見解，卻選擇性地用在物價和工資通膨上。它仍然是凱因斯的架構，只是將經濟管理的責任完全交給央行，而非民選政府。

傅利曼的芝加哥大學同事強生（Harry Johnson）看出了相似處，向對方指出他的貨幣主義「很有技巧地避開不提凱因斯對貨幣需求理論的貢獻，甚至沒提到這個人存在」。強生認為傅利曼在打一場政治化的知識代理人戰爭，兩方分別是「自由派凱因斯主義民主黨對抗激進派反凱因斯主義共和黨」，[31]認為他玩弄文字又貼標籤，好讓自己的立場看起來很革命。事實也確是如此，不少激進右派看出傅利曼思想裡的凱因斯架構，對他的新戰法不是很舒服，認為他是披著羊皮的凱因斯。看得滿頭霧水的海耶克告訴訪問者：「傅利曼的貨幣主義和凱因斯主義的共同點，比我跟他們倆的共同點還多。」[32]海耶克認為經濟蕭條只能讓它自己結束，因此在他看來，就連貨幣療法也很危險。

此外還有專業問題。對於貨幣和貨幣供給，傅利曼給不出一致的定義。他迴避利率、失業和貨幣供給量三者關係的經驗問題，堅稱央行動作有時間差，故很難進行這類觀察。他說低利率「代表貨幣政策**曾經**緊縮」，而不是代表正處於緊縮。

共和黨的政治策略和傅利曼專打通膨一拍即合。一九六六年，尼克森在全美展開競選活動，攻擊總統詹森是軟弱不負責的通膨派。親民主黨的經濟學家立刻反擊這項指控毫無根據，尼克森抨擊的通膨只是他個人幻想。但通膨給了尼克森一個客觀的專業議題發揮，顯示他在乎嚴肅政策多於種族融合，不像此前共和黨專靠這個煽動話題拉攏叛離民主黨的白人黨員。而傅利曼在一九六七年大談通膨，正巧替這波政治攻擊加上了學術光環，就像上世代的凱因斯學者替民主黨的政策優先順序背書一般。

時間站在傅利曼這邊。早在一九六六年，經濟顧問委員會就警告詹森，越戰的軍事花費讓物價水準很難維持。二戰期間，政府得靠管制物價和實施配給才將物價壓低，而目前聯準會是靠提高利率來舒緩越戰開支造成的通膨壓力。儘管如此，一九六八年物價還是開始緩緩上揚，並於一九六九年加快步伐。一九七〇年，真正令人意外的事情發生了：通膨持續加速之餘，失業率竟然也開始攀升，經濟轉為負成長，代表衰退正式開始。隔年失業率來到了六%，為十年來最高，通貨膨脹率則接近五%，足以讓民眾清楚感覺自己工資的購買力變小了。

比起大蕭條，這些狀況都算不上危機，卻還是讓經濟學界陷入恐慌，因為失業率和通膨同時上揚動搖了菲利普曲線的科學根基。既然失業和通膨有抵換關係，怎麼可能同時上揚？而菲利普曲線過去這十年基本上就是凱因斯主義的代名詞。經濟學領域不論左派如薩謬爾森或右派如傅利曼，都堅持理論的好處就是數學般嚴謹和預測正確，結果現在卻出了矛盾。聯準會主席伯恩斯向國會提出警告，「經濟學法則不像之前那樣運轉了。」[33]

凱因斯思想在一九七〇年代初幾乎征服了整個經濟學界，卻也讓它變得很容易受飄忽的政治風向波及。凱因斯經濟學並非凱因斯當年為了說服英國政府創立國家健康醫療服務、縮短工時、開設社區劇院以打造黃金年代的那套模糊的烏托邦理念，伯恩斯也不是天真的自由派或典型的凱因斯經濟學家，尼克森自己總統任內聘用的經濟顧問更不乏政治保守派的凱因斯經濟學家。這群學者**明知**詹森政府裡的凱因斯主義者多半傾向政治自由派，卻還是信奉這套學說，就是因為它看上去擁有巨大的實證效力。尼克森任內接掌經濟顧問委員會的斯坦曾於一九六九年出版《美國財政革命》（*The Fiscal Revolution in America*）一書，書裡就讚揚凱因斯主義的科學嚴謹性，以及這套學說能執行保守派向來的政策目標，例如甘迺迪和詹森的減稅措施。如今菲利普曲線失靈，讓這群學者不禁心想，傅利曼或許真的說對了什麼，不只關於薩謬爾森和甘迺迪及詹森時期，更關於凱因斯。

然而，凱因斯式政策制定原理已經採行了三十五年，不可能因為一年物價走向異常就被拋棄。高伯瑞一九四〇和一九五〇年代大力拉攏美國企業界，爭取到許多並不認為自己是嬉皮的學院外人士。就連詹森後來也很習慣演講完後獲得企業人士的如雷掌聲。

這當中最奇怪也最不可預測的人物，就是尼克森本人。尼克森的首場勝選來得很早，一九四六年就憑指控物價管理局是共產主義繁殖場而當上眾議員。上任後，他仗著加入非美活動委員會，幾乎單靠一己之力就揪出了蘇聯間諜希斯，剎時家喻戶曉，如此成就連麥卡錫本人都妒羨不已。長年疑神疑鬼的他在白宮任內不時私下痛罵自己的「敵人」和猶太陰謀論者，批評年輕一代太溫和，讓美國積弱不振。

尼克森特別痛恨高伯瑞。一九五六年，高伯瑞替史蒂文生寫過一篇講稿，抨擊艾森豪挑選尼克森作為搭檔。「尼克森樂園，」高伯瑞表示：「是誹謗與恐嚇之地，狡猾影射之地，是中傷、匿名電話、騷擾、推搡和脅迫之地，也是破壞搶奪、不擇手段勝選之地。」[34] 尼克森自稱是美國平凡百姓尋常道理的守護者，史蒂文生和高伯瑞卻認為他是騙子，明明替超級有錢人服務，試圖破壞民主黨打造中產階級的方案，現在卻自稱代表中產階級。由於二戰英雄艾森豪心臟病發還在療養，史蒂文生和高伯瑞便嘗試將一九五六年的總統大選定義成對尼克森的信任投票。結果史蒂文生雖然慘敗，尼克森卻沒有忘記自己名聲受到的損害。為高伯瑞作傳的帕克（Richard Parker）寫道，尼克森在和白宮顧問閉門會議時，曾多次想像在媒體上懲罰高伯瑞，將對方打成「妖魔鬼怪」，甚至成為政治瘟神，讓所有「民主黨候選人及代言人和他切割」。[35]

尼克森將一九六〇年的經濟疲軟怪在當時的經濟顧問委員會頭上，並且認為這是他輸給甘迺迪的原因。一九五八年，美國經濟出現疲態，政府赤字驚人，其後兩年經濟好轉，於是艾森豪便刪減支出以壓低通膨，結果反而讓經濟冷卻下來。尼克森大選以些微差距落敗，讓他之後多年都抱著恥辱與遺憾。擔任副總統那些年，尼克森和中央情報局聯手推翻了伊朗和瓜地馬拉的左派政府，但到了一九六〇年代初，他已經邊緣到擔任政治顧問和撰寫政治書籍，靠以前的名聲賺錢。多虧一九六四年共和黨因高華德而內爆，加上民主黨內對越戰的立場分裂，他才有機會重返白宮。而且即便如此，他還是花費了數年時間想方設法才克服障礙。

這一切都要怪艾森豪政府一九六〇年開支太緊縮了，因此一九七二年時，尼克森決心不要讓歷史重演。但在一九七〇年底，連任似乎是不可能的任務。越戰在他處理下幾乎和詹森當時一樣不受歡迎，和節節升高的失業率擺在一起更是不好看。某份民調指出，只有二七%的美國人想要尼克森連任。[36]

一九七一年元月四日，政府預算平衡兩年後，尼克森在一群電視記者面前拋出震撼彈，於鏡頭外不經意透露「經濟方面，我現在是凱因斯派了」。這句話幾天內就登上了《紐約時報》，幾週後總統就開始為自己辯護，指出政府將提出「和充分就業相稱」的聯邦預算——其實就是赤字支出二百三十億美元，只是說得婉轉。自艾森豪以來，美國政府就不曾出現如此龐大的赤字預算。華府的自由派一時不知所措。出身共和黨麥卡錫旗下的保守派總統竟然稱讚凱因斯，還打算靠赤字開支刺激經濟？這樣（有可能）好嗎？

七月二十日，高伯瑞出席美國國會聯合經濟委員會聽證會，替民主黨強硬派解了套。他告訴在場議員，「凱因斯都已經過氣了，尼克森先生才說他是凱因斯主義者。」這話出自美國最有分量的凱因斯主義者，著實令人意外。不過，他開出的政策解藥同樣驚人。高伯瑞建議，美國政府應該對員工五千人以上的企業直接進行價格管制，也就是全美前二千大公司。[37]

高伯瑞認為，動搖菲利普曲線的通膨和失業數字是企業壟斷與強勢工會的結果。「勞資衝突正在減少，而且愈來愈不靠傳統的對立方式解決難題，而是雙方禮尚往來互相羞辱一番後，企業接受工會的迫切需求，然後將成本以調高價格的方式轉嫁給民眾。」

高伯瑞的說法聽起來極端，其實不然。一九七一年時，美國已經打了八年越戰。這場戰事並不是小負擔，美國前後共派出二百五十萬人到越南參戰，總開銷最終高達一千四百一十億美元，這還不算退伍軍人返美後的優待措施。[38] 一九六六年美國政府總預算，包括社會福利等等，也才一千三百四十億美元。美國一九四〇年代曾經實施戰時物價管制，而以越戰規模之大，不難想像政府再次祭出同樣手段。至於高伯瑞的提議，他給出的理由很單薄。過去二十年來，高伯瑞一直主張大企業和大工會根本改變了美國經濟樣貌，但菲利普曲線直到一九七〇年才失靈。跟凱因斯分道揚鑣主要和他的虛榮心有關，而不是因為他細讀了前輩的作品。高伯瑞暗示道，如果新時代需要新的大理論家，那他已經準備好了。

不過，高伯瑞宣告凱因斯時代已經過去，卻也反映了短短幾年內，凱因斯留下的遺產受到多大的傷害。傅利曼利用薩謬爾森和梭羅經濟理論裡的問題（即菲利普曲線）打擊凱因斯公信力的方法奏效了，連高伯瑞也不想跟可怕的凱因斯扯上關係。

尼克森最討厭被嘲諷，尤其是高伯瑞這種哈佛出身又是前朝元老的人奚落。高伯瑞出席聽證會後八天，這位美國總統就在白宮橢圓辦公室開了四小時的會，對著內閣成員痛批「敵人」帶來的政治夢魘，其中包括票不投共和黨的「黑鬼和猶太佬」、「可憐蟲樣」的企業總裁和「沒讀書的愛爾蘭裔天主教」工會領袖。得有人出來替這場亂局背鍋。尼克森對德州保守派民主黨員出身的財政部長康納利（John Connally）說：「我知道你常用『敵人很好用』這個原則——嗯，我現在想到最合適的對象就是高伯瑞。」這個「狗娘養的」最近在聽證會上「透露了這群混蛋，這些聰明的新政派到底要什麼。他們要物價管理局復活，要控制經濟，控制工資和物價」。尼克森對康納利怒吼：「你去把事情搞大，用這件事把他毀了。」[39]

然而，菲利普曲線帶來的知識危機很快就被一場國際事務危機給蓋過了。尼克森吩咐康納利對付高伯瑞兩週後，英國財政部通知尼克森政府，英國打算用三十億美元的美國資產（美元和國債）贖回黃金以支撐英鎊。此舉等於對美國處置通膨的方式投下了不信任票。在布列敦森林體系下，只有美國的貨幣能和黃金兌換。對英國人來說，持有美元就和持有等值黃金無異，除非他們預期美元會下跌。由於通膨壓力和新出現的貿易逆差，美國多年來一直有黃金流出，使得美國的貿易夥伴愈來愈喜歡持有黃金，而非美元，因此英國這項決定肯定會撼動全球金融市場。外交老盟友竟然一口氣兌換數十億美元，說不定會引發美元擠兌。由於全球貿易及金融秩序都和美元掛勾，沒有人能預測這將會帶來什麼後果。此時此刻，美國和全球正站在大蕭條以來首次毀滅性的經濟大危機邊緣。

那個週五，尼克森搭直升機到大衛營，同行的還有他的經濟幕僚、最親近的助理、文膽和聯準會主席伯恩斯（雖然聯準會自一九五一年就是獨立機關，不過伯恩斯是堅定的共和黨員，希望拉高尼克森的連任機會）。其中許多人到了大衛營才知道，總統和財政部長已經私下會面好幾個月，正努力研擬一套全面經濟方案，預備取代布列敦森林體系，以挽救共和黨一九七二年不斷削弱的勝選希望。

尼克森打算拋棄金本位的最後遺跡，不再接受世界各國以美元和美國國債兌換黃金。政府將提出大規模的貨幣和財政刺激方案，調降利率、親企業的減稅措施，並對所有進口物品課徵一〇%關稅，以提高美國製造業者的競爭地位。為了抑制這些方案必然引發的通貨膨脹，尼克森將做出沒有任何一位二十世紀美國共和黨總統敢做的事：於週日晚上宣布全國工資和物價凍結，並再次實施物價管制直到大選當天。

尼克森的助理全嚇壞了。斯坦記得那天直到會議結束，現場都瀰漫著「脫離現實」的氣氛，看著助理心神不寧地商討價格、支出和利率方案。「不到幾個小時，」據經濟史學家帕克記載，「會議就結束了，」留下尼克森的文膽和政治助理草擬週日晚上的講稿。40

尼克森對價格管制立場丕變，其實背後打著右翼的算盤。他真正在乎的是戰爭，而非經濟政策。他之所以當選總統，是因為保證替越戰迅速畫下光彩的句點，結果他做的每件事幾乎都只讓戰事升溫。他授權祕密將戰場擴及柬埔寨，並大幅增加中情局在寮國的活動，造成了數萬平民死亡。至於越戰本身，尼克森前不久才開始縮減部隊。不僅國內的反戰示威讓他焦頭爛額，一九七〇年肯特州立大學槍擊事件和一九七一年初披露的五角大廈文件也讓他臉上無光。然而，站上越南土地的美國大兵少了，倒是讓尼克森更有政治空間擴大越南人的死傷。他授權美軍大規模空襲，連民生基礎設施也不放過。到了一九七二年，尼克森更開始考慮動用「核彈」，還叫國務卿季辛吉「拜託你大膽動點腦袋」。[41]

尼克森對經濟方案也是如此。他告訴顧問，他想「在所有經濟戰線上同時開戰」，計畫最好大膽又凶悍，讓「那些同黨，還有高伯瑞和甘迺迪那樣的混蛋」[42]看看誰真的有種，能不顧一切重振美國的鐵腕，就算犧牲幾個保守派經濟學的圖騰也無所謂。

會議那晚，幕僚長霍爾德曼（H. R. Haldeman）發現尼克森一人坐在大衛營的小屋裡，「帶著某種摸不透的情緒」凝視黑暗中熊熊燃燒的壁爐。總統告訴霍爾德曼，經濟方案的真正目的是讓這個國家「轉念」，「讓美國再也不接受第二」[43]他說。「不論國家或個人，目標都要比自己大，否則永遠不會偉大。」[44]尼克森和凱因斯一樣，深知經濟政策遠不只是數據，因此想採取激烈的經濟行動讓國家重拾活力。但他和凱因斯不同，他喜歡戰爭。

兩天後，輪到美國人民嚇到了，而且程度不下尼克森的圈內幕僚。總統對著鏡頭還沒講完，高伯瑞家裡的電話就響了。總統一直講到半夜十二點多。就政府大規模方案而言，尼克森的計畫不怎麼自由派，因為其中刪減了五十億美元的內政支出，減稅措施也大幅偏袒大企業和有錢人。布列敦森林體系是辛苦得來的外交成果，高伯瑞極力反對結束，但得知尼克森突然轉而支持物價管制，讓他喜出望外，告訴《華盛頓郵報》他感覺自己「就像阻街女郎忽然得知這行業不僅合法，還是最偉大的市民服務一樣」。[45]對一個曾攻擊詹森越戰減稅方案是「反動凱因斯主義」的人來說，這番評語實在令人挑眉，因為詹森那些反動政策，從稅法到汽油彈運送噸位，尼克森不僅照做，還統統加碼。

比高伯瑞稍微右傾的經濟學家反應更正面。薩謬爾森告訴《紐約時報》，除了刪減開支，尼克森提出的計畫「他統統贊成」；詹森任內的薩謬爾森派經濟顧問委員會主席歐肯（Arthur Okun）告訴記者，共和黨「朝現實主義邁了一大步」。[46] 幾個月後，瓊．羅賓遜在美國經濟學會那場演說也提到這件事，只不過態度比較保留，指出就算物價凍結「成功」，頂多也只是「讓所有人停在相對增益追逐戰停止時，自己碰巧所處的位置」而已。羅賓遜說，尼克森的方案不是為了提升勞工的社會力量，而是讓「方案啟動那一刻的勞動與財產的所得分配永遠維持下去」。她認為尼克森方案施行後，工資議價政治化會更明顯，這點對勞工可能是好事，也可能是壞事。

物價凍結讓傅利曼氣憤難當，在《新聞週刊》寫道，這套方案「遲早……會和過去所有凍結物價和工資的嘗試一樣徹底失敗，陷入抑制性通膨（suppressed inflation），從羅馬皇帝戴克里先到現在無一例外」。[47] 美國勞工暨產業工會聯盟主席明尼（George Meany）抱怨，凍結工資卻未同時凍結分紅與企業利潤，只是讓企業高層和股東成為這套大膽方案的頭號贏家。沒關係，美國人早就在等尼克森在經濟上大刀闊斧，這套「新經濟方案」完全吻合，而且還真的管用，至少管用了一陣子。接下來兩年，美國通膨率從五%左右降到三%以下，失業率也從六%降到五%，經濟成長率則跳回五%以上。這套方案大受歡迎。一九七一年夏天，不滿意尼克森經濟施政的民眾高達七三%，尼克森演講隔週，白宮民調顯示七五%的美國人贊同他的新計畫。「我幹這行那麼多年，」民調專家表示：「除了珍珠港那次，我從來沒看過民眾這麼看法一致過。」[48]

其他國家嚇壞了。尼克森突然脫離布列敦森林體系，代表美國不願再當經濟領頭羊，推倒自己二戰後堅持設立的國際制度，而原因竟有部分出自美國不想終結殘酷的越戰。尼克森胡搞瞎搞，完全不讓國際金融市場有反應時間，國際貨幣秩序有機會調整。金融市場沒有陷入驚慌或崩潰，簡直就是奇蹟。

還有一波經濟海嘯也正朝美國襲去。一九七二年，尼克森大敗南達科他州參議員麥高文（George McGovern）當選總統，隔年物價不斷飆漲。同年秋天，阿拉伯石油輸出國家組織（OAPEC）宣布石油禁運，以懲罰美國在贖罪日戰爭中支持以色列。油價瞬間翻升三倍，讓消費者不知所措，所有仰賴石油運輸的商品（其實就等於所有商品）價格也隨之飆升。一九七四年，消費者物價指數暴增一一％，一九七五年增加九％。為了對抗劇烈通膨，聯準會於一九七四年七月將利率調升到近一三％，美國經濟瞬間陷入衰退。失業率一路攀升，一九七五年第二季來到八·九％的高點。政府就算祭出薩謬爾森派的經濟管理工具，利率和預算赤字，也會進退兩難：低利率和巨額預算赤字可以改善失業，但隨之而來的通膨會吃掉工資；高利率和政府刪減支出可以穩定工資，但會導致企業裁員。

高伯瑞主張，尼克森錯用了物價管制。物價管制應該是常駐政策，而不是跟電源開關一樣，可以做做停停的措施。但高伯瑞的批評對輿論幾乎沒有影響。經濟學家已經替失業率和通膨同時上揚取名為「停滯性通膨」（stagflation），而民眾也找好了怪罪的對象與政策——尼克森和他的物價管制。

一九七四年八月九日，尼克森辭去美國總統一職。水門案調查結束後，尼克森及其高級助理被控濫用競選資金，非法破壞一九七二年民主黨初選，後來更為了掩蓋罪行一再欺騙民眾，妨礙司法公正。尼克森含辱下臺，他任內推動的所有政策也都染上了汙點。

大蕭條期間誕生的政治理論當中，最有影響力的當屬凱因斯經濟學和海耶克的新自由主義。兩者都是為了保障社會不受威權主義和戰爭這兩大惡行而發明的防護措施。但到了一九七〇年代中，兩者都被用來捍衛大規模暴力。甘迺迪、詹森和尼克森政府利用凱因斯派的財政手段及物價管制來支付越戰。這場無益之戰最終犧牲了上百萬條人命，而且大多數是平民。與此同時，海耶克和傅利曼則是擔任皮諾契的顧問，罔顧這位獨裁者暴力推翻智利民選政府，殘殺數千名政治犯，遭到囚禁刑求者同樣成千上萬。海耶克的作品不只論及民主應當受到的約束，還探討獨裁者推翻民主政權的恰當方法。他替皮諾契說話，表示自己「寧可選擇信奉自由主義的獨裁者，也不要缺乏自由主義的民主政府」，[49]同時在《法律、立法與自由》（*Law, Legislation and Liberty*）書裡寫道，新政式的社會民主政體一旦建立，就會產生「完全僵固的經濟結構……唯有獨裁之力才能打破」。[50]就連羅賓遜這位對凱因斯主義做出最有力的左翼詮釋的學者，也因為過度讚揚北韓和中國文化大革命而讓學術聲望蒙塵。她對民主的支持比對終結貧窮與戰爭的決心還弱。

凱因斯體系瓦解後，經濟學界和美國政治體制一時找不到沒有汙點的替代方案，而越戰和水門案則重挫了美國人對政府的信心。激進的反政府言論幾十年來頭一回可以名正言順自稱是進步派：政府不老實，民主黨和共和黨是一丘之貉，用謊言騙人民上戰場赴死。凱因斯主義試圖操縱一九七二年的經濟來操弄一九七二年的選舉。民主黨高層親眼見到凱因斯主義大將公開讚揚尼克森的經濟方案，傅利曼則說通貨膨脹是幻覺。不論這人的政治立場為何，他說的似乎有道理。

卡特一九七六年當選美國總統，他組建的經濟團隊普遍支持新自由主義，開始以放鬆管制為政策目標。其中一些措施不僅獲得泰德·甘迺迪（之後於一九八〇年民主黨初選以左派身分挑戰卡特連任之路）支持，也得到極端自由主義者兼消費權益倡議者納德（Ralph Nader）背書。他們認為政府管制往往對大公司有利，因為整體產業成本提高，只有既存的大公司比較承受得起。卡特有不少經濟顧問認為通膨久久不退是工會的錯，主張部分勞工的團體協約最終導致其他人被迫面對物價提高。這個看法在米塞斯和高伯瑞的作品裡都可找到線索。

「我想見到貨車司機吃癟，」康乃爾大學經濟學家卡恩（Alfred Kahn）說。他一獲得卡特任命為民航局長，就開始放鬆航空管制。「我想見到汽車工人吃癟。你可能會說這真沒人性，但我只是直話直說，只是不想讓那些在缺乏競爭的產業裡工作的工人被保護得很好，不論他們有什麼特長或自由市場的走向，他們工資都漲得比一般人快得多。」[51]

不過，變動最劇烈的還是聯準會。傅利曼將貨幣主義說成一套自由市場理論，政府沒有責任主動管理經濟。這樣的說法其實不準確。傅利曼只是將權力從立法機關和總統交到央行手上，而央行恰好是受華爾街影響最大的政府單位。不過，傅利曼在美國民眾心裡早就和高華德的反政府言論綁在了一起。一九七六年伊朗革命，國際再度爆發石油危機，已經持續十年的高通膨進入另一波危機，消費者成本上漲超過一一·二五%。傅利曼一九六七年警告通膨會自我增強的演講，此刻看來就像先知一般。

一九七九年七月，卡特提名尼克森時期的財政部官員伏克爾（Paul Volcker）接掌聯準會。自一九五一年財政部和聯準會協議終止，到甘迺迪時代薩謬爾森和高伯瑞打對臺，貨幣政策在華府愈站愈穩，但直到伏克爾接掌聯準會，貨幣政策才完全接管了美國政府的經濟決策機制。一九八〇年二月，聯準會將利率調高到一七·八一%的天文數字，不擊敗通膨誓不甘休。失業率飆升至七·八%，但物價直到隔年才下跌，已經來不及拯救卡特的連任之路。雷根當選後，伏克爾沒有收手，將聯邦基金利率上調到一九%以上。

伏克爾確實戰勝了通貨膨脹，因為貨幣政策只要夠緊縮，通膨一定會消失，只是其他一切也幾乎跟著瓦解，依靠借貸維持的企業倒了，房貸市場也垮了。雷根首任期間，美國經歷了大蕭條以來最嚴重的經濟衰退，失業率於一九八二年十二月飆漲至一〇·八%。不景氣加上雷根強烈反對工會，使得美國工會受到重創，不論在華府或團體協約裡都做出了讓步。這正是目的所在。藉由刻意造成失業，伏克爾希望壓低工資，進而抑制通膨。工會是工資上漲的壓力來源，被拖下水是再好不過了。

卡特撤回民主黨對各色凱因斯經濟學家的政治支持，也就幾乎摧毀了凱因斯思想二十多年來的學術正當性。少了華府奧援，新進經濟學家紛紛轉向其他理論。少數逆風堅持的人，例如克魯曼（Paul Krugman）和史迪格里茲，都是薩謬爾森在麻省理工學院的門生，在學術上對高伯瑞充滿鄙視。「在政治和經濟學的關係上，高伯瑞立下了重要的新局面，」克魯曼寫道：「他是第一位名人經濟學家（這裡說的名人就是一般意思：因為有名而有名的人），而他以政策企業家的身分崛起，則是美國政治論述愈來愈重風格（這東西他很多）輕實質的標誌之一。」[52] 當高伯瑞基本上被主流經濟學界放逐邊疆，薩謬爾森則是繼續靠著教科書大獲成功，只是每次再版都對保守思想做出更多退讓，從減稅到金融市場優越性，甚至傅利曼的貨幣主義也不例外。[53]

學院經濟學被保守思想占據，而當伏克爾發現自己無法正確或有效定出精確的貨幣供應量，貨幣主義就立刻式微了，被未來諾貝爾獎得主陸可斯（Robert Lucas）的理性預期假說取代。理性預期學派基本上是將傅利曼的物價預期說用在政府政策上。陸可斯認為，理性的人進行經濟決策時，會將稅率或法規政策的未來變化納入考量。根據這套說法，政府增加開支刺激經濟是白費力氣，因為民眾會察覺，預算赤字提高最終還是得靠加稅彌補，所以他們會把錢存起來，以便應付未來的稅單。因此，政策制定者不可能藉由總體經濟管理對人民生活做出長遠的改善，因為市場會迅速反應，抵銷政府干預。這套理論一出，凱因斯彷彿從未存在過。不確定性被超理性和預見未來的能力取代。陸可斯甚至宣稱，有了他的作品，總體經濟學就沒必要了。

雖然知識界的潮流拋棄了凱因斯，雷根卻始終無法徹底做到。總統任內，他倚靠巨幅軍事支出和減稅來平衡伏克爾提高利率帶來的破壞（由於伏克爾太過堅持打擊通膨勝過壓低失業率，雷根就用葛林斯潘〔Alan Greenspan〕把他換掉）。雷根在位第一年，政府赤字就高達七百九十億美元，即使經過通膨調整，仍然是尼克森一九七一年孤注一擲的兩倍有餘。一九八六年，赤字更超過二千二百一十億美元。雷根任內每年政府開支都是國內生產毛額的二〇%以上，不僅高於詹森任內，更是戰前新政時期小羅斯福政府的兩倍出頭。傅利曼起初力讚預算赤字，他說只要「把怪物餓死」，政府最後一定會被迫刪減開支。然而，十多年後，為了推銷對富人大為有利的減稅方案，美國副總統錢尼（Dick Cheney）卻有不同的詮釋。「雷根證明了赤字無關緊要，」他告訴財政部長歐尼爾（Paul O'Neill）。美國將遵照行之有年的反動凱因斯主義傳統，靠舉債打這場伊拉克戰爭。

捫心自問，新自由主義領袖也得承認經濟現實。雷根的小政府言論和他的實際政策並不一致。雷根任內，美國是反動凱因斯主義政府加上無比強大、空前無情的聯準會。傅利曼認為雷根是高華德的化身，稱他們「兩人基本上推行同一套計畫，說著同一套訊息」，[54]因此在雷根卸任之際難掩失望。雷根「口口聲聲說要縮小政府規模」，傅利曼表示，「可是他沒有做到。」[55]這件事還得交在一位民主黨員手上。

17 新鍍金時代

一九九三年元月七日，民主黨內最出色、最聰明的經濟學家在阿肯色州小岩城的州長官邸齊聚一堂。聚會召集人是前高盛董事長魯賓（Robert Rubin），目前負責協助即將上任的總統推動國會通過經濟復甦計畫，期限是柯林頓就任百日——這是小羅斯福首屆總統任內立下的傳統。雖然離就職典禮還有兩天，但魯賓進度已經落後了。

總統交接肯定忙亂，但魯賓的新老闆柯林頓已經捲入漩渦兩個月了。當選才過一週，美國國家廣播公司（NBC）新聞臺記者密契爾（Andrea Mitchell）就問總統當選人，是否打算兌現競選承諾，允許公開性向的同性戀者從軍。柯林頓隨口說會，結果他還沒走馬上任，連正式權力都還沒有，就已經掀起大規模的政治鬥爭。他宣稱自己將任命一個「很美國」的內閣，連號稱自由派的《新共和》雜誌都看不下去，批評柯林頓「為了特定性別或種族玩弄政府部門」。女性主義團體要他多延攬女性入閣，柯林頓卻說對方「小鼻子小眼」，只想玩「名額戰」。[1] 幾天後，《紐約時報》

揭露柯林頓提名的司法部長曾僱用無證移工擔任保母和司機，導致提名撤回。身為華府新面孔，柯林頓夫婦還不懂得怎麼應付記者，而記者團早已成為在野共和黨和華府老牌菁英的喉舌，覺得新來的第一家庭只是一群老實的紅脖子鄉下佬，處理不了首都的世故與複雜。

柯林頓夫婦的確毫無準備。內閣人選懸而未決，連魯賓邀來小岩城的人都不曉得自己會在新政府內擔任什麼職位。魯賓後來出任國家經濟委員會（National Economic Council）主席，這是專為他成立的新部門，日後將成為白宮的經濟政策中心，原有的經濟顧問委員會則退居二線。經濟顧問委員會是經濟學家的地盤，而魯賓出身耶魯法學院，因此勢必得用點手段。

不過，至少所有受邀者都到了，準時出現在州長官邸。經濟顧問委員會主席泰森（Laura Tyson）及普林斯頓經濟學家出身的副手布林德（Alan Blinder）來了，副總統高爾（Al Gore）、財政部長本特森（Lloyd Bentsen）、預算局長潘內達（Leon Panetta）、白宮幕僚長麥克拉提（Mack McLarty）、競選政策舵手史柏林（Gene Sperling）也在現場，還有不久後將接掌財政部的奧特曼（Roger Altman）與桑默斯（Larry Summers）。

結果總統當選人卻遲到了。他一直不想面對這種總結時刻，不僅競選期間，甚至整個政治生涯都是如此。他之所以拿下民主黨提名和總統大選，就是因為保證當選後會替中產階級減稅一〇%，「大幅增加」公共工程開支，並且每年「投資」六百億美元於教育和兒童照顧——柯林頓認為這些嚴格來說都不算政府開支，因為日後將得到更大的社會效益作為回報（所有按自己認定的政策優先順序推動政府計畫的人都做此想）。

除此之外，柯林頓還宣稱一九九七年能達成預算平衡。但就在元月六日，也就是魯賓召集眾人在小岩城集會的前一天，即將卸任的老布希政府卻留給柯林頓一個棘手的驚喜：預算赤字已經高達每年二千九百億美元，而且根據最新計算，一九九七年的赤字將比原先預期高出三分之一。[2]失業率雖然於夏天衝到七．八％就不再上竄，但跌到七．一％就停住了，[3]狀況實在嚴峻。

面對這種情況，正統凱因斯主義者會替柯林頓打一劑現實針，告訴他不可能同時大幅壓低失業和預算赤字。但到了一九九〇年代，連民主黨內的首席經濟顧問也對凱因斯思想有所保留。桑默斯參考傅利曼和熊彼得的見解不少於凱因斯，甚至更多；潘內達出身共和黨，自稱「赤字鷹派」；麥克拉提是天然氣公司執行長；一九七〇年，高伯瑞呼籲德州自由派於十一月參議員選舉投給本特森的共和黨對手，因為兩人「一樣保守」又「一樣壞」，[4]就算保守派共和黨員當選，也不會動搖民主黨的自由派傾向。最後本特森在沒有高伯瑞背書的情況下當選，對手老布希坦然認敗。

魯賓和他的專家同事都相信金融市場有能力帶來繁榮，而不是如新政派將這件事交給聯邦政府。在那場累人的六小時會議中，這群專家告訴柯林頓，只要他就國債一事取得華爾街信任，便能解開老布希任內阻礙經濟發展的枷鎖。降低赤字可以說服銀行家和債券交易員調降利率，因為只要政府開始付錢，國債投資者就不會擔心違約或通膨，比較願意以較低利率購買國債。低利效應將擴及整個經濟，一方面降低信貸成本，刺激企業投資新設備，另一方面減輕消費者貸款負擔，比減稅更能讓民眾有錢可花。當然，債券市場難以預期，聯準會只能隨機應變，因此這項建議總是很微妙，尤其現任主席葛林斯潘是超級保守派。但這群即將入閣的民主黨經濟顧問建議柯林頓玩一場有計畫的賭博：只要他能馴服債市，也就是華爾街投資公司買賣政府公債的地盤，就能同時壓低失業率和赤字。

據華府資深記者伍德華（Bob Woodward）日後轉述，柯林頓顯然被激怒了。「你們是說我的計畫能不能成功、能不能連任，都得看聯準會和一群該死的債券交易員而定？」柯林頓希望自己是敢想敢做的國家領袖。冷戰已經結束，而他是第一位嬰兒潮世代總統，有機會定出下一個百年的挑戰，帶領美國走向令人興奮的嶄新未來，結果他的首席幕僚開口閉口只談利率。

高爾是自由派參議員之後，和父親一樣熱中政治，本身也當了十四年國會議員。官邸會議這天，他努力換個說法，打擊赤字才是敢想敢做，讓柯林頓有機會成為小羅斯福第二。「你看一九三〇年代，」高爾告訴柯林頓，小羅斯福做了一些政治上不討喜的事，但他的『大膽』激勵了整個國家。美國選民一九九二年支持柯林頓，是因為他對經濟有話實說，坦白指出如何才能打造更美好的明天。柯林頓可以大幅縮小政府規模，連共和黨員都望塵莫及。要是硬起來，說不定連社會福利也砍。這些事放在民調似乎不受歡迎，但擺進果決的大計畫裡，選民就會明白柯林頓在做正確的事。「只要你夠大膽，」他說：「民眾就會改變主意。」

「小羅斯福是在幫助百姓，」柯林頓反駁道：「我們卻在幫助債券市場，傷害投票給我們的民眾。」5

柯林頓覺得必須保護自己的基本盤。他在政治上以敢於表達的南方民粹主義者起家。一九七四年，年方二十八的他就在阿肯色州的保守選區挑戰競選連任的共和黨議員，主張選擇性工資和物價管制，抨擊企業福利政策，要求國會擴大對聯準會的監督——這對農民是大事一件，因為聯準會為了壓低通膨而調高利率，導致農民的債務不堪負荷。[6] 柯林頓差一點勝選，但同樣的主張讓他在一九七六年順利成為阿肯色州司法部長，兩年後當選州長。一九八〇年，柯林頓連任失敗，於是他重新調整策略，選擇放棄農民，轉而跟州裡最大的企業泰森食品（Tyson Foods）和沃爾瑪（Wal-Mart）站在一起，並討好郊區白人選民。這個組合果然管用，柯林頓再次當選州長，而且一做就是十年。

柯林頓自詡為進步派，只不過往往有些牽強。他提名黑人出任州政府要職的人數比歷任阿肯色州長還多，卻又通過了帶有種族歧視的投票限制，導致法律辯護基金會（Legal Defense Fund）提起三項訴訟。當他得知某家電子廠和某家襯衫製造商打算關閉在阿肯色州的店面，便找沃爾瑪商量，讓沃爾瑪同意販售它們的商品，好繼續在州裡營業。但他老婆希拉蕊（Hillary Rodham Clinton）卻是沃爾瑪的董事會成員，而工會領袖則抱怨柯林頓的勞權政策被這家零售業巨頭的高層牽著鼻子走。某位工會成員如此總結：「柯林頓就是人前手牽手、人後下毒手的那種人。」[7]

一九八〇年代末，柯林頓的表現引起了民主黨領導委員會的注意。民主黨領導委員會是由西部山區和南方保守派民主黨員成立的新組織，他們認為，贏回流向雷根和共和黨的白人勞工選民，對民主黨的存續至關重要。這個看法在政治學上沒有多大爭議，但他們的手段可就不同了。民主黨領導委員會主張嚴格打擊犯罪、鷹派外交政策、緊縮國庫支出，並且不再談女權和同志權益等議題。對傳統自由派來說，民主黨領導委員會背棄了核心價值。小史列辛格發言警告，民主黨領導委員會的「雷根化（Me-too Reaganism）」策略將導致選舉大敗。[8] 傑克遜牧師（Reverend Jesse Jackson）說得更白，不是將對方貶為「南方白人童子軍團」，就是稱他們是「有閒階級民主黨員」。[9]

一九九〇年，柯林頓同意接任民主黨領導委員會主席，隔年就在克里夫蘭舉行的年會發表演說，一舉登上全國舞臺，成為角逐總統的可能人選。「那些過去投票支持我們的選民，也就是負擔沉重的中產階級，有太多人不再相信我們會在外國面前捍衛國家利益，在國內將他們的價值納入社會政策，並遵守財政紀律運用他們的納稅錢，」柯林頓對在場入迷的聽眾說：「我們必須扭轉這些看法，否則我們的黨就再也得不到全國支持。」

不過，儘管身為民主黨領導委員會的門面，柯林頓始終沒有完全投入這個組織和他們所持的信念。他為了是否出任主席猶豫再三，久到創辦人佛朗姆（Al From）差點另請高明。當上主席後，佛朗姆經常抱怨被州長冷落。柯林頓總是只在搭車前往機場或旅館途中和他見面，而且似乎不喜歡配合他安排的大部分事項。某次特別無結果的討論之後，這位創辦人告訴柯林頓：「我真的很討厭寫討論紀錄，但我很怕不這樣做，我們又得重新開會，我又被你迷得暈頭轉向，然後什麼都沒改變。」

柯林頓一直深受黑人選民喜愛。他在阿肯色州的黑人選民支持度長年超過九成五，連總統選舉也相去不遠。他甚至曾經想讓拉妮・吉尼爾（Lani Guinier）擔任司法部首席民權官員，最後是在保守派強烈抗議下才收回提名。而這位吉尼爾正是當年帶領法律辯護基金會向阿肯色州政府提起投票權訴訟的女士。

一九九三年元月，所有人都摸不清柯林頓想成為怎麼樣的總統。他的經濟顧問希望白宮和華爾街先上車後補票，政治幕僚卻只討論他的競選主張，包括全民健保、聯邦教育補助、兒童照顧和家事有薪假等等。但柯林頓一和國會及葛林斯潘討論，就發現他如果真想對付赤字，光憑一套經濟復甦方案根本無法實現自己的施政抱負。

因此，官邸會議才過一週，柯林頓陣營裡最可靠的自由派、民主黨的民調專家葛林伯格（Stan Greenberg）就說「總統已經被挾持了」。既然要用共和黨的方式治國，那何必當個民主黨？「我們到底為何而戰？」他問一群同樣喪氣的助理。[10]一九九二年替柯林頓操刀競選策略的卡維爾（James Carville）也頗有同感，表示柯林頓政府已經被「專家和學究」占領了。[11]

面對這些質疑，柯林頓選擇兩面兼顧，一方面推出大規模削減赤字計畫，一方面至少搭配幾個進步法案。他對教育和兒童照顧的「投資」或許可以靠刪減無關緊要的開支來彌補，例如要求白宮官員改搭經濟艙，而非頭等艙。此外，他還能對超級有錢人加稅，藉此增加稅收。但計畫送到國會審理後，除了加稅以外，幾乎所有項目都被議員們以刪減赤字為由刪除了。「我早就知道會失敗，」柯林頓在陣亡將士紀念日那個週末對另一名競選顧問貝加拉（Paul Begala）私下透露。魯賓甚至警告柯林頓不要多談加稅，免得疏遠企業界。「經濟掌握在他們手中，」魯賓說：「攻擊他們就會傷害經濟。」就連「有錢人」三個字都是禁忌。[12]

不過，減債計畫在國會命運多舛，不只遭到共和黨堅決反對，還被同黨保守派抵制，倒是讓柯林頓團隊團結起來。最終票數並不好看。柯林頓政府被迫遊說民主黨自由派投票支持這項保守色彩濃厚的計畫，免得民主黨總統上任推動的第一項大法案就輸得難堪。「哪裡有什麼民主黨？」根據伍德華記載，氣急敗壞的柯林頓對著親信怒吼。「我希望你們看清楚了，我們全是艾森豪共和黨，」他說：「我們是艾森豪共和黨，跟雷根共和黨打對臺。我們支持削減赤字、自由貿易和債券市場，了不起吧？」[13]

最後柯林頓於一九九三年打贏了預算之戰。減債法案以兩票之差獲得眾議院通過，而高爾那一票則讓法案於參議院以五十一票對五十票過關。民主黨有六票反對，其中五票是南方或西部的保守派。雖然柯林頓藉由加稅和削減開支，將在五年內減少赤字近五千億美元，但這些議員希望開支能砍得更多。「在這個世界歷史的關鍵時刻，這個法案太不起眼了，無法跟美國人現在需要的偉大相提並論，」直到最後一刻才勉強支持法案的內布拉斯加州參議員克里（Bob Kerrey）說道。[14]

這項法案從頭到尾都是一團亂，但到了柯林頓兩屆總統卸任前，卻將它形容成美國歷史上的轉捩點。二〇〇〇年，經濟顧問委員會在總結報告裡表示，柯林頓一上任就將赤字問題列為第一優先，從而替「新經濟」奠定了基礎，藉由降低利率、擴大對外貿易和「金融與電信鬆綁」，創造出低利、企業擴大投資和科技創新的「正向循環」。[15] 高爾一九九三年元月七日在官邸會議將柯林頓比作小羅斯福（但被總統本人酸言酸語否認了），自此成為柯林頓政府的官方定調——藉由釋放金融市場和全球化的創新潛力，美國政府開創了一個社會大幅變革與空前繁榮的時代。

預算之戰奠定了柯林頓任內的治理哲學。之後他面對所有政策，從賦稅、貿易、貧窮問題到金融管制，總是無所不用其極追求單一不變的經濟願景，一有機會就將權力從政府轉移到金融市場。這套親華爾街的政策走向，若是在一九五〇年代的朝聖山學社聚會裡，肯定再自然也不過。

這套做法徹底拋棄了凱因斯思想。《就業、利息和貨幣通論》的核心主題就是金融市場的危險與限制。由於未來無法確定，市場不可能對金融資產附帶的所有風險進行準確定價。投資人隨時都在處理新的意外訊息與態度，包括投資人本身的態度與訊息。凱因斯認為，當社會過度依賴金融市場來分配資源、推展研究和改良產業，就必然表現欠佳、不穩定和高失業。因此，他設計了一套理論與政策綱領，讓金融市場服從國家權威，相信政府可以靠協調來滿足社會的投資需求，不像金融市場只能靠稍縱即逝的意外事件來達成。柯林頓政府的做法和凱因斯開出的處方完全相反：將美國民主的治理綱領和全球經濟的發展方向完全交到國際資本市場的起伏手上。

柯林頓經濟學家講起他們如何為經濟掌舵，其中只有一半事實。柯林頓執政期間，赤字和利率並沒有明確關聯。一九九三年預算之戰結束，利率並未急遽下降。美國政府公債利率在柯林頓任內起伏震盪，聯邦預算赤字則穩定下滑，最後轉虧為盈，兩者模式截然不同。公債利率和政府開支模式沒有關聯，消費貸款利率也不例外。三十年房貸利率起起落落，柯林頓就任時大約八%，卸任時約為七%。

經濟表現一好，就少有批評者會在意這些細節。而且比起前四任總統，柯林頓的表現看來相當亮眼，卸任時家庭所得中位數增加六千美元，失業率下跌近半，通貨膨脹幾乎消失，貧窮人口也有下降。但那段期間，雖然諾貝爾獎得主史迪格里茲稱之為狂飆的九〇年代，基本上卻很不穩定。美國享有的那幾年繁榮，其實仰賴不受監管、瞬息萬變的金融產業，以及其中充斥的不受控資本。一九九〇年代，美國的所得不均程度大幅惡化，等到安隆（Enron）案爆發和網路泡沫破裂時，柯林頓任內的經濟成果已經消耗殆盡，只有所得頂端一%的美國人不受影響。柯林頓卸任不到十年，靠著他那套經濟方案成為宇宙主宰的那群人便親手毀了自家銀行和全球經濟，將美國及全世界推入大蕭條以來最嚴重的衰退，直到今日我們還在承受苦果。

柯林頓競選期間很少談到國際貿易。一九九二年，老布希完成北美自由貿易協定（North American Free Trade Agreement）談判，柯林頓拒絕透露個人立場，[16]只在競選傳單裡誓言將推動「強硬有效的貿易法案」並「開發新市場」這類同時討好極端保護主義者和自由貿易派的主張。[17]

然而，預算法案通過剛滿五週，柯林頓就在老布希、卡特和福特三位前總統陪同下，踩著紅地毯來到白宮東廳，向國會及人民講話，表示自己將全力支持北美自由貿易協定。這是一場政治豪賭，尤其不久前他的預算法案才差點胎死腹中。北美自由貿易協定飽受爭議，連共和黨內也意見不一，民主黨更是一面倒反對。在這場半是安吉爾（Norman Angell）半是傅利曼的演說中，柯林頓採納了高爾早先的建議，大膽要求美國人民聽從他的領導。他將貿易協定比作柏林圍牆倒塌和以色列及巴勒斯坦領導人剛簽署的奧斯陸和平協議，指出市場力量和科技創新是所有政府都莫之能禦的「變革之風」，「舊世界即將消逝」，「新世界正在希望與和平之中誕生」。北美自由貿易協定將「為拉丁美洲的自由民主提供助力，同時為美國創造新的就業機會」，讓美國勞工有機會「競爭和勝出」，「充滿自信面對未來」，而非死守著過去的工作與產業。[18]

柯林頓任內做了三項貿易政策調整，改寫了全球經濟，北美自由貿易協定是第一個。連同創立世界貿易組織（World Trade Organization），以及和中國建立永久正常貿易關係，北美自由貿易協定明確展現了美國有意打造新的國際貿易秩序，取代一九七〇年代瓦解的布列敦森林體系。布列敦森林體系藉由固定匯率來防止各國操縱幣值，謀取不公平的貿易優勢。它雖然好處不少，不過還是未能成功，而且是美國親手推翻了自己創立的這套機制。於是柯林頓政府改弦易轍，不再鎖定貨幣，而是鎖定貨幣之外的近乎所有東西。

柯林頓受到新自由主義理論家數十年作品的啟發，嘗試實現自由貿易的願景，不再由單一的強勢央行主導一切，而是由國際市場（尤其是金融市場）發號施令。為了確保市場運作順暢，找出獲利機會，適應多變的國際環境，美國將簽署新的貿易協定，並成立世界貿易組織作為新的國際貿易監管機構，禁止各國政府設立不公平的貿易障礙，其中除了關稅這個行之有年的自由貿易大敵之外，還包括政府過去習以為常的職責，例如環保規範、專利權期限和過度金融投機規限等，統統要受國際檢核。

柯林頓和他的新自由主義支持者所追求的，是一套此前不曾有人嘗試過的全新做法。一九一四年以前，自由貿易和金本位制是一體兩面，到了冷戰時期只存在於美國陣營，如今則是一套詳盡的國際法體系，規定各國政府什麼可管、什麼不可管。北美自由貿易協定生效幾年後，傅利曼便指出，「自亞當．斯密以來，經濟學家不論在其他問題上的意識形態立場為何，基本上一致同意國際自由貿易符合貿易國和全世界的最大利益。」[19] 他說得沒錯，但那是因為「自由貿易」一詞很有彈性，在現實中可以用來指稱經濟學界當下偏好的任何國際政治秩序。

當時經濟學界一面倒支持柯林頓的全球化倡議，而柯林頓在白宮記者面前宣傳北美自由貿易協定時，也不忘提起這份共識。在經濟學家針對協定所做的十九份「嚴肅」研究裡，有十八份指出美國人的就業機會不會有任何淨減少。絕大多數經濟學家都推斷，協定生效後的頭幾個月，由於企業想利用低薪降低成本，因此美國將有大量高薪工作轉移至墨西哥。但墨西哥的就業機會一增加，工資很快就會上漲，而工資上揚將帶動墨西哥勞工對美墨兩國的商品需求增加。最終，低關稅將促成貿易擴張及平衡，兩國就業機會更多、工資更高。北美自由貿易協定將帶來雙贏的局面。

對於創立世界貿易組織，專家也有類似共識。如同《紐約時報》記者佛里曼（Thomas L. Friedman）向讀者所解釋，「幾乎沒有經濟學家」認為世貿組織協定將威脅美國勞工，[20] 而免除關稅則相當於「全球最巨幅的減稅」，[21] 將「促成五兆美元的新貿易額」。[22] 反對協定的參議員全是「嘮叨老人，在『意識形態上』和全世界及尖端經濟學脫節。」[23]

柯林頓和他之前的傅利曼一樣，將貿易新自由主義化形容成所有受壓迫人民獲得政治自由的踏腳石，冷戰後美國解放全球必經的下一步。當全球經濟體制交由金融市場掌管，而非政府專斷獨行，和平繁榮就會到來。這是安吉爾加上一點理性預期假說。「北美自由貿易協定非常重要，」

柯林頓後來寫道：「不僅將左右我們和墨西哥及拉丁美洲的關係，也是我們許諾打造一個更整合、更合作的世界的關鍵。」[24]

二〇〇〇年，柯林頓簽署法案，為自己的總統任期和世貿組織藍圖畫上了最後一筆。美中貿易關係永久正常化，中國再也不是麥卡錫時代以來美國人眼中的共黨魔鬼。將中國納入世貿組織是一場豪賭——連世貿組織官員都認為中國是「非市場國家」，中國政府和企業活動的關係必須打掉重練才可能符合世貿組織的規範。然而，柯林頓深信這項法案「很有機會對人權和政治自由帶來深遠影響」，迫使中國領導人「選擇政治改革」。將中國拉進全球經濟體並不保證中國將轉為民主政府，但柯林頓安撫懷疑者「經濟改革的過程將迫使中國提前面對抉擇，也讓他們更有必要做出正確選擇」。「加入世界貿易組織，」柯林頓表示：「不僅代表中國同意進口更多我們的產品，也代表他們同意進口民主最重要的價值之一，也就是經濟自由。」[25]

這些概括性的原則得到經濟推算的支持。經濟學家預測對中貿易的利益尚可。美國國際貿易委員會估計美國經濟將因而成長十七億美元，比起十兆美元的總值微不足道；[26]彼得森國際經濟研究所表示，對中貿易將替美國增加約三十億美元的出口額。[27]不久後將以其對一九七〇年代貿易模式的實證研究獲得諾貝爾經濟學獎的克魯曼告訴《紐約時報》讀者，「貿易運算顯示，工會全體其實將從中國的讓步中受益。」他反對中國必須先民主改革才能永久進入美國市場的主張，並說出當時經濟學界的主流看法，工會將利用中國「政治上的任何一點不完美」反對未來任何貿易擴張。[28]

根據史學家斯洛博迪安（Quinn Slobodian）記載，部分思想老練的新自由主義理論家主張柯林頓的貿易藍圖其實是一套國際**政治**綱領，意在重塑全球化菁英與民主政體的權利和權力關係。然而，美國國內流傳的論證單純得多：政治是人為產物，妨礙了市場調和國際事務的自然過程與必然走向。「我們阻擋不了世界改變，」柯林頓一九九三年十二月說：「也廢除不了無所不在的國際經濟競爭，只能駕馭這股力量，讓它服膺我們的利益。」[29]然而，這些關於北美自由貿易協定、世貿組織和中國的美好承諾與預測，最終都因為背離政治現實而破滅。如同凱因斯幾十年前就已寫下的，市場（甚至貨幣本身）基本上是政治產物，沒有所謂的理想市場運作存在於無形之中，等著政府消失而實現。

只要檢視世界貿易組織的協定內容，就能清楚看出這一點。智慧財產權規範就是很明顯的例子。協定要求所有國家給予新發明二十年專利權，比美國當時規定的十七年還久。專利是政府授予新產品的壟斷權，允許專利持有人靠自己的發明賺錢，基本上想定多少價錢就定多少。因此，儘管大多數自由貿易提倡者強調，提高全球競爭可以讓消費者獲得更低的物價，世貿組織卻有意藉由延長新產品壟斷權來抬高價格。

更糟的是，藥品也適用壟斷權延長，這對後殖民國家帶來了致命後果。世貿組織專利規範簽字那年，首次全民直選的南非選出曼德拉（Nelson Mandela）為總統。當時南非正處於公衛危機之中，愛滋疫情迅速失控，全國三千九百萬人口的感染率已經來到一〇%左右。[30]而美國藥廠雖然開發出療效良好的新藥，可以延長患者數年甚至數十年壽命，但非常昂貴。受到專利權影響，南非每年用在每位感染者身上的愛滋治療費用是一萬二千美元，而該國人民平均年所得大概是二千六百美元，[31]全國經濟生產總值約為一千四百億美元。[32]換句話說，南非每年都要奉上三分之一的全國所得，向外國藥廠購買愛滋治療藥物。

柯林頓政府主張，世貿組織的智慧財產權規範明確給予藥廠定價權，可以不受曼德拉政府設限自由定價。當曼德拉簽署法條，允許政府部門向他國採購較便宜的藥物，美國立刻以貿易制裁威脅，指控曼德拉此舉將「破壞專利權」。[33]於是法條暫停實施，愛滋危機加速蔓延，二〇〇〇年南非的愛滋感染率已經突破二二％。這時印度藥廠西普拉（Cipla）開始生產學名藥，並定出每日一美元的「人道」價。可是柯林頓政府仍然堅守立場，批評南非違反「國際承諾」，施壓曼德拉政府停止進口學名藥；直到示威者於二〇〇〇年打斷副總統高爾的競選活動，在鏡頭前高舉「高爾貪婪殺人！讓南非有藥治愛滋！」的標語，美國政府才稍微收斂。[34]數百萬南非人在柯林頓和曼德拉這場愛滋藥物之爭中喪命。只要讀過佛里曼為《紐約時報》撰寫的報導，就會明白這不是貿易爭端，因為它根本和關稅、經濟成長和就業無關。

至於經濟學家，他們則是被北美自由貿易協定和美中貿易新協定的結果嚇到了。美國很快就對墨西哥和中國出現長期貿易逆差。由於墨西哥缺乏強勢工會，加上沒有發展國家基礎建設及保障勞工的政治意志，以致無法實現北美自由貿易協定鼓吹者許諾的繁榮。受工會保障的工作從美國往南越過邊界轉移到墨西哥後，原本可以在美國換得中產階級生活的職位立刻變成時薪一美元的工作，直到二〇一八年都還是如此。[35]與此同時，墨西哥農民則是根本無法跟美國農業企業集團競爭，因為這些集團在協定生效後依然獲得聯邦政府補助。北美自由貿易協定造成墨西哥四百九十萬自耕農流離失所，工資幾乎沒有增加，經濟成長也始終停在一%的低檔。協定簽署二十年來，貧窮其實不減反增。[36]雙贏並未出現，有的只是失敗後的聳肩。

美中貿易的結果更糟。一九八〇年代中期以來，美國製造業受僱員工差不多都維持在一千七百萬人左右。二〇〇〇年秋，對中貿易法案通過，製造業受僱員工數瞬間銳減，從一千七百三十萬人減為一千四百三十萬人。這個數字一直維持到二〇〇七年經濟大衰退，受僱員工數再減三百萬，隨後八年雖有回升，但也只救回了一百五十萬個工作崗位。[37]

就業機會減少不是因為科技創新或自動化發展，讓機器人硬是把工作搶了。根據可以反映自動化進展的生產力指標，美國整體生產力自一九七〇年代到二〇〇八年一直緩步成長，二〇〇〇年唯一發生的劇變就是對中貿易政策。經濟大衰退最嚴重之際，許多自一九九〇年代便強烈支持全球化的人士終於察覺，對中貿易逆差加深了美國的衰退程度，於是主張對中國課徵關稅，以扭轉國內製造業工作機會流失，連克魯曼也表贊同。

製造業工作流失不全是中國的錯。經濟學家奧特（David H. Autor）、多恩（David Dorn）和漢森（Gordon H. Hansen）推算中國造成的製造業受僱人數減少約為九十八萬五千；[38]據他們統計，如果加上失業工人不再到商店或餐廳消費，對當地社區造成的影響，「中國衝擊」造成的工作流失總數大約在二百萬到二百四十萬之間。絕大多數經濟學者分析美中貿易協定時，都假定如果工廠關門導致美國某地工作稀缺，民眾就會遷移至就業機會較多的城鎮，以盡可能提高工資；製造業經濟的輸家將成為服務業經濟的贏家。然而，人不是無實體的最高利潤追求者，他們還在意家人、朋友及在地店家，就算工作沒了，他們也會待在原地。

柯林頓二〇〇〇年幻想的中國政治改革也始終沒有發生。二〇一八年，中國國家主席習近平取消任期限制，替自己永久獨裁統治開了大門，而中國政府則是圍捕了數十萬名維吾爾穆斯林，將他們送進再教育營。在美國和歐盟會員國等較富裕的地區，全球化加劇了經濟不平等，一方面推高企業獲利與股價，另一方面又造成減薪的壓力。誠如史迪格里茲二〇一七年所言，全球化「由大企業一手推動，並以犧牲已開發和開發中國家的工人、消費者及人民為代價」。[39]一般民眾和股東的社會環境愈差愈大，不僅導致財富不均，連教育與健康也不平等。例如經濟合作暨發展組織便發現，後段所得級距者的學業成績較差，平均壽命也較短，[40]結果就是不僅國與國間的政治緊張局勢升高，各國內部也一樣緊張，經濟不穩定的民眾與國家紛紛質疑，他們跟那些比較富裕的同胞及鄰國是否真的生活在同一套政治制度下。「我認為全球化助長了社會分裂，」經濟學家羅德里克（Dani Rodrik）如此表示。[41]

面對這些政治危機，思想更老練的全球化支持者選擇換個說法，不再主張自由貿易是水漲眾船高，而是承認美國中產階級確實吃了虧，但仍主張發展中國家獲得的好處遠足於彌補這些損失。然而，全球貧窮人口的真實處境甚至更不平等。二〇〇〇年，世界銀行指出，全球每日所得不到二美元的人口其實比一九九〇年代還多。[42]到了二〇一二年，情況似乎好轉一些。世界銀行表示它們已經達成目標，過去十幾年來將全球最貧窮國家的「赤貧」人口減少一半。[43]每日所得不到一・九美元（世界銀行修正了赤貧的標準）的人口從一九九〇年的大約十八億人降到八億人上下。然而，稍微調整一下指標，進展似乎就不是那麼亮眼了。全球化所謂的成功多半只是讓人從赤貧變成普通貧窮而已：全球仍有十八億人口每日所得不到二・五美元；[44]而且脫離所得一・九美元的人口當中，約有半數來自中國，然而中國人的生活水準改善並非來自民主社會的自由交流，而是一黨專政下嚴格高效採行產業保護政策的結果，並且成本高昂。中國工業起飛的同時，也成為全球最大的溫室氣體製造國，[45]其排放的二氧化碳大部分來自燃煤電廠，而這些電廠又是為生產出口到歐洲和美國的商品提供電力。因此，美國進入二十一世紀碳足跡有所改善，主要是將髒活外包給中國。[46]中國北方部分城鎮由於長期暴露在煙霧等空氣汙染中，致使民眾的預期壽命減少了三・一年。[47]

一九九〇年代的經濟學界企圖用完美調節的理性市場，取代複雜而且往往殘酷的國際政治現實，結果搞砸了貿易。全球化最終是靠談判、抗議和政治鬥爭一步步達成，而非一下子就平穩過渡到工資與物價均衡。

柯林頓上任時，自由貿易共識迅速壯大，但經濟學界早已存在反對的聲音。一九七九年，四年後就將過世的瓊・羅賓遜在《後凱因斯經濟學期刊》（*Journal of Post-Keynesian Economics*）撰文，點出長期貿易逆差將對美國和英國帶來哪些風險。她認為製造業尤其危險，而自由貿易支持者提出的主要解方，也就是浮動匯率，在英國似乎並不管用。「國際經濟體制顯然不會自我平衡，而英美兩國又特別脆弱，」羅賓遜表示，同時批評絕大多數經濟學家都「靠理想化的假設進行推論」，而非依據實際情況，等於自取滅亡。她認為貿易衝擊的破壞力可能和一九七〇年代的石油衝擊一樣大，因此提醒各國「需要設立新形態的貿易規範」，並且「可能需要採取小心規劃的保護措施，以化解經濟衰退」。這是把凱因斯應用在國際層面。堅持全球或國內經濟出了問題會自行解決，這種主張永遠不會是好的經濟學。就像國家可能陷入高失業率的均衡，國際貿易也可能陷入長期失衡與失能。

然而，羅賓遜的文章發表在少有人知的期刊上，讀者全是主流之外的邊緣學者。對柯林頓來說，經濟學界對貿易的一面倒共識就好比科學家對全球暖化或臭氧層的判斷。正是這群大學者的定論，不僅讓柯林頓相信自己必須克服政治逆風推行他的貿易藍圖，也讓他真的做到了。工會、環保團體、消費者組織和公衛專家聯合起來反對北美自由貿易協定，這些傳統自由派過去都是民主黨的盟友。大多數美國企業都希望協定能成，但在一九九三年，柯林頓和大企業聯手在政治上是否明智還不明顯。大選時他只拿到四三％的選票，而國會裡共和黨又一致反對他。一九九二年獲得數百萬中間選票的億萬富豪裴洛（Ross Perot）不贊同北美自由貿易協定，已經獨力宣傳反對了一整年，將協定變成有線電視新聞網最熱門的議題。對柯林頓來說，反對協定既能鞏固他所屬政黨的傳統選民，又能向沒投票給他，但又無法投給共和黨的選民伸出橄欖枝。民主黨內反對協定的，不是只有東北部和上中西部的強硬自由派。投下反對票的民主黨眾議員裡，就有六十五人來自南部和西部，而投票時站在柯林頓這邊的民主黨眾議員，又有近三分之一會在期中選舉被共和黨取代。「從政治上來說，」《華盛頓郵報》記者哈里斯（John Harris）總結道：「這是個痛苦的決定。」[48]

北美自由貿易協定最初由老布希提出，因此內容挪用了許多共和黨舊有的經濟綱領。這是柯林頓所謂「三角策略」的又一個範例。他總是提出妥協自由派與保守派兩端辯論的政策理念，自然超越於黨派惡鬥之上，顯示自己不只是中間派，還是從知識和道德層面都高出批評者的中間派。一九九四年期中選舉，民主黨慘敗，柯林頓認為三角策略是很好的形象標記，也認為自己在歷史上並不孤單。身為小史列辛格的鐵桿書迷，柯林頓深受這位歷史學家影響，尤其他在《甘迺迪白宮千日》（*A Thousand Days: John F. Kennedy in the White House*）書裡對甘迺迪政府的描述，將甘迺迪和小羅斯福及新政相提並論。一九四九年，小史列辛格出版了《中樞：自由的政治學》（*The Vital Center: The Politics of Freedom*），讚揚新政這項中間政策拯救了一個在科技變革浪潮中迷失方向的國家。然而，小史列辛格筆下小羅斯福的「中間」是法西斯和威權共產主義中間，而柯林頓卻站在高盛和沃爾瑪中間。

共和黨接掌國會後不久，柯林頓在喬治亞州沃母斯普陵鎮的小羅斯福小屋發表演說，藉此將自己和當年帶領美國走出大蕭條的小羅斯福政府連結在一起。小史列辛格和高伯瑞受邀出席，但都沒有留下深刻印象。「小羅斯福喜歡有對手，」高伯瑞告訴《華盛頓郵報》：「我希望柯林頓能更喜歡對手一點。」小史列辛格則是批評柯林頓「姑息」共和黨，不像小羅斯福「喜歡好好打一架」。柯林頓讀完報導「火冒三丈」，親筆寫了一封尖酸的信給小史列辛格。「過去兩年和我打得死去活來的人，都知道我有多相信和重視戰鬥，」他在信裡說道。[49] 被偶像批評，讓總統很是受傷，但接下來還有更多失望。

柯林頓的貿易藍圖一直是爭議來源。事後證明，通過北美自由貿易協定幾乎就和他讓國會通過他第一份預算案一樣困難。一九九九年十一月底，世貿組織代表在西雅圖開會，數以萬計的抗議者湧到會場外，讓整座城市實質停擺。[50]相比之下，民眾對柯林頓的國內金融芻議卻幾乎無感，即使它的後果一樣駭人。

這期間，全球各地不是沒有警訊暗示金融不受管制的風險。一九九五年，墨西哥長年金融自由化終於導致了披索危機和金融崩潰，需要美國和國際貨幣基金緊急救援。一九九七年泰國爆發金融危機，迅即擴散到東南亞多數地區，再次逼得國際貨幣基金採取行動。

但到一九九七年，美國市場似乎和柯林頓政府相處甚好。柯林頓首屆總統任內，標準普爾五百指數上漲了一倍有餘，那斯達克指數也是如此，並且成為矽谷熱門科技股的風向標。柯林頓和共和黨多數的國會見此決定鼓勵投資者加碼，便將資本增值稅從二八%減至二〇%。由於一九九一至二〇一一年的資本利得有半數以上流向全美前〇．一%富有的家庭，因此這項決定讓錢更向富人集中，讓他們更樂於投資股市。[51]

同年十二月，瑞典皇家科學院決定頒發諾貝爾經濟學獎給舒爾茲（Myron Scholes）和莫頓（Robert Merton），以獎勵他們為華爾街交易員發展出一套前所未有的新工具。[52]這兩位經濟學家將數學或然率、股價波動及選擇權長短納入計算，得出一個判斷股票選擇權精確價格的方程式。

股票選擇權允許投資人在特定日期以特定價格購買股票，而舒爾茲和莫頓發展的方法可在不知賭注能否得到回報的情況下，替該賭注進行評價，因而促成了衍生性金融商品的爆發增長。簡單的衍生性金融商品已經存在了好幾世紀：期貨合約讓農民得以替作物價格避險，航空公司得以提前幾個月敲定油價。但突然間，新的衍生性商品出現，讓投資人可以對任何東西下注，連公司債務違約的機率也不例外。根據某些統計，衍生性金融商品於一九九〇年代初期增長了四倍。但新商品種類之多，讓人很難定出這個市場的具體範圍，更別說清楚計算它暴增的程度了。[53]

與此同時，舒爾茲和莫頓則是將他們的數學頭腦拿來創業，聯手成立了全世界最大的避險基金，長期資本管理公司（Long-Term Capital Management），一九九四年以十二．五億美元起家，短短幾年內就靠著找出政府公債和貨幣的小額錯配進行大量押注，將投資人的資金變為四倍多。長期資本管理公司借入巨資，利用資金槓桿將小幅價格變動的回報巨幅放大。只要市場表現理性，物價波動未超出機率計量模型定下的常軌，避險基金就能獲得超乎想像的回報。一九九五和一九九六年，長期資本管理公司連續兩年資金成長四〇％，連狂飆的股市都望塵莫及。

然而，數學模型無法預測未來。一九九八年八月俄國爆發金融危機，長期資本管理公司的交易模型受創慘重，公司瞬間損失四十六億美元，對避險基金來說是天文數字。雖然年初該公司股權高達四十八億美元，卻也背負一千二百多億美元的債務。只要公司倒閉，它的債權人（華爾街所有大公司都包括在內）也會跟著完蛋。華府沒有人膽敢去思考後果會是如何。

面對這個局面，魯賓、葛林斯潘和桑默斯安排了一項由產業資助的紓困計畫，湊到三十六億美元，讓長期資本管理公司安全有序地脫困，華爾街所有人都鬆了一口氣。

長期資本管理公司垮臺本應讓經濟學家和政策制定者心生警覺。該公司的交易有諾貝爾獎的學理加持，看來並非魯莽，所有賭注都經過謹慎仔細的研究，並且和一系列經過計算的風險進行對沖。是該公司的龐大債務（金融界稱之為「槓桿」）讓自己陷入了麻煩。公司賺錢的時候，槓桿能讓獲利翻倍；但一九九八年賠錢了，槓桿就會讓損失放大到萬劫不復的境地。是公司的數學模型讓管理階層誤以為安穩。

這不是什麼新鮮的問題。舒爾茲和莫頓是量化風險和避險專家，搞垮他們的是別的東西：不確定性。凱因斯一九二一年出版的那本書，統統在談機率和不確定性，而不確定性也是《通論》書裡多數主張的立論基礎。凱因斯強調，金融市場只有在穩定時期看起來理性。長期資本管理公司的風險計量模型是根據過去經驗進行外插，只要有新因素或意外出現，例如戰爭、天災、意外的選舉結果或異常的作物歉收，公司的先進計算模型就會變得毫無意義。金融市場唯有世界穩定不變才能可靠運作；而且即使在穩定時期，買賣資產的判斷基準也包含各種預期與假設，而不只是確鑿的事實與經濟基礎因素而已。

長期資本管理公司垮臺是個駭人的提醒，不論美國銀行業或柯林頓經濟團隊的國內外經濟政策都該記取凱因斯的洞見。新自由主義的自由市場和自由貿易觀將金融不穩定擴散到了全世界，一旦重要社會機能以金融市場為核心，從產業投資、科學研究到社會福利都繞著金融市場打轉，就會變得和金融市場一樣脆弱。

然而，柯林頓的經濟團隊非但沒有記取警告，反而趁機擴大國內高級金融業的權力。長期資本管理公司的危機出現在新聞頭版，魯賓、桑默斯和葛林斯潘三人風光登上《時代》雜誌封面，還被封為「拯救世界的委員會」。但他們左手挽救長期資本管理公司，右手卻悄悄在華府發起了一場寧靜內戰。美國商品期貨交易委員會主席布魯克斯莉・波恩（Brooksley Born）警告衍生性金融商品無限制增長非常危險，尤其是信用違約交換（credit default swaps），似乎替過度投機開了無條件綠燈。

信用違約交換誕生於一九九〇年代初期，原本是保險商品。購買高風險公司債券的投資人可以投保信用違約交換，以預防債券違約。一旦債券發行方破產，投資人就能從信用違約交換獲得賠償。然而，法律並未規定投資人必須持有被保險資產才能買進信用交換違約，因此信用違約交換很快就成了投機管道：銀行、避險基金和其他投機者只要購買信用違約交換，就等於打賭某家公司會破產。

商品期貨交易委員會在華府階級並不高，因此波恩幾乎立刻被魯賓、桑默斯、葛林斯潘和證券交易委員會主席李維特（Arthur Levitt）壓了下去。「由專業人士私下協商的衍生性商品交易，沒有必要管制，」葛林斯潘告訴國會，那樣做「沒有好處」，只會妨礙「市場提高生活水準的效率」。魯賓指控金融監管機關裡唯一的女性首長波恩太「嘮叨」，拒絕用「有益的方式」和批評者溝通。「從事這類交易的各造，」桑默斯強調：「看上去都很有能力保護自己。」[54]於是，國會立法禁止聯邦政府管制信用違約交換，甚至讓信用違約交換不受各州反賭博法令管轄。拿到法案後，柯林頓幾乎想也沒想就簽字了。

此外，柯林頓在撤銷格拉斯—斯蒂格爾法案一事上也沒有太多遲疑。根據這條大蕭條時期通過的法案，存款銀行不得買賣證券，其用意在防止利益衝突，例如銀行業者對賭客戶，另外則是防止政府擔保存款，讓銀行廉價取得資金，更容易從事高風險行為。然而，監管機關這些年來不斷削弱這條新政時期的指標法案，因此當花旗銀行一宣布有意收購保險業巨頭旅行家集團（Travelers），國會和柯林頓政府立刻搶著推倒不同型態的金融機構無法合併的最後障礙。銀行業早在一九九四年就開始了合併潮，因為柯林頓簽署法案允許銀行跨州開設分行或和他州銀行合併。如今熱潮蔓延到了證券業、保險業，甚至諸如長期資本管理公司之類的避險基金。鍾情於理性市場進步觀的經濟學家主張，公司規模愈大、業務範圍愈廣就愈穩定，更能避險，也更能彌補單一業務領域的損失。他們既不擔心同時監管數十個業務領域和數千億美元資產所造成的管理困難，也不煩惱某一個業務領域遭遇意外衝擊可能拖垮整個集團的風險。

最終，花旗集團簽下了超級合併協議。魯賓離開財政部後進入花旗任職，其後十年共拿了一億二千六百萬美元的報償。[55] 柯林頓在二〇〇四年出版的回憶錄提到華爾街給這位政府顧問的回報，開玩笑道：「魯賓支持一九九三年的經濟方案，對所得最高的美國人加稅，我曾經開玩笑，『魯賓來華府幫我拯救中產階級，結果離開時自己也變成中產階級了。』現在魯賓回歸私人生活，我想我不用再擔心這件事了。」[56]

不過，事情的結局並不好看。二〇一〇年，金融危機調查委員會將魯賓提交給司法部進行刑事訴訟，理由是他「未能揭露」花旗次級房貸曝險規模的「重大訊息」，因此「直接或間接」負有罪責。[57]二〇〇八年金融風暴後，花旗集團獲得的聯邦援助高居全美金融機構之冠。

但在一九九九和二〇〇〇年，這些事似乎根本沒人在意。格拉斯－斯蒂格爾法案撤銷沒有登上美國任何大報頭版，晚間新聞提及的時間也不到二十秒。法案撤銷後不久進行的民調顯示，美國半數以上民眾完全沒聽過這個撤銷案。全國性的大報更是沒有一家派記者採訪衍生性金融商品法案。[58]二〇〇五年，哈里斯出書記述柯林頓的白宮歲月，書裡透露不少祕辛，卻一個字也沒提到長期資本管理公司、格拉斯－斯蒂格爾法案和衍生性金融商品等金融爭議，因為根本沒有爭議。[59]柯林頓的親筆自傳長達九百六十九頁，卻連暢談自己對銀行業的跨黨派貢獻的一頁篇幅也擠不出來。[60]

然而，到了二〇一四年，柯林頓卸任時自豪的經濟紀錄已經成為他的心頭之痛。在私募股權億萬大亨彼得森（Peter G. Peterson）主持的赤字削減會議上，柯林頓堅稱「沒有一家」銀行因為格拉斯－斯蒂格爾法案撤銷而倒閉。就定義來說沒錯，銀行確實沒有倒閉，因為都被聯邦銀行紓困了。但他的辯駁反映了當時的政治和智識氣氛：「我要是知道那基本上會導致銀行業和證交會監管的終結，我還會簽字嗎？可能不會。但撤銷案會通過嗎？會。別忘了，法案是以九十票對八票通過的。」[61]就像一九二〇年代的邱吉爾，柯林頓也是被企圖用好看方程式取代現實紊亂的專家共識帶向了災難。

二〇〇〇年八月，柯林頓邀高伯瑞到白宮，親自頒發總統自由勳章給這位九十一歲的經濟學家。這是美國授予人民的最高榮譽。當高伯瑞和自由派大將傑克遜牧師、麥高文參議員及施萊佛（Sargent Shriver）同臺接受款待，感覺就像在紀念一段遙遠的過去，一個理想主義者的世代，他們的活力與想像都已屬於上個時代。冷戰過去，資訊時代來臨，科技和創新取代了大蕭條與威權主義，成為政治家的心頭大事。柯林頓私下邀請高伯瑞和他一起寫書談論「歷久彌新的自由派價值」——只有兩個時代差距太大、關注的事物不同，才需要這種書當橋梁。高伯瑞以年齡和健康不佳為由婉拒了。[62]

過時的不僅是高伯瑞，還有他所代表的智識傳統。學術界對凱因斯思想的討論與爭執已經降格到小眾期刊，只剩一群既沒有政治影響力，又被更有地位的同行視為無害異端的知識分子在談。但誰能怪他們呢？柯林頓在位期間是美國三十多年來經濟最旺的八年，失業率大減，通膨幾乎不變，驚人的新科技不斷創造出新的財富。華爾街和矽谷的各種新發明，從網路到信用違約交換，似乎在在都讓二十世紀的風險與擔憂成為往日雲煙。儘管高伯瑞警告網路股的投機狂熱可能引發另一場大崩盤，但網路泡沫破滅後的衰退既短暫又輕微，讓他看起來是擔心過頭了。

二〇〇一年，聯準會官員在懷俄明州傑克孫谷（Jackson Hole）聚會期間，桑默斯和他的財政部前副手德隆（Brad DeLong）表示，「現代資料處理和資料通訊技術」是「劃時代的新發明」，讓經濟學的性質為之改變。科技革命將對人類現在面臨的未來產生「深遠的微觀經濟影響」，因此他們認為「新經濟是『熊彼得』經濟」，[63]一個由「創造性破壞」決定的時代。根據這位奧地利經濟學家一九三〇年代提出的解釋，所謂的「創造性破壞」就是新發明將破壞舊秩序的技術與傳統，改寫社會的經濟基礎。桑默斯和德隆認為，經濟競爭的架構很可能會被「自然壟斷」取代，高速資料處理和瞬時資訊分配將使新產品能以極小的邊際成本生產。這樣的新時代需要新的法律架構和規範，以符合變動的經濟樣態。未來的問題在智慧財產權、教育，還有天曉得。

他們倆說得太過頭了點，但捷克孫谷的聽眾卻如癡如醉，因為大部分都是對的。二十一世紀確實出現了新的數位壟斷，而美國政府也確實未能克服桑默斯和德隆二〇〇一年所描繪的法律挑戰，以致出現嚴重的社會經濟問題，包括新聞和音樂產業崩落、外國政府干擾美國選舉，以及青少年焦慮、憂鬱和自殺比例上升等等。

然而，這場演說還描繪了一個不一樣的經濟史和社會變革理論，和凱因斯及其門生的看法背道而馳。《通論》探討的是不平等和社會進步。凱因斯認為，解決二十世紀主要問題的最好方式就是減緩不平等。企業和經濟成長不是靠個人天才及超級富豪的巨額財富促成，而是群體的購買力讓新點子有市場。為了讓人民工作，政府需要為貧窮者和中產階級提供支援系統，而不是給富人更多好處。桑默斯和德隆的說法完全不同。他們一路上溯到十七世紀，主張不平等才是社會進步的引擎。他們很謹慎地將千禧年之交和百年前的鍍金時代相比——科技巨變提高了「普通美國人」的生活水準，卻也被驚人的不平等和資本主義的猖獗濫用給吞沒。就像芝加哥屠宰場讓辛克萊（Upton Sinclair）寫出了《魔鬼的叢林》（*The Jungle*），卻也讓更多人有更好更健康的肉可吃，微處理器興起也將以過去無法想像的規模創造新的奇蹟，替一些人帶來巨大收益，替所有人帶來新的生活方式。

面對這個轉型時刻，曾經長期主導二十世紀經濟學的充分就業，以及實現這個單純目標的常用工具（如赤字開支），似乎都顯得格格不入，不足以應對已然誕生的「取代典範」。這樣看來，凱因斯時代是結束了。

結語

二〇〇八年六月，唐娜・愛德華茲（Donna Edwards）來到國會山莊，新同事告訴她今年夏天會很閒。這個休假是她贏來的。作為眾議院新鮮人，愛德華茲來到華府的時間與眾不同，就只有她一個。她不僅在那個國會選舉週期拿下了選舉勝利，而且不只一次，而是兩回。愛德華茲挑戰的對手是同為民主黨員的溫恩（Albert Wynn），對方在全美自由派鐵票區已經連任了十五年議員，不僅有多個主要工會支持，背後還聚集了強大的企業利益，包括美國銀行公會、美國電話電報公司（AT&T）和洛克希德馬丁公司（Lockheed Martin）等等。[1] 然而，溫恩之前支持伊拉克戰爭，二〇〇五年又贊成破產法案，但這項法案看在作為美國政治新勢力崛起的進步派部落客眼中，根本是對膽大妄為的信用卡公司法外開恩。愛德華茲是阿卡基金會（Arca Foundation）主席，由於該基金會是華府支持自由派和進步派理念最重要的組織之一，因此愛德華茲在華府待得夠久，很清楚溫恩可能經不起進步派改革者挑戰，而她在政治上又有能力組織團隊拉他下馬。最終經過一場艱苦的初選大戰，愛德華茲於二月成功取得了民主黨提名。

但她的考驗還沒結束。溫恩急著轉行成為說客，因此決定提前辭去議員，而不是像跛腳鴨拖完任期。由於他提前辭職，使得該選區必須進行補選，以便填補突然空出的議員席位。於是愛德華茲只好又選一次，而且又贏了。她在國會八月休會前六週左右宣誓就職，可是眾議員們這段時間通常都回選區避暑，遠離華府的酷熱，而且那年是總統大選年，對議員來說特別無所事事，因此愛德華茲大可以慢慢認識國會的各種規矩與習慣。

然而，全球金融體系就在那時瓦解了。六月九日，雷曼兄弟（Lehman Brothers）公布第二季財報，總虧損高達二十八億美元，而且同樣令人擔憂的是，它們打算出售六十億美元股份以挽救危機。[2] 避險基金經理人和私募股權巨頭開始警告聯準會官員，雷曼兄弟面臨電子銀行擠兌只是時間問題，就像幾個月前擠兌恐慌弄垮了貝爾斯登公司（Bear Stearns）那樣。[3] 百年來最大的金融危機就此揭開序幕。

二〇〇八年金融崩盤，建立在美國房市之上的國際信貸大泡沫正式宣告破滅。一九九六到二〇〇六年，美國房價經歷了空前榮景，就算經過通膨調整，全國房價也飆漲了三分之二以上，部分地區如加州和拉斯維加斯甚至漲到原本的兩倍或三倍。[4] 而房價飆升既是華爾街信貸推波助瀾下房貸業務激增的原因，也是結果。房價上揚，愈來愈多一般家庭買不起房子，中產階級生活費用變高，但由於工資沒變，貸款給他們就變得更有風險。為了維繫業務，銀行開始提供次級房貸和其他供信用風險者申請的特殊房貸給這些家庭，因為他們不再像幾年前可以申請到一般的傳統型三十年房貸。結果就是雖然美國房貸市場規模從二〇〇〇到二〇〇三年幾乎成長為原來的四倍，住宅自有率卻近乎停滯，只從六七．一％小漲至六八．六％。[5]

許多次級房貸都是公然搶劫，可疑業者極盡一切榨乾借款人，還有許多是公然詐欺，銀行看也不看申請者所得就決定放貸；明明貸款毫無道理，所有人都假裝是合理交易。然而，最普遍的原因還是銀行那種向來只看風險回報的計算。借方違約風險偏高時，貸方會調高收費以彌補更高的潛在損失。而次級房貸申請者會列為高風險族群，理由當然是比起貸款金額，他們的所得相對偏低，也就是他們付不起貸方為了承擔額外風險所要求的較高收費。於是，次級房貸設計者便將這較高的貸款成本推遲到繳款後期，貸方起初還款金額很低，但幾年後利率就會調高，拉大繳款金額。早在一九九〇年代初期，消費者團體就開始警告聯邦監管機關，次級房貸熱潮會害慘搞不懂貸款內容也還不起貸款的借款人。但監管機關相信金融市場的智慧可以正確無誤地定價風險和分配資本，因此對警告不以為意，最終任由房貸業務的市場占比超過四分之一。[6]

高風險房貸起初僅限於民間業者，但在二〇〇三年，房貸業巨擘房利美（Fannie Mae）和房地美（Freddie Mac）這兩家肩負政府提高住宅自有率使命的私人機構也加入戰局，並不斷攻城掠地，最終於泡沫最大時在年營業額超過一兆美元的特殊房貸業務裡，占據了近五分之一的市場。[7]

即便如此，比起最終擊潰全球金融的債務泡沫，房貸只是其中一小部分而已。這些貸款被混進複雜的證券商品裡，整包賣給投資人，隨後又經常拆分成更複雜的債務商品。這時，投機者就可以利用信用違約交換來押注這些證券或發明這些證券的投資銀行，賭它們表現如何。二〇〇七年底，美國銀行逾放信用違約交換金額超過十四・四兆美元，約等於美國全年經濟輸出總額，國際信用違約交換市場面值更膨脹至六十一・二兆美元，比全球全年經濟產出總額還要高。[8] 金融市場並未將風險分散至更安全的經濟部位，反而創造了一個注定有人拿不到錢的、荒謬的紙上債務賭場。

想弄倒整座債務金字塔，只需要房價略微下滑就好。次級房貸只有在貸方可以在還款額度調回到負擔不起的水準之前重新融資的前提下，才能繼續運作。只要房價持續上揚，多數借款人都不怕沒有緊急出口，只要再融資就好。但只要房價下跌，就算幅度很小，借款人負擔的債款也會高過房屋實際價值，因而無法再融資。強制法拍的後果會隨著投資公司的損失向全球蔓延，在整個金融系統裡擴散開來。

二〇〇六年，美國房價終於走平，隨即開始下跌。房貸違約數量急速增加，銀行的不動產業務開始巨額虧損。二〇〇七年八月，貝爾斯登旗下兩家避險基金宣告倒閉；隔年三月，聯準會撥款二百九十億美元協助摩根集團緊急收購貝爾斯登公司。美國所有主要金融機構都暴露在風險中，華爾街立刻開始猜測誰會是下一塊倒下的骨牌。美國的退休基金和亞洲各國央行紛紛減少對雷曼兄弟的曝險部位，花旗集團則要求雷曼先存入數十億美元「安定存款」才能繼續和花旗往來，[9] 而雷曼的股價也從年初每股六十美元出頭跌到二十美元以下。

面對危機，聯準會選擇火速提供貸款給受困銀行。二〇〇八年六月時，聯準會已經啟動了三個獨立的緊急貸款計畫，並且向無法在其他地方取得短期資金的銀行發放了金額破紀錄的隔夜貸款。雷曼兄弟公布了數字難看的損益報告後，聯準會立刻加碼這三項計畫，每日放款數十億美元，免得銀行沒錢。只要銀行持有合格擔保品，不論股票、債券或其他金融資產都好，就能拿著資產向聯準會換取短期貸款，處理緊迫的業務需求，幾天或幾星期後再支付貸款贖回擔保品或申請遞延貸款。根據這套邏輯，只要銀行持有基本上確有價值的資產，就不應該僅僅因為恐慌期間無法以合理價格出售這些資產而倒閉。

然而，眼前局勢愈來愈像銀行的機構擠兌，特別是雷曼兄弟，光憑緊急貸款並不足以阻止情況惡化。房價持續下跌，巨額損失無可避免，連傳統型房貸也不例外。於是，財政部長鮑爾森（Hank Paulson）親赴國會，要求修改房利美和房地美的監管法令。雖然他很謹慎強調新法案只是預防措施，但新規定將授權小布希政府，萬一情況失控，就能將房利美和房地美收歸國有。只要銀行願意廉價拋售不良資產，政府就可以要求房利美和房地美充當自願買家，將損失由國庫吸收。此外，當政府將兩家房貸巨頭轉為國有守衛者，就能確保房貸市場的基石不會崩潰消失；只要房利美和房地美願意收購，原本不想放款的銀行就會繼續發放房貸。國會新手愛德華茲的頭幾張票，有一張就投給了這項法案。不久，鮑爾森便在九月六日星期六扣下扳機，將房利美和房地美收歸國有。

儘管如此，正遍及全球市場操作櫃的恐懼並未減弱。貸方持續向雷曼兄弟取回資金；九月九日星期二，雷曼股價重挫五五％，收盤只剩七．七九美元。[10]

根據雷曼兄弟的會計內容，它會遇到難關根本不可理解。公司前一季還在賺錢，就算扣掉最近的虧損，股東權益也還有二百六十億美元；按這個規模，就算連續九季出現壞消息，公司也承受得起。

問題是，沒有人相信雷曼的會計內容。二〇〇三和二〇〇四年，雷曼兄弟一口氣買下五家房貸承作機構。起初它們只是將這五家公司的房貸包裹進證券，出售給想在房市賭一把的外部投資人。但到了二〇〇六年，房價漲到史上最高點，雷曼兄弟便開始收購並自行持有不動產，希望能直接從房市分一杯羹。到了二〇〇七年十一月，雷曼兄弟的房產曝險總額已經翻倍，從五百二十億美元增長到一千一百一十億美元。[11]

至少雷曼兄弟帳上是這麼寫的。但所有人都曉得，不動產價格在往下走。因此，別管雷曼向證交會報告了什麼，而是那些資產**實際**值多少？要是潛在買家知道雷曼兄弟必須拋售資產才付得出錢，那些資產對**雷曼兄弟**又值多少？後來當調查人員詢問摩根大通執行長戴蒙（Jamie Dimon），他覺得雷曼兄弟在金融崩潰期間是否仍有償付能力，戴蒙的回答非常哲學：「什麼叫有償付能力？」[12]

戴蒙並非避而不答。和二〇〇八年其他大銀行一樣，雷曼兄弟能否存續完全仰賴一連串的判斷，不僅包括土地和房產價值的短期走向，還包括與土地貸款償付綑綁的超複雜證券，以及政府會不會支撐大力投資這些證券的金融機構。這些都不是光靠更瞭解不動產銷售、房貸違約模式或就業市場資料就能回答的問題。沒有人知道接下來六星期或六個月會發生什麼。所有人都知道雷曼兄弟太魯莽，但市場沒有能力斷定它是否有償付能力。如同一九一四年的倫敦金融體系，全球金融體系也是掌握在劇烈不可化約的**不確定性**手中。如同當時，當戰爭爆發讓金本位制的國際支付體系陷入混亂，唯有政治權威能化解危機。

然而，小布希政府高層和聯準會已經決定讓市場紀律接手，不再由國庫紓困。二〇〇八年三月聯準會出手拯救貝爾斯登，不僅引發民怨，還讓投資人甚至銀行高層以為，政府也會援助其他搖搖欲墜的銀行。小布希政府知道經濟出了問題，總統二月才簽署法案，給美國每個家庭退稅六百美元，標準的凱因斯刺激方案。但二〇〇八年夏天當時，政府每家銀行都救的想法感覺很荒唐。和小布希政府其他高層一樣，鮑爾森、聯準會主席柏南克（Ben Bernanke）和紐約聯邦準備銀行總裁蓋特納（Timothy Geithner）都信任金融市場，質疑政府行動可能扭曲誘因和預期，並認為必須為國庫紓困畫出底線。經過貝爾斯登、房利美和房地美事件後，他們選擇雷曼兄弟來表明立場。雷曼兄弟或許不是**最**魯莽的銀行，[13]但它們問題很大，[14]而且向聯邦政府借了數百億美元緊急預備金，還一副理所當然的模樣。

九月十二日星期五，鮑爾森將華爾街高層請到紐約聯邦準備銀行，希望協調出一個類似一九九八年長期資本管理公司救援方案的紓困計畫。鮑爾森和當時的魯賓與葛林斯潘一樣不介意出手相救，但堅持國庫裡「一個子兒」都不能動。那天晚上，他協調出將雷曼兄弟賣給英國巴克萊銀行的方案，但隔天一早，英國財政大臣達林（Alistair Darling）就否決了提案。英國政府無法接受將人民的錢送到快倒閉的美國銀行手上。美國官員繼續強調市場紀律，拒絕紓困雷曼兄弟銀行。最後雷曼迫不得已，於九月十五日週一早上申請破產。[15]

根據次日聯準會公開市場委員會的會議紀錄，聯準會高層雖然高度戒備，但基本上同意讓雷曼兄弟倒閉。里奇蒙聯邦準備銀行總裁拉克爾（Jeffrey Lacker）、聖路易聯邦準備銀行總裁巴勒德（Sam Bullard）和堪薩斯市聯邦準備銀行總裁霍尼格（Thomas Hoenig）一致表示，政府讓雷曼兄弟破產而不是助其脫困，是正確的選擇。[16] 然而，那天早上金融體系陷入空前混亂，讓聯準會幾小時內就反悔了。事實證明，雷曼兄弟倒閉對已經被逼到絕路的美國國際集團（AIG）而言，是不可承受之重。他們和雷曼兄弟還有數十億美元的未到期合約，結果如何完全得看長達一年的破產處置而定。而美國國際集團和全球主要銀行又有數千億美元的合約往來，萬一集團倒閉，誰也說不準會發生什麼。九月十六日晚上九點，聯準會宣布緊急貸款八百五十億美元給美國國際集團，並換得集團七九．九%的持股。

然而，華爾街的恐慌已經蔓延到個別機構外了，所有美元計價貨幣體系都開始瓦解。投注在房市的數兆美元不可能統統償付，而金融機構急著四處將資金收回，就怕錢卡在幾天或幾小時內就會倒閉的銀行裡。過去非常安全，甚至被投資人當成現金或支票替代品的貨幣基金，這時也承受巨大壓力；著名的首選準備基金（Reserve Primary Fund）更因為虧損而被迫清算。大企業原本能從商業票據市場取得廉價可靠的短期貸款應付例行開銷，現在卻行不通了，而各大銀行的擠兌潮還在繼續。雷曼兄弟破產後，投資人紛紛揣測下一個會是哪家銀行，並開始從摩根士丹利（Morgan Stanley）撤資。聯準會提出新方案搶救商業票據市場，並允許摩根士丹利和高盛變回銀行持股公司，同時修改相關聯邦法令，讓這兩家公司可以從聯邦準備系統取得更多紓困金。

聯準會開始想方設法印行新鈔，灌進岌岌可危的國際金融體系裡。最終它一共提供了超過十六兆美元的緊急流動性援助對抗危機，其中五．五兆給了外國央行，協助海外機構履行美元計價債務，以確保不論發生什麼，都不會有機構因為短缺現金而倒閉。由於金本位制早已廢除，因此毋須擔心儲備不足的問題。

然而，金融危機已經擴散到資產負債表和債務憑證以外的領域了。市場對全球金融體系的存續已經失去信心，重振之道唯有發出政治聲明，釋放有說服力的信號，向世人宣告各國政府不會放任銀行體系自取滅亡。於是，鮑爾森和柏南克開始和國會議員視訊會議，說明情況的嚴重性，並尋求國會援助。

對愛德華茲來說，這場危機是一次震撼教育。五十歲的她在華府已經小有成就，除了一九九〇年代擔任全美終結家庭暴力網（National Network to End Domestic Violence）執行長，協助國會通過《反婦女暴力法》（*Violence Against Women Act*），之後又接任阿卡基金會主席。這些年來，她經歷過許多茲事體大的立法折衝，早已習慣高壓的政治環境，但這場危機完全不同。

「當時真的很恐怖，」她日後回憶和鮑爾森的談話：「我甚至一度擔心自己去提款機到底領不領得到兩百美元。」[17]

「我只記得心裡想著，天哪，世界末日要來了，」佛羅里達共和黨眾議員馬丁尼茲（Mel Martinez）告訴金融危機調查委員會。[18] 賓州民主黨議員康喬斯基（Paul Kanjorski）說，鮑爾森讓他覺得美國已經危在旦夕，「我們熟悉的經濟體系和政治制度就快完蛋了。」[19] 小布希政府遲遲不肯動用權力拯救雷曼兄弟，結果連自己的信心也提不起來了，現在只能靠國會幫忙結束這場混亂。

然而，鮑爾森送進國會山莊的法案，對議員卻是一場羞辱。直白地說，法案就是開給財政部長一張七千億美元支票，讓他想怎麼用就怎麼用，既沒有確保當責的監管機制，也沒有評量成敗的指標。愛德華茲簡直不敢相信。「我們只拿到三張紙，」她說道：「就要給出七千億美元。」

鮑爾森並不擅長圓融之道。他在出任財政部長之前是高盛執行長，早已習慣一聲令下萬人聽從的感覺，壓根沒想到民選代表不像過去董事會成員那樣對他言聽計從。而且現在時間緊迫，每過去一天，危機就加重幾分，已經沒有閒工夫將法案寫到完美或個別說服有疑慮的議員了。眾議院議長裴洛西（Nancy Pelosi）和共和黨領袖貝納（John Boehner）雖然是死對頭，卻不得不將法案付諸表決，希望眼前壓力能讓批評者安靜。計票還在進行，道瓊指數已經開始下跌，幾分鐘內就重挫七百多點。最終紓困案沒有通過。少了它，銀行體系就會瓦解，第二次大蕭條眼看就要來了。

參議院讓市場鬆了口氣，象徵性地對鮑爾森提交的草案做了幾處修改，加上兩個新的監管單位，兩天後再以壓倒性票數通過了調整過的版本。但眾議院依然是難關。兩黨領袖開始勸說遲遲不肯退讓的議員。最終法案在眾議院獲得兩百零五張贊成票，其中一百四十張來自民主黨，但民主黨自由派仍然堅決反對。[20]「窮人，不論貧窮的黑人、白人、原住民或拉丁裔美國人，都幾乎得不到半點協助與幫忙，」喬治亞州議員兼民權大將路易斯（John Lewis）解釋：「結果他們現在要我們替華爾街解套，我才不要。」[21]眾議院非裔黨團普遍如此認為。巴爾的摩出身的強硬自由派卡明斯（Elijah Cummings）和愛德華茲召開記者會提出類似反對，強調華爾街紓困方案必須包括協助受苦家庭。

議員電話被選民打爆了，不是對華爾街紓困方案感到氣憤，就是擔心自己破產。「第一次表決不過後，壓力非常大，」投下反對票的愛德華茲說：「接下來的那一週和週末，感覺就像有人朝你潑冷水。市場完全陷入混亂，我還記得自己接到好多小型業者從我的選區裡打電話來。其中有位舊書店老闆說他的信用限額完全被取消，他很擔心自己那星期付不出工資。」

對愛德華茲和其他質疑紓困案的自由派而言，最可靠的傳話人是民主黨總統候選人，一位名叫歐巴馬的伊利諾州年輕參議員。歐巴馬很有政治眼光，很快察覺自由派遲疑不是因為意識形態上反對政府干預或擔心選票。愛德華茲、路易斯和卡明斯都來自民主黨鐵票區，改投贊成票沒有任何政治好處。他們希望紓困條件能依據自由派的意見做調整，否則寧可不要紓困。歐巴馬打了幾通電話就把事情搞定了。十月三日，紓困案在眾議院過關，銀行得救了。

歐巴馬用一個私下承諾換得了紓困案：只要自由派支持拯救銀行，等他進入白宮就會全面推動反法拍。卡明斯和愛德華茲明確要求訂定新的破產法，只要房屋價值低於房貸總額，財務吃緊的家庭就有資格免除超額房貸。如果銀行炒作高風險房地產泡沫還能解套，那麼自由派希望一般家庭也能雨露均霑。歐巴馬協商時向愛德華茲保證，只要他選上總統就會修改破產法令，於是愛德華茲和卡明斯改投贊成票。歐巴馬當選後，白宮將他的私下承諾變成公開宣言。

「政府將執行聰明積極的政策，協助經濟困難但肯負責的住房擁有者減免房貸，同時改革破產法，並加強現有的住宅計畫，以減少可預防的法拍數量，」二〇〇九年元月十五日，歐巴馬的經濟顧問桑默斯在信裡告訴每位國會議員。[22]同年二月，歐巴馬宣布將執行一項七百五十億美元的計畫，調降貸款者的每月繳款金額，並免除欠繳部分，以拯救四百萬家庭免於房屋法拍的命運，而這筆錢將從銀行紓困金裡提撥。

結果什麼也沒發生。歐巴馬悄悄拋棄了他對愛德華茲和數百萬經濟拮据家庭的承諾。同年五月，房貸破產法案交付參議院表決。贊同方需要拿到六十票才能停止反對方繼續拖延，可是卻少了十五票。參議院民主黨二把手德賓（Dick Durbin）在伊利諾州一家廣播電臺的談話節目上破口大罵法案沒過。「銀行，」他說：「仍然是國會山莊勢力最龐大的說客，這裡顯然是它們的地盤。」新總統人氣正高，手上又有數千億美元紓困金可以支用，面對搖搖欲墜的金融體系，照理應該能在國會勝過銀行才對，但這點我們永遠無從得知了。歐巴馬沒有對德賓的草案投入任何政治資本。他沒打電話、沒有會面、也沒寫信，什麼都沒有，對住房議題的無感顯而易見。歐巴馬和財政部長蓋特納的七百五十億美元反法拍方案並不需要國會協助，錢早就找好了。然而，政府內部其實興趣缺缺，結果讓它成為美國史上少數有錢卻沒花完（最終只花了一百九十九億美元左右）[23]的計畫之一。蓋特納將執行工作交給大銀行，但大銀行只是趁機使出非法手段，進一步壓迫一般家庭，結果還是法拍。二〇一二年，歐巴馬政府面對席捲全國的法拍詐欺事件，和美國主要銀行達成二百五十億美元的巨額和解協議。[24]這是對政府住房方案失敗的嚴厲指控，但這筆和解金只有小部分用來補償受到不當對待的美國家庭，每筆金額通常不高，而且來得太遲，無法挽回被趕出自己家門的命運。[25]二〇〇六到二〇一四年，美國有九百三十萬家庭失去自己的家；[26]大量經濟研究也顯示，法拍造成住房財富歸零，是經濟大衰退期間失業率高升的主因之一。[27] 許多家庭被迫擠出錢來繳房貸，直到財務不堪負荷。等住處被法拍，他們的存款早已用盡，支出大幅降低，導致消費者需求銳減，讓製造業者有理由調降工資。

「活到這麼大，我實在搞不懂一個說自己在乎家庭、在乎社區的社區領袖，卻對美國最大的問題置之不理，」二〇一一年六月，加州民主黨參議員卡多薩（Dennis Cardoza）告訴媒體：「當你指出事情失敗了，他們亟欲反駁的樣子只是讓我強烈感覺，他們根本不曉得該怎麼做。」[28]

二〇〇八至二〇〇九年的紓困方案拯救了全球金融體系，卻沒能解救美國的中產階級。

面對二〇〇八年竄起的大災難，小布希和歐巴馬都選擇了凱因斯政策來緩解。從小布希的六百美元振興支票開始，兩位總統不斷花錢和擴大赤字來挽救貨幣體制，刺激總合需求，提振就業率，但心底其實並不熱中。這些戰術或許必要，卻不合時宜又隱隱尷尬，讓政府官員明明有精簡部門（小布希任內）和減少聯邦長期債務負擔（歐巴馬任內）之類的大事要辦，卻又不得不分心處理。

歐巴馬轄下的經濟顧問委員會顯然對凱因斯思想感覺很矛盾，這點從他們的報告裡就看得出來。二〇一〇年，經濟大衰退時期的失業率達到高點，經濟顧問委員會表示「壓制聯邦預算赤字」是政府首要任務。他們警告「赤字將推高利率，抑制民間投資」，並說「個人積蓄增加將鼓勵投資」。這套說法和凱因斯《通論》裡的主張——刺激需求並鼓勵投資的是花錢，而非存錢——完全相反。[29]翌年，美國失業率只有三個月不高於九％，經濟顧問委員會的年度報告花了近二十頁篇幅，主張「高技能勞工供不應求」，[30]暗示失業率提高是技職教育不符需要的結果，而這個問題的出現點就那麼巧，正好在雷曼兄弟倒閉的時候。即使到了二〇一三年，經濟顧問委員會仍然以經濟成長為由，要求歐巴馬政府額外削減一．五兆美元的赤字，並自豪表示二〇〇九年以來削減的赤字總額已經高達二．五兆美元。[31]就連俗稱「歐巴馬健保」的《平價醫療法案》（*Affordable Care Act*），雖然獲得經濟顧問委員會高度讚賞，其理由也不是減輕窮人負擔，而是有助於減少政府長期開支。直到弗曼（Jason Furman）二〇一三年底接掌主席，經濟顧問委員會報告才公開轉為自由派哲學立場，標榜歐巴馬政府為打擊不平等的鬥士，小羅斯福和詹森內政遺緒的繼承者。

然而，歐巴馬政府的主要經濟決策還是明顯偏向保守。二〇〇九年的振興法案雖然總金額為七千八百四十億美元，直接投資的比例卻很低。其中個人和企業減稅占一千九百四十億美元，個人直接補助占二千七百一十億美元，絕大部分為失業救助，還有一千七百四十億美元用在填補州政府的健康醫療和教育預算缺口。這些支出確實阻止了情況繼續惡化，讓教師拿到工資、病人得到治療、人民有錢可花，最終促成消費增加，更多人受僱。但政府直接投資才是凱因斯振興策略的重點，例如推動基礎建設，但歐巴馬振興法案只花了一千四百七十億美元在這件事上。企業減稅或許讓法案在政治上走得順一點，但對提振就業或經濟成長可能效果甚微。企業按獲利課稅，但經濟衰退的一大問題就是企業沒什麼獲利機會。

這不表示振興法案沒有用。無黨派的國會預算辦公室（Congressional Budget Office）研究指出，振興法案讓最高曾到一〇%的失業率，下降了〇．六%到一．八%之間；[32]經濟學家布林德（Alan S. Blinder）和贊迪（Mark Zandi）則發現，振興法案挽回了約二百七十萬份就業機會。[33]歐巴馬卸任時，失業率已經回到四．八%的健康水準，經濟成長也還不壞，達一．五%，而金融體系雖然仍舊有富國（Wells Fargo）等銀行做出擾亂市場秩序的行為，但至少都能滿足經濟活動所需的例行信貸需求。

然而，景氣復甦同樣加劇了美國自卡特以來便令人擔憂的經濟走向。根據加州大學柏克萊分校經濟學家賽斯研究，景氣復甦帶來的經濟利得，有四九%進了美國所得前一%家庭的口袋；[34]賽斯的同事祖克曼則指出，美國所得前一〇%家庭的收入占全國全年財富的比例創下歷史新高，最有錢的一%人口和其他人財富差距之大，也達到咆哮的二〇年代（Roaring Twenties）以來未有的水準。[35]這些數據充分反映了小布希、歐巴馬、美國國會和聯準會的復甦政策後果。紓困拯救了金融產業，振興法案刺激了消費者支出，聯準會則是持續壓低利率，拉高金融資產價值。由於低利率讓貸款獲利降低，投資人便將資金投入股市，促使股價攀高。這些都很有幫助。資產價格提高能拉抬信心及獲利預期，讓經濟活動更加熱絡。但今日八〇%的金融股都掌握在美國最富有的前一〇%家庭手中。[36]從新政時期開始，房子就是美國中產階級的首要金融資產，卻也是政府選擇不救的金融資產。房利美、房地美和聯準會只確保房貸管道暢通，面臨法拍的屋主必須自己想辦法，左鄰右舍的房產價值也跟著遭殃。凱因斯在《通論》結尾呼籲讓食租者自然滅亡，歐巴馬卻重重打擊了美國的住房擁有者及中產階級的首要財源。其中，有色族群受創特別嚴重。根據聯準會的資料，二〇一〇年美國白人家庭財產（含房屋淨值）中位數為十三萬六千三百七十五美元，黑人家庭只有一萬七千二百一十美元；到了二〇一六年，景氣復甦過後，白人家庭財產增加為十六萬二千七百七十美元，黑人家庭卻不增反減，中位數只剩一萬六千六百美元。[37]

二〇〇八年，愛德華茲曾建議歐巴馬選擇另一條路：華爾街該救就救，但對同樣蒙受其害的家庭也要比照辦理。歐巴馬出於政治考量否決了這個提案。接下來發生的全國慘況不是無情經濟力量的必然後果，也不是民主政府無力抵擋的洪水猛獸。

從某個角度來說，歐巴馬政府無疑是凱因斯信徒，因為它不僅仰賴凱因斯所創的一些概念來調控經濟，也使用了凱因斯門生發展出來、經得起時間考驗的政策槓桿。二〇〇八年的金融危機重振了這一派凱因斯主義的智識權威，也讓新自由主義和新古典主義在學界勢力不再。新自由主義的主要政策處方就是讓金融市場調配資源與資本，但所有人都看到了，這招並不管用。金融市場顯然不理性；銀行會自爆，而金融市場也無法提供可預測的穩定道路，帶領所有人邁向繁榮。金融崩潰引發的景氣衰退讓無數人因此受苦。

其實，凱因斯政策工具在美國政壇始終主流，只有柯林頓任內有過動搖。即便伏克爾於一九八〇年代使用貨幣政策強制造成經濟衰退，雷根依然奉行甘迺迪所發展的古典反動凱因斯政策，藉由富人減稅和擴大國防支出來刺激需求。二〇〇一年九一一攻擊事件後，小布希呼籲美國人上街消費，和凱因斯在大蕭條期間給英國主婦的建議一模一樣。二〇〇八年，小布希政府給出六百美元退稅，更是標準的凱因斯振興手段。不論經濟學界的極端保守派在政治上便不便於承認，二十一世紀美國掌權者實際認真信奉的經濟學，都只是凱因斯主義的不同分支而已。美國政府幾乎永遠靠花錢和赤字來支撐經濟，差別只在錢給了誰或用在什麼上頭罷了。

不過，與凱因斯的名字連在一起的那些思想，已經和他本人所珍視的道德及政治理念關係不大。在那個寬鬆定義下，凱因斯思想曾經和自由國際主義是同義語，相信精明人道的經濟管控可以保護民主不受威權煽動者誘惑，為全球帶來和平與繁榮。**那套**凱因斯思想源自於十九世紀某個短命的歐洲帝國主義支派，以及對美好人生的某種主張。這種主張和它的帝國主義根源不同，就算擺到現在也和一百年前一樣令人信服。小時候，凱因斯眼中的大英帝國是世界上一股充滿民主與人道精神的力量。當世界大戰及巴黎和會讓他體會到醜陋的現實之後，凱因斯便展開一項知識大計，希望打造出一個能實現他年輕夢想的全球新秩序，將建立在掠奪之上的國際體系轉變成公正穩定、散發美學光采的世界，而且不用訴諸戰爭。既然十九世紀的帝國做不到，他就決定自己設計一個。

想實現那樣的全球願景，關鍵是國內經濟政策制定，因為國際政治穩定要靠減緩國內經濟不平等來實現，或至少靠它來促進。政府除了投資公共工程及公共衛生，還可以利用稅制進行重分配，以刺激消費需求，並打造藝術能發達的環境。思想成熟後，凱因斯替激進派想了一個主意，讓他們既能實現解放式革命的文化與道德目標，創造更平等的社會及民主當責的政治階層，又能免除暴力衝突必然蘊含的風險與悲劇。凱因斯認為，十九世紀帝國主義和十九世紀資本主義建立的社會秩序並非鐵板一塊，它可以改革，而毋須推翻。

這套凱因斯主義經過了近一世紀的考驗，它沒有自打嘴巴，卻也沒得到平反。新政、貝弗里奇計畫和偉大社會計畫基本上改寫了英國與美國的生活，讓這兩個社會更平等、更民主也更繁榮。一九三〇年代，非裔美國人的貧窮率高到根本沒有人想量；一九五〇年代超過五〇％，目前大約二〇％。儘管確實有進步，但顯然比不上一九三〇年代共產黨批評小羅斯福是企業家傀儡時，向世人許諾的那個世界，也比不上一九六〇年代黑人權力革命家提出的解放夢想。

美國白人雖然獲益更多，卻也同樣不平等與不穩定。根據疾病管制與預防中心，美國預期壽命於二〇一六和二〇一七年不升反降，原因是白人死於重度絕望相關因素的人數增加，包括鴉片注射過量、酒精相關死亡及自殺。[38]全球最富有的國家正從內腐化，其政治失能反映出社會存在深刻的內在矛盾。與此同時，全球經濟引擎正如凱因斯一九三〇年所預言那樣，已經變得如此強大，光靠重新分配私人財富與企業獲利，就足以讓貧窮從地表徹底消失。二〇〇八年，史迪格里茲推算全球經濟總值四十八兆美元，如果平均分給所有人，每個四口之家將拿到二萬八千美元，足以消除所有國家的貧窮，包括日常開銷相對高昂的美國。[39]二〇一八年全球經濟總值八十五．八兆美元，人口七十五億，每人可以分得一萬一千四百四十美元，每個四口之家超過四萬五千美元。人類的經濟問題不再是生產，而是分配，也就是不平等。

這些不幸並沒有單一原因或簡單解釋，而凱因斯主義者大可主張，目前的悲劇是未能充分實踐凱因斯思想的結果，而不是凱因斯政策有問題。戰後全球沒有選擇凱因斯的國際貨幣體系，而是投靠布列敦森林體系，從而接受了美國的霸權。自由國際主義就此和帝國主義行動勾結在一起，例如伊拉克戰爭和歐巴馬的無人機計畫，而非採行經濟外交。北美自由貿易協定和世界貿易組織設下的國際交流原則只重全球化菁英的經濟利益，而英國與美國過去三十五年來則是將凱因斯的災變管理措施——紓困及振興方案——和菁英取向的海耶克新自由主義鬆綁政策攪在一起。

要新自由主義為二十一世紀大多數的政治動盪負責並不為過。新自由主義者相信金融市場的力量，結果帶給我們二〇〇八年金融危機，而那場災難的遺緒又在全球各地引發了數十場怒火沖天的運動。金融崩潰後，美國採行凱因斯振興策略並不徹底，而歐洲多數國家早就拋棄了凱因斯思想。歐洲中央銀行和國際貨幣基金與德國總理梅克爾（Angela Merkel）聯手，要求陷入危機的國家透過財政撙節刪減預算赤字，導致西班牙、義大利和葡萄牙陷入致命的經濟衰退，希臘的情況更是世人皆知。撙節方案造成的經濟毀滅，包括地方產業瓦解、失業率飆升和社會安全網緊縮，讓各國的新法西斯政黨活躍起來，不是對既有政治勢力形成挑戰，就是成功融入了主流的保守派系。從匈牙利的奧班（Viktor Orbán）、法國的瑪琳·勒龐（Marine Le Pen）、義大利的薩爾維尼（Matteo Salvini）、英國的強生（Boris Johnson）到美國前總統川普（Donald Trump），這樣一個極右派煽動者盛行的年代，自一九三〇年代以來絕無僅有。

然而，指責新自由主義卻也讓凱因斯及其支持者不得不面對這樣的問題：為何凱因斯主義會在政治上如此無力，連名義上屬於自由派的政黨與國家都不重視？凱因斯主義對民主、平等與繁榮的調和，在民主國家應該所向披靡，結果卻很脆弱，轉眼即逝。凱因斯認為，有民主沒民生必然走向暴政。那為何有那麼多民主國家不在乎民生？

對於這些問題，我給不出滿意的答案。桑默斯曾經用一句話來反駁市場是理性個體自利表現的集合：「你看你旁邊，白癡那麼多。」[40]這句話不僅否定了市場調和社會的可能，更否定了民主本身。凱因斯認為好思想終究會戰勝壞思想，人終究會認出哪個論證才對，進而改變想法。這種信念有時令人欽佩，有時卻讓人很難不同意羅賓遜於一九七〇年代的看法，凱因斯天真得可憐。也許他所期盼的那種社會變革，唯有透過他極力想避免的道德困境（即革命）才能實現。美國的情況顯然引發不了多大信心。美國在民主和平等之路上的最大勝利，亦即十九世紀廢除奴隸制和二十世紀擊退法西斯主義，都因為一把槍而畫下句點。

如今是民主的黑暗時代。這句話擺到短短幾年前，對美國和歐洲各國領袖來說根本是無稽之談。是數十年的管理不當和忘卻所學（unlearning）造成了這場全球危機，不可能僅靠幾條新法律或幾次選舉就能逆轉。

然而，全球各地都有人開始行動，彷彿就算世界正滑向威權主義，這股可怕的趨勢也能靠凱因斯四分之三個世紀前提出的機制來扭轉。美國的社運人士和政治人物正在推動「綠色新政」，希望重拾小羅斯福的政治遺產，用公共投資對抗氣候變遷。主流經濟學家也開始公開提及「拋下新自由主義」[41]往前看，甚至探討再次召開布列敦森林會議，創立符合國際經濟利益的和諧體制，以取代一九九〇年代建立的全球秩序。

這些樂觀分子可能成功，也可能失敗。但他們所追求的願景，正是讓凱因斯撐過三次世界危機，也要證明更美好世界確實有可能存在的那個夢想。這是最純粹，也最簡單的凱因斯主義。與其說它是一套經濟思想，不如說是一股激進樂觀的精神。這種精神在人類歷史上多數時間都站不住腳，當人們最需要時又最難喚起，不論景氣最壞或戰火方酣的時候都是如此。

然而，這股樂觀又是過好生活每一天的必要關鍵。是它讓我們迎向不可免的苦難，讓我們心碎時依然去愛，讓我們有勇氣將孩子帶到這個世界，讓我們相信就算動盪如此刻，我們身邊也有足夠的美好，可以度過世世代代。

「說我們被傾銷或被詛咒的人滾蛋，」一九〇三年，二十一歲的凱因斯說：「別管什麼救贖或報復之道了！」[42]美好未來**並非**遙不可及，只要全球不同角落的人齊心協力，互相協助共創繁榮。二十七年後，凱因斯修正了年輕時的經濟策略，卻沒有放棄押寶明日。我們打造未來，靠的不是維多利亞時代的自我否定，也不是靜待上帝拯救，而是現在就採取行動。「世界七大奇景是靠節儉建成的嗎？」他在《貨幣論》裡問讀者：「我覺得不是。」[43]

現在也是如此。百般折騰之後，我們又回到了凱因斯——不僅因為赤字開支可以實現持續成長，或利率取決於流動偏好，更因為我們此時此刻別無他途，只有未來可去。長期下來我們都會死；但長期下來，幾乎一切都有可能。

致謝

這本傳記能問世，都要歸功於我太太楊佳玲（Jia Lynn Yang，音譯）。二〇一六年春，我幹財經政治記者已經十年，佳玲告訴我該寫長一點的東西了。一般來說，伴侶不會這樣「鼓勵」另一半。我太太是專業編輯，專門讓作者發揮百分百的潛能，很清楚自己在做什麼。過去這三年，她不僅是我的支柱，更是知識上的夥伴，除了強化書中論證、精練詞句，還不忘淘汰壞點子。她細細爬梳過所有章節，晚餐時和我辯論流動偏好和《凡爾賽和約》，次數多到我們倆都數不完。後來她也開始寫書，兩人的寫作便攪在一起。我們一起旅行，肩並肩在波士頓甘迺迪總統圖書館做研究，在密蘇里獨立城的杜魯門總統圖書館找資料，一次次進到華府國會圖書館，還有無數次的度假都變成了閉關寫作班。親愛的，能和你共同經歷這一切，真是千載難逢的喜悅。

每本書都是從一個想法開始，只是會隨書的進展而更迭——至少好書如此。我要特別感謝艾文（Neil Irwin）協助我一步步發展書中的想法，並且從找對經紀人到書寫完了怎樣慶祝最對味給我指導，在我記者轉作者的路上擔任我的教練。我的經紀人，聰明又不知放棄的尹（Howard Yoon），在我寫作過程中一路相伴，是個經驗老道的穩固推手。對我來說，他充滿創意的建言就和他深厚敏銳的專業嗅覺一樣重要。

我的蘭登書屋編輯特平（Molly Turpin）有雙通天眼，總能看出我沒看到的關聯，將貌似末微的議題發展成大論述，去掉我很看重但其實沒必要的枝節，永遠只看最根本的部分。雖然她對表達清晰和人物塑造的堅持有時令我難以招架，卻也將這部貫穿百年經濟政策的作品變成一場創作冒險，完全超出二〇一七年春天我向她提議寫書時心底的預期。我很難想像還有比她更好的編輯。

我還要特別感謝劍橋大學國王學院的麥奎爾博士（Dr. Patricia McGuire）和蒙提斯（Peter Monteith）。他們帶著我在凱因斯卷帙繁浩的生平裡遊走穿梭，讓我在那裡的時間比我原本料想的還要成果豐碩許多。

當代研究凱因斯的人，都會從史紀德斯基爵士（Lord Robert Skidelsky）的作品出發。他的三卷本凱因斯傳記替所有後來者奠立了詮釋基礎——不論你是否同意他的看法。我很感謝他與我對談，以及討論時所展現的耐心與智識淵博。每回和他看法不同，我常覺得自己在冒生命危險，但絕非因為他不寬宏大量。我也感謝詹姆斯（James K. Galbraith）熱情又不失客觀的協助，帶我認識他父親高伯瑞的生平與著作。我對凱因斯的理解有太多來自於高伯瑞對他的詮釋與改動。感謝新政史學家羅威（Eric Rauchway）充滿洞見的評語，讓我的書稿大幅進步。打個彎遜的比方，羅威在《造錢者》（*The Money Makers*）和《冬季戰爭》（*Winter War*）所展現的學養，是所有研究小羅斯福時代現實政治手腕與高深學理之間關係的黃金標準（gold standard）。我還要感謝小庫柏（John Milton Cooper, Jr.）花在威爾遜和《凡爾賽和約》上的時間，以及他的睿見。魏斯（Greg Veis）和金（Richard Kim）是目前鑽研這領域最有天分的兩位記者，感謝他們對我的書稿及敘事結構提供了寶貴回饋。

沒有任何歷史作品可以憑空寫成。雖然我靠著幾十位學者才完成寫書所需的研究，但其中幾人的作品對我影響特別大，只是他們不知道。圖澤的傑作《大洪水》（*The Deluge*）是一本五百多頁、內容精采萬分的經濟史，熱烈描繪了兩次世界大戰之間權力、政治、資源與市場之間的關聯。帕克的高伯瑞傳記令人震撼。這本出色的紀錄不僅敘事優雅，出版十五年來，書中的論述仍然極具說服力。想瞭解二十世紀挑戰和取代凱因斯思想的新自由主義秩序，瓊斯（Daniel Stedman Jones）的《宇宙大師》（*Masters of the Universe*）、布爾金的《大說服》（*The Great Persuasion*）和斯洛博迪安的《全球主義者》（*Globalists*）是必讀指南；而麥可瑞（Judith Mackrell）的《布倫斯伯里芭蕾舞伶》（*Bloomsbury Ballerina*）不僅揭露了洛普科娃許多不為人知的故事，還讓讀者對她丈夫也有新的深刻認識。

本書出版前，我的父親勞倫斯（Lawrence D. Carter）離我而去。從許多方面來說，這本書都是他投注時間與教養的回報。最初是他開啟了還在讀小學的我對經濟學的興趣，而他對本書初稿的回饋也是書中論述變好的關鍵助力。他很早就帶著我參加科學展、藝展和閱讀歷史論文，將自己對科學方法的熱愛與嚴謹的治學態度傳承給我。這是我們父子最後一次的聯合作業，我覺得也是最出色的一份。

我母親貝兒（Bonnie Bell）教會我寫作，從字母到大學期末報告都是。這本書當然也是她的功勞。

這本書少了我小姨子和她先生支持就不可能完成。艾德和楊美馨（Ed and Mei Shin Yang，音譯）是我的職涯顧問，也是我小孩的保姆和文評。艾德在商務部擔任經濟學家數十年的經驗，不僅形塑了本書的論述，也影響了我的世界觀。

最後，我要感謝忠誠固執的研究助理胡椒（Pepper）。牠永遠知道，寫作遇到瓶頸最好的做法通常是去森林散很久的步。就算只走一小段，也要有很多零食。

注釋

縮寫

CW: Elizabeth Johnson, Donald Moggridge, and Austin Robinson, eds., *The Collected Writings of John Maynard Keynes, Vols. 1–30* (New York: Cambridge University Press for the Royal Economic Society, 1971–1982).

JMK: John Maynard Keynes（約翰・梅納德・凱因斯）

LL: Lydia Lopokova（莉迪亞・洛普科娃）

JKG: John Kenneth Galbraith（約翰・肯尼斯・高伯瑞）

引言

1 引自Robert Skidelsky, *John Maynard Keynes*, vol. 2: *The Economist as Savior, 1920–1937* (New York: Allen Lane, 1994), 93. 譯注：中文版為《不朽的天才：凱因斯傳》，知識流（2006）。

2 斯特里奇致信吳爾芙，一九二二年二月六日，收錄於Lytton Strachey, *The Letters of Lytton Strachey*, ed. Paul Levy (New York: Farrar, Straus and Giroux, 2005), 501.

3 Virginia Woolf, *The Letters of Virginia Woolf*, vol. 2: 1912–1922, ed. Nigel Nicolson and Joanne Trautmann (New York: Harcourt Brace Jovanovich, 1976), 8.

4 引自Judith Mackrell, *Bloomsbury Ballerina: Lydia Lopokova, Imperial Dancer and Mrs. John Maynard Keynes* (London: Phoenix, 2009 [2008]), 181.

5 Ibid., xviii.
6 引自Skidelsky, *John Maynard Keynes*, vol. 2, 93.
7 引自Alison Light, "Lady Talky," *London Review of Books*, December 18, 2008.
8 S. P. Rosenbaum, ed., *The Bloomsbury Group: A Collection of Memoirs and Commentary* (Toronto: University of Toronto Press, 1995), 120; "The Art of Bloomsbury," Tate Modern, 2017, https://www.tate.org.uk/art/art-terms/b/bloomsbury/ art-bloomsbury.
9 《曼徹斯特衛報》（*The Manchester Guardian*）提供凱因斯三百英鎊，《紐約世界報》（*New York World*）三百五十英鎊，維也納《新自由報》（*Neue Freie Presse*）二十五英鎊。*CW*, vol. 17, 354. 此處換算成今日金額（一英鎊兌四點四三美元）是以一九九二年的幣值為基準，參見"Foreign Exchange Rates, 1922–1928," Federal Reserve Bulletin, January 1929, https://fraser.stlouisfed.org/files/docs/publications/FRB/pages/1925 -1929/28191_1925-1929.pdf; and "CPI Inflation Calculator," Bureau of Labor Statistics, https://data.bls.gov/cgi-bin/cpicalc.pl.
10 JMK to LL, May 3, 1924, JMK/PP/45/190/1/122.
11 LL to JMK, April 19, 1922, JMK/PP/45/190/9/32.
12 LL to JMK, April 24, 1922, JMK/PP/45/190/9/46.
13 John Maynard Keynes, "On the Way to Genoa: What Can the Conference Dis- cuss and with What Hope?," *The Manchester Guardian*, April 10, 1922; in *CW*, vol. 17, 372.
14 引自Adam Tooze, *The Deluge: The Great War, America and the Remaking of the Global Order 1916–1931* (New York: Penguin, 2014), 433. 譯注：中文版為《滔天洪水：第一次世界大戰與世界秩序的重建》，中國華僑（2021）。
15 JMK to Henry de Peyster, February 25, 1921, in *CW*, vol. 17, 219.
16 俄羅斯需支付英國近三十五億美元，法國四十億美元，相當於法國外來投資的四分之一。見Tooze, *The Deluge*, 425.
17 John Maynard Keynes, "Reconstruction in Europe," *The Manchester Guardian*, April 18, 1922; *CW*, vol. 17, 388.
18 John Maynard Keynes, "On the Way to Genoa: What Can the Conference Discuss and with What Hope?," *The Manchester Guardian*, April 10, 1922; *CW*, vol. 17, 373.
19 John Maynard Keynes, A Tract on Monetary Reform (London: Macmillan, 1923). 譯注：中文版為《貨幣改革論》，商務印書館（2020）。
20 Ibid., 172–73.
21 關於凱因斯和他心中的理想「文明」，參見Geoff Mann, *In the Long Run We Are All Dead: Keynesianism, Political Economy*

and Revolution (New York: Verso, 2017).

22 引自Alan Brinkley, *American History: A Survey* (New York: McGraw-Hill, 1995).

23 例如John Maynard Keynes, "British Foreign Policy," *The New Statesman and Nation*, July 10, 1937, in *CW*, vol. 28, 61–65.

24 John Maynard Keynes, *The General Theory of Employment, Interest and Money* (New York: Prometheus, 1997 [1936]), 382. 譯注：中文版為《就業、利息與貨幣通論》，商務（2002）。

25 D. M. Bensusan-Butt, *On Economic Knowledge: A Sceptical Miscellany* (Canberra: Australian National University, 1980), 34–35.

26 Rosenbaum, *The Bloomsbury Group*, 272–75.

1 淘金熱之後

1 Bertrand Russell, *The Autobiography of Bertrand Russell, 1872–1914* (Boston: Little, Brown, 1967), 96. 譯注：中文版為《羅素自傳》，商務印書館（2015）。

2 馬克吐溫和沃納（Charles Dudley Warner）於一八七三年的合著小說《鍍金時代》首先使用這個詞彙，藉以嘲諷當時社會秩序崩壞被宛如金箔般的表面富裕所掩蓋。不過，這個說法直到數十年後才廣為流傳，而且已經失去了原本的尖酸意味。

3 Georges Auguste Escoffier, *Le Guide Culinaire* (Paris: Imprimerie de Lagny, 1903); Escoffier, *A Guide to Modern Cookery* (London: William Heinemann, 1907).

4 John Maynard Keynes, *The Economic Consequences of the Peace* (London: Macmil- lan, 1919), 8–9. 譯注：中文版為《和約的經濟後果》，中國人民大學（2017）。

5 一九〇八年初，印度事務部指派凱因斯編輯〈印度道德與物質文明進展及現狀報告〉。這份厚達一百九十七頁的報告指出英國對「這個受瘟疫重創的國家」的處置相當「冷血」，讓凱因斯的上級厚德尼斯爵士（Sir Thomas Holderness）勃然大怒。See *CW*, vol. 15, 11.

6 Keynes, *The Economic Consequences of the Peace*, 10.

7 Robert Skidelsky, *John Maynard Keynes*, vol. 1: *Hopes Betrayed, 1883–1920* (New York: Penguin, 1994 [1983]), 290.

8 Liaquat Ahamed, *Lords of Finance: The Bankers Who Broke the World* (New York: Penguin, 2009), 29.

9 "A Population History of London: The Demography of Urban Growth," The Proceedings of the Old Bailey: London's Central Criminal Court 1674 to 1913, https://www.oldbaileyonline.org/static/Population-history-of-london .jsp#a1860-1913.

10 Keynes, *The Economic Consequences of the Peace*, 9.
11 Norman Angell, *The Great Illusion* (New York: G. P. Putnam Sons, 1913 [1910]).
12 Barbara Tuchman, *The Guns of August: The Outbreak of World War I* (New York: Random House, 2014 [1962]), 13.
13 Thomas L. Friedman, *The World Is Flat: A Brief History of the Twenty-First Century* (New York: Farrar, Straus and Giroux, 2005), 421. 譯注：中文版為《世界是平的》，雅言（2007）。
14 Charles Kindleberger, *A Financial History of Western Europe* (London: George Allen & Unwin, 1984), 291.
15 John Maynard Keynes, “War and the Financial System,” *The Economic Journal*, September 1914, in *CW*, vol. 11, 238–71. 國外支付陷入困難的部分，見頁246–48。
16 John Maynard Keynes, *A Treatise on Money: The Pure Theory of Money and the Applied Theory of Money. Complete Set*, vol. 2 (Mansfield Center, CT: Martino Fine Books, 2011 [1930]), 306–7.
17 凱因斯於一九一七年十月二十二日寫給瑞斯特（Charles Rist）教授的信裡提到這個過程，見JMK/L/17/8。
18 E. Victor Morgan, *Studies in British Financial Policy 1914–25* (London: Macmillan, 1952), 4–7.
19 Morgan, *Studies in British Financial Policy*, 4–30.
20 John Maynard Keynes, “War and the Financial System,” *The Economic Journal*, September 1914, in *CW*, vol. 11, 254.
21 Ahamed, *Lords of Finance*, 30–31.
22 李普曼的看法出自Ronald Steel, *Walter Lippmann and the American Century* (Boston: Little, Brown, 1980), 306.
23 John Maynard Keynes, *Indian Currency and Finance* (London: Macmillan, 1913). 譯注：中文版為《印度的貨幣與金融》，商務印書館（2013）。
24 Skidelsky, *John Maynard Keynes*, vol. 1, 277; Russell, *The Autobiography of Bertrand Russell*, 96.
25 Russell, *The Autobiography of Bertrand Russell*, 97.
26 布萊克特致信凱因斯，一九一四年八月一日，收錄於*CW*, vol. 16, 3.
27 David Lloyd George, *War Memoirs of David Lloyd George, 1915–1916* (Boston: Little, Brown, 1933), 61–75.
28 Ibid., 64–67.
29 引自Tuchman, *The Guns of August*, 129. 譯注：中文版為《八月炮火》，聯經（2004）；廣場（2022）。
30 John Maynard Keynes, “Memorandum Against the Suspension of Gold,” August 3, 1914, in *CW*, vol. 16, 10.
31 Morgan, *Studies in British Financial Policy*, 11.
32 凱因斯致信父親內維爾，一九一四年八月六日，引自 *CW*, vol. 16, 15.

33 John Maynard Keynes, "Memorandum Against the Suspension of Gold," memorandum for David Lloyd George, August 3, 1914, in *CW*, vol. 16, 12.
34 凱因斯致信布萊克特，一九一四年六月二十四日，引自 *CW*, vol. 16, 5.
35 凱因斯致信馬歇爾，一九一四年十月十日，引自 *CW*, vol. 16, 30–31.
36 John Maynard Keynes, "War and the Financial System," *The Economic Journal*, September 1914, in *CW*, vol. 11, 252, 255.
37 John Maynard Keynes, "The Proper Means for Enabling Discount Operations to be Resumed," memorandum for David Lloyd George, in *CW*, vol. 16, 16.
38 "The Longest Bank Holiday," Royal Bank of Scotland, November 11, 2014, http://www.rbsremembers.com/banking-in-wartime/supporting-the-nation/ the-longest-bank-holiday.html.
39 Morgan, *Studies in British Financial Policy*, 14.
40 美國聯邦儲備銀行雖然沒有正式停止鑄幣支付，實際上卻那麼做了。Ibid., 20.
41 John Maynard Keynes, *The General Theory of Employment, Interest and Money* (New York: Prometheus, 1997 [1936]), 161–62.
42 引自 Virginia Woolf, *The Diary of Virginia Woolf*, vol. 1: *1915–1919*, ed. Anne Olivier Bell (New York: Harcourt Brace Jovanovich, 1977), xxv.
43 凱因斯致信父親，一九一五年元月二十九日，引自 *CW*, vol. 16, 66.

2 戰債

1 引自 S. P. Rosenbaum, ed., *Bloomsbury on Bloomsbury* (Toronto: University of Toronto Press, 1995), 48.
2 Ibid., 56.
3 Ibid., 44.
4 Ibid., 55.
5 Leonard Woolf, *Beginning Again: An Autobiography of the Years 1911 to 1918* (New York: Harcourt Brace Jovanovich, 1964), 34–35.
6 引自 *Rosenbaum, Bloomsbury on Bloomsbury*, 50.
7 Ibid., 110.
8 L. Woolf, *Beginning Again*, 34–35.
9 引自 Rosenbaum, *Bloomsbury on Bloomsbury*, 105–6.

10 Grace Brockington, " 'Tending the Lamp' or 'Minding Their Own Business'? Bloomsbury Art and Pacifism During World War I," *Immediations*, January 2004, 9.

11 引自Rosenbaum, *Bloomsbury on Bloomsbury*, 58.

12 Ibid., 111。

13 John Maynard Keynes, quoted in *CW*, vol. 16, 3.

14 引自David Garnett, *The Flowers of the Forest* (New York: Harcourt, Brace and Company, 1956), 148–49.

15 Michael Holroyd, *Lytton Strachey: A Biography* (New York: Holt, Rinehart and Winston, 1980 [1971]), 244.

16 John Maynard Keynes, "My Early Beliefs," September 9, 1938, in *CW*, vol. 10, 433–50.

17 Ibid., 435。

18 G. E. Moore, *Principia Ethica* (Cambridge, UK: Cambridge University Press, 1922 [1903]), 21.

19 Ibid., 188-99。

20 Bertrand Russell, *The Autobiography of Bertrand Russell*, 1872–1914 (Boston: Little, Brown, 1967), 94–95.

21 維根斯坦剛加入使徒不久就退出了，直到一九二九年才重新加入，參見羅素一九一二年十一月十一日寫給凱因斯的信：JMK/ PP/45/349/1。信的內容如下：

親愛的凱因斯：

我之前就覺得維根斯坦應該很難應付，果然不出所料。我終於說服他參加聚會，看他感受如何。他顯然覺得根本浪費時間，但或許出於善意認為還值得繼續參加。現在想想，我不曉得自己說服他下週六再來聚會是不是對的，因為我感覺他一定會在厭惡中退出，但我認為現有成員應該在下週六之前將這事處理好。

倘若他決定退出，最好在遴選前。

你的兄弟，

羅素

22 Robert Skidelsky, *John Maynard Keynes*, vol. 1: *Hopes Betrayed, 1883–1920* (New York: Penguin, 1994 [1983]), 19, 51.

23 引自Frances Spalding, *Duncan Grant: A Biography* (London: Pimlico, 1998), 67.

24 引自Rosenbaum, *Bloomsbury on Bloomsbury*, 51.

25 凱因斯致信格蘭特，一九〇九年二月十六日，引自Spalding, *Duncan Grant*, 77.

26 出處同上。格蘭特曾經提到，「這些年輕的男使徒們不時會被兩位年輕女性的大膽與質疑嚇到，覺得很有意思。」兩位女性指的是凡妮莎和維吉尼亞。參見Rosenbaum, *Bloomsbury on Bloomsbury*, 101.

27 引自Holroyd, *Lytton Strachey*, 253.
28 JMK/PP/20A.
29 Russell, *The Autobiography of Bertrand Russell*, 95.
30 引自Skidelsky, *John Maynard Keynes*, vol. 1, 122.
31 Carlo Cristiano, *The Political and Economic Thought of the Young Keynes* (London: Routledge, 2014), sec. 2.3.
32 Lytton Strachey, *The Letters of Lytton Strachey*, ed. Paul Levy (New York: Farrar, Straus and Giroux, 2006), 110.
33 Virginia Woolf, *The Diary of Virginia Woolf*, vol. 1: 1915–1919, ed. Anne Olivier Bell (New York: Harcourt Brace Jovanovich, 1977), 24.
34 Woolf, *Beginning Again*, 36, 184.
35 凱因斯致信斯特雷奇，一九一四年十一月二十七日，引自Strachey, *The Letters of Lytton Strachey*, 241.
36 Skidelsky, *John Maynard Keynes*, vol. 1, 302. 其中一位過世者是布魯克（Rupert Brooke），他是知名詩人，也是吳爾芙夫婦的密友，加入英國陸軍後先被派往安特衛普，而後在轉派加利波利（Gallipoli）途中因病過世。參見Julia Briggs, *Virginia Woolf: An Inner Life* (New York: Harvest Books, 2006), 87.
37 Barbara Tuchman, *The Guns of August: The Outbreak of World War I* (New York: Random House, 2014 [1962]), 247–48.
38 "Laws of War: Laws and Customs of War on Land (Hague II); July 29, 1899," Lillian Goldman Law Library, Yale Law School, http://avalon.law.yale.edu/19th_ century/hague02.asp.
39 "Laws of War: Laws and Customs of War on Land (Hague IV); October 18, 1907," Lillian Goldman Law Library, Yale Law School, http://avalon.law.yale.edu/20th_century/hague04.asp.
40 Woolf, *Beginning Again*, 184.
41 Ian Kershaw, *To Hell and Back: Europe, 1914–1949* (New York: Penguin, 2016), 48. 譯注：中文版為《企鵝歐洲史・地獄之行：1914-1949》，中信出版集團（2018）。
42 凱因斯致信父親，一九一五年六月一日，引自 *CW*, vol. 16, 108.
43 David Lloyd George, *War Memoirs of David Lloyd George, 1915–1916* (Boston: Little, Brown, 1933), 410.
44 JMK, "The Financial Prospects of This Financial Year," Treasury memorandum, September 9, 1915, in *CW*, vol. 16, 117–25; JMK, "The Meaning of Inflation," Treasury memorandum, September 15, 1915, in *CW*, vol. 16, 125–28.
45 The Cambridge War Thrift Committee, "An Urgent Appeal," November 1915, in *CW*, vol. 16, 141–42.
46 Hermione Lee, *Virginia Woolf* (New York: Alfred A. Knopf, 1997), 339.

47 加內特致信凱因斯，一九一五年十一月十五日，引自JMK/PP/45/116/3.
48 加內特致信凱因斯，一九一五年十二月六日，引自JMK/PP/45/116/6.
49 加內特致信凱因斯，一九一六年十月六日，引自JMK/PP/45/116/9.
50 加內特致信凱因斯，JMK/PP/45/116/13.
51 加內特致信凱因斯，JMK/PP/45/116/33.
52 JMK, Treasury memorandum, September 9, 1915, in *CW*, vol. 16, 117–25.
53 引自Martin Horn, *Britain, France, and the Financing of the First World War* (Montreal and Kingston, Canada: McGill–Queen's University Press, 2002), 105–7.
54 John Maynard Keynes, untitled memorandum, August 23, 1915, in *CW*, vol. 16, 110–25.
55 Stephen Broadberry and Mark Harrison, "The Economics of World War I: A Comparative Quantitative Analysis," *Journal of Economic History* 66, no. 2 (June 2006), https://warwick.ac.uk/fac/soc/economics/staff/mharrison/papers/ ww1toronto2.pdf, 26.
56 Loos Memorial," Commonwealth War Graves Commission, http://www.cwgc .org/find-a-cemetery/cemetery/79500/LOOS%20MEMORIAL.
57 Lee, *Virginia Woolf,* 340; Brockington, "'Tending the Lamp,'" 11.
58 凱因斯化名波力提克斯投書《每日紀事報》編輯，一九一六年元月十六日，引自*CW*, vol. 16, 157–61.
59 凱因斯致信母親佛蘿倫絲，一九一六年元月十三日，引自*CW*, vol. 16, 161–62.
60 Strachey, *The Letters of Lytton Strachey*, 259–67.
61 凱因斯致信妻子，一九二四年十一月十六日，JMK/PP/45/190/2.
62 PP/45/316/5/36.
63 凱因斯至少回信過一次，時間是一九一五年元月十日。「收到你的信讓我嚇了一跳。你想這是否表示信寄到前的這小段時間裡，你都還活著？希望如此。但願你已經平安成了戰俘……你好友貝卡西（Ferenc Békássy）和你同陣營，摯友布利斯（Christopher Bliss）則在我方當個二等兵。看來打仗顯然比待在挪威思考哲學命題有趣得多，但還是希望你很快能不再放縱下去。」JMK/PP/45/349/99.
64 JMK to "the Tribunal," February 28, 1916, in *CW*, vol. 16, 178.
65 引自Skidelsky, *John Maynard Keynes*, vol. 2, 327.
66 凱因斯致信母親，一九一五年九月八日，JMK/PP/45/168/8/105.

67 凱因斯致信母親，一九一六年六月六日，JMK/PP/45/168/8/145.
68 佛蘿倫絲致信凱因斯，一九一六年六月六日，JMK/PP/45/168/8/147.
69 Virginia Woolf, *The Letters of Virginia Woolf*, vol. 2: 1912–1922, ed. Nigel Nicolson and Joanne Trautmann (New York: Harcourt Brace Jovanovich, 1976), 133.
70 John Maynard Keynes, "The Financial Dependence of the United Kingdom on the United States of America," Treasury memorandum, October 10, 1916, in *CW*, vol. 16, 197.
71 Ron Chernow, The House of Morgan: An American Banking Dynasty and the Rise of Modern Finance (New York: Grove Press, 2001 [1990]), 188–89. 除了這些事蹟，小摩根還資助愛迪生的電力事業，打造了美國的鋼鐵壟斷地位，並於一九〇七年隻手挽救了美國金融體系。
72 Adam Tooze, *The Deluge: The Great War, America and the Remaking of the Global Order, 1916–1931* (New York: Viking, 2014), 38.
73 John Maynard Keynes, "Report to the Chancellor of the Exchequer of the British Members of the Joint Anglo-French Financial Committee," October 24, 1916, in *CW*, vol. 16, 201–6.
74 John Maynard Keynes, "The Financial Dependence of the United Kingdom on the United States of America," Treasury memorandum, October 10, 1916, in *CW*, vol. 16, 197–98.
75 接下來的內容，我主要參考John Milton Cooper, Jr., *Woodrow Wilson: A Biography* (New York: Vintage Books, 2009).
76 Woodrow Wilson, *A History of the American People*, vol. 5: *Reunion and Nationalization* (New York: Harper and Brothers, 1902), 212.
77 Woodrow Wilson, *The Papers of Woodrow Wilson*, vol. 24: *January–August 1912*, ed. Arthur S. Link (Princeton, NJ: Princeton University Press, 1978), 252.
78 參見Don Wolfensberger, "Woodrow Wilson, Congress and Anti-Immigrant Sentiment in America: An Introductory Essay," Woodrow Wilson International Center for Scholars, March 12, 2007, https://www.wilsoncenter.org/sites/default/ files/immigration-essay-intro.pdf.
79 John Maynard Keynes, "Note for Mr McAdoo," Treasury memorandum, July 20, 1917, in *CW*, vol. 16, 245–52.
80 凱因斯致信母親，一九一八年三月二十三日，JMK/PP/45/168/9/85.
81 凱因斯致信凡妮莎，一九一八年三月二十三日，CHA/1/341/3/1.
82 凱因斯致信母親，一九一八年三月二十九日，JMK/PP/45/168/9/87；Garnett, *The Flowers of the Forest*, 146–47.

83 凱因斯致信母親，一九一八年三月二十三日，PP/45/168/9/85.

84 維吉尼亞致信巴格納爾（Nicholas Bagenal），一九一八年四月十五日，出自Virginia Woolf, *The Letters of Virginia Woolf*, vol. 2, 230.

85 引自Garnett, *The Flowers of the Forest*, 148.

86 Ibid., 40.

87 維吉尼亞致信凡妮莎，一九二七年五月十五日，Virginia Woolf, *The Letters of Virginia Woolf*, vol. 3: 1923–1928, ed. Nigel Nicolson and Joanne Trautmann (New York: Harcourt Brace Jovanovich, 1977), 376.

88 凱因斯致信母親，一九一七年十二月二十四日，*CW*, vol. 16, 265.

89 凱因斯致信母親，一九一八年三月二十九日，JMK/PP/45/168/9/87.

90 布萊克特致信漢默頓（H. P. Hamilton），一九一八年元月一日，*CW*, vol. 16, 264.

91 凱因斯致信母親，一九一七年十二月二十四日，*CW*, vol. 16, 265–66.

92 凱因斯致信格蘭特，一九一七年十二月十五日，引自Jonathan Atkin, *A War of Individuals: Bloomsbury Attitudes to the Great War* (New York: Manchester University Press, 2002), 24.

93 凱因斯致信母親，一九一八年十月二十五日，JMK/PP/45/168/9/131.

94 Virginia Woolf, January 14, 1918, *The Diary of Virginia Woolf*, vol. 1, 106.

95 凱因斯致信母親，一九一八年十月十三日，JMK/PP/45/168/9/129.

3 巴黎及其不滿

1 引自A. Scott Berg, Wilson (New York: Berkley, 2013), 18–19.

2 Ibid., 521.

3 Margaret MacMillan, *Paris 1919: Six Months That Changed the World* (New York: Random House, 2003 [2001]), 15.

4 引自Sarah Gertrude Millin, *General Smuts*, vol. 2 (London: Faber & Faber, 1936), 172–75.

5 John Maynard Keynes, *The Economic Consequences of the Peace* (London: Macmillan, 1919), 34.

6 Berg, *Wilson*, 18.

7 凱因斯致信母親，一九一八年十二月二十三日，JMK/PP/45/168/9/141.

8 凱因斯致信母親，一九一八年十月二十五日，JMK/PP/45/168/9/131：「我認為和平前景看好。」其餘內容出自凱因斯致信母親，一九一八年十二月二十三日，JMK/PP/45/168/9/141.

9 凱因斯致信父親，一九一九年元月十四日，JMK/PP/45/168/9/145.

10 凱因斯對邱吉爾和德國銀行家梅爾基奧（Carl Melchior）的生平描繪，出現在他一九三三年出版的《菁英的聚會》（*Essays in Biography*）書中，*CW*, vol. 10, 53, 390。文中凱因斯提到了「酒店晚餐」和「飯館晚餐」的區別。譯注：中文版為《菁英的聚會》，江蘇人民（1998）。

11 克拉維斯致信凱因斯，一九一八年十二月二十日，JMK/RT/1/8.

12 Henry Wickham Steed, *Through Thirty Years: 1892–1922* (London: William Heinemann, 1924), vol. 2, 266.

13 Charles G. Fenwick, "Organization and Procedure of the Peace Conference," *American Political Science Review* 13, no. 2 (May 1919): 199–212.

14 凱因斯致信父親，一九一九年元月十四日，JMK/PP/45/168/9/145.

15 引自Edward Mandell House and Charles Seymour, eds., *What Really Happened at Paris: The Story of the Peace Conference, 1918–1919* (New York: Charles Scribner's Sons, 1921), 336.

16 與法方祕密制定惡名昭彰的塞克斯－皮科協定，瓜分鄂圖曼帝國的英國人塞克斯（Mark Sykes）該年二月死於流感，得年三十九歲。參見Harold Nicolson, *Peace-making, 1919* (London: Constable & Co. Ltd., 1943 [1937]), 214。勞合喬治抵達巴黎時還在生病，凱因斯二月感染，威爾遜春天中鏢，克里蒙梭三到四月也和「感冒」搏鬥數週，應該是流感一直沒好。參見Laura Spinney, *Pale Rider: The Spanish Flu of 1918 and How It Changed the World* (New York: Public Affairs, 2017)。斯唐過世和大華飯店的氣氛，參見Clifford R. Lovin, *A School for Diplomats: The Paris Peace Conference of 1919* (Lanham, MD: University Press of America, 1997), 12–17。

17 Keynes, *The Economic Consequences of the Peace*, 3–4.

18 John Maynard Keynes, "Dr Melchoir: A Defeated Enemy," February 2, 1921, in *CW*, vol. 10, 390.

19 Keynes, *The Economic Consequences of the Peace*, 26.

20 *CW*, vol. 16, 387.

21 John Maynard Keynes, "Notes on an Indemnity," Treasury memorandum, October 31, 1918, in *CW*, vol. 16, 337–43; and John Maynard Keynes, "Memorandum by the Treasury on the Indemnity Payable by the Enemy Powers for Reparation and Other Claims," undated Treasury memorandum, in *CW*, vol. 16, 344–86.

22 John Maynard Keynes, "Memorandum by the Treasury on the Indemnity Payable by the Enemy Powers for Reparation and Other Claims," undated Treasury memorandum, in *CW*, vol. 16, 375.

23 見Marc Trachtenberg, "Reparation at the Paris Peace Conference," *The Journal of Modern History* 51, no. 1 (March 1979): 33.

24 Adam Tooze, *The Deluge: The Great War, America and the Remaking of the Global Order, 1916–1931* (New York: Viking, 2014), 293.
25 引自House and Seymour, *What Really Happened at Paris*, 275–76.
26 Ibid., 259。
27 Woodrow Wilson, "Wilson's War Message to Congress," April 2, 1917, World War I Document Archive, Brigham Young University, https://wwi.lib.byu.edu/ index.php/Wilson%27s_War_Message_to_Congress.
28 出處同上。
29 凱因斯致信楊格，一九二〇年二月二十九日，JMK/EC/2/3/62.
30 凱因斯致信戴維森，一九二〇年四月十八日，JMK/EC/2/4/27.
31 凱因斯提交給布瑞德伯里（John Bradbury）爵士的備忘錄，一九一九年元月十四日，JMK/RT/9/1/32.
32 Nadège Mougel, "World War I Casualties," Centre Européen Robert Schuman, http://www.centre-robert-schuman.org/userfiles/files/REPERES%20 %E2%80%93%20module%201-1-1%20-%20explanatory%20notes%20 %E2%80%93%20World%20War%20I%20casualties%20%E2%80%93%20EN.pdf.
33 克羅斯比致信凱因斯，一九一九年元月七日，JMK/RT/1/24.
34 MacMillan, *Paris 1919*, 10.
35 "World War I Casualties," Centre Européen Robert Schuman.
36 "Redrawing the Map: How the First World War Reshaped Europe," *The Economist*, August 2, 2014.
37 Derek Howard Aldcroft, *From Versailles to Wall Street, 1919–1929* (Berkeley: University of California Press, 1977), 19.
38 凱因斯致信母親，一九一八年十月二十五日，JMK/PP/45/168/9/131；凱因斯致信母親，一九一八年十一月三日，JMK/PP/45/168/9/134。
39 Robert Nye, *Masculinity and Male Codes of Honor in Modern France* (Berkeley: University of California Press, 1998 [1993]), 185.
40 Richard J. Evans, *The Pursuit of Power: Europe, 1815–1914* (New York: Viking, 2016), 598. See also Gregor Dallas, *At the Heart of a Tiger: Clemenceau and His World, 1841–1929* (New York: Carroll and Graf, 1993), 302–3.
41 引自Dallas, *At the Heart of a Tiger*, 561.
42 引自George Riddell, *Lord Riddell's Intimate Diary of the Peace Conference and After, 1918–1923* (London: Victor Gollancz, 1933), 41.

43 Keynes, *The Economic Consequences of the Peace*, 29.
44 Tooze, *The Deluge*, 175.
45 Dallas, *At the Heart of a Tiger*, 566.
46 Keynes, *The Economic Consequences of the Peace*, 26.
47 Keith Laybourn, *Modern Britain Since 1906* (London: I. B. Taurus, 1999), 20.
48 引自MacMillan, *Paris 1919*, 33.
49 引自Trachtenberg, "Reparation at the Paris Peace Conference," 32.
50 引自Stephen Bonsal, *Unfinished Business* (New York: Doubleday, 1944), 69.
51 N. P. Howard, "The Social and Political Consequences of the Allied Food Blockade of Germany, 1918–19," *German History* 11, no. 2 (April 1, 1993): 162.
52 凱因斯提交給布瑞德伯里爵士的備忘錄，一九一九年元月十一日，JMK/RT/9/1.
53 引自House and Seymour, *What Really Happened at Paris*, 338.
54 John Maynard Keynes, "Dr Melchoir," in *CW*, vol. 10, 397.
55 Ibid., 395.
56 House and Seymour, *What Really Happened at Paris*, 343.
57 胡佛致電義大利糧食部長克雷斯皮（Silvio Crespi），一九一八年十二月三十一日，收錄於*Papers Relating to the Foreign Relations of the United States 1919: The Paris Peace Conference* (Washington, D.C.: U.S. Government Printing Office, 1942), vol. 2, 688–89.
58 凱因斯提交給布瑞德伯里爵士的備忘錄，一九一九年元月十四日，JMK/RT/1/36–40.
59 John Maynard Keynes, "Dr Melchoir," in *CW*, vol. 10, 401.
60 Riddell, *Lord Riddell's Intimate Diary of the Peace Conference and After*, 42.
61 John Maynard Keynes, "Dr Melchoir," in *CW*, vol. 10, 405.
62 Lovin, *A School for Diplomats*, 13.
63 凱因斯致信母親，一九一九年元月二十五日，JMK/PP/45/168/9/149.
64 「我寫信給華特，問他該不該接種流感疫苗，但他回說目前**還沒有**可以推薦的，」凱因斯一九一八年十一月三日在信裡告訴母親：「薛帕德擔心感染，整週都沒出門。」JMK/PP/45/168/9/131.
65 貝爾致信凱因斯，一九一九年二月二日，JMK/PP/45/25/32.

66 凱因斯致信母親，一九一九年三月十六日，JMK/PP/45/168/9/157.
67 John Maynard Keynes, "Dr Melchoir," in CW, vol. 10, 416–24.
68 康利夫還以顏色，稱呼這位財政部的死對頭同事「馮．凱先生」(Herr von K)，暗諷凱因斯偏袒德國。參見Antony Lentin, *Lloyd George and the Lost Peace: From Versailles to Hitler, 1919–1940* (New York: Palgrave Macmillan, 2001), 24.
69 引自凱因斯一九一九年三月二十五日備忘錄，JMK/RT/1/71.
70 凱因斯致信柯爾（Philip Kerr），一九一九年三月二十五日，JMK/RT/1/71.
71 引自House and Seymour, *What Really Happened at Paris*, 272.
72 翻印於Philip Mason Burnett, *Reparation at the Paris Peace Conference from the Standpoint of the American Delegation* (New York: Columbia University Press, 1940), 776.
73 引自House and Seymour, What Really Happened at Paris, 262.
74 克羅斯比致信凱因斯，一九一九年元月七日，JMK/RT/1/24.
75 凱因斯提交給威爾遜的備忘錄，一九一九年三月，"The Treatment of Inter-Ally Debt Arising Out of the War," *CW*, vol. 16, 427–28.
76 引自House and Seymour, *What Really Happened at Paris*, 289.
77 凱因斯致信母親，一九一九年四月十二日，JMK/PP/45/168/9/164.
78 凱因斯〈歐洲信用重塑、金融救助及重建計畫〉(Scheme for the Rehabilitation of European Credit and for Financing Relief and Reconstruction)，英國財政部致威爾遜備忘錄，一九一九年四月，in *CW*, vol. 16, 433–35.
79 威爾遜致信勞合喬治，一九一九年五月三日，JMK/RT/16/33.
80 引自Robert Skidelsky, *John Maynard Keynes*, vol. 1: *Hopes Betrayed, 1883– 1920* (New York: Penguin, 1994 [1983]), 372.
81 Ron Chernow, *The House of Morgan: An American Banking Dynasty and the Rise of Modern Finance* (New York: Grove Press, 2001 [1990]), 370–73. 譯注：中文版為《摩根財團：美國一代銀行王朝和現代金融業的興起》，江蘇文藝（2014）。
82 Ibid., 280-86。
83 引自Noam Chomsky, *Deterring Democracy* (New York: Hill and Wang, 1992), 39.
84 Chernow, *The House of Morgan*, 336–43.
85 Keynes, *The Economic Consequences of the Peace*, 41.
86 Eric Rauchway, *The Money Makers: How Roosevelt and Keynes Ended the Depression, Defeated Fascism, and Secured a Prosperous Peace* (New York: Basic Books, 2015), 16. 譯注：中文版為《貨幣大師》，中信（2016）。

87 凱因斯致信母親，一九一九年五月十四日，JMK/PP/45/168/9/168.
88 凱因斯致信戴維斯，一九一九年六月五日，in *CW*, vol. 16, 471.
89 凱因斯致信勞合喬治，一九一九年六月五日，in *CW*, vol. 16, 469.

4 後果

1 John Milton Cooper, Jr., *Woodrow Wilson: A Biography* (New York: Vintage, 2009), 502–4; A. Scott Berg, *Wilson* (New York: Berkley, 2013), 600–602.
2 Woodrow Wilson, *The Papers of Woodrow Wilson*, ed. Arthur S. Link, vol. 61 (Princeton, NJ: Princeton University Press, 1990), 292–93.
3 威爾遜和史末資有許多共同點。威爾遜是南北戰爭後首位當選總統的美國南方人，史末資則是英國統治時期首個成為首相的南非白人。兩人都高舉民主理念，卻對國內的非白人族群採取家長式統治。參見 Sarah Gertrude Millin, *General Smuts*, vol. 2 (London: Faber & Faber, 1936), 172–73.
4 Cooper, *Woodrow Wilson: A Biography*, 502–4; Berg, Wilson, 600–602.
5 Robert Skidelsky, *John Maynard Keynes*, vol. 1: *Hopes Betrayed*, 1883–1920 (New York: Allen Lane, 1983), 379–80. 凱因斯一九一九年六月二十日至七月九日待在查爾斯頓，凡爾賽和約簽訂日期為六月二十八日。
6 David Garnett, *The Flowers of the Forest* (New York: Harcourt, Brace and Com- pany, 1956), 145.
7 JMK/L/19.
8 塞西爾致信凱因斯，一九一九年七月三十一日，JMK/L/19.
9 凱因斯致信母親，一九一八年十二月二十三日，JMK/PP/45/168/9/141.
10 JMK/L/19.
11 史末資致信凱因斯，收錄於Millin, *General Smuts*, vol. 2, 255–56.
12 引自Tom Regan, *Bloomsbury's Prophet: G. E. Moore and the Development of His Moral Philosophy* (Philadelphia: Temple University Press, 1986), 154.
13 Lytton Strachey, *Eminent Victorians: Cardinal Manning, Florence Nightingale, Dr. Arnold, General Gordon* (London: G. P. Putnam Sons, 1918). 譯注：中文版為《維多利亞名人傳》，上海三聯（2007）。
14 John Maynard Keynes, *The Economic Consequences of the Peace* (London: Macmillan, 1919), 18.
15 Ibid., 19.

16 Ibid., 251.
17 Herbert Hoover, *The Ordeal of Woodrow Wilson* (Washington, D.C.: Woodrow Wilson Center Press, 1992 [1958]), 152.
18 Keynes, *The Economic Consequences of the Peace*, 220.
19 Michael V. White and Kurt Schuler, "Retrospectives: Who Said 'Debauch the Currency': Keynes or Lenin?," *Journal of Economic Perspectives* 23, no. 2 (2009): 213–22.
20 Edmund Burke, *Reflections on the Revolution in France* (London: John Sharpe, 1820), 138. 譯注：中文版為：《反思法國大革命》，上海社會科學出版社（2014）。
21 Leonard Woolf, *Downhill All the Way: An Autobiography of the Years 1919 to 1939* (New York: Harvest, 1967), 139.
22 John Maynard Keynes, *The Political Doctrines of Edmund Burke* (unpublished thesis, 1904), 57–58, JMK/UA/20/3/61–2.
23 Keynes, *The Economic Consequences of the Peace*, 11.
24 John Maynard Keynes, "My Early Beliefs," September 9, 1938, in *CW*, vol. 10, 447.
25 Keynes, *The Economic Consequences of the Peace*, 38.
26 斯特雷奇致信凱因斯，一九一九年十月四日，JMK/PP/45/316/5/61.
27 佛蘿倫絲致信凱因斯，JMK/EC/1/9.
28 凱因斯致信薩爾特，一九一九年十月十八日，JMK/EC/1/21.
29 Skidelsky, *John Maynard Keynes*, vol. 1, 381.
30 Julia Briggs, *Virginia Woolf: An Inner Life* (New York: Harvest Books, 2006),22–28.
31 John Maynard Keynes, "Mr. Lloyd George's General Election" (London: The Liberal Publication Department, 1920), JMK/EC/2/5/21.
32 Adam Tooze, *The Deluge: The Great War, America and the Remaking of the Global Order, 1916–1931* (New York: Viking, 2014), 295. 譯注：中文版為《滔天洪水》，中國華僑出版社（2021）。
33 張伯倫致信凱因斯，一九一九年十二月八日，JMK/EC/2/1/8.
34 凱因斯致信張伯倫，一九一九年十二月二十八日，JMK/EC/2/1/12.
35 麥克納致信凱因斯，一九一九年十二月二十七日，JMK/EC/2/1/129.
36 楊格致信凱因斯，一九二〇年二月十一日，JMK/EC/2/3/58.
37 克拉維斯致信凱因斯，一九二〇年二月四日，JMK/EC/2/3/37.
38 克羅斯比致信凱因斯，一九二〇年三月八日，JMK/EC/2/2/7.

39 Ronald Steel, *Walter Lippmann and the American Century* (Boston: Little, Brown, 1980), 162. 凱因斯的美國出版商哈考特（Harcourt）曾在回憶錄《些許經驗》（*Some Experiences*）談到當年出版《和約的經濟後果》的決定，並於一九六五年元月二十七日寫給高伯瑞（John Kenneth Galbraith）的信裡節錄了相關段落。信件內容見JKG, Series 9.4, Box 941.

40 Keynes, *The Economic Consequences of the Peace*, 28–29.

41 Ibid., 36.

42 楊格致信凱因斯，一九二〇年六月十日，JMK/EC/2/4/76.

43 戴維斯致信凱因斯，一九二〇年三月十九日，JMK/EC/2/4/23.

44 凱因斯致信戴維斯，一九二〇年四月十八日，JMK/EC/2/4/27.

45 引自Miller, *General Smuts*, vol. 2, 174–75.

46 Bernard Baruch, *The Making of the Reparation and Economic Sections of the Treaty* (New York: Harper and Brothers, 1921).

47 Ibid., 5-8.

48 André Tardieu, "The Treaty and Its Critic," *Everybody's Magazine*, November 1920, JMK/EC/2/5/12.

49 此看法出自哈斯金斯（Charles Homer Haskins），引自Edward Mandell House and Charles Seymour, eds., *What Really Happened at Paris: The Story of the Peace Conference, 1918–1919* (New York: Charles Scribner's Sons, 1921), 65.

50 曼圖致信國際聯盟，一九二四年九月十三日，JMK/EC/2/6/48；Philip Mason Burnett, *Reparation at the Paris Peace Conference from the Standpoint of the American Delegation* (New York: Columbia University Press, 1940), 847, 1000.

5 從形上學到貨幣

1 *C W*, vol. 15, 13–15.

2 David Felix, *Keynes: A Critical Life* (Westport, CT: Greenwood Press, 1999), 141.

3 Piero V. Mini, *John Maynard Keynes: A Study in the Psychology of Original Work* (New York: St. Martin's Press, 1994), 86.

4 Roberta Allbert Dayer, *Finance and Empire: Sir Charles Addis, 1861–1945* (London: Macmillan, 1988), 81.

5 凱因斯致信維根斯坦，一九一五年元月十日，JMK/PP/45/349.

6 羅素致信凱因斯，一九一九年三月二十三日，JMK/PP/45/349/18.

7 維根斯坦致信羅素，一九一九年三月十三日，JMK/PP/45/349/19.

8 John Coates, *The Claims of Common Sense: Moore, Wittgenstein, Keynes and the Social Sciences* (Cambridge, UK: Cambridge University Press, 1996), 129.

9 凱因斯致信維根斯坦，一九一九年五月十三日，JMK/PP/45/349/101.

10 凱因斯致信維根斯坦，一九一九年六月二十八日，JMK/PP/45/349/102.

11 Ludwig Wittgenstein, *Tractatus Logico-Philosophicus* (London: Kegan Paul, Trench, Trübner, 1922), 23. 譯注：中文版為《邏輯哲學論》，中國華僑出版社（2021）。

12 Bertrand Russell, *The Selected Letters of Bertrand Russell: The Public Years, 1914– 1970*, ed. Nicholas Griffin (London: Routledge, 2001), 441.

13 引自Robert Skidelsky, *John Maynard Keynes*, vol. 2: *The Economist as Savior, 1920–1937* (New York: Allen Lane, 1994), 56.

14 在思想體系的基本架構裡夾帶個人結論的哲學家不少，羅爾斯在《正義論》提出的「原初立場」便是另一個例子。羅爾斯有許多主張，包括差異原則，都是為了替一套從凱因斯思想出發，以自由平等主義為基調的哲學鋪路。

15 Wittgenstein, *Tractatus Logico-Philosophicus*, 90.

16 本節提到的個人財產和投資數字都來自Mini, *John Maynard Keynes*, 84–86 和 David Felix, *Biography of an Idea: John Maynard Keynes and the General Theory of Employment, Interest and Money* (New York: Routledge, 2017 [1995]).

17 凱因斯在英國皇家獎券與博彩委員會上發言，一九三二年十二月十五日，引自CW, vol. 18, 399.

18 凱因斯致信洛普科娃，一九二三年九月十六日，JMK/PP/45/190/1/10.

19 凱因斯致信洛普科娃，一九二三年九月十九日，JMK/PP/45/190/1/14.

20 Alison Light, "Lady Talky," *London Review of Books*, December 18, 2008.

21 Light, "Lady Talky."

22 Judith Mackrell, *Bloomsbury Ballerina: Lydia Lopokova, Imperial Dancer and Mrs. John Maynard Keynes* (London: Phoenix, 2009 [2008]), 108.

23 Ibid., 169-172.

24 Ibid., 192.

25 洛普科娃致信凱因斯，JMK/PP/45/190/8.

26 Mackrell, *Bloomsbury Ballerina*, 196.

27 Ibid., 1-37.

28 維吉尼亞・吳爾芙常在背後模仿洛普科娃，將「正經女人」（serious woman）說成「正頸女倫」（seerious wooman），藉此嘲諷她的賣弄知識與口音。參見維吉尼亞致信拉維拉（Jacques Raverat），一九二三年十一月四日，引自Virginia Woolf, *The Letters of Virginia Woolf*, vol. 3: *1923–1928*, ed. Nigel Nicolson and Joanne Trautmann (New York: Harcourt Brace

Jovanovich, 1978), 76.

29 洛普科娃致信凱因斯，一九二二年三月十日，PP/45/190/9/5.

30 洛普科娃致信凱因斯，日期不明，應在一九二二年四月二十一日和四月二十八日之間，PP/45/190/9/37.

31 洛普科娃致信凱因斯，一九二二年六月二十六日，PP/45/190/10/30.

32 Mackrell, *Bloomsbury Ballerina*, 196.

33 凱因斯致信洛普科娃，一九二六年元月二十日，JMK/PP/45/190/1/62.

34 洛普科娃致信凱因斯，一九二二年四月二十六日，JMK/PP/45/190/9/53.

35 洛普科娃致信凱因斯，一九二二年四月二十二日，JMK/PP/45/190/9/32.

36 洛普科娃致信凱因斯，日期未注明，JMK/PP/45/190/12/23.

37 維吉尼亞致信拉維拉，一九二四年六月八日，收錄於Virginia Woolf, *The Letters of Virginia Woolf*, vol. 3, 115.

38 維吉尼亞致信拉維拉，一九二三年十一月四日，Ibid., 76。

39 維吉尼亞致信凡妮莎，一九二二年十二月二十二日，收錄於Virginia Woolf, *The Letters of Virginia Woolf*, vol. 2: 1912–1922, ed. Nigel Nicolson and Joanne Trautmann (New York: Harcourt Brace Jovanovich, 1977), 594–95.

40 洛普科娃致信凱因斯，一九二二年四月十七日，JMK/PP/45/190/9/26.

41 洛普科娃致信凱因斯，一九二二年四月十二日，JMK/PP/45/190/9/12.

42 洛普科娃致信凱因斯，一九二二年四月二十日，JMK/PP/45/190/9/34.

43 洛普科娃致信凱因斯，一九二二年四月二十二日，JMK/PP/45/190/9/40.

44 Mackrell, *Bloomsbury Ballerina*, 202.

45 Ibid., p181-203.

46 Ibid., p.201.

47 John Maynard Keynes, *The Economic Consequences of the Peace* (London: Macmillan, 1919), 278–79.

48 凱因斯從《曼徹斯特衛報》拿到三百英鎊、《紐約世界報》（*New York World*）三百五十英鎊、維也納《新自由報》（*Neue Freie Presse*）二十五英鎊，見CW, vol. 17, 354。幣值按美國聖路易聯邦準備銀行及美國勞動統計局「通貨膨脹計算器」計算，一九二二年匯率為四．四三美元兌一英鎊。美國聖路易聯邦準備銀行資料：https://fraser.stlouisfed.org/files/docs/publications/FRB/pages/1925-1929/28191_1925-1929.pdf；美國勞動統計局「通貨膨脹計算器」：https://data.bls.gov/cgi -bin/cpicalc.pl.

49 一九一七年美國正式參戰後，也另用手段實質擱置了金本位制：威爾遜政府規定所有出口黃金者必須先向財政部申請許可，但幾乎所有申請都遭到駁回。

50 Liaquat Ahamed, *Lords of Finance: The Bankers Who Broke the World* (New York: Penguin, 2009), 155–56.

51 Ibid., 158-159.

52 "U.S./U.K. Foreign Exchange Rate in the United Kingdom," Federal Reserve Bank of St. Louis, https://fred.stlouisfed.org/series/USUKFXUKA#0; Adam Tooze, *The Deluge: The Great War, America and the Remaking of the Global Order, 1916–1931* (New York: Viking, 2014), 355.

53 Albert O. Hirschman, *The Passions and the Interests: Political Arguments for Capitalism Before Its Triumph* (Princeton, NJ: Princeton University Press, 1997), 60.

54 John Maynard Keynes, "The Stabilisation of the European Exchanges: A Plan for Genoa," April 20, 1922, *Manchester Guardian Commercial Supplement*, April 20, 1922, in *CW*, vol. 17, 355–57.

55 Ahamed, *Lords of Finance*, 161.

56 "Unemployment Statistics from 1881 to the Present Day," Government Statistical Service, UK Statistics Authority, January 1996, http://www.ons.gov.uk/ons/rel/lms/labour-market-trends--discontinued-/january-1996/unemployment-since-1881.pdf.

57 Tooze, *The Deluge*, 359.

58 John Maynard Keynes, "The Consequences to Society of Changes in the Value of Money," *The Manchester Guardian Commercial Supplement*, July 27, 1922 in CW, vol. 9, 67–75.

59 JMK, Treasury memorandum, February 15, 1920, in CW, vol. 17, 184.

60 凱因斯致信洛普科娃，一九二二年四月二十八日，PP/45/190/9/60.

61 凱因斯致信洛普科娃，一九二二年四月二十七日，PP/45/190/9/57.

62 凱因斯致信洛普科娃，一九二二年四月十七日，PP/45/190/9/26.

63 不過，這點並非凱因斯的獨創。還有不少人提倡貨幣改革，尤其是耶魯經濟學家費雪（Irving Fisher）。

64 John Maynard Keynes, *A Tract on Monetary Reform* (London: Macmillan, 1924), 80. 譯注：中文版為《貨幣改革論》，商務印書館（2020）。

65 凱因斯致信艾惕思，一九二四年七月二十五日，JMK/L/24/77.

66 維吉尼亞致信奧特琳・莫雷爾（Ottoline Morrell），一九二三年元月，引自Virginia Woolf, *The Letters of Virginia Woolf*, vol. 3, 8.

67 Leonard Woolf, *Downhill All the Way*, 142–43.

68 維吉尼亞致信凱因斯，一九二三年二月十二日，收錄於 Virginia Woolf, *The Letters of Virginia Woolf*, vol. 3, 11–12.
69 Harold Bloom, *T. S. Eliot's The Waste Land (Bloom's Modern Critical Interpretations)* (New York: Infobase, 2007), 77–82.
70 Donald Gallup, *T. S. Eliot: A Bibliography* (New York: Harcourt Brace, 1969).
71 維吉尼亞致信斯特雷奇，一九二三年二月二十三日，收錄於 Virginia Woolf, *The Letters of Virginia Woolf*, vol. 3, 14–15.
72 維吉尼亞致信凱因斯，一九二三年三月十三日，收錄於 Virginia Woolf, *The Letters of Virginia Woolf*, vol. 3, 20.
73 凱因斯致信洛普科娃，一九二四年六月十五日，JMK/PP/45/190/2.
74 Leonard Woolf, Downhill All the Way, 97.
75 Ibid., 142-43.
76 例如凱因斯一九二五年談金本位制與邱吉爾的短論很快就賣了七千本，讓賀加斯得以花錢出版詩集與小說。參見 Leonard Woolf, *Downhill All the Way*, 162.
77 引自 S. P. Rosenbaum, ed., *The Bloomsbury Group: A Collection of Memoirs and Commentary* (Toronto: University of Toronto Press, 1995), 281.
78 John Maynard Keynes, "Editorial Forward," *The Nation and Athenaeum*, May 5, 1923, in *CW*, vol. 18, 123–26.
79 凱因斯致信洛普科娃，一九二三年十二月四日，JMK/PP/45/190/1/147.
80 Ibid.
81 凱因斯致信洛普科娃，一九二三年十二月五日，JMK/PP/45/190/1/49.
82 Ibid.
83 凱因斯致信洛普科娃，一九二三年十二月九日，JMK/PP/45/190/1/55.
84 邱吉爾投書《泰晤士報》，一九二四年元月十八日。
85 引自 Chris Cook, *The Age of Alignment: Electoral Politics in Britain: 1922– 1929* (London: Macmillan, 1975), 188.
86 Sally Marks, "The Myths of Reparations," *Central European History* 11, no. 3 (September 1978): 234.
87 斯廷內斯身為有錢的保守派人士，自然傾向反對調高稅率，但威瑪政府既想拉攏窮人，卻也不想疏遠富人，因為兩者都可能轉而支持獨裁政權。參見 Fritz K. Ringer, ed., *The German Inflation of 1923* (London: Oxford University Press, 1969), 92.
88 Ringer, *The German Inflation of 1923*, 91.
89 凱因斯致信哈芬斯坦，一九二三年元月十七日，引自 *CW*, vol. 18, 68.
90 引自 Tooze, *The Deluge*, 456.

91 Niall Ferguson, *The Ascent of Money: A Financial History of the World* (New York: Penguin, 2008), 104. 譯注：中文版為《貨幣崛起：金融資本如何改變世界歷史及其未來之路》，麥田出版社（2009）。

92 Tooze, *The Deluge*, 442–43.

93 Ibid., 439。

94 史坦普致信凱因斯，*CW*, vol. 18, 235.

95 John Maynard Keynes, "The Experts' Reports," *The Nation and Athenaeum*, April 12, 1924, in *CW*, vol. 18, 241.

96 Carolyn K. Kitching, "Prime Minister and Foreign Secretary: the Dual Role of James Ramsay MacDonald in 1924," *Review of International Studies* 37, no. 3 (July 2011): 1412.

97 John Maynard Keynes, "The Progress of the Dawes Scheme," *The Nation and Athenaeum*, September 11, 1926, in *CW*, vol. 18, 281.

6 新社會主義緒論

1 David A. Andelman, *A Shattered Peace: Versailles 1919 and the Price We Pay Today* (Hoboken, NJ: John Wiley & Sons, 2008), 232.

2 凱因斯致信洛普科娃，一九二四年五月二十八日，JMK/PP/45/190/1/161.

3 凱因斯致信洛普科娃，一九二四年五月二十七日，JMK/PP/45/190/1/159.

4「你真壞，竟然把我描述晚宴的信讀出來。」凱因斯致信洛普科娃，一九二四年五月三十日，JMK/PP/45/190/1/161.

5 凱因斯致信洛普科娃，一九二四年五月三十日，JMK/PP/45/190/1/166.

6 引自Michele Barrett, ed., *Virginia Woolf: Women and Writing* (New York: Harcourt, 1997), 193–97.

7 引自Richard Kahn, *The Making of Keynes' General Theory* (Cambridge, UK: Cambridge University Press, 1984), 203.

8 Ibid., 204.

9 Carnegie Endowment for International Peace, *Report of the International Commission to Inquire into the Causes and Conduct of the Balkan Wars*, 1914, https:// archive.org/details/reportofinternat00inteuoft.

10 凱因斯致信布雷斯福德，一九二五年十二月三日，JMK/CO/1/98.

11 John Maynard Keynes, "Editorial Forward," *The Nation and Athenaeum*, May 5, 1923, in *CW*, vol. 18, 126.

12 John Maynard Keynes, "The End of Laissez-Faire" (London: Hogarth Press, 1926) based on the Sidney Ball Lecture, November 1924, in *CW*, vol. 9, 294.

13 參見Jean-Jacques Rousseau, *The Basic Political Writings* (Indianapolis: Hackett, 1987).
14 John Maynard Keynes, "The End of Laissez-Faire," in *CW*, vol. 9, 291–92.
15 Ibid., 287.
16 Ibid., 287-288.
17 Ibid., 291.
18 Ibid., 288.
19 Ibid., 289.
20 Ibid., 290.
21 Ibid., 288.
22 凱因斯認為，柏克支持自由放任的最有力論點完全出於經濟稀缺性這個經驗事實。參見John Maynard Keynes, "The Political Doctrines of Edmund Burke" (unpublished, 1904), JMK/UA/20/3/1.
23 Robert Skidelsky, *John Maynard Keynes*, vol. 2: *The Economist as Savior, 1920– 1937* (New York: Allen Lane, 1994), 207–8; Judith Mackrell, *Bloomsbury Ballerina: Lydia Lopokova, Imperial Dancer and Mrs. John Maynard Keynes* (London: Phoenix, 2009 [2008]), 266.
24 引自Mackrell, *Bloomsbury Ballerina*, 266.
25 Ibid., 267.
26 Kahn, *The Making of Keynes' General Theory*, 169.
27 Michael Holroyd, *Lytton Strachey: A Biography* (New York: Holt, Rinehart and Winston, 1980 [1971]), 902–3.
28 凱因斯致信洛普科娃，一九二三年十一月九日，JMK/PP/45/190/1/33；凱因斯致信洛普科娃，一九二三年十二月九日，JMK/PP/45/190/1/57.
29 Lytton Strachey, *The Letters of Lytton Strachey*, ed. Paul Levy (New York: Farrar, Straus and Giroux, 2005), 478, 483, 497–98.
30 倫納德的傳記作者維多利亞・格倫登寧（Victoria Glendenning）主張，維吉尼亞受倫納德吸引部分是因為他身上的猶太特質，讓她很想反抗維多利亞時代的慣習。參見Victoria Glendenning, *Leonard Woolf: A Biography* (New York: Free Press, 2006), 142.
31 例如，洛普科娃曾經在一九二二年四月二十二日寫給凱因斯的信裡興奮說道，「猶太人就是猶太人真是好笑！」，PP/45/190/9/57.
32 引自Mackrell, *Bloomsbury Ballerina*, 280.

33 Virginia Woolf, *The Diary of Virginia Woolf*, vol. 3: *1925–1930*, ed. Anne Olivier Bell and Andrew McNeillie (New York: Harcourt Brace Jovanovich, 1981), 43.
34 Mackrell, *Bloomsbury Ballerina*, 272.
35 John Maynard Keynes, "A Short View of Russia," in *CW*, vol. 9, 253–71.
36 Ibid., 271.
37 Ibid., 270.
38 Ibid., 258.
39 Ibid., 271.
40 Ibid., 267.
41 Ibid., 268.
42 John Maynard Keynes, "Am I a Liberal?," *The Nation and Athenaeum*, August 8 and 15, 1925, in *CW*, vol. 9, 306.
43 Ibid., 297.
44 Ibid., 311.
45 Ibid., 309.
46 Ibid., 311.
47 "Unemployment Statistics from 1881 to the Present Day," Government Statistical Service, UK Statistics Authority, January 1996, https://www.ons.gov.uk/ons/ rel/lms/labour-market-trends--discontinued-/january-1996/unemployment- since-1881.pdf.
48 Nicholas Crafts, "Walking Wounded: The British Economy in the Aftermath of World War I," Vox, August 27, 2014, https://voxeu.org/article/walking-wounded-british-economy-aftermath-world-war-i.
49 John Maynard Keynes, "The Speeches of the Bank Chairmen," *The Nation and Athenaeum*, February 23, 1924, in *CW*, vol. 9, 199.
50 Ludwig von Mises, *Socialism: An Economic and Sociological Analysis* (New Haven, CT: Yale University Press, 1951 [1927]), 485, https://mises-media.s3.amazonaws.com/Socialism%20An%20Economic%20and%20Sociological%20Analysis_3.pdf.
51 John Maynard Keynes, "The Economic Consequences of Mr Churchill," *Evening Standard*, July 22–24, 1925, in *CW*, vol. 9, 207.
52 Ibid., 220。

53 Ibid., 211。

54 凱因斯致信艾慯思，一九二四年七月二十五日，JMK/L/24/77.

55 引自P. J. Grigg, *Prejudice and Judgment* (London: Jonathan Cape, 1948), 182–83.

56 Winston Churchill, "Return to Gold Standard," speech to Parliament, April 28, 1925, https://api.parliament.uk/historic-hansard/commons/1925/apr/28/return-to-gold-standard.

57 引自Grigg, Prejudice and Judgment, 184.

58 John Maynard Keynes, "The Economic Consequences of Mr Churchill," *Evening Standard*, July 22–24, 1925, in *CW*, vol. 9, 223.

59 Stanley Baldwin, "Message from the Prime Minister," *The British Gazette*, May 6, 1926, Warwick Digital Collections, http://contentdm.warwick.ac.uk/cdm/ compoundobject/collection/strike/id/378/rec/33.

60 Skidelsky, *John Maynard Keynes*, vol. 2, 250; Leonard Woolf, *Downhill All the Way: An Autobiography of the Years 1919 to 1939* (New York: Harvest, 1967), 217.

61 凱因斯曾代表《新共和》（*The New Republic*）和《國家》週刊發表聲明，沒有支持任何一方。一九二六年六月二十四日，他在柏林大學演講談論《自由放任的終結》，筆記裡也有提到總罷工。他指出這場衝突並非「革命」，而是「基本上毫無意義」，並且表示「幾天後火藥味就變重了」。「軍事對抗的想法占上風，代表英國（我認為是全英國）不僅智識破產，日常智慧與常識也統統失敗。所有在承平時期蠢到沒有任何價值或重要性的人，都開始認為自己不可或缺，甚至自認為掌權者。」*CW*, vol. 19, 534, 543–46.

62 Leonard Woolf, *Downhill All the Way*, 162.

63 上述評論出自凱因斯一九二六年六月二十四日在柏林大學的演講筆記，*CW*, vol. 19, 545.

64 "Chancellor Winston Churchill on Gold and the Exchequer," *Finest Hour* 153 (Winter 2011–12), https://www.winstonchurchill.org/publications/finest-hour/ finest-hour-153/chancellor-winston-churchill-on-gold-and-the-exchequer.

65 瑪格致信凱因斯，一九二六年六月一日，JMK/PP/45/190/3/104.

66 凱因斯致信瑪格，JMK/PP/45/190/3/100.

67 John Maynard Keynes, letter to the editor, *The Nation and Athenaeum*, June 12, 1926, in *CW*, vol. 19, 538–41.

68 凱因斯致信洛普科娃，一九二六年六月一日，JMK/PP/45/190/3/104.

69 自由黨在《我們能戰勝失業》（*We Can Conquer Unemployment*）裡表示，造路計畫第一年總僱用人力為八十五萬人，其中三十五萬為造路計畫直接僱用的人力。凱因斯和亨德森在《勞合喬治做得到嗎？》則寫道，「我們可以有把握地說，《我們能戰勝失業》做出的估計整體上是低估，而非高估。」*CW*, vol. 9, 106.

70 John Maynard Keynes, "Can Lloyd George Do It?—The Pledge Examined," Hogarth Press, May 10, 1929, in *CW*, vol. 9, 99.

71 Ibid., 98.

72 「失業造成的損失遠不只及於失業者，除了失業者領到的救濟金與全額工資的落差，以及他們力量和精神士氣上的損失，還有雇主利潤與財政部稅收的損失，而全國經濟發展因此延宕十年的損失更是難以估量。」*CW*, vol. 9, 93.

73 Ibid.

74 Ibid., 92.

75 Ibid., 113.

76 Ibid., 125.

77 維吉尼亞致信昆丁（Quentin Bell），一九二九年五月十一日，收錄於Virginia Woolf, *The Letters of Virginia Woolf*, vol. 4: 1929–1932, ed. Nigel Nicolson and Joanne Trautmann (New York: Harcourt Brace Jovanovich, 1979), 56–57.

78 維吉尼亞致信昆丁，一九二九年五月三十日，Ibid., 63.

79 凱因斯致信洛普科娃，一九二九年六月三日，JMK/PP/45/190/4/158.

7 大崩盤

1 Liaquat Ahamed, *Lords of Finance: The Bankers Who Broke the World* (New York: Penguin, 2009), 358.

2 邱吉爾於黑色星期四當天造訪紐約證券交易所的經過，參見Arthur M. Schlesinger, Jr., *The Age of Roosevelt*, vol. 1: *The Crisis of the Old Order, 1919–1933* (New York: Mariner Books, 2003 [1957]), 158; Ron Chernow, *The House of Morgan: An American Banking Dynasty and the Rise of Modern Finance* (New York: Grove Press, 2001 [1990]), 315; John Kenneth Galbraith, *The Great Crash, 1929* (Boston: Houghton Mifflin, 1961), 105。那天傍晚在巴魯克家的晚宴經過，參見Martin Gilbert, Winston Churchill, vol. 5: *The Prophet of Truth: 1922–1939* (London: Minerva, 1990 [1976]), 349–50。書中引述邱吉爾的回憶：「那天碰巧是恐慌最嚴重的時候。我走在華爾街上，一名陌生人認出我，邀我去了證券交易所的參觀通道。」譯注：中文版為《1929年大崩盤》，經濟新潮社（2019）。

3 引自Chernow, *The House of Morgan*, 314.

4 Galbraith, *The Great Crash, 1929*, 26–36.

5 Schlesinger, *The Age of Roosevelt*, vol. 1, 158.

6 Galbraith, *The Great Crash, 1929*, 104.

7 Chernow, *The House of Morgan*, 315.

8 引自Matthew Josephson, *The Money Lords: The Great Finance Capitalists, 1925–1950* (New York: Weybright and Tally, 1972), 90.

9 Chernow, *The House of Morgan*, 315.

10 Galbraith, *The Great Crash, 1929*, 104.

11 Ahamed, *Lords of Finance*, 211–12.

12 Chernow, *The House of Morgan*, 322.

13 Ibid., 22.

14 Ibid., 312.

15 Ibid., 引自317.

16 Ibid., 引自314-15.

17 Herbert Hoover, *The Memoirs of Herbert Hoover: The Great Depression, 1929–1941* (New York: Macmillan, 1952), 17.

18 引自Ahamed, *Lords of Finance*, 354.

19 Hoover, *The Memoirs of Herbert Hoover: The Great Depression, 1929–1941*, 127.

20 Chernow, *The House of Morgan*, 315.

21 Josephson, *The Money Lords*, 93.

22 Galbraith, *The Great Crash, 1929*, 108.

23 〈銀行家力阻股市崩盤〉,《華爾街日報》,一九二九年十月二十五日。

24 凱因斯致信洛普科娃,一九二九年十月二十五日,*CW*, vol. 20, 1.

25 Schlesinger, *The Age of Roosevelt*, vol. 1, 157.

26 引自Maury Klein, "The Stock Market Crash of 1929: A Review Article," *The Business History Review* 75, no. 2 (Summer 2001): 329.

27 Charles P. Kindleberger, *The World in Depression, 1929–1939* (Berkeley: University of California Press, 2013 [1973]), 116.

28 John Maynard Keynes, "A British View of the Wall Street Slump," *New-York Evening Post*, October 25, 1929, *CW*, vol. 20, 2–4.

29 Kindleberger, *The World in Depression*, 113.

30 Ibid., 124–27.

31 引自Robert Skidelsky, *John Maynard Keynes*, vol. 2: *The Economist as Savior, 1920–1937* (New York: Allen Lane, 1994), 343.

32 Ibid., 引自314.

33 John Maynard Keynes, *A Treatise on Money: The Pure Theory of Money and the Applied Theory of Money. Complete Set*, vol. 2 (Mansfield Center, CT: Martino Fine Books, 2011 [1930]), 175.

34 Ibid., 376.

35 凱因斯致信洛普科娃，一九二四年元月十八日，JMK/PP/45/190/1/60.

36 凱因斯致信洛普科娃，一九二五年十一月二十九日，JMK/PP/45/190/3/35.

37 凱因斯致信洛普科娃，一九二五年十一月三十日，JMK/PP/45/190/3/37.

38 凱因斯致信洛普科娃，一九二五年十二月三日，JMK/PP/45/190/3/39.

39 凱因斯致信洛普科娃，一九二五年十二月六日，JMK/PP/45/190/3/42.

40 Thomas Hobbes, *Leviathan, with Selected Variants from the Latin Edition of 1688*, ed. Edwin Curley (Indianapolis: Hackett, 1994), 76. 譯注：中文版為《利維坦》，臺灣商務（2002）。

41 *CW*, vol. 28, 253.

42 Ibid., 254.

43 Ibid., 256.

44 Ibid.

45 Keynes, *A Treatise on Money*, vol. 1, 4.

46 凱因斯曾說德國的克納普（Georg Friedrich Knapp）與他所見略同。克納普早在一九〇五年就出版了《貨幣國定論》（*The State Theory of Money*），但凱因斯可能直到一九二四年英譯本問世才知道這本書。

47 麥克米倫委員會聽證會，一九三〇年二月二十一日，收錄於 *CW*, vol. 20, 84.

48 Keynes, *A Treatise on Money*, vol. 2, 152–53. 資料根據自漢密爾頓（Earl J. Hamilton）的早期研究。漢密爾頓後來將研究結果匯集成書，於一九三四年出版《美國財富與西班牙物價革命》（*American Treasure and the Price Revolution in Spain, 1501–1650*）。

49 Ibid., 159.

50 Ibid., 154.

51 Ibid., 156, n.1.

52 Niall Ferguson, *The Cash Nexus: Money and Power in the Modern World, 1700– 2000* (New York: Basic Books, 2001), 23. 譯注：中文版為《金錢與權力》，聯經出版公司（2013）。

53 麥克米倫委員會聽證會，一九三〇年二月二十日，收錄於*CW*, vol. 20, 64.

54 Keynes, *A Treatise on Money*, vol. 2, 148–49.

55 Ibid., 50.

56 "Memorandum by Mr. J.M. Keynes to the Committee of Economists of the Economic Advisory Council," September 21, 1930, in *CW*, vol. 13, 186.

57 Keynes, *A Treatise on Money*, vol. 2, 291.

58 Ibid., 376.

59 「支持黃金的朋友必須無比聰明又無比穩健，才能避免革命發生。」Ibid., 292.

60 麥克米倫委員會聽證會，一九三〇年三月六日，收錄於*CW*, vol. 20, 126.

61 *CW*, ibid., 146–47.

62 F. A. Hayek, "Reflections on the Pure Theory of Mr. J. M. Keynes," *Economica*, no. 35 (February 1932), 44.

63 引自Angus Burgin, *The Great Persuasion: Reinventing Free Markets Since the Depression* (Cambridge, MA: Harvard University Press, 2012), 30.

64 John Maynard Keynes, "The Pure Theory of Money. A Reply to Dr Hayek," *Economica*, November 1931, in CW, vol. 13, 252.

65 例如Nicholas Wapshott, *Keynes Hayek: The Clash That Defined Modern Economics* (New York: W. W. Norton, 2011). 譯注：中文版為《凱因斯對戰海耶克》，麥田（2016）。

66 Milton Friedman and Anna Jacobson Schwartz, *A Monetary History of the United States, 1867–1960* (Princeton, NJ: Princeton University Press, 1971 [1963]), 306, 308–10. 譯注：中文版為《美國貨幣史》，北京大學出版社（2009）。

67 Robert S. McElvaine, *The Great Depression: America, 1929–1941* (New York: Three Rivers Press, 2009 [1984]), 79–80, 92.

68 "Unemployment Statistics from 1881 to the Present Day," Government Statistical Service, UK Statistics Authority, http://www.ons.gov.uk/ons/rel/lms/labour-market-trends--discontinued-/january-1996/unemployment-since-1881.pdf.

69 Barry Eichengreen, "The British Economy Between the Wars," April 2002, https://eml.berkeley.edu/~eichengr/research/floudjohnsonchaptersep16-03.pdf, 55.

70 "Schact Demands War Debt Respite" and "Schact Here, Sees Warning in Fascism, Ridicules Fear of Hitler," *The New York Times*, October 3, 1930, quoted in John Weitz, *Hitler's Banker* (New York: Warner Books, 2001 [1999]), 111–12.

71 John Maynard Keynes, "Economic Possibilities for Our Grandchildren," *The Nation and Athenaeum*, October 11 and 18, 1930, CW, vol. 9, 322.

72 John Maynard Keynes, "Economy," *The Listener*, January 14, 1931, in *CW*, vol. 9, 138.
73 John Maynard Keynes, "Economic Possibilities for Our Grandchildren," October 1930, in *CW*, vol. 9, 329.
74 Ibid., 323.
75 Ibid., 325-26.
76 Ibid., 326.
77 Ibid., 329.
78 Ibid., 330-31.
79 Karl Marx, *The German Ideology*, in *The Marx-Engels Reader*, ed. Robert C. Tucker, (New York: Norton, 1978 [1932]), 160.
80 Ibid., 146.
81 Joseph Stiglitz, "Toward a General Theory of Consumerism: Reflections on Keynes's Economic Possibilities for Our Grandchildren," in Lorenzo Pecchi and Gustavo Piga, eds., *Revisiting Keynes: Economic Possibilities for Our Grandchildren* (Cambridge, MA: MIT Press, 2008), 41.
82 Benjamin M. Friedman, "Work and Consumption in an Era of Unbalanced Technological Advance," *Journal of Evolutionary Economics* 27, no. 2 (April 2017): 221–37.
83 Robert Solow, "Whose Grandchildren?," in Pecchi and Piga, *Revisiting Keynes*, 88.
84 Keynes, "Economic Possibilities for Our Grandchildren," 326.
85 Leonard Woolf, *Downhill All the Way: An Autobiography of the Years 1919 to 1939* (New York: Harvest, 1975 [1971]), 141, 206–9.
86 維吉尼亞致信戴維斯（Margaret Llewelyn Davies），一九三〇年九月十四日，收錄於Virginia Woolf, *The Letters of Virginia Woolf*, vol. 4: 1929–1932, ed. Nigel Nicolson and Joanne Trautmann (New York: Harcourt Brace Jovanovich: 1979), 213.
87 John Maynard Keynes, "Proposals for a Revenue Tariff," *New Statesman and Nation*, March 7, 1931, in *CW*, vol. 9, 238.
88 *CW*, vol. 20, 492.
89 斯諾登夫人（Ethel Snowden）致信凱因斯，一九三一年三月七日，收錄於*CW*, vol. 20, 489.
90 亨德森致信凱因斯，一九三一年二月十四日，*CW*, vol. 20, 483–84.
91 John Maynard Keynes, "Economic Notes on Free Trade," *New Statesman and Nation*, March 28, April 4, and April 11, 1931, in *CW*, vol. 20, 500.

92 凱因斯投書《泰晤士報》，一九三一年三月二十六日，收錄於 *CW*, vol. 20, 509.

93 John Maynard Keynes, “Put the Budget on a Sound Basis: A Plea to Lifelong Free Traders,” *Daily Mail*, March 13, 1931, in *CW*, vol. 20, 491–92.

94 John Maynard Keynes, “Economic Notes on Free Trade,” *New Statesman and Nation*, March 28, April 4, and April 11, 1931, in *CW*, vol. 20, 505.

95 David Ricardo, *On the Principles of Political Economy* (London: John Murray, 1817), chap. 7. 譯注：中文版為《政治經濟學及賦稅原理》，華夏出版社（2005）。

96 John Maynard Keynes, “National Self-Sufficiency,” *The New Statesman and Nation*, July 8 and 15, 1933, in *CW*, vol. 21, 235.

97 Ibid., 236.

98 Ahamed, *Lords of Finance*, 404.

99 Barry Eichengreen, *Golden Fetters: The Gold Standard and the Great Depression, 1919–1939* (Oxford, UK: Oxford University Press, 1992), 268.

100 *CW*, vol. 20, 529, 561.

101 凱因斯致經濟諮詢委員會備忘錄，一九三一年七月，收錄於 *CW*, vol. 20, 568.

102 Friedman and Schwartz, *A Monetary History of the United States*, 308.

103 John Maynard Keynes, “A Note on Economic Conditions in the United States,” 凱因斯致經濟諮詢委員會備忘錄，一九三一年七月，收錄於 *CW*, vol. 20, 587.

104 引自 Chernow, *The House of Morgan*, 328.

105 Ahamed, *Lords of Finance*, 416–19.

106 凱因斯致信卡恩（R. F. Kahn），一九三一年五月二十九日，收錄於 *CW*, vol. 20, 310；凱因斯致信加德納（Walter Gardner），一九三一年九月十六日，收錄於 *CW*, vol. 20, 311。

107 Skidelsky, *John Maynard Keynes*, vol. 2, 393.

108 Ahamed, *Lords of Finance*, 424.

109 Charles Loch Mowat, *Britain Between the Wars, 1918–1940* (Boston: Beacon Press, 1971 [1955]), 382.

110 凱因斯致信麥克唐納，一九三一年八月五日，收錄於 *CW*, vol. 20, 590–91.

111 引自 Chernow, *The House of Morgan*, 331.

112 引自 Ibid., 330.

113 凱因斯致信麥克唐納，一九三一年八月五日，收錄於 *CW*, vol. 20, 590–91.
114 *CW*, vol. 20, 596.
115 Virginia Woolf, *The Diary of Virginia Woolf*, vol. 4: *1931–1935*, ed. Anne Olivier Bell and Andrew McNeillie (New York: Harvest, 1983), 39.
116 Chernow, *The House of Morgan*, 332.
117 Ibid., 332-33.
118 Ahamed, *Lords of Finance*, 428.
119 凱因斯致信母親，一九三一年八月二十八日，收錄於 *CW*, vol. 20, 596.
120 凱因斯致信凱斯，一九三一年九月十四日，收錄於 *CW*, vol. 20, 603.
121 John Maynard Keynes, “A Gold Conference,” *The New Statesman and Nation*, September 12, 1931, in *CW*, vol. 20, 600.
122 凱因斯國會演講筆記，一九三一年九月十六日，收錄於 *CW*, vol. 20, 608.
123 Ibid., 609-11.
124 Ibid., 611.
125 Virginia Woolf, *The Diary of Virginia Woolf*, vol. 4, 45.

8 浴火重生

1 凱因斯致信蕭，一九三二年元月十三日，收錄於 *CW*, vol. 18, 364.
2 John Maynard Keynes, “An End of Reparations?,” *The New Statesman and Nation*, January 16, 1932, in *CW*, vol. 18, 366.
3 Ibid., 365-66.
4 這些對希特勒改觀的言論，收錄於 Matthew Dessem, “You Know Who Else Was Always Impressing Journalists with His Newfound Maturity and Pragmatism?,” *Slate*, September 10, 2017.
5 引自 Ronald Steel, *Walter Lippmann and the American Century* (Boston: Little, Brown, 1980), 331
6 John Maynard Keynes, “Two Years Off Gold: How Far Are We From Prosperity Now?,” *Daily Mail*, September 19, 1933, in CW, vol. 21, 285.
7 凱因斯致信奧特琳・莫雷爾（Ottoline Morrell），一九二八年五月二日，引自 Robert Skidelsky, *John Maynard Keynes*, vol. 2: *The Economist as Savior, 1920–1937* (New York: Allen Lane, 1994), 236.
8 David C. Colander and Harry Landreth, eds., *The Coming of Keynesianism to America: Conversations with the Founders of*

Keynesian Economics (Brookfield, IL: Edward Elgar, 1996), 61–62.

9 John Strachey, *The Coming Struggle for Power* (New York: Modern Library, 1935 [1932]).

10 引自 Skidelsky, *John Maynard Keynes*, vol. 2, 515–16.

11 凱因斯投書《新政治家與國家》，引自 *The New Statesman and Nation*, November 24, 1934, in *CW*, vol. 28, 35–36.

12 John Maynard Keynes, "Farewell to the World Conference," *Daily Mail*, July 27, 1933, in *CW*, vol. 21, 281.

13 凱因斯致信布蘭德，一九三四年十一月二十九日，引自 *CW*, vol. 21, 344.

14 凱因斯致信蕭伯納，一九三五年元月一日，引自 *CW*, vol. 13, 492–93.

15 Jerome E. Edwards, *Pat McCarran: Political Boss of Nevada* (Reno: University of Nevada Press, 1982), 33–41.

16 Ibid., 49-50.

17 引自 Arthur M. Schlesinger, Jr., *The Age of Roosevelt*, vol. 1: *The Crisis of the Old Order, 1919–1933* (New York: Mariner Books, 2003 [1957]), 475–76.

18 Herbert Hoover, *The Memoirs of Herbert Hoover: The Great Depression, 1929–1941* (Eastford, CT: Martino Fine Books, 2016 [1952]), 30.

19 引自 Milton Friedman and Anna Jacobson Schwartz, *A Monetary History of the United States, 1867–1960* (Princeton, NJ: Princeton University Press, 1993 [1964]), 341.

20 Roger Sandilands, *The Life and Political Economy of Lauchlin Currie: New Dealer, Presidential Adviser, and Development Economist* (Durham, NC: Duke University Press, 1990), 31–38.

21 Ibid., 50.

22 Friedman and Schwartz, *A Monetary History of the United States*, 352.

23 Gerald D. Nash, "Herbert Hoover and the Origins of the Reconstruction Finance Corporation," *The Mississippi Valley Historical Review* 46, no. 3 (December 1959): 455–68.

24 引自 Glen Jeansonne, *The Life of Herbert Hoover: Fighting Quaker, 1928– 1933* (New York: Palgrave Macmillan, 2012), 199.

25 Hoover, *The Memoirs of Herbert Hoover*, 203–4.

26 引自 Schlesinger, *The Age of Roosevelt*, vol. 1, 476–77.

27 Ibid., 475.

28 Friedman and Schwartz, *A Monetary History of the United States*, 326.

29 Hoover, *The Memoirs of Herbert Hoover*, 212–17.

30 Schlesinger, *The Age of Roosevelt*, vol. 1, 481.

31 有關一九三二年美國總統大選期間這群新政的早期規畫者，參見Eric Rauchway, *Winter War: Hoover, Roosevelt, and the First Clash over the New Deal* (New York: Basic Books, 2018).

32 Franklin Delano Roosevelt, "First Inaugural Address of Franklin D. Roosevelt," March 4, 1933, Lillian Goldman Law Library, Yale Law School, http://avalon .law.yale.edu/20th_century/froos1.asp.

33 Friedman and Schwartz, *A Monetary History of the United States*, 422–27.

34 Franklin D. Roosevelt, "On the Bank Crisis," March 12, 1933, Franklin D. Roosevelt Presidential Library and Museum, http://docs.fdrlibrary.marist.edu/ 031233.html.

35 Ibid.

36 Ron Chernow, *The House of Morgan: An American Banking Dynasty and the Rise of Modern Finance* (New York: Grove Press, 2001 [1990]), 357.

37 *The New York Times*, April 21, 1933.

38 Richard Parker, *John Kenneth Galbraith: His Life, His Politics, His Economics* (Chicago: University of Chicago Press, 2005), 55–57.

39 引自Eric Rauchway, *The Money Makers: How Roosevelt and Keynes Ended the Depression, Defeated Fascism, and Secured a Prosperous Peace* (New York: Basic Books, 2015), 80.

40 Rodney D. Karr, "Farmer Rebels in Plymouth County, Iowa, 1932–1933," The Annals of Iowa 47, no. 7, State Historical Society of Iowa, 1985, 638.

41 小羅斯福致信豪斯，一九三三年四月五日，引自Helen M. Burns, *The American Banking Community and New Deal Banking Reforms, 1933– 1935* (Westport, CT: Greenwood Press, 1974), 78.

42 凱因斯致小羅斯福公開信，《紐約時報》一九三三年十二月三十一日，收錄於*CW*, vol. 21, 295.

43 John Kenneth Galbraith, *Money: Whence It Came, Where It Went* (Princeton, NJ: Princeton University Press, 2017 [1974]), 245.

44 "Consumer Price Index: All Items in U.S. City Average, All Urban Consumers," Federal Reserve Bank of St. Louis, https://fred.stlouisfed.org/series/cpiaucns.

45 Ferdinand Pecora, *Wall Street Under Oath: The Story of Our Modern Money Changers* (New York: Graymalkin Media, 1939), Kindle edition, chap. 1, loc. 60.

46 Peter Grossman, *American Express: The Unofficial History of the People Who Built the Great Financial Empire* (New York: Random House, 1987), 236–38.
47 Chernow, *The House of Morgan*, 369–71.
48 Burns, *The American Banking Community and New Deal Banking Reforms*, 89–90.
49 Ibid., 80.
50 Ibid., 65-66.
51 Ibid., 68.
52 John Kenneth Galbraith, *The Great Crash, 1929* (Boston: Houghton Mifflin, 1961 [1955]), 196–97.
53 凱因斯致信蕭，一九三二年元月十三日，收錄於 *CW*, vol. 18, 364.
54 John Maynard Keynes, “President Roosevelt Is Magnificently Right,” *Daily Mail*, July 4, 1933, in *CW*, vol. 21, 276.
55 Charles Kindleberger, *The World in Depression, 1929–1939* (Berkeley: University of California Press, 2013 [1975]), 224.
56 凱因斯致信小羅斯福，收錄於 *CW*, vol. 21, 289.
57 Ibid., 293.
58 Ibid., 294.
59 Ibid., 295.
60 凱因斯致信小羅斯福，一九三八年二月一日，收錄於 *CW*, vol. 21, 435.
61 李普曼致信凱因斯，一九三四年四月十七日，收錄於 *CW*, vol. 21, 305.
62 引自Arthur M. Schlesinger, Jr., “The ‘Hundred Days’ of F.D.R.,” *The New York Times*, April 10, 1983.
63 Edwards, *Pat McCarran*, 105–6.
64 Frances Perkins, *The Roosevelt I Knew* (New York: Penguin, 2011 [1946]), 215–16.
65 *CW*, vol. 21, 321.
66 引自Robert Dallek, *Franklin D. Roosevelt: A Political Life* (New York: Viking, 2017), 177.
67 引自Arthur M. Schlesinger, Jr., *The Politics of Upheaval* (Boston: Houghton Mifflin, 1960), 298.
68 漢森向凱因斯派經濟學家薩蘭特（Walter Salant）提到這句話，並表示自己是從哈佛校長科南特（James Conant）口中聽到的。參見Don Paninkin and J. Clark Leith, eds., *Keynes, Cambridge and the General Theory* (New York: Macmillan, 1977), 46, and Walter Salant and Francis H. Heller, *Economics and the Truman Administration* (Lawrence: Regents Press of Kansas, 1981), 107.

9 告別稀缺

1 引自Marjorie S. Turner, *Joan Robinson and the Americans* (Armonk, NY: M. E. Sharpe, 1989), 18.

2 引自Ibid., 12.

3 引自Ibid., 55.

4 引自Ibid., 56.

5 引自Ibid., 55.

6 史崔特在回憶錄裡表示，他間諜當得很勉強，只會將不重要的經濟報告交給蘇維埃情報員。他後來繼續在甘迺迪和尼克森政府任職，並擔任《新共和》雜誌發行人。參見Michael Straight, *After Long Silence* (New York: W. W. Norton & Co., 1983).

7 凱因斯接受馬丁訪問，“Democracy and Efficiency,” *New Statesman and Nation*, January 28, 1939, in CW, vol. 21, 494–96.

8 引自David C. Colander and Harry Landreth, eds., *The Coming of Keynesianism to America: Conversations with the Founders of Keynesian Economics* (Brookfield, IL: Edward Elgar, 1996), 204.

9 Joan Robinson, *The Economics of Imperfect Competition* (London: Macmillan, 1948 [1933]), 307–27.

10 Ibid., 218-34.

11 引自Turner, *Joan Robinson and the Americans*, 166.

12 培里致信羅賓遜，Ibid., 12-13.

13 引自Colander and Landreth, *The Coming of Keynesianism to America*, 54– 55.

14 引自Peter Clarke, *Keynes: The Rise, Fall, and Return of the 20th Century's Most Influential Economist* (New York: Bloomsbury, 2009), 141.

15 引自Colander and Landreth, *The Coming of Keynesianism to America*, 101.

16 凱因斯致信勞倫斯，一九三五年元月十五日，收錄於*CW*, vol. 21, 348.

17 凱因斯致信羅賓遜，一九三四年三月二十九日，收錄於*CW*, vol. 13, 422.

18 Roger E. Backhouse, Founder of Modern Economics: Paul A. Samuelson, vol. 1: *Becoming Samuelson, 1915–1948* (New York: Oxford University Press, 2017), 518– 19.

19 引自Turner, *Joan Robinson and the Americans*, 51–52.

20 Nahid Aslanbeigui and Guy Oakes, *The Provocative Joan Robinson: The Making of a Cambridge Economist* (Durham, NC: Duke University Press, 2009), 177.

21 引自Turner, *Joan Robinson and the Americans*, 53.
22 *CW*, vol. 13, 268–69, 376–80, 638–52; *CW*, vol. 14, 134–50.
23 羅賓遜致信凱因斯，一九三五年十二月二日，收錄於*CW*, vol. 13, 612.
24 引自Aslanbeigui and Oakes, *The Provocative Joan Robinson*, 55–56.
25 Ibid., 56.
26 Ibid.
27 引自Ibid., 57.
28 引自Ibid., 65.
29 Ibid., 67-87.
30 John Maynard Keynes, *The General Theory of Employment, Interest and Money* (New York: Prometheus, 1997 [1936]), x.
31 Ibid., 3n.
32 Ibid., 9.
33 John Kenneth Galbraith, *A Life in Our Times* (Boston: Houghton Mifflin, 1981), 65.
34 Jean-Baptiste Say, *Traité d'économie politique*, trans. R. R. Palmer, 1997, 76, quoted in Allin Cottrell, "Keynes, Ricardo, Malthus and Say's Law," http://users.wfu. edu/cottrell/says_law.pdf, 3.
35 Keynes, *The General Theory of Employment, Interest and Money*, 21.
36 Ibid., xi.
37 Ibid., 293.
38 Ibid., 104.
39 Ibid., 156.
40 Ibid., 157.
41 Ibid., 149-50.
42 Ibid., 155.
43 Ibid., 129.
44 Ibid., 159.
45 Ibid., 378.
46 Ibid., 375-76.

47 Ibid., 164.
48 Ibid., 373.
49 Ibid., 376.
50 Ibid., 374.
51 John Maynard Keynes, "Art and the State," *The Listener*, August 26, 1936, in *CW*, vol. 28, 342–43.
52 Ibid., 344.
53 Ibid., 348.
54 Keynes, *The General Theory of Employment, Interest and Money*, 382–83.
55 Ibid., 383-84.
56 引自Hyman Minsky, *John Maynard Keynes* (New York: McGraw-Hill, 2008 [1975]), 3.
57 Lorie Tarshis, "The Keynesian Revolution: What It Meant in the 1930s," unpublished, quoted in Robert Skidelsky, *John Maynard Keynes*, vol. 2: *The Economist as Savior, 1920–1937* (New York: Allen Lane, New York, 1994), 574.

10 革命降臨

1 Michael Holroyd, *Lytton Strachey: A Biography* (New York: Holt, Rinehart and Winston, 1980 [1971]), 1051.
2 Virginia Woolf, *The Diary of Virginia Woolf*, vol. 4: *1931–1935*, ed. Anne Olivier Bell and Andrew McNeillie (New York: Harvest, 1983 [1982]), 64–65.
3 Leonard Woolf, *Downhill All the Way: An Autobiography of the Years 1919 to 1939* (New York: Harvest, 1975 [1967]), 146.
4 Virginia Woolf, *The Diary of Virginia Woolf*, vol. 4, 78.
5 凱因斯致信詹姆斯，一九三三年十一月十九日，引自Judith Mackrell, *Bloomsbury Ballerina: Lydia Lopokova, Imperial Dancer and Mrs. John Maynard Keynes* (London: Phoenix, 2009 [2008]), 330.
6 Robert Skidelsky, *John Maynard Keynes*, vol. 2: *The Economist as Savior, 1920– 1937* (New York: Allen Lane, 1994), 633–34.
7 格蘭特致信凱因斯，一九三七年四月二十一日，JMK/PP/45/109/125/9.
8 Diary entry, May 25, 1937, in Virginia Woolf, *The Diary of Virginia Woolf*, vol. 5: *1936–1941*, ed. Anne Olivier Bell and Andrew McNeillie (San Diego, CA: Harcourt Brace Jovanovich, 1984), 90.
9 凱因斯致信母親，一九三七年七月十九日，引自Mackrell, *Bloomsbury Ballerina*, 356.
10 引自Skidelsky, *John Maynard Keynes*, vol. 2, 635.

11 凱因斯致信母親，一九三八年二月十二日，引自Mackrell, *Bloomsbury Ballerina*, 355.
12 Skidelsky, *John Maynard Keynes*, vol. 2, 633-35.
13 John Maynard Keynes, "King's College: Annual Report," November 13, 1937, in *CW*, vol. 10, 358–60.
14 格蘭特致信凱因斯，一九三七年七月二十一日，出自JMK/PP/45/109/125/9.
15 引自Frances Spalding, *Vanessa Bell: Portrait of the Bloomsbury Artist* (London: Tauris Parke Paperbacks, 2016 [1983]), 299.
16 凡妮莎致信凱因斯，一九三七年十一月三十日，出自JMK/PP/45/27/7.
17 引自Keynes, "King's College: Annual Report," 358–60.
18 John Maynard Keynes, "British Foreign Policy," *The New Statesman and Nation*, July 10, 1937, in *CW*, vol. 28, 61–65.
19 Ibid.
20 Robert Solow, "Whose Grandchildren?," in Lorenzo Pecchi and Gustavo Piga, eds., *Revisiting Keynes: Economic Possibilities for Our Grandchildren* (Cambridge, MA: MIT Press, 2008), 90.
21 John Maynard Keynes, "Einstein," unpublished, June 22, 1926, in *CW*, vol. 10, 383–34.
22 引自Skidelsky, *John Maynard Keynes*, vol. 2, 486.
23 引自Ibid., 486.
24 維根斯坦致信凱因斯，一九三九年三月十八日，JMK/PP/45/349/81；維根斯坦致信凱因斯，一九三九年二月一日，JMK/PP/45/349/88.
25 維根斯坦致信凱因斯，一九三九年二月十一日，JMK/PP/45/349/88.
26 羅斯福總統向來對自己的動機諱莫如深，這件事也不例外，凱因斯的解讀算是善意的。不論如何，美國對難民問題完全幫不上忙，因為一九二四年一項法令對移民做出嚴格限制，反對接收猶太難民的人便利用它成功阻止了猶太人逃往美國。
27 凱因斯致信辛克萊，一九三八年四月四日，出自*CW*, vol. 28, 107.
28 R. F. Harrod, *The Life of John Maynard Keynes* (London: Macmillan, 1951), 497.
29 Ludo Cuyvers, "Erwin Rothbart's Life and Work," *Journal of Post-Keynesian Economics* 6, no. 2 (Winter 1983–84): 305–12.
30 引自Robert Skidelsky, *John Maynard Keynes*, vol. 3: *Fighting for Freedom, 1937–1946* (New York: Viking, 2000), 13.
31 引自Mackrell, *Bloomsbury Ballerina*, 358.
32 John Kenneth Galbraith, *A Life in Our Times* (Boston: Houghton Mifflin, 1981), 35.
33 Ibid., 39.

34 Ibid., 40.

35 按聖路易聯邦準備銀行資料，美國一九三四至一九三六年的實質國內生產毛額成長率分別為一〇・八%、八・九%和一二・九%；一九三四年是小羅斯福就任後第一個完整年度。

36 Historical Statistics of the United States Millennial Edition, Table Ba470-477, "Labor force, employment and unemployment 1890–1990," Cambridge, UK: Cambridge University Press, 2006.

37 Office of Management and Budget, *Budget of the U.S. Government, Fiscal Year 2016, Historical Tables*, 2015, https://www.gpo.gov/fdsys/pkg/BUDGET-2016-TAB/pdf/BUDGET-2016-TAB.pdf.

38 Ron Chernow, *The House of Morgan: An American Banking Dynasty and the Rise of Modern Finance* (New York: Grove Press, 2001 [1990]), 390.

39 Richard V. Gilbert, George H. Hildebrand, Arthur W. Stuart, et al., *An Economic Program for American Democracy* (New York: Vanguard Press, 1938), 70–71.

40 Chernow, *The House of Morgan*, 380.

41 Ferdinand Pecora, *Wall Street Under Oath: The Story of Our Modern Money Changers* (New York: Graymalkin Media, 1939), chap. 1.

42 引自Arthur M. Schlesinger, Jr., *The Age of Roosevelt*, vol. 2: *The Coming of the New Deal, 1933–1935* (Boston: Houghton Mifflin, 1959), 567.

43 引自Josephine Young Case and Everett Needham Case, *Owen D. Young and American Enterprise* (Boston: David R. Godine, 1982), 702.

44 *Time*, April 27, 1936, quoted in Schlesinger, *The Age of Roosevelt*, vol. 2, 567.

45 小羅斯福於麥迪遜廣場演講，一九三六年十月三十一日。講稿見美國加州大學聖塔芭芭拉分校「美國總統計畫」（American Presidency Project）: https://www.presidency.ucsb.edu/documents/address-madison-square-garden-new-york-city-1.

46 Charles D. Ellis, *The Partnership: The Making of Goldman Sachs* (New York: Pen- guin, 2008), 1–38.

47 Case and Case, *Owen D. Young and American Enterprise*, 716.

48 Galbraith, *A Life in Our Times*, 40.

49 Larry DeWitt, Social Security Administration, "The Development of Social Security in America," *Social Security Bulletin* 70, no. 3 (2010), https://www.ssa.gov/ policy/docs/ssb/v70n3/v70n3p1.html.

50 Office of Management and Budget, *Budget of the U.S. Government, Fiscal Year 2016, Historical Tables*, 2015, https://www.gpo.gov/fdsys/pkg/BUDGET-2016-TAB/pdf/BUDGET-2016-TAB.pdf, 26.

51 H. W. Brands, *Traitor to His Class: The Privileged Life and Radical Presidency of Franklin Delano Roosevelt* (New York: Anchor Books, 2008), 486.

52 Bureau of Labor Statistics, "Technical Note," 1948, https://www.bls.gov/opub/ mlr/1948/article/pdf/labor-force-employment-and-unemployment-1929-39-estimating-methods.pdf.

53 引自Brands, *Traitor to His Class*, 486.

54 引自Ibid., 487.

55 引自Ibid., 487.

56 引自Ibid., 487.

57 引自Robert Dallek, *Franklin D. Roosevelt: A Political Life* (New York: Vi- king, 2017), 288.

58 Brands, *Traitor to His Class*, 491.

59 參見"G.C. M'Guire Dies; Accused of 'Plot,' " *The New York Times*, March 26, 1935, https://timesmachine.nytimes.com/timesmachine/1935/03/26/93463252 .html?pageNumber=13.

60 凱因斯致信小羅斯福，一九三八年二月一日，出自*CW*, vol. 21, 438.

61 Dallek, *Franklin D. Roosevelt*, 288.

62 引自Schlesinger, *The Age of Roosevelt*, vol. 2, 482–87.

63 凱因斯致信小羅斯福，一九三八年二月一日，出自*CW*, vol. 21, 438–39.

64 小羅斯福致信凱因斯，一九三八年三月三日，引自*CW*, 439.

65 引自Brands, *Traitor to His Class*, 494.

66 David C. Colander and Harry Landreth, eds., *The Coming of Keynesianism to America: Conversations with the Founders of Keynesian Economics* (Brookfield, IL: Edward Elgar, 1996), 40.

67 引自Ibid., 56.

68 發言出自斯威齊（Paul Sweezy），引自Ibid., 84.

69 發言出自斯威齊，引自Ibid., 78-79.

70 Robert L. Bradley, *Capitalism at Work: Business, Government and Energy* (Salem, MA: M&M Scrivener Press, 2009), 144, n. 2.

71 Richard Parker, *John Kenneth Galbraith: His Life, His Politics, His Economics* (Chicago: University of Chicago Press, 2007),

106, n.

72 Douglass V. Brown, Edward Chamberlin, Seymour Edwin Harris, et al., *The Economics of the Recovery Program* (New York: Whittelsey House, 1934).

73 引自Galbraith, *A Life in Our Times*, 90.

74 John Kenneth Galbraith, "Came the Revolution," *The New York Times Book Review*, May 16, 1965, JKG, Series 9.2, Box 798.

75 John Kenneth Galbraith, "Joan Robinson: A Word of Appreciation," *Cambridge Journal of Economics*, September 1, 1983, JKG, Series 9.2, Box 831.

76 引自Colander and Landreth, *The Coming of Keynesianism to America*, 80– 81.

77 Gilbert et al., *An Economic Program for American Democracy*, ix.

78 Ibid., 90-91.

79 Parker, *John Kenneth Galbraith*, 95.

80 摩根索於眾議院歲計委員會聽證會上的發言，見The *Congressional Record: Proceedings and Debates of the 76th Congress, First Session, Appendix: Volume 84, Part 13* (Washington, D.C.: United States Government Printing Office, 1939), 2297.

81 Ibid., 104-6.

82 Walter Lippmann, *The Good Society* (Boston: Little, Brown, 1938), vii, 123, 329–30.

83 Ronald Steel, *Walter Lippmann and the American Century* (Boston: Little, Brown, 1980), 324.

84 Ibid., 315, 393-94.

85 Historical Statistics of the United States Millennial Edition, Table Ba47-477: "Labor Force, Employment, and Unemployment 1890–1990," Cambridge, UK: Cambridge University Press, 2006.

11 戰爭與反革命

1 Richard V. Gilbert, George H. Hildebrand, Arthur W. Stuart, et al., *An Economic Program for American Democracy* (New York: Vanguard Press, 1938), 90–91.

2 凱因斯致小羅斯福總統公開信，《紐約時報》，一九三三/三四年十二月三十一日，出自*CW*, vol. 21, 293.

3 伊拉克戰爭美軍傷亡人數，見"Iraq Coalition Casualty Count," http:// icasualties.org/App/Fatalities。一戰和越戰美軍死傷統計，則見"U.S. Military Casualties, Missing in Action, and Prisoners of War from the Era of the Vietnam War," National Archives, Defense Casualty Analysis System, https://www.archives.gov/research/military/vietnam-war/electronic-records .html.

4 Ronald Steel, *Walter Lippmann and the American Century* (Boston: Little, Brown, 1980), 165.

5 小羅斯福總統國情咨文，一九四一年元月六日，https:// millercenter.org/the-presidency/presidential-speeches/january-6-1941-state -union-four-freedoms.

6 引自Elizabeth Borgwardt, *A New Deal for the World: America's Vision for Human Rights* (Cambridge, MA: Belknap Press, 2005), 21.

7 小羅斯福總統國情咨文，一九四一年元月六日。

8 Ibid., 5.

9 John Kenneth Galbraith, *A Life in Our Times* (Boston: Houghton Mifflin, 1982), 149–50.

10 例如執掌田納西河谷管理局的李林塔爾（David Lilienthal）是堅定的新政支持者，後來被任命為新成立的原子能委員會主席，負責開發核子武器。參見Ira Katznelson, *Fear Itself: The New Deal and the Origins of Our Time* (New York: Liveright Publishing, 2013), 432.

11 Ibid., 186.

12 Alan Brinkley, *The End of Reform: New Deal Liberalism in Recession and War* (New York: Vintage, 1996), 168, 170.

13 Ed Conway, *The Summit: Bretton Woods, 1944: J. M. Keynes and the Reshaping of the Global Economy* (New York: Pegasus, 2015), 92–93.

14 John Stevenson and Chris Cook, *The Slump: Britain in the Great Depression* (London: Routledge, 2013), 20.

15 Barry Eichengreen,"The British Economy Between the Wars," April 2002, https://eml.berkeley.edu/~eichengr/research/floudjohnsonchaptersep16-03.pdf, 37.

16 John Maynard Keynes and Kingsley Martin, "Democracy and Efficiency," *The New Statesman and Nation*, January 28, 1939, in *CW*, vol. 11, 497–500.

17 引自Mark Seidl, "The Lend-Lease Program, 1941–1945," Franklin Delano Roosevelt Presidential Library and Museum, https://fdrlibrary.org/lend-lease.

18 維吉尼亞日記，一九四〇年八月二十六日，出自Woolf, *The Diary of Virginia Woolf*, vol. 5: *1936–1941*, ed. Anne Olivier Bell and Andrew McNeillie (San Diego, CA: Harcourt Brace Jovanovich, 1984), 311.

19 史紀德斯基在他書裡特別強調這一點，見Robert Skidelsky, John Maynard Keynes, vol. 3: *Fighting for Freedom, 1937–1946* (New York: Viking, 2000), xvii.

20 Liaquat Ahamed, *Lords of Finance: The Bankers Who Broke the World* (New York: Penguin, 2009), 432.

21 Martin Gilbert, *Winston Churchill*, vol. 5: *The Prophet of Truth, 1922–1939* (London: Minerva, 1990 [1976]), 229, 318–19.
22 凱因斯致信霍普金斯爵士（Sir Richard Hopkins），一九四〇年十月二十七日，出自 *CW*, vol. 23, 13–21.
23 凱因斯致羅納德（Nigel Bruce Ronald）備忘錄，一九四一年三月十一日，出自 *CW*,vol.23,45–46.
24 「凱因斯認為我們是獨立的泱泱大國，但財政上看顯然不是如此，」英國財政部官員普雷費爾（Edward Playfair）一九四一年春天告訴韋利（S. D. Waley），出自 *CW*, vol. 23, 79.
25 引自 Conway, *The Summit: Bretton Woods*, 1944, 114–15.
26 凱因斯致威爾遜爵士（Sir Horace Wilson）備忘錄，一九四一年五月十九日，出自 *CW*, vol. 23, 79–91.
27 凱因斯致伍德爵士（Sir Kingsley Wood）備忘錄，一九四一年六月二日，出自 *CW*, vol. 23, 106–7.
28 凱因斯致威爾遜爵士備忘錄，一九四一年五月二十五日，出自 CW, vol. 23, 94–101.
29 凱因斯致財政大臣伍德爵士備忘錄，一九四一年六月二日，*CW*, vol. 23, 108.
30 凱因斯致威爾遜爵士備忘錄，一九四一年五月二十五日，*CW*, vol. 23, 91.
31 凱因斯致信皮考克爵士（Sir Edward Peacock），一九四一年五月十二日，出自 *CW*, vol. 23, 72n4.
32 "Lend-Lease and Military Aid to the Allies in the Early Years of World War II," Office of the Historian, United States Department of State, https://history.state.gov/milestones/1937-1945/lend-lease.
33 凱因斯致電財政部，一九四一年五月二十六日，出自 *CW*, vol. 23, 101–2.
34 凱因斯致伍德爵士備忘錄，一九四一年六月二日，出自 *CW*, 112.
35 引自 David C. Colander and Harry Landreth, eds., *The Coming of Keynesianism to America: Conversations with the Founders of Keynesian Economics* (Brook- field, IL: Edward Elgar, 1996), 141–42.
36 薩蘭特的晚餐筆記，出自 *CW*, vol. 23, 182–84.
37 John Maynard Keynes, *How to Pay for the War: A Radical Plan for the Chancellor of the Exchequer*, in *CW*, vol. 9, 379.
38 Ibid., 375.
39 Galbraith, *A Life in Our Times*, 139.
40 Ibid., 143.
41 Ibid., 141.
42 Richard Parker, *John Kenneth Galbraith: His Life, His Politics, His Economics* (Chicago: University of Chicago Press, 2007), 146.
43 引自 Ibid., 140.

44 Ibid., 147.
45 Ibid., 147.
46 Doris Kearns Goodwin, *No Ordinary Time: Franklin and Eleanor Roosevelt: The Home Front in World War II* (New York: Simon & Schuster, 1994), 56.
47 Ibid., 394-95.
48 Galbraith, *A Life in Our Times*, 181.
49 Ibid., 182-83.
50 Office of Management and Budget, Budget of the U.S. Government, Fiscal Year 2016, Historical Tables, 2015, https://www.gpo.gov/fdsys/pkg/BUDGET-2016-TAB/pdf/BUDGET-2016-TAB.pdf.
51 引自Robert Skidelsky, *John Maynard Keynes*, vol. 3, 203.
52 Ibid., 67.
53 引自S. P. Rosenbaum, ed., *The Bloomsbury Group: A Collection of Memoirs and Commentary* (Toronto: University of Toronto Press, 1995), 281.
54 引自Skidelsky, *John Maynard Keynes*, vol. 3, 86–87.
55 引自Colander and Landreth, *The Coming of Keynesianism to America*, 169.
56 Lionel Robbins, *Autobiography of an Economist* (London: Macmillan, 1971), 154.
57 Milton Friedman, "A Monetary and Fiscal Framework for Economic Stability," *The American Economic Review* 38, no. 3 (June 1948): 245–64. 這篇論文基本上消失在經濟史料堆裡，直到二〇〇二年才被現代貨幣理論最有影響力的支持者蘭德爾・雷（L. Randall Wray）挖了出來。現代貨幣理論是激進凱因斯經濟學的一個分支。

12 為美好人生而死

1 Betsy Mason, "Bomb-Damage Maps Reveal London's World War II Devastation," *National Geographic*, May 18, 2016, https://www.nationalgeographic.com/ science/phenomena/2016/05/18/bomb-damage-maps-reveal-londons-world-war-ii-devastation/.
2 凱因斯致信懷特，一九四四年五月二十四日，出自*CW*, vol. 26, 27.
3 Nicholas Wapshott, *Keynes Hayek: The Clash That Defined Modern Economics* (New York: Norton, 2011), xi.
4 F. A. Hayek, *The Road to Serfdom: Text and Documents, The Definitive Edition* (London: University of Chicago Press, 2007

[1944]), 45.

5 Ibid., 18-19。

6 Brian Doherty, *Radicals for Capitalism: A Freewheeling History of the Modern American Libertarian Movement* (New York: PublicAffairs, 2008), 108.

7 Angus Burgin, *The Great Persuasion: Reinventing Free Markets Since the Depression* (Cambridge, MA: Harvard University Press, 2012), 88.

8 瑞典皇家科學院新聞稿，一九七四年十月九日，https://www.nobelprize.org/prizes/economic-sciences/1974/press-release/.

9 Hayek, *The Road to Serfdom*, 77–78.

10 Ibid., 67-68.

11 Ibid., 110.

12 Ludwig von Mises, *Bureaucracy* (New Rochelle, NY: Arlington House, 1969 [1944]), 10.

13 Robert Samuelson, "A Few Remembrances of Friedrich von Hayek (1899–1992)," *Journal of Economic Behavior & Organization* 69, no. 1 (January 2009):1–4.

14 Quinn Slobodian, *Globalists: The End of Empire and the Birth of Neoliberalism* (Cambridge, MA: Harvard University Press, 2018), 105.

15 凱因斯致信海耶克，一九四四年六月二十八日，JMK/PP/CO/3/173.

16 凱因斯致信海耶克，一九四四年六月二十八日，JMK/PP/CO/3/175.

17 Bruce Caldwell, introduction to Hayek, *The Road to Serfdom*, 23. 奈特致信芝加哥大學出版社，一九四三年十二月十日，appendix to The Road to Serfdom, 250.

18 凱因斯致信海耶克，一九四四年六月二十八日，JMK/PP/CO/3/173.

19 凱因斯致信海耶克，一九四四年六月二十八日，JMK/PP/CO/3/176.

20 Hayek, *The Road to Serfdom*, 216–17。稀缺和上層階級的關聯出自Corey Robin, *The Reactionary Mind*, 2nd ed. (New York: Oxford University Press, 2018), 151–58.

21 凱因斯致信海耶克，一九四四年六月二十八日，JMK/PP/CO/3/175-7.

22 John Maynard Keynes, "Democracy and Efficiency," *The New Statesman and Nation*, January 28, 1939, in *CW*, vol. 11, 500.

23 Ira Katznelson, *Fear Itself: The New Deal and the Origins of Our Time* (Liveright Publishing, 2013), 351.

24 Conway, *Summit*, 205.

25 Ibid., xxvi, 4.
26 Ibid., 3, 201-3.
27 洛普科娃致信凱因斯母親，一九四四年七月十二日，引自Judith Mackrell, *Bloomsbury Ballerina: Lydia Lopokova, Imperial Dancer and Mrs. John Maynard Keynes* (London: Phoenix, 2008), 386.
28 Conway, *Summit*, 212, 254.
29 引自Ibid., 214-15。
30 James Buchan, "When Keynes Went to America," *The New Statesman*, November 6, 2008.
31 Conway, *Summit*, 254.
32 John Maynard Keynes, "National Self-Sufficiency," *The New Statesman and Nation*, July 8, 1933, in *CW*, vol. 21, 233.
33 Ibid., 238.
34 John Maynard Keynes, "The Present Overseas Financial Position of U.K.," memorandum, August 13, 1945, in *CW*, vol. 24, 410.
35 John Maynard Keynes, *A Treatise on Money: The Pure Theory of Money and the Applied Theory of Money. Complete Set*, vol. 2 (Mansfield Center, CT: Martino Fine Books, 2011 [1930]), 399–402.
36 引自George Monbiot, "Keynes Is Innocent: The Toxic Spawn of Bretton Woods Was No Plan of His," *The Guardian*, November 18, 2008.
37 關於這個不幸的地緣政治重組嘗試，參見Benn Steil, *The Marshall Plan: Dawn of the Cold War* (New York: Simon & Schuster, 2018).
38 引自Robert Skidelsky, *John Maynard Keynes*, vol. 3: *Fighting for Freedom, 1937–1946* (New York: Viking, 2001), 355.
39 Harry Truman, *Memoirs*, vol. 1: *Year of Decisions* (New York: Doubleday, 1955), 227–28.
40 凱因斯致信拉博岱爾，一九四五年三月二十八日，見Skidelsky, *John Maynard Keynes,* vol. 3, 378.
41 Mackrell, *Bloomsbury Ballerina*, 394.
42 引自Skidelsky, *John Maynard Keynes*, vol. 3, 267.
43 引自Ibid., 269.
44 John Maynard Keynes, "The Arts Council: Its Policy and Hopes," *The Listener*, July 12, 1945, in *CW*, vol. 28, 369.
45 Ibid., 367.
46 Ibid., 371.

47 引自Mackrell, *Bloomsbury Ballerina*, 396.
48 Ibid., 394-97.
49 羅賓斯日記，一九四四年六月二十四日，出自R. F. Harrod, *The Life of John Maynard Keynes* (London: Macmillan, 1951), 576.

13 貴族大反擊

1 高伯瑞致信鮑文，一九四八年十月十三日，出自John Kenneth Galbraith, *The Selected Letters of John Kenneth Galbraith*, ed. Richard P. F. Holt (New York: Cambridge University Press, 2017), 76.
2 Winton U. Solberg and Robert W. Tomlinson, "Academic McCarthyism and Keynesian Economics: The Bowen Controversy at the University of Illinois," *History of Political Economy* 29, no. 1 (1997): 59.
3 Ibid., 60.
4 Office of Management and Budget, *Budget of the U.S. Government, Fiscal Year 2016, Historical Tables*, 2015, https://www.gpo.gov/fdsys/pkg/BUDGET-2016 -TAB/pdf/BUDGET-2016-TAB.pdf.）。
5 "Civilian Unemployment Rate (UNRATE)," Federal Reserve Bank of St. Louis, https://fred.stlouisfed.org/series/UNRATE#0.
6 Joshua Zeitz, *Building the Great Society: Inside Lyndon Johnson's White House* (New York: Viking, 2018), 43.
7 Richard Parker, *John Kenneth Galbraith: His Life, His Politics, His Economics* (Chicago: University of Chicago Press, 2005), 196–99.
8 Solberg and Tomlinson, "Academic McCarthyism and Keynesian Economics," 63.
9 Ibid., 64-67.
10 Ibid., 67-68.
11 引自Ibid., 80.
12 "Merwin K. Hart of Birch Society: Controversial Lawyer Was Head of Chapter Here," *The New York Times*, December 2, 1962.
13 Merwin K. Hart, *National Economic Council Letter*, December 6, 1946. 二戰結束時，美國住房確實短缺，因為戰時經濟由政府主導，並未將興建住宅當成優先。
14 Merwin K. Hart, "Let's Talk Plainly," *National Economic Council Letter*, December 1, 1946, https://archive.org/details/1946NEC156.

15 *Hearings Before the House Select Committee on Lobbying Activities*, June 6, 20, 21, and 28, 1950, pt. 4 (Washington, D.C.: Government Printing Office, 1950), 132– 33. See also Ralph M. Goldman, *The Future Catches Up: Selected Writings of Ralph M. Goldman*, vol. 2: *American Political Parties and Politics* (Lincoln, NE: Writers Club Press, 2002), 95.

16 Rose Wilder Lane, *The Discovery of Freedom: Man's Struggle Against Authority* (New York: John Day, 1943), 208, 211, https://mises-media.s3.amazonaws.com/The%20Discovery%20of%20Freedom_2.pdf.

17 引自David C. Colander and Harry Landreth, eds., *The Coming of Keynesianism to America: Conversations with the Founders of Keynesian Economics* (Brookfield, IL: Edward Elgar, 1996), 67–68.

18 Roger E. Backhouse, *Founder of Modern Economics: Paul A. Samuelson*, vol. 1: *Becoming Samuelson, 1915–1948* (New York: Oxford University Press, 2017), 568.

19 Papers of Merwin K. Hart, University of Oregon Archives, Box 5, Folder 1.

20 Milton Friedman and George J. Stigler, *Roofs or Ceilings? The Current Housing Problem* (Irving-on-Hudson, NY: Foundation for Economic Education, 1946).

21 萊因致信哈特，一九四七年九月二十九日，Papers of Merwin K. Hart, University of Oregon Archives, Box 5, Folder 1.

22 霍伊斯致信哈特，一九四七年八月三十日，Papers of Merwin K. Hart, University of Oregon Archives, Box 5, Folder 1.

23 穆倫多致信法利（Joseph F. Farley），一九四七年九月四日；小菲利普斯致信法利，一九四七年八月二十八日。兩者均出自Papers of Merwin K. Hart, University of Oregon Archives, Box 5, Folder 1.

24 科利爾致信哈特，一九四七年十月一日；甘尼特致信哈特，一九四七年九月二十九日。兩者均出自Papers of Merwin K. Hart, University of Oregon Archives, Box 5, Folder 1.

25 戴維斯致信萊因，一九四七年九月十六日；戴維斯致信達爾（Constance Dall），一九四七年九月十二日，兩者均出自Papers of Merwin K. Hart, University of Oregon Archives, Box 5, Folder 1.

26 伍德拉夫致信萊因，一九四七年八月二十五日；皮尤致信德威特（Hattie De Witt），一九四七年九月十一日。兩者均出自Papers of Merwin K. Hart, University of Oregon Archives, Box 5, Folder 1.

27 Colander and Landreth, *The Coming of Keynesianism to America*, 66–68.

28 Ibid., 172.

29 引自Michael M. Weinstein, "Paul A. Samuelson, Economist, Dies at 94," *The New York Times*, December 13, 2009.

30 雷格納里致信哈特，一九五一年十月四日，Papers of Merwin K. Hart, University of Oregon Archives, Box 2, Folder 34.

31 William F. Buckley, Jr., *God and Man at Yale* (Washington, D.C.: Regnery Publishing, 2001 [1951]), lxv.

32 Ibid., 42-43.
33 引自Colander and Landreth, *The Coming of Keynesianism to America*, 69– 70.
34 小巴克利致信哈特，一九五四年四月八日；邦亭（Earl Bunting）致信哈特，一九五一年十一月八日。兩者均出自Papers of Merwin K. Hart, University of Oregon Archives, Box 2, Folder 34.
35 引自Alvin Felzenberg, "The Inside Story of William F. Buckley Jr.'s Crusade Against the John Birch Society," *National Review*, June 20, 2017.
36 哈特致信小巴克利，一九六一年三月二十四日，出自Papers of Merwin K. Hart, University of Oregon Archives, Box 2, Folder 34.
37 "Merwin K. Hart of Birch Society; Controversial Lawyer Was Head of Chapter Here, Target of Ickes," *The New York Times*, December 2, 1962.
38 Angus Burgin, *The Great Persuasion: Reinventing Free Markets Since the Depression* (Cambridge, MA: Harvard University Press, 2012), 89.
39 David Boutros, "The William Volker and Company," State Historical Society of Missouri, 2004.
40 Michael J. McVicar, "Aggressive Philanthropy: Progressivism, Conservatism, and the William Volker Charities Fund," *Missouri Historical Review*, 2011, http://diginole.lib.fsu.edu/islandora/object/fsu:209940/datastream/PDF/view, 198.
41 Daniel Stedman Jones, *Masters of the Universe: Hayek, Friedman, and the Birth of Neoliberal Politics* (Princeton, NJ: Princeton University Press, 2012), 91.
42 Brian Doherty, "Best of Both Worlds: An Interview with Milton Friedman," *Reason*, June 1995.
43 引自Jones, *Masters of the Universe*, 114–15.
44 Buckley, *God and Man at Yale*, 62, n. 72.
45 Quinn Slobodian, *Globalists: The End of Empire and the Birth of Neoliberalism* (Cambridge, MA: Harvard University Press, 2018), 298, n. 13.
46 John Kenneth Galbraith, *American Capitalism* (Boston: Houghton Mifflin, 1956 [1952]), 2–3.
47 "Industry on Parade," Peabody Awards, http://www.peabodyawards.com/award -profile/industry-on-parade.
48 Jones, *Masters of the Universe*, 91–92.
49 這六位得主分別是海耶克、傅利曼、寇斯（Ronald Coase）、布坎南（James Buchanan）、貝克（Gary Becker）和史蒂格勒（George Stigler）。參見Brian Doherty, *Radicals for Capitalism: A Freewheeling History of the Modern American*

Libertarian Movement (New York: PublicAffairs, 2007), 183–86.

50 Doherty, *Radicals for Capitalism*, 185.

51 Ibid., 291-93.

52 McVicar, "Aggressive Philanthropy: Progressivism, Conservatism, and the William Volker Charities Fund," 211, n. 77.

53 John Strachey, *The Coming Struggle for Power* (New York: Modern Library, 1935 [1932]), vii–xx.

54 John Strachey, *Contemporary Capitalism* (New York: Random House, 1956), 294.

55 John Bellamy Foster, "Remarks of Paul Sweezy on the Occasion of His Receipt of the Veblen-Commons Award," *Monthly Review*, September 1, 1999.

56 Zygmund Dobbs, *Keynes at Harvard: Economic Deception as a Political Credo* (West Sayville, NY: Probe Publishers, 1969 [1958]), https://www.bigskyworld view.org/content/docs/Library/Keynes_At_Harvard.pdf.

57 *Oakland Tribune*, October 31, 1944.

58 *Los Angeles Times*, October 31, 1944; and *New York Daily News*, October 31, 1944.

59 [York, PA.] *Gazette and Daily*, March 20, 1945.

60 *Moline* [IL] *Daily Dispatch*, January 2, 1943.

61 凱因斯致電安德森爵士（Sir John Anderson），一九四四年十二月十二日，出自*CW*, vol. 24, 208–9.

62 引自"Hearings Regarding Espionage in the United States Government," July 31, 1948, https://archive.org/stream/hearingsregardin1948unit/mode/2up.

63 Roger Sandilands and James Boughton, "Politics and the Attack on FDR's Economists: From the Grand Alliance to the Cold War," *Intelligence and National Security* 18, no. 3 (Autumn 2003): 73–99.

64 Eric Rauchway, *The Money Makers: How Roosevelt and Keynes Ended the Depression, Defeated Fascism, and Secured a Prosperous Peace* (New York: Basic Books, 2015), 116.

65 引自Ibid., 119.

66 Eleanor Roosevelt,"My Day,"August 16, 1948, https://www2.gwu.edu/~erpapers/myday/displaydocedits.cfm?_y=1948&_f=md001046. 愛蓮娜在同一篇專欄裡還替希斯（Alger Hiss）辯護。

67 William F. Buckley, Jr., and L. Brent Bozell, *McCarthy and His Enemies: The Record and Its Meaning* (New Rochelle, NY: Arlington House, 1970 [1954]), 366.

68 一九九五年公布的大量密電，柯里的名字只被提到九次，其中一些片段並不完整，而且普遍語焉不詳。他的無罪證據主要來自一九四五年三月二十日一則發自莫斯科的格別烏密電，文中提到「柯里信任席爾佛邁斯特，不僅口頭透露消息，也會給他資料。目前為止，據我們看來，柯里和席爾佛邁斯特的關係僅只於有些觀感與看法相同（此處佚失）問題在於關係是否更深，以及柯里對席爾佛邁斯特的角色知道多少」。這顯示柯里不知道席爾佛邁斯特為蘇聯工作。如同柯里的傳記作者桑迪蘭茲（Roger Sandilands）所指出，沒有證據顯示柯里曾將資料非法交給席爾佛邁斯特，互相熟識的聯邦官員本來就常共享情報。參見Roger Sandilands, "Guilt by Association? Lauchlin Currie's Alleged Involvement with Washington Economists in Soviet Espionage," *History of Political Economy* 32, no. 3 (September 2000): 473–515.

69 Buckley and Bozell, *McCarthy and His Enemies,* 52, 110.

70 Papers of George A. Eddy, Harvard University Law School Library, https://hollisarchives.lib.harvard.edu/repositories/5/resources/6480.

71 Sandilands and Boughton, "Politics and the Attack on FDR's Economists."

14 富裕社會及其敵人

1 Richard F. Kahn, *The Making of Keynes' General Theory* (London: Cambridge University Press, 1984), 171.

2 John Maynard Keynes and Pierro Sraffa, "An Abstract of A Treatise on Human Nature 1740: *A Pamphlet Hitherto Unknown by David Hume*," Cambridge University Press, 1938, in *CW*, vol. 28, 373–90; 引文出自頁384.

3 John Maynard Keynes, "Newton, The Man," unpublished, in *CW*, vol. 10, 363–64.

4 Ibid., 368.

5 Ibid., 366.

6 Ibid., 365.

7 John Maynard Keynes, "Thomas Robert Malthus," 1933, in *CW*, vol. 10, 88, 98.

8 John Maynard Keynes, *The General Theory of Employment, Interest and Money* (New York Prometheus, 1997 [1936]), 297–98.

9 John Maynard Keynes, "Economic Possibilities for Our Grandchildren," *The Nation and Athenaeum*, October 11 and 18, 1930, in *CW*, vol. 9, 332.

10 凱因斯致戰後就業指導委員會備忘錄，一九四四年二月十四日，出自*CW*, vol. 27, 371.

11 Paul Samuelson, *Economics* (New York: McGraw-Hill, 1997 [1948]), 10.

12 引自Kahn, *The Making of Keynes' General Theory*, 203.

13 Ibid., 159.
14 凱因斯致信希克斯，一九三七年三月卅一日，出自 *CW*, vol. 14, 79.
15 John Maynard Keynes, "The General Theory of Employment," *The Quarterly Journal of Economics*, February 1937, in CW, vol. 14, 111, 113–15.
16 凱因斯致英國財政部備忘錄，一九四三年五月二十五日，出自 *CW*, vol. 27, 320–24.
17 工時減少是按公司僱用員工數和實際給薪工時計算。這個數據顯示即使大蕭條期間失業嚴重，雇主議價能力極高，勞工每人每週的預計工時還是持續減少。參見 Thomas J. Kniesner, "The Full-Time Workweek in the United States, 1900–1970," *Industrial and Labor Relations Review* 30, no. 1 (October 1976): 4.
18 Organisation for Economic Co-operation and Development, "Average Annual Hours Actually Worked per Worker," https://stats.oecd.org/Index.aspx?DataSet Code=ANHRS.
19 John Kenneth Galbraith, *A Life in Our Times* (Boston: Houghton Mifflin, 1981), 264.
20 Ibid., 268.
21 Richard Parker, *John Kenneth Galbraith: His Life, His Politics, His Economics* (Chicago: University of Chicago Press, 2005), 161–62.
22 Ibid., 163.
23 Galbraith, *A Life in Our Times*, 262.
24 Ibid., 261.
25 Roger E. Backhouse, *Founder of Modern Economics: Paul A. Samuelson* (New York: Oxford University Press, 2017), 570–73.
26 James Bryant Conant, *My Several Lives* (New York: Harper & Row, 1970), 440.
27 John Kenneth Galbraith, "My Forty Years with the FBI," in Galbraith, *Annals of an Abiding Liberal* (Boston: Houghton Mifflin, 1979), 155–81.
28 "Databases, Tables, & Calculators by Subject," Bureau of Labor Statistics, https://data.bls.gov/timeseries/LNU04000000?periods=Annual+Data&periods_option=specific_periods&years_option=all_years.
29 John Kenneth Galbraith, *American Capitalism* (Boston: Houghton Mifflin, 1956 [1952]), 180.
30 Ibid., 97.
31 Ibid., 178.
32 Marjorie S. Turner, *Joan Robinson and the Americans* (Armonk, NY: M. E. Sharpe, 1989), 166.

33 Galbraith, *American Capitalism*, 180.
34 Parker, *John Kenneth Galbraith*, 234.
35 小巴克利致信艾倫（Frederick Lewis Allen）和高伯瑞，一九五二年元月二十八日，JKG, Series 3, Box 10.
36 John Kenneth Galbraith, *The Great Crash, 1929* (Boston: Houghton Mifflin, 1961 [1954]), xii–xvi.
37 Galbraith, "My Forty Years with the FBI," 170.
38 Galbraith, *A Life in Our Times*, 335. Turner, *Joan Robinson and the Americans*, 164.
39 引自Turner, *Joan Robinson and the Americans*, 164.
40 引自Nahid Aslanbeigui and Guy Oakes, *The Provocative Joan Robinson: The Making of a Cambridge Economist* (Durham, NC: Duke University Press, 2009), 212.
41 引自Turner, *Joan Robinson and the Americans*, 109.
42 引自Ibid., 112.
43 "Economics Focus: Paul Samuelson," *The Economist*, December 17, 2009.
44 Soma Golden, "Economist Joan Robinson, 72, Is Full of Fight," *The New York Times*, March 23, 1976.
45 Joshua Zeitz, *Building the Great Society: Inside Lyndon Johnson's White House* (New York: Viking, 2018), 41.
46 John Kenneth Galbraith, *The Affluent Society: 40th Anniversary Edition* (Boston: Houghton Mifflin, 1998 [1958]), 191.
47 Ibid., 187-88.
48 John Maynard Keynes, "The End of Laissez-Faire," 1924, in *CW*, vol. 9, 291.
49 Galbraith, *The Affluent Society: 40th Anniversary Edition*, 258.
50 Ibid.
51 Ibid., 11.
52 Gunnar Myrdal, *Challenge to Affluence* (New York: Pantheon Books, 1963), 60.
53 Unemployment data from "Databases, Tables & Calculators by Subject," Bureau of Labor Statistics, https://data.bls.gov/timeseries/LNU04000000?periods=Annual+Data&periods_option=specific_periods&years_option=all_years. Poverty data from "Historical Poverty Tables: People and Families—1959 to 2018," United States Census Bureau, https://www.census.gov/data/tables/time-series/ demo/income-poverty/historical-poverty-people.html.
54 Zeitz, *Building the Great Society*, 54.

15 終結的開始

1 Kevin Hartnett, "JFK the Party Planner," *The Boston Globe*, November 7, 2013.

2 John Kenneth Galbraith, *A Life in Our Times* (Boston: Houghton Mifflin, 1981), 53.

3 Ibid., 53-55, 355。

4 Richard Parker, *John Kenneth Galbraith: His Life, His Politics, His Economics* (Chicago: University of Chicago Press, 2005), 408.

5 Galbraith, *A Life in Our Times*, 373–74.

6 Robert Dallek, *An Unfinished Life: John F. Kennedy, 1917–1963* (New York: Little, Brown, 2003), 162–63.

7 "McCarthy, Joseph R., undated," Papers of John F. Kennedy, JFKPOF-031-024, John F. Kennedy Presidential Library and Museum, https://www.jfklibrary.org/Asset-Viewer/Archives/JFKPOF-031-024.aspx.

8 Eleanor Roosevelt, "On My Own," *The Saturday Evening Post*, March 8, 1958.

9 Galbraith, *A Life in Our Times*, 357.

10 Ibid., 375-76. Parker, *John Kenneth Galbraith*, 332.

11 "Council of Economic Advisers: Oral History Interview—JFK #1, 8/1/1964," John F. Kennedy Presidential Library and Museum, August 1, 1964, https://www.jfklibrary.org/Asset-Viewer/Archives/JFKOH-CEA-01.aspx.
據一九六〇年八月一份機密內部備忘錄記載，甘迺迪競選活動的一大障礙在於「有大批敵言」的「甘迺迪懷疑者」，其中多半是自由派選民，包括「猶太人」及「某些黑人群體」，他們認為甘迺迪的自由派理念「情感基礎薄弱」，並且對於「甘迺迪不支持參議院譴責麥卡錫始終耿耿於懷」。甘迺迪的幕僚擔心這些選民大選當天不會出門投票；要是尼克森成功煽動反天主教情緒，甚至會轉投共和黨。備忘錄建請委員會舉辦特別活動拉攏懷疑者，找「他們最敬重的人對他們演講」，包括頂尖政治家如「史蒂文生、愛蓮娜和萊曼（Herbert Lehman）」或頂尖知識分子如高伯瑞，讓這些大人物「強調尼克森是危險的煽動分子，有著最不道德的過往……而甘迺迪則是知識分子、學者和虔誠的自由派……認同史蒂文生、鮑爾斯（Chester Bowles）、魯瑟（Walter Reuther）和高伯瑞的觀點」。參見 See Lisa Howard, campaign memo to Robert Kennedy, August 4, 1960, John F. Kennedy Presidential Library and Museum, Meyer Feldman Personal Papers, Series 2, Box 8.

12 Jerry N. Hess, "Oral History Interview with Leon H. Keyserling," May 3, 1971, Harry S. Truman Library & Museum, https://www.trumanlibrary.org/oralhist/ keyserl1.htm.

13 Robert L. Hetzel and Ralph F. Leach, "The Treasury-Fed Accord: A New Narra- tive Account," Federal Reserve Bank of

Richmond *Economic Quarterly* 87, no. 1 (Winter 2001): 33–55, https://www.richmondfed.org/~/media/richmondfedorg/publications/research/economic_quarterly/2001/winter/pdf/hetzel.pdf.

14 高伯瑞致信甘迺迪，一九六〇年十一月十日，JKG, Series 6, Box 529.

15 Parker, *John Kenneth Galbraith*, 339.

16 "Council of Economic Advisers: Oral History Interview—JFK #1, 8/1/1964."

17 Lawrence H. Summers, "In Memory of Paul Samuelson," April 10, 2010, http://larrysummers.com/wp-content/uploads/2015/07/In-Memory-of-Paul -Samuelson_4.10.10.pdf.

18 "Council of Economic Advisers: Oral History Interview—JFK #1, 8/1/1964."

19 引自Israel Shenker, "Samuelson Backs New Economics," *The New York Times*, March 6, 1971.

20 John Cassidy, "Postscript: Paul Samuelson," *The New Yorker*, December 14, 2009.

21 Parker, *John Kenneth Galbraith*, 345.

22 "The Natural Rate of Unemployment," *The Economist*, April 26, 2017.

23 Daniel T. Rodgers, *Age of Fracture* (Cambridge, MA: Belknap Press, 2011), 48.

24 Parker, *John Kenneth Galbraith*, 345.

25 "Council of Economic Advisers: Oral History Interview—JFK #1, 8/1/1964."

26 Herbert Stein, *The Fiscal Revolution in America* (Chicago: University of Chicago Press, 1969), 379.

27 Arthur M. Schlesinger, Jr., *A Thousand Days: John F. Kennedy in the White House* (Boston: Houghton Mifflin, 2002 [1965]), 138.

28 Ibid., 1010.

29 後世研究下修了當時失業率上揚的嚴重程度。目前一九六一年二月失業率的官方數字為六・九%，但甘迺迪政府當時並不知道。

30 "Council of Economic Advisers: Oral History Interview—JFK #1, 8/1/1964."

31 John Kenneth Galbraith, *Letters to Kennedy*, ed. James Goodman (Cambridge, MA: Harvard University Press, 1998), 3–4.

32 Schlesinger, *A Thousand Days*, 628.

33 Ibid., 629.

34 Stein, *The Fiscal Revolution in America*, 386.

35 引自Joseph Thorndike, "Paul Samuelson and Tax Policy in the Kennedy Administration," Tax Analysts, December 29, 2009,

http://www.taxhistory.org/ thp/readings.nsf/ArtWeb/AAFB5F763226FD37852576A80075F253?OpenDo cument.
36 Dwight D. Eisenhower, "Military-Industrial Complex Speech, Dwight D. Eisenhower, 1961," Lillian Goldman Law Library, Yale Law School, http://avalon.law .yale.edu/20th_century/eisenhower001.asp.
37 John F. Kennedy, "Commencement Address at Yale University," June 11, 1962, John F. Kennedy Presidential Library and Museum, https://www.jfklibrary.org/ archives/other-resources/john-f-kennedy-speeches/yale-university-19620611.
38 Schlesinger, *A Thousand Days*, 644–66.
39 Ibid., 636.
40 Stein, *The Fiscal Revolution in America*, 413.
41 小羅斯福一九三八年面對經濟衰退同意削減公司稅，但在一九四〇年便為備戰而收回成命。
42 Dallek, *An Unfinished Life*, 507.
43 John F. Kennedy, "Address to the Economic Club of New York," December 14, 1962, John F. Kennedy Presidential Library and Museum, https://www.jfklibrary .org/Asset-Viewer/Archives/JFKWHA-148.aspx.
44 Stein, *The Fiscal Revolution in America*, 420–21.
45 Schlesinger, *A Thousand Days*, 649.
46 引自Joshua Zeitz, *Building the Great Society: Inside Lyndon Johnson's White House* (New York: Viking, 2018), 56.
47 Galbraith, *Letters to Kennedy*, 53.
48 Dallek, *An Unfinished Life*, 585.
49 引自Ibid., 584.
50 Galbraith, *Letters to Kennedy*, 112.
51 引自Dallek, *An Unfinished Life*, 456.
52 Galbraith, *Letters to Kennedy*, 100–103.
53 Dallek, *An Unfinished Life*, 456–61.
54 Galbraith, *A Life in Our Times*, 445.
55 Parker, *John Kenneth Galbraith*, 408.
56 Zeitz, *Building the Great Society*, 40.
57 Galbraith, *A Life in Our Times*, 449.
58 Ibid., 445.

59 Zeitz, *Building the Great Society*, 54.
60 Galbraith, *A Life in Our Times*, 452.
61 Zeitz, *Building the Great Society*, 51.
62 Robert Solow, "Son of Affluence," *National Affairs*, Fall 1967, 100–108.
63 Shenker, "Samuelson Backs New Economics."
64 Galbraith, *A Life in Our Times*, 449–50.
65 Holcomb B. Noble and Douglas Martin, "John Kenneth Galbraith, 97, Dies; Economist Held a Mirror to Society," The New York Times, April 30, 2006.
66 Lyndon B. Johnson, "Remarks at the University of Michigan," April 22, 1964.
67 Emmanuel Saez and Gabriel Zucman, "Wealth Inequality in the United States Since 1913: Evidence from Capitalized Income Tax Data," *The Quarterly Journal of Economics* 131, no. 2 (May 2016): 519–78, http://gabriel-zucman.eu/files/SaezZucman2016QJE.pdf.
68 "Percent Change of Gross Domestic Product," Federal Reserve Bank of St. Louis, https://fred.stlouisfed.org/series/CPGDPAI#0.

16 十九世紀再臨

1 Joan Robinson, "The Second Crisis of Economic Theory," *The American Economic Review* 62, nos. 1–2 (March 1972): 1–10.
2 "Combatting Role Prejudice and Sex Discrimination: Findings of the American Economic Association Committee on the Status of Women in the Economics Profession," *The American Economic Review* 63, no. 5 (December 1973): 1049–61, https://www.jstor.org/stable/1813937?seq=1#page_scan_tab_contents.
3 "Amartya Sen: Biographical," Nobel Prize, https://www.nobelprize.org/prizes/ economic-sciences/1998/sen/biographical.
4 Marjorie S. Turner, *Joan Robinson and the Americans* (Armonk, NY: M. E. Sharpe, 1989), 183.
5 Richard Parker, *John Kenneth Galbraith: His Life, His Politics, His Economics* (Chicago: University of Chicago Press, 2005), 484.
6 Ibid., 481-85.
7 引自Angus Burgin, *The Great Persuasion: Reinventing Free Markets Since the Depression* (Cambridge, MA: Harvard University Press, 2012), 177.

8 Ibid., 160.
9 引自Quinn Slobodian, Globalists: *The End of Empire and the Birth of Neoliberalism* (Cambridge, MA: Harvard University Press, 2018), 269.
10 引自Burgin, *The Great Persuasion*, 190.
11 引自Ibid., 177.
12 引自Ibid., 175-76.
13 Milton Friedman, *Capitalism and Freedom: Fortieth Anniversary Edition* (Chicago: University of Chicago Press, 2002 [1962]), 3–4.
14 Burgin, *The Great Persuasion*, 201.
15 Ibid.
16 Jeremy D. Mayer, "LBJ Fights the White Backlash: The Racial Politics of the 1964 Presidential Campaign," *Prologue* 33, no. 1 (Spring 2001), https://www.archives.gov/publications/prologue/2001/spring/lbj-and-white-backlash-1.html.
17 Rowland Evans and Robert Novak, "Inside Report: The White Man's Party," *The Washington Post*, June 25, 1963.
18 Barry Goldwater, The Conscience of a Conservative (Princeton, NJ: Princeton University Press, 2007 [1960]), 31.
19 引自Burgin, *The Great Persuasion*, 202.
20 引自Ibid., 201-2.
21 Friedman, *Capitalism and Freedom: Fortieth Anniversary Edition*, 15, 4.
22 Ibid., viii-ix.
23 Daniel Stedman Jones, *Masters of the Universe: Hayek, Friedman, and the Birth of Neoliberal Politics* (Princeton, NJ: Princeton University Press, 2012), 119–20.
24 傅利曼在《新聞週刊》列舉了類似理由，反對給予羅德西亞（今辛巴威）黑人公民選舉權。見Slobodian, *Globalists*, 178–79.
25 "With Rose Friedman. 'Record of a Trip to Southern Africa, March 20–April 9, 1976.' 這份未出版逐字稿為一九七六年四月七日至九日的錄音，此處摘錄的內容出自 *Two Lucky People: Memoirs, by Milton and Rose Friedman*, 435–40. Chicago: University of Chicago, 1998," https://miltonfriedman .hoover.org/friedman_images/Collections/2016c21/1976TRipToSouth Africa .pdf.
26 John Kenneth Galbraith, *Economics in Perspective* (Boston: Houghton Mifflin, 1987), 274.

27 "Real Gross Domestic Product," Federal Reserve Bank of St. Louis, https://fred .stlouisfed.org/series/GDPC1#0; "Consumer Price Index: All Items in U.S. City Average, All Urban Consumers," Federal Reserve Bank of St. Louis, https://fred .stlouisfed.org/series/CPIAUCSL#0; "Unemployment Rate," Federal Reserve Bank of St. Louis, https://fred.stlouisfed.org/series/UNRATE.

28 引自Parker, *John Kenneth Galbraith*, 438.

29 Milton Friedman, "The Role of Monetary Policy," *American Economic Review* 58 (March 1968): 1–17, https://miltonfriedman.hoover.org/friedman_images/ Collections/2016c21/AEA-AER_03_01_1968.pdf.

30 Milton Friedman, "The Counter-Revolution in Monetary Theory," Institute of Economic Affairs, occasional paper no. 33, 1970, https://miltonfriedman.hoover.org/friedman_images/Collections/2016c21/IEA_1970.pdf.

31 Jones, *Masters of the Universe*, 208–9.

32 Thomas W. Hazlett, "The Road from Serfdom: An Interview with F. A. Hayek," *Reason*, July 1992.

33 John A. Farrell, *Richard Nixon: The Life* (New York: Vintage, 2017), 446.

34 引自Ibid., 243.

35 Parker, *John Kenneth Galbraith*, 492.

36 Rick Perlstein, *Nixonland: The Rise of a President and the Fracturing of America* (New York: Scribner, 2008), 603.

37 "Galbraith Urges Wage-Price Curb," *The New York Times*, July 21, 1971.

38 "U.S. Spent $141-Billion in Vietnam in 14 Years," The New York Times, May 1, 1975.

39 Parker, *John Kenneth Galbraith*, 491–92.

40 Ibid., 495.

41 Daniel Ellsberg, *Secrets: A Memoir of Vietnam and the Pentagon Papers* (New York: Penguin, 2003), 418.

42 Parker, *John Kenneth Galbraith*, 493.

43 Perlstein, *Nixonland*, 601.

44 Parker, *John Kenneth Galbraith*, 495.

45 引自Ibid., 497.

46 引自Ibid.

47 Milton Friedman, "Why the Freeze Is a Mistake," Newsweek, August 30, 1971, https://miltonfriedman.hoover.org/objects/57976/why-the-freeze-is-a-mistake.

48 Perlstein, *Nixonland*, 598, 603.
49 Slobodian, *Globalists*, 277.
50 F. A. Hayek, *Law, Legislation and Liberty*, Vols. 1–3: *A New Statement of the Liberal Principles of Justice and Political Economy* (New York: Routledge, 2013 [1982]), 430.
51 引自Thomas Frank, Listen, *Liberal: Or, Whatever Happened to the Party of the People?* (New York: Metropolitan Books, 2016), 54.
52 Paul Krugman, *Peddling Prosperity* (New York: W. W. Norton, 1994), 14.
53 Mark Skousen, "The Perseverance of Paul Samuelson's Economics," *Journal of Economic Perspectives* 11, no. 2 (Spring 1997): 137–52.
54 引自Burgin, *The Great Persuasion*, 207.
55 Ibid.

17 新鍍金時代

1 John Harris, *The Survivor: Bill Clinton in the White House* (New York: Random House, 2005), xxvii.
2 Bob Woodward, *The Agenda: Inside the Clinton White House* (New York: Simon & Schuster, 1995), 70–72.
3 "Unemployment Rate," Federal Reserve Bank of St. Louis, https://fred.stlouisfed .org/series/UNRATE#0.
4 Patrick Cockburn, "Profile: Mr Right for Wall Street: Lloyd Bentsen: The Next US Treasury Secretary Is a Wily Old Pro Who Doesn't Make Many Mistakes," *The Independent*, December 13, 1992.
5 Woodward, *The Agenda: Inside the Clinton White House*, 73–81.
6 Patrick J. Maney, *Bill Clinton: New Gilded Age President* (Lawrence: University of Kansas Press, 2016), 18.
7 Ibid., 25-27.
8 Ibid., 31.
9 引自Harris, *The Survivor*, xvi.
10 Woodward, *The Agenda*, 84.
11 Ibid., 84, 91.
12 Ibid., 213, 240.
13 Ibid., 160-61.

14 Karen Tumulty and William J. Eaton, "Clinton Budget Triumphs, 51–50: Gore Casts a Tie-Breaking Vote in the Senate," *Los Angeles Times*, August 7, 1993.

15 *Annual Report of the Council of Economic Advisers*, December 29, 2000, https://www.govinfo.gov/content/pkg/ERP-2001/pdf/ERP-2001.pdf.

16 "The NAFTA Debate," *Larry King Live*, CNN, November 9, 1993.

17 "Bill Clinton for President 1992 Campaign Brochures: 'Fighting for the For- gotten Middle Class,' " 4President.org, http://www.4president.org/brochures/ billclinton1992brochure.htm.

18 William J. Clinton, "Remarks at the Signing Ceremony for the Supplemental Agreements to the North American Free Trade Agreement," September 14, 1993, https://www.gpo.gov/fdsys/pkg/PPP-1993-book2/pdf/PPP-1993-book2 -doc-pg1485-2.pdf.

19 Milton Friedman and Rose D. Friedman, "The Case for Free Trade," Hoover Institution, October 30, 1997, https://www.hoover.org/research/case-free -trade.

20 Thomas L. Friedman, "President Vows Victory on Trade," *The New York Times*, September 29, 1994.

21 Thomas L. Friedman, "Congress Briefed on Funds for GATT," *The New York Times*, July 15, 1994.

22 Thomas L. Friedman, "Congress Loath to Finance GATT Treaty's Tariff Losses," *The New York Times*, April 14, 1994.

23 Thomas L. Friedman, "President Vows Victory on Trade," *The New York Times*, September 29, 1994.

24 Bill Clinton, *My Life* (New York: Vintage, 2005), 547.

25 "Full Text of Clinton's Speech on China Trade Bill," *The New York Times*, March 9, 2000.

26 "Assessment of the Economic Effects on the United States of China's Accession to the WTO," U.S. International Trade Commission, September 1999, xix, https://www.usitc.gov/publications/docs/pubs/332/PUB3229.PDF.

27 Gary Clyde Hufbauer and Daniel H. Rosen, "American Access to China's Market," *International Economic Policy Briefs*, no. 00-3, April 2000, 5, https://piie .com/publications/pb/pb00-3.pdf.

28 Paul Krugman, "Reckonings; A Symbol Issue," *The New York Times*, May 10, 2000.

29 William J. Clinton, "Remarks on Signing the North American Free Trade Agreement Implementation Act," December 8, 1993.

30 Quarraisha Abdool Karim and Salim S. Abdool Karim, "The Evolving HIV Epidemic in South Africa," *International Journal of Epidemiology* 31, no. 1 (February 2002): 37–40, https://academic.oup.com/ije/article/31/1/37/655915.

31 William W. Fisher III and Cyrill P. Rigamonti, "The South Africa AIDS Con- troversy: A Case Study in Patent Law and Policy," Harvard Law School, February 10, 2005, https://cyber.harvard.edu/people/tfisher/South%20Africa.pdf.

32 "South Africa," World Bank Data, https://data.worldbank.org/country/south-africa.

33 "USTR Announces Results of Special 301 Annual Review," Office of the United States Trade Representative, May 1, 1998, https://ustr.gov/sites/default/ files/1998%20Special%20301%20Report.pdf; "USTR Announces Results of Special 301 Annual Review," Office of the United States Trade Representative, April 30, 1999, https://ustr.gov/sites/default/files/1999%20 Special%20301%20 Report.pdf.

34 Zach Carter, "How Rachel Maddow Helped Force Bill Clinton's Support for Mandela's AIDS Plan," *Huffington Post*, December 6, 2013.

35 Dudley Althaus, "NAFTA Talks Target Stubbornly Low Mexican Wages," *The Wall Street Journal*, August 29, 2017.

36 Mark Weisbrot, Lara Merling, Vitor Mello, et al., "Did NAFTA Help Mexico? An Update After 23 Years," Center for Economic and Policy Research, March 2017, http://cepr.net/images/stories/reports/nafta-mexico-update-2017-03.pdf ?v=2.

37 "All Employees: Manufacturing," *Federal Reserve Bank of St. Louis*, https://fred .stlouisfed.org/series/MANEMP.

38 David H. Autor, David Dorn, and Gordon H. Hanson, "The China Shock: Learning from Labor-Market Adjustment to Large Changes in Trade," *Annual Review of Economics* 8 (October 2016): 205–40, http://www.ddorn.net/papers/ Autor-Dorn-Hanson-ChinaShock.pdf.

39 David Brancaccio, "How to Make Globalization Fair, According to Economist Joseph Stiglitz," *Marketplace*, December 1, 2017.

40 OECD Centre for Opportunity and Equality, "Understanding the Socio- Economic Divide in Europe," January 26, 2017, https://www.oecd.org/els/soc/ cope-divide-europe-2017-background-report.pdf.

41 Asher Schechter, "Globalization Has Contributed to Tearing Societies Apart," ProMarket, March 29, 2018, https://promarket.org/globalization-contributed-tearing-societies-apart/.

42 World Bank, "Global Economic Prospects and the Developing Countries 2000," http://documents.worldbank.org/curated/en/589561468126281885/pdf/multi-page.pdf; and World Bank, "Entering the 21st Century: World Development Report 1999/2000," https://openknowledge.worldbank.org/bitstream/handle/ 10986/5982/WDR%201999_2000%20-%20English.pdf ?sequence=1.

43 Lesley Wroughton, "UN Reducing Extreme Poverty Goal Met, World Bank Says," *Huffington Post*, April 29, 2012.

44 "Goal 1: No Poverty," United Nations Conference on Trade and Development, http://stats.unctad.org/Dgff2016/people/goal1/index.html.

45 Lucy Hornby and Leslie Hook, "China's Carbon Emissions Set for Fastest Growth in 7 Years," *Financial Times*, May 29, 2018, https://www.ft.com/ content/98839504-6334-11e8-90c2-9563a0613e56.

46 "West Cuts Pollution—by Exporting It to China," University of Leeds, http://www.leeds.ac.uk/news/article/423/west_cuts_pollution__by_exporting_it_to_ china.

47 Avraham Ebenstein, Maoyong Fan, Michael Greenstone, et al., "New Evidence on the Impact of Sustained Exposure to Air Pollution on Life Expectancy from China's Huai River Policy," *Proceedings of the National Academy of Sciences of the United States of America*, September 11, 2017, http://www.pnas.org/content/ early/2017/09/05/1616784114.full.

48 John Harris, *The Survivor: Bill Clinton in the White House* (New York: Random House, 2005), 95.

49 Ibid., 176-77.

50 John Burgess and Steven Pearlstein, "Protests Delay WTO Opening," *The Washington Post*, December 1, 1999; Lynsi Burton, "WTO Riots in Seattle: 15 Years Ago," *Seattle Post-Intelligencer*, November 29, 2014.

51 Jia Lynn Yang and Steven Mufson, "Capital Gains Tax Rates Benefitting Wealthy Are Protected by Both Parties," *The Washington Post*, September 11, 2011.

52 舒爾茲和莫頓的同事布萊克（Fischer Black）曾協助兩人開發這個模型，但他在諾貝爾委員會決定頒獎給這項研究前就過世了，而諾貝爾獎沒有追授的慣例。

53 Saul S. Cohen, "The Challenge of Derivatives," *Fordham Law Review* 63, no. 6, article 2 (1995), https://ir.lawnet.fordham.edu/cgi/viewcontent.cgi?article=3169 &context=flr.

54 Maney, *Bill Clinton*, 230, 228.

55 William D. Cohan, "Rethinking Robert Rubin," *Bloomberg Businessweek*, September 30, 2012.

56 Clinton, *My Life*, 857.

57 Stephen Gandel, "Robert Rubin Was Targeted for DOJ Investigation by Financial Crisis Commission," *Fortune*, March 13, 2016; Aruna Viswanatha and Ryan Tracy, "Financial-Crisis Panel Suggested Criminal Cases Against Stan O'Neal, Charles Prince, AIG Bosses," *The Wall Street Journal*, March 30, 2016.

58 Maney, *Bill Clinton*, 225, 235.

59 Harris, *The Survivor*.

60 Clinton, *My Life*.

61 Zach Carter, "Austerity Fetishists Are Finally Giving Up," *Huffington Post*, May 14, 2014.

62 Parker, *John Kenneth Galbraith*, 647–51.

63 J. Bradford DeLong and Lawrence H. Summers, "The 'New Economy': Back- ground, Historical Perspective, Questions, and Speculations," Federal Reserve Bank of Kansas City, August 30, 2001, https://www.kansascityfed.org/Publicat/ econrev/ Pdf/4q01delo.pdf.

結語

1 "Rep. Albert R. Wynn–Maryland," Center for Responsive Politics, https://www .opensecrets.org/members-of-congress/ summary?cid=N00001849&cycle=CAR EER&type=I.

2 Lehman Brothers Holdings Inc., Form 8-K, June 9, 2008, U.S. Securities and Exchange Commission, https://www.sec.gov/ Archives/edgar/data/806085/ 000110465908038647/0001104659-08-038647-index.htm.

3 The Financial Crisis Inquiry Commission, *The Financial Crisis Inquiry Report: Final Report of the National Commission on the Causes of the Financial and Economic Crisis in the United States*, January 2011, http://fcic-static.law.stanford .edu/cdn_media/ fcic-reports/fcic_final_report_full.pdf, 325.

4 "S&P/Case-Shiller U.S. National Home Price Index/Consumer Price Index: Owners' Equivalent Rent of Residences in U.S. City Average, All Urban Consumers," Federal Reserve Bank of St. Louis, https://fred.stlouisfed.org/ graph/?g=786h#0; "All-Transactions House Price Index for California," Federal Reserve Bank of St. Louis, https://fred.stlouisfed.org/series/CASTHPI; "S&P/ Case-Shiller NV-Las Vegas Home Price Index," Federal Reserve Bank of St. Louis, https://fred.stlouisfed.org/series/ LVXRNSA.

5 "Homeownership Rate for the United States," Federal Reserve Bank of St. Louis, https://fred.stlouisfed.org/series/ RHORUSQ156N.

6 「我認為這間紙牌屋可能遲早會倒，對持有這些公司股票的投資人造成巨大損失，」一九九八年，亞特蘭大法扶協會（Atlanta Legal Aid Society）家園防護計畫主持人布倫南（William Brennan）這樣告訴參議院老人事務特別委員會（Senate Special Committee on Aging），引自 Kat Aaron, "Predatory Lend- ing: A Decade of Warnings," Center for Public Integrity, May 6, 2009, https:// publicintegrity.org/business/predatory-lending-a-decade-of-warnings/。有關次級房貸規模的數據，參見 Gene Amronmin and Anna Paulson, "Default Rates on Prime and Subprime Mortgages: Differences and

Similarities," Federal Reserve Bank of Chicago, September 2010, https://www.chicagofed.org/ publications/profitwise-news-and-views/2010/pnv-september2010.

7 次級房貸泡沫的真正爆點是二〇〇三年，當時次級房貸業務額在全體房貸市場的占比幾乎成長為原本的四倍，參見"Where Should I Look to Find Statistics on the Share of Subprime Mortgages to Total Mortgages?," Federal Reserve Bank of San Francisco, December 2009, https://www.frbsf.org/education/publications/doctor-econ/2009/december/subprime-mortgage-statistics/.

二〇〇〇年，房利美和房地美購買的次級房貸抵押證券總值還微不足道，但到了二〇〇三年已經突破千億美元，二〇〇五年更超過二千億美元，不過這只占大盤的一小部分。二〇〇三年，華爾街共發行近三千億美元的特殊貸款抵押證券，二〇〇五年成長至八千億美元左右。房貸泡沫最大時，包括民間發放大額貸款市場在內，房利美和房地美在全美特殊房貸業務的占比不到五分之一。參見Mark Calabria, "Fannie, Freddie, and the Subprime Mortgage Market," Cato Institute Briefing Papers, no. 120, March 7, 2011, https://object.cato.org/pubs/bp/bp120.pdf, 8; Laurie Goodman, "A Progress Report on the Private-Label Securities Market," Urban Institute, March 2016, https://www.urban.org/sites/default/files/publication/78436/2000647-A-Progress-Report-on-the-Private -Label-Securities-Market.pdf, 1.

8 參見"OCC's Quarterly Report on Bank Trading and Derivative Activities, Fourth Quarter 2007," Comptroller of the Currency, https://www.occ.treas.gov/publications-and-resources/publications/quarterly-report-on-bank-trading -and-derivatives-activities/files/pub-derivatives-quarterly-qtr4-2007.pdf; Iñaki Aldasoro and Torsten Ehlers, "The Credit Default Swap Market: What a Difference a Decade Makes," *BIS Quarterly Review*, June 5, 2018, https://www.bis.org/publ/qtrpdf/r_qt1806b.htm; "GDP (Current US$)," World Bank, https://data .worldbank.org/indicator/ny.gdp.mktp.cd.

9 The Financial Crisis Inquiry Commission, *The Financial Crisis Inquiry Report*, 328.

10 Ibid., 330.

11 Rosalind Z. Wiggins, Thomas Piontek, and Andrew Metrick, "The Lehman Brothers Bankruptcy A: Overview," Yale Program on Financial Stability Case Study 2014-3A-V1, Yale School of Management, October 1, 2014, https://som.yale.edu/sites/default/files/files/001-2014-3A-V1-LehmanBrothers-A-REVA .pdf, 5.

12 The Financial Crisis Inquiry Commission, *The Financial Crisis Inquiry Report*, 325.

13 美國政府最終提供了一千八百二十億美元的紓困金給美國國際集團（AIG）、三千三百一十億美元給美國銀行（Bank of America）、四千七百二十億美元給花旗集團。參見Congressional Oversight Panel, The Final Report of the Congressional Oversight Panel, March 16, 2011, https://www.govinfo.gov/content/pkg/CHRG -112shrg64832/pdf/CHRG-

112shrg64832.pdf.

14 除了不良不動產，雷曼兄弟還過度倚賴短期資金，以致由於資產不良，難以湊得擔保品換取聯邦貸款，因為聯準會的緊急預備金部門不收垃圾債券。

15 The Financial Crisis Inquiry Commission, *The Financial Crisis Inquiry Report*, 334.

16 "Meeting of the Federal Open Market Committee on September 16, 2008," https://www.federalreserve.gov/monetarypolicy/files/FOMC20080916meeting .pdf, 36, 48, 51.

17 愛德華茲接受本書作者訪問，二〇一七年六月。

18 The Financial Crisis Inquiry Commission, *The Financial Crisis Inquiry Report*, 372.

19 康喬斯基接受美國公共事務衛星有線電視網（C-SPAN）訪問，二〇〇九年元月廿七日，https://www.c-span.org/video/?c4508252/rep-paul-kanjorski.

20 "Final Vote Results for Roll Call 674," September 29, 2008, http://clerk.house .gov/evs/2008/roll674.xml.

21 Zach Carter and Ryan Grim, "The Congressional Black Caucus Is at War with Itself over Wall Street," *The New Republic*, May 27, 2014.

22 截至十月三日投票當天，七千億美元紓困金只發出了一半。二〇〇九年元月，歐巴馬需要國會許可才能動用剩餘款項。桑默斯的信用意在取得自由派質疑者支持——只要他們同意動用剩餘的三千五百億美元，歐巴馬就會強力遏止法拍蔓延。參見桑默斯致信國會領袖，二〇〇九年元月十五日，https://www.realclearpolitics.com/articles/summers%20letter%20to%20 congressional%20leadership%201-15-09.pdf.

23 參見"Bailout Tracker," *ProPublica*, updated February 25, 2019, https://projects. propublica.org/bailout/.

24 David Dayen, *Chain of Title: How Three Ordinary Americans Uncovered Wall Street's Great Foreclosure Fraud* (New York: New Press, 2016).

25 記者戴恩（David Dayen）在一系列雜誌專文和一本書裡詳盡記載了全國房貸和解方案（National Mortgage Settlement）的問題。參見David Dayen, "A Needless Default," *The American Prospect*, February 9, 2015, https://prospect.org/article/ needless-default; Dayen, "Special Investigation: How America's Biggest Bank Paid Its Fine for the 2008 Mortgage Crisis—with Phony Mortgages!," *The Nation*, October 23, 2017; Dayen, *Chain of Title*.

26 Laura Kusisto, "Many Who Lost Homes to Foreclosure in Last Decade Won't Return—NAR," *The Wall Street Journal*, April 20, 2015.

27 Atif Mian and Amir Sufi, "What Explains the 2007–2009 Drop in Employ- ment?," February 2014, http://www.umass.edu/

preferen/You%20Must%20Read %20This/Mian%20Sufi%20NBER%202014.pdf; Atif Mian and Amir Sufi, *House of Debt: How They (And You) Caused the Great Recession, and How We Can Prevent It from Happening Again* (Chicago: University of Chicago Press, 2014); International Monetary Fund, "United States: Selected Issues Paper," July 2010, https://www.imf.org/external/pubs/ft/scr/2010/cr10248.pdf.

28 Zach Carter and Jennifer Bendery, "How Failed Obama Foreclosure Relief Plan Contributes to Jobs Crisis," *Huffington Post*, August 3, 2011.

29 《總統經濟報告》，二〇一〇年二月，https://obamawhitehouse.archives.gov/sites/default/files/microsites/economic-report-president.pdf, 31, 146, 30.

30 《總統經濟報告》，二〇一一年二月，https://www.govinfo.gov/content/pkg/ERP-2011/pdf/ERP-2011.pdf, 70.

31 《總統經濟報告》，二〇一三年三月，https://www.govinfo.gov/content/ pkg/ERP-2013/pdf/ERP-2013.pdf, 30.

32 Bureau of Labor Statistics, "The Recession of 2007–2009," https://www.bls.gov/spotlight/2012/recession/pdf/recession_bls_spotlight.pdf.

33 Congressional Budget Office, "Estimated Impact of the American Recovery and Reinvestment Act on Employment and Economic Output from January 2011 Through March 2011," May 2011, https://www.cbo.gov/sites/default/files/112th-congress-2011-2012/reports/05-25-arra.pdf; Alan S. Blinder and Mark Zandi, "How the Great Recession Was Brought to an End," July 27, 2010, https://www .economy.com/mark-zandi/documents/End-of-Great-Recession.pdf.

34 EmmanuelSaez,"Striking It Richer: The Evolution of Top Incomes in the United States," March 2, 2019, https://eml.berkeley.edu/~saez/saez-UStopincomes-2017.pdf.

35 Gabriel Zucman, "Global Wealth Inequality," *Annual Review of Economics* 11 (2019): 109–38, http://gabriel-zucman.eu/files/Zucman2019.pdf.

36 Edward N. Wolff, "Household Wealth Trends in the United States, 1962 to 2016: Has Middle Class Wealth Recovered?," National Bureau of Economic Research Working Paper no. 24085, November 2017, https://www.nber.org/papers/w24085.

37 "Survey of Consumer Finances (SCF)," Board of Governors of the Federal Reserve System, October 31, 2017, https://www.federalreserve.gov/econres/ scfindex.htm.

38 "Life Expectancy," Centers for Disease Control and Prevention, National Center for Health Statistics, https://www.cdc.gov/nchs/fastats/life-expectancy.htm. See also Lenny Bernstein, "U.S. Life Expectancy Declines Again, a Dismal Trend Not Seen Since World War I," *The Washington Post*, November 29, 2018.

39 Joseph Stiglitz, "Toward a General Theory of Consumerism: Reflections on Keynes's Economic Possibilities for Our Grandchildren," in Lorenzo Pecchi and Gustavo Piga, eds., *Revisiting Keynes: Economic Possibilities for Our Grandchildren* (Cambridge, MA: MIT Press, 2008), 41.
40 Ryan Lizza, "Inside the Crisis: Larry Summers and the White House Economic Team," *The New Yorker*, October 12, 2009.
41 Suresh Naidu, Dani Rodrik, and Gabriel Zucman, "Economics After Neoliberalism," *Boston Review*, February 15, 2019, http://bostonreview.net/forum/suresh -naidu-dani-rodrik-gabriel-zucman-economics-after-neoliberalism.
42 引自Robert Skidelsky, *John Maynard Keynes*, vol. 1: *Hopes Betrayed, 1883– 1920* (New York: Penguin, 1994 [1983]), 122.
43 John Maynard Keynes, *A Treatise on Money: The Pure Theory of Money and the Applied Theory of Money. Complete Set* (Mansfield Center, CT: Martino Fine Books, 2011 [1930]), vol. 2, 150.

簡選書目

我為寫書而研究的第一手資料，大多是書中主要人物自己的論文。以下按重要順序排列：

凱因斯的論文，收藏於英國劍橋大學國王學院檔案室。
高伯瑞的論文，收藏於美國麻州波士頓甘迺迪總統圖書館。
薩謬爾森的論文，收藏於北卡羅萊納州德罕市杜克大學魯賓斯坦圖書館。
傅利曼作品集，數位版收藏於加州帕羅奧圖史丹佛大學胡佛研究所。
哈特的論文，收藏於奧勒岡州尤金市奧勒岡大學圖書館大學檔案室特藏區。
凱色林的論文，收藏於密蘇里州獨立城杜魯門總統圖書館。
薩蘭特的論文，收藏於密蘇里州獨立城杜魯門總統圖書館。

以下書目為本書使用的關鍵資料，完整列表請參閱各章注釋。

Ahamed, Liaquat. *Lords of Finance: The Bankers Who Broke the World.* New York: Penguin, 2009.

Angell, Norman. *The Great Illusion.* New York: G. P. Putnam Sons, 1913 [1910].

Aslanbeigui, Nahid, and Guy Oakes. *The Provocative Joan Robinson: The Making of a Cambridge Economist.* Durham, NC: Duke University Press, 2009.

Backhouse, Roger E. *Founder of Modern Economics: Paul A. Samuelson*. New York: Oxford University Press, 2017.

Baruch, Bernard. *The Making of the Reparation and Economic Sections of the Treaty*. New York: Harper and Brothers, 1921.

Bell, Anne Olivier, and Andrew McNeillie, eds. *The Diary of Virginia Woolf, Vols. 1–5*. New York: Harcourt Brace Jovanovich, 1977–1984.

Bensusan-Butt, D. M. *On Economic Knowledge: A Sceptical Miscellany*. Canberra, Australia: Australian National University Press, 1980.

Berg, A. Scott. *Wilson*. New York: Berkley, 2013.

Borgwardt, Elizabeth. *A New Deal for the World: America's Vision for Human Rights*. Cambridge, MA: The Belknap Press of Harvard University Press, 2005.

Brands, H. W. *Traitor to His Class: The Privileged Life and Radical Presidency of Franklin Delano Roosevelt*. New York: Anchor Books, 2008.

Brinkley, Alan. *The End of Reform: New Deal Liberalism in Recession and War*. New York: Vintage, 1996.

Broadberry, Stephen, and Mark Harrison. "The Economics of World War I: A Comparative Quantitative Analysis." *Journal of Economic History* 66, no. 2 (June 2006).

Brockington, Grace. " 'Tending the Lamp' or 'Minding Their Own Business'? Bloomsbury Art and Pacifism During World War I." *Immediations* #1 (January 2004).

Buckley, William F. *God and Man at Yale*. Washington, D.C.: Regnery Publishing, 2001 [1951].

Buckley, William F., and L. Brent Bozell, *McCarthy and His Enemies: The Record and Its Meaning*. New Rochelle, NY: Arlington House, 1970 [1954].

Burgin, Angus. *The Great Persuasion: Reinventing Free Markets Since the Depression.* Cambridge, MA: Harvard University Press, 2012.

Burke, Edmund. *Reflections on the Revolution in France*. London: John Sharpe, 1820 [1790].

Burnett, Philip Mason. *Reparation at the Paris Peace Conference from the Standpoint of the American Delegation*. New York: Columbia University Press, 1940.

Burns, Helen M. *The American Banking Community and New Deal Banking Reforms, 1933–1935*. Westport, CT: Greenwood Press, 1974.

Case, Josephine Young, and Everett Needham Case. *Owen D. Young and American Banking Enterprise*. Boston: David R. Godine, 1982.

Chernow, Ron. *The House of Morgan: An American Banking Dynasty and the Rise of Modern Finance*. New York: Grove Press, 2001 [1990].

Churchill, Winston. *The World Crisis Volume IV: The Aftermath, 1918–1922*. New York: Bloomsbury Academic, 2015 [1929].

Clinton, Bill. *My Life*. New York: Vintage, 2005.

Colander, David C., and Harry Landreth, eds. *The Coming of Keynesianism to America: Conversations with the Founders of Keynesian Economics*. Brookfield, IL: Edward Elgar, 1996.

Conway, Ed. *The Summit: Bretton Woods, 1944: J. M. Keynes and the Reshaping of the Global Economy*. New York: Pegasus Books, 2015.

Cook, Chris. *The Age of Alignment: Electoral Politics in Britain: 1922–1929*. London: Macmillan, 1975.

Cook, Chris, and John Stevenson. *The Slump: Britain in the Great Depression*. London: Routledge, 2013 [1977].

Cooper, John Milton Jr., *Woodrow Wilson: A Biography*. New York: Vintage, 2009.

Cristiano, Carlo. *The Political and Economic Thought of the Young Keynes*. London: Routledge, 2014.

Currie, Lauchlin. *Supply and Control of Money in the United States*. Cambridge, MA: Harvard University Press, 1934.

Dallas, Gregor. *At the Heart of a Tiger: Clemenceau and His World, 1841–1929*. New York: Carroll and Graf, 1993.

Dallek, Robert. *Franklin D. Roosevelt: A Political Life*. New York: Viking, 2017.

——. *An Unfinished Life: John F. Kennedy, 1917–1963*. New York: Little, Brown, 2003.

Davenport-Hines, Richard. *Universal Man: The Lives of John Maynard Keynes*. New York: Basic Books, 2015.

Doherty, Brian. *Radicals for Capitalism: A Freewheeling History of the Modern American Libertarian Movement*. New York: PublicAffairs, 2008.

Edwards, Jerome E. *Pat McCarran: Political Boss of Nevada*. Reno: University of Nevada Press, 1982.

Evans, Richard J. *The Pursuit of Power: Europe, 1815–1914*. New York: Viking, 2016.

Farrell, John A. *Richard Nixon: The Life*. New York: Vintage, 2017.

Friedman, Milton. *Capitalism and Freedom: Fortieth Anniversary Edition*. Chicago: University of Chicago Press, 2002 [1962].

——. "The Counter-Revolution in Monetary Theory." Institute of Economic Affairs, occasional paper no. 33 (1970).

——. *Essays in Positive Economics*. Chicago: University of Chicago Press, 1966 [1953].

——. "The Role of Monetary Policy." *American Economic Review* 58 (March 1968).

Friedman, Milton, and Rose Friedman. "Record of a Trip to Southern Africa, March 20–April 9, 1976." The Collected Works of Milton Friedman at the Hoover Institution at Stanford University.

Friedman, Milton, and Anna Schwartz. *A Monetary History of the United States, 1867–1960*. Princeton, NJ: Princeton University Press, 1971 [1963].

Friedman, Milton, and George J. Stigler. *Roofs or Ceilings? The Current Housing Problem*. Irving-on-Hudson, NY: Foundation for Economic Education, 1946.

Galbraith, John Kenneth. *The Affluent Society: 40th Anniversary Edition*. Boston: Houghton Mifflin, 1998 [1958].

——. *American Capitalism*. Boston: Houghton Mifflin, 1961 [1953].

——. *Annals of an Abiding Liberal*. Boston: Houghton Mifflin, 1979.

——. *Economics in Perspective*. Boston: Houghton Mifflin, 1987.

——. *The Great Crash, 1929*. Boston: Houghton Mifflin, 1961 [1954].

——. *A Life in Our Times*. Boston: Houghton Mifflin, 1981.

——. *Money: Whence It Came, Where It Went*. Princeton, NJ: Princeton University Press, 2017 [1974].

——. *The New Industrial State*. Boston: Houghton Mifflin, 1967.

Garnett, David. *The Flowers of the Forest*. New York: Harcourt Brace and Company, 1956.

Gilbert, Martin. *Prophet of Truth: Winston Churchill, 1922–1939*. London: Minerva, 1990 [1976].

Gilbert, Richard V., et al. *An Economic Program for American Democracy*. New York: Vanguard Press, 1938.

Glendenning, Victoria. *Leonard Woolf: A Biography*. New York: Free Press, 2006.

Goldwater, Barry. *The Conscience of a Conservative*. Princeton, NJ: Princeton University Press, 2007 [1960].

Goodman, James, ed. *Letters to Kennedy: John Kenneth Galbraith*. Cambridge, MA: Harvard University Press, 1998.

Goodwin, Doris Kearns. *No Ordinary Time: Franklin and Eleanor Roosevelt: The Home Front in World War II*. New York: Simon & Schuster, 1994.

Griffin, Nicholas, ed. *The Selected Letters of Bertrand Russell: The Public Years 1914–1970*. London: Routledge, 2001.

Hall, Peter A., ed. *The Political Power of Economic Ideas: Keynesianism Across Nations*. Princeton, NJ: Princeton University Press,

1989.
Hamilton, Earl J. *American Treasure and the Price Revolution in Spain, 1501–1650*. Cambridge, MA: Harvard University Press, 1934.
Harris, John. *The Survivor: Bill Clinton in the White House*. New York: Random House, 2005.
Harrod, Roy F. *The Life of John Maynard Keynes*. London: Macmillan, 1951.
Hayek, F. A. *The Constitution of Liberty: Definitive Edition*. Chicago: University of Chicago Press, 2011 [1960].
——. *Law, Legislation and Liberty, Vols. 1–3: A New Statement of the Liberal Principles of Justice and Political Economy*. New York: Routledge, 2013 [1982].
——. *Prices and Production and Other Works: F. A. Hayek on Money, The Business Cycle, and the Gold Standard*. Auburn, AL: Ludwig von Mises Institute, 2008.
——. *The Road to Serfdom: The Definitive Edition*. Chicago: University of Chicago Press, 2007 [1944].
Heller, Francis H. *Economics and the Truman Administration*. Lawrence: Regents Press of Kansas, 1981.
Hobbes, Thomas. *Leviathan, with Selected Variants from the Latin Edition of 1688*. Indianapolis, IN: Hackett, 1994.
Holroyd, Michael. *Lytton Strachey: A Biography*. New York: Holt, Rinehart and Winston, 1980 [1971].
Holt, Richard P. F., ed. *The Selected Letters of John Kenneth Galbraith*. New York: Cambridge University Press, 2017.
Hoover, Herbert. *The Memoirs of Herbert Hoover: The Great Depression, 1929–1941*. Eastford, CT: Martino Fine Books, 2016 [1952].
——. *The Ordeal of Woodrow Wilson*. Washington, D.C.: Woodrow Wilson Center Press/Baltimore: Johns Hopkins University Press, 1992 [1958].
Horn, Martin. *Britain, France, and the Financing of the First World War*. Montreal and Kingston, Canada: McGill–Queen's University Press, 2002.
House, Edward Mandell, and Charles Seymour, eds. *What Really Happened at Paris: The Story of the Peace Conference, 1918–1919*. New York: Charles Scribner's Sons, 1921.
Johnson, Elizabeth, Donald Moggridge, and Austin Robinson, eds. *The Collected Writings of John Maynard Keynes, Vols. 1–30*. New York: Cambridge University Press for the Royal Economic Society, 1971–1982.
Jones, Daniel Stedman. *Masters of the Universe: Hayek, Friedman, and the Birth of Neoliberal Politics*. Princeton, NJ: Princeton

University Press, 2012.

Kahn, Richard. *The Making of Keynes' General Theory*. Cambridge, UK: Cambridge University Press, 1984.

Katznelson, Ira. *Fear Itself: The New Deal and the Origins of Our Time*. New York: Liveright Publishing, 2013.

Keynes, John Maynard. *The Economic Consequences of the Peace*. London: Macmillan, 1919.

——. *The General Theory of Employment, Interest and Money*. New York: Prometheus Books, 1997 [1936].

——. *Indian Currency and Finance*. London: Macmillan, 1913.

——. *A Tract on Monetary Reform*. London: Macmillan, 1923.

——. *A Treatise on Money, Vols. I and II*. Mansfield Center, CT: Martino Publishing, 2011 [1930].

——. *A Treatise on Probability*. London: Macmillan, 1921.

Kindleberger, Charles. *A Financial History of Western Europe*. London: George Allen & Unwin, 1984.

——. *The World in Depression, 1929–1939: 40th Anniversary Edition*. Berkeley: University of California Press, 2013 [1973].

Lane, Rose Wilder. *The Discovery of Freedom: Man's Struggle Against Authority*. New York: John Day, 1943.

Lee, Hermione. *Virginia Woolf*. New York: Alfred A. Knopf, 1997.

Levy, Paul, ed. *The Letters of Lytton Strachey*. New York: Farrar, Straus and Giroux, 2006.

Link, Arthur, ed. *The Papers of Woodrow Wilson, Vol. 24: January–August 1912*. Princeton, NJ: Princeton University Press, 1978.

Lippmann, Walter. *The Good Society*. Boston: Little, Brown, 1938.

Lovin, Clifford R. *A School for Diplomats: The Paris Peace Conference of 1919*. Lanham, MD: The University Press of America, 1997.

Mackrell, Judith. *Bloomsbury Ballerina: Lydia Lopokova, Imperial Dancer and Mrs. John Maynard Keynes*. London: Phoenix, 2009 [2008].

MacMillan, Margaret. *Paris 1919: Six Months That Changed the World*. New York: Random House, 2003 [2001].

Maney, Patrick J. *Bill Clinton: New Gilded Age President*. Lawrence: University of Kansas Press, 2016.

Mann, Geoff. *In the Long Run We Are All Dead: Keynesianism, Political Economy and Revolution*. New York: Verso, 2017.

McElvaine, Robert S. *The Great Depression: America, 1929–1941*. New York: Three Rivers Press, 2009 [1984].

McGuinness, Brian. *Wittgenstein: A Life: Young Ludwig, 1889–1921*. Berkeley, CA: University of California Press, 1988.

Millin, Sarah Gertrude. *General Smuts, Vols. I and II*. London: Faber & Faber, 1936.

Mini, Piero V. *John Maynard Keynes: A Study in the Psychology of Original Work*. New York: St. Martin's Press, 1994.

Minsky, Hyman. *John Maynard Keynes*. New York: McGraw-Hill, 2008 [1975].

Mises, Ludwig von. *Bureaucracy*. New Rochelle, NY: Arlington House, 1969 [1944].

——. *Socialism: An Economic and Sociological Analysis*. New Haven, CT: Yale University Press, 1951 [1927].

Moore, G. E. *Principia Ethica*. Cambridge, UK: Cambridge University Press, 1922 [1903].

Morgan, E. Victor. *Studies in British Financial Policy, 1914–25*. London: Macmillan, 1952.

Mowat, Charles Loch. *Britain Between the Wars, 1918–1940*. Boston: Beacon Press, 1971 [1955].

Nicolson, Nigel, and Joanne Trautmann, eds. *The Letters of Virginia Woolf, Vols. 1–5*. New York: Harcourt Brace Jovanovich, 1976–1979.

Paninkin, Don, and J. Clark Leith, eds. *Keynes, Cambridge and the General Theory*. New York: Macmillan, 1977.

Parker, Richard. *John Kenneth Galbraith: His Life, His Politics, His Economics*. Chicago: University of Chicago Press, 2005.

Pecchi, Lorenzo, and Gustavo Piga, eds. *Revisiting Keynes: Economic Possibilities for Our Grandchildren*. Cambridge, MA: MIT Press, 2008.

Pecora, Ferdinand. *Wall Street Under Oath: The Story of Our Modern Money Changers*. New York: Graymalkin Media, 1939.

Perkins, Frances. *The Roosevelt I Knew*. New York: Penguin, 2011 [1946].

Perlstein, Rick. *Nixonland: The Rise of a President and the Fracturing of America*. New York: Scribner, 2008.

Rauchway, Eric. *The Money Makers: How Roosevelt and Keynes Ended the Depression, Defeated Fascism, and Secured a Prosperous Peace*. New York: Basic Books, 2015.

——. *Winter War: Hoover, Roosevelt, and the First Clash over the New Deal*. New York: Basic Books, 2018.

Regan, Tom. *Bloomsbury's Prophet: G. E. Moore and the Development of His Moral Philosophy*. Philadelphia: Temple University Press, 1986.

Ricardo, David. *On the Principles of Political Economy*. London: John Murray, 1817.

Riddell, George. *Lord Riddell's Intimate Diary of the Peace Conference and After: 1918–23*. London: Victor Gollancz, 1933.

Ringer, Fritz K., ed. *The German Inflation of 1923*. London: Oxford University Press, 1969.

Robin, Corey. *The Reactionary Mind*, 2nd ed. New York: Oxford University Press, 2018.

Robbins, Lionel. *Autobiography of an Economist*. London: Macmillan, 1971.

Robinson, Joan. *The Economics of Imperfect Competition*. London: Macmillan 1938 [1933].
——. "The Second Crisis of Economic Theory." *The American Economic Review* 62, no. 1/2 (March 1972).
Robinson, Joan, and Francis Cripps. "Keynes Today." *Journal of Post-Keynesian Economics* 2, no. 1 (1979).
Rodgers, Daniel T. *Age of Fracture*. Cambridge, MA: The Belknap Press of Harvard University Press, 2011.
Rosenbaum, S. P., ed. *The Bloomsbury Group: A Collection of Memoirs and Commentary*. Toronto: University of Toronto Press, 1995.
Rousseau, Jean-Jacques. *The Basic Political Writings*. Indianapolis, IN: Hackett, 1987.
Russell, Bertrand. *The Autobiography of Bertrand Russell, 1872–1914*. Boston: Little, Brown, 1967.
Samuelson, Paul. *Economics: The Original 1948 Edition*. New York: McGraw-Hill, 1997 [1948].
Sandilands, Roger. "Guilt by Association? Lauchlin Currie's Alleged Involvement with Washington Economists in Soviet Espionage." *History of Political Economy* 32, no. 3 (Fall 2000).
Schlesinger, Arthur M., Jr. *The Coming of the New Deal*. Boston: Houghton Mifflin, 1959.
——. *The Crisis of the Old Order*. Boston: Houghton Mifflin, 2002 [1957].
——. *The Life and Political Economy of Lauchlin Currie: New Dealer, Presidential Adviser and Developmental Economist*. Durham, NC: Duke University Press, 1990.
——. *The Politics of Upheaval*. Boston: Houghton Mifflin, 1960.
——. *A Thousand Days: John F. Kennedy in the White House*. Boston: Houghton Mifflin, 2002 [1965].
——. *The Vital Center*. Boston: Houghton Mifflin, 1949.
Schumpeter, Joseph, et al. *The Economics of the Recovery Program*. New York: Whittelsey House, 1934.
Skidelsky, Robert. *John Maynard Keynes*, vol. 1: *Hopes Betrayed, 1883–1920*. New York: Penguin, 1994 [1983].
——. *John Maynard Keynes*, vol. 2: *The Economist as Savior, 1920–1937*. New York: Allen Lane, 1994.
——. *John Maynard Keynes*, vol. 3: *Fighting for Freedom, 1937–1946*. New York: Viking, 2001.
Slobodian, Quinn. *Globalists: The End of Empire and the Birth of Neoliberalism*. Cambridge, MA: Harvard University Press, 2018.
Solberg, Winton U., and Robert W. Tomlinson. "Academic McCarthyism and Keynesian Economics: The Bowen Controversy at the University of Illinois," *History of Political Economy* 29, no. 1 (1997).
Spalding, Frances. *Duncan Grant: A Biography*. London: Pimlico, 1998.

——. *Vanessa Bell: Portrait of the Bloomsbury Artist*. New York: Tauris Parke Paperbacks, 2016 [1983].
Steel, Ronald. *Walter Lippmann and the American Century*. Boston: Little, Brown, 1980.
Stein, Herbert. *The Fiscal Revolution in America*. Chicago: University of Chicago Press, 1969.
Stiglitz, Joseph. *Globalization and Its Discontents*. New York: W. W. Norton & Co., 2003.
——. *The Roaring Nineties: A New History of the World's Most Prosperous Decade*. New York: W. W. Norton & Co., 2004.
Strachey, John. *The Coming Struggle for Power*. New York: Modern Library, 1935 [1932].
——. *Contemporary Capitalism*. New York: Random House, 1956.
Strachey, Lytton. *Eminent Victorians: Cardinal Manning, Florence Nightingale, Dr. Arnold, General Gordon*. London: G. P. Putnam Sons, 1918.
Tarshis, Lorie. *The Elements of Economics*. Boston: Houghton Mifflin, 1947.
Tooze, Adam. *The Deluge: The Great War, America and the Remaking of the Global Order, 1916–1931*. New York: Penguin, 2006; Viking, 2014.
Trachtenberg, Marc. "Reparation at the Paris Peace Conference." *The Journal of Modern History* 51, no. 1 (March 1979).
Truman, Harry. *Memoirs: Year of Decisions*. New York: Doubleday, 1955.
Tuchman, Barbara. *The Guns of August: The Outbreak of World War I*. New York: Random House, 2014 [1962].
Turner, Marjorie S. *Joan Robinson and the Americans*. Armonk, NY: M. E. Sharpe, 1989.
Wilson, Woodrow. *A History of the American People, Volume V: Reunion and Nationalization*. New York: Harper and Brothers, 1902.
Wittgenstein, Ludwig. *Tractatus Logico-Philosophicus*. London: Kegan Paul, Trench, Trübner, 1922.
Wolfensberger, Don. "Woodrow Wilson, Congress and Anti-Immigrant Sentiment in America: An Introductory Essay." Woodrow Wilson Center International Center for Scholars, March 12, 2007.
Woodward, Bob. *The Agenda: Inside the Clinton White House*. New York: Simon & Schuster, 1995.
Woolf, Leonard. *Beginning Again: An Autobiography of the Years 1911 to 1918*. New York: Harcourt Brace Jovanovich, 1964.
——. *Downhill All The Way: An Autobiography of the Years 1919 to 1939*. New York: Harcourt Brace Jovanovich, 1967.
Zeitz, Joshua. *Building the Great Society: Inside Lyndon Johnson's White House*. New York: Viking, 2018.

春山之巔　O18

和平的代價：貨幣、民主與凱因斯的一生

The Price of Peace: Money, Democracy, and the Life of John Maynard Keynes

作　　者　查克里・卡特 Zachary D. Carter
譯　　者　賴盈滿
總 編 輯　莊瑞琳
責任編輯　吳崢鴻
行銷企畫　甘彩蓉
封面設計　廖韡
內文排版　藍天圖物宣字社
出　　版　春山出版有限公司
　　　　　地址：11670 台北市文山區羅斯福路六段297號10樓
　　　　　電話：02-29318171
　　　　　傳真：02-86638233
法律顧問　鵬耀法律事務所戴智權律師
總 經 銷　時報文化出版企業股份有限公司
　　　　　地址：33343桃園市龜山區萬壽路二段351號
　　　　　電話：02-23066842
製　　版　瑞豐電腦製版印刷股份有限公司
印　　刷　搖籃本文化事業有限公司
初版一刷　2022年11月
定　　價　新臺幣800元

填寫本書線上回函

Email　SpringHillPublishing@gmail.com
Facebook　www.facebook.com/springhillpublishing/

國家圖書館出版品預行編目資料

和平的代價：貨幣、民主與凱因斯的一生／查克里・卡特（Zachary D. Carter）著；賴盈滿譯. -- 初版. -- 臺北市：春山出版有限公司, 2022.11
面；　公分. --（春山之巔；18）
譯自：The price of peace: money, democracy, and the life of John Maynard Keynes.
ISBN 978-626-7236-02-4（平裝）

1. CST：凱因斯（Keynes, John Maynard, 1883-1946.）2. CST：經濟學家　3. CST：傳記　4. CST：英國

784.18　　111017958

World as a Perspective

世界做為一種視野